U0808938

北京高校高精尖学科“文化遗产与文化传播”建设项目资助

非物质文化遗产学术精粹

理论卷

康丽◎编

中国社会科学出版社

图书在版编目（CIP）数据

非物质文化遗产学术精粹．理论卷／康丽编．—北京：中国社会科学出版社，2022．2

ISBN 978－7－5203－8771－2

Ⅰ．①非…　Ⅱ．①康…　Ⅲ．①非物质文化遗产—保护—研究—中国
Ⅳ．①G122

中国版本图书馆 CIP 数据核字(2021)第 150243 号

出 版 人　赵剑英
责任编辑　张　林
特约编辑　凌金良
责任校对　韩海超
责任印制　戴　宽

出　　版　中国社会科学出版社
社　　址　北京鼓楼西大街甲 158 号
邮　　编　100720
网　　址　http://www.csspw.cn
发 行 部　010－84083685
门 市 部　010－84029450
经　　销　新华书店及其他书店

印刷装订　北京君升印刷有限公司
版　　次　2022 年 2 月第 1 版
印　　次　2022 年 2 月第 1 次印刷

开　　本　710×1000　1/16
印　　张　32.75
插　　页　2
字　　数　539 千字
定　　价　188.00 元

凡购买中国社会科学出版社图书，如有质量问题请与本社营销中心联系调换
电话：010－84083683
版权所有　侵权必究

总　　序

20 世纪中期以来，面对迅猛发展的现代化和全球化浪潮的冲击，许多国家纷纷采取措施保护自己的传统文化，同时对出台国际化保护政策的呼声也越来越强烈。21 世纪初，为适应世界各国对其多元的文化遗产作为历史丰富性与人类文明多样性的见证而日益高涨的保护需求，联合国教科文组织于 2003 年正式颁布了《保护非物质文化遗产公约》（以下简称《公约》）。该《公约》在国际法中牢固确立了对于非物质文化遗产的保护理念，至今已得到超过 90% 的教科文组织成员国的批准，接近于全面批约。这项全球性的文化保护工程促使人们日益普遍地认识到：文化遗产不仅仅是物质的，还包括世代传承的丰富的非物质传统，它们是社区特性和社会凝聚力的重要载体，也应该得到保护和促进。

"非物质文化遗产"（以下简称非遗），根据《公约》（2003）的界定，是指被各社区、群体，有时是个人，视为其文化遗产组成部分的各种社会实践、观念表述、表现形式、知识、技能以及相关的工具、实物、手工艺品和文化场所。这种非物质文化遗产世代相传，在各社区和群体适应周围环境以及与自然和历史的互动中，被不断地再创造，为这些社区和群体提供认同感和持续感，从而增强对文化多样性和人类创造力的尊重。[①] 在《公约》的体系中，"非物质文化遗产"包括以下五类：1. 口头传统和表现形式，包括作为非物质文化遗产媒介的语言；2. 表演艺术；

---

① 联合国教科文组织：《保护非物质文化遗产公约·基本文件》（2018 年版），法国巴黎，2018 年，中文版，第 5 页，https：//ich. unesco. org，查阅日期：2021 年 4 月 6 日。

3. 社会实践、仪式、节庆活动；4. 有关自然界和宇宙的知识和实践；5. 传统手工艺。[①]

中国于2004年成为联合国教科文组织《保护非物质文化遗产公约》的缔约国，目前已迅速成为世界上拥有非遗项目最多的国家——截至2020年12月，中国被列入联合国教科文组织非物质文化遗产名录（名册）的项目共计42项[②]，拥有国家级非物质文化遗产代表性项目1372大项、3145子项[③]，另有数目繁多的省、市、县级非遗项目。中国非遗是中华民族世代相传的集体智慧和生活经验的结晶，是中华文明绵延赓续的重要载体和表现形式，是维护民族认同、维系国人文化认知、助力国家文化建设的根本力量。近年来，中国政府充分意识到非物质文化遗产的保护意义和教育功能，已多次强调非物质文化遗产的重要性，《关于实施中华优秀传统文化传承发展工程的意见》《关于加强和改进中外人文交流工作的若干意见》等文件中，均将非物质文化遗产的保护、发展纳入国家文化发展的战略中；刚刚通过的《中华人民共和国国民经济和社会发展第十四个五年规划和2035年远景目标纲要》也多处涉及非物质文化遗产的保护和发展，更明确提出要“深入实施中华优秀传统文化传承发展工程，强化重要文化和自然遗产、非物质文化遗产系统性保护，推动中华优秀传统文化创造性转化、创新性发展”，明确规定要“健全非物质文化遗产保护传承体系，加强各民族优秀传统手工艺保护和传承”（第三十四章第三节）。

中国的非物质文化遗产保护工作迄今已开展近二十年，相关研究成

---

① 联合国教科文组织：《保护非物质文化遗产公约·基本文件》（2018年版），法国巴黎，2018年，中文版，第5页，https：//ich. unesco. org，查阅日期：2021年4月6日。

② 《中国入选联合国教科文组织非物质文化遗产名录（名册）项目》，未注明发布日期，“中国非物质文化遗产网·中国非物质文化遗产数字博物馆”，http：//www. ihchina. cn/chinadirectory. html#target1，查阅日期：2021年3月23日。

③ 《国家级非物质文化遗产代表性项目名录》，未注明发布日期，“中国非物质文化遗产网·中国非物质文化遗产数字博物馆”，http：//www. ihchina. cn/project. html#target1，查阅日期：2021年3月23日。统计名录包括了四个批次。另，中国文化和旅游部近期对外公示了第五批国家级非物质文化遗产代表性项目名录推荐项目共337项。见中国文化和旅游部非物质文化遗产司：《文化和旅游部关于第五批非物质文化遗产代表性项目名录推荐项目名单的公示》，发布日期：2020年12月18日，http：//zwgk. mct. gov. cn/zfxxgkml/wysy/202012/t20201221_920077. html，查阅日期：2021年3月23日。

果十分丰硕。但是，尽管国内已有一些关注非遗研究和保护实践的论文选集①，总体而言，对相关成果的系统梳理和总结尚十分缺乏，致使其分散在各类学术刊物中，未能得到集中的展示，不利于对中国在非遗领域探索20年所取得的学术成就的总体把握。

有鉴于此，北京师范大学非物质文化遗产研究与发展中心和文学院民间文学研究所编辑出版了这套“非物质文化遗产学术精粹”丛书。该丛书一共7册，以《公约》的分类为基础，首次较为全面地梳理、总结并展示了中国学界在非遗理论与保护实践、口头传统、表演艺术、有关自然界和宇宙的知识和实践、传统手工艺以及社会仪式和节庆等方面的主要研究成果。所有论文均经过精心遴选，集中代表了20年来各领域的代表性成就。其中，“理论卷”着重探讨了非遗的概念与历史，以及社区、商业利用、性别平等等非遗发展中的重要横向问题，以及非遗语境下的学科思考、对中国实践的总结与反思等。其他卷，如“口头传统卷”“表演艺术卷”“社会实践、仪式与节庆活动卷”“有关自然界和宇宙的知识和实践卷”“传统手工艺卷”，则分别收录了该领域较高水平的研究文章。此外，丛书中也包括了2018年在北京师范大学召开的“‘一带一路’国家的非物质文化遗产保护与乡村振兴”国际学术研讨会的论文集。该次会议上，来自日本、韩国、美国、比利时、希腊、塞尔维亚、波兰、保加利亚、伊朗、越南和印度等10多个国家的非遗专家们，与中国学者一道，共同探讨非遗保护与乡村振兴实践中的规律，分享各国的有益经验，同时反思其中存在的问题。此次纳入丛书结集出版，不仅展现了国际相关领域的前沿探索成果，也对当前国际国内广泛开展的乡村振兴建设具有积极的启示和借鉴作用。

非遗的内容十分广泛，研究非遗的学科也很多。因此，本套丛书所收论文不仅涉及民俗学、人类学、民族学、考古系、艺术学、体育学等人文社会学科，还包括了数学、天文历法研究、医学等理工类学科的探索。各册中既有历时性的审视，又有共时性的对照；既有宏观的理论分析，也有具体的案例研究，以及在操作层面上的建言献策；既从多方面展现了中国自开展非遗保护工作以来所取得的成就，也揭示出其中交织

---

① 例如陶立璠、樱井龙彦主编：《非物质文化遗产学论集》，学苑出版社2006年版。

的复杂张力以及学界对其的深刻反思。在很大程度上，该丛书是“中国非遗研究 20 年”的一次成果检视。

本套丛书的出版得到北京高校高精尖学科“文化遗产与文化传播”建设项目的资助。该项目于 2019 年 5 月获批立项，由北师大文学院牵头，联合历史学院、艺术与传媒学院等共同建设，目的是依托北师大深厚的人文学科基础，统合校内外相关研究和教学力量，建设一个以中国优秀传统文化为基础、以非遗和区域文化为主体、以文旅融合及文化传播为特色的优势学科和新兴前沿交叉学科。同年 12 月，作为该项目的重要成果，北师大非物质文化遗产研究与发展中心成立，在继承和发挥北师大以往的民俗学学科优势的基础上，为强化非遗研究、人才培养和产教融合，搭建了一个新的国际化的交流合作平台。

2021 年对中国非遗工程而言具有特殊的意义：2021 年是中国昆曲入选联合国教科文组织《人类口传和非物质文化遗产代表作名录》20 周年，也是《中华人民共和国非物质文化遗产法》颁布 10 周年。值此之际，将中国学人的研究成果加以梳理、总结和集中展现，无疑有助于我们更好地认识非遗的本质与规律，增进本土非遗理论的建设，促进非遗保护与发展的实践，并更有效地为国际社会贡献中国经验和视角。

是为序。

杨利慧

2021 年 5 月 9 日

作者基本信息

（以文集中出现先后为序）

巴莫曲布嫫：中国社会科学院民族文学研究所研究员
朱　刚：中国社会科学院民族文学研究所副研究员

安德明：中国社会科学院文学研究所研究员
吕　微：中国社会科学院文学研究所研究员
杨利慧：北京师范大学文学院民间文学研究所教授
黄永林：华中师范大学国家文化产业研究中心教授
叶舒宪：上海交通大学人文学院教授
康　丽：北京师范大学文学院民间文学研究所教授
宋俊华：中山大学中国语言文学系、中国非物质文化遗产研究中心教授
马千里：扬州大学外国语学院副教授
朝戈金：中国社会科学院民族文学研究所研究员
张举文：美国崴涞大学东亚系教授
周福岩：辽宁大学文学院教授

户晓辉：中国社会科学院文学研究所研究员
彭兆荣：厦门大学社会与人类学院教授
彭　牧：北京师范大学文学院民间文学研究所副教授
刘晓春：中山大学中国语言文学系、中国非物质文化遗产研究中心教授
乌丙安：辽宁大学民俗研究中心原主任、教授

王杰文：中国传媒大学艺术研究院教授
萧　放：北京师范大学社会学院人类学民俗学系教授
周　星：日本爱知大学国际中国学研究中心教授

董晓萍：北京师范大学文学院中国民间文化研究所教授
高丙中：北京师范大学人文和社会科学高等研究院教授
高小康：南京大学文学院美学研究所教授
耿　波：中国传媒大学人文学院教授
刘魁立：中国社会科学院民族文学研究所研究员
王霄冰：中山大学中国语言文学系、中国非物质文化遗产研究中心教授
胡玉福：华南师范大学城市文化学院副研究员
宣炳善：浙江师范大学国际文化与教育学院副教授

目　　录

概念与历史

非物质文化遗产保护中的横向问题

非遗语境下的学科思考

中国实践与反思

概念与历史

非物质文化遗产：从概念到实践*

巴莫曲布嫫**

摘　要： 从1972年通过《保护世界文化和自然遗产公约》到2003年通过《保护非物质文化遗产公约》，在联合国教科文组织的倡导下，国际社会对口头/无形/非物质文化遗产，尤其是文化表现形式与民众实践的功能和意义进行了长期的探索。在这长达31年的历程背后，人们关于"人类遗产"尤其是"非物质文化遗产"的认知、重视和共识，也随着概念化过程的不断拓展而得以深化。因此，从概念到实践，来回顾国际社会和文化政策领域做出的不懈努力，也有许多值得我们社会科学和人文科学的学者去思考和关注的问题。

关键词： 非物质文化遗产　民俗　文化表现形式　文化空间　概念化过程

一　《保护非物质文化遗产公约》：简要历程

联合国教育、科学及文化组织（英文全称 United Nations Educatoral, Scientific and Cultural Organizaton, UNESCO；中文简称教科文组织）是联合国系统内唯一主管文化事务的政府间组织，长期致力于物质遗产（或称有形遗产）和非物质遗产（或称无形遗产）的保护。这里让我们参照

---

* 原文刊于《民族艺术》2008年第1期。

** 巴莫曲布嫫，中国社会科学院民族文学研究所研究员。

“联合国教科文组织非物质遗产重要日期”①，同时结合相关文献和事件的追踪，来回顾《保护非物质文化遗产公约》（以下简称《公约》）出台的简要历程和重要举措。

1966年，教科文组织大会通过《国际文化合作原则宣言》，为在教科文组织框架范围内制定文化政策奠定了基础。

1970年，教科文组织在意大利威尼斯召开关于文化政策的体制、行政及财政问题政府间会议，开始提出与“文化的发展”和“发展的文化维度”相关的理念。

1972年，《保护世界文化和自然遗产公约》（以下简称《世遗公约》）获得通过。当时就有一些会员国对保护“非物质遗产”（虽然当时并未形成这个概念）的重要性表示了关注。

1973年，玻利维亚政府向教科文组织政府间版权委员会提交《保护民俗国际文书议定案》（Proposal for International Instrument for the Protection of Folklore）。

1976年，世界遗产委员会成立；1978年，首批遗产地列入《世界遗产名录》。

1982年，世界文化政策会议（墨西哥城）承认后来被称为“非物质文化遗产”的相关问题越来越重要，并将“非物质因素”纳入有关文化和文化遗产的新定义中。

1982年，教科文组织成立保护民俗专家委员会，并在其机构中设立“非物质遗产处”（Section for the Non-Physical Heritage）。

1989年，在教科文组织第25届全体大会上通过《保护民间创作建议案》（以下简称《建议案》）。

1993年，在韩国的提议下，教科文组织执行局第142次会议通过决议，出台建立“人类活财富”（Living Human Treasures）工作指南；1994年启动该项目的行动计划，专门针对“人”——对社会有突出贡献的非物质遗产“持有人”或“传承人”的保护而设立。

1996年，世界文化与发展委员会的报告《我们创造的多样性》指出，1972通过的《世遗公约》无法适用于手工艺、舞蹈、口头传统等类别的

① 教科文组织：《信使》，2006年5月号。

文化遗产。报告呼吁对此进行深入研究，正式承认这些遍布全球的非物质遗产和财富。

1997 年 6 月，教科文组织与摩洛哥国家委员会在马拉喀什组织“保护大众文化空间”国际专家咨商会，“人类口头和非物质遗产”作为一个遗产概念正式进入教科文组织的文献并被相关举措所采纳。

1997—1998 年，教科文组织启动“宣布人类口头和非物质遗产代表作计划”。

1998 年，政府间文化政策促进发展会议在斯德哥尔摩召开。

1999 年，教科文组织与史密森尼学会在美国华盛顿特区共同组办国际会议“《保护民间创作建议案》全球评估：在地赋权与国际合作”，对《建议案》通过 10 年来的效果和争论进行全面评价。

2001 年 5 月，教科文组织宣布第一批“人类口头和非物质遗产代表作”，19 项代表作获得通过，中国申报的“昆曲”入选；同年 10 月，教科文组织会员国通过《世界文化多样性宣言》，包括一个行动计划。

2002 年 9 月，教科文组织召开第三次国际文化部长圆桌会议，会议期间通过《伊斯坦布尔宣言》；此后《保护非物质文化遗产公约》（以下简称《公约》）进入起草阶段。

2003 年 10 月，教科文组织第 32 届全体大会通过《保护非物质文化遗产公约》；同年 11 月，宣布第二批“人类口头和非物质遗产代表作”，28 项代表作获得通过，中国申报的“古琴艺术”入选。

2004 年，阿尔及利亚于 3 月 15 日交存《批准书》，成为《保护非物质文化遗产公约》的第一个缔约国；同年 8 月 28 日，全国人民代表大会常务委员会批准中国加入该《公约》，12 月 2 日中国交存《批准书》，成为第六个加入该《公约》的国家。

2005 年，教科文组织宣布第三批“人类口头和非物质遗产代表作”，43 项代表作获得通过，中国申报的“维吾尔族木卡姆艺术”以及与蒙古国联合申报的“蒙古长调民歌”被宣布为“代表作”；至此，全球的“代表作”总数达 90 项。

2006 年 4 月 20 日，《公约》生效；截至 2007 年 10 月 8 日，已经有 82 个国家批准了《公约》。

2006 年 11 月 18 日至 19 日，保护非物质文化遗产政府间委员会在阿尔及利亚首都阿尔及尔举行该委员会第一届会议，制定行动指南，讨论“人类非物质文化遗产代表作名录”的列入标准等问题。

2007 年 3 月 18 日，教科文组织第 33 届大会通过的《保护和促进文化表现形式多样性公约》生效。经全国人民代表大会常务委员会批准，中国于 2006 年 12 月 29 日加入该公约。

2007 年 5 月 23 日至 27 日，教科文组织保护非物质文化遗产政府间委员会第一次特别会议在中国成都召开（简称“成都会议”），就《公约》规定建立的“人类非物质文化遗产代表作名录”（Representative List of the Intangible Cultural Heritage of Humanity）和“急需保护的非物质文化遗产名录”（List of Intangible Cultural Heritage in Need of Urgent Safeguarding）的列入标准，将教科文组织于 2001 年、2003 年和 2005 年宣布的 90 项“人类口头和非物质遗产代表作”（Masterpieces of the Oral and Intangible Cultural Heritage of Humanity）转入“人类非物质文化遗产代表名录”的相关问题，建立非物质文化遗产基金的财务条例草约，咨询机构的认证标准及程序，以及就贯彻《公约》第十八条规定的项目、计划和活动（后称“优秀保护实践名册”）等十二项议案议题进行了广泛的讨论和深入的辩论后，制定、审议并通过了国际社会保护人类非物质文化遗产的一系列制度化规则。

2007 年 9 月 3 日至 7 日，保护非物质文化遗产政府间委员会第二届会议在日本东京举行（简称“东京会议”），进一步审议“成都会议”制定、通过和讨论的一系列规则，决定首批“人类非物质文化遗产代表名录”和“急需保护的非物质文化遗产名录”将于 2009 年 9 月正式评审，同时呼吁各缔约国在非遗保护工作中要高度重视“社区参与”（participation of communities）[①]，积极推进“人类活财富”体系的建立，对传承人及其制度化保护采取切实措施。

2008 年 2 月 18 日至 22 日，保护非物质文化遗产政府间委员会第二次特别会议在保加利亚首都索菲亚举办（简称“索菲亚会议”），就两年

① 根据《公约》第十五条的精神，政府间委员会的几次会议都反复讨论了社区参与，2008 年 2 月的“索菲亚会议”拟就社区及其代表、专家、专业中心和研究机构在实施《公约》的过程中如何发挥各自的作用提出操作性指导意见的草案。

来该委员会为《公约》的实施而通过的一系列规则制度进行复议和讨论，以便为当年6月在巴黎召开的《公约》缔约国大会准备文件。

二 非物质文化遗产：概念的由来

通过以上简要的回顾，我们不难发现今天已经广为人知的“非物质文化遗产”（Intangible Cultural Heritage，英文缩写为“ICH”）概念，随着时间的嬗递，在用词或术语上出现过几次明显的变化，其中既有民俗（folklore）、非物质遗产（non-physical heritage）、民间创作（cultural tradition and folklore）、口头遗产（oral heritage）、口头和非物质遗产（oral and intangible heritage）以及非物质文化遗产（intangible cultural heritage）这一类总称性术语，也有后来在“代表作”申报条例和申报书编写指南中解释为“非物质文化遗产”两种基本类型的“文化表现形式”（cultural expressive forms）和“文化空间”（cultural space）。由此可见，作为保护工作的第一步，概念的提出及其界定，经历了长达数十年的曲折过程，其间教科文组织认真审慎的工作步骤与国际社会聚讼纷纭的激烈辩论之间形成的跌宕起伏，都仿佛在唤起全世界对“人类遗产”的共同关注和普遍认同的大好形势下渐行渐远了。然而，非物质文化遗产的概念化（conceptualization）过程却成为考量人类智力与促进文化间对话的一段历史书写，其探索中的艰难程度与今日的深入人心，当是成正比的。

日本堪称是非物质文化遗产保护的发祥地。教科文组织文化部国际标准司司长林德尔·普罗特（Lyndel Prott）在其《定义“无形遗产”的概念：挑战和前景》一文中说，“无形遗产”即“非物质遗产”这一概念是由日语翻译成英语的，直接来自1950年日本在这一领域具有前瞻性的立法中。[①] 联合国人权委员会防止歧视和保护少数民族小组委员会在1995年6月第47届会议上审议特别报告员提出的《关于保护土著人民遗

① 林德尔·普罗特：《定义“无形遗产”的概念：挑战和前景》，教科文组织编《世界文化报告：文化的多样性、冲突与多元共存》，关世杰等译，北京大学出版社2002年版，第147—148页。

产的报告》之附件《保护土著人民遗产的原则和指导方针》（The Principles and Guidelines for the Protection of the Heritage of Indigenous People）①，在相关定义中已经含括了“非物质遗产”的主要内容。实际上，不管是从认识论意义上讲，还是从反思与实践上看，国际社会对“非物质文化遗产”的重视，确实也是受到了日本“无形文化财”这一理念制导下的一整套举措的影响。日本的“文化财”概念接近于我们今天所说的“文化遗产”。明治政府早在明治四年（1871 年）就颁布了太政官公告《古器具保护方案》和最早的近代法律《古寺庙保护法》（1897 年），对文化财实行制度化保护。1949 年 1 月 22 日，奈良法隆寺金堂壁的大火则成为 1950 年日本颁布了《文化财保护法》的直接导因。后来日本的“文化财保护日”也定于每年的 1 月 22 日，以警示世人。这是世界范围内第一个在国家政策制订中将文化遗产纳入基本大法，被日本视作“第一法规”，不仅针对有形文化财，同时提出要保护无形文化财，并为保护“重要无形文化财的持有者”建立了“人间国宝认证制度”，明确规定“认定”及“解除认定”的权限和程序。韩国在 1964 年借鉴并采纳了这一措施。

教科文组织总干事松浦晃一郎是推动教科文组织改革，并在国际社会推广日本经验并将之国际化、本土化的创新者，居功至伟。除了从日本引入“无形文化财”这一理念外，教科文组织还借鉴日本和韩国的实践经验于 1993 年创建了“人类活财富”（Living Human Treasures）体系，旨在保护“重要的非物质遗产持有者”及其制度化传承。除了积极支持各成员国开展富有创造性的具体实践、计划和活动外，教科文组织要求各会员国建立本国的“人类活财富”体系，开展扶助民间传承人的活动，并多次组织各成员国举办“人类活财富”培训班。迄今为止，教科文组织已经在菲律宾、泰国、罗马尼亚、法国、捷克斯洛伐克和保加利亚六个国家加以推广。中国则将之本土化为“代表性传承人”，2007 年 6 月认定了第一批国家级非物质文化遗产项目代表性传承人计 226 名；第二批代表性传承人名单在同年 12 月底进行了公示，相关认定工作及其制度化体系的建设随后也紧锣密鼓地得以推进。

---

① UN：E/CN. 4/Sub. 2/1995/26, GE. 95 – 12808（E）, 21 June 1995.

1982年，教科文组织成立保护民俗专家委员会，并在其机构中设立“非物质遗产处”（Section for the Non-Physical Heritage），可能后来国际上使用non-physical heritage来表述“非物质遗产”也由此而出。至于“intangible［cultural］heritage”正式作为翻译语言加以使用的具体时间，一时还难以查证。但可以肯定的是，在此后的十多年，也就是在教科文组织启动“宣布人类口头和非物质遗产代表作计划”的前后几年，这一英文表述在文件中应该基本定型了。此外，还有immaterial heritage的对译法，在法语和西班牙语的正式文件中至今依然使用的是immaterial cultural heritage，相应地，在这两种语言通行的国家，也在沿用该译法。“oral and intangible heritage”和“intangible cultural heritage”这两个概念，则是随着“昆曲”率先被宣布为“口头和非物质遗产代表作”和《公约》的通过先后进入中国公共阅读的场域，随之引起了广泛的谈论和争议，焦点在于是继续使用中国早已约定俗成的“民间文化”或是“民族民间文化”，还是使用“无形文化遗产”或“非物质文化遗产”。这场争论在中国加入《公约》之后，尤其是文化部等九部委联合启动“国家级非物质文化遗产代表作名录”的申报评审工作以来，似乎消停了许多。尽管至今依然还有不少学者在发表文章，从学理上进行不同角度的阐发，相关文献目录正在拉长，但大家还是形成了基本共识，即应该与《公约》精神和中国政府的话语系统保持一致。毕竟百家争鸣是学术领域的正常交锋，而如何操作、如何普及、如何引起更多的公众，尤其非物质文化遗产所在社区、群体和个人的关注和参与，则是政府更为重视的问题。因此，我们常常在媒体上看到如下表述：非物质文化遗产，又作“无形文化遗产”，也就是我们所说的“民族民间文化遗产”。这至少表明，由教科文组织和国际社会，包括各个领域的学者和世界各种文化传统中的实践者，经过多年努力才共同建构的遗产新概念，正以最快的速度和最广的覆盖范围进入了“本土化”的进程。

然而，“非物质文化遗产”作为一个操作性的工作概念被引入教科文组织内部的工作制度中并逐步加以国际化运作的过程却是举步维艰，回观其间一场长达16年的持续性主题辩论，便可昭示出“无形”之于“有形”在界定上具有难以比量的复杂程度，也在某种意义上回答了为什么在《保护世界文化和自然遗产公约》出台31年后才有了保护“人类遗产”的姊妹篇——《保护非物质文化遗产公约》。

三 文化表现形式：民俗保护与概念的衍化

这场论战的开始，与我们现在看到的《建议案》标题有关：Recommendation on the Safeguarding of Traditional Culture and Folklore。虽然在保护对象上这里用了两个关键词：一个是传统文化；一个是民俗。但该文书的实质性内容与工作框架的主要环节都落到了“民俗”这个术语上。这里我们暂且不去评价教科文组织正式文件在翻译中的汉语表述，而要思考为什么这些资深的专业翻译人员会绞尽脑汁将这两个并置的保护对象译为“民间创作”。“民俗”（folklore）一词，是英国学者威廉·汤姆斯（W. J. Thoms）于 1846 年首创，用于指“民众的知识”，最早由日本学者将其翻译为“民俗”，后来也为中国民俗学界所采用。虽然这个概念从产生到现在已长达 160 多年，但围绕“民俗”之“民”或“民俗”之“俗”的定义及其争论可谓聚讼纷纭，长期以来也构成了民俗学（folkloristics）这一学科在发展中不断面临挑战的一系列基本的理论难题。①

作为教科文组织文化部门非物质遗产处的专员，萨曼塔·谢尔金（Samantha Sherkin）女士基于总部内外可资利用的大量文件，完成了一篇长达五万多字的工作回顾报告，对《建议案》出台之前的诸多历史事件，按三个主要阶段进行了“编年记”式的汇总分析。在报告的最后还列有各个时期的共 31 项重要活动，最早始于 1952 年通过的《世界版权公约》，最晚追溯到 1989 年通过的《建议案》。她以精细的笔触勾勒出在概念上出现的取向、趋势和僵局等诸多因素的合力下，最终促成这一国际准则（或叫“软性法律”）的形成过程。报告指出，在教科文组织就保护非物质文化遗产进行调研的最初几年中，一个理论上的难题就已然悬置起来，而且一直延续到今天。也就是说，到底是在版权法之内还是之外来保护民俗，这个难题导引了接踵而至的 16 年论战，而理论上的“偏

---

① 相关的学术史，详见高丙中《民俗文化与民俗生活》，中国社会科学出版社 1994 年版。

好”在这些事件的导向形成上扮演了一个意义深远的角色。[①]

这一论战诚然与教科文组织的出发点，亦即后来该组织与世界知识产权组织（WIPO）协同推进的“版权：保护民俗”（Copyright：Protection of Folklore）的工作计划有关。[②] 已故芬兰民俗学家劳里·航柯（Lauri Honko）作为当时北欧民俗学研究所（NIF）所长几度参与其间的专家会议。他在回忆《建议案》草案的讨论过程时说，将“传统文化”置于“民俗”之前，是因为后一个概念带有西方人居高临下的“轻蔑”含义。[③] 在教科文组织和世界知识产权组织共同召集的“保护民俗世界论坛”上，来自澳大利亚的罗宾·班克罗夫特（Robyne Bancroft）女士在发言中直言不讳地指出，原住民不喜欢“民俗”（folklore）和“神话”（myth）这样的术语，因为在澳洲这些术语都带有负面的含义；因而她建议坚持使用“本土文化遗产”（indigenous cultural heritage）这一概念。[④] 时至2007年5月的“成都会议”，笔者从一位摩洛哥观察员那里也听到了他的国家依然在拒斥“民俗”这一概念的声音。普罗特在前述的文章中也指出，“对人类学家来说，‘民俗’是艺术的一个技术性词汇，即使他们也不能对‘民俗’给出一个精确的定义。很多群体认为，对这个词限定一个共同的理解意味着一种倒退，是应该避免的。所以在美国使用‘民众生活’［folklife］这个词。在‘民众文化’和‘高雅文化’（与一个社会的精英层相联系，如仅为皇室宫廷服务的演出艺术）的追随者之间也有一场辩论”[⑤]。实际上，受到挑战的词汇也好，术语也罢，还包括与所谓“进步”“现代化”“科学”等对立起来加以评价的“传统”，但毕竟依凭传统去“怀旧”的人、去“创新”的人、去“建构”认同的人

---

① Samantha Sherkin, “A Historical Study on the Preparation of the 1989 Recommendation on the Safeguarding of Traditional Culture and Folklore”, http://www.folklife.si.edu/resources/Unesco/sherkin.htm.

② UNESCO-WIPO World Forum on the Protection of Folklore: http://www.unesco.org/culture/copyright/folklore/html_eng/index_en.shtml.

③ “Copyright and Folklore”, FFN 21: 8 - 10, March 2001.

④ Peter Seitel, “Safeguarding Traditional Cultures: A Global Assessment”, UNESCO, 00112 - EN, 2001.

⑤ 教科文组织编:《世界文化报告：文化的多样性、冲突与多元共存》，关世杰等译，北京大学出版社2002年版，第147—148页。

还是占了多数，尽管持论者的目标不尽相同。也有学者指出，在教科文组织和世界知识产权组织的工作讨论中，folklore 这一术语主要被“艺术地”用于涵盖口头传统与表演（oral traditions and performances）。[①]

另外，与“民俗”这一棘手概念纠缠在一起的理论难题就是“版权”（copyright）。正如谢尔金所说，教科文组织推动“保护民俗”的初衷是力图从国际法的角度来保护“民俗”。1952 年，教科文组织召开的一次政府间会议通过了《世界版权公约》。在“二战”之后的几十年里，该公约使版权保护扩展到众多尚未加入《伯尔尼保护文学艺术作品公约》（1886 年签订，后经多次修订）的国家。但这两个国际公约都没有覆盖到后来由“folklore”逐渐演绎出来的“民间文学艺术”“传统文化表现形式”“民间创作”等概念所指称的范畴。20 世纪 60 年代以降，保护民间文学艺术的最初立法努力出现在一些国家的国内法版权法中。1967 年，突尼斯率先将民间文学列入版权法保护范围，此后有玻利维亚（1968，仅限于民间音乐），智利（1970），摩洛哥（1970），阿尔及利亚（1973），塞内加尔（1973），肯尼亚（1975），马里（1977），布隆迪（1978），象牙海岸（1978），几内亚（1980），布基纳法索（1983）。由此可见，版权问题在那个年代确实是许多发展中国家普遍关注的问题，而这背后则有着极其深刻的殖民记忆和创建民族—国家认同的强烈诉求。

教科文组织在其步入第六个十年的纪念活动之际，通过网站发布了“联合国教科文组织非物质文化遗产重要日期”，其中特别述及 1973 年玻利维亚政府建议为《世界版权公约》增加一项关于保护民俗（folklore）的《议定案》。实际上，此举并不成功，但在教科文组织的工作框架中直接引发了保护非物质遗产的一系列举措。航柯在谈到这项“议定书”时不无幽默地说，这背后还有一个“真真假假的‘传闻’”：1970 年，美国歌手保罗·西蒙（Paul Simon）的一支单曲风行于世，很快人们就发现这首名叫《老鹰在飞》（*El Condor Pasa*）的歌，实际上是一支玻利维亚民谣（后来也有人称这首民歌在整个南美都有流传）。由于唱片的成功给“作者”带来了巨大的经济效益，因而人们认为至少应该把一部分利润返

① United Nations Economic and Social Council, “Intellectual Property of Indigenous Peoples: Concise Report of the Secretary – General”, E/CN. 4/Sub. 2/1992/30, 6 July 1992.

还给民谣的故乡。这个“传闻”实际上是真实的，在谢尔金的报告中已经作为第13个注释记录在案。航柯转而非常严肃地指出，民俗传统的版权问题及其产生的分歧确实主导着整个计划的方向，因其不仅关涉着许多前殖民地国家在文化上的独特性和创造力，而且关涉着发达国家对传统民俗的经济开发，那往往是越过传统文化的本土语境，侵犯了传统文化所属社区和群体的利益，而在表现或再现上的曲解则轻诋了维系这一传统的群体，伤害了人们的文化认同和价值观。

无论怎样，玻利维亚政府率先向教科文组织提出正式建议，意在保护本土传统文化的知识产权问题。在教科文组织后来的一系列文件中都或详或略地肯定了这一点：“特别是自玻利维亚政府1973年向教科文组织总干事提出了关于对民间艺术的维护、促进和传播做出规定的建议以来，保护非物质文化遗产一直是本组织所关心的事项”（UNESCO CLT - 2002/CONF. 203/4）；这也正是“16年辩论”开始计算的起始时间。接着，在教科文组织和世界知识产权组织的协助下，突尼斯政府于1976年2月至3月召开的政府专家委员会上正式通过的一部版权法，简称《突尼斯样板版权法》（Tunis Model Law on Copyright），为发展中国家规定了保护本国民间文学艺术作品的条款。1978年以后，教科文组织进一步与世界知识产权组织展开不间断合作，从1980年到1984年，双方联合举办过4次专家会议和4次地区性会议，力图联手解决这一类的国际国内纷争。

1982年，教科文组织和世界知识产权组织这两个政府间组织在日内瓦召开了专家会议，并通过了后来颁布的《保护民间文学艺术的表达、禁止不正当利用和其他破坏性行为的国家法律示范条款》（简称《示范条款》）。第二条规定“民间文学表达形式”系指由传统艺术遗产的特有因素构成的、由××国的某居民团体（或民营该团体的传统艺术发展的个人）所发展和保持的产品，尤其指下列内容：（一）口头表达形式，诸如民间故事、民间诗歌及民间谜语；（二）音乐表达形式，诸如民歌及器乐；（三）行动表达形式，诸如民间舞蹈、民间游戏、民间艺术形式或民间宗教仪式（上述形式不论是否已固定在有形物上）；（四）有形的表达形式，诸如：（1）民间艺术品，尤其是笔画、彩画、雕刻、雕塑、陶器、拼花（拼图）、木制品、金属器皿、珠宝饰物、编织、刺绣、纺织品、地毯、服装式样；（2）乐器；（3）建筑艺术形式。同时还规定了民间文学表达形式的授权、来源的承认、过错、民事赔偿、授权机关、监督机关、审判等内容。

《示范条款》的英文原题为 Draft Treaty for the Protection of Expressions of Folklore Against Illicit Exploitation and Other Prejudicial Actions，汉译文件将关键字段“Expression of Folklore”译作“民间文学表达形式”，主要是为了区别于一般书面文学创作中惯常使用的“作品”（work）概念，也就是说与“版权法”所保护的“作品”相区分以彰显保护对象的基本属性。这也是1989年通过《建议案》之前唯一得到部分中东欧、非洲、拉美和亚太地区国家积极回应的一个国际文书。此后，这场在“民俗与版权”之间左右颉颃、进退两难的立法努力，可以概括为历时长久、人力物力耗散巨大、辩论不断，而且收效甚微、影响不大，没有达到预期目标。但是，失败乃成功之母。这场论战所取得的积极成果是1989年在联合国教科文组织第25届大会上通过的《保护民间创作建议案》。萨曼塔在其报告的结论中说，采纳《建议案》的整个过程被一场不可调和的辩论所羁绊，分歧主要来自对民俗保护与知识产权问题进行全面质疑的过程中出现在这两者之间的对立看法，教科文组织、世界知识产权组织和相关的会员国都被这个问题所主导，而《建议案》本身则力图调和这两个理论阵营。

《建议案》的英文原题是 Recommendation on the Safeguarding of Traditional Culture and Folklore，直译应为《保护传统文化和民俗建议案》，文件第一段为定义阐述：“Folklore（or traditional and popular culture）is…”，中文翻译为“民间创作（或传统的民间文化）是指来自某一文化社区的全部创作，这些创作以传统为依据、由某一群体或一些个体所表达并被认为是符合社区期望的作为其文化和社会特性的表达形式；准则和价值通过模仿或其他方式口头相传。它的形式包括：语言、文学、音乐、舞蹈、游戏、神话、礼仪、习惯、手工艺、建筑术及其它艺术。”同时从“民间创作”的定义、鉴别、保存、保护、传播、维护和国际合作等7个方面作出了规定。

谢尔金在其总结报告中引述了航柯教授的客观评价：《建议案》明智地强调了民俗保护的积极方面，比如以适当的方法维护和传播民俗；同时避开了消极方面，如“知识产权”及其运用中的棘手问题。其结果是将民俗保护与知识产权问题加以分别对待的取向日益清晰起来，以期绕开长期的困扰和最后出现的僵局，在将来的行动计划中从方法上改善工作途径，在理论基石与预期的操作结果之间厘清观念上的认识，形成内在统一的解决方案。通过比较，我们会发现《示范条款》与《建议案》的发布时间相差 7 年，但在关键概念和措辞上基本保持一致：一则在条款或文件标题上都继续沿用了“folklore”这个至今也剪不断理还乱的术语；二则在正文的定义中都以“民间文学表达形式”或“表现形式”潜在地替代了争议不断的 folklore，而有关该术语的阐释、辩论和抽绎正是后来“非物质文化遗产”这一概念来源的学理依据。

四 文化空间：本土立场与概念的拓展

当然，《建议案》这份关键性文书的出台只是一个分界标，此后的十多年间教科文组织为贯彻和执行这一国际准则做出了不懈的努力，在开展一系列行动计划的同时，通过调查问卷、专家讨论和开放式辩论等方式，在世界范围内进行了阶段性或地区性的效果评估。1995 年至 1999 年，教科文组织和世界知识产权组织在世界各地举行了 8 次地区性研讨会：捷克（1995 年 6 月，中东欧地区）；墨西哥（1997 年 9 月，拉丁美洲和加勒比海地区）；日本（1998 年 2—3 月，亚洲）；芬兰（1998 年 9 月，西欧）；乌兹别克斯坦（1998 年 10 月，中亚和高加索）；迦纳（1999 年 1 月，非洲）；新加勒多尼亚（1999 年 2 月，太平洋地区）以及黎巴嫩（1999 年 5 月，阿拉伯国家）。到了 1999 年，也就是《建议案》通过 10 年之后，教科文组织与长期致力于保护民间文化而在国际社会享有盛誉的美国史密森尼学会（Smithsonian Institution）在华盛顿特区联合组织召开了以“全面评估《保护民间创作建议案》：在地赋权与国际合作”为主题的国际会议，来自 27 个国家的 37 位代表（包括专家、政府官员和传统文化的实践者）和 40 位观察员与会，这次会议可谓参与范围广，持续辩论时间长，尤其是争议交锋的激烈程度都超出了笔者的想象。例如，来自厄瓜多尔的代表米盖尔·普温奇（Miguel Puwainchir）用本土的一则谚语开始了他的发难：“‘没有土地的人就是没有文化的人。’如果教科文组织不能改变什么，那么我们一定要改变教科文组织。在西班牙占领之前，我们拥有纯净的文化；今天，则充斥着太多的混乱！文化，已经遭到污染。我们需要促进并捍卫我们的文化，否则，我们的文化将会慢慢死亡，而我们将会接受那种后果；尽管，我们不应该孤立我们自己。我们应该寻求文化的相互关联，负面的价值观应该被忘记。举例来说，在玻利维亚，古柯叶已经被用作很好的医学治疗目的，其他人却让它成为一种邪恶的毒品！我们今天应该做些什么？我们需要积极的价值观，摈弃消极的因素。”进而他接着指出：“……《建议案》基本上把文化描述成‘物品’！但文化也是人类［有生命的］。我们为什么要拆开这二者，我们需要交流经验——这是有益的。讨论中的许多问题卷入了疏离。但是我们一定要记住文化才是我们的真正本性。”在后来的讨论中，这位伶牙俐齿的代表还由此生发了一番给人深刻印象的阐述，那就是关于“文化间性”（interculturality）——这个视角在后来也直接对教科文组织推行的多元文化主义构成了方法论上的挑战（UNESCO，00112 – EN，p. 296）。

玛丽塔·彼得森·霍兰（Maurita Peterson Holland）和卡里·R. 史密斯（Kari R. Smith）在《利用信息技术保护和维系文化遗产：数字集体》一文中引述了几位学者的相关观点。斯塔文·哈根（Staven Hagen）在其观察性评述中指出：“有一种……危险……它把文化当作一种物品，这种物品独立于各种社会参与者相互关联的社会空间而存在。人类学提醒我们任何群体的民族（即，文化）身份与其说依赖于文化内涵，不如说依赖于社会范围。后者决定社会关系空间，借助于这种空间，这样或那样的民族群体被赋予了成员身份。原住民的文化根植于自然和精神两个世界之中。实际上，自然与文化不可避免地以文化表现形式结合起来。波西称这两者之间的连接为‘关系网’。”① 多克斯泰特（Doxtator）也曾提供了有力的陈述：“易洛魁族妇女的思想与土地交流的其它方式是语言、地名，它们指涉并引出个人故事和集体故事、口语的创造力，并制造具体物品——它们能动地变成了唤醒丰富的文化知识的文化隐喻。”② 她继

---

① 转引自教科文组织编《世界文化报告：文化的多样性、冲突与多元共存》，关世杰等译，北京大学出版社 2002 年版，第 178 页。

② 转引自教科文组织编《世界文化报告：文化的多样性、冲突与多元共存》，关世杰等译，北京大学出版社 2002 年版，第 180 页。

续描述个人思想、土地以及集体智慧之间的丰富关系。“妇女与土地具有共同思想［的事实］也是构建使用过程、传授与保存知识的一部分。知识是由储存于彼此相连的个人记忆与思想之中的文化比喻网络所构成的。”① 因为，在原住民社会，传统、仪式、语言、部族生活经历以及与土地的情结是整体和动态的。因此，如何以整体性原则来保护非物质文化这种活态遗产及其存续力成为学界关注的焦点，同时一种以价值观念为导向、以可持续发展为方针的遗产保护模式逐步在理论上得以厘清。正如普罗特在其文章中所说，“部落人深深理解世间万物的‘息息相关’，形象地说，即‘生命网’。这与西方将个体从环境中剥离出来的单独分析的分割式思维方式全然不同……真正需要保护的是社会过程，而不是已经被制造出来的物品。这也是很多原住居民采纳的方法。但是西方的模式将所有的东西都转化为物品，如‘知识’、‘生活形式’或‘商业’，而传统社会习惯于将所有的东西理解为一个过程，如‘知道’、或‘认知’、‘生活’、‘保护’”。② 时任教科文组织非物质遗产处处长的爱川纪子（Noriko Aikawa）在《无形文化遗产：新的保护措施》一文中也谈到过这种的变化：从《建议案》主要定位于以有形的形式对非物质遗产进行记录和保存，转向了通过世代相传和复兴非物质遗产来保持其活力，就势必要求优先考虑在这类遗产的文化生态中承认和激励所属的社区、群体和传承人参与到保护的实践过程中来，从而避免所谓的民俗主义（folklorism），确保相关社区的文化遗产薪火相传。③

公允地说，在《世遗公约》和《非遗公约》之间长达31年的艰辛历程中，《建议案》承上启下地架接起了一座意义重大、影响深远的桥梁。该文书虽不具约束力（“软性法律”），但却是联合国教科文组织组织制定的国际准则。在长期的辩论中，或是修改已经通过的《建议案》，或是酝

① 转引自教科文组织编《世界文化报告：文化的多样性、冲突与多元共存》，关世杰等译，北京大学出版社2002年版，第180页。

② 林德尔·普罗特：《定义“无形遗产”的概念：挑战和前景》，教科文组织编《世界文化报告：文化的多样性、冲突与多元共存》，关世杰等译，北京大学出版社2002年版，第147—148页。

③ 爱川纪子：《无形文化遗产：新的保护措施》，联合国教科文组织编《世界文化报告：文化的多样性、冲突与多元共存》，关世杰等译，北京大学出版社2002年版，第163—164页。

酿一种新的法律手段，业已成为一种呼声。代表们强烈要求至少就非物质文化遗产的范围和定义等问题制定一个新的文书或修订原有的文书，并强调了非物质文化遗产持有者（创造者和实践者）的中心作用。罗宾·班克罗夫特（Robyne Bancroft）在1999年的评估会议上就说，《建议案》"缺了牙"（意即"利器"），应该补上；那就是要形成一个联合国教科文组织颁布的国际公约。这次会议之后，教科文组织就开始为拟定一个新的准则文书，以便对在国际层面上规范"保护传统文化和民俗"的可行性问题进行研究。在《公约》出台以前，《建议案》是唯一关于非物质文化遗产的国际法律文件，尤其是受到了中欧、东欧、非洲、拉丁美洲和亚太地区许多国家的重视。即使是在《非遗公约》通过后，这一以folklore为关键词的重要文件也未完全退出"人类遗产"的舞台，在2005年各会员国申报第三批"代表作"的工作指南中，《建议案》作为"附件3"依然是整个操作框架的重要参照，甚至在《公约》的条款中也能看到《建议案》的宗旨和精神依在，改变的只是技术上的用词和术语。因此可以认为，"folklore"一词从《公约》文本中悄然"消隐"，主要是为了绕开该词引发的种种争议。这是由于通过长期的辩论，人们大多厘清了"民俗"一词所附带的负面含义，因而将之视作一个棘手的术语，并达成共识：一则留待将来任何新的法律文件从定义上进行必要的修正；二则在尚未达成共识之前，如果没有可替换的适当术语，就只能在学术概念上继续沿用。

在非物质文化遗产的概念化进程中，还有一个关键性事件应当提及。在摩洛哥一个知识分子团体和西班牙作家胡安·戈伊蒂索洛（Juan Goytisolo）先后向教科文组织提出倡议后，文化遗产处与摩洛哥教科文全委会合作，于1997年6月在马拉喀什举行了"保护大众文化空间国际专家磋商会"。其前因是同年戈伊蒂索洛与穆斯塔法·泽因（Mustapha Zine，公证人）和迦阿法·坎绍斯（Jaafa Kanssoussi）等一些马拉喀什人，创建了一个非政府组织，名为"保护吉马·埃尔弗纳广场大众文化表现形式联合会"（the Association to Protect Popular Cultural Expression Performed in Jemaa el-Fna Square）。这个组织还得到了墨西哥作家卡洛斯·福恩特斯（Carlos Fuentes）的支持。其工作内容是记录大众文化表演，动员学生参观吉马·埃尔弗纳广场，组织展览，制作电视节目和电影，参与国家庆典活动等。专家会议在当地进行，无疑也受到这个“广场”的多重激发，会议辩论期间产生了一个新的概念，就是“人类口头遗产”（the oral heritage of humanity）；同时对来源于人类学的“文化空间”（cultural space）概念作出了定义：“文化空间”的人类学概念被确定为一个集中了民间和传统文化活动的地点，但也被确定为一般以某一周期（周期、季节、日程表等）或是一事件为特点的一段时间。这段时间和这一地点的存在取决于以传统方式进行的文化活动本身的存在。最后向教科文组织大会第29届会议提交了一份决议草案，倡议由教科文组织设立一个国际荣誉奖项，确保被宣布为“人类口头遗产代表作”的文化空间或文化表现形式受到保护和宣传（UNESCO，154 EX/13）。1997年11月召开的第29届会员国大会正式通过了第23号决议，接受了“人类口头和非物质遗产”的概念，并创立了“代表作”这一称号。胡安·戈伊蒂索洛后来指出：“教科文组织的支持可以用来改变当局和舆论界领袖的想法，鼓励大众以新的观点看待某些文化现象。对人类来说，失去一个说书艺人，要比200名畅销书作者的去世造成的损失严重得多，了解这一点是至关重要的。”①

后来，在教科文组织发布的《人类口头和非物质遗产代表作申报书编写指南》中，对非物质遗产类别作出说明时再一次将“文化空间”这一概念阐述如下：“宣布人类口头和非物质遗产代表作针对的是非物质文化遗产的两种表现形式：一种表现于有规可循的文化表现形式，如音乐或戏剧表演，传统习俗或各类节庆仪式；另一种表现于一种文化空间，这种空间可确定为民间或传统文化活动的集中地域，但也可确定为具有周期性或事件性的特定时间；这种具有时间和实体的空间之所以能存在，是因为它是文化表现活动的传统表现场所。”② 此后，“文化空间”和“文化表现形式”（forms of cultural expression）一并成为学界关注口头和非物质遗产保护和研究的重要维度（为了使我国公众社会易于理解，“文化空间”这一学术概念在《国家级非物质文化遗产代表作申报书》中被“本土化”为“文化场所”；类似的情况还有《公约》中的“口头传统”

① 教科文组织：《信使》，2000年12月号。

② 见该指南的第3—4段，文化部外联局译，http：//www. ihchina. cn/inc/detail. jsp? info_id＝89。

被转换为“民间文学”)。吉马·埃尔弗纳广场的文化空间（The Cultural Space of Jemaa el-Fna Square）在2001年顺利入选首批“代表作”的“文化空间”项目。在教科文组织业已颁布的三批“代表作”中，共有19项代表作属于“文化空间”项目。此外，在2005年10月20日通过的《保护和促进文化表现形式多样性公约》中对“文化表现形式”也作出了新的定义：指个人、群体和社会创造的具有文化内容的表现形式。同时还指出“文化多样性”指各群体和社会借以表现其文化的多种不同形式。这些表现形式在他们内部及其间传承（第四条）。文化在不同时间和空间具有多样形式，这种多样性体现为人类各民族和各社会文化特征和文化表现形式的独特性和多元性（序言）。

五　从“口头和非物质遗产”到“非物质文化遗产”：走向开放的定义

1998年6月底至7月初，以上概念根据联合国方案和协调委员会的讨论期间听取的意见和各会员国在秘书处组织的磋商后又进行了修改。教科文组织执行局第155届会议指出，由于“口头遗产”和“非物质遗产”是不可分的，因此在以后的鉴别中，在“口头遗产”的后面加上“非物质”的限定（155 EX/15），这就是“口头和非物质遗产”概念的基本形成过程。会上通过“代表作条例”，关于“口头和非物质遗产”的定义叙述如下：“来自某一文化社区的全部创作，这些创作以传统为依据、由某一群体或一些个体所表达并被认为是符合社区期望的，作为其文化和社会特性的表达形式、准则和价值通过模仿或其它方式口头相传。它的形式包括：语言、文学、音乐、舞蹈、游戏、神话、礼仪、习惯、手工艺、建筑艺术及其它艺术。除此之外，还包括传统形式的传播和信息。”

1998年，教科文组织大会启动了“宣布人类口头和非物质遗产代表作计划”。2001年3月，教科文组织委托的一个专家小组在意大利都灵（Turin）经过讨论后又再一次制定了新的定义，并相继经教科文组织执行局的第161次会议和第31届大会通过（2001年10—11月），进而将“口头和非物质遗产”定义为：“人们学习的过程及在学习过程中被告知和自创的知识、技术和创造力，还有他们在这一过程中创造的产品以及他们持续发展所必需的资源、空间和其他社会及自然构造；这些过程给现存的社区提供了一种与先辈们相连续的感觉，对文化认定很重要，对人类文化多样性和创造性保护也有着重要意义。”（UNESCO，31C/43）

为实施大会的这项决议，教科文组织于 2002 年 1 月 22 日至 24 日在里约热内卢召开了以“非物质文化遗产：一项国际公约应包括的优先领域”为主题的国际专家会议。会上，学者们肯定了“都灵会议”上讨论的“非物质文化遗产——操作性定义”及其所确定的非物质文化遗产定义，并建议就有关的一系列术语问题进行磋商。会议期间，审查了“宣布人类口头和非物质遗产代表作计划”产生影响的一些案例，以及保存和保护这类遗产的一些最佳实践。与此同时，专家们还建议用“非物质文化遗产”取代“人类口头和非物质遗产”，以保证“宣布代表作计划”与今后将要出台的《公约》之间在术语和概念上形成一致性的内在联系。

2002 年是联合国文化遗产年，9 月 16—17 日，在伊斯坦布尔举行了以“非物质文化遗产：文化多样性的鉴照”为主题的文化部长圆桌会议，通过了《伊斯坦布尔宣言》，由此确立了制定《公约》的工作目标。此后，“非物质文化遗产”（Intangible Cultural Heritage，ICH）成为《公约》（2003 年 10 月 17 日通过）的法定用语，并进一步定义为“被各社区、群体，有时是个人，视为其文化遗产组成部分的各种社会实践、观念表述、表现形式、知识、技能以及相关的工具、实物、手工艺品和文化场所。这种非物质文化遗产世代相传，在各社区和群体适应周围环境以及与自然和历史的互动中，被不断地再创造，为这些社区和群体提供认同感和持续感，从而增强对文化多样性和人类创造力的尊重。在本公约中，只考虑符合现有的国际人权文件，各社区、群体和个人之间相互尊重的需要和顺应可持续发展的非物质文化遗产”。（第二条）根据上述定义，进一步将“非物质文化遗产”分列为以下五个领域：（1）口头传统和表现形式，包括作为非物质文化遗产媒介的语言；（2）表演艺术；（3）社会实践、仪式、节庆活动；（4）有关自然界和宇宙的知识和实践；（5）传统手工艺。同时《非遗公约》还对“保护”及其工作流程作出了以下说明：“保护”指确保非物质文化遗产生命力［存续力］的各种措施，包括这种遗产各个方面的确认、立档［建档］、研究、保存［维护］、保护、宣传［促进］、弘扬、传承（特别是通过正规和非正规教育）和振兴。由此可见，在可操作性的层面上对定义进行了更为抽象的概括，同时在概念框架上作出了具体的逐项分解，从涵盖范围上通过“代表作”的具体案例及其生动呈现则更易于把握。作为教科文组织现任的非物质遗产处处长里克斯·斯梅茨（Rieks Smeets）先生也指出，“与其下个定义，不如回顾一下这种遗产所覆盖的领域”①。

2002 年 6 月 10—12 日，在教科文组织巴黎总部召开的专家会议上，对教科文组织荷兰全委会组织的荷兰专家小组草拟和完成的《非物质文化遗产术语表》（Glossary on ICH）进行了审定。这份术语表在 2007 年 5 月的“成都会议”上应部分会员国代表和政府间委员会的要求分发给了与会的各国代表。原因是有的会员国代表再次提出重新讨论非物质文化遗产的定义，甚或建议政府间委员会就相关概念的定义问题成立一个专家工作组，并在“东京会议”召开之前提出解决方案；与此同时，这一动议立即遭到来自其他会员国如日本的反对，理由是概念和定义往往卷入纯哲学的一般性辩论，势必会引发无休无止的争议。而任何一种定义都难以涵盖非物质文化遗产的复杂性、动态性和丰富性，教科文组织提供的基本定义和术语系统诚然可供各缔约国在操作层面上参照使用，但如何理解和阐释则需要纳入非遗所属文化社区的具体实践中并依据本土社会的价值认同和观念立场来加以不断的验证和丰富。进而，有的会员国提出，将定义问题留给各缔约国根据自己的国情和实践去做出自己的回答，或在保护实践与学术争鸣之间作出操作性和理论性的权重和取舍，这一反拨性意见得到了多数会员国的赞同。换言之，在认识论和实践意义上看，不应强加一种放之四海皆准的标准化定义，而让这种概念化过程继续走向开放而非封闭，通过回应社会需求以保护和维系文化多样性、文化创造力和文化自主权为主要目标，进而对这种“活态遗产”（Living Heritage）做出长期不懈的实践和探索。

此外还应提及的是，由于版权制度和邻接权制度并不适合保护“民间文学艺术表现形式”（expression of folklore）这一特定知识成果，促使教科文组织与世界知识产权组织开始更新共识，结束论战，分工协作，

① 教科文组织：《信使》，2006 年 5 月号。

以建立切实可行的立法保护模式。归纳起来说，就是从综合和具体的两种向度上来推进“保护”，各自发挥自己作为政府间组织的潜能：一方面采取全面的、系统的保护措施；另一方面采取特别立法来建构与知识产权相关的特定权利体系（IP-related sui generis）。前者在教科文组织前后推出的《建议案》和《公约》中已经得以体现；后者至今依然在以世界知识产权组织为主导力量，教科文组织充分配合，同时在相关会员国的共同努力下继续推进特别法的建立。世界知识产权组织的工作主要遵循其使命，关注的是知识产权意义上的传统文化表现形式及其“保护”（WIPO/GRTKF/IC/7/3）。据悉，目前这项工作在世界知识产权组织的组织框架内已经取得实质性进展，成立于2000年的知识产权与遗传资源、传统知识和民间文学艺术政府间委员会（IGC）于2006年11月30日至12月8日在日内瓦举行会议，就采取新的方式开展保护知识产权与传统知识（TK）和传统文化表现形式（TCEs）方面的工作达成一致意见。[①]此外，世界贸易组织的《与贸易有关的知识产权协议》第9条的表述也适用各国对传统文化的知识产权保护。中国2001年修改的《著作权法》也当属采用版权法来保护民间文学的尝试性实践；加入《公约》后，中国制定的《民族民间传统文化保护法草案》也正式更名为《非物质文化遗产保护法》，其草案（送审稿）后来报送国务院。

世界知识产权组织（WIPO）早在几十年前就率先开始审议知识产权和传统文化表现形式（TCEs）的保护、促进和保存之间的关系，在该领域政策制定、立法援助和能力建设方面有一系列积极的行动计划。该组织认为，传统文化表现形式和知识产权之间的关系引发了许多复杂和挑战性的问题；传统文化或民间文学艺术表现形式确立并反映了本土和其他社区的价值、传统和信仰特征。在世界知识产权组织的工作框架内交互使用“传统文化表现形式”（TCEs）和“民间文学艺术表现形式”（EoF）这两个术语。尽管在以往国际讨论中“民间文学艺术表现形式”是最通常使用的用语，并出现在许多国家法律之中，但一些团体对“民间文学艺术”（英文为folklore）一词的负面含义还是表达了保留意见，强调使用“传统文化表现形式”或“民间文学艺术表现形式”，无意建议

---

① 相关信息可访问世界知识产权组织网站（https：//www. wipo. gov. int）。

在国家、团体或其他权利人之间就这些或其他用语的有效性或适用性达成任何一致意见。如同许多人指出的那样，选择一个或数个适合用语，明确它或它们所覆盖的主题范围，最终应由当地或国家一级的政策制定者和相关团体做出决定。[①] 这一精神与教科文组织有关“非物质文化遗产”的开放性定义框架及其所秉持的基本主张是交相一致的。因此，非物质文化遗产的保护必须关注在世界知识产权组织工作框架下推进的传统知识保护问题。

综上所述，三十多年来，国际社会围绕“非物质文化遗产”这一概念的定义问题进行了持续不断的努力探索，其间一直贯穿着冲突、辩论、沟通、反思、协商、妥协和包容等多重复调的对话，从教科文组织与世界知识产权组织的共同努力到遍布全球的文化权利诉求，从民俗保护到知识产权问题，从物质遗产与非物质遗产的互动到以一种“人类共同遗产”的视野融合来看待整个世界一道守护人类精神家园的趋向，都深刻地说明了“非物质文化遗产”的概念化过程依然在延伸，或许永远也不会画上句号。正是这一过程本身，为我们理解世界文化多样性与人类可持续发展提供了充满智力追问的思辨性图景；其间多向性的反思与开放性的建构始终是不断深拓认知过程的一次次新的开端，从而为突破人类在知识分野或观念视野上形成的种种局限和羁绊，把握全球化进程中的世界人文脉搏，理解不同文化传统的知识景观，增进各种文明之间的文化间对话构成了巨大的张力，也对普及和深化“人类共同遗产”（the common heritage of humanity）这一理念产生了重要的助益作用。

【说明】笔者近几年对教科文组织的“非遗”保护和相关的文化政策仅做过一定程度的跟踪，难免挂一漏万。文章所涉及的正式文件和相关文献，大多来自教科文组织的电子文献中心，部分参照世界知识产权组织的在线数据库，汉文翻译以原始文件为据，但在概念辨析上根据英文进行解读。由于篇幅所限，部分教科文组织文献的出处恕不一一赘述。本文的写作得到了中国常驻联合国教科文组织代表团前一等秘书、文化部外联局非遗专家邹启山先生的指正，

① 引自 WIPO《知识产权与传统文化表现形式/民间文学艺术》（wipo/pub/913）。

在此申谢。此外，本文的缩简版以“非物质文化遗产的概念化过程”为题，刊发在《中国社会科学院院报》2007年6月12日的“非物质文化遗产研究专版”。

【补充说明与申谢】《公约》自2006年生效以来，已经有了显著的发展，诸多常用术语的中文表述也有相应的变化。例如，《公约》第2.3条中的“生命力”，应为“存续力”（viability）；《公约》第13.4.2条中的“享用”，应为“获取”（access），等等。这些变化主要体现在前后经5次修正的《实施〈保护非物质文化遗产公约〉操作指南》文本中，也反映在政府间委员会的相关文件中。建议大家进一步参考文化和旅游部国际交流与合作局编《联合国教科文组织〈保护非物质文化遗产公约〉基础文件汇编（2018版）》（Kindle电子书，中国数字文化集团有限公司，2020年11月）。此外，文中述及的日本《文化财保护法》，从1950年到2004年，先后经过几次修订。有多位学者撰文指出，日本的“无形文化财”在范畴上不能直接等同于2003《公约》界定的“非物质文化遗产”。详见周星、周超《日本文化遗产的分类体系及其保护制度》，《文化遗产》2007年第1期；王晓葵《日本非物质文化遗产保护法规的演变及相关问题》，《文化遗产》2008年第2期；刘晓峰《谁是“人间国宝”？——日本“重要无形文化财”传承人认定制度研究》，中央民族大学中国少数民族研究中心编《民族遗产（第二辑）》，2009年；吴真《从无形文化财到非物质文化遗产的观念变革》，《中国人民大学学报》2018年第1期。这里，尤其要对王晓葵教授多年前当面给作者提出的指正表示感谢。

联合国教科文组织保护非物质文化遗产的事件史考述*

——基于《建议案》和《“代表作”计划》的双线回溯

朱　刚**

摘　要：在联合国教科文组织保护非物质文化遗产的历史进程中，1989 年出台的《保护民间创作建议案》和 1997 年启动的《“宣布人类口头和非物质遗产代表作”计划》可谓两条既平行又相互交织的工作进路。本文旨在从学术史回溯的角度，更为精当地勾连 20 世纪 70 年代以讫 2003《公约》出台这一历时性脉络中各种关联性事件，并为基于中国非遗保护工作而开展的学术史研究提供概念工具更变和实践方略演替的系统参照。

关键词：联合国教科文组织　非物质文化遗产　事件　事件史　学术史

一　引言

2003 年通过、2006 年生效的联合国教科文组织《保护非物质文化遗

---

* 原文刊于《青海社会科学》2019 年第 6 期。国家社科基金一般项目“西部民族地区传统歌会研究”（项目编号：16BZW186）的阶段性成果。

** 朱刚，中国社会科学院民族文学研究所副研究员。

产公约》(Convention for the Safeguarding of the Intangible Cultural Heritage,以下简称《公约》)迄今已走过了16年的发展历程。朝戈金认为,如果说十几年前的中国,人们对于非物质文化遗产一词还知之甚少的话,那么随着地方、国家和国际层面展开的非遗保护实践及其空前的影响力,“非遗”这一新型的文化遗产概念也日渐深入人心,[①] 成为当下社会文化生活中的热点词汇。在观念的层面,非物质文化遗产从边缘向中心的发展,客观上反映了人类社会关于文化遗产尤其是非物质文化遗产认识的深化。根据巴莫曲布嫫的总结,非物质文化遗产的概念化过程作为一段考量人类智力与促进文化间对话的“历史书写”,其理论和实践探索过程中的“艰难程度”,“与今日的深入人心当是成正比的”。[②] 在实践的层面,人类历史上似乎也从未出现过如此大规模全体动员并热情高涨地保护文化遗产的运动。大卫·罗文赛尔(David Lowenthal)曾说过一句意味深长的话——“突然间遗产便无处不在”,还用“十字军东征”来比喻当代遗产保护的盛况。[③] 这说明,由教科文组织所推动和倡导的文化遗产保护及其政策性框架,已经对当今国际社会的文化实践,乃至普通大众的日常生活形成了最为广泛和深入的影响。

面对这场如火如荼的“非遗热”,人文和社会科学领域的不同学科都积极地从各自的立场和角度出发,对其中出现的各种现象和问题给予阐释和解答,也因此形成了各式各样或批评或分析的话语。撇开各种分歧不论,追溯教科文组织非物质文化遗产保护的发展历程,大概是各个学科在从事具体研究时需要重点关注的话题之一。在方法论的层面,本文的研究取向与该角度是一致的,尝试通过学术史的回观推动非物质文化遗产研究的理论探讨。但是,以何种标准“丈量”非物质文化遗产保护几十年的历史,却又见仁见智了。例如,可以通过回溯非物质文化遗产的概念化过程,勾画这一理念从酝酿到成形的基本线索;同样,我们还可以各种会议为节点,勾连出非物质文化遗产保护从理念到实践的大致

---

① 朝戈金:《联合国教科文组织〈保护非物质文化遗产伦理原则〉:绎读与评骘》,《内蒙古社会科学》(汉文版)2016年第5期。

② 巴莫曲布嫫:《非物质文化遗产:从概念到实践》,《民族艺术》2008年第1期。

③ David Lowenthal, *Possessed by the Past: The Heritage Crusade and the Spoils of History*, New York: The Free Press, 1996, p. ix.

走向。但不论以何种标准，都是以实际发生的各种事件，作为线索生产的基本材料。不同之处就在于，学者使各种事件发生关系的具体做法，也就因此产生了各种形态各异的线索。

以笔者目力所及，国内外学者已在非物质文化遗产的学术史梳理中达成了若干共识。其中，教科文组织非遗处前处长爱川纪子（Noriko Aikawa-Faure）的研究具有一定代表性。她从业务工作的角度，详细梳理了《公约》出台前后的各种会议，较为完整地勾勒了《公约》背后漫长的协商和对话过程。爱川纪子可算是《公约》发展的核心人物之一，也亲身经历了其笔下述及的绝大多数会议或事件。透过她的文章，读者们可以部分地回到各个“历史的现场”，大致了解它们在《公约》发展中的作用和地位。这种以事件为依据追溯教科文非遗保护历程的角度，在既有的学术史爬梳中具有一定的典范意义。

根据爱川纪子的梳理，教科文组织非物质文化遗产保护的发展有以下两条线索：第一，以《保护民间创作建议案》（Recommendation on the Safeguarding of Traditional Culture and Folklore，以下简称《建议案》）为中心、朝向非遗保护的国际法发展史；第二，以《“宣布人类口头和非物质遗产代表作”计划》（The “Proclamation of Masterpieces of the Oral and Intangible Heritage of Humanity” Programme，以下简称《“代表作”计划》[①]）为中心的非遗保护实践发展史。我们认为，这两条线索首先是一种相互平行的关系，原因在于铺陈这两种发展道路的基本背景存在一定差异；至少在实践层面，教科文组织基本上是按照两种不同思路、在不同的历

① 旧译《“宣布人类口头及非物质遗产杰作”计划》。标准译法参见文化和旅游部国际交流与合作局编《联合国教科文组织〈保护非物质文化遗产公约〉基础文件汇编（2016版）》。（内部资料，北京中数世纪传媒科技有限公司设计制作，2018年，第34页。）其中，《实施〈保护非物质文化遗产公约〉操作指南》第一章第57段述及，根据《公约》第三十一条第一款，在缔约国大会通过本操作指南后，委员会应自动将《公约》生效前宣布为“人类口头和非物质遗产代表作”的所有项目纳入《公约》第十六条所述的名录。相似的例子，还可参照我国对该组织“优秀实践名册”（Register of Best Safeguarding Practice）的译法。在2015年中国民俗学会成为保护非物质文化遗产政府间委员会审查机构成员之后，中国经验也在实践层面推动了《公约》秘书处将该名册的命名从“Register of Best Safeguarding Practice”向“Register of Good Safeguarding Practice”的转变。关于《公约》核心术语的国际对接，还可参见巴莫曲布嫫《从语词层面理解非物质文化遗产——基于〈公约〉“两个中文本”的分析》，《民族艺术》2015年第6期。

史阶段分头推进的。就认识论意义上人类文化思潮的整体演进而言，这两条线索的各自发展又与国际社会保护非遗的一般趋向存在密切的联系，并在特定的历史阶段形成了合流；特别是在1999年的华盛顿会议之后，针对《建议案》的国际反思与《“代表作”计划》的实施报告形成了叠加效应，促使两条线索进一步合流为非物质文化遗产保护的全球大势，最终奠定了2003《公约》这一部国际公约的概念和实践基础。因此，将事件纳入事件史分析成为本文的工作方向。

二 《保护民间创作建议案》：里程碑事件及其奠基性意义

根据珍妮特·布雷克（Janet Blake）的说法，20世纪70年代至90年代国际文化政策的演进，对于《公约》的筹备和起草具有里程碑式的意义。[①] 在这个意义上，我们将进一步建构以《建议案》为核心的国际法演进史线索。在既有的非遗学术史梳理中，将《建议案》视作《公约》关键背景的看法已经得到多数学者的认可。例如，在爱川纪子、布雷克、萨曼莎·谢尔金（Samantha Sherkin）、齐亚拉·波尔托洛托（Chiara Bortolotto）的总结中，对《建议案》的背景、演进及影响等方面都用了较大篇幅加以详细梳理，对其在《公约》发展中的核心地位给予了充分肯定。又如，在中国社会科学院民族文学研究所于2019年开设的非物质文化遗产研究线上讨论课中，《建议案》被指导教师朝戈金、巴莫曲布嫫列为第一周讨论的核心话题，也足见其在国际非遗学术史教学中的重要地位。可以说，回顾和评估《建议案》在教科文非遗保护中的深远影响，已成为中外学者在学术史回观中默认的一种爬梳理路。

那么，为何将70年代设定为此段学术史的时间起点？首先，的确有研究者将非遗的学术史视野推回至20世纪五六十年代，[②] 其依据主要包

① Janet Blake, “Development of UNESCO's 2003 Convention: Creating a New Heritage Protecting Paradigm”, in Michelle L. Stefano & Peter Davis (eds.), *Companion to ICH*, Routledge: New York, 2017, p. 12.

② Richard Kurin, “Safeguarding Intangible Cultural Heritage in the 2003 UNESCO Convention: A Critical Appraisal”, *Museum International*, Vol. 56, No. 1-2, 2004.

括以下重要事件对国际非遗保护的影响——1952年9月6日在瑞士日内瓦通过的《世界版权公约》(Universal Copyright Convention),[①] 该公约使版权保护扩展到了那些没有加入《伯尔尼保护文学艺术作品公约》(Berne Convention for the Protection of Literary and Artistic Works)的国家;1963年教科文和保护知识产权联合国际局联合召开的研讨会,会议主题为知识产权研究;1964年通过的《关于采取措施禁止并防止文化财产非法进出口和所有权非法转让建议书》(Recommendation on the Means of Prohibiting and Preventing the Illicit Export, Import, and Transfer of Ownership of Cultural Property),其中涉及了在国家层面对物质文化遗产进行保护的内容;1966年教科文通过的《国际文化合作原则宣言》(Declaration of Principles for International Cultural Cooperation),为该组织框架内的文化政策制定奠定了基础;1967年召开的《伯尔尼保护文学艺术作品公约》斯德哥尔摩会议,协商过程中涉及了民俗的保护问题,但会后为该公约所增设的条款中却没有提及"民俗"一词。[②] 1967年后,上述举措在成员国的层面造成了一定影响,民间文学艺术的立法保护也出现在相关国家的版权法体系中,如突尼斯、玻利维亚、智利、摩洛哥等。[③] 可以看出,20世纪50年代至70年代,教科文组织朝向制定相关国际法来保护非遗的努力,更多地与遗产的知识产权归属问题发生了勾连,大致可将其视作该组织希望借助当时的国际版权公约框架,实现非遗保护的一种"曲线救国"的技术化处理。但是,非物质文化遗产的固有属性与国际著作权法的不兼容,不仅导致了教科文组织与世界知识产权组织(WIPO)最终的"分道扬镳"(虽然两个组织间从不缺乏协作与对话,且这种努力在不同阶段均有所延续),也造成2003《公约》有意回避知识产权问题的现状。本文对教科文非遗保护学术史的回顾,最终的落脚点还是要回到《公约》。因此,我们认为20世纪50年代至70年代这一段学术史,虽然是《公约》产生的重要背景,却不是《公约》成长最直接的土壤。另外,按

---

① 1971年在法国巴黎予以修订。

② Samantha Sherkin, "A Historical Study on the Preparation of the 1989 Recommendation on the Safeguarding of Traditional Culture and Folklore", http://www.folklife.si.edu/resources/Unesco/sherkin.htm.

③ 巴莫曲布嫫:《非物质文化遗产:从概念到实践》,《民族艺术》2008年第1期。

照谢尔金的说法，教科文组织早期的保护探索其实是一种身陷两难的处境：是在版权法的框架内，还是框架外来保护非遗？时至今日，国际上对于这个问题的讨论和发声仍不绝于耳，谢尔金也认为这个问题将伴随着《公约》的发展而长期存在。但是，鉴于《公约》未涉及版权问题，我们也据之将该段学术史视为此一线索的分枝而非主干。

其次，教科文组织的档案资料显示，该组织致力于设立一部国际非遗公约而起草的第一份正式文件，其时间节点当为 1971 年。① 应当承认的是，这份名为《设立一部国际标准文书以保护民俗的可能性》（Possibility of Establishing an International Instrument for the Protection of Folklore）的文件，其出台并非空穴来风，背后是国际社会日渐成形的重视文化保护的氛围，例如经由 1970 年召开的威尼斯会议后逐渐成形的“文化的发展”及“发展的文化维度”等国际共识。② 虽然 1971 年的文件并未给出民俗或非遗保护的特定方案，却指出了在日益恶化的社会环境中民俗保护的迫切性，③ 而且认为在国际上利用版权来对民俗进行保护不太现实。④ 有学者认为，自 1971 年起，该文件在国际社会的讨论和思考中具有风向标式的建构作用。⑤ 这一观点，可从 1973 年玻利维亚政府建议为《世界版权公约》增加关于民俗保护的《议定书》（Protocol）的相关努力加以佐证。此前，1970 年一个具有标志性意义的事件，是美国歌手保罗·西蒙（Paul Simon）的一首流行单曲——《老鹰在飞》（*El Condor Pasa*）及其所引发的国际热议，而这场争议的核心就是传统文化的知识产权问题。

---

① 文件编号为“Document B/EC/IX/11 - IGC/XR. 1/15”。转引自 Noriko Aikawa - Faure, “An Historical Overview of the Preparation of the UNESCO International Convention for the Safeguarding of the Intangible Cultural Heritage”, *Museum International*, Volume 56, Issue 1 - 2, 2004。

② 巴莫曲布嫫：《非物质文化遗产：从概念到实践》，《民族艺术》2008 年第 1 期。

③ Samantha Sherkin, “A Historical Study on the Preparation of the 1989 Recommendation on the Safeguarding of Traditional Culture and Folklore”, http://www.folklife.si.edu/resources/Unesco/sherkin.htm.

④ Noriko Aikawa-Faure, “An Historical Overview of the Preparation of the UNESCO International Convention for the Safeguarding of the Intangible Cultural Heritage”, *Museum International*, Volume 56, Issue 1 - 2, 2004.

⑤ Samantha Sherkin, “A Historical Study on the Preparation of the 1989 Recommendation on the Safeguarding of Traditional Culture and Folklore”, http://www.folklife.si.edu/resources/Unesco/sherkin.htm.

为了保护民俗和大众文化的知识产权，玻利维亚政府向教科文组织政府间版权委员会提交了《保护民俗国际文书提案》（Proposal for International Instrument for the Protection of Folklore）。[①] 在劳里·航柯（Lauri Honko）、谢尔金、巴莫曲布嫫等的研究中，已经对1970年《老鹰在飞》所引发的争议及1973年玻利维亚政府提交建议案之间的因果关系做出了说明。此外，也正如教科文组织在相关材料中所提及的，自玻利维亚政府1973年提出关于保护民间艺术的相关建议以来，非物质文化遗产保护就成为该组织重要的关注事项（UNESCO CLT－2002/CONF. 203/4）。[②] 这就是在国际非遗研究领域，一般将以1973年为初始、1989年为结束的一个时间段，划定为《建议案》出台“16年辩论”的依据。因此，综合上面两个方面的考量，我们将20世纪70年代设定为该段学术史的起点。

到了1980年，在教科文组织第21次大会上，一些成员国要求其开展相关的研究工作，以设立一部保护民俗的国际法规。此后，教科文组织和世界知识产权组织于1982年联合颁布了《保护民间文学艺术的表达、禁止不正当利用和其他破坏性行为的国家法律示范条款》（Model Provisions for National Laws on the Protection of Expressions of Folklore Against Illicit Exploitation and Other Prejudicial Actions），[③] 并且于1984年尝试以该示范条款为基础建立一部国际公约。后来的学术史表明，虽然上述努力都因不太成熟而归于失败，但相关成员国继续尝试订立国际公约的努力并未中断。特别是，1982年在墨西哥城召开的世界文化政策会议，其间详细论述了文化作为一个广泛性的概念，不应只包括物质文化，同时也应涵盖生活方式、社会组织、价值及信仰体系等。这是国际上相对较早对文化中非物质的构成要素进行界定的尝试，并且该定义也与非遗的重要组件即文化认同发生了联系。如果我们将此次会议的成果——《文化政策墨西哥城宣言》（Mexico City Declaration on Cultural Policies）的“序言”部分，与2003《公约》中对于非遗的界定进行比较，我们会发现二者之

---

① Proposal for International Instrument for the Protection of Folklore, LA －73/CONF. 005/12. 转引自朝戈金《联合国教科文组织〈保护非物质文化遗产伦理原则〉：绎读与评骘》，《内蒙古社会科学（汉文版）》2016年第5期。

② 转引自巴莫曲布嫫《非物质文化遗产：从概念到实践》，《民族艺术》2008年第1期。

③ 巴莫曲布嫫：《非物质文化遗产：从概念到实践》，《民族艺术》2008年第1期。

间惊人的相似性。[①] 与此同时，也是在1982年，教科文组织成立了民俗保护专家委员会，并设立了"非物质遗产处"（Section for the Non-Physical Heritage）。[②] 此后，该组织在同年召开的首次政府间专家会中，对于"民俗"一词从全球的视野而非知识产权的角度进行了界定。[③] 在上述背景下，教科文组织于1985年组织了第二次政府间专家会议。有意思的是，世界知识产权组织并未出席该会议，这或许也在某种意义上意味着教科文组织已经放弃了使用知识产权进行保护的工作思路。在同年举行的教科文组织大会上还决定，应采用"建议案"而非"公约"的形式来起草保护民俗的国际公约。[④] 最终，到了1989年，教科文组织第25次全体大会一致通过了《建议案》。航柯认为，《建议案》强调了民俗保护的积极面向，同时也避开了棘手的知识产权问题所可能引发的消极后果，从而将民俗保护与知识产权问题"分而治之"的取向也变得更加明晰。[⑤] 这与前文的总结是一致的：教科文组织认为非遗保护应该采取一种民俗保护的全球性视野，进而悬置或回避了知识产权的问题。因此，《建议案》的出台具有分界标的意义。而且，围绕"民俗"一词展开的各种批评和讨论，也成为非物质文化遗产这一学术概念赖以生长的重要土壤。

还应该注意到的是，《建议案》通过后并未得到成员国的过多关注，或者可以说其影响力非常有限。1991年，教科文组织曾呼吁所有成员国报告其实施《建议案》的情况，结果仅有6个国家向大会递交了报告。各国对《建议案》并未表现出足够的兴趣，主要根源还在于其缺乏约束力，本质上只是一个软性的"建议"。反过来看，《建议案》也未赋予教

---

① Janet Blake, "Development of UNESCO's 2003 Convention: Creating a New Heritage Protecting Paradigm", in Michelle L. Stefano & Peter Davis (eds.), *Companion to ICH*, Routledge: New York, 2017, p. 12.

② 巴莫曲布嫫：《非物质文化遗产：从概念到实践》，《民族艺术》2008年第1期。

③ Noriko Aikawa-Faure, "An Historical Overview of the Preparation of the UNESCO International Convention for the Safeguarding of the Intangible Cultural Heritage", *Museum International*, Volume 56, Issue 1 – 2, 2004.

④ M. Denhez, "Report of a Pre-evaluation of the 1989 UNESCO Recommendation on the Safeguarding of Traditional Culture and Folklore", 1997, p. 6.

⑤ 巴莫曲布嫫：《非物质文化遗产：从概念到实践》，《民族艺术》2008年第1期。

科文组织任何具体的授权，没有对《建议案》应如何实施加以规定和阐释。这种内在的缺陷，源于《建议案》在全球文化保护视野和知识产权之间的一种两难处境。此后，1995—1999年，捷克发起了一项世界范围内针对1989年《建议案》的问卷调查，并相继召开了8个区域和次区域范围的研讨会对调查结果展开评估。1999年，教科文组织和史密森尼学会（Smithsonian Institution）在美国的华盛顿特区召开了一次国际会议——“《保护民间创作建议案》全球评估：在地赋权与国际合作”，对此前的问卷调查结果、8次研讨会的成果以及《建议案》在当前的适用性等内容展开了深入的研讨。此次会议后提出的“行动计划”，建议各国向教科文组织提出申请，就起草一部新的国际公约的可行性进行调研。尔后，经由都灵（2001）、埃尔切（2001）和里约（2002）三次专家会，进一步对非物质文化遗产的内涵和外延做出了深入和具化的讨论及界定。至此，一部全新的2003《公约》已呼之欲出。

综上所述，教科文组织在20世纪70—90年代之间数次朝向订立国际公约以保护非遗或民俗的尝试，虽然都以失败或成效不尽理想而告终，却直接催生了非物质文化遗产这一重要的文化概念，而且在实践层面为新的国际法设立了“以非物质文化遗产的持有者为中心”的全新论调。其中，特别是1989年《建议案》，在2003《公约》发展的艰难过程中“承上启下地架接起了一座意义重大、影响深远的桥梁”①。

三 《“宣布人类口头和非物质遗产代表作”计划》：承前启后的实验性方案

在本文讨论的第二条学术史线索中，教科文组织实施的《“宣布人类口头和非物质遗产代表作”计划》占据了核心位置。与第一条线索即朝向订立一部新的国际法以保护非遗的初衷有所不同，该计划产生的基本背景在于全球化进程中，文化标准化对于文化多样性和文化多元主义的侵蚀。有学者认为，第一条线索属于技术性的立法路径，涉及了知识产权的问题（回避本身也是一种特殊的处理方法）；第二条线索则表现出弥

① 巴莫曲布嫫：《非物质文化遗产：从概念到实践》，《民族艺术》2008年第1期。

散性及民族性的特点，朝向国家层面的文化政策制定。[①] 这种说法有一定道理，原因在于“二战”后日本政府为挽救现代化进程中日渐萎缩的本土文化传统和民族认同，通过立法的形式对那些民族文化遗产的典范性项目加以确认和保护。1950 年颁布的《文化财保护法》，将日本的文化遗产划分为五大门类，明文规定国家既要保护有形的文化遗产，也需要重视无形文化遗产的保护。这是人类历史上首次以法律形式对无形文化遗产的范畴作出界定并加以保护。随后，1954 年日本政府对这部法律进行修订，加入“人间国宝”的认定制度。该制度采取专项资金的形式，资助“身怀绝技”的老艺人传承技艺、培养传人，同时对其技艺、作品进行记录，并改善其实践和生活条件。[②] 通过这种文化的激励机制，日本的戏剧、乐舞、曲艺等表演艺术形式得到了有效保护，从濒危重新走向繁荣。

这一开创先河的举措也被其他国家纷纷效仿，韩国、菲律宾、美国、泰国、法国、罗马尼亚、捷克、波兰等国也相继推出了各自的国家文化遗产保护项目。这一具有弥散性的努力，遍及全球若干国家，力图通过保护无形文化遗产来对抗现代性和全球化，并日渐在教科文组织的成员国中达成共识。各国越来越意识到非物质文化遗产在保护文化认同和多样性方面的关键作用，并认识到非物质文化遗产的保护已迫在眉睫。这也是 1997 年在文化领域，教科文组织给予非物质文化遗产保护项目最高级别优先地位的原因所在。[③] 在此基础上，一个新的项目即《“代表作”计划》得以创立。该计划每两年宣布一批传统和大众文化表达形式或文化空间为人类口头及非物质遗产的代表作，一般认为其对于既有的《保护世界文化和自然遗产公约》（Convention Concerning the Protection of the World Cultural and Natural Heritage，简称《世遗公约》）框架下的概念及

---

① Richard Kurin, “Safeguarding Intangible Cultural Heritage in the 2003 UNESCO Convention: A Critical Appraisal”, *International Museum*, Vol. 56, No. 1 – 2, 2004.

② 朱刚：《同比外国，我们的差距在哪里》，《中国社会导刊》（总第 126 期）2006 年 6 月。

③ Noriko Aikawa-Faure, “The UNESCO Recommendation on the Safeguarding of Traditional Culture and Folklore (1989): Actions Undertaken by UNESCO for its Implementation”, in Peter Seitel (ed.), *Safeguarding Traditional Cultures: A Global Assessment*, UNESCO / Smithsonian Center for Folklife and Cultural Heritage, 2001, p. 57.

其实践具有一种补充性的作用。此前，1992 年，教科文组织创立过一个名为“非物质文化遗产”的项目。在该项目启动前，教科文组织曾开展过一项针对语言、传统音乐、知识产权等涉及非遗不同领域的科学研究，目的是评估自 1972 年以来的 20 年间所实施的各项活动中相关概念和方法论的实施情况。该组织开展这项研究并非偶然，原因在于 1972 年《世遗公约》的起草过程中，若干成员国就已经意识到非遗的重要性。此外，1972 年《世遗公约》在实施过程中遭到南半球国家越来越强烈的抵制，因为该公约的遴选标准并不适用于其活态遗产丰富、但古迹或纪念地缺乏的实际国情。因此，在相关成员国的敦促下，教科文组织开始寻求调整或修正《世遗公约》这种在地理上的“不平衡”。作为回应，世界遗产委员会于 1992 年在遴选标准中增加了“文化景观”（cultural landscape）这一类别，以囊括遗产中的非物质文化组成部分。但是，这种微调事实上难以从根本上扭转该公约在地理上分布上的失衡。这也部分昭示了那种试图调整 1972 年《世遗公约》以涵括非物质文化遗产的努力，最终将被一部专门的 2003《公约》所取代。

此外，在 20 世纪 90 年代早期，教科文组织的成员国，尤其是那些发展中国家，已经开始呼吁非遗保护的重要性。1992 年，时任该组织总干事的费德里科 · 马约尔（Federico Mayor）在一次发言中曾提及，教科文组织对于国际社会保护非遗的共同愿景不能再坐视不理。[①] 这也说明非物质文化遗产保护在此阶段已经在教科文组织的各项工作中占据了显要位置。在同年召开的一个专家会中，正式为 1992 年的“非物质文化遗产”项目确立了指导原则：项目目标应着力于提升人们对于非物质文化遗产的尊重，提升对其保存和传承之必要性的确认，承认实践者和社区的重要作用；保护行为应优先考虑振兴和传承；优先保护濒临消失的非遗形式；项目的遴选应由实践者和社区来决定；应注意民俗化和城市化对非遗存续带来的挑战；应区分物质遗产和非物质遗产的保护方法。[②] 此后，

---

① Federico Mayor, Spiritual Heritage, speech given at the occasion of his induction as a member of the Royal Academy of Fine Arts of San Fernando, Madrid, March 2, 1992.

② Noriko Aikawa-Faure, “An Historical Overview of the Preparation of the UNESCO International Convention for the Safeguarding of the Intangible Cultural Heritage”, *Museum International*, Volume 56, Issue 1 -2, 2004.

为进一步推进该项目，在韩国的提议下，教科文组织又于1993年创立了"人类活财富"（Living Human Treasures）项目。该项目鼓励各成员国订立机制，为非物质文化遗产领域内技艺精湛的传承人赋予官方意义上的认定。而该项目的最终目标是设立一个"人类活财富"的世界清单，赋予遗产的传承人和创造者以世界性的认定。值得注意的是，"非物质文化遗产"项目由教科文组织和日本信托基金（Japan Fund-in-Trust）资助，其年度拨款和预算在很大程度上决定了该项目的发展走向。除上述因素之外，推动教科文组织1997年《"代表作"计划》的重要背景，还有1992年召开的"里约地球峰会"（Rio Earth Summit）、1992年通过的《联合国生物多样性公约》（The 1992 United Nations Convention on Biological Diversity），以及与1994年至1995年起草的《原住民权利宣言草案》（United Nations Draft Declaration on the Rights of Indigenous Peoples）、1995年世界文化发展委员会的《我们具有创造的多样性》（Our Creative Diversity）等。这些重要事件一致呼吁国际社会，要重视原住民及本土的文化传统，以及物质文化之外的非物质文化遗产。

上文述及的诸多因素可算作推动《"代表作"计划》的思想及实践基础。但是，设立该计划的原初动议，则成形于1997年6月在摩洛哥首都马拉喀什召开的一次名为"保护大众文化空间国际咨询会——人类口头遗产宣言"（International Consultation on the Preservation of Popular Cultural Spaces-Declaration of the Oral Heritage of Mankind）的小规模会议。此次会议一共有11名国际专家和5名摩洛哥专家出席，他们大多数是口头传统领域的专家，来自人类学、民族学、社会学、文学、口述史等相关学科。此外，列席会议的其他人员还包括一些演员、作家、诗人，以及瓦努阿图和科特迪瓦的文化部部长。此次会议旨在通过讨论马拉喀什的"吉马·埃尔弗纳广场"（la Place Jemmâ el Fna）所承载口头表达形式的存续状况及其保护对策，为教科文组织探索一种可资利用的保护机制，以提请国际社会重视人类口头文化遗产保护的迫切需求。因此，虽然马拉喀什会议的规模较小，却对教科文组织日后的行动产生了深远影响。

爱川纪子认为，尽管马拉喀什会议温和而不激进，实际上却开启了一个相当重要的进程。此次会议后，在沙特、弗得角、阿联酋、西班牙、黎巴嫩、马里、乌兹别克斯坦、多米尼加、委内瑞拉的支持下，摩洛哥和几内亚于1997年10月在教科文组织大会第29届会议上提交了草案，建议设立《“宣布人类口头和文化遗产代表作”计划》。该草案得到了众多成员国的支持，特别是那些在非物质文化遗产保护上已有建树的国家，其通过自然也在情理之中（第23号决议）。[①] 此后，相关成员国经过协商对该计划的“条例”（Regulations）进行了修改，并在1998年9月的执行局（Executive Board）第155次会议上得以通过（155 EX/Decisions）。此后，在执行局的要求下，又于1999年10月（第157次会议）向其提交了该计划执行情况的报告（157 EX/8）。在上述两次会议所形成的相关决议基础上，《“代表作”计划》的“实施指南”（Implementation Guidelines）随之出炉，并产生了9名评审机构成员的人选（157 EX/8）。值得注意的是，于执行局第157次会议中所提交的该计划执行情况报告，已经吸收了1999年6月华盛顿会议之后的若干共识。[②] 故而，《建议案》与《“代表作”计划》两条线索的分别发展，在此已经合流并进一步形成叠加效应，共同为一部新的国际公约奠定了概念和实践的基础。

四 结语

行文至此，我们已经对教科文组织2003年《保护非物质文化遗产公约》演进过程中的两条线索进行了简要的梳理。结果显示，对于非物质文化遗产的概念化过程而言，以1989年《建议案》为中心的学术史梳理，反映了人类在文化遗产领域认识的步步深化，经由一种“多向性反思”和“开放性建构”（巴莫曲布嫫语）的过程，逐渐在国际社会中形成了保护非物质文化遗产的整体性趋势和潮流。由前述事件构成的事件史，也为我们反思各国传统文化表现形式进入遗产化（heritagization）进

① 巴莫曲布嫫：《非物质文化遗产：从概念到实践》，《民族艺术》2008年第1期。

② Noriko Aikawa-Faure, “From the Proclamation of Masterpieces to the Convention Safeguarding of Intangible Cultural Heritage”, in Laurajane Smith & Natsuko Akagawa (eds.), *Intangible Heritage*, New York & London: Routledge, 2009, p. 20.

程的社会再建构留下了可资进一步深拓的学术空间。[①] 简言之，这种学术史线索反映了一种全球性思潮的形成过程，其中各种因素的内部勾连和整体运作，奠定了《公约》出台这一历史必然性的思想基础。反过来看，以《"代表作"计划》为中心的爬梳理路，则尝试发掘上述概念化过程中的具体实践，反思非遗保护潮流中地方性和全球性维度，进而建构国际非遗学术史的立体化认知。

从学术史的角度看，虽然本文述及的第一条线索与第二条线索在时间上是前后相继的，但基本上二者是一种平行却又互相交织的关系。原因在于，首先，《"代表作"计划》与朝向制定2003《公约》的相关努力有不同的取向：二者一为实践的，一为概念的，但都对未来订立一部全新的国际公约起到了关键性的推动作用。其次，更加行之有效对非物质文化遗产进行保护的方法，在于制定一部具有规范性的国际法（正如1989年《建议案》的失败经验所昭示的），而《"代表作"计划》也正好可以成为相关理念、规定、机制乃至争议之上佳的试验场。其中所充斥的各种复杂性与现实，也在事实上为2003《公约》的制定提供了极其宝贵的经验。

正如海斯等所指出的，"历史用过去的光芒照亮了现在的道路"[②]。海登·怀特也说过，"学术领域反思自身的一个方法是回顾自己历史"[③]。在本文的工作路径上，回溯教科文组织保护非遗的历史，重建历史事件与现实行动之间的多重关联，并为认知当下乃至未来的挑战和解决方案提供必要参照。[④] 换言之，作为教科文组织一部相对"年轻"的国际法，

---

① 朝戈金在《"一带一路"话语体系建设与文化遗产保护》一文中，对"文化遗产"概念与内涵的演变和发展作出过分类概括，见《西北民族研究》2017年第3期；有关"遗产化"及其进程的讨论，可参考下面文章：艾哈迈德·斯昆惕《非物质文化遗产及其遗产化反思》，马千里译，巴莫曲布嫫校，《民族文学研究》2017年第4期；克里斯托弗·布鲁曼《文化遗产与"遗产化"的批判性观照》，吴秀杰译，《民族艺术》2017年第1期；巴莫曲布嫫《遗产化进程中的活形态史诗传统：表述的张力》，《民族文学研究》2017年第6期。

② ［美］海斯、穆恩、韦兰：《人类简史：从远古到二十一世纪》，王敬波译，天津人民出版社2017年版，第3页。

③ ［美］海登·怀特：《作为文学虚构的历史文本》，载张京媛主编《新历史主义与文学批评》，北京大学出版社1993年版，第160页。

④ Helen F. Siu, *Tracing China: A Forty-Year Ethnographic Journey*, Hong Kong University Press, 2016, p. ix.

2003《公约》的迅速发展[①]与三十多年来全球范围内关于文化遗产保护和遗产化进程的话语实践和理念发展存在着紧密的内在联系。在非遗已经成为一种显性话语的基本前提下，我们需要在事件史与学术史的双向构拟中重新思考教科文组织保护非物质文化遗产的演化路径，并在共时性和历时性维度的交互引证中为遗产化进程的诸种现实提供具有纵深光谱的文化政策语境。唯有如此，我们在对全球非遗保护理念进行在地化的普及时，才能更为精当地勾连 20 世纪 70 年代以讫 2003《公约》出台这一历时性脉络中的各种事件，并为基于中国非遗保护工作而开展的学术史研究提供概念工具更变和实践方略演替的系统参照。

① 截至目前，已有 178 个缔约国加入 2003《公约》；此外，来自 122 个国家共计 508 个遗产项目列入该公约的名录或名册。在 2018 年于毛里求斯召开的政府间委员会第 13 届常会期间，中国提交的“藏医药浴法——中国藏族有关生命健康和疾病防治的知识与实践”被列入人类非物质文遗产代表作名录。至此，中国共有 40 个项目列入该组织的名录或名册，位列全球之冠。

非物质文化遗产保护中的横向问题

一　社区问题

非物质文化遗产保护中的社区：含义、多样性及其与政府力量的关系*

安德明**

摘　要：作为联合国教科文组织（UNESCO）所发起的非物质文化遗产保护运动中的核心概念之一，"社区"是被理解为可以与"传承人"相互置换的一个概念来加以强调的，对社区在非遗保护中的参与、知情乃至引领权利的强调，体现了教科文组织力图通过文化的保护来保护普通人的权益的根本目标。每个社区都具有非均质的、多样性的特点，社区成员在传承和实践非遗项目的过程中，往往存在着"作为非遗知识保存者的实践者"同"单纯实践者"之间的不同和相互协作，他们通过不同的分工，共同促成了相关非遗项目的延续与实施。社区内部的差异性，加上不同国家文化传统、政治形态和经济条件等方面的不同，使得具体的非遗保护实践可能很难避免政府力量主导的情况，但这并不应该成为参与非遗保护的任何国家或地区忽视社区参与和引领的理由；相反，政府力量应该以一种"文化对话"的态度，尽量克服具体实践过程中强势干预的立场，最终促成非遗保护中社区主导的局面，并为普通人的全面发展做出切实的贡献。

关键词：非物质文化遗产　社区　作为非遗知识保存者的实践者

---

* 原文刊于《西北民族研究》2016 年第 4 期。

** 安德明，中国社会科学院文学所民间文学室研究员。

单纯实践者 文化对话

在联合国教科文组织所发起和引导的非物质文化遗产保护工作中，“社区”是一个十分重要的概念，仅就教科文组织对缔约国在申报人类非物质文化遗产代表作等项目的要求来看，对社区知情和社区参与的强调，就是贯穿始终的基本原则。作为教科文组织非遗审查机构中国民俗学会的非遗评审专家，笔者在评审2015年和2016年两个年度一些国家提交的“人类非物质文化遗产代表作名录”和“急需保护的非物质文化遗产名录”申报书的过程中，对这一点有十分深刻的体会——有些申报国的申报文件，尽管陈述和论证十分完备周详，所申报的文化事象也格外引人注目，但由于申报书在各个相应环节未能体现非遗项目传承人与社区的参与及引领的信息，结果只能按规则建议退回或否决了。

有感于这种看似“苛刻”的评审要求，结合对相关理论成果与教科文文件的思考，笔者拟在本文中围绕以下内容对社区问题展开讨论：什么是非物质文化遗产相关的社区？教科文组织强调社区在非遗保护中的核心地位的目的何在？传承某一非遗项目的社区具有什么样的特征？非遗传承社区与政府等外界力量之间具有怎样的联系？在非遗保护已经成为一项融汇多种力量共同参与的综合社会文化运动的形势下，政府力量应如何更好地按照《公约》精神来处理自己与社区之间的互动合作？希望通过这些探讨，本文能够为非遗保护的相关理论研究与实践工作，提供具有一定建设性的参考。

一 “社区”的内涵及非遗保护之所以强调社区地位的意义

在教科文组织有关非物质文遗产的一系列政策当中，社区被赋予了极其重要的地位。以《保护非物质文化遗产公约》（2003）（以下简称《公约》）这一纲领性文件及多种衍生文件为例，其有关非遗界定、保护计划的制定和实施，以及申请进入各类名录的程序等各个环节的说明，都十分强调社区的核心位置——“各社区、群体，有时是个人”是否把某一项目“视为其文化遗产组成部分”，是决定该项目能否被界定为“非物质文化遗产”的基本前提。[①] 而在实施与保护相关的所有措施的过程中，“社区最大限度的参与”[②]，以及“将社区、群体或个人，置于所有保护措施和计划的中心”[③]，则是始终凸显的原则。在教科文组织“人类非物质文化遗产代表作名录申报表”（以下简称“代表作名录申报表”）和“急需保护的非物质文化遗产名录申报表”（以下简称“急需保护名录申报表”）当中，这一原则在第三条和第四条中有着尤其明显的体现。这两种申报表的第三条，都是有关保护措施的内容。“代表作名录申报表”第三条要求，申报国必须论述“相关社区、群体或个人如何确保该遗产项目的存续力？过去和现在为此做了哪些努力”，“社区、群体或个人如何参与制定所提出的保护措施，在实施过程中他们又将如何参与”；“急需保护名录申报表”第三条则要求申报国“说明相关社区、群体或个人过去和现在为确保该遗产项目的存续力而付出的努力”，“阐述确保社区、群体或个人全面参与该保护措施的机制。提供尽可能详细的信息，以说明相关社区，特别是实践者，以及他们在实施保护措施的过程中所发挥的作用。这里的说明应涵盖两个方面，一则参与其间的社区乃是技术支持和财务资助的受益方；二则社区积极参与了所有活动的规划和实施”。两种申报书的第四条，则都强调申报过程中的社区参与和社区认可，要求说明“相关社区、群体或个人如何积极地参与了准备和编制申报材料的各个阶段”，以及对遗产项目的申报“尊重相关社区、群体或个人的意愿，经其事先知情同意”。而社区对相关申报的知情同意，“既可通过书面或音像形式，也可通过根据缔约国法律制度及相关社区和群体丰富多样性所采取的其它方式予以证明”。举例来说，假如社区成员对他们所传承的某一文化事象，并不期望加以公开或展示，那么，无论这样的事象在外人看来多么古老、多么有价值，都不应该在政府或其他任何外界力

---

① 联合国教科文组织创意处非物质文化遗产科：《保护非物质文化遗产公约》第一条，基本文件，2003 年《保护非物质文化遗产公约》，2014 年中文版，http：//www. unesco. org/culture/ich。

② 联合国教科文组织创意处非物质文化遗产科：《保护非物质文化遗产公约》第十五条，基本文件，2003 年《保护非物质文化遗产公约》，2014 年中文版，http：//www. unesco. org/culture/ich。

③ UNESCO，Aide-Mémoire for Completing a Nomination to The Representative List of the Intangible Cultural Heritage of Humanity，For 2016 and Later Nominations，No. 92.

量的主持或推动下，把它列入任何一个层级的非物质文化遗产名录。

然而，同对社区的强调形成对比的是，无论是《公约》还是其他相关重要文件，都没有对非物质文化遗产保护中的“社区”做出明确的定义。之所以存在这样一个问题，其原因在于“社区很难界定——就像非物质文化遗产一样，相关社区和群体是动态的。社区和群体的概念还可以因不同的政治语境被不同的人以不同的方式来理解……大部分国家具有文化和民族—语言上的多样性，而且各个国家以不同的方式来对待其多样性……有的国家认可土著社区，有的则不然；那些刚刚度过国内问题困境的国家则更希望关注普遍的认同，而不是内部的差异”[①]。这种坦诚的表述，一定程度上也体现了教科文组织在相关问题上的苦衷：作为国际博弈的平台，它有关非遗保护的各种文件，必须充分考虑和照顾国际政治关系，而不是仅仅满足理论要求；不对“社区”进行界定，是因为其中牵涉十分复杂多样的现实及相关理解，难于一概而论。

不过，综合教科文组织所发布的多种文件，我们还是能够对“社区”的本质做出这样的解读：尽管社区很难被抽象地界定，但是就非遗保护的语境而言，“它们是直接或者间接地参与相关非遗项目的施行和传承的人”[②]。也就是说，教科文组织强调非遗领域的社区、群体和个人，其最终目的，还是指向那些直接或间接参与某一非遗项目的实践或传承，并以该非遗项目为其文化遗产的一部分的人，“社区”，不过是对这类“人”在不同语境下不同表现形式的一种表述而已。

从这个角度来理解社区，我们就可以对教科文组织强调社区重要性的意义有更进一步的认识——非遗保护的最终目标，实际上还是在于保护那些实践和传承相关非遗项目的人，保护这些人对自己文化的自豪感和自主权。这一点，正是教科文组织非遗保护思想和理念先进性的体现，也就是说，就整个保护工程而言，对人的关心要远甚于对文化的重视。

---

① UNESCO, 2003 Convention for the Safeguarding of the Intangible Cultural Heritage: Strengthening National Capacities for Safeguarding Intangible Cultural Heritage, Training of Trainers Workshop, 10 – 14 January, 2011, Beijing. NOM 5. 3, Slide 15.

② UNESCO, 2003 Convention for the Safeguarding of the Intangible Cultural Heritage: Strengthening National Capacities for Safeguarding Intangible Cultural Heritage, Training of Trainers Workshop, 10 – 14 January, 2011, Beijing. NOM 5. 12, Strategies for Community Participation, 415.

通过保护各种各样的非遗项目，突出相关项目传承者对该项目的传承权、主导权，非遗保护最终是要导向提升相对处于弱势地位的大量非遗实践者的地位的目标。

二　非遗社区的多样性与复杂性

从上文的讨论可知，“社区”在某种意义上是可以同“传承人”相互置换的一个概念，二者是对同一对象不同侧面的表述。那么，作为“传承人”的“社区”，又具有什么样的特点呢?

2013 年 6 月，在成都举办的国际非物质文化遗产节，主办方提出了“人人都是文化传承人”的主题语。这一表述的出现，对多年来非遗实践与研究领域及相关学科中过于强调“文化专家”而忽视大多数普通民众在文化传承中作用的取向，具有积极的矫正作用，体现了学术界和文化遗产保护实践者观念上的进步。长期以来，在非遗研究与保护领域，以及民俗学等与非遗问题密切相关并为后者提供学术支持的学科当中，对于文化主体的关注，大多集中在那些因熟练掌握某一特定传统知识而不同于社区一般成员的“文化专家”身上。这些“文化专家”，由于熟悉相关传统知识而成为调查研究者主要的资料来源和关注对象,[①] 也成了非物质文化遗产保护的主要对象，这在为学术研究或非遗保护实践提供资料搜集的便利，并从客观上有利于相关工作取得积极成效的同时，却弱化或掩盖了更广大范围的一般人的作用，从而为正确认识和对待非遗社区或传承人造成了极大的阻碍。“人人都是文化传承人”观点的提出，正是在反思上述问题的基础上不断调整和改进工作思路的结果。

然而，在承认某一社区中的所有成员都是文化传承人的前提下，反过来，又必须对传承群体（即社区）内部的结构特征及层次关系有更清楚的认识，只有这样，我们才能够真正领会并处理好“人人都是文化传承人”的命题，避免简单地把社区视为整齐划一的团体的做法。值得赞

---

① ［美］理查德·鲍曼:《作为表演的口头艺术》，杨利慧、安德明译，广西师范大学出版社 2008 年版，第 208—221 页。

扬的是，在教科文组织框架内近年来围绕社区特质所展开的讨论中，已经在这方面形成了颇有见地的新看法，即“社区并非是均质的，在一个社区或者群体之内，对于非遗的认同和保护事宜可能会有不同的意见”①。这对当下非遗保护实践的顺利开展，显然具有十分重要的、可供操作的指导意义。

那么，社区的这种“非均质性”究竟是如何表现的，其内部组成元素之间又具有什么样的关系呢？在这方面，我们可以借助民俗学、人类学界已有的相关成果，来认识和思考其具体状态。

日本人类学者渡边新雄在对日本冲绳社会的研究中发现，民间知识具有“层积性”或“动态性”的特征，这表现为相关知识的掌握者对于该知识存在着“全知”、“半知”和“无知”的区别。“全知”指掌握者对于这种知识无所不知，“半知”指对该知识一知半解，“无知”则是对该知识全然不知。② 与此相似，一些民间叙事研究者在有关口头艺术的表演与传承的调查研究中，也注意到一种神话传统往往会有“积极承载者”和“消极承载者”两类传承群体。前者主要指“社区中对地方掌故、区域历史以及民间传统怀有兴趣的老人、民间精英以及虔诚地信仰相关神灵的香会会首或者一般信众”，他们“所具有的神话知识通常更加丰富，能讲述的神话往往更多，也更愿意主动讲述”。后者则是“也知晓一定的神话故事，但是相对而言，其神话知识较少，往往只能叙述故事的核心母题，而无法完整、生动地讲述完整的神话，而且在生活中一般并不主动讲述这些神话知识”的人。③

以上两种概括，都注意到了民间知识或口头传统（均可理解为非物质文化遗产）传承群体的多样性，后一个例子中的研究者更明确指出“消极承载者”在神话传承中具有与“积极承载者”同等重要的作用，这对于纠正以往过于强调“文化专家”而忽视大多数普通民众在文化传承

① UNESCO, 2003 Convention for the Safeguarding of the Intangible Cultural Heritage: Strengthening National Capacities for Safeguarding Intangible Cultural Heritage, Training of Trainers Workshop, 10 - 14 January, 2011, Beijing, NOM 5.3, “Key Concepts of the Convention”, p. 82.

② ［日］渡边欣雄：《民俗知识的动态研究》，梁景之译，《民族译丛》1994 年第 6 期。

③ 杨利慧、张霞、徐芳、李红武、仝云丽：《现代口承神话的民族志研究——以四个汉族社区为个案》，陕西师范大学出版社 2011 年版，第 23—24 页。

中作用的做法，具有十分积极的推进意义。然而，它们更多的还是一种有关人们对具体内部知识掌握状况的静态分析，而较少从知识实践和传承的角度来思考。因此，所谓“全知”、“半知”和“无知”的划分，主要是从静态角度对某种民间知识掌握者所做的分析，侧重的是离开该知识具体应用语境时人们对于此知识了解程度的差别；有关“积极承载者”和“消极承载者”的研究，尽管比以往只关注那些讲述能手的研究视角有了很大拓展，却仍然没有把那些不会讲述任何故事却能够理解这些故事的社区成员包括进来。实际上，民间知识在大多数时候是一种实践的知识，而不仅仅是提炼出来的、抽象化了的知识，只有结合某项知识的具体实践来分析一个社区中共享该知识的成员结构，才能够对社区成员的传承人属性有更清晰的认识。

我在进行甘肃天水地区农事禳灾研究的过程中，曾有这样一个发现：就静态而言，人们对某一民俗知识具体内容的掌握，的确存在着量的差异。比如对求雨仪式的具体细节，只有阴阳先生等极少部分的专门人士有全面的了解和掌握。这些专门人士的指导和主持，是仪式活动得以完整、正确进行的重要保证。这些人士，可以称作相关知识的“保存者”或“传播者”。而大部分的参与者，则对这一知识的具体内容，或者毫无了解，或者只有片断的了解。于是，就此方面而言，便出现了“保存者”或“传播者”同一般参加者的分别，这类似于“全知”和“半知”或“积极承载者”与“消极承载者”的区别。但是，当这一知识被付诸实践的时候，就不仅需要“保存者”的参与、主持，而且也需要一般人的共同参加。两者的协力合作，是使一种民间知识得以实施的基础，也是民间知识之所以能够成为作为“民间”的全体社区成员共享知识的保障。因此，无论是“保存者”还是普通参加者，他们实际上都是这种知识的“实践者”或“行动者”。他们之间的差别，只在于对这种传统知识的被抽象化了的具体内容之掌握的多少，而对这一知识的应用领域、性质和功能等，所有的普通参加者同专门人士一样，都有着深刻的理解和自然的认同。而这也是作为“单纯实践者”的普通参加者，一旦受到“作为知识保存者的实践者”的指引便可以十分确当地把这一知识付诸实践的一个重要前提。①

这种发现，更能准确清楚地描述社区内部成员之间的层次性与多样性：就某一民俗知识（或非物质文化遗产）的传承与实践而言，一方面，相关社区的全体成员都是它的传承人；另一方面，社区或传承人在具体传承和实践该民俗（遗产）项目过程中，尽管能够通过分工协作来达成目标，却又不可避免地表现出明显的“作为非遗知识保存者的实践者”及“单纯实践者”之间的差异。而认清社区或传承人这种非均质性特质，对于非遗保护来说，将既有助于对社区内部成员予以一视同仁的对待和理解，又有助于避免采取过于简单化、理想化的措施，特别是在如何通过充分地交流协商来保障广大成员的意愿得以实现方面。

三　社区与政府力量的协调

从教科文组织的各种文件来看，对社区的强调，主要是以对政府力量主导性的警惕或规避为前提的。也就是说，它主张尽量减少政府力量的强力干预：对于是否承认某一文化事象属于非遗，是否申报某个层级的非遗名录，诸如此类的一切事宜，都应该遵循社区的意愿而非政府的主导。这种基于官方与民间二元对立的规定，主要是因为担心处于绝对强势的政府力量对非遗项目过度的干预和影响而做出的。它具有充分的历史和现实依据，对保证非遗保护工作的正常开展、保障作为传承人的社区在遗产运动中的权益也至关重要。

但在具体的保护实践中，却往往会出现与上述理想化的要求不完全吻合的情况。

首先，可能需要政府力量唤起民众对其所拥有的非物质文化遗产的重视。这个过程，往往因不同国家的具体国情而有所差异——在有的国家，也许根本不需要，但在有的国家却必不可少。以中国为例，许多属于“非遗”范畴的文化项目，由于曾长期处于被主流意识形态批判或禁止的状态而在社会上、包括在其传承者当中，对它们形成了各种偏见，

① 安德明：《天人之际的非常对话——甘肃天水地区的农事禳灾研究》，中国社会科学出版社2003年版，第182—183页。

或以之为愚昧，或以之为鄙俗，不一而足。一旦要人们把它们当成所谓“文化遗产”来光明正大地传承，往往需要进行相关的宣传或教育。五四时期的歌谣学运动，很大程度上就具有这种启发歌谣的主人正视自己文化传统的作用。而1949年以后的一些极“左”思潮，对人们有关传统文化的认识，尤其具有深刻的影响。因此，只有去除人们在这些影响下形成的对自己文化传统的偏见和自卑心理，他们才可能理直气壮地参与到非物质文化遗产保护相关的活动中来。而要达到这一步，来自社区外的政府先期进行主导性的宣传可以说十分必要。从这一点来说，至少在初始阶段，要做到社区的自主与引领是十分困难的。

另外，实际上，所有社区通常都是在与外来力量的互动当中进一步认识自己文化的价值的。许多现在被命名为“非遗”的文化事象，原本可能就是某个社区生活文化的基本组成部分，在它作为生活的一部分为人们所使用的时候，社区成员由于司空见惯并不会对其“额外的”价值有太多的认识或体会，只有在与外部力量的互动交流过程中，他们才可能通过“他者的眼光”反过来发现自己文化的附加意义。作为非物质文化遗产的价值，既在于其对原有社区民众所具有的特殊的生活实践与文化认同等方面的特殊意义，又在于因教科文组织所发起的社会文化运动带来的附加意义，而这种意义的形成，在很大程度上有赖于非遗传承人（社区）在同外部力量（包括政府力量）交往过程中产生的有关自我文化的新理解。从这个角度来说，要想使社区不受强力干预地保持自己对于某一文化项目的理解和态度，也是不可能的。

其次，与上一个问题相关，有些社区或群体的传承人对自己文化传统，可能会存在不同的理解，有时在社区内部的“文化专家”与一般实践者之间，就具体文化项目甚至会出现截然不同的看法和处理态度。在这样的背景下，究竟以哪一种声音为主来开展相关工作，又是一个很大的矛盾。这时候，来自教科文组织的政策和理念，客观上往往会发挥干预作用，为社区内部某种声音占据主导地位产生支持和引导的效果。

最后，不少地区，存在着经济条件落后、相关技术薄弱的困境，需要来自外部的力量支持。在某一文化事象的保护方面，许多“社区”自身很难满足相关要求，而只能依赖政府的力量。就这种情形而言，要使名录申报，以及保护计划的制定和落实等不受政府力量的制约，完全是不现实的要求。

可见，因具体国家和地区状况的不同，在教科文组织对社区参与、社区引领的要求同非遗保护的具体实践之间，会出现许多具体的矛盾，以上只是简单列举了几项而已。既然如此，我们又该如何协调和处理这些关系呢？

在这方面，最为根本的，还是要依照《公约》精神，充分认识尊重社区（传承人）意愿与权益的重要性——这是非遗保护的主旨，是教科文组织所发起的这一运动的基本意义。

从具体操作来说，很长一段时间以内，要在非遗保护中真正实现社区主导将是“不可能完成的任务”——从我所评审的多个国家“代表作申报表”和“急需保护名录申报表”可以看出，政府力量主导实际上是最常见的一种保护方式。但是，它同时也是“明知不可而为之”的一项重任。通过不断强调社区在各个环节的参与和知情权，教科文组织的相关文件，以一种强制性的方式，不断提醒和强化所有成员国重视社区的意识，这样的策略，最终必然会导致一种质的变化。

那么，对于政府部门来说，如何更好地按照《公约》精神，逐渐调整并摆正自己与社区在非遗保护中的关系呢？在这方面，美国公众民俗学者所倡导和践行的“文化对话”（cultural conversation）[①] 理念，可以提供积极的参考。“文化对话”的观点强调，公众民俗学者应该以一种协商对话、合作交流的态度，作为“文化协调者”来对待文化传承人，在一种平等的关系模式中，既向社区成员展现学者自己的思想和情感，又了解该社区文化的意义及民众的意愿，从而达成一种基于交互协作的文化展示。可以看出，在这样的立场下，作为外来者的研究者与作为局内人的社区成员之间，会逐渐缩小差距，从某种意义上而言，对于被表现出来的特定民俗事象，他们同时具有了“社区成员”的性质。这样一种身份，不仅使他们具有了参与社区文化事务的资格，更重要的是，让他们能够时刻从社区的立场及社区成员的情感出发，来思考和处理相关事务。在非遗保护实践当中，相关的政府机构、特别是这些机构具体的个人，

① Spitzer, Nicholas, Cultural Conversation, In: Baron, Robert and Nick Spitzer, eds., *Public Folklore*, Jackson: University Press of Mississippi, 2008, pp. 77 – 103.

假如能够以“文化对话”的态度来参与每个社区的工作，克服强势的过度干预的立场，将必然会为朝向一个更伟大的目标开启通途，这个目标就是：以非物质文化遗产保护为契机，保障人的权利尤其是相对处于弱势的群体的权利，进而为促进人的全面发展做出切实的贡献。

总之，作为非物质文化遗产保护运动中的关键概念之一，“社区”是被看作可以与“传承人”相互置换的一个概念来加以强调的，而在这个意义上对社区在保护实践中的参与、知情乃至引领权利的强调，体现了教科文组织力图通过文化的保护来保护相对处于弱势的非遗传承人的权益的根本目标。每个社区都具有非均质的、多样性的特点，这种非均质性和多样性，表现为社区成员在传承和实践非遗项目的过程中存在的“作为非遗知识保存者的实践者”同“单纯实践者”之间的区别，以及相互协作。他们通过不同的分工，共同促成了相关非遗项目的延续与实施。由于社区内部的多样性与复杂性，加上不同国家文化传统、政治形态和经济条件等方面的不同，使得具体的非遗保护实践往往很难避免政府力量处于主导地位的情况。但是，对于参与非遗保护的任何国家或地区而言，这并不能成为忽视社区参与、社区知情和社区引领的理由，相反，政府力量应该以一种“文化对话”的态度，尽量克服具体实践过程中强势干预的立场，作为“文化协调者”平等地参与到保护工作当中，为最终促成非遗保护中社区主导的局面，以及普通人的全面发展而做出切实的努力。

反对社区主义

——也从语词层面理解非物质文化遗产*

吕　微**

摘　要：社区—共同体是文化传承的主观相对性语境条件，还是道德实践的主观间客观性语境条件？或者，社区—共同体是现实中自然传承的文化主体，还是因自由实践而可能的道德主体？这是“非遗”保护实践的理论难题。“非遗”保护如果仅仅赋权给现实中作为自然传承的文化主体的社区—共同体，而不是作为因自由实践而可能的道德主体的社区—共同体，就可以被称为“社区主义”。社区主义的“非遗”保护路径，首先既不能维护道德主体自由实践的应然自律权利（人权），最终也就不能有效地保护文化主体自然传承的实然实践形式（文化多样性）。

关键词：群体言语　言语共同体　社区　社区主义　法则　准则

一　鲍曼 speech community（言语共同体）的概念

如果学界普遍承认，以鲍曼为代表的表演理论是美国民俗学乃至世界民俗学在20世纪后半叶最重要的实践认识成果；那么在本文中，笔者

* 原文刊于《西北民族研究》2018年第2期。本文是笔者在巴莫曲布嫫《从语词层面理解非物质文化遗产——基于〈公约〉“两个中文本”的分析》（《民族艺术》2015年第6期）一文的基础上对“非遗保护公约”中“社区—共同体”（community）概念的进一步讨论。笔者从巴莫曲布嫫的分析中获益良多，谨致诚挚的谢意！

** 吕微，中国社会科学院文学研究所研究员。

就以鲍曼为例，阐述民俗学家们是如何通过使用 community（社区）和 speech community（言语共同体）的语境概念，继承并发扬了索绪尔 1911 年提出的 language（群体言语）的命题主张。当然，民俗学家们进而也就因此而陷入了后现代主观相对论的理论和逻辑陷阱，这样民俗学家们就把 community（社区）和 speech community（言语共同体）仅仅用作实践的主观性、相对性语境条件，而不是同时也当作实践的主观间客观性建构对象。

20 世纪以来的民俗学深受索绪尔语言学的影响，鲍曼曾经指出："在符号学的发展中，特别是索绪尔以来的传统中，民俗［作为符号，在符号学中］占有十分重要的地位。"① 鲍曼完全接受了索绪尔对"语言"和"言语"的划分，多次使用 speech community（言语共同体）的概念。可以认为，speech community（言语共同体）的概念在逻辑上是直接继承了索绪尔的 langage（群体言语）的概念，以为后者间接地蕴含的 community speech（共同体言语）意义，也就是前者直接地包含的意义。因此，如果鲍曼视表演为社区（community）内部通过"面对面"② 的言语交流而实践的口头艺术，那么在鲍曼的术语库中，speech community（言语共同体）就是对作为科学人类学客观性语境概念的 community（社区），从现象学 speech community（言语共同体）民俗学主观性语境的角度所作的限定性转换，因而在经过"格式塔"式视角转换后的现象学意义上，二者是可以相互调换的。

也就是说，对鲍曼而言，实际上 community（社区）和 speech community（言语共同体）是表演"被理解为表演"的同一个语境条件——正如在索绪尔那里，angage（群体言语）和 community speech（共同体言语）应该是理解语言和言语的同一个语境条件一样——由于表演总是

① ［美］理查德·鲍曼：《作为表演的口头艺术》，杨利慧、安德明译，广西师范大学出版社 2008 年版，第 82 页。

② ［美］理查德·鲍曼：《作为表演的口头艺术》，杨利慧、安德明译，广西师范大学出版社 2008 年版，第 161 页。

"社区中的表演"①，表演只能"在该社区中被理解为表演"② 或者"被理解为该社区中的表演"③，即"这些［表演的］方式需要通过民族志研究在每一种文化和社区中去发现"（在鲍曼这里，民族、文化、社区、共同体，都是"性相近—习相远"的概念）④，于是，鲍曼就把这种用民族志方法发现"社区中的表演"的表演理论研究方法称为"表演民族志"（ethnography of performance）⑤、"言说民族志"（ethnography of speaking）⑥或"交流民族志"（ethnography of communication）⑦，因为表演只不过是在特定社区或言语共同体内部，通过艺术性的言说（speaking）或话语（discourse）来实践且实现的人与人之间的交流或交往。

将言语共同体或社区作为实践研究（对于鲍曼来说，表演研究也就是实践研究）的语境条件，当然并非起始于民俗学，而是起源于人类学。晚年的费孝通经常回忆起他的老师马林诺夫斯基开创的社区研究传统：

> 最初，人类学的研究是以封闭的简单社会作为研究对象的学科，其比较也是在简单社会之间进行的，这也是马老师那个时代的中心研究工作。同时，他也是这一学科科学的民族志方法的奠基人，在早期，他也主张人类学应该在封闭的社区中进行调查和研究，进而揭示社区的文化功能。⑧ 他的这一贡献与其说是学术上的，不如说是

---

① ［美］理查德·鲍曼：《作为表演的口头艺术》，杨利慧、安德明译，广西师范大学出版社 2008 年版，第 29—30 页。

② ［美］理查德·鲍曼：《作为表演的口头艺术》，杨利慧、安德明译，广西师范大学出版社 2008 年版，第 70、170 页。

③ ［美］理查德·鲍曼：《作为表演的口头艺术》，杨利慧、安德明译，广西师范大学出版社 2008 年版，第 131 页。

④ ［美］理查德·鲍曼：《作为表演的口头艺术》，杨利慧、安德明译，广西师范大学出版社 2008 年版，第 6 页。

⑤ ［美］理查德·鲍曼：《作为表演的口头艺术》，杨利慧、安德明译，广西师范大学出版社 2008 年版，第 16、26、31、38、87、102—103 页。

⑥ ［美］理查德·鲍曼：《作为表演的口头艺术》，杨利慧、安德明译，广西师范大学出版社 2008 年版。

⑦ ［美］理查德·鲍曼：《作为表演的口头艺术》，杨利慧、安德明译，广西师范大学出版社 2008 年版，第 18、84、105—106、161 页。

⑧ 费孝通著，方李莉编：《全球化与文化自觉——费孝通晚年文选》，外语教学与研究出版社 2013 年版，第 21 页。

人文价值上的，因为长期以来，西方学术界流行的是以西方为中心的社会进化论思潮，把殖民地上的人民看成是和白人性质上不同、“未开化”的“野蛮人”。马老师却号召人类学者到那些一直被认为是非我族类、不够为“人”的原始社会里去参与、观察和体验那里人的生活。马老师使这些“化外之民”恢复了做人的地位和尊严。[①]在他的论著里，我看到一种对非西方人文世界的历史和现实作用的尊重。[②]

通过费孝通“眼中的老师”（My teacher in my eyes）[③]——即费孝通对马林诺夫斯基的二度阐释——我们也就能够理解那些继承和发扬了马林诺夫斯基田野人类学学术传统和人文价值观的晚近人类学和民俗学家们所坚持的“社区”理念的“人文价值”贡献；换句话说，若不是为了恢复和维护所有人即每个人“做人的地位和尊严”的人文价值观理想（人类实践的最终目的），我们就无法解释晚近人类学和民俗学家们何以近乎偏执地——但也令人敬重地——“苦心谋求”把“社区”理念植入“非遗保护公约”。

“社区”则是2003年《保护非物质文化遗产公约》中最具反思性张力的一个术语，尊重社区和社区参与更是实施保护非物质文化遗产“各种措施”的基本前提（加粗斜体下划线是笔者所为，下同——笔者补注）。……尽管《公约》本身并没有对“社区（community）”进行明确界定，但……将非物质文化遗产的价值认定赋权给相关社区和群体，正是许多民俗学者和人类学家在这份国际法律文书的订立过程中苦心谋求的“保护之道”。可以毫不夸张地说，

---

① 费孝通著，方李莉编：《全球化与文化自觉——费孝通晚年文选》，外语教学与研究出版社2013年版，第34页。

② 费孝通著，方李莉编：《全球化与文化自觉——费孝通晚年文选》，外语教学与研究出版社2013年版，第74页。

③ 费孝通著，方李莉编：《全球化与文化自觉——费孝通晚年文选》，外语教学与研究出版社2013年版，第64页。

“丢掉”社区就等于丢掉了《公约》立足的基石。[①]

如果说从马林诺夫斯基开始的田野人类学社区研究的理论目的（这里暂搁置其人文价值观的实践目的）还是通过科学方法经验性地证明客观性、普遍性的社会规律或文化法则——例如神话的文化宪章（charter）功能，那么，晚近人类学、民俗学社区研究的实践目的则是通过现象学方法直观地阐明主观性、相对性和多样性的社区规则或文化准则。就后者而言，如果不仅“作为一种言说，表演要受制于一系列［主观性、相对性、多样性］的社区基本规则”[②]，而且“一个社区的社会生活赖此［社区基本规则的主观性、相对性和多样性］而得以实现”[③]，那么通过民族志方法，我们不仅可以认识社区表演的主观性、相对性和多样性“话语系统是如何社会性地被建构的”[④]，同时也可以认识到“社会是如何通过［表演的主观性、相对性和多样性］话语来建构的”[⑤]。在这个意义上，无论社区还是言语共同体，都不再是康德先验论意义上作为“感性直观先验形式”的主观间客观性接受性（同时也是反思性即通过先验演绎而把握的）语境条件（科学人类学的“语境”概念），而是胡塞尔现象学意义上作为“观念直观形式”的主观性建构性想象、赋义对象（现象学人类学、民俗学的“语境”概念）。

这里的问题在于，当晚近的人类学、民俗学家们通过不懈的努力，把“社区”的理念植入“非遗保护公约”之后，社区乃至言语共同体是继续（像传统、经典的实证论经验论那样）被用作理论认识语境的“自然概念”，还是被用作道德实践语境的“自由概念”？其间的区别并没有

① 巴莫曲布嫫：《从语词层面理解非物质文化遗产——基于〈公约〉“两个中文本”的分析》，《民族艺术》2015年第6期。

② ［美］理查德·鲍曼：《作为表演的口头艺术》，杨利慧、安德明译，广西师范大学出版社2008年版，第33页。

③ ［美］理查德·鲍曼：《作为表演的口头艺术》，杨利慧、安德明译，广西师范大学出版社2008年版，第19页。

④ ［美］理查德·鲍曼：《作为表演的口头艺术》，杨利慧、安德明译，广西师范大学出版社2008年版，第22页。

⑤ ［美］理查德·鲍曼：《作为表演的口头艺术》，杨利慧、安德明译，广西师范大学出版社2008年版，第22页。

因为实现了“言语共同体”之于“社区”概念的限定性转换而被取消，反而因为“言语共同体”和“社区”概念（就像后现代现象学经验论那样采取的悬置价值判断的“不设定”立场一样）一并被一般地实践使用所遮蔽，而更加模糊了。

康德区分了两种实践：技术实践和道德实践。所谓“技术实践”就是包含“技巧规则”或“明智规则”① 的功利性实践，因而技术实践“必须只被算作理论哲学的补充”②（因为任何功利性实践都必须根据对自然因果性的理论认识结果来决定其达成功利性目的的手段），而根本没有资格被视为纯粹的道德性实践。康德明确地把“交往艺术”③ 也算作技术实践的范畴。

不幸的是，现象学民俗学家们通过对主观性实践的现象学直观而认识到的“表演的基本规则”④，即“社会互动的基本原则、规范”⑤，亦即特定共同体—“社区（内部）普遍的惯例”⑥，经常地只是属于康德意义上的技术实践，即便这些惯例也是“从当地的生活中陶冶出来的合理做法”⑦。在不区分道德实践与技术实践的理论条件下，这些社区内部的普遍惯例和基本规则、规范，往往也被笼统地视为（并不纯粹的）道德实践，而这正是后现代现象学民俗学家们最终植入非遗保护公约的东西，当然这也是他们长期的现象学实践认识成果。

例如，鲍曼就未曾区分道德实践与技术实践，而是将二者混为一谈，

---

① ［德］康德：《道德形而上学》，李秋零译，《康德著作全集 6》，中国人民大学出版社 2007 年版，S. 211，第 228 页。

② ［德］康德：《判断力批判》，李秋零译，《康德著作全集 5》，中国人民大学出版社 2007 年版，S. 172－173，第 181—182 页。

③ ［德］康德：《判断力批判》，李秋零译，《康德著作全集 5》，中国人民大学出版社 2007 年版，S. 173，第 182 页。

④ ［美］理查德·鲍曼：《作为表演的口头艺术》，杨利慧、安德明译，广西师范大学出版社 2008 年版，第 33 页。

⑤ ［美］理查德·鲍曼：《作为表演的口头艺术》，杨利慧、安德明译，广西师范大学出版社 2008 年版，第 87 页。

⑥ ［美］理查德·鲍曼：《作为表演的口头艺术》，杨利慧、安德明译，广西师范大学出版社 2008 年版，第 51 页。

⑦ 费孝通：《全球化与文化自觉——费孝通晚年文选》，方李莉编，外语教学与研究出版社 2013 年版，第 74 页。

统统纳入“真实（实践）的道德体系”（与此相应，康德式“理想的道德体系”被鲍曼认为是不“真实”即不现实的）。鲍曼之所以陷入将道德实践与技术实践混为一谈的幻觉，是因为技术实践有时的确也能够像道德实践那样，在建构特定社区—共同体的群体认同方面发挥重要作用，只要技术实践的艺术表演是充分的“完全表演”（full performance）[①] 或“完整表演”[②]，而完全表演或完整表演总是能够充当特定社区—共同体社会结构的临时粘合剂。

> “说废话”用伦理标准去衡量［其内容］，获得的是负面的评价，可是它却包含着一系列带有浓厚表演因素的言语行为，在审美范畴中受到高度评价以及饶有兴趣的欣赏。与理想的道德［观念］体系相反，真实的道德［实践］体系常常会对狼藉的［实践］声名持宽容态度，这种情形比人类学家所相信的要多；而表演与狼藉的［实践］名声之间存在着联系，这一点已经被常常注意到。[③]

由于在“说废话”（另如说荤段）的表演过程中，演员负责任地热情投入和观众/听众负责任地热烈反应的表演程度即表演的有效性往往十分充分（“带有浓厚表演因素”），以此，按照鲍曼为表演制定的“对当前承担责任这一作为判断表演的标准”[④] ——表演的“本质就在于［表演者］要对观众承担展示交流能力的责任”[⑤]，“［演员和观众/听众交互地］承担［交流］责任对于我们所说的意义上的表演是本质性的”[⑥] ——我

---

① ［美］理查德·鲍曼：《作为表演的口头艺术》，杨利慧、安德明译，广西师范大学出版社2008年版，第31、80、106、132—133、152—153、186、206页。

② ［美］理查德·鲍曼：《作为表演的口头艺术》，杨利慧、安德明译，广西师范大学出版社2008年版，第85页。

③ ［美］理查德·鲍曼：《作为表演的口头艺术》，杨利慧、安德明译，广西师范大学出版社2008年版，第34页。

④ ［美］理查德·鲍曼：《作为表演的口头艺术》，杨利慧、安德明译，广西师范大学出版社2008年版，第86页。

⑤ ［美］理查德·鲍曼：《作为表演的口头艺术》，杨利慧、安德明译，广西师范大学出版社2008年版，第161页。

⑥ ［美］理查德·鲍曼：《作为表演的口头艺术》，杨利慧、安德明译，广西师范大学出版社2008年版，第108页。

们就不能说，说废话、说荤段不属于完全表演或完整表演。但是，这样负责、有效的完全表演，我们却完全不能够肯定其积极的道德意义；尽管说废话、说荤段具有促进特定社区—共同体认同的技术实践的消极意义。就此而言，鲍曼为表演制定的仅仅是现象学“不设定”的价值无涉、道德中立的技术实践判断标准，而这一做法在实践理论的彻底性方面是以牺牲表演的道德纯粹性为代价的。

当然，这并不是说表演就不能是道德实践，即在主观的社区规则或文化准则中，就不会蕴含着客观的人类共同体普遍法则；恰恰相反，在现实中，表演作为道德实践反倒是经常的事情。因此，鲍曼有充分的理由坚持：“受道德支配的社会结构也许在很大程度上是通过表演、以艺术的方式得到实现的”①，即表演者通过艺术表演“在观众面前展示道德价值的符号”②，“在这些［艺术表演］事件中，一个社会的象征符号和价值观念被呈现和展演给观众”③，“道德价值则通过这种［艺术］表演而获得展演和持续”④，即把表演艺术艺术地表演成为特定社区—共同体“价值标准的展示”⑤，“体现、实践着某一社区的核心意义和价值”⑥，于是我们就认识到艺术表演在“维持［特定社区—共同体的］整个价值体系”⑦，从而“加强群体所拥有的主导价值观”⑧ 方面能够发挥的重要作用。

问题仅仅在于，在混淆了道德实践与技术实践的判断标准的理论条

---

① ［美］理查德·鲍曼：《作为表演的口头艺术》，杨利慧、安德明译，广西师范大学出版社 2008 年版，第 190 页。

② ［美］理查德·鲍曼：《作为表演的口头艺术》，杨利慧、安德明译，广西师范大学出版社 2008 年版，第 181—182 页。

③ ［美］理查德·鲍曼：《作为表演的口头艺术》，杨利慧、安德明译，广西师范大学出版社 2008 年版，第 78 页。

④ ［美］理查德·鲍曼：《作为表演的口头艺术》，杨利慧、安德明译，广西师范大学出版社 2008 年版，第 188 页。

⑤ ［美］理查德·鲍曼：《作为表演的口头艺术》，杨利慧、安德明译，广西师范大学出版社 2008 年版，第 188 页。

⑥ ［美］理查德·鲍曼：《作为表演的口头艺术》，杨利慧、安德明译，广西师范大学出版社 2008 年版，第 104 页。

⑦ ［美］理查德·鲍曼：《作为表演的口头艺术》，杨利慧、安德明译，广西师范大学出版社 2008 年版，第 188 页。

⑧ ［美］理查德·鲍曼：《作为表演的口头艺术》，杨利慧、安德明译，广西师范大学出版社 2008 年版，第 95 页。

件下，我们能否有效地断言“某一社区的核心意义和价值”或某一“群体所拥有的主导价值观”必然地具有道德性。现在，即便我们把说废话、说荤段等极端低俗的表演案例排除在外，我们仍然发现，一些属于“某一社区的核心意义和价值”或某一“群体所拥有的主导价值观”——尽管都是“从［当时、］当地的生活中陶冶出来的合理做法”——仍然仅仅具有“主观的—相对的”技术实践的合理性与合法性。这正如在《13世纪冰岛的表演与荣誉》一文的出色研究中，鲍曼所指出的：“在强大的父权社会中，显著的性别隔离本身构成了荣誉与耻辱合体的基石”①，而荣誉与耻辱观，仅仅对于13世纪的冰岛社会，才是“伦理的核心”②。即便“在冰岛社会，艺术性的口头表演和对荣誉的表演，是更大的有关［特定社区—共同体］主要道德意义的表演复合体中互相依赖的组成要素”③，我们也只能够说，13世纪冰岛的艺术表演复合体只是参与了特定社区—共同体的社会结构和历史进程的文化性、民族性道德建构，而不是普遍性、必然性道德建构。这正如康德早就指出过的，并非所有时代、地域、民族、文化的相对的善的特定社区—共同体伦理原理的美德，都合于绝对的善的普遍道德原则的德性；只有出于绝对自由的善良意志的德行，才具有真正的德性即道德性；而真正的德性即道德性，才是人类尊严的最终源泉。

但是，通过对特定社区—共同体的现象学主观性表演研究，我们所能够发现的往往只是特定社区—共同体内部的、可以被赋予一定（技术上有用或有效）价格的“相对价值”，且经常没有蕴含绝对的价值，即人类共同体普遍、必然但往往无法被贴上任何（技术性即有用性、有效性）价格标签的纯粹道德性的“内在价值”。以此，如果人类学、民俗学家们希望通过对特定社区—共同体的表演研究，恢复、维护被研究者“做人的地位和尊严”；但是，如果人类学、民俗学家们不把特定社区—共同体“主观的—相对的”价值，与人类共同体客观的、普遍的、必然的价值相

---

① ［美］理查德·鲍曼：《作为表演的口头艺术》，杨利慧、安德明译，广西师范大学出版社2008年版，第190页。

② ［美］理查德·鲍曼：《作为表演的口头艺术》，杨利慧、安德明译，广西师范大学出版社2008年版，第177页注释［12］。——译者注

③ ［美］理查德·鲍曼：《作为表演的口头艺术》，杨利慧、安德明译，广西师范大学出版社2008年版，第188页。

联系，让前者接受后者的“普遍化检验”[1] 以达成“不否定私人性而共享”[2] 的目的；那么，人类学、民俗学家们对特定社区—共同体的表演研究之于人类“内在价值”的尊严，就可能是南其辕而北其辙。而且，在不区分道德实践与技术实践的理论条件下，亦即在未经道德“普遍化检验”之前，就以有用性或有效性之善（相对的善的多样性文化形式）为基本诉求的文化传承主体——而不是以自由权利的实践主体——的角色—身份的名义，将道德判断力赋权给特定社区—共同体，还可能导致更为严重的实践恶果（这不仅可以经验地认识到，甚至可以先验地认识到，即在经验之前就从逻辑上推论出来）。

现实中也经常是这样，“民俗精英”[3] 一旦通过艺术表演的实践形式掌控了特定社区—共同体的话语权力，凭借特定社区—共同体的集体主体性的文化身份—角色的名义，其任意的意志（正如笔者在本文伊始就已经引索绪尔所指出的言语与个人任意意志之间的直接关系）就并不必然遵循，反而经常违背普遍的道德法则，从而损害特定社区—共同体内部成员的自由（任意意志）权利，对其意志的“自律性造成极为严重的伤害”[4]，即便民俗精英们诉诸的是特定社区—共同体内部特殊内容的伦理规则的比较（或然）的普遍性（鲍曼所言“社区普遍的惯例”）甚至超越特定社区—共同体内部特殊内容的伦理规则的严格（必然）的普遍性。例如，“民俗精英为了宣扬自己的说法，以早日达成他们［根据普遍性、必然性道德法则的内容所］希望的‘规范传说’的局面，经常发生直接压制异说的现象”[5]。而这种“压制”现象作为“地区性认同”[6]，不

---

① 吕微：《民俗学：一门伟大的学科——从学术反思到实践科学的历史与逻辑研究》，中国社会科学出版社 2015 年版，第 436—450 页。

② 高丙中：《从文化的代表性意涵理解世界文化遗产》，《清华大学学报》（哲学社会科学版）2017 年第 5 期。

③ 陈泳超：《背过身去的大娘娘——地方民间传说生息的动力学研究》，北京大学出版社 2015 年版，第 148—158 页。

④ ［美］阿伦特：《康德政治哲学讲稿》，贝纳尔编、曹明等译，上海人民出版社 2013 年版，第 11 页。

⑤ 陈泳超：《背过身去的大娘娘——地方民间传说生息的动力学研究》，北京大学出版社 2015 年版，第 242 页。

⑥ ［美］乔治·E. 马尔库斯、米开尔·M. 费彻尔：《作为文化批评的人类学——一个人文学科的实验时代》，王铭铭等译，生活·读书·新知三联书店 1998 年版，第 215 页。

仅不能达成对特定社区—共同体内部成员的自由权利和地位的尊重与维护；恰恰相反，却往往把特定社区—共同体的建构过程（表演具有根据特定社区—共同体主观—相对性原理自我建构的实践功能），演变成为将特定社区—共同体纳入更大的共同体的权力掌控体系的整体性进程。这正如康德颇具先见之明地指出过的：

> 一旦问题已不是［个人］权利而仅仅是［特定社区—共同体］权力的时候，人民也就可以试试自己［任意意志］的权力了，于是就会使得一切合法的体制都成为靠不住的。如果并不存在什么东西（像人权那样）是理性迫使人们要直接尊敬的，那么对于人类的［主观］意愿想施加任何［外部］影响来束缚他们的［任意选择的意志］自由便都是不可能的了。①

而这是违背人类学、民俗学家们通过赋权给特定社区—共同体，以达成保护非物质文化遗产多样性形式的实践初衷的；如果被赋权的主体（无论个体还是社区—共同体）并没有认识到自身应该受普遍法则约束的自由权利，同时也没有认识到其他主体（无论个体还是社区—共同体）应该受普遍法则保护的自由权利。

二　康德 Gesetz（法则）和 Maximen（准则）的概念

鲍曼多次讲到“社区基本规则”“社区普遍的惯例”“某一社区的核心意义和价值”“群体所拥有的主导价值观”。在本文中，笔者将鲍曼的上述命题概括为“社区规则或文化准则”。可以这样认为，社区内部的基本规则、普遍惯例、核心意义和主导价值观，构成了《非物质文化遗产保护公约》所要保护的多样性文化实践形式的具体所指。这样，如果“将‘非物质文化遗产’的价值认定通过《公约》这一国际文件正式赋权给了遗产的持有人，也就是我们通常所说的传承人和实践者，以及他

① ［德］康德：《历史理性批判文集》，何兆武译，商务印书馆 1990 年版，第 214 页。

们所属的社区和群体”，或者简明地说，“将非物质文化遗产的价值认定赋权给相关社区和群体”，“《保护非物质文化遗产公约》的意义就在于把保护工作的权利与责任转让给社区自身”；进而如果“每一社区、群体或个人应［自我］评定其所持有非物质文化遗产的价值，而这种遗产不应受制于外部［即严格普遍性］的价值或意义评判”[①]：那么，鲍曼上述“社区基本规则”“社区普遍的惯例”“某一社区的核心意义和价值”“群体所拥有的主导价值观”等所有独特性、多样性的社区规则或文化准则，不用选择就能通过公约的“价值认定”。因为，正如索绪尔早就指出过的：没有人会认为本民族的语言不是世界上最美的语言。这是因为，根据言语学（不是根据语言学）的“萨丕尔—沃尔夫假定”：“判断所主张的有效性，永远无法超出下判断的那个人所考虑到的那些他者的范围”，“对那些不下判断的人或者那些并非该判断对象出现于其中的那个［社区—共同体］公共领域的成员来说，就不是有效的”。[②] 以此，我们才说，社区规则或文化准则只是主观地、相对地有效，而不是客观地、普遍地即绝对必然地有效。但是，为了达成社区规则或文化准则在客观上普遍、必然的有效性，“非遗”保护在理论上就不应该仅仅赋权给自然传承中现实的文化主体（作为特定社会角色—身份的民），而是应该首先赋权给因自由实践而可能的道德主体（作为本体的人）；换句话说，“非遗”保护的社区—共同体赋权，首先不是因为社区—共同体是自然地传承文化传统的功能性主体（民），而是因为社区—共同体首先是自由地实践道德理想的权利主体（人）——如果“非遗保护公约”首先应该是积极的内在立法（道德的规定），而不仅仅是消极的外在立法（法律的规定）。

现在，如果我们的上述判断是合理且合法的，那么就如康德所言，人们的行为准则就不仅应该仅仅“合于”而且应该首先“出于”道德法则。而将这一判断应用到“非遗保护公约”中，就是非物质文化遗产的

① 联合国教科文组织：《保护非物质文化遗产伦理原则》，巴莫曲布嫫、张玲译，《民族文学研究》2016 年第 3 期。

② ［美］阿伦特：《康德政治哲学讲稿》，贝纳尔编、曹明等译，上海人民出版社 2013 年版，第 108 页“贝纳尔编注”。

多样性形式原则，不仅应该“符合”，更应该“为了”“人权”的原则。但这只有在将“非遗”保护的实践主体设定为道德实践的自由主体，而不仅仅是规定为文化传承的自然主体的自律条件下，才是可能的；因为只有作为自由主体（而不是文化主体）才能够做到不仅把自身当作手段的同时始终当作目的，同时也把任何外部的他者当作手段的同时始终当作目的。

于是，现在，该是我们在本文中引进康德关于理性意志自由、自律的道德实践的 Gesetz（law/法则）和 Maximen（criterion/准则）概念的适当时候了。

> 准则是行动的主观原则，必须和客观原则，即实践法则相区别。准则包括被理性规定为与主体的条件（经常是主体的无知甚至爱好）相符合的实践规则，从而是主体［在现实中］据此而行动的原理；法则却是对一切有理性的存在者都有效的客观原则，和［在理想中］据此应当行动的原理，也就是一个命令。①

这样，根据康德对实践原理（包括对某个人主观有效的准则和对每个人都客观有效的法则）的划分，笔者在本文中才把“社区规则”并称为“文化准则”，当然这些文化准则仅仅是“规定［社区—共同体诸成员］行为类型［鲍曼已描述了 13 世纪冰岛社会的行为类型诸如‘勇敢’‘慷慨’‘冷静’‘热情’等等］而非规定具体行为的规则”②。社区—共同体是由个人组成的群体、集体或团体，之所以用对个人有效的准则（“［准则］是主观的行动原则”③，“行动的主观原理，即准则”④）来命名由个人组成的群体、集体或团体的实践规则（可以称为“契约”），乃

---

① ［德］康德：《道德形而上学奠基》，杨云飞译，人民出版社 2013 年版，S. 420，第 52 页，注释①。

② ［德］康德：《道德形而上学》，李秋零译，收入《康德著作全集》第六卷，中国人民大学出版社 2007 年版，第 127 页。

③ ［德］康德：《道德形而上学》，李秋零译，收入《康德著作全集》第六卷，中国人民大学出版社 2007 年版，S. 225，第 233 页。

④ ［德］康德：《道德形而上学奠基》，杨云飞译，人民出版社 2013 年版，S. 449，第 93 页。

是因为，相对于人类共同体来说，社区—共同体就仍然如同个体一样，其群体、集体或团体的意愿在主观上也是有界限、有边界的，因而尚未达到普遍契约的范围或程度。

当然，这并不是说，在特定社区—共同体的主观准则内部，就不能包含客观法则，我们必须得承认，许多文化（例如，儒家文化、基督教文化）的主观准则当中先验地就已经蕴含了客观法则（“黄金法则”或“金规则”）；只有在特定社区—共同体的“群体言语”尚未自觉地将客观法则在主观上呈现出来的实践条件下，我们才可以说，对于该社区—共同体来说，应当受制于，至少不应该拒绝来自“外部”的普遍原则。但是，一旦准则包含了法则，或者反过来说，当法则在主观上已被用作准则的时候和相关场合，我们也就可以把准则说成法则，或者直接把用作准则的法则称为准则，因为在这样——“所有的准则都出于自己的立法”① ——的时候和场合，准则和法则已经是一致或一体的了。

> 准则是意愿的主观原则；客观原则（即，如果理性能完全控制欲求能力的话，也能在主观上用做所有理性存在者的实践原则的那种原则）就是实践法则。②
>
> 实践的法则当它同时又是行动的主观根据、也就是主观原理时，它就叫作准则。③

但是，即便法则被用作准则，每个个体、各个社区—共同体的准则仍然可能是不同的。这是因为，有些准则是主体为了法则即出于道德目的而在主观上主动地实践；而有些准则则仅仅是主体为了准则自身（无论“经常是主体的无知甚至爱好”还是“从当地的生活中陶冶出来的合理做法”）之合于道德而在主观上被动地实践。这是因为，“法则来自［纯粹理性的自由］意志，准则来自［受感性影响但仍然被理性所规定的

---

① ［德］康德：《道德形而上学奠基》，杨云飞译，人民出版社 2013 年版，S. 436，第 74 页。

② ［德］康德：《道德形而上学奠基》，S. 401，第 22 页，注释①。

③ ［德］康德：《纯粹理性批判》，邓晓芒译，人民出版社 2004 年版，第 616 页。

意志的］任性"①。所以康德才说：

> 使某些行动成为义务的原理是一种实践法则。行动者出自主观根据使之成为自己的原则的规则，叫做他的准则；因此，即便法则相同，但行为者的准则却可能大相径庭。②

区分了实践原理的主观准则与客观法则，我们也就容易理解，为什么在非遗保护实践中，我们既要把非遗"价值或意义评判"的权利赋予社区—共同体（自律地实践的自由主体），而不是任何"外部"的评判权威；同时又要把非遗"价值或意义评判"的原则规定为来自"外部"（普遍、必然）的客观法则（"公约"将其表述为"人权"原则，而"保护文化多样性形式"原则只不过是"人权"原则进一步的逻辑延伸），而不是任何仅仅出自特定社区—共同体内部的主观准则。因为，如果对于当下中国来说，非遗保护作为"新的伦理实践"③，并未超越启蒙主义为我们规定的自由、自律（而非"乡愿"）的道德实践的真诚性；那么，就意志理性地自己为自己制定法则，并且意志还理性地自己服从自己为自己制定的法则而言，"非遗"保护实践中的社区参与，原本就应该是社区将自身传承的共同体文化（这并不需要任何"外部"权威的价值认定），根据"人权"的普遍原则，自由地、自律地裁成作为非物质文化遗产的人类共同体公共文化的自我教育的过程（这就需要对特定社区—共同体文化的"二次命名"④）。以此，唯当"非遗"传承主体自由地、自律地援引"外部"的客观法则将自身的主观准则裁成符合"人权"原则的非物质文化遗产，"非遗"保护才既是自由的，也是自律的，因而是真诚的道德实践；而在非自由、非自律（非自主、非自为）的实践条件下，任

---

① ［德］康德：《道德形而上学》，李秋零译，《康德著作全集6》，中国人民大学出版社2007年版，S. 226，第233页。

② ［德］康德：《道德形而上学》，李秋零译，《康德著作全集6》，中国人民大学出版社2007年版，S. 225，第232页。

③ 户晓辉：《〈保护非物质文化遗产公约〉能给中国带来什么新东西——兼谈非物质文化遗产区域性整体保护的理念》，《文化遗产》2014年第1期。

④ 高丙中：《日常生活的文化与政治——见证公民性的成长》，社会科学文献出版社2012年版，第220页。

何“非遗”保护都将是荒谬的。

三 反对 communitarianism（社区主义）

在本文中，笔者仅仅把“每一社区、群体或个人应［自我］评定其所持有非物质文化遗产的价值，而这种遗产不应受制于外部的价值或意义评判”即不接受客观、必然的普遍性原则（例如，人权原则）的“外部”价值或意义检验（评判）的社区主张，称为“社区主义”communitarianism——根据本文的分析，我们也许可以这样猜测：《伦理原则》第六条的这一命题主张，实际上是后现代人类学、民俗学家们将自己未区分技术实践（理论理性）与道德实践（实践理性），以及同样未区分主观准则（一般实践理性）与客观法则（纯粹实践理性），即未区分文化传承的自然主体与道德实践的自由主体而导致的后现代主观相对论命题主张，植入非遗保护的理论结果——反过来说，凡公开、开放的社区主张，则不应被称为“社区主义”。换句话说，特定社区—共同体只是我们赖以恢复、维护人类普遍尊严即作为个体的每个人或所有人的天赋权利的手段，而不是目的。在手段的意义上，社区—共同体可以是临时性的目的（我们必须得承认，通过群体、集体、团体例如传统家族、现代政党等诸多手段，人类个体才能实现其自身的存在价值，而这也就是“非遗保护公约”在“人权”原则下强调社区—共同体赋权的实践意义），但绝非最终的目的；最终的目的，始终是根据普遍原则，我们人类共同体的每个人也就是所有人作为个体甚至作为集体在道德上应该被尊重、敬重的平等权利与自由的尊严。

以社区为中心

——联合国教科文组织非遗保护政策中社区的地位及其界定*

杨利慧**

摘　要：作为联合国教科文组织非物质文化遗产保护工程系统中的一个关键词，“社区”指的是直接或者间接地参与某一个或某一系列非遗项目的施行和传承，并认同该（系列）非遗项目是其文化遗产的一部分的人。社区的规模可大可小，具有非固定性和非均质性的特点，可以在不同的语境中被不同的人用不同的方式来理解和界定。社区以及构成社区的群体和个人是非遗项目保护和传承的主体，不仅应当最大限度地参与从非遗项目认定、清单编制、保护措施的规划和实施到非遗项目申请进入各类名录的整个过程，而且应当在其中发挥主要作用，成为所有保护措施和计划的中心，成为非遗项目列入名录之后的受益方。

关键词：社区　联合国教科文组织　非物质文化遗产保护　主体

“社区”（community）无疑是联合国教科文组织（以下简称为UNESCO）发动的非物质文化遗产保护工程系统中的一个关键词——在该系统中，从“非物质文化遗产”（以下简称“非遗”）的认定、清单编制、保

---

* 原文刊于《西北民族研究》2016 年第 4 期。本文得到“中央高校基本科研业务费专项资金”资助（项目编号：SKZZB2015032）。

** 杨利慧，北京师范大学文学院民间文学所教授。

护措施的规划和实施到申请进入各类名录的整个过程，都强调“社区最大限度的参与”，[①] 倡导“将社区、群体或个人，置于所有保护措施和计划的中心”，[②] 主张“相关社区、群体和个人在保护其所持有的非物质文化遗产过程中应发挥主要作用”[③]。那么，到底什么是“社区”？它在非遗政策中具有何种重要地位？UNESCO 为何如此强调社区的重要性？社区如何参与非遗保护的各个过程？迄今各缔约国取得了哪些成功的社区参与经验？……这些问题，无疑值得世界各国的非遗研究者和从事非遗保护工作的实践者们认真探讨。就笔者有限的目力所及，迄今为止，从 UNESCO 非遗政策系统内部出发去探讨社区意义的学术研究成果，国际上已有一些，主要集中在“社区”的含义和边界、社区参与非遗保护的实践经验，以及对 UNESCO 有关社区政策的反思等方面，[④] 而国内的相关研究尚相对较少。总的看来，相比社区的重要性而言，这方面的研究显然亟待深化。

本文试图以 UNESCO 的《保护非物质文化遗产公约》（2003，以下简称《公约》）及其部分衍生文件为基础，结合笔者作为 UNESCO 非遗评审机构（Evaluation Body）之一——中国民俗学会——非遗评审专家团队的一员，于 2015 年、2016 年两次参与非遗评审工作的经历和思考，来阐述

---

① 联合国教科文组织：《保护非物质文化遗产公约》第十五条，联合国教科文组织创意处非物质文化遗产科，基本文件，2003 年《保护非物质文化遗产公约》［EB/OL］. http：//www.unesco.org/culture/ich，2014 年中文版；UNESCO：Aide-Mémoire for Completing a Nomination to The Representative List of the Intangible Cultural Heritage of Humanity，For 2016 and Later Nominations［Z］，No. 28。

② UNESCO：Aide-Mémoire for Completing a Nomination to The Representative List of the Intangible Cultural Heritage of Humanity，For 2016 and Later Nominations［Z］. No. 92.

③ 联合国教科文组织：《保护非物质文化遗产伦理原则》，巴莫曲布嫫、张玲译，《民族文学研究》2016 年第 3 期。

④ 例如，Bak，Sangmee，“The Concept of ‘Community’ in 2003 UNESCO Convention for the Safeguarding of Intangible Cultural Heritage：Issues and Trends in the Safeguarding and Inscription of Intangible Cultural Heritage”，Dangjin，April 10，2015；Rodoff，Britta and Susanne Raymond，“A Community Convention? An Anylysis of Free，Prior and Informed Consent Given under the 2003 Convention”，*International Journal of Intangible Heritage*，Vol. 8，2013，pp. 153 – 164；Kim，Hyeonjeong，“The Importance of Communities Being Able to Provide Venues for Folk Performances and the Effect：A Japanese Case Study”，*International Journal of Intangible Heritage*，Vol. 3，2008，pp. 83 – 94；UNESCO：Expert Meeting on Community Involvement in Safe-guarding Intangible Cultural Heritage［EB/OL］，http：//www.unesco.org/culture/ich/doc/src/00034 – EN. pdf，2006 – 03 – 13 – 15. Tokyo，Japan. 访问时间：2016 年 7 月 30 日。

社区在 UNESCO 非遗政策中的重要性。此外，2011 年 1 月，笔者还曾作为中国观察员之一，全程参加了 UNESCO 在北京举办的“《保护非物质文化遗产公约》·强化国家非物质文化遗产保护能力·培训师培训工作坊”（Strengthening National Capacities for Safeguarding Intangible Cultural Heritage，Training of Trainers Workshop，Beijing，10 - 14 January 2011，以下简称“工作坊”），在为期五天的培训中，比较深入地学习了《公约》的精神以及其中对包括“社区”在内的诸多关键词的解释。培训文件中对很多专有术语的阐述比较详细，对《公约》中言简意赅的语汇表达进行了大量说明和进一步论述，对于正确理解《公约》及其衍生文件有重要的补充作用，所以本文也将适当援引和分析。

希望本文能对已有相关研究起到一定的丰富和补充作用，同时也对中国本土的非遗保护实践具有一定的借鉴和促进意义。

一　以社区为中心：社区在《公约》及其衍生文件中的地位

如前所述，《公约》及其各类衍生文件均十分强调社区在整个非遗保护过程中的重要性。在笔者看来，其重要性主要体现在如下几个方面。

第一，社区认定。在非遗的认定标准中，社区被置于至关重要的位置。大家知道，《公约》中对于“非遗”的界定如下：“‘非物质文化遗产’，指被各社区、群体，有时是个人，视为其文化遗产组成部分的各种社会实践、观念表述、表现形式、知识、技能以及相关的工具、实物、手工艺品和文化场所。这种非物质文化遗产世代相传，在各社区和群体适应周围环境以及与自然和历史的互动中，被不断地再创造，为这些社区和群体提供认同感和持续感，从而增强对文化多样性和人类创造力的尊重。在本公约中，只考虑符合现有的国际人权文件，各社区、群体和个人之间相互尊重的需要和顺应可持续发展的非物质文化遗产。”① 这一

① 联合国教科文组织：《保护非物质文化遗产公约》第二条，联合国教科文组织创意处非物质文化遗产科，基本文件，2003 年《保护非物质文化遗产公约》［EB/OL］，http：//www.unesco.org/culture/ich，2014 年中文版。

界定确立了非遗认定的五个标准：（1）该遗产项目包含在“社会实践、观念表述、表现形式、知识、技能以及相关的工具、实物、手工艺品和文化场所”之内；（2）该遗产项目“被各社区、群体，有时是个人，视为其文化遗产组成部分”；（3）该遗产项目“世代相传，在各社区和群体适应周围环境以及与自然和历史的互动中，被不断地再创造”；（4）该遗产项目“为这些社区和群体提供认同感和持续感”；（5）该遗产项目“符合现有的国际人权文件，各社区、群体和个人之间相互尊重的需要和顺应可持续发展”。[①] 在这五条标准中，“社区、群体，有时是个人”的认可，成为某一项目是否能够被认定为非遗的重要标准。也就是说，社区、群体或传承人决定着某一特定的实践或者传统是否构成了其文化遗产的一部分，有权决定某一特定实践或者表达是否对其认同感及持续感具有重要意义，只有经由他们的确认，特定的实践或者传统才可能从一般性的文化遗产中被遴选出来成为非遗。与此相应，评审机构的专家们在对各缔约国提交的代表作名录申报表、急需保护名录申报表等进行评审的过程中，也是依据这五条标准，对所描述的非遗项目进行审查的，申报表是否清晰、充分地描述并证明了社区的认定，成为判定该项目能否列入名录的一个基本依据。

第二，社区参与及事先知情同意。《公约》强调整个保护过程（主要包括认定、清单编制、保护措施的规划和实施以及申请进入各类名录等）中都要保持社区最大限度的参与，这成为《公约》及其衍生文件强调社区重要性时经常提及的一个原则：“缔约国在开展保护非物质文化遗产活动时，应努力确保创造、延续和传承这种遗产的社区、群体，有时是个人的最大限度的参与，并吸收他们积极地参与有关的管理。”[②]《人类非物质文化遗产代表作名录申报表填写备忘录》（以下简称《备忘录》）甚至声明：“在委员会及其附属和评审机构所关注的所有话题中，没有任何话

① 联合国教科文组织，“急需保护的非物质文化遗产名录 · ICH－01 表”以及“人类非物质文化遗产代表作名录 · ICH－02 表”，文化部对外文化联络局、联合国教科文组织《保护非物质文化遗产公约》基础文件汇编，外文出版社 2012 年版。

② 联合国教科文组织：《保护非物质文化遗产公约》第十五条，联合国教科文组织创意处非物质文化遗产科，基本文件，2003 年《保护非物质文化遗产公约》［EB/OL］，http：//www. unesco. org/culture/ich，2014 年中文版。

题比起社区、群体或个人在非物质文化遗产保护中的最大限度的参与更加受到关注的了。”① 与这一原则相呼应，UNESCO 要求各缔约国在申报各类名录时，不仅应体现社区的广泛参与，而且还应确保社区对申报工作“事先知情同意”，缔约国必须提供书面、音像或者其他形式，证明社区的事先知情和同意。《实施〈保护非物质文化遗产公约〉的业务指南》（以下简称《业务指南》）中明确规定，无论是急需保护的非物质文化遗产名录和人类非物质文化遗产代表作名录，还是优秀实践名册，其列入的一条重要标准，便是该遗产项目的申报“得到相关社区、群体或个人尽可能广泛的参与，尊重其意愿，并经其事先知情同意”②。正因为如此，在“急需保护的非物质文化遗产名录・ICH－01 表”及“人类非物质文化遗产代表作名录・ICH－02 表”中，第四条（U.4 和 R.4）列入标准均为“申报过程中的社区参与和同意”。依据该标准，缔约国应证实“该遗产项目的申报得到相关社区、群体或个人尽可能广泛的参与，尊重其意愿，并经其事先知情同意”。该条又细分为四个方面，其中前两个方面直接关涉社区的参与和知情，对于理解申报过程各个阶段中的“社区参与及知情”有所帮助：

> 4. a. 申报过程中相关社区、群体和个人的参与
>
> 说明相关社区、群体或个人如何积极地参与了准备和编制申报材料的各个阶段。
>
> 鼓励缔约国在各相关方的广泛参与下准备申报材料，包括各级地方政府、社区、非政府组织、研究机构、专业中心和其他相关方等。
>
> 4. b. 申报中尊重其意愿，并经其事先知情同意
>
> 申报该遗产项目尊重相关社区、群体或个人的意愿，经其事先知情同意，这既可通过书面或音像形式，也可通过根据缔约国法律

① UNESCO: Aide-Mémoire for Completing a Nomination to The Representative List of the Intangible Cultural Heritage of Humanity, For 2016 and Later Nominations, No. 28.

② 联合国教科文组织:《实施〈保护非物质文化遗产公约〉的业务指南》第一章，联合国教科文组织创意处非物质文化遗产科，基本文件，2003 年《保护非物质文化遗产公约》[EB/OL]，http://www.unesco.org/culture/ich，2014 年中文版。

制度及相关社区和群体丰富多样性所采取的其它方式予以证明……①

可见，在申报阶段中，社区参与原则的要求是相关社区、群体或个人“积极地参与了准备和编制申报材料的各个阶段”，申报中尊重其意愿，并经其事先知情同意。相对而言，社区参与的要求较易让人理解，可是怎样算是社区“事先知情同意”呢？该如何实践这一要求呢？2011年的“工作坊文件”中，谈及“社区在保护中的角色”时，对上述要点做了进一步的补充：“当某一非遗项目的申报——包括保护措施的规划——关涉社区、群体或个人时，他们必须对申报书的准备和提交给予——自由地和自愿地——同意。他们应当被给予充分的信息和时间来作出决定，并被恰当地告知列入之后可能的利益以及任何可能的负面影响。没有他们的知情同意，申报书的准备不应开展，也不应提交给UNESCO。”② 由此可见，获得社区的知情同意书并非只是简单地令社区、群体或个人代表签字表态，在此之前，应当给社区“充分的信息和时间来作出决定，并被恰当地告知列入之后可能的利益以及任何可能的负面影响”，这些才是这一环节更应完成的工作内容。

与此相应，在评审机构以及独立评审专家对各类申报表进行评审时，能否充分证明社区的广泛参与及其事先知情同意，是判断一个非遗项目是否符合列入标准的另一个重要维度。这里也许有必要顺带一提：在中国民俗学会迄今参与的两届非遗评审中（2015 年、2016 年），工作量最大的一项内容，往往便是审查申报书是否体现并符合了“社区参与”与“社区事先知情同意”的原则（U.4，R.4，P.5）。无法证明社区在保护以及申报过程中积极参与并且事先知情同意的申报书，将可能因为未能达到这一标准而使整个申报功亏一篑。不少包括诸多社区和群体参与的申报书，会附上长达数十页甚至上百页的社区知情同意书。

---

① 联合国教科文组织：“急需保护的非物质文化遗产名录 · ICH－01 表”以及“人类非物质文化遗产代表作名录 · ICH－02 表”文化部对外文化联络局、联合国教科文组织《保护非物质文化遗产公约》基础文件汇编，外文出版社 2012 年版。

② UNESCO：2003 Convention for the Safeguarding of the Intangible Cultural Heritage：Strengthening National Capacities for Safeguarding Intangible Cultural Heritage，Training of Trainers Workshop [Z]. Ratification& Inventorying. RAT2.3，Slide21，2011－01－10－14，Beijing.

第三，以社区为中心。社区的重要性绝不仅仅体现在其广泛参与和事先知情并同意上。在《公约》的诸多衍生文件中，社区被置于更重要的位置。在申报和制定保护措施的过程中，社区、群体或个人被视为关键性的主体，在该过程中扮演着中心性的角色，而无视社区的主体性、自上而下（top-down）开展的非遗保护，被明确予以否定。在政府间委员会第八届会议（2013年12月2日至7日，巴库，阿塞拜疆）上，政府间委员会就呼吁各缔约国“将社区、群体，有时是个人，置于所有保护措施和计划的中心，避免自上而下的方法，确认从社区、群体，有时是个人之中涌现出的办法”[①]。第十届常会（2015年11月30日至12月4日，温德和克，纳米比亚）上通过的《保护非物质文化遗产伦理原则》，第一条便旗帜鲜明地主张：“相关社区、群体和个人在保护其所持有的非物质文化遗产过程中应发挥主要作用。”[②]

为什么非遗保护工作应以社区为中心，社区应在其中发挥主要作用呢?《备忘录》中对这一问题有所阐述：“缔约国的具体参与是重要的，但是咨询机构也警告，对于国家的过度依赖，会逐渐损害所提出的保护措施的成功和可持续性。”在咨询机构看来，保护措施“不应该仅只由自上而下的、由中央发动的、依赖政府支持的措施而构成——这些往往是短暂的；相反，长期的社区参与、主体的全程参与，却会带来比仅靠政府支持的保护措施更持久的持续性”，咨询机构不赞成一些申报表中处处彰显政府而社区主体的参与性很少得到表现的做法，认为这使可持续性受到危害。[③] 可见，UNESCO坚持“以社区为中心”的原则，是因为认定只有社区最大限度地参与到保护的整个过程中去，并在其中发挥主要的作用，非遗保护才能可持续地、有效地开展下去。

遗憾的是，正如《备忘录》中指出的，对于发展和保护计划中社区的重要性，一些缔约国“常常缺乏理解和认识”，“社区成员往往只被视

---

① UNESCO：Aide-Mémoire for Completing a Nomination to The Representative List of the Intangible Cultural Heritage of Humanity，For 2016 and Later Nominations，No. 92.

② 联合国教科文组织：《保护非物质文化遗产伦理原则》，巴莫曲布嫫、张玲译，《民族文学研究》2016年第3期。

③ UNESCO：Aide-Mémoire for Completing a Nomination to The Representative List of the Intangible Cultural Heritage of Humanity，For 2016 and Later Nominations［Z］，No. 91.

为资料提供人或者受益人（beneficiaries），而很少被看作规划和实施保护措施的关键性主体（key actors）”①。这一点，也需要中国各级政府和文化管理部门警醒并改进。

第四，社区受益。在《备忘录》以及《业务指南》中，多次声明非遗项目的保护及其可持续发展应使社区成为受益方。比如，《备忘录》提到政府间委员会及其附属机构和评审机构都“强调社区参与在保护措施制定过程中的重要性，以使相关社区——而非国家或者私人企业——成为列入名录以及由此带来的日益增加的关注的受益方（the beneficiaries）”②。在论及列入名录以及保护过程中可能带来的商业化及其双刃剑作用时，《业务指南》特别明确地规定应确保其结果使社区受益：“可能源自非物质文化遗产的某些形式的商业活动，以及与非物质文化遗产相关的文化产品和服务的贸易，可提高人们对此类遗产及其重要性的认识，并为其实践者带来收益。这些商贸活动有助于传承和实践该遗产的社区提高生活水平，带动地方经济，增强社会凝聚力。然而，这类活动和贸易不应危及非物质文化遗产的存续力，因此应采取各种适当措施，以确保相关社区成为主要的受益方。”③ 2015 年，在政府间委员会第十届常会上通过的《保护非物质文化遗产伦理原则》，其多项条款从多个角度重申了《公约》一再强调的社区重要性的原则，其中第七条规定：“创造非物质文化遗产的社区、群体或个人应从源于这类遗产的精神利益和物质利益的保护中受益，特别是社区成员或其他人对其使用、研究、立档、宣传或改编。”④

上述四个方面，集中体现了《公约》及其各类衍生文件中的社区原则。那么，为什么 UNESCO 如此强调社区在非遗保护过程中的重要性?

---

① UNESCO：Aide-Mémoire for Completing a Nomination to The Representative List of the Intangible Cultural Heritage of Humanity，For 2016 and Later Nominations［Z］，No. 92.

② UNESCO：Aide-Mémoire for Completing a Nomination to The Representative List of the Intangible Cultural Heritage of Humanity，For 2016 and Later Nominations［Z］，No. 92.

③ 联合国教科文组织：《实施〈保护非物质文化遗产公约〉的业务指南》第 116 条，联合国教科文组织创意处非物质文化遗产科，基本文件，2003 年《保护非物质文化遗产公约》［EB/OL］，http：//www. unesco. org/culture/ich，2014 年中文版。

④ 联合国教科文组织：《保护非物质文化遗产伦理原则》，巴莫曲布嫫、张玲译，《民族文学研究》2016 年第 3 期。

梳理各类相关文档，可以发现，这一点在《公约》的一开始便有明确的声明："承认各社区，尤其是原住民、各群体，有时是个人，在非物质文化遗产的生产、保护、延续和再创造方面发挥着重要作用，从而为丰富文化多样性和人类的创造性作出贡献。"2011 年的"工作坊文件"中，曾特别论及这个问题并且有更加详细的解释，其给出的理由如下：

> 1. 非遗是由人们（the people）（社区、群体以及个人）所施行（enacted）和传承的，并由其认同，视之为其文化遗产的一部分；
>
> 2. 非遗是该人群（无论被认定或被视为社区、群体，或者在一些案例中是个人）集体遗产的一部分；
>
> 3. 保护关涉到确保非遗在该人群内部，并通过该人群（社区、群体和个人）得到持续性的实践和传承；
>
> 4. 因此，没有该人群（社区、群体和个人）的同意和参与（involvement），保护就不可能发生。①

综上所言，《公约》及其衍生文件明白无误地表达出这样的理念：社区、群体或个人是生产、认定、保护、延续和再创造非遗的关键性主体，保护的目的便是确保非遗在该人群内部并通过该人群而得以继续实践和传承，因此，社区毫无疑问应该成为非遗保护政策的中心。

二 非固定性与非均质性："社区"的界定

既然 UNESCO 如此强调社区的重要性，那么，紧接着的一个问题便是：到底什么是"社区"呢？这个问题却不好回答，因为在《公约》《业务指南》等基础文件中，都没有直接给这个至关重要的概念一个明确的界定。2006 年 3 月在日本东京召开的"非物质文化遗产保护中的社区参与专家会议"的最终报告，一开头便指出，"《公约》并未提供对'社

---

① UNESCO：2003 Convention for the Safeguarding of the Intangible Cultural Heritage：Strengthening National Capacities for Safeguarding Intangible Cultural Heritage, Training of Trainers Workshop, Ratification & Inventorying, RAT2. 6, Slide 3, 2011 – 01 – 10 – 14, Beijing.

区'和'群体'的定义"[①]。2011 年的工作坊文件在谈及关键词"社区"的界定时，也坦承："《公约》的总则说道：'承认各社区，尤其是原住民、各群体，有时是个人，在非物质文化遗产的生产、保护、延续和再创造方面发挥着重要作用，从而为丰富文化多样性和人类的创造性作出贡献。'上述语汇在《公约》的这个部分里没有一个得到界定。"[②]

不过，尽管如此，工作坊文件在阐述"《公约》中的关键词"时，还是给出了一些限定："在《公约》框架之下，相关的'社区、群体或个人'是指那些人（those people）：他们直接或间接地参与某一（或一系列）非遗项目的实践或传承，并认为该非遗项目是其文化遗产的一部分。《业务指南》中也经常运用这些语汇，同时在一些场合也使用'传承人'（tradition bearers）和'实践者'（practitioners），来指那些在某一社区或群体中对非物质文化遗产的施行（enactment）和传承富有特定职责（tasks）的人。"[③]"《公约》中提到'社区、群体和个人'时，指的是参与实践和传承非遗项目，并视之为其文化遗产的一部分的人。社区很难被抽象地界定，但是在这一语境中，它们是直接或者间接地参与相关非遗项目的施行和传承的人。"[④]

在我们通常的理解中，社区虽然可大可小，但往往是一个具有相对明确的地理边界的实体性空间，比如"北京市"或者"护国寺社区"。这一理解却与 UNESCO 的精神不相吻合。从上文所引述的界定来看，社区所指涉的并非地理空间，而是指向非遗的实践者，而且，其中不仅包括非遗的直接实践者，还包括间接施行和传承非遗的人。换句话说，并非

---

① UNESCO：Expert Meeting on Community Involvement in Safeguarding Intangible Cultural Heritage［EB/OL］，http：//www. unesco. org/culture/ich/doc/src/00034 – EN. pdf，2006 – 03 – 13 – 15，Tokyo，Japan.

② UNESCO：2003 Convention for the Safeguarding of the Intangible Cultural Heritage：Strengthening National Capacities for Safeguarding Intangible Cultural Heritage，Training of Trainers Workshop，Ratification & Inventorying，NOM 5. 3，p. 82，2011 – 01 – 10 – 14，Beijing.

③ UNESCO：2003 Convention for the Safeguarding of the Intangible Cultural Heritage：Strengthening National Capacities for Safeguarding Intangible Cultural Heritage，Training of Trainers Workshop，Ratification & Inventorying，NOM5. 3，Slide 15.

④ UNESCO：2003 Convention for the Safeguarding of the Intangible Cultural Heritage：Strengthening National Capacities for Safeguarding Intangible Cultural Heritage，Training of Trainers Workshop，Ratification & Inventorying，NOM5. 12，p. 415.

直接传承人的某一非遗项目的听众，也是社区的一部分。2006 年 3 月，在东京召开的“非物质文化遗产保护中的社区参与专家会议”已经对这个问题有所论争：有的专家认为对于社区的界定应当聚焦于非遗的直接实践者，有的则认为社区还应当包括那些与非遗相关却并非积极实践者的人。①

那么，《公约》中为什么没有对“社区”这个关键性的概念作出界定呢？工作坊文件中对此专门作出了解释：“缺乏正式界定的多种原因之一，是很难界定一个社区——就像非物质文化遗产一样，相关的社区和群体是流动的。社区和群体的概念也可以在不同的政治语境中、被不同的人用不同的方式来理解……在 2002—2003 年，起草《公约》文本的专家们很高兴将这些概念悬而不决，不仅是因为上面提到的这些客观问题。如果他们试着界定上述概念的话，他们可能就无法在 2003 年——甚至在 2005 年——完成《公约》的草案了。大部分国家具有文化和民族—语言上的多样性，而且各个国家以不同的方式来对待其多样性。一些国家，通常是权力高度集中的国家，着力于国家建设或者民族统一的密集过程，对于外来者（或者一项《公约》）来规定其如何界定和应对社区和（或）群体没有兴趣。有的国家认可土著社区（indigenous communities），而有的却不认可。那些刚刚度过国内困难时期的国家则更希望关注普遍的认同，而不是内部的差异。”② 由此可见，没有对社区予以界定，是因为在 UNESCO 看来，其中牵涉十分复杂的多样性现实以及理解，难于一概而论。

但是无论如何，可以明确的社区特质是：它们并非是固定的和均质的。它们“可以根据行政的、地理的、民族—语言的或者其他标准来界定。人们可以因此同时归属于不同的社区。人们对社区和群体的认同首先由自己决定。他们可以根据很多因素，比如他们的语言，一项特定的

① UNESCO：Expert Meeting on Community Involvement in Safeguarding Intangible Cultural Heritage [EB/OL]，http：//www.unesco.org/culture/ich/doc/src/00034 - EN.pdf，2006 - 03 - 13 - 15，Tokyo，Japan.

② UNESCO：2003 Convention for the Safeguarding of the Intangible Cultural Heritage：Strengthening National Capacities for Safeguarding Intangible Cultural Heritage，Training of Trainers Workshop，Ratification & Inventorying，NOM 5.3，Slide 15，2011 - 01 - 10 - 14，Beijing.

非遗，或者一系列特定的非遗，来界定自己的社区或者群体”[1]。在《公约》中，“一个群体或者社区中的人们在表现其非物质文化遗产时可以有不同的角色，例如实践者、管理者（custodian）、传承人，或者听众。一些非物质文化遗产的群体规模很小，界定清晰（比如一项特殊的治疗传统或者手工艺的实践者群体，或者一个木偶艺人家庭）。在一个特定时间，可以只包括一个人。其他群体更大，界定不那么清晰，比如包括庆祝狂欢节的镇上居民，节日的观众，参加仪式活动的社区成员——他们乐于为这些事件提供助力，以作为其经历并实践其文化遗产的一部分，并从中感受‘社区感’（a sense of community）”[2]。“重要的是，要认识到作为一个原则：社区并非是均质的，在一个社区或者群体之内，对于非遗的认同和保护事宜可能会有不同的意见。”[3]

这里还应该顺便厘清一下《公约》及其衍生文件中反复出现的“社区、群体或个人”这类表述中，所涉及的社区、群体（groups）和个人（individual）之间的联系和区别，这一点也并未在《公约》及其基础文件中得到说明。在2011年的工作坊文件中，对此曾有专门的解释，对我们理解这类表述有一些帮助：“《公约》中也并未说明如何在社区和群体之间作出区分。有人将群体解释为构成一个社区或者跨社区的人们（比如实践者或者传承人），他们对某一特定项目拥有特殊的知识，或者在它的表现和传承中具有特殊的角色。在一些案例中，个人具有特殊的角色，比如作为实践者或者管理者；通常他们是一个社区中仅存的人，掌握必备的知识和技艺以实践某一特定的非遗形式。”[4] 按照这一解释，个人、

---

① UNESCO：2003 Convention for the Safeguarding of the Intangible Cultural Heritage：Strengthening National Capacities for Safeguarding Intangible Cultural Heritage，Training of Trainers Workshop，Ratification & Inventorying，NOM 5.3，Slide 15，2011－01－10－14，Beijing.

② UNESCO：2003 Convention for the Safeguarding of the Intangible Cultural Heritage：Strengthening National Capacities for Safeguarding Intangible Cultural Heritage，Training of Trainers Workshop，Ratification & Inventorying，NOM 5.3，Slide 15，2011－01－10－14，Beijing.

③ UNESCO：2003 Convention for the Safeguarding of the Intangible Cultural Heritage：Strengthening National Capacities for Safeguarding Intangible Cultural Heritage，Training of Trainers Workshop，Ratification & Inventorying，NOM 5.3，p.82，2011－01－10－14，Beijing.

④ UNESCO：2003 Convention for the Safeguarding of the Intangible Cultural Heritage：Strengthening National Capacities for Safeguarding Intangible Cultural Heritage，Training of Trainers Workshop，Ratification & Inventorying，NOM 5.3，p.82，2011－01－10－14，Beijing.

群体和社区的范畴依次由小到大，个人构成了群体，群体构成了社区。但是在笔者看来，上述解释并不能充分地说明社区与群体之间的区别，因为，如上文所引述，社区同样指的是直接或者间接地参与相关非遗项目的施行和传承的人，因此与“群体”的界定没有形成本质区别。在UNESCO的文献中，这类模糊的概念并不少见。

下面，本文将以2015年的三项非遗申报为个案，具体检视一下其中体现出的“社区”观念。相关申报表以及评审情况均可参见“保护非物质文化遗产政府间委员会第十届常会决议”（即10. COM决议）。①

案例一，纳米比亚的马如拉节（Marula Festival）。马如拉是一种植物。每年果实丰收的时候，纳米比亚北部的八个Aawambo社区便会酿制马如拉果酒，载歌载舞，举办长达2—3天的庆祝节日。该节日由八个社区轮流举办，因此该非遗项目牵涉的相关社区便是这八个Aawambo社区，它们在申报以及制定保护措施的过程中都有积极的参与。② 该项目最终成功列入人类代表作名录。

案例二，埃及的传统手偶艺术（Traditional Hand Puppetry），申请纳入急需保护名录。该手偶艺术通常是几个艺人组团巡回演出，特别是在Mawled民间庆典上表演。后来该庆典渐渐萎缩，手偶表演艺人不得不定居下来，而且人数锐减到寥寥数人。该非遗项目牵涉的相关社区、群体和个人应当是在各处巡回演出和定居下来的手偶艺人及其观众，不过申报表上填写的“相关社区、群体或个人”只是六位中老年民间艺人。③ 该项目最终并未获得通过，否决的理由之一便是“社区参与”出了问题：尽管其申报过程中有多方力量——包括实践者和相关利益方——的参与，但是申报书只显示了几位手偶艺人的在场，并未能充分证明更广大的社区在申报的全过程里都积极参与；而且，传统的实践者更多的是作为信

---

① UNESCO：Intergovernmental Committee for the Safeguarding of the Intangible Cultural Heritage. Tenth session，Decisions［EB/OL］. http：//www. unesco. org/culture/ich/doc/src/ITH－15－10. COM－Decisions－EN. doc，2015－11－30/ 2015－12－04，Windhoek，Namibia.

② http：//www. unesco. org/culture/ich/en/10b－representative－list－00779. 访问时间：2016年7月20日。

③ http：//www. unesco. org/culture/ich/doc/src/ITH－15－10. COM－10. a＋Add_EN. doc#DRAFT_DECISION_10COM_10a3. 访问时间：2016年7月22—25日。

息提供者（informants），而并非该过程中的积极合作者（partners）。[①]

案例三，哈萨克斯坦和吉尔吉斯斯坦联合申报的“阿依特斯即兴创作艺术”（Aitysh/Aitys，art of improvisation）。阿依特斯是一种即兴论辩的口头诗歌，可唱可说，表演时常以冬不拉或者吉尔吉斯人的库姆孜琴（komuz）伴奏，在哈萨克斯坦和吉尔吉斯斯坦全境都广泛流传。表演者（即阿肯）双方要即兴创作韵文，用幽默机敏地还击以及渗透着哲理的省思来论辩时事并展开智慧的交锋，论辩的话题常由观众选定。该艺术在很多场合表演，包括地方性的节日以及全国性的事件，广受大众欢迎，如今已成为两国文化的重要组成部分。该项目涉及的相关社区、群体和个人，主要包括了阿依特斯的表演者（performers）——在哈萨克斯坦被称作“阿肯—阿依特斯表演者”（akyns-aityskers），在吉尔吉斯斯坦被称作“陶克默—阿肯”（tokmo-akyns）——及其团体、相关研究机构和艺术院校，以及作为观众的两国所有人民。[②] 该项目也顺利列入了当年的代表作名录。

以上三个案例，清楚地表明了 UNESCO 非遗工程系统中使用的“社区”概念的非固定性、非均质性以及指涉范畴的巨大弹性：社区可能规模很小，而且边界清晰，比如案例一中共同举办马如拉节日的纳米比亚北部的八个 Aawambo 社区，以及案例二中的埃及手偶艺人及其观众；社区也可能规模很大，跨越了地区和国家的实际边界，比如案例三中的哈萨克斯坦和吉尔吉斯斯坦，凭着对阿依特斯即兴创作艺术的共同认同而形成了一个社区，其中既包括了该艺术的表演者及其代表性团体、研究机构和艺术院校，还包括了作为观众的两国全体人民。

但是，无论其规模如何，社区所指涉的都是直接或者间接地参与相关非遗项目的施行和传承，并认同该非遗项目是其文化遗产的一部分的人。他们构成了非遗项目保护和传承的主体，在整个保护过程中不仅应当最大限度地参与，而且应当在其中发挥主要作用，成为所有保护措施

---

① http://www.unesco.org/culture/ich/doc/src/ITH-15-10.COM-10.a+Add_EN.doc#DRAFT_DECISION_10COM_10a3. 访问时间：2016 年 7 月 22—25 日。

② http://www.unesco.org/culture/ich/doc/src/ITH-15-10.COM-10.b+Add_EN.doc#Draft_decision_10COM_10b20. 访问时间：2016 年 7 月 28 日。

和计划的中心以及列入名录之后的受益方。

参考文献

［1］联合国教科文组织：《保护非物质文化遗产公约》，联合国教科文组织创意处非物质文化遗产科，基本文件，2003 年《保护非物质文化遗产公约》［EB/OL］，http：//www. unesco. org/culture/ich，2014 年中文版。

［2］联合国教科文组织：《实施〈保护非物质文化遗产公约〉的业务指南》，［2］联合国教科文组织创意处非物质文化遗产科，基本文件，2003 年《保护非物质文化遗产公约》［EB/OL］，http：//www. unesco. org/culture/ich. 2014 年中文版。

［3］UNESCO：Aide-Mémoire for Completing a Nomination to The Representative List of the Intangible Cultural Heritage of Humanity，For 2016 and Later Nominations［Z］.

［4］UNESCO：Intergovernmental Committee for the Safeguarding of the Intangible Cultural Heritage，Tenth session，Decisions［EB/OL］，http：//www. unesco. org/culture/ich/doc/src/ITH – 15 – 10. COM – Decisions – EN. doc，2015 – 11 – 30/ 2015 – 12 – 04，Windhoek，Namibia.

［5］联合国教科文组织：《保护非物质文化遗产伦理原则》，巴莫曲布嫫、张玲译，《民族文学研究》2016 年第 3 期。

［6］UNESCO：2003 Convention for the Safeguarding of the Intangible Cultural Heritage：Strengthening National Capacities for Safeguarding Intangible Cultural Heritage，Training of Trainers Workshop［Z］，2011 – 01 – 10 – 14，Beijing.

［7］UNESCO：Expert Meeting on Community Involvement in Safeguarding Intangible Cultural Heritage［EB/OL］，http：//www. unesco. org/culture/ich/doc/src/00034 – EN. pdf. 2006 – 03 – 13 – 15，Tokyo，Japan.

［8］文化部对外文化联络局、联合国教科文组织：《保护非物质文化遗产公约》基础文件汇编，外文出版社 2012 年版。

二　商业利用中的经济导向与社区导向

非物质文化遗产特征的文化经济学阐释*

黄永林**

摘　要：文化产业发展的基础是文化，没有丰富的文化资源，就不可能有文化产业的发展；文化产业发展的动力是创新，没有创新的文化产业，是不可能有生命力的。非物质文化遗产的“物质性”、“生活性”、“在场性”“经典化”和“多样性”特征，不仅为非物质文化遗产资源的产业转化提拱了丰富的优质资源、潜在的经济价值、广阔的市场前景、优质的品牌支撑，而且为文化产业的发展提供了关于产业目标追求、创新机制和发展策略的借鉴。

关键词：非物质文化遗产　文化经济学　特征　产业开发

当今，“经济的文化化”和“文化的经济化”特征越来越明显，文化经济是以文化为资源、载体和手段，在经济活动、经济行为中自觉注入文化内涵的市场行为，把追求经济优质运行和可持续发展作为终极目标。文化产业作为一种新的经济形态被视为21世纪的“朝阳产业”，已成为世界经济新的增长点，在发达国家已成为国民经济的重要支柱性产业。作为中华优秀传统文化重要组成部分的非物质文化遗产，以其丰富的资源、博大的内容、多样的形式，成为中国文化产业发展的新宠，在推动中国文化产业和经济发展中扮演着越来越重要的角色。本文将在文化经

---

* 原文刊于《文化遗产》2018年第1期。教育部人文社会科学重点研究基地重大项目“非遗数字化保护与传播研究”（项目编号：16JJD860009）的阶段成果。

** 黄永林，华中师范大学教授，国家文化产业研究中心主任。

济学视野下分析非物质文化遗产的基本特征及其对推动文化产业发展的重要意义和作用，为非物质文化遗产的产业开发提供理论支撑。

一 非物质文化遗产“物质性”特征与文化产业资源转化

文化资源是指人们从事文化生产或文化活动所利用或可资利用的多种资源，包括物质资料和精神资料。这些资料具有文化属性，是人们科学技术和劳动智慧的结晶……文化资源实际上也是一种经济资源。① 人类的经济活动是有意识、有目的的活动，从一开始文化的因素就渗透其中，而一切文化活动本身也蕴含着经济活动的因素。非物质文化遗产文化产品既展示着文化要素向一般经济物品的渗透，又体现着文化要素凭借产品形式而获得表达的双重事实。非物质文化遗产的经济学价值就是通过创新将非物质文化遗产文化资源转化为文化资本、文化需求转化为文化供给、文化精神转化为文化生产力，为发展现代文化产业服务。

（一）文化产品的“有形”与“无形”“物质性”与“非物质”性的关系

文化产品按物理分类范式可分为有形产品与无形产品，与此相应的文化遗产也分为物质文化遗产与非物质文化遗产两大类。对文化产品的“有形性”与“无形性”以及“物质性”与“非物质性”的分类尽管在学界一直有争论，但大多数人认为，纯粹的“无形文化产品”和“有形文化产品”都是不存在的，因为任何无形文化产品只有借助物质载体才得以体现，任何有形文化产品如果没有体现人类的精神是算不上文化产品的。正是因为人类文化精神本质对文化产品意义的追问，才使物质变得神圣；正是因为人类文化精神有了物的载体，才得以存在与传播。从文化经济学角度来看，文化产品的“有形性”和“物质性”是其产生价值的必备条件。

---

① 秦淑娟、李邦君：《文化经济规律研究》，上海财经大学出版社 2013 年版，第 89—90 页。

由于“非物质文化遗产”被冠名为“非物质”文化遗产，因此往往使人认为它是无形的、纯粹的、与物质无关的精神存在，这实质上是一种误读。如前所述，完全脱离物质载体的非物质文化遗产是不存在的，因为非物质文化遗产的“非物质性”需要通过“物质性”的形式来体现，其冠名“非物质性”主要强调的是蕴含在物质形态中的精神思想、信仰和特殊技艺的主体性和重要性。事实上，如果没有物质作为载体，非物质文化遗产所蕴含的精神思想和特殊技能、技艺就无法具体呈现出来。为什么要将文化遗产分为物质文化遗产和非物质文化遗产呢？这主要是强调这两种文化遗产存在形态和保护重点的不同：“物质文化遗产强调了遗产的物质存在形态、静态性、不可再生和不可传承性，保护也主要着眼于对其损坏的修复和现状的维护；非物质文化遗产是活态的遗产，注重的是可传承性（特别是技能、技术和知识的传承），突出了人的因素、人的创造性和人的主体地位。”① 简而言之，物质文化遗产是被历史固化了的文化呈现，非物质文化遗产是活在现实生活中仍在传承的活文化。

（二）非物质文化遗产的“物质性”与“非物质性”的关系

关于非物质文化遗产的“物质性”与“非物质性”的关系，温家宝指出：“非物质文化遗产也有物质性，要把非物质文化遗产的非物质性和物质性结合在一起。物质性就是文象，非物质性就是文脉。人之文明，无文象不生，无文脉不传。无文象无体，无文脉无魂。文化文化，文而化之，化而文之，两者要很好地结合起来。人类文明只有代代相传，才能不断丰富发展；只有相互交流，才能文物化成。”② 具体而言，非物质文化遗产的“物质性”集中体现在各种器具、工具、实物、制成品及相关场所等方面，尤其体现在制作材质及相关载体上；非物质文化遗产的“非物质性”主要强调非物质文化遗产反映的精神思想、信仰和特殊技能、技艺。“物质性”与“非物质性”两者有机结合才形成实际的非物质文化遗产。文化本没有有形与无形、物质与非物质之分，只是为了保护

① 王文章：《非物质文化遗产概论》，教育科学出版社2008年版，第40页。

② 国务院办公厅：《国务院总理温家宝参观中国非物质文化遗产专题展》，新华网，2007年6月9日。

与研究的需要才划分的，为的是强调各自的重点。

（三）非物质文化遗产“物质性”资源对发展文化产业的意义

文化产品的生产既是一种意识形态活动，同时也是一种经济活动。以上之所以首先充分论证非物质文化遗产的“物质性”，其主旨在于强调它的“物质性”对发展文化产业的重要性，因为文化产业的呈现方式主要是物质化的产品和服务，如果非物质文化遗产没有“物质性”存在，那它的文化产业经济价值将无法实现。非物质文化遗产的文化产业价值正是体现在通过人对精神思想、技能、技术和知识的运用和创造性转化后所形成的物质产品之中。这个创造性转化过程是一个精神与物质有机结合的精神变物质的过程，这更是一个人的聪明才智与物的生产结合产生经济价值的过程。非物质文化遗产资源的“物质性”是其转化为文化产业发展资源的基础和前提，没有精神变物质的创造性转化，非物质文化遗产不可能实现其经济价值。

对于文化产业来说，非物质文化遗产的“物质性”资源用于产业开发主要有三种途径：其一，直接用非物质文化遗产生产性项目进行开发。主要是利用传统美术、传统技艺和传统医药类非物质文化遗产项目进行开发，因为它们中所蕴含的技能和技艺主要是通过具体的物质性载体（产品）体现的，它们以物质形态呈现而被人们所认知、流传甚至是使用，尤其是因为其产品的实用性能产生经济效益才得以自然延续，这类非物质文化遗产项目可以通过创新提升后直接进入文化生产实现其经济价值。其二，借助其他载体对部分非物质文化遗产项目进行转化性开发。主要是传统的民间文学和民俗类非物质文化遗产，它们大多是口耳相传，不能直接形成有物有形的文化产品，其“物质性”集中体现在对这些非物质文化遗产记录的文本资料上，对于这类非物质文化遗产项目或通过编辑、出版、展示的方式转换为图书和音像产品，或借助现代影视传媒将这些文化遗产资源进行改编，开发成影视动漫产品，或通过与旅游产业结合形成新的旅游项目，实现其经济价值。其三，对非物质文化遗产文化空间类资源进行经济价值的转化。这主要体现在文化空间与其他产业相互融合所取得的经济效益上，比如与会展业、旅游业结合，通过相关门票、纪念品等实现其经济价值。

经济价值是非物质文化遗产时代价值的重要体现，非物质文化遗产的经济价值既体现在对经营各类具有物化特征的非物质文化遗产产品所获得的直接收入上，又体现在通过非物质文化遗产服务项目所获得的间接收入上。值得注意的是，在非物质文化遗产资源经济价值实现的过程中，由于市场经济和现代媒介的巨大影响力，对类似于民间文学类遗产的改编是否会造成故事情节的固化而失去民间文学的活态传承，以及传统节日在旅游表演中是否会造成文化内涵的丧失等问题则需要进一步展开研究。

二 非物质文化遗产“生活性”特征与文化产业目标追求

非物质文化遗产源于生活的需要，与人民群众生活息息相关，是他们生产生活的重要部分，往往是以生产和生活方式呈现出来，非物质文化遗产在创造和流传过程中表现出的这种“生活性”特征，体现出很强的“目的性”和“实用性”特点，这为非物质文化遗产产业化运作提供了文化意义挖掘的潜质和文化产业开发的机会。

（一）非物质文化遗产“生活性”特征：非物质文化遗产是文化，更是生活

从人本角度考虑，民众社会中的衣、食、住、行所蕴含的文化要素，涉及生产、生活、自然生态等多种复杂的因素。根植于人民生活的非物质文化遗产，来源于民众最简单、最普遍、最朴素的日常生活需求，渗透在百姓社会的各个方面，反映人民的喜怒哀乐、审美心理，与社会生活生产、宗教信仰、节庆民俗等活动密不可分。非物质文化遗产无论是呈现直接的精神生产方式，还是以技艺制作生产的产品形态，对于民众来说都是他们生活的有机组成部分，都深深地融入了他们的生产与生活中。在传统农耕文明社会，非物质文化遗产之所以能够产生并被传承延续，其根本原因就在于，在当时的社会语境中，非物质文化遗产与人们的现实生活关系极为密切，人们的社会生活需要这些非物质文化，而且这些文化能够获得他们的广泛认同，对他们的社会生活能产生积极的效

用。人民群众既是非物质文化遗产的生产者，同时又是消费者和传播者，他们往往并不以生产和传承非物质文化遗产为谋生的手段，而是作为他们喜怒哀乐情感中不可分割的一部分。因此，老百姓的生活需求创造出非物质文化遗产，非物质文化遗产与老百姓的日常生活同步、与生活需求同在，体现出鲜明的“为生活的文化”的创造宗旨。

“生活性”特征极为鲜明的非物质文化遗产之所以被称为文化，那是因为在民众极平凡的生活事项中蕴含着极丰富的文化内涵。比如那些以精神传承为目的民间文艺活动，如民间文学、传统音乐和美术等，广泛流传于老百姓的日常生活中，它们以特有的方式表达着他们关于人与自然、社会关系的认知，对于真、善、美等一系列感知的价值判断；而那些以物质生产为直接目的的技艺型活动，如传统手工技艺、传统医药等，尽管产出的主要是物质形态的产品，但其中凝结着人们巧夺天工、独具匠心的精湛技艺，传达着人们对自然、地理以及朴素的人文价值的发现与阐释。然而非物质文化遗产所具有的“生活性”“目的性”和“实用性”的文化经济特征，往往被我们在习以为常和理所当然中所忽略，而这些深层次的、最具根本性的特征恰恰是非物质文化遗产存在和发展的前提，也正是文化产业发展所必须遵循的原则。

（二）非物质文化遗产“生活性”特征对文化产业发展的意义

非物质文化遗产“生活性”特征反映在内容上是关注现实社会生活，在表现形式上具有贴近民众的特点，从文化经济资源角度来说，它不仅为文化产业发展提供了丰富多彩的贴近生活的内容资源，而且为构建大众所喜闻乐见的艺术形式提供了借鉴。从文化产业目的追求来说，由非物质文化遗产“为生活创造”的宗旨所体现出的文化生产的“目的性”和产品的“实用性”的文化经济原则，这为现代文化产业发展坚持为民众生活服务的宗旨和追求产品的“实用性”价值提供了依据与借鉴。在现代社会中，随着大众对文化产品与服务需求的与日俱增，传统社会中一些为上层社会所享用的非物质文化遗产项目和产品，现在通过发展文化产业也使之走进老百姓的日常生活，满足大众的需求。如景德镇瓷器烧制技术，尤其是御窑厂烧制的瓷器，最初只供皇室贵族或达官显贵专有，普通百姓是不可能享用的，现在景德镇瓷器在发展文化产业的背景下也逐渐走入寻常百姓家的生活中。同样，过去用手工制作的仅为达官贵人所享用的许多非物质文化遗产产品，现在用于发展文化产业，通过大规模机械化生产而为普通大众广泛享用。在发展文化经济的大背景下，非物质文化遗产生产与消费的生活化和大众化已然成为一种时尚与追求。

然而，当今市场经济的激烈竞争，"泛文化经济"意识的过度泛滥，对非物质文化遗产的产业开发产生了巨大冲击，在当今文化产业发展中，为了追求文化的经济价值，不少人对文化遗产进行掠夺式开发，非物质文化遗产资源在文化产业的开发利用中只是被抽象为形式层面的参与，而非多层面的生活实践展开，非物质文化遗产资源的产业开发同事实上的民众日常生活之间没有形成有机融合，并产生来自内部的动力，反而成为一种脱离生活的纯粹表演性产品，即"伪非物质文化遗产"。非物质文化遗产传承人，在经济利益的驱动下，根据市场的需求，不断在自己传承的知识、技艺和现代化追求之间寻找变通和进行调适，使得一些非物质文化遗产项目，在表演时间和地点上，超出了原生态非物质文化遗产本来的规定性，造成"天天过节日""时时入洞房""到处唱史诗"的不严肃和无序的表演状态；在内容上，诸种文化因素由于迎合消费者的需要不断被删除、置换、重组，甚至是被戏化和恶搞，从而淡化了精神内涵；在形式上，使得传统的非物质文化遗产常常被简化为易于把握和利用的几种要素和特征，越来越成为固定场景中的系列化展演，丧失了原生态非物质文化遗产的艺术魅力。这种非物质文化遗产资源在被现代文化产业利用时由于追逐"功利性"所导致"生活性"特征淡化的结果是，非物质文化遗产产业项目逐渐变得客体化、非历史化，人为的编排几乎把活态文化塑造成永恒固定的展演性项目，这是造成非物质文化遗产转化成文化产业资本发展缓慢的深层次原因所在。因此，在利用非物质文化遗产发展文化产业时，我们必须重视非物质文化遗产的"生活性"特征，强调"为生活服务"的开发利用宗旨，在为百姓的日常生活提供非物质文化遗产产品和服务中，实现其经济效益。

三 非物质文化遗产“在场性”特征与文化产业市场开拓

美国人类学家摩尔根认为：“人类是从发展阶段阶梯的底层开始迈进，通过经验知识的缓慢积累，才从蒙昧社会上升到文明社会的。”① 文化的产生、发展进步，不仅使人从动物中分化出来，成为社会的存在，而且在社会中成为意识到自我的存在。文化与人的交互作用，是人不断接受文化教化的过程，也是人不断发挥潜能并创造文化的过程，在这个过程中，人是作为主体性而存在的。要实现非物质文化遗产资源的产业转化和市场开拓，必须深入研究非物质文化遗产传承的基本形态和传承者的特殊地位与功能，只有这样才能真正发挥人的主体性作用并有效地将非物质文化遗产资源优势转化为文化产业资本，在为民众提供文化产品和服务中实现文化价值的增值，推动文化产业的发展。

（一）非物质文化遗产传承的“三种形态”与“在场性”特征

从人与文化的关系看，非物质文化遗产作为一种生活方式的存在与发展是一个文化生态的系统性问题。文化是通过人来传承的，从文化的整体性角度来说，非物质文化遗产是属于全体民族的，但从文化的具体情况来看，非物质文化遗产的创造者和传承人并不一定是全民族性的。根据文化性质和表现形式，非物质文化遗产的传承可分为社会传承、家庭（家族）传承和群体传承三种形态。社会传承是指在一个文化区（圈）或一个族群范围内，众多社会成员（群体）共同参与传承某一种非物质文化遗产类型，显示了组成这个群体共同的文化心理和信仰。② 家庭传承是指在有血缘关系的人群中进行传授和研习，主要表现为手工艺、中医以及其他一些专业性、技艺性比较强的行业中。群体传承大体可分为两种情况：一种是师徒传承，如某些表演技艺、戏剧曲艺、传统音乐等；

---

① ［美］路易斯·亨利·摩尔根：《古代社会》（上册），杨东莼、马雍、马巨译，商务印书馆 1983 年版，第 3 页。

② 刘锡诚：《传承与传承人论》，《河南教育学院学报》2006 年第 6 期。

另一种是无师自通在社会群体中自然习得。[①]

无论非物质文化遗产有着怎样的传承方式，它的传承最重要的还是人，最具特征的是它的活动主体与表达方式与传承人同时同地存在，即传承人的“在场化”特征。人们可以直观地、统一地看到一个文化的生命现象，一个活着的文化遗产。人们可以通过与传承者对话、交流、体验、学习来理解文化遗产的意义和价值，从中得到真正的感受、教育和感悟。[②] 因此，非物质文化遗产的传承人与其所传承的生活文化事项之间存有一种独特的“共生”关系，既保持传承人自身行为的“物理在场”，在具体的生活场景中切实地实践这些文化活动；又保持心理的“意义在场”，积极地认同这些文化，借由这些行为的实施来组织生活、规范生活、美化生活。因此，非物质文化遗产作为人类生活的组成部分，人们在“在场性”的创造中，不断进行着社会意义的生产与认同，在“在场性”的传承和延续中，不断地对其社会意义进行继承、再生产与再认同。由此可见，与物质文化遗产的静止态不同，非物质文化遗产是人们生活样式的动态延续，能够适应新的文化生态环境条件并获得人们的文化认同是它能够生存下去的必要条件。[③] 非物质文化遗产以人为载体，通过身体的形式存在和传播，往往是通过口头讲述及亲身经历来实现的，这种“在场性”和“认同性”特征，使得由它生产出的产品具有浓厚的生活气息、深厚的文化底蕴和旺盛的生命力。

（二）非物质文化遗产传承“在场性”特征对文化产业发展的意义

从非物质文化遗产传承人的“在场性”角度来说，保护和发挥传承人的积极性对于非物质文化遗产保护和文化产业发展都极为重要。《中华人民共和国非物质文化遗产法》指出：“国家鼓励和支持发挥非物质文化遗产资源的特殊优势，在有效保护的基础上，合理利用非物质文化遗产

① 肖锋：《非物质文化遗产的保护与产业研发》，人民日报出版社 2016 年版，第 14—15 页。

② 孟慧英：《试谈少数民族文化遗产的特点》，载文日焕、祁庆富编《民族遗产》（第一辑），学苑出版社 2008 年版，第 54 页。

③ 胡惠林等：《非物质文化遗产保护：从“生产性保护”转向“生活性保护”》，《艺术百家》2013 年第 4 期。

代表性项目开发具有地方、民族特色和市场潜力的文化产品和文化服务。”① 传统非物质文化遗产项目在过去主要是个体传承，通过个人制作和作坊生产，由于规模小、产业化不足、效益低，其传承面临年轻人不愿学、老年人无处传的难以为继的局面。如何破解这一困局，最重要的是让这些非物质文化遗产项目“活起来”，让传承人“活下去”，唯一的途径是走产业化之路，让传承人在非物质文化遗产的传承中有获得感，即获得一定的经济收益。要积极用企业化或产业化模式去发展，依靠商业化、市场化运作的优势，将非物质文化遗产与现代民众生活需求相结合，通过文化产品与服务创造出更大的经济效益，让更多的非物质文化遗产传承人从中获得更多的经济收益。只有这样，才能激发起广大人民群众对非物质文化遗产保护和传承的积极性与主动性，才能为非物质文化遗产产业化发展留住人才。

从非物质文化遗产消费者的“在场性”角度来说，非物质文化遗产的产业开发有着极为广阔的潜在市场。非物质文化遗产是一定区域和范围内的民众所创造和传承的与生活息息相关的文化，无论是采取社会传承、家庭传承，还是群体传承方式，其消费主体都是广大人民群众，其消费主体具有“大众性”和“在场性”特点。由于非物质文化遗产项目和产品贴近生活，具有广泛的群众基础，深受这一区域和范围内的广大民众所喜爱。在现代社会中，当文化产品的生产在资本原则的主导下，以追求经济效益最大化为目标，以产业形式来组织，采取工业化的方式并依据商业化规则来生产、分配和消费时，那么文化市场的“大众性”和文化产品的“贴近生活”就显得十分重要。当今这种利用非物质文化遗产项目和产品具有广泛的“大众性”和消费的“在场性”特征进行产业开发，既可以完成非物质文化遗产活态传承的有效循环，也可以通过产品满足人们对传统与时尚相融合的生活的新期待与新需求。因此，过去一些只在部分地区存在的有特色的非物质文化遗产项目和产品，因为其内容贴近生活和艺术的独特性，除了受当地百姓喜爱外，也逐渐被开发出来，用于文化产业，从而拥有更广大的市场。

---

① 《中华人民共和国非物质文化遗产法》，中华人民共和国主席令第四十二号，2011 年 2 月 25 日。

从非物质文化遗产消费过程的“在场性”角度来说，非物质文化遗产可以为产业开发带来更多有“体验感”的项目。在商品化时代，所有的文化产品，既是商业化的文化存在，也是真实的文化存在，现代大众在文化消费的过程中逐渐形成了“体验感”的需求。非物质文化遗产传承的“在场性”特点，正可以满足消费者的这种心理需求。对于发展非物质文化遗产产业来说，一方面利用这些“在场性”的非物质文化遗产项目发展文化产业，使消费者在文化的体验感中获得快乐和教育；另一方面就是增强文化项目和产品的体验性和互动性，使产品和项目更具亲和力和吸引力，尤其是对于非物质文化遗产资源与文化旅游、文化会展结合的项目来说，就是要提升项目的体验性，使参与者在亲身体验中感受文化的魅力。

四 非物质文化遗产“经典化”特征与文化产业品牌建构

文化发展的基本规律是文化的积累性和文化的变革性，当我们考察历史上的文化积累和变革时，就会发现一些相对稳定、长期延续的内在要素，这种要素就是文化传统，这些文化传统构成了不同民族的文化类型和特点。一个民族的文化品牌是由这个民族内在精神和外在形式不断整合、调适、变革和创造的经典化过程中形成的。中国流传至今的传统非物质文化遗产是在文化经典化过程中形成的中华优秀传统文化品牌，这些传统文化品牌资源对于现代文化产业品牌的形成具有资源利用和形成机制的借鉴意义。

（一）文化传统与文化的经典化

什么是文化经典？文化经典意味着它具有高尚深刻的思想、完美的形式和天才的独创性相结合的品质，是人类精神升华的一种象征。[①] 对于传统文化经典来说，它们从来不是一次性的、一劳永逸的，而是一个持续接受各种力量考验的保值、增值或者减值的动态的“经典化”过程。

① 高小康：《当代文化中文学的“再民间化”》，《探索与争鸣》2006 年第 12 期。

每一个民族的人民都生活在一定的文化氛围中，有一定的语言、知识、信仰、礼仪、习俗、制度和规范等，并通过各种学习、传授等耳濡目染的方式，在民族的认同中，产生共同的文化心理，形成独特的文化传统。每一个民族都有自己的文化经典，它们是这个民族文化基因经历千百年传承与变异的千锤百炼而形成的，充分表现了这个民族在历史进程中逐渐形成的优秀文化价值观念和审美理想，是这个民族优秀传统文化的重要组成部分。这些文化经典对于生活在这种文化中的民众来说，则是自身文化长久积淀、延续和发展的产物，是自身文化的杰出代表；而对于生活在本区域之外的民众来说，这是人类文化的宝贵财富，是人类文化遗产，应该为人类所共享。

（二）非物质文化遗产经典化的过程

一个民族在漫长的历史中创造、传承和发展的非物质文化遗产，源于该民族人民长期的生产和生活实践，它既是该民族民众智慧和经验积淀的结晶，是该民族深层次文化基因的凝聚，也是该民族的思想与感情的自发流露，更是有关该民族历史科学、宗教及其他人生知识的总结和审美观念和艺术情趣的体现，是这个民族文化精神的缩影。流传至今的非物质文化遗产是民众的生活文化在质的千年延续不变与量的永恒积累叠加的过程中形成的文化经典，而且这种历史传承仍在不断延续，这种经典化的过程仍在继续进行。

非物质文化遗产没有最终的经典，只有追求经典的经典化过程，其原因在于：非物质文化遗产通常以口头形式为载体，在群体参与互动的活动中进行传承，由于没有固定化的文本和形式，每个传承者在传承代代相袭的文化基因和传统、固定母题和程式化的表现形式的同时，又都在把它变成自己的创作，在每一次传播过程中即兴发挥和随意改动、变化，一次次传承使原有的非物质文化遗产口头文本一次次被即兴扩展和修改。因而对于非物质文化遗产传承来说，既不存在唯一的传承人，也不存在一个最完善的作品，即没有一个像经典意义上的文学文本那样可以被确认为客观对象的固化经典形态。非物质文化遗产传统的精髓所在：就是它们没有完全被固化的最终实体，而是在传承中不断增殖繁衍的活的过程，而每一次传播都是一次提升和经典化的过程。因此，非物质文化遗产传承永远只是一个经典化的过程。

（三）非物质文化遗产经典对文化产业发展的意义

文化经典化的结果必然形成文化品牌。文化品牌是经过市场检验、被消费者所信赖的、具有文化意义和价值的并带有独特标记的企业和产品。随着社会生产的发展和人们生活质量的提高，人们越来越重视品牌的价值，一个企业拥有的文化品牌越多，越深入人心，它的文化竞争力就越强。在某种意义上来说，产品的竞争、市场的竞争就是品牌的竞争，打造品牌已成为提高文化竞争力的有效战略。如何利用非物质文化遗产品牌优势和通过经典化创建品牌的机制，推动文化产业品牌建设，值得认真研究。

首先，利用非物质文化遗产品牌创建文化产业品牌。

非物质文化遗产大多是经过长期文化要素积淀和信誉凝练的文化“品牌”，这种在历史流变过程能顺应时代和文化变迁，保持相对稳定文化内核的非物质文化遗产，具有丰富的挖掘潜力和内在的生命力，如果在这些文化品牌基础上进行适当的产业化运作，借助其文化品牌的影响力进行深入开发，挖掘出更深的文化内涵，构建更好的形式，就可以快速形成新的文化品牌，有助于文化产业品牌的速成。如杨丽萍利用云南非物质文化遗产原生态歌舞资源和品牌，以公司经营的方式进行民间艺术资源开发，打造《云南映象》歌舞剧，大获成功，成为演艺方面的一大品牌。张艺谋等把“甲天下”的广西桂林阳朔的山水品牌、著名的“刘三姐”民间传说和民族民歌文化品牌进行融合，通过现代科技手段进行表现，让自然风光与人文精神交相辉映，在中国首创大型山水实景演出项目《印象·刘三姐》，现在已成为文化产业的著名品牌。这两个品牌的创建在获得良好的社会效益和经济效益的同时，都起到了促进非物质文化遗产保护与文化产业发展的双重作用。在我国，非物质文化遗产品牌十分多，比如那些著名的、历史久远的、具有鲜明地方特色的“老字号”“百年老店”“老牌子”都是传承非物质文化遗产的老品牌，中国文化产业发展要充分利用好这些品牌，进一步把这些文化资源转化成影响力，让过去沉睡的文化品牌资源活起来、动起来，创造出强势文化品牌，为创建文化产业品牌服务。

其次，借鉴非物质文化遗产经典化机制打造文化品牌。

文化品牌是在文化经典化过程中形成的，而文化品牌的打造对于文化产业发展具有十分重要的意义。我国文化产业刚刚起步，塑造文化企业和产品品牌已成为我国文化产业发展的当务之急，打造知名品牌已成为文化企业追求的目标。品牌的塑造是一个系统工程，一般都会经历"品牌策划、品牌定位、品质控制、品牌传播、品牌保护"等运作流程，文化品牌的灵魂是文化精神，核心是产品品质，文化精神是品牌质量的升华，是品牌的最高境界。在文化产业品牌的打造中，我们要学习非物质文化遗产创造与传播中"以满足消费者的需求为中心"的理念，发扬非物质文化遗产"追求卓越，精益求精"的经典化精神，努力提炼和提升文化资源品质，文化产业品牌的内涵是活的、充满生命力和创造力的文化建设，打造文化产品品质的过程体现着企业的创新精神、文化理念以及企业人格化的特点。品牌打造的过程是品牌不断经典化的过程，是一个提炼与提升的科学过程，是一个提高品牌核心竞争力的过程，是一个企业与品牌共同成长的过程。因此，文化品牌建设对于一个企业来说永远在路上。

五 非物质文化遗产"多样性"特征与文化产业创新发展

经济开发价值是市场经济和消费社会条件下非物质文化遗产的一种重要价值形态，是非物质文化遗产价值体系中文化价值的经济效益的呈现。文化产业发展的基础是文化，没有丰富的文化资源，就不可能有文化产业的发展；文化产业发展的动力是创新，没有创新的文化产业，是不可能有生命力的。非物质文化遗产经济价值的实现依赖文化创新，而文化创新必须以深入研究文化资源和文化产业的本体特征、内在规律和相互关系为基础，否则其文化创新将是盲目的行动。非物质文化遗产资源的丰富性和多样性为文化产业经济价值的实现提供了资源的保障和创新的可能。

（一）非物质文化遗产多样性的文化意义

2001年11月联合国教科文组织通过的《世界文化多样性宣言》指出：文化在不同的时代和不同的地方具有不同的表现形式。这种多样性的具体表现是构成人类的各种群体和各种社会的特征所具有的独特性和多样化。文化多样性是文化交流、革新和创造的源泉，对人类来讲就像生物多样性对维持生态平衡那样必不可少。该宣言既强调了多元文化生存的合理性，也指出多元文化的全球发展有着广阔前途的可能性：文化多样性增加了每个人的选择机会；它是发展的源泉之一，它不仅是促进经济增长的因素，而且还是享有令人满意的智力、情感、道德精神生活的手段。[①] 文化的多样性是有益于人类生存和发展的一种文化生态环境，不管每种文化有怎样的特质，它必然会有某些为人类共享的成分，多元文化的生存策略就是把多种文化都作为在场的一分子，共同参与建设世界大文化的格局中来，形成著名社会学家费孝通先生所描述的“各美其美，美人之美，美美与共，天下大同”的理想的文化局面。

非物质文化遗产的丰富性与多样性表现在它与民众的精神、情感、思维方式相联系，体现了各民族所特有的生产生活方式、道德观念、审美情趣和艺术品位，更多地表现为精神性、智慧性、技艺性的呈现形态，这种丰富性与多样性对未来文化发展极为重要。丰富多样的非物质文化遗产是多民族的文化资本，这些资本既具有文化学的社会价值，也具有向经济资本转换的经济价值。资本是经济活动的推动力，也是文化产业和文化经济的内在动力，能推动文化与经济相互交融。文化资源转化为文化资本，可以丰富当代社会的经济形式，改变文化在当代社会的存在方式，为社会带来直接的经济效益。

（二）将丰富的文化资源转化为文化产业资本的策略

非物质文化遗产的经济开发意义在于：可以促进非物质文化遗产拥有地的经济发展，在这些地区的财政收入增加后，就有条件加大对非物

---

① 联合国教科文组织第三十一届会议于2001年11月2日在巴黎通过《世界文化多样性宣言》。

质文化遗产保护资金的投入力度，从而可以扩大对非物质文化遗产的宣传力度，为非物质文化遗产的传承人提供更好的生活、传承、保护、创新的条件，使之能更加积极地从事非物质文化遗产的保护传承工作，最终实现非物质文化遗产的保护传承和产业开发的双赢。

首先，用创新精神将非物质文化遗产资源转化为产业经济资源。

保护传承是文化延绵的重要方式，创新创造又是传承适应时代发展不可或缺的品质和心态。创造性传承是一种文化基因式和文化底蕴式的精神在创新中传承，是通过文化创作、创意和再创造，来弘扬本民族和本区域的文化精神和时代精神。实现文化产业经济价值的关键，就在于如何通过创新创造把作为整体文化中的有效要素转化为产品。其一，发展文化产业需要将非物质文化遗产资源进行创造性转化，从非物质文化资源中提取相关要素，进行创意性再生产，最后通过交换和消费，实现凝结在产品中的物质、文化与劳动要素的经济价值。其二，非物质文化遗产产业开发是实现其经济价值的重要途径，它以某种非物质文化遗产为蓝本，通过仿制或创新的手段，对其实施产业化经营和商业化利用，它不仅要求把原有的一些事项进行市场化运作，而且要求在原有的经济、社会成分中增添新的要素。其三，非物质文化遗产的独特性，能为资源主体的参与提供根本保障，并能为文化产业发展提供重要的动力。其四，在非物质文化遗产产业化创新活动中必须遵循产业发展规律。在非物质文化遗产产业化实践中，非物质文化遗产资源要成为商品，必然会受到资本及市场规则的制约，必须树立市场经济的法律规则意识，做到依法生产、依法经营，以确保非物质文化遗产产业健康可持续发展。

其次，用现代科技将非物质文化遗产资源转化为产业经济资源。

传统的非物质文化遗产要想跻身于当代文化产业，需要当代科技的改造。马克思指出："随着资本主义生产的扩展，科学因素第一次被有意识地和广泛地加以发展、应用并体现在生活中，其规模是以往时代根本想象不到的。"① 在现代科学技术的开发下，许多以往被排斥在经济领域之外的文化形态，都可以进入经济学家和投资人的视野，成为产业资源。一种传统的非物质文化遗产项目只有当它既是文化产品又是科技产品时，

① 《马克思恩格斯全集》第47卷，人民出版社1979年版，第572页。

才是产业意义上的文化产品。如非物质文化遗产中的手工剪纸、绘画、刺绣、雕刻等文化技艺只有处于当代文化产业群时才真正成为文化产业的组成部分，在此之前，它们存在了几百年，有的甚至上千年，从来没有形成真正的文化产业，只有当电脑设计、数码喷绘、机器雕刻等科技手段运用于这些项目中，使它们大规模生产，这些传统文化才形成了产业。随着社会的进步和科技的发展，精神生产、物质生产与科技的结合越来越密切，文化产业在整个社会生活生产中占的比重越来越大，对社会的作用也越来越大。

关于非物质文化遗产与文化产业的关系，实质上就是传承保护的文化关系与开发利用的经济关系，对非物质文化遗产，既要保护又要开发，以保护带动开发，以开发促进保护。将非物质文化遗产保护和文化产业开发有效衔接，逐步找到一个兼顾文化、经济、民生各个层面的结合点，将它们融入更广阔的天地之中，融入现代生活之中，只有将丰富的非物质文化遗产资源转化成为发展文化产业的优势和生产力，带来更多的经济效益，才能真正激发起广大民众对非物质文化遗产保护和文化产业开发的积极性和主动性，最终促进非物质文化遗产保护传承和文化产业的发展。

非物质经济与非物质文化遗产*

叶舒宪**

摘　要：“非物质”的概念其实并不是“非物质文化遗产”这样的措辞之专利，它首先作为后现代的新术语而用在与“文化遗产”无关的另外场合。如何纠正由现代性所塑造出的人与自然之间的征服与劫取的不正常关系，是利奥塔提出“非物质”这个术语的潜台词。本文从当今世界非物质经济时代的重大变革中，还原出有关非物质文化遗产及其保护的一系列官方话语所由产生的后现代语境，从而为这些与时俱进的新观念的理解，提供历史背景的和理论系谱学的观照视野。

关键词：非物质　后现代　符号经济　非物质文化遗产　文化资本

一　从“非物质”到“非物质经济”

恩格斯说过，每一次重要的观念革新都必然会伴随有术语的革命。

近年来人文学界最热衷的新术语莫过于“非物质文化遗产”，因为在它的背后隐约呈现出一场在全球范围内方兴未艾的知识观的变革运动。这场运动的性质和影响的广度都是前所未有的，因而需要人文学者给予高度关注。

对于“非物质遗产”这个术语以及相关的“无形遗产”等术语的执着热情，已经充分体现在新老学者在短时期内围绕这些概念撰写出的大

---

* 原文刊于《民间文化论坛》2005年第4期。

** 叶舒宪，上海交通大学人文学院教授。

量文章之中。此类论文的发表数量正在呈现与日俱增之势。从目前情况看，如果大家的关注焦点都是变动中的新名词（从“无形文化遗产”，到“口传与非物质遗产”，再到“非物质文化遗产”）本身的词义诠释，而且没有一种更加有效的俯视性的诠释角度和方略，那么或许会有钻入语词概念牛角尖而不自知的可能。笔者希望拓宽视野，从当今世界上非物质经济时代正在取代物质经济时代的重大变革中，还原出有关非物质文化遗产及其保护的一系列官方话语所由产生的现实语境，从而为这些与时俱进的后现代新观念的理解，提供历史背景的和理论系谱学的观照视野。

首先，20 世纪后期勃兴的对文化遗产（包括物质的与非物质的文化遗产）的关注，与后现代、后殖民的文化自觉密切相关。诚如全球化理论家罗伯森从社会学立场上所指出的：对文化问题的关注是当代社会学的反身性增强的一种表现。“成熟的现代性不利于对文化问题的关注，而通常被诊断为后现代性——或者说后现代主义——的东西则促进了这种关注。”（罗伯森，2000：47）如果说以后殖民主义批判思潮为基础的后现代社会科学的反身性是催生文化自觉和文化遗产自觉的重要动因，那么“非物质”这样的概念也必须还原到后现代性的语境中去理解。

“非物质”的概念其实并不是“非物质文化遗产”这样的措辞之专利，它首先作为后现代的新术语而用在与“文化遗产”无关的另外场合。比如，1985 年 3 月，法国著名的后现代理论家利奥塔在巴黎的蓬皮杜国家艺术和文化中心发起一次展览会，有意识地命名为“非物质”（Les Immateriaux）。在利奥塔为此展览所撰写的构思大纲中，可以找到他对这个新词的理解：

> 现代性传统中，人与物质的关系已经由笛卡儿的征服和占有自然的规划所固定。一种自由意志把自身的目标强加于特定的自然元素之上，使其脱离自身的自然轨道。
>
> “非物质”是否改变了人与物质的关系？——即由现代性传统所固定的关系，由征服和占有自然的笛卡儿的变化规则所固定的关系。……“非物质”对于一个规划来说意指一种不再是实物的物质；对于“人”来说，它揭示了一种可与自身的分解相比较的分解。这

> 些“非物质”大多产生于电脑和电子技术科学，或至少产生于使用电子技术科学之方法的技术。（利奥塔，2002：33、36－37）

在利奥塔那里，对现代性的失望与反叛正是后现代价值观登场的前提，这也就是提出“非物质”这个概念的特定语境。他说：

> 18世纪末，欧洲和美洲以自由和道德启蒙的名义声称把光明、法律和财富传遍人类世界。200年的杀戮以及国内、国际和世界大战之后，我们现在开始为这种傲慢悲悼。至少在背景的布置上，“非物质”远距离地呼应了这一睿智的忧郁。（利奥塔，2002：41）

如此看来，利奥塔等后现代主义者所创制的这次题名为“非物质”的展览会，其初衷是要唤起人们对现代性危机的警觉和对后现代状况的反思。如何纠正由现代性所塑造出的人与自然之间的征服与劫取的不正常关系，是利奥塔提出“非物质”这个术语的潜台词。与利奥塔同时代的另一位法国学者鲍德里亚，也许是迄今为止对后现代的符号经济即非物质经济做出最透彻分析与批判的一位，有人将他奉为后现代主义的教父，盖非偶然。

鲍德里亚认为，20世纪资本主义的现实发展，提出了为马克思主义的体系改造升级的需要。改造的关键是在已有的政治经济学维度之上，再增加一个文化的和符号学的维度。鲍德里亚的“符号的政治经济学”为理解当代社会的前所未有的特征提供了及时的理论视角：当代资本主义的发展已经把人类的多数带入消费社会。消费社会与以往社会的不同特点就是，在传统的交换价值和使用价值之外，集中关注商品的符号价值。他提出，现代社会和后现代社会的组织原则是不同的，前者的关键词是“生产”，而后者的关键词变成了“仿真”。在生产的逻辑支配下，社会组织的最大功效就在于强化物质劳动及其产品本身。在仿真的逻辑支配下，社会组织的性质转向非物质劳动的符号开发层面，也就是今人所说的追求产品文化附加值。鲍德里亚在其早期著作中以非常激进的态度宣告传统政治经济学的终结，马克思问题群的终结、劳动的终结、生产的终结以及现代性本身的终结。取而代之的后现代性则预示了一个仿真的时代到来，围绕着知识增值的社会复制成为取代物质生产的主要力量。“符号和编码繁衍并产生了其他的符号和新的符号机器。技术因此在这个故事中取代了资本，符号制造术（semiurgy），即形象、信息、符号的繁衍遮盖了生产。”（凯尔纳，2005：10）在比鲍德里亚年长一代的法国批判性的理论先驱福柯那里，主体已经死亡过一次了。现在，在鲍德里亚所透视的后现代社会中，由于个体逃离“真实的沙漠”，为的是追求超真实的狂热和由电脑、媒介以及技术经验构成的新领域，人们再次看到主体消逝的另一种奇特景观：

> 后现代世界也是一个超真实（hyper reality）的世界，在其中，娱乐、信息和通信技术所提供的经历比乏味的日常生活景象更紧张，也更诱人。超真实的领域（例如现实的媒介仿真、迪斯尼乐园和其他的娱乐公园、商业区和消费天堂，电视体育运动和其他向着理想世界的旅行）比真实更为真实，凭借着这些，超真实的模型、形象和编码得以控制思想和行为。然而限定本身在这个非线形的世界中也是不确定的，因为在这个世界中，人们所处的情况是，个体面对着压倒一切的形象、编码和模型的浪潮，它们其中任何一个都有可能塑造一个个体的思想或行为。（凯尔纳，2005：11－12）

而无论是符号世界的仿真，还是超真实性，它们的价值就在于象征性。符号价值是商品的信息价值，卡尼曼称其为体验效用。包括马克思在内的传统经济学家只承认商品具有二重属性，对以“信息、体验、符号”为特征的这第三重属性，还没足够的认识。虽然商品的象征价值一直存在，但是只是到了当代消费社会中，这种符号价值才被全面开发和无限放大，以此来建构商品差异性并制造需求，在消费者群体之中培育和诱导一种类似宗教迷狂和艺术追星的消费痴迷。消费产品与消费者之间的关系已经不是单纯地被使用与使用的关系，而是增加了情感的、信任的、文化认同的多重内涵。所有这些都是产品的物质元素本身所没有的，是被消费文化打造出来的附加的价值，因而也是非物质的。

同注重生产的物质经济不同，在追求文化附加值的符号经济中，与整体消费行为相联系的不再是简单的经济实力，而是与文化密切相关的各类消费新概念。新的消费概念和消费模式更加关注的是消费现象的表征，而不是某种经济实力背景。所以在当代社会，不是消费决定文化，而是文化引导消费，表象化的消费造就了一种符号化的经济模式。符号文化从多个方面引导消费，比如对特定消费品的概念包装，对消费所需氛围的营造，对消费的意识形态渲染，为消费者树立生活的偶像。文学研究中关于神话原型的知识，成为通向符号经济最便捷的门径。（沃泰姆，2004：1－8）由于神话原型的心理能量被有效地激活和开发，符号具有了非同寻常的魔力。符号可以给平淡无奇的商品赋予深厚的意义。形象则被用来重新界定人与人之间的关系。符号经济正是利用非物质的文化价值的大开发，实现了由符号向社会意识形态的转变。

如果要追溯鲍德里亚符号的政治经济学的理论来源，那么可以说从符号学到符号人类学的整个专业知识领域都是他曾经汲取理论变革灵感的主要源头。他后来回忆自己第一部著作的形成时说：

> 我的第一本书包含了对作为明显事实、物质、现实和使用价值的客体的评论。在那里，客体被作为符号对待，不过，它依然是饱含意义的符号。在这个评论中，有两种基本的逻辑相互作用：一个是虚幻的逻辑，主要指向心理分析……另一个是有差异的社会逻辑原理，它是根据社会学来做出区分，而其本身源于人类学（交往是作为符号、区分、地位和威信的产物）。（Baudrilard，1983：126）

鲍德里亚的这一自述清楚地说明了他的符号分析思路是如何从人类学的视野和方法中脱胎而来的。可以说，正是人类学关注的史前社会中的文化符号现象——图腾、文身、假面、仪式以及表示社会等级、身份、地位的各种身体装饰技术，成就了同样关注当今社会的消费图腾崇拜现象的理论家鲍德里亚，使他从对象的相似类比之中获得超越19世纪单纯政治经济学的理论滋养。

也是在20世纪80年代末，法国思想家布迪厄在《资本的形式》这篇重要的专论里，将资本的概念一分为三，在经济资本之外，提出并论述了“文化资本”和“社会资本”在当今社会中的功能及其转换规则问题。他特别提到，与传统所确认的经济资本相比，所谓文化资本和社会资本，都可以表现为“非物质的形式”：

> 事实上，除非人们引进资本的所有形式，而不只是思考被经济理论所承认的那一种形式，不然，是不可能解释社会世界的结构和作用的……这种经济理论之所以要改变某些资本的性质，并把它们定义为超功利性的，是因为通过改变性质，绝大多数的物质类型的资本（从一个意义上说是经济的资本类型），都可以表现出文化资本或社会资本的非物质形式；同样，非物质形式的资本（如文化资本）也可以表现出物质的形式。（布迪厄，2003）

非物质形式的文化资本和社会资本，又可以从非实物性意义上看成是“象征资本”。（布迪厄，2003）因此也有学者把布迪厄的新资本形态说划分为四大类。（高宣扬，2004：148）

就这样，在社会主导精神变革方面，有利奥塔指出的后现代的非物质观念的兴起；在消费社会席卷当今世界方面，有鲍德里亚分析论述的非物质的符号经济的崛起；在资本形态的变化方面，则有布迪厄所揭示的非物质形态的文化资本和社会资本的运作方式与转换可能；这些来自不同领域和不同角度的观察，都不约而同地敏锐把握到新兴的“非物质经济”时代到来的脉搏，昭示出后现代性不同于现代性的一个主要差异层面。

美国著名的未来学家托夫勒在15年前也非常敏锐地预测到：“当代经济方面最重要的事情是一种创造财富的新体系的崛起，这种体系不再是以肌肉（体力）为基础，而是以大脑（脑力）为基础。”（托夫勒，1996：10）

托夫勒还把正在到来的这种变革看成是我们人类有史以来最深刻的力量转移，呼吁人们及时调整自己，以便应对这场迅猛异常的文化变迁。在他看来，知识经济的拓展是一种具有爆炸性的力量。它使先知先觉的捷足先登者迅速崛起，获得充分的竞争优势，而使后知后觉者陷入被动和过时的、行将被淘汰的境地。它也必然使发展中国家抛弃他们的传统的发展“大烟囱”式的经济战略，转向以计算机为标志的信息经济方向。

丘吉尔曾经说过这样一句带有预见性的话：“未来的帝国是头脑的帝国。”今天这句话已经成为事实。

在托夫勒的新词汇库中，所谓“知识经济”“信息经济”，或者“超符号化经济”，基本上是用作同义词的。从他对“知识”的重新定义中，就不难看出这一点。

“知识”这个字眼将具有更广泛的词义。它将包括信息、数据、形象和意象以及态度、价值标准和社会的其他符号化产物，不管这些产物是“真的”，还是“近似的”，或者甚至是“假的”。（托夫勒，1996：21）

在将传统意义上的知识重新与“符号化产物”相认同的这种表述里，不难看出所谓“知识经济”的实质也就可以说是“符号经济”。按照利奥塔的看法，“技术是现代的许多符号之一”。（利奥塔，2002：41）

在比托夫勒的书晚 10 年问世的、更加具有理论体系性的著作《帝国——全球化的政治秩序》（以下简称《帝国》）中，两位作者麦克尔·哈特和安东尼奥·奈格里虽然也大力呼吁人们关注当代发生的力量转移——他们称之为“全球权力关系”——的历史性巨变：即从工业经济到符号经济，从帝国主义到帝国，从现代到后现代。但是，他们似乎不大情愿使用“知识经济”这样的提法，生怕如此褒义的用语美化了本应该受到批判的对象——“帝国”，而是代之以“非物质劳动”（immateri-allabor）和信息经济这样更加时髦的措辞，来描述他们所认为的“现代化的终结”现象。《帝国》不再纠缠于马克思时代的五种社会形态依次更替说的历史纷争，而是缩短理论透视的焦距，着眼于当前的实际情况，提出现代性制度建立之前后，即自中世纪以来世界先后经历的三种经济形态的范式：第一范式，以农业为经济主体；第二范式，以工业与可持续商品的生产占据经济活动的核心；第三范式，也就是我们目前的范式：以服务、信息、文化产品为经济的核心。（麦克尔·哈特、安东尼奥·奈格里，2003：268）在主要的资本主义国家，这种从现代化生产转向后现代非物质经济的过程已经非常明显。

表 1 中世纪以来的经济文化范式变迁

历史时期	17 世纪前	17—20 世纪	20 世纪后期至今
形态次序	第一范式	第二范式	第三范式
理想型	前现代	现代化	后现代化
经济主导	农业	工业	文化产业
社会追求	自给自足	生产主义	消费主义
图腾景观	哥特式教堂	大烟囱	迪斯尼乐园
代表作	堂吉诃德	摩登时代	怀念狼
流行观念	基督教神学	一元启蒙主义	多元文化主义
自然条件	人口少资源丰足	人口爆炸，资源枯竭	物种灭绝，生态危机
核心人力	耕作	制造	创意
关键词语	不发展	发展是硬道理	可持续（发展或存活）吗?
关键信念	禁欲主义	物质主义	非物质
主要威胁	瘟疫、自然灾害	大屠杀	艾滋病—核武器
技术标志	灌溉—风车	蒸汽机	电脑—网络
媒介样式	口传—书写	印刷文本	数码文本

《帝国》一书第十三章的题目是《后现代化或生产的信息化》，其中写道：

> 可是，在我们的时代，现代已走向终结。换而言之，工业生产不再扩展它对其他经济形式与社会现象的统治。这种转化的一个征兆在就业的数量变化中是明显的。当现代化进程在从农业与矿业到工业（第二产业）的劳动力迁移上显现出来时，后现代化或信息化的进程则已经通过从工业向服务工业（第三产业）的迁移表现出来，这种迁移自 20 世纪 70 年代初已发生在主要的资本主义国家，尤其在美国。服务业覆盖了从健康教育、金融到交通、娱乐与广告等广泛范围内的各种活动。大多数工作是高度流动的，涉及各种灵活的技巧。更重要的是，它们的普遍特点在于以知识、信息、感情和交际为主角。（麦克尔・哈特、安东尼奥・奈格里，2003：272）

在法兰克福学派那里作为尖锐批判对象的“文化工业”，现在可以冠冕堂皇地以“文化产业”的正面名目重新进入理论界的视野。非物质经济曾经被当成不健康、有害于人的东西，如今则成为世界主要的经济最发达国家率先追求的理想目标。不过，文化工业催生出的新的符号痴迷现象，对消费的图腾崇拜现象，也是人的异化的新表现。如霍克海默、阿多尔诺在《启蒙辩证法》中精辟分析的：“文化工业产品通过语言的表达，表现出了它们本身具有的广告文化的性质。就是说，语言越是完全地变成了进行宣传的工具，词汇越是严重地从实际包含着意义的承担物变成没有内容的符号，它们越是单纯地和清楚地表达了它所应表达的意思，它们本身同时就越是变得不清楚。摆脱神话学影响的语言，作为整个启蒙过程中的因素，又返回来具有了神话般的魔力。”（霍克海默、阿多尔诺，1990：154－155）从神学的压抑下解放出来的人，现在又被广告暴力所压迫，甚至有沦为符号—品牌之奴隶的可能。这是一切倡导文化产业和非物质经济的人不得不考虑到的。

二 作为文化资本的非物质文化遗产

非物质经济的大视野给我们重新观照非物质文化遗产提供了当下性的语境。非物质经济的最大优点在于节能和环保。因而与工业化时代的物质经济相比，更加符合人类可持续生存的要求。（叶舒宪，2004）对于我国这样的人口众多、资源有限的不利条件，大力发展文化产业和非物质经济，有着特殊的意义。

中国究竟是走当“世界工厂”的现代化道路，还是走文化兴国的后现代化道路？这已经成为国策制定者和高层知识人无法回避的关键性战略选择问题。当许多人还在以彩电、冰箱、电脑和手机的“中国制造”为荣耀之际，当更多的国人还陶醉于人均产值超过1000美元的小康美梦中，我要特意引用一位商务部部长于2005年5月参加巴黎的“中法中小企业合作洽谈会”时的讲话，来说明从现代化到后现代化的战略转型，是多么必要和艰巨的任务：

> 由于中国制造的产品利润率较低，要出口8亿件衬衫才能抵一架380型空客。

而外经贸部的资料显示：我国每年对法国出口约1亿双鞋，而这1亿双鞋挣来的外汇才够换回一架空中客车。中国要成为世界产品的“生产车间”，但那只是靠死拼低端产品的数量指标——用廉价劳动力堆积起来的近乎天文数字的巨大产量，来支撑起进出口上的外贸顺差，如此而已。与跨国公司巨头们掌握的高端技术产品和高附加值的文化产品相比，我们这个“生产车间”创造的利润只有1%—2%，总体上中国高技术产业所需装备已经形成进口依赖。如光纤制造装备的100%，石油化工装备的80%，都被进口产品占领。“事实上，所谓‘中国制造’，不过是全世界制造业中低端的一环，正在忍受利润一天天趋薄的煎熬，世界制造业真正的主宰仍然是世界上掌握高新技术的跨国公司。”

中国的老百姓要辛辛苦苦造1亿双鞋或者8亿件衬衫，才能换回一架空中客车飞机。这样的交换背后有多少资源和人力的耗费——从棉花的种植到纺织印染等排污量惊人的产业链，有多少废水废气的排放，又有多少人因为这样带来的污染而患病呢？天文数字的低端产品背后，只能是环境承载力的每况愈下和生存基础的透支。用得不偿失这个成语来概括，再合适不过了。

相比之下，作为非物质经济成功范例的美国影片《星球大战》之一，当初的资金投入是1000万美元，全球票房收入8亿美元。这是什么样的投入产出比？的确是神话般的，而且该影片相关品牌产品的后续销售也高达90亿美元。由这个实例可以看出，发展非物质经济要比争当“世界工厂”高明得多，也实惠得多。非物质的文化创意乃至各样创作，作为新兴产业，确实可以为拯救地球的自然资源危机而发挥替代性的作用。如果整个世界都自觉地推进从高耗能和耗费资源的第一、第二产业向文化产业和服务产业的转型，那么现代性语境下整个人类与自然的矛盾就会得到明显缓解。

2005年5月16日，在世界瞩目的“北京《财富》全球论坛”上，国务院新闻办主任赵启正语惊四座：目前中国和西方国家之间的“文化贸易”逆差高达10—15倍。

中国自然资源与文化资源的比例目前处于极度失衡的状态，从而造成我们整体生存环境的恶化，生存危机的加剧。在美国，音像制品出口成为第一大出口贸易产品，在日本，文化产业的产值在1993年就超过了汽车工业的产值。在英国，布莱尔首相1997年当选上任的当年就设立了“创意产业特别工作组”，由政府最高决策者自上而下地引导和组织英国大力发展文化创意产业，几年来每年以15%左右的高成长率迅速发展，成就卓著。自2001年起，文化产业的产值1125亿英镑，已经超过任何制造业对GDP的贡献。

如何变遗产为资本，是面对符号经济崛起的大潮不得不思考的当务之急。在这方面人文学者既义不容辞，又任重道远。然而，由于教育体制变革的滞后和教学内容的落伍，我们的文科知识分子正面临转型与创新的挑战。传统的以物质生产为核心的那一套文化价值观，因为受到大大落伍的旧学科界限领地的保护，还牢牢地占据着人们的头脑，严重地阻碍着知识观的变革与知识创新。目前，由于高等教育的大跃进，我们所拥有的文科博士点和博士生的产量已经非常惊人了。可是，这些被现代教育体制耗费大量资源而大批量生产出来的头戴西方博士帽的知识精英中，有多少人能够适应非物质经济崛起的需要，成为文化发展战略的智囊或者战术的策划者呢？

从全球文明史的大视野看，中国是世界上已经有过的文明古国中硕果仅存的唯一一个。数千年的文明本身就应当是取之不尽、用之不竭的最大文化资本，更何况67个民族（台湾的高山族，如今已经被人类学重新确认为12族）的文化丰富多样性以及长久地和谐共存的非凡经验，应该为未来的世界文化重新整合，以和平共存来消解文明之间的冲突，提供最为宝贵的现实参照与难能可贵的理论开发资源。

三 文化遗产将保护我们

对待非物质文化遗产，如果提升不到珍视生存资源和文化资本的理论自觉高度，仅仅有像对待古董和收藏文物那样的保护意识，是绝对不够的。非物质遗产与物质遗产的区别就在于，它不是躺在博物馆里的文物，而是活生生的文化传承。需要重新启蒙的观念是，今天我们保护的非物质文化遗产，就是对人类千百万年延续下来的无比珍贵的生存经验的自觉，是对历经沧桑还依然活在民间的文化传统的自觉延续。这样活生生的当下传统，如民间剪纸、皮影或者傩仪表演，哪怕看上去非常简陋和普通，但也要比只能供后人凭吊的巍峨高耸的大金字塔更加具有文化生命的价值。

换言之，从某种意义上看，67 个民族的非物质文化遗产的全面保护与存续，将反过来保护我们 13 亿人的可持续生存。

要非物质文化遗产保护我们的生存，关键在于如何变文化遗产为文化资本。这里需要的一个环节是从知识到产业的“社会炼金术”。能够发挥这种炼金术作用的人，只能是既有全球文化的战略性大视野和先进理论，又真正掌握本土文化资源的人文学科的专家。被细分的学科眼界所限制的知识单一的专家，如今已经无法适应创新的需求，而知识跨学科的专家又为学院派的现有体制所不容。这就是我们面临的严峻而尴尬的现实。它应该引起教育主管部门的高层人士的自觉意识，并尽快着手从国家教育体制方面给予解决。可喜的是，从 2005 年新批准的“985”二期的知识创新基地的学科设置方面，多少看出一些积极的变化。

事实证明，只有金融资本而缺乏文化资本及其炼金术，是无法同国际文化产业的杰作去竞争的。张艺谋有敏锐的艺术感觉和同样敏锐的市场意识，但是恰恰缺乏的是文化底蕴，所以把一部部万众期待瞩目的新作品搞成了花拳绣腿的大比拼，实在是费力而不讨好。对于他个人来说，也实在有些勉为其难。张艺谋的艺术敏感度也许并不亚于《星球大战》的导演卢卡斯，但是“文化大革命”中成长起来的他，文学素养的先天不足限制了个人的想象能力；国学方面的欠缺又限制了他开掘利用本土文化资源的能力。所以只能围绕着制片商的巨额资金指挥棒去拼凑作品，以色彩组合和画面的视觉刺激来弥补整体文化含量的匮乏。假如他能够像卢卡斯那样，在创作《星球大战》之前仔细研读神话学家坎贝尔的著作《千面英雄》，并且亲自向这位知识专家请教（马克、皮尔森，2003：317），那么可以肯定，张艺谋的《英雄》就不会如此“气短”，在知识界招来一片抱怨之声了。《星球大战》的经典范例告诉人们：艺术敏感和想象力如果同文化专家的知识相互结合，会催生怎样的“化学”效果。

中国的一少部分（绝不是号召大家全来）人文知识分子和文化专家如何放下书生的清高气和教授架子，自觉调整自己的知识结构和学术能力，参与到文化创意产业的设计与开发中来，发挥艺术家和技术专家们所无法承担的专业知识特长，这应该是国家之幸。

参考文献

[美] 罗兰·罗伯森：《全球化：社会理论和全球文化》，梁光严译，上海人民出版社2000年版。

[法] 利奥塔：《非物质》，陈永国译，《视觉潜意识》，王逢振主编，天津社会科学院出版社2002年版。

[美] 道格拉斯·凯尔纳：《波德里亚：批判性的读本》，陈维振等译，江苏人民出版社2005年版。

[美] 肯特·沃泰姆：《现代神话连接》，《形象经济》，刘舜尧译，中国纺织出版社2004年版。

Baudrilard, *The Ecstasy of Communication*, The Anti-Aesthetic: Esays On Postmodern Culture, Washington: Bay Press, 1983.

[法] 皮埃尔·布迪厄：《文化资本与社会炼金术：布迪厄访谈录》，包亚明译，上海人民出版社1997年版。

[法] 皮埃尔·布迪厄：《实践感（卷一）》，蒋梓骅译，译林出版社2003年版。

高宣扬：《布迪厄的社会理论》，同济大学出版社2004年版。

[美] 阿尔文·托夫勒：《力量的转移：临近21世纪时的知识、财富和暴力》，刘炳章等译，新华出版社1996年版。

[美] 麦克尔·哈特、[意] 安东尼奥·奈格里：《帝国——全球化的政治秩序》，杨建国、范一亭译，江苏人民出版社2005年版。

[德] 马克斯·霍克海默、西奥多·阿多尔诺：《启蒙辩证法：哲学断片》，洪佩郁等译，重庆出版社1990年版。

叶舒宪：《人类学质疑“发展观”》，《广西民族学院学报》2004年第4期。

[美] 玛格丽特·马克、卡罗·S·皮尔森：《很久很久以前——以神话原型打造深植人心的品牌》，许晋福等译，汕头大学出版社2003年版。

三 性别平等

非物质文化遗产保护与性别平等

——基于《保护非物质文化遗产公约》及相关文书的讨论*

康 丽**

摘 要：由于《保护非物质文化遗产公约》起草者对性别平等的认知立场迥异，导致这份2003年出台的、具有国际影响力的标准性文书出现了性别盲区，进而引发了性别议题在非物质文化遗产保护领域中的边缘化。这种背离于社区文化传承中多样、活跃的性别实践现状的边缘化，直接导致了非物质文化遗产保护实践中文化参与的性别失衡与将性别等同于女性的简化认知倾向。学界对这种背离引发后果的持续批评，以及2008年后性别议题在联合国教科文组织总体战略框架中所占权重的改变，促使教科文组织在相关的国际文书中开始强调性别议题的重要性，也使缔约国在申报各类名录时开始凸显保护实践中的性别关注。国际文书性别关注的转换及缔约国申报实践的调整，带来的是《公约》精神与社区实践之间更为复杂的性别博弈。因此，需要学者深入思考的，已不仅是作为国际准则的性别平等在非物质文化遗产保护中能否实现的问题，而是与文化、资本、政治等多重权力关系有着复杂纠葛的性别议题，如何权衡社区利益与全球利益关系的问题。

---

* 原文刊于《民族艺术》2016年第6期。教育部人文社会科学研究青年基金“地方传说与北京精神：都市民间叙事的当代传续为生产模式研究”（项目编号：14YJC751018）阶段性成果。

** 康丽，北京师范大学文学院民间文学研究所教授。

关键词： 非物质文化遗产 性别 性别平等 性别博弈 《保护非物质文化遗产公约》

联合国教科文组织对性别议题的关注是从其登上国际舞台之日便开始的，[①] 在其话语体系中，性别议题指向的是人权框架下的性别平等与女性赋权。作为人权原则与以人为本的可持续发展的前提，性别平等尤为强调“两性之间在权利、责任和机会方面的平等，即在认知两性群体多样化的过程中，女性的利益、需求和优先性，同男性一样，都是需要被考量的对象”[②]。这种对女性处境的国际关注在很大程度上佐证了以改善女性地位为主旨的女性主义研究所呈现的一个事实，即人类文化进程中男性的话语遮蔽女性表达的常态性，使得女性话语及其文化传承在历史文献中一直处于边缘化的位置。即便这种情况随着时代的变迁逐渐改善，但是这种性别表达的单声道，仍然存在于包括非物质文化遗产保护在内的大多数领域中。后现代女性主义理论家朱迪斯·巴特勒曾戏谑地以“麻烦”来描述性别身份建构过程中所遭遇到的种种问题。虽然，教科文组织在推动和实施《保护非物质文化遗产公约》[③] 的进程中，对性别的关注重点并非是巴特勒所看重的性别建构的复杂性与操演性，但是笔者在梳理《公约》基础文件和与非物质文化遗产保护相关的国际文书时，依然能够清晰地感受到，作为教科文组织全球优先事项的性别议题所面临的重重挑战。

一 《保护非物质文化遗产公约》的性别盲区

2003 年联合国教科文组织出台并推行了《保护非物质文化遗产公

① 《联合国宪章》的第一章第三条：“促成国际合作，以解决国际间属于经济、社会、文化及人类福利性质之国际问题，且不分种族、性别、语言或宗教，增进并激励对于全体人类之人权及基本自由之尊重。”这一条款明确指出了性别与种族、语言或宗教一样，是联合国实现其宗旨的重要议题。详见 http：//www. un. org/zh/sections/un-charter/chapter-i/index. html，log on July 30，2016。

② UNESCO's Promise：Gender Equality a Global Priority，UNESCO Report in 2015，见 unesdoc. unesco. org /images / 0022 / 002269 / 226923m. pdf，2015，p. 3。

③ 为行文便捷，以下简称为 2003《公约》或《公约》。

约》，令非物质文化遗产在世界范围内获得了共同的关注。但在这份代表着“非遗”领域国际秩序的标准性文书中，却难寻任何与性别平等或女性赋权相关的信息。① 这种与教科文组织强化性别关注背道而驰的隐匿现象，源自2003《公约》文本起草过程中的一场激烈辩争。参与2003《公约》起草工作的学者与联合国官员，对在保护非物质文化遗产过程中如何通过表达女性声音以彰显人权准则，有两种极端相异的立场：一方认为，基于女性在非物质文化遗产传承中的重要作用，保护工作应当着力凸显对这一性别的关注；另一方则极度担忧任何过度的关注，都有可能反向地引发对女性群体的歧视，不利于性别平等的实现。② 最终，后一种观点的持有者赢得了论争的胜利。于是，在2003《公约》及其业务指南的文本中，女性身份及其实践被囊括在对“非遗”享有社区及群体的描述里，而性别关注则完全隐身于相关文本对国际人权框架的强调中。③

通常来说，作为联合国教科文组织的文化管理体系，各种文化公约意味着相关缔约国在不同领域国际秩序中的权利和义务。因此，对缔约国的各类相关实践而言，它们都具有强大的影响力。2003《公约》亦是如此。它在国际文化事务执行中的影响力，主要体现为人类非物质文化遗产代表作名录、急需保护的非物质文化遗产名录和最佳实践名录的存在。虽然三类名录并不意味着文化价值的衡量尺度，但是作为对非物质文化遗产进行遴选与判定的国际认可标准，相关名录的列入与否却直接

① 学者穆哈丹和巴格黑里塔利曾在指出文化、公约与女性人权的关联时，明确批评了2003《公约》中对非物质文化遗产的国际认可标准与名录列入因素都缺乏对性别意识的足够阐释。Valentine Moghadam and Manilee Bagheritari, Cultures, Conventions, and the Human Rights of Women: Examining the Convention for Safeguarding Intangible Cultural Heritage, and the Declaration on Cultural Diversity, SHS Papers in Women's Studies/Gender Research, UNESCO, 2005.

② 在2003《公约》的起草过程中出现的两种立场，无论是强调还是弱化女性关注度，都是以维护女性权益为前提的。这两种立场反映的是女性主义从20世纪60年代开始就致力于解决但至今悬而未决的一个困境，即在改变女性在人类文化实践中第二性处境的过程中，性别实践的多样异质性与女性他者困境的整体同一性之间的张力。严格来说，这一困境伴随着所有对性别事象的理解与实践，也因此带来了非物质文化遗产保护进程中的性别麻烦。

③ Final Report of Expert meeting "Gender and Intangible Heritage", 8 - 10 December 2003, Intangible Heritage Section, United Nations Educational, Scientific and Cultural Organization, 2004, p. 1.

影响着各缔约国的保护实践。而这份深切影响着遗产评定与发展的国际准则文书①及其业务指南中所存在的性别盲区，很大程度上导致了非物质文化遗产传承和研究实践对性别议题的漠视。正如 Janet Blake 所批评的，“在有关非物质文化遗产的文献和研究中，难觅性别角色的踪迹，这使得性别角色成为一个经常被忽略的种类”②。

二 非物质文化保护实践中的性别边缘化

在教科文组织 2014 年的性别报告《性别平等：遗产和创造力》中，一段来自非洲土著的话语充分说明了这种漠视带来的后果，即作为表达社区内部性别关系的女性声音被迫处于长期的消音状态。这位老妇人说：“很多年以前，那些白人男性人类学家来找我们收集信息。他们与男人交流，男人将他们的故事告诉给那些人类学家。然后，我们等待他们再次来找我们，但他们再也没有回来。我们女人也希望自己的故事能被记录下来，这样的话，年轻的女人就能延续和维持我们信息的生命力不至消逝。我们希望这些信息在幼童降生时就能得到。我们已经失去了很多自己的语言，我们不想再让自己的故事也离我们远去。”③

越来越多的文化事实促使教科文组织开始正视由于 2003《公约》的性别盲区在非物质文化遗产领域造成的后果。2013 年，保护非物质文化遗产政府间委员会第八次会议，首次在相关文件中明确指出了这种性别关注度的缺失，就像是“房间中的大象”，每个人都意识到性别问题的重

① 截至 2015 年，联合国教科文组织 2003 年《保护非物质文化遗产公约》已经拥有 163 个缔约国。

② Janet Blake, Gender and Intangible Cultural Heritage, Gender Equality: Heritage and Creativity, United Nations Educational, Scientific and Cultural Organization, 2014, p. 49.

③ “幼童”在当地语言中被称为“加尔加姆”（jarjums）。Bancroft, quoting her grandmother in Bancroft, Robyne (2001), Robyne Bancroft, Everything Relates, or a Holistic Approach to Aboriginal Indigenous Cultural Heritage, P. Seitel (ed.), Safeguarding Traditional Cultures: A Global Assessment, Washington DC: Center for Folklife and Cultural Heritage, Smithsonian Institution, 2011. Transquoting from Gender Equality: Heritage and Creativity, United Nations Educational, Scientific and Cultural Organization, 2014, p. 37. 教科文组织在 2015 年出版了该报告的中文版，但鉴于翻译中出现的信息不尽一致，故本文在引述时使用的是英文版。特此说明，下同。

要性，但没有人勇于承认它的存在。[①] 如果梳理2003《公约》出台后，各缔约国列入非物质文化遗产各类名录项目的具体信息，就会发现在这一领域中，性别议题的边缘化有多么严重。这种边缘化主要体现在以下两个方面。

首先，是文化参与的性别失衡。所谓文化参与，通常是指那些可能涉及消费的文化实践，也包括在社区中开展，能够反映生活质量、传统和信念的活动。[②] 这是教科文组织进行社会文化测度的一个重要标准。在《2009年联合国教科文组织文化统计框架》中，非物质文化遗产与其他六个领域被划入测评文化参与的范围。[③]

越来越多来自教科文组织的证据表明，女性在遗产知识的传承和创造性的培养中发挥着极为重要的作用，是促进包容性社会发展和社会经济赋权的重要推动者。但是，至少在2013年[④]之前，文化参与中的性别模式仍是男性文化实践的主流化。在包括非物质文化遗产在内的文化领域中，女性话语、两性交流及其相关文化传承的呈现度是处于匮乏状态的。虽然性别事象的复杂程度很难以统计学的方式予以阐释，而个案性的年度抽样数据也不能全面反映全球范围内文化参与的性别失衡。但下面所展示的两组数据，仍然在一定程度上清楚地展现并证实了文化参与中女性群体的弱势现状。（参见图1、图2）

第一组数据展现的是2012年度美国文化领域两性参与的分布情况。由于该组数据采纳了教科文组织文化统计框架的细分标准，因此可以清

① Final Report of Evaluation of UNESCO's Standard-setting Work of the Culture Sector: Part I 2003 Convention for the Safeguarding of the Intangible Cultural Heritage, Document IOS/EVS/PI/129 and Document, p. 24, ITH - 13 - 8. COM-INF. 5. c - 2. 4, Paragraph 72. 见 http: //www. unesco. org/cul - ture/ich/en/8com, log on July 21, 2016。

② 《2009年联合国教科文组织文化统计框架》，联合国教科文组织统计研究所（UIS），2011年，第40页。http: //120. 52. 72. 40/www. uis. unesco. org/c3pr90ntcsf0/culture/Documents/framework - cultural - statistics - culture - 2009 - chi. pdf, log on July 21, 2016.

③ 在联合国教科文组织2009年的文化统计数据框架中，测评文化参与的范围被划分为七个领域：文化和自然遗产、演出和庆典、视觉工艺美术、图书和出版、音响和出版、设计与创意服务和非物质文化遗产。

④ 如前所述，2013年召开的联合国教科文组织第八次保护非物质文化遗产政府间会议，第一次将性别平等作为一个重要议题予以讨论，同时要将其纳入非物质文化遗产标准设定工作的评估体系当中。

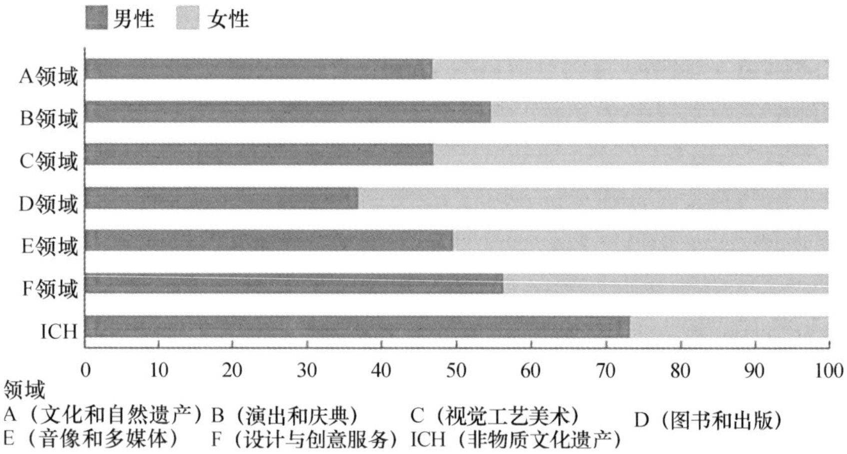

图 1　2012 年美国文化领域性别分布图

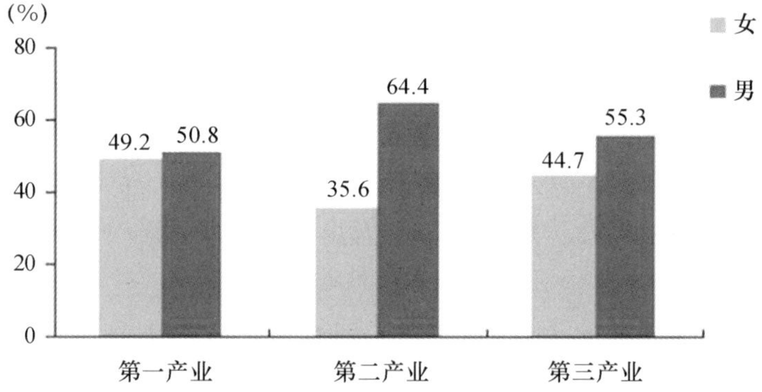

图 2　2010 年中国三次产业中人员性别构成

晰地看到在非物质文化遗产领域中女性参与度与男性参与度比例之间的巨大差距。① 第二组数据展示的是依据 2010 年中国人口普查情况绘制的

---

① 从图中数据可知，相较于其他五个领域，2012 年美国女性在 F“设计与创意服务”领域和 ICH“非物质文化遗产”领域的参与，明显要逊于男性。前者女性从业者为 44%，后者女性从业者为 37%。尤其在非物质文化遗产领域，男女两性参与的比率差高达 26%。资料来源于 UIS，Cultural Employment Database 2013 from USA Current Population Survey（2012），Lydia Deloumeaux，Gender and Culture：the Statistical Perspective，Gender Equality：Heritage and Creativity，United Nations Educational，Scientific and Cultural Organization，2014，p. 49。

中国三次产业中的性别构成。[①] 在中国的产业结构中，与文化相关的领域皆归属于第三产业。虽然该组数据并未按照教科文组织文化统计框架将文化领域进行充分细化，但仍能清楚地呈现该年度文化参与中的性别失衡——女性参与与男性参与之间的比例差高达 10.6%。如前所述，笔者承认个案性数据呈现文化事实时的限度，但这两组数据的确反映了文化领域中以女性为主的弱势群体的缺席状况。

其次，是性别认知的简化。这种简化主要体现在将性别问题等同于女性问题，就如 Laurajane Smith 在讨论遗产与性别认同的关联时指出的，"对有关文化遗产的论述很大程度上忽视了性别问题，即便被提到，也往往变成了女性问题，犹如男性没有性别一样"[②]。

如果在国际法条与人权准则的视角下看，性别议题的女性化，是有其历史渊源的。一方面，作为文化议题，性别所获得的国际关注，是伴随着女性主义话语在全球范围内的拓展而逐步加深的。从 19 世纪末 20 世纪初开始，世界多国所涌现出的改变女性地位的普遍化要求，使得生于民族主义、帝国主义和资本主义扩张联结处的女性主义话语，获得了强有力的国际性，[③] 进而推动着性别平等在 2008 年后成为教科文组织在遗产、创造力和文化多样性方面工作中一个重要的全球优先事项。另一方面，女性在人权领域存在着具有特殊地位的权利，使得女性这一性别在国际法的判定中被视为一个特殊的类别。早在 1992 年，《里约环境与发展宣言》就已经明确承认了女性在实现可持续发展中的作用。因此，Janet Blake 才会着重强调："由于涉及权利依据性别在社会中分配的方式，因此将性别简化地认同为女性的现象并不令人意外……在识别非物质文化遗产、制定保护行动计划及实施其他非物质文化遗产行动时，女性也应当被视为一个重要因素。"[④] 由此看来，这种女性化的简化认知与教科

---

① 资料来源于中国 2010 年人口普查资料，贾楠主编《中国社会中的女人和男人——事实和数据（2012）》，国家统计局社会科技和文化产业统计司，2012 年，第 38 页。

② Laurajane Smith, Heritage, Gender and Identity, The Ashgate Research Companion to Heritage and Identity, B. Graham and P. Howard eds., Ashgate Publishing, 2008.

③ ［美］伊丽莎白·韦德（Elizabeth Weed）：《80 年代以来美国女性主义的一种谱系》，郝志琴译，何成洲主编《当代美国女性主义经典理论选读》，南京大学出版社 2014 年版，第 3 页。

④ Janet Blake, Gender and Intangible Cultural Heritage, Gender Equality: Heritage and Creativity, United Nations Educational, Scientific and Cultural Organization, 2014, p. 49.

文组织对性别平等、女性赋权的追求是具有一致性的。

强调女性群体的文化参与和创造，确实是实现性别平等准则的一种重要推动途径。但同时也应当警醒的是，这种由认知简化性别认知转化而来的对单一性别的强调，可能带来对保护非物质文化遗产的2003《公约》精神的背离。

在教科文组织的话语体系中，各类文化遗产一直被视为性别化的主体认知概念。它们所涵括的不仅有对性别平等的期待，还包括对文化实践多样性的尊重。脱胎于2001年《联合国教科文组织世界文化多样性宣言》的2003《公约》，对人类非物质文化遗产的保护就是出于维系世界文化多样性的立场，而其中所包含的性别实践也一直被视为文化多样性的组成部分。在世界范围内，性别认知与实践也确实是以多元化的方式存在着。譬如，在越南，Chau van shamans歌唱仪式上，男女祭祀承担的性别角色是完全倒置的;[①] 在巴西，性工作者群体中有着明显的“性别跨越”（transgendered）现象;[②] 而在北美洲的一些土著部落中，竟然有多达七种不同性别认知的存在。[③] 诸如此类的文化事实，是不胜枚举的。但是，简化性别认知的倾向对性别二元框架的僵化遵从，却会在极大程度上疏离于对性别实践多样性的尊重，甚至极有可能导致上述这些弱势的文化传承与表达，在非物质文化遗产保护过程中被轻视、忽视，乃至会被国际遴选准则覆盖，直至完全消逝。

严格来说，非物质文化遗产保护领域中出现的性别边缘化的情况，是性别与文化、资本、政治等多重权力关系复杂纠葛的延伸，其中包含了许多需要深入讨论的问题。譬如，如何将多样性的认知真切地纳入性别问题的理解？怎样说明在非物质文化遗产保护中女性与其他性别的文化被忽略或未被辨识的情况？如何能在反思原有性别规制存在的合理性

---

① Janet Blake, Gender and Intangible Cultural Heritage, Gender Equality: Heritage and Creativity, United Nations Educational, Scientific and Cultural Organization, 2014, p. 63.

② Kulick, Don. Travesti, Sex, *Gender, and Culture among Brazilian Transgendered Prostitutes*, University of Chicago Press, 1998, pp. 329 – 334.

③ Tara Browner, Protecting the Cultural Knowledge of Women in Native North America: Issues and Concerns, Presented to the Expert Meeting on Gender and Intangible Heritage, UNESCO, 8 to 10 December, 2003.

与合法性的前提下，唤起文化享有者对这些弱势群体的关注？如何解释相关诠释与文化政策将性别刻板印象合法化的过程……

三 全球优先事项与国际文书中的性别转向

如前所述，2003《公约》文本中出现的性别隐匿，并非出自对性别议题的忽视，而是缘于起草者对认知性别平等的相异立场。但是作为具有国际影响力的标准性文书，其性别盲区在非物质文化遗产保护实践中引发的后果，一直备受诟病。在2003《公约》出台后仅一个月，“性别与非物质遗产”专家会议就在会议的最终报告里指出，在非物质文化遗产保护过程中，对性别平等与否的认识在一定程度上受到了以欧洲/美国为中心的诸多观点和理论的影响。西方的社会性别角色与价值观念对其他性别系统有可能会带来消极的甚至是危险的影响，而这些性别系统恰恰是其所属非物质文化遗产中至关重要且最需保护的要素。因此，对社区内部性别和性别平等的诠释，应该被放置到优先位置。① 此外，该报告还在给教科文组织的建议中特别强调：保护非物质文化遗产应当包括对多元化的性别实践与代言的理解和尊重。②

除了来自各界持续不断的批评外，促动2003《公约》性别议题表述发生转换的另一个重要因素，就是性别议题在教科文组织总体战略中位置的改变。2008年，教科文组织将性别平等确定为2008—2013年中期战略期间的两项总体优先事项之一。而后又在《教科文组织性别平等优先行动计划（2014—2021）》中表明，这一事项的优先位置仍将延续到下一个中期战略之中。该计划不仅“将性别平等作为优先事项纳入教科文组织的总体战略框架；实现性别平等主流化，针对不同性别群体制定规划，以及组织结构和秩序；监测和评估”作为测评性别平等优先事项的三大

---

① Final Report of Expert Meeting，“Gender and Intangible Heritage”，8 - 10 December 2003 Intangible Heritage Section，UNESCO，2004，p. 11.

② 举行于2003年11月的“性别与非物质文化遗产”专家会议，其最终报告由2003《公约》秘书依据会议情况撰写，又经与会专家在会后的讨论，最后于2004年7月定稿。Final Report of Expert Meeting “Gender and Intangible Heritage”，8 - 10 December 2003 Intangible Heritage Section，UNESCO，2004，p. 13.

主题①，同时还提出要“从相关文化公约的定期报告中系统地收集关于性别问题的信息，为支持性别平等主流化的未来计划战略、影响评估和监测工作提供资料”②。而其中第一个预期成果，就是“通过搜集50份能说明促进平等获取和参与文化生活的政策的定期报告，来进一步认识女性对文化生活的贡献”③。

在上述两重因素的促动之下，教科文组织开始重申强调性别议题在实践、保护和传承非物质文化遗产过程中的重要意义，并呼吁缔约国要在提交各种报告时凸显这种重要性。④ 虽然教科文组织的多份文件都曾指出，性别与复杂权力关系的纠葛，令性别平等的判定标准很难从多样性的民族/国家认同中抽绎出来。这已经成为教科文组织试图将性别平等纳入与非物质文化遗产相关的政策、立法、发展规划、保护计划和方案等的过程中遇到的最大问题。但在2003《公约》出台10年之后，保护非物质文化遗产政府间委员会第八次会议（8COM）在检审文化部门的标准设定工作（standard-setting work）时还是提出了动议，即“修改所有相关文件和表格（包括《业务指南》、履约报告格式和提名文件），以囊括与性别有关的指引和问题”的动议，⑤ 并在其后的实践过程中开始陆续产生实效。

这种实效首先表现在，2014年为修订业务指南而举行的“保护非物质文化遗产与国家层面的可持续发展”专家会议上，将性别平等与食品安全、医疗保健、素质教育及获取安全清洁水资源和水资源的可持续利

---

① Priority Gender Equality Action Plan for 2014 – 2021 （37C/5 add4）, p. 2. Seehttp：//unesdoc. unesco. org/images/0022/002200/220031e. pdf, log on June 21, 2016.

② Priority Gender Equality Action Plan for 2014 – 2021 （37C/5 add4）, p. 2. Seehttp：//unesdoc. unesco. org/images/0022/002200/220031e. pdf, log on June 21, 2016.

③ Priority Gender Equality Action Plan for 2014 – 2021 （37C/5 add4）, p. 2. Seehttp：//unesdoc. unesco. org/images/0022/002200/220031e. pdf, log on June 21, 2016.

④ Decision 8. COM 6a., Pargraph11, p. 3. 参见 http：//www. unesco. org/culture/ich/en/8com, log on July 25, 2016。

⑤ Final Report of Evaluation of UNESCO's Standard-setting Work of the Culture Sector：Part I2003 Convention for the Safeguarding of the Intangible Cultural Heritage, Document IOS/EVS/PI/129 and Document, p. 24, ITH/13/8. COM/INF. 5. c –2. 4, Recommendation 1. 参见 http：//www. unesco. org/culture/ich/en/8com, log on July 21, 2016。

用一起视为包容性社会发展的重要主题。[①] 其次，在2016年度的相关文件中，开始凸显与性别议题有关的指引。比如，2016年版的《保护非物质文化遗产公约》业务指南中首次出现了性别平等的条款，明确指出："各缔约国应努力促进非物质文化遗产的贡献，并保障更大程度的性别平等，消除性别歧视，同时认识到社区和团体通过非物质文化遗产传递他们有关性别的价值观、规范和期望。群体和社区成员的性别认同便在这种特质环境中形成。"[②]《2016年度人类非物质文化遗产代表作名录申报备忘录》[③] 和《2016年度非物质文化遗产急需保护名录申报备忘录》[④] 的陈述中，也都将性别视为认知社区多元异质的重要尺度，并提示缔约国应当在描述多元主体与特定非物质文化遗产及其社会运行机制的关联时，适当关注相关的性别认知。而最为重要的实效表现是，自2015年起缔约国提交的各类项目申报书和履约报告中开始出现对性别议题的强调。[⑤]

四 性别越界：公约精神与社区实践的复杂博弈

如果细读这些标示着性别关注的申报书与履约报告，就会发现跟随公约文书性别关注转换而来的另一种现象——性别越界。这种性别越界

---

① Aide-Mémoire for Completing a Nomination to The Representative List of the Intangible Cultural Heritage of Humanity (for 2016 and later nominations), Paragraph 37. 参见 http://www.unesco.org/culture/ich/en/forms, log on July 25, 2016。

② Operational Directives for Implementation of the Convention for the Safeguarding of the Intangible Heritage (2016 version), VI. 1. 4 Gender equality, Paragraph 181. 参见 http://www.unesco.org/culture/ich/en/directives, log on July 25, 2016。

③ Aide-Mémoire for Completing a Nomination to the Representative List of the Intangible Cultural Heritage of Humanity (for 2016 and later nominations), Paragraph 31. 参见 http://www.unesco.org/culture/ich/en/forms, log on July 25, 2016。

④ Aide-Mémoire for Completing a Nomination to the List of Intangible Cultural Heritage in Need of Urgent Safeguarding (for 2016 and later nominations), Paragraph 24. 参见 http://www.unesco.org/culture/ich/en/forms, log on July 25, 2016。

⑤ 在2003《公约》秘书所作的一份分析报告中提到，截至2013年，已提交的100份履约报告中有50份报告强调了性别议题。Final Report of Evaluation of UNESCO's Standard-setting Work of the Culture Sector: Part I 2003 Convention for the Safeguarding of the Intangible Cultural Her-itage, Document IOS/EVS/PI/129 and Document, p. 24, ITH/13/8. COM/INF. 5. c-2. 4, Paragraph 79. 参见 http://www.unesco.org/culture/ich/en/8com, log on July 21, 2016。

是指为缓解某些非物质文化遗产的传承窘境，在传承实践中出现的跨越既定社区文化领域原有性别边界的情况。比如，奥地利的“古典骑术和维也纳西班牙骑术学校高中部”① 项目，在其所在的地方社会中，骑术传统不仅单指在诸多仪式场景中骑手与利比扎马的表演，还包括了在对马的饲养、护理、训练与骑行过程中的所有知识和实践。对当地人来说，与骑术传统有关联的所有场域，都是极具男性色彩的。因为在传统上，包括骑手、兽医以及其他与马匹驯养和骑术相关的所有职能角色，都是由男性承担的。但是，随着骑术学校女性学员的不断增多，女性已经在所有相关岗位上与男性平分秋色了。因此，在该项遗产列入人类非物质文化遗产代表作名录的决议时就特别提到，能够在这个传统上由男性主导的领域中创造更为平衡的两性关系，是该项非物质文化遗产得以纳入名录的原因之一。同样的情况，也发生在哈萨克斯坦、吉尔吉斯斯坦的“Aitysh/Aitys 即兴弹唱”② 与希腊的“提尼安岛大理石雕刻技艺”③ 项目中。这两个项目在传统上，也都是单独由男性从事的文化活动。但是，在当代的传承过程中，随着女性传习者的加入和增多，其传承实践同样经历了对当地社区原有性别秩序的跨越与颠覆。④ 性别越界现象不是只有女性跨越男性传统活动边界，反向越界同样存在。中国的“黎族传统纺

---

① Classical horsemanship and the High School of the Spanish Riding School Vienna，2015 年列入联合国教科文组织人类非物质文化遗产代表作名录，详见 http：//www. unesco. org/culture/ich/en/10b – representative – list – 00779，10. b. 6，log on July 25，2016。

② Aitysh/Aitys，art of improvisation，2015 年列入联合国教科文组织人类非物质文化遗产代表作名录，详见 http：//www. unesco. org/culture/ich/en/10b – representative – list – 00779，10. b. 20，log on July 25，2016。

③ Tinian marble craftsmanship，2015 年列入联合国教科文组织人类非物质文化遗产代表作名录，详见 http：//www. unesco. org/culture/ich/en/10b – representative – list – 00779，10. b. 17，log on July 25，2016。

④ 这种“非遗”保护实践中的性别越界，在中国也不鲜见。譬如，北京市大兴区的“太子务武吵子”项目于 2014 年纳入中国第四批国家级非物质文化遗产代表性项目名录。由于“吵子会”在表演过程中有成套的武术动作，表演风格也偏向粗犷、激烈，因此在数百年的传承过程中，“吵子会”一直维持着纯粹的男性色彩。但是随着务工移民潮与乡村空心化的加剧，自 2002 年起，女性传习者逐渐成为这一传统文化活动的主要参与者，甚至该项目的主要传承人王子荣曾经直白地说：“恐怕以后除了我们这些伴奏的‘老人儿’外，表演者都得换成女的了。”见北京师范大学文学院 2013 级民俗学硕士研究生张凯歌的田野报告《传统文化传承中的女性——以大狼垡花钹会的女性传承者为例》（未刊稿），2015 年。

染织绣技艺”项目[①]，在传统上是以黎族女性为主要传承者的女性传统。在原有技艺的传续过程中，甚至有纺织工具禁止男性靠近、碰触，否则不吉的禁制。但在近期的传承实践中，也开始接纳青年男性进行技艺传习。

从现实的角度，不难理解这种性别越界的出现，一定有国际政策与国家力量的影响，同时也与当代“非遗”的传承困境有关。如何认识与应对这些困境，是判定能否列入非物质文化遗产各类名录的一个重要标准。无论是用于申报“人类非物质文化遗产代表作名录·ICH－02 表”，还是用于申报“急需保护的非物质文化遗产名录·ICH－01 表”，都有相应的评审标准明确要求缔约国，说明申报项目的内外限制或影响项目传续的各种威胁。[②] 在现实生活中，当代社会非物质文化遗产传承所面临的最普遍的威胁，就是因传统与现代相互碰撞而来的，对原有社区结构、生活状态、价值观念等各个方面的冲击。这种冲击，通常会造成诸如传承代际断裂等影响非物质文化遗产存续的窘境。因此，从“非遗”传承的角度看，频繁出现的性别越界现象，既可以看作是社区民众对国际准则的应对，也可以视为社区实践对困境的应变。

但如果从性别视角出发，Janet Blake 在教科文组织最近一份性别平等报告中提出的质疑就非常值得深思了：具有特定性别属性的非物质文化遗产应该如何传承？为了应对代际断裂危机或是为了增加从业者的人数而向其他性别开放的传承实践，是否能够使遗产得到“更好保护”？具有特定性别属性的非物质文化遗产传承如何，以及在什么情况下会影响其内容的生存能力？这种影响是积极的还是消极的？……[③]确实，性别秩序的运行反映的是社区内部的结构的运行，因而，非物质文化遗产项目中跨越性别界限的表象行为，牵涉的已经不仅仅是性别平等这一国际准则

---

① 2009 年被列入联合国教科文组织人类非物质文化遗产代表作名录。

② 用于申报“人类非物质文化遗产代表作名录·ICH－02 表”，在其提供判定依据的 R. 3a（ii）标准中，明确要求申报缔约国说明其所申报项目的内外限制（Specify external or internal constraints）；而在用于申报“急需保护的非物质文化遗产名录·ICH－01”表中，也在 U. 2 标准中要求缔约国能够描述影响项目传续的各种威胁（threats to the element's continued transmission）。

③ Janet Blake, Gender and Intangible Cultural Heritage, Gender Equality: Heritage and Creativity, United Nations Educational, Scientific and Cultural Organization, 2014, p. 49.

的实现与否，而是一个更为复杂的问题，即社区利益与全球利益是否能够以及如何能够在性别实践中相互兼容。

实际上，对社区民众的生活文化而言，所有自上而下的关注和强化，都可能成为福祸相依的双刃剑——带来机会，也产生破坏。性别平等这一来自联合国所期许的优先事项，在进入各缔约国的公共政策体系，并作用于非物质文化遗产的传承与保护之后，就很难规避“双刃锋芒”带来的影响。一方面，国际话语的介入，开启了对女性声音的寻求与凸显。在一定程度上，会促进女性在非物质文化遗产中的参与和创造，也的确会在改变女性文化失声的基础上，可能为女性带来在文化生活的参与、介入与贡献方面的平等机会，进而对女性赋权产生积极影响。但是，另一方面，这一国际准则对女性文化事象的关注与强调，也可能会产生逆向效应，即当非物质文化遗产保护使女性从“日常”状态进入“日常之外”的状态后，凸显行为本身就可能迫使女性重新展现社会的原有秩序，并将其限定在原有的社会地位上，① 就像 Yuka Toyoshima 在反思自己的从业经历时表明的那样，尽管作为一个男性传统，日本的能乐（Nogaku）艺术不对女性设置门禁，但行业内的实际情况仍能清晰地反映出社区原有的性别秩序——女性表演者不仅很难碰触到这门艺术的核心技艺，她们的表演通常也无法获得相应的认可。② 这种情况一旦出现，一定会加剧既定社会或社区原有性别秩序的合法化，极有可能伤害到性别平等所依托的人权准则。

文章到此，似乎重归了 2003《公约》起草者们关于性别关注的论争。但这种反思过后的重归，指涉的实际是有关非物质文化遗产与性别之间复杂关联的一系列问题：在以 2003《公约》为基础的保护行动中，是否应当直面文化传承中性别实践的多样化，进而厘清相应社区性别秩序的

① 报告中在强调“如果对社区内女性非物质文化遗产的关注和它的地位升高，也可能会带来对女性的赋权”的同时，也提出了这种情况下可能会产生的负面影响。见 Final Report of Expert Meeting “Gender and Intangible Heritage”, 8 – 10 December 2003 Intangible Heritage Section, United Nations Educational, Scientific and Cultural Organization, 2004, p. 9。

② Yuka Toyoshima, Tradition as it is: Women and Nogaku (a Japanese male-dominant traditional performing art), Final Report of Expert Meeting “Gender and Intangible Heritage”, 8 – 10 December 2003 Intangible Heritage Section, United Nations Educational, Scientific and Cultural Organization, 2004, p. 4.

生产者及改变秩序的影响要素？是否应当重新思考两性框架在当代社会的效度与限度？在进行保护实践时，是否应当“既考察相对于男性而言的女性的那些经历，也关心男女两性之外其他性别的经历及相关的权力转移”①，从而能够避免更多性别盲区或误区的出现？……这些问题，需要所有保护非物质文化遗产的参与者在不断深思和检省中，才能做出更好的回答。

① Janet Blake，Gender and Intangible Cultural Heritage，Gender Equality：Heritage and Creativity，United Nations Educational，Scientific and Cultural Organization，2014，p. 50.

四　可持续发展

非遗保护的契约精神与可持续发展*

宋俊华**

摘　要：作为一种由多方力量共同参与的社会实践，非遗保护必须遵循契约精神和可持续发展理念。《保护非物质文化遗产公约》《实施〈保护非物质文化遗产公约〉操作指南》《保护非物质文化遗产的伦理原则》都是非遗保护的国际契约，目的是确保每个缔约国都能基于自由、平等、互惠、守信的理念来保护非遗并促使其可持续发展。契约精神与可持续发展是非遗保护的两个面相，前者强调自由、平等、互惠与守信是非遗保护的基本原则，后者强调代际公平、和谐发展是非遗保护的根本目标，二者互为依据，共生共存。

关键词：非遗保护　契约精神　可持续性发展　共享　协作

一　引言

非遗保护在本质上是一种自觉的文化干预实践。文化是在干预和被干预的矛盾中形成和发展起来的，不受干预的文化是不存在的。承认文化干预的合法性，是我们讨论非遗保护的契约精神和可持续发展的基本前提。

---

* 原文刊于《文化遗产》2018 年第 3 期。

** 宋俊华，中山大学中国非物质文化遗产研究中心、中文系教授。

任何一种文化干预，都要面临这样的拷问：文化干预是如何实施的？文化干预的目标是什么？

自21世纪以来，联合国教科文组织倡导的非遗保护[①]产生了两项重要成果：一是明确了文化干预的合法性；二是建立了文化干预的原则：契约精神和可持续发展。然而，学界对这两项成果却关注较少，也少有系统的理论阐述。

直到今天，仍有部分学者对非遗保护持怀疑甚至否定的态度。有人认为，非遗保护是一种自上而下的运动，与所有其他运动一样不具有可持续性。也有人认为，非遗保护本质上是一种遗产化实践，带来的只是"本真性幻想"[②]。还有人认为，用统一的规则保护非遗的多样性，就像是缘木求鱼。更有人认为，非遗保护已沦为"破坏性保护"，等级化、过度商业化和娱乐化的行为正在破坏我们的文化传统。

诚然，在取得巨大成就的背后，非遗保护中也出现了一些非遗被异化、被破坏的例子，由此引起人们对非遗保护的一些担忧也是可以理解的，但这改变不了我们对非遗保护的初心和信心。联合国教科文组织所倡导的非遗保护理念是符合人类社会发展规律和趋势的，是科学的、可操作的和具有前瞻性的。更重要的是，它为非遗保护确立了两个重要的实践原则：契约精神和可持续发展。

契约精神是在商品交易实践中发展起来的一种社会意识。"契约"一词源于拉丁文，原意是交易。契约精神是由商品的交换正义发展而来的自由、平等、互惠、守信的社会意识。中共十八届四中全会通过的《中共中央关于全面推进依法治国若干重大问题的决定》中指出："加强公民道德建设，弘扬中华优秀传统文化，增强法治的道德底蕴，强化规则意识，倡导契约精神，弘扬公序良俗。"[③] 契约精神是我国社会主义建设所倡导的一种主流意识。

---

① 如果以公布"人类口头与非物质遗产代表作名录"为标准，联合国教科文组织是从2001年开始启动非遗保护工作的。

② 艾哈迈德·斯昆惕（Ahmed Skount）：《非物质文化遗产及其遗产化反思》，马千里译，巴莫曲布嫫校，《民族文学》2017年第4期。

③ 2014年10月23日中共十八届四中全会通过了《中共中央关于全面推进依法治国若干重大问题的决定》，人民网，http：//politics. people. com. cn/n/2014/1029/c1001－25926893. html。

可持续发展是关于自然、科技、经济和社会协调发展的一种理念，最早源于1980年由世界自然保护联盟（IUCN）、联合国环境规划署（UNEP）与野生动物基金会（WWF）共同发表的《世界自然保护大纲》。1987年世界环境与发展委员会（WCED）发布《我们共同的未来》的报告对可持续发展概念做了比较系统的定义，成为众多定义中影响最大一个："能满足当代人的需要，又不对后代人满足其需要的能力构成危害的发展。"① 换句话说，可持续发展就是一种体现人类社会代际公平、和谐共享的发展。

契约精神和可持续发展既是联合国教科文组织自身建设的理念，又是其开展非遗保护的基本原则。作为联合国下设的专门机构，联合国教科文组织是基于各成员国之间的契约精神建立起来，目的是促进教育、科学及文化方面的国际合作，以利于各国人民之间的相互了解，维护世界和平和可持续发展。非遗保护是联合国教科文组织职责的具体体现，宗旨是："（1）保护非物质文化遗产；（2）尊重有关社区、群体和个人的非物质文化遗产；（3）在地方、国家和国际一级提高对非物质文化遗产及其相互欣赏的重要性的意识；（4）开展国际合作及提供国际援助。"② 联合国教科文组织之所以倡导非遗保护，就在于非遗"是文化多样性的熔炉，又是可持续发展的保证"③。显然，非遗保护是以文化多样性存在为目标，以契约精神、可持续发展为实施原则的。

那么，契约精神与可持续发展是如何表现并作用于非遗保护的？二者之间是一种什么关系？如何坚持非遗保护的契约精神和可持续发展？

二 内生性与外联性的契约精神

非遗保护是一种非遗"内部人"与"外部人"共同参与的保护实践。

---

① 世界环境与发展委员会：《我们共同的未来》，王之佳、柯金良译，夏堡校，吉林人民出版社1997年版。

② 联合国教科文组织：《保护非物质文化遗产公约》，宋俊华、王开桃《保护非物质文化遗产研究》，中山大学出版社2013年版，第180页。

③ 联合国教科文组织：《保护非物质文化遗产公约》，宋俊华、王开桃《保护非物质文化遗产研究》，中山大学出版社2013年版，第179页。

任何一个非遗项目保护者都会受血缘、族群、地域、国籍或其他因素制约而与该项目形成不同的亲疏远近关系。依据与非遗项目的亲疏远近关系，非遗保护者就有了“内部人”与“外部人”的区别。一个非遗项目的“内部人”与“外部人”的界限是相对的，因判断标准的不同而不同。例如，对人类非遗代表作项目粤剧来说，如果从是否直接参与粤剧表演的标准来看，粤剧剧团、戏班的演职人员包括演员、导演、编剧、乐队、舞美等是“内部人”，其他一切非粤剧演职人员都是“外部人”；如果从是否直接参与粤剧表演或经常性参与粤剧观赏的标准来看，那么粤剧剧团、戏班的演职人员和经常性参与粤剧观赏的观众都是“内部人”，其他既不从事粤剧表演又不经常观赏粤剧表演的人则是“外部人”；如果从是否懂粤语及对粤剧文化认同度的标准来看，懂粤语且对粤剧有较高认同度的人是“内部人”，不懂粤语且对粤剧认同度较低的人则是“外部人”。一般而言，非遗“内部人”是主导者，在非遗保护中有主导权；非遗“外部人”是辅助者，在非遗保护中没有主导权，但有参与权。

契约精神是建立在人与人之间的契约关系之上的社会意识。非遗保护者既然有“内部人”与“外部人”之别，非遗保护的契约精神自然也有“内生性”与“外联性”的不同。

内生性契约精神，是在非遗“内部人”之间契约关系基础上形成的，是指非遗“内部人”代际之间所形成的传承非遗的契约精神。如粤剧内部演员师徒之间就传承某种粤剧表演技能而建立的默契与诚信就是粤剧内生性契约精神，多表现为师徒以传承粤剧为己任，师傅爱徒如子，悉心传授；徒弟敬师如父，认真学习。此外，经常性参与粤剧观赏的观众（票友）内部就粤剧观赏传承所形成的契约精神也属粤剧内生性契约精神。

内生性契约精神是非遗“内部人”代际之间实现精神交流、文化传承的基本保障。在传统的乡土社会里，非遗内生性契约精神往往与“内部人”师徒的血缘、地缘、族缘、业缘、教缘等关系密切相关，呈现为家规家训、地方乡约、族规族训、行规行训、教规教义等方面的精神认同。口头传统、表演实践、手工技艺等行业内部通常有十分严格的拜师仪式，包括拜祖师、拜行业神、行拜师礼、听师傅训话等仪式。师徒契约一般约定了双方的权利和义务，如师傅要为徒弟提供食宿，徒弟要为师傅提供端茶倒水等杂役服务，有的还约定徒弟出师后为师傅免费服务的年限等。俗谚“生我者父母，教我者师傅”就以父子亲情来比喻师徒契约精神。

内生性契约精神在规范和保障非遗内部传承秩序方面发挥了重要作用，也是人们判断非遗传承正统与否的一个标准。但内生性契约精神在传统社会里往往与亲属伦理、族规行规、宗教仪式联系在一起，具有依附性、神秘性和封闭性特点。随着时代发展和观念变革，传统内生性契约精神也在发生变化。

外联性契约精神，是指非遗内部人与外部人之间、外部人与外部人之间或不同非遗的内部人之间所建立的契约精神。有时指非遗内部人与外部人之间就非遗生产与消费、开发与被开发、阐释与被阐释、展演与被展演的契约关系所形成的自由、平等、互惠、守信精神；有时指非遗外部人与外部人、不同非遗的内部人与内部人之间所形成的互相尊重、平等交流、共建共享、协作发展、诚实守信的契约精神。

联合国教科文组织通过或认可的非遗保护公约文件和各国政府颁布的非遗保护法规，都是非遗保护外联性契约精神的反映。《保护非物质文化遗产公约》《保护非物质文化遗产的伦理原则》就是非遗保护外联性契约精神的具体体现。《保护非物质文化遗产公约》是各缔约国与联合国教科文组织之间以及缔约国之间就非遗保护所达成的多层多边契约，是非遗“内部人”与“外部人”之间和不同非遗项目“内部人”之间的契约，体现的是以相互理解、尊重、共建、共享为特征的契约精神，强调非遗保护对人类文化多样性、文化交流与可持续发展的意义，强调对现有国际规则的尊重，也强调对不同社区、群体或个人非遗的尊重。

《保护非物质文化遗产伦理原则》是联合国教科文组织认可的非遗保护的工作原则，是主要对非遗保护“外部人”的限制性原则，共12条①，核心内容是要求非遗保护者尊重非遗社区、群体或个体的主体性，保障

① 联合国教科文组织于2015年3月至4月在西班牙巴伦西亚召开了制定“保护非物质文化遗产伦理原则”的专家会议，并于2015年11月30日至12月4日召开的政府间委员会第十届会议上通过了12条原则。联合国教科文组织：《保护非物质文化遗产伦理原则》，巴莫曲布嫫、张玲译，《民族文学研究》2016年第3期。

他们对非遗保护的自主权、参与权和获益权。

此外，1998 年《宣布人类口头与非物质遗产代表作条例》、2005 年《保护和促进文化表现形式多样公约》和 2014 年《实施〈保护非物质文化遗产公约〉操作指南》也都是非遗保护外联性契约的体现，各缔约国的非遗持有人和传承者作为契约方要履行这些契约。《实施〈保护非物质文化遗产公约〉操作指南》在确认"人类非物质文化遗产代表作名录""急需保护的非物质文化遗产名录""优秀实践名册"实践中，既强调社区、群体或个人的主体权和承诺，同时又强调对国际契约的履行。

外联性契约精神是非遗保护的约束力量，也是文化干扰合法性的重要体现，它为建立非遗保护外部保障机制提供了支持。但是，如何反映人类共同的理想，如何体现契约参与方共同认可的科学、公平，是外联性契约精神要面对的问题。

内生性契约精神与外联性契约精神是紧密联系、互为表里的，它们共同推动了非遗认定和保护的有效性和合法性。《保护非物质文化遗产公约》所定义的非遗，既是一种由社区、群体或个人自认（视为其文化遗产）的文化实践，以活态代际传承和增强社区、群体的认同感、持续感、创造力为标志；又是被他者（以联合国教科文组织为代表）所认定的文化实践，以符合国际人权文件、符合相互尊重需要和顺应可持续发展为标志。[①] 显然，非遗是人与人之间契约精神的反映，是外联性与内生性两种契约精神共同作用的结果。

从契约精神上讲，瑞吉斯·本迪克斯（Regina Bendix）讲的"文化遗产并不存在，而是被制造出来的"[②] 是有一定道理的。

---

① 联合国教科文组织：《保护非物质文化遗产公约》，宋俊华、王开桃《保护非物质文化遗产研究》，第 180 页。

② Regina Bendix, "Heritage Between Economy and Politics", in Laurajane Smith and Akagawa Natsuko (eds.), Intangible Heritage, London: Routledge, 2009, p. 255，转引自艾哈迈德·斯昆惕（Ahmed Skount）《非物质文化遗产及其遗产化反思》，马千里译、巴莫曲布嫫校，《民族文学》2017 年第 4 期。

三 语境性与本体性的可持续发展

非遗保护与其他社会实践一样，本质上是社会发展的内容之一，也会面临可持续发展的问题。

非遗保护有助于且受制于社会的可持续发展，同时本身也有可持续发展要求。所以，非遗保护有两种可持续发展，即语境性可持续发展与本体性可持续发展。

语境性可持续发展，是非遗保护以社会可持续发展为自己的语境，听命且服务于社会可持续发展。从非遗保护的宗旨、目标和原则来看，非遗保护是以可持续发展为背景的。联合国教科文组织对非遗保护语境性可持续发展有过诸多论述，如《保护非物质文化遗产公约》中指出，一方面“非遗是可持续发展的保证”是联合国教科文组织开展非遗保护的前提；另一方面顺应可持续发展也是联合国教科文组织认定非遗的基本条件。[①] 此外，联合国教科文组织在《实施〈保护非物质文化遗产公约〉操作指南》（2016）中则更为明确地指出了非遗与可持续发展的关系。[②]

本体性可持续发展，是指非遗保护的可持续发展，即人们确保非遗生命力的实践的可持续发展。

非遗保护可持续发展是以非遗生命力为衡量标准的。非遗生命力的大小取决于非遗保护实践。非遗保护的核心在人，人的理念、能力和采用的实践方式，是制约非遗保护的三个要素。实践者既包括非遗持有人、传承者等“内部人”，也包括政府管理者、衍生开发者等“外部人”。“内部人”是非遗传承的主体，是内因；“外部人”只有通过与内部人的沟通、协调才能参与非遗保护，是外因。

首先，实践者的理念是在非遗历史传承与当代发展中形成和发展起

---

① 联合国教科文组织：《保护非物质文化遗产公约》，宋俊华、王开桃《保护非物质文化遗产研究》，第180页。

② 联合国教科文组织在《实施2003年公约业务指南》（2016年修订版）中倡导：“在非遗保护措施中努力保持可持续发展三个方面（经济、社会和环境）的平衡，保持非遗与和平、安全之间相互依存的关系。”

来的，是制约非遗可持续发展的首要因素。非遗保护内部人如何认识非遗保护，决定着非遗保护的方向和方式。例如，粤剧在历史发展过程中就有三种不同功能形态的粤剧[①]：民俗仪式的粤剧、艺术审美的粤剧和文化遗产的粤剧。不同的粤剧观念，影响了人们对粤剧生命力和粤剧传承方式的选择。在传统乡村生活中，粤剧往往与祭祀和祖先、节日等民俗仪式联系在一起，演剧和观剧的主要目的不是艺术审美，而是仪式，是人们驱邪纳吉的生活愿望的具体体现。在这种观念下，粤剧的生命力判断往往不是以粤剧的艺术水准，也不是以看戏观众的多少，而是以社区民俗存续状况及其对粤剧的需求程度为标准，粤剧实践者的民俗诉求成为制约粤剧生命力的首要因素，换句话说，民俗神圣性是粤剧传承发展的主导力量。在城市剧院里，粤剧转变为一种以娱乐审美为主要功能的艺术实践，粤剧表演者与观赏者之间建立了“粤剧是艺术”的理念，粤剧实践是否符合当时人们的艺术娱乐观念，是制约粤剧生命力的重要因素。在非物质文化遗产保护的语境下，无论是乡村社区的粤剧还是城市剧院的粤剧，都被赋予了一个新的意义即文化遗产的意义，粤剧实践也就从民俗仪式、艺术实践发展为非遗保护，粤剧表演者和观赏者成为粤剧遗产的传承者，把粤剧作为增强社区、地区、行业的历史感、持续感的保护的理念，是制约粤剧实践生命力的重要因素。理念决定实践的方向，历史上一切关于非遗保护的争论，都与实践者的理念有密切关系。

其次，实践者从事非遗保护的能力，是非遗保护可持续发展的基本条件。非遗传承人的能力制约着非遗传承能否得到顺利实施。理念是一般回答非遗为什么传承的问题，能力则回答非遗能不能传承的问题。在传统社区生活中，非遗传承人的能力建设，主要是通过习得和师徒之间口传心授进行的，每个社区、群体的每项非遗项目都在自身发展历史过程中建立了自己的传承人培养体系，如师徒制、家班制、科班制等非正规教育。但是，随着现代教育制度的建立，这些非正规教育的传承人培养方式正在逐渐被正规教育取代。因此，非遗实践者的能力建设，将越来越多地依赖正规教育来实现。我国目前大力推行的“中国非物质文化

---

① 宋俊华、黄纯：《从娱神到娱人、自娱：澳门粤剧的城市化嬗变》，《澳门理工学院学报》2013 年第 4 期。

遗产传承人群研修研习培训计划”就是从传承人实践能力和认识水平的角度，对非遗传承人所做的培养。这一工作，也是《保护非物质文化遗产公约》“第十四条教育、宣传和能力培养”中第一款第二点所讲的，各缔约国应竭力采取“有关社区和群体的具体的教育和培训计划”，以便使非物质文化遗产在社会中得到确认、尊重和弘扬。此外，对非遗项目的外部管理者和衍生开发者的能力培训也是十分必要的，我国开展的非遗保护管理干部培训、传播人才培训和创意开发人才培训，都是外部人非遗保护能力建设的重要举措。

最后，实践者开展非遗保护的方式也会制约非遗可持续发展。非遗保护的方式回答非遗如何传承的问题，是随着社会的发展而发展的。在现代社会中，大多数根源于传统封闭的农耕社会里的非遗实践，正在面临以现代科技为代表的新的实践方式的冲击。自 21 世纪以来，制造技术、材料技术、数字技术、互联网技术、人工智能技术发展迅速，传统社区的非遗保护面临着手工生产与机器生产、天然材料还是人工材料、个体生产还是分工合作、实地展演还是虚拟展演、个性化生产还是批量化生产等诸多抉择。非遗实践者如果在每个选项中选择前者，那么他自身及其所从事的实践就会面临被社会淘汰的风险；如果选择后则，那么他自身及其所从事的实践在获得发展的同时会面临所谓“本真性”拷问和主体性转移等问题。非遗实践者必须在两种选择中间寻求平衡点。这是实践方式制约非遗保护可持续发展的具体体现。非遗保护要真正融入现代生活，成为与现代文化实践的有实力的竞争者，就不能不吸收现代科学技术，改进实践工具，更新实践手段。当然，现代技术的应用，也对非遗的地域性、族群性、社区性带来了挑战，非遗必须在一个新的扩大化的范畴中重新定义。这是非遗可持续发展中必须达成的共识。否则，我们会因为所谓“本真性”“原汁原味”的幻想而终止非遗的发展。

非遗保护实践的可持续发展，核心在人，人的理念、能力和从事非遗的方式，是制约非遗本体性可持续发展的三个基本要素。对非遗保护的内涵、宗旨和原则的正确把握，对具体非遗实践特性和实践经验的科学认知，是形成科学理念、方式和获得实践能力的基础。在我国，非遗保护既要坚持国际非遗保护的基本理论，又要结合中国的具体实际；既要考虑国家的利益，又要考虑社区、群体的权益，坚持有中国特色的非遗保护理念，是我国非遗可持续发展的基本保证。

语境性可持续发展与本体性可持续发展既互相区别，又相辅相成。语境性可持续发展为非遗保护提供了环境，明确了非遗认定和保护的基本前提就是可持续发展，即非遗保护是以顺应和服务社会可持续发展为目的的，所以，在非遗项目的确认、保护和发展上，要按照社会可持续发展的标准去做，凡是不符合可持续发展的文化，是不能被确认为非遗项目的。本体性可持续发展是针对非遗自身保护的，确立了非遗保护的可持续发展道路，肯定非遗持有人和传承人按照可持续发展的思路开展传承与创新，重视非遗保护能力建设，鼓励非遗融入生活，提倡见人见物见生活的发展理念。

四 结语

契约精神与可持续发展，是认识非遗保护的两个视角。前者强调非遗保护实践是一种处理人与人契约关系的实践，肯定无论是内生性契约还是外联性契约，都要恪守自由、平等、互惠与守信的契约精神。后者强调非遗保护实践是一种公认的必然的选择性实践，肯定无论是环境还是本体，都要坚持可持续发展的道路。在一定意义上讲，契约精神与可持续发展是非遗保护的本质属性，伴随非遗保护始终。

契约精神是非遗保护的起点和保障。非遗保护概念的提出，非遗名录的认定与非遗保护规则的制定，乃至关于非遗保护方式如抢救性保护、生产性保护、整体性保护的提出和选择都与契约精神密切相关。内生性契约精神，是非遗在自身发展过程中所形成的非遗生产与消费者之间及各自代际之间的契约关系的反映，是非遗形成与发展的内在精神动力。非遗传承者师徒之间如果没有建立稳固、可持续的非遗传承契约，非遗是不可能存在的，也是无法获得传承的。外联性契约精神，是非遗在跨社区、地域、群体、行业、文化的传播和交流中，非遗“内部人”与“外部人”、“外部人”与“外部人”之间就非遗保护、传播、利用等契约关系的反映，是非遗保护与发展的外部精神力量。外联性契约精神是内生性契约精神的环境，会影响内生性契约精神的存续发展。

可持续发展是非遗保护的实现方式和目标。作为人文干预的文化实践，非遗保护必须且只能在社会共识下进行，可持续发展是人类关于发展的基本共识，它是以发展的需求与限制之间的平衡为特征，以代际公平为原则的。可持续发展是非遗保护的语境和目的。一方面，非遗保护是在可持续发展的语境下提出的，是可持续发展的组成部分。联合国教科文组织《公约》所定义的非遗是以顺应可持续发展为前提的，按照这样的定义，不符合或者违背可持续发展的文化是不能被确认为非遗来保护的。这样的规定，同样适用了各个缔约国对本国非遗的确认和保护。因此选择顺应可持续发展需要的非遗项目，并对其加以保护，是人类可持续发展的基本任务之一。另一方面，非遗保护是以确保非遗项目的生命力为衡量标准的。非遗可持续发展，是非遗本体性发展的要求，有赖于非遗实践者的理念、能力和采取的实践方式。因此，提高非遗实践者对非遗保护的认识和能力，促使其选择恰当的方式开展非遗保护是应当的选择。

契约精神与可持续发展是密切联系、互为因果的。契约精神是以可持续发展为导向的，只有符合可持续发展的非遗契约才是有效的，也是被认可和遵守的。非遗可持续发展是建立在契约精神基础之上的，可持续发展本身就是人类共有的契约，没有契约精神，可持续发展本身也是没有意义的，是一个幻想而已。

从契约精神与可持续发展来考察非遗保护，我们就能对一些问题会有新的认识。如在非遗保护中产生的“本真性”的讨论，如果从契约精神和可持续发展的角度看，本真性其实是人们对非遗保护认识上的一种契约，是基于非遗社区、群体等持有人或传承者与非遗“外部人”的契约而形成的。人们总是把那种符合“内部人”又符合“外部人”的价值诉求的属性视为非遗的本真性，由于这种“内部人”与“外部人”的价值诉求总是变化的，却并不总是一致的，这就在某个历史时刻、空间内产生了“内部人”与“外部人”关于非遗本真性的争执和讨论。事实上，只要非遗符合大家公认的可持续发展，“外部人”与“内部人”关于本真性认知的差异是无足轻重的，也不会妨碍人们对非遗保护的投入和参与。专门就非遗本身讨论本真性是没有意义的，必须把其放在契约精神和可持续发展的范畴里讨论。此外，人们对非遗名录评审的种种批判，如代表作带来的遗产化造成非遗的去地域化、去社区化和等级化问题，其实这些问题不是非遗保护的必然结果，恰恰是人们没有遵循契约精神和可持续发展理念造成的。或许现行的非遗保护契约规则还存在缺陷，也是可以讨论的，但在执行契约中因不能贯彻契约精神造成的问题，则是各契约方要承担责任。如在非遗项目代表作或代表性传承人保护中，常常被诟病的是许多地方“重申报、轻保护”或者在保护中“等、靠、要”的现象，本质上就是大家没有意识到政府和传承人作为非遗保护的契约方都有自己的权利和义务，都要遵守契约精神。

经过近 20 年的努力，无论是国际层面还是国家层面都对非遗保护设立了许多契约规则，保护非遗对人类可持续发展的重要性也被普遍认同。但是如何弘扬契约精神，如何把非遗保护与可持续发展相结合，仍然有很多具体复杂的问题有待探讨。

我们坚信，坚持契约精神与可持续发展是非遗保护的必然选择。

五　名录标准

代表性、政治化与商业开发导向：关于教科文组织“非遗”名录机制的若干思考*

马千里**

摘　要：自2008年开始实施至今，联合国教科文组织非物质文化遗产代表作名录机制出现了诸多问题。这些问题以申报中的政治化和商业开发导向为代表，严重违背了教科文组织制定该机制的初衷。实际上，问题的根源在于代表作名录机制下的“代表性”这一关键词在释义上一直处于模糊状态，在很大程度上导致了《保护非物质文化遗产公约》缔约国的国内各方能够利用该机制实现其政治、外交和商业等方面的利益诉求。教科文组织的相关负责人和一些国外学者对此已经从“去政治化”和“去利益化”的思路出发，构想对这一名录机制进行“维基百科”式的改革。然而从可操作性的角度出发，由缔约国将各自国家的非遗清单翻译为法文或英文后提交到教科文组织非遗领域的网络公共平台，并定期更新，则不失为一种有益的思路。

关键词：教科文组织　“非遗”名录　代表性　政治化　商业开发导向

联合国教科文组织（以下简称“教科文组织”）《保护非物质文化

---

* 原文刊于《文化遗产》2017年第6期。

** 马千里，扬州大学外国语学院副教授。

遗产公约》（以下简称《公约》）从国内和国际两个层面为非物质文化遗产（以下简称“非遗”）保护搭建了宏观框架。在国际层面，教科文组织制定了人类非物质文化遗产代表作名录（以下简称“代表作名录”）、急需保护的非物质文化遗产名录（以下简称“急需保护名录”）、最能体现《公约》原则和目标的计划、项目和活动（以下简称“优秀保护实践名册”）和国际援助等保护机制。这几种机制在目的上各有侧重，例如其中的急需保护名录的建立是为了“采取适当的保护措施”，以对非遗的保护为第一要务，而代表作名录是为了“扩大非物质文化遗产的影响，提高对其重要意义的认识和从尊重文化多样性的角度促进对话”①。

2008 年至今，以上机制对全世界大部分国家的文化政策都产生了较大的影响，对于提高这些国家的政府与民众保护非遗的意识也起到了一定的积极作用，但也存在不少问题，其中有些问题甚至对非遗的存续产生了明显的负面作用。事实上，一些结构性的问题和矛盾涉及了代表作名录的合理性，而有关这一名录合理性的讨论从《公约》文本的起草阶段起就未曾中断，并且涉及复杂的政治与外交因素。本文即从代表作名录机制外在的问题与内在的矛盾入手，在《公约》宗旨和精神的视角下探讨对其进行改革的路径。

一 教科文组织非遗名录和名册机制

早在《公约》起草阶段，教科文组织非遗名录制度的设计问题就引起各国政府代表和专家的激烈争论。在争论的过程中，不少国家出于对“宣布人类口头和非物质遗产代表作”计划（以下简称“代表作计划”）下的非遗名录带有的精英主义色彩的反感，对在《公约》框架下再次设计一种非遗名录机制提出了质疑或反对。是否有必要为了非遗保护而设计一种名录制度，是否有必要建立一种列入“国际”非遗名录的程序，

① 联合国教科文组织创意处非物质文化遗产科：《2003 年〈保护非物质文化遗产公约〉基本文件》，教科文组织 2014 年版，第 10 页。

就成为《公约》起草期间长期争论的话题。①

法国代表对于该问题的观点具有代表性。在对《公约》草案的书面评论中，该国代表写道："目的在于保护而不是建立一种具有'普遍和杰出价值'的名录并将其作为光荣榜……我国也认为，那些能够用于实施未来公约的资源应当直接用于具体的非物质文化遗产项目的保护中。"②在对《公约》草案进行讨论的过程中，各国达成了两种不同的观点。第一种观点反对复制1972年通过的《保护世界文化和自然遗产公约》（以下简称"1972年《公约》"）的模式，质疑"口头和非物质遗产代表作计划"的"精英主义"性质，强调将非遗保护置于优先地位的必要性；第二种观点也同意将保护置于优先位置，但坚持认为"名录"或"名册"能够代表持有非遗的社区、国家和公民，具有提升非遗可见度，促进非遗保护的作用。持有第二种观点的国家数量远远超过持第一种观点的国家。前者还认为实施非遗名录与避免"精英主义"倾向的遗产观并不冲突，问题的关键是要在实施非遗名录机制的同时注意避免复制1972年《公约》或"代表作计划"这样的模式。③ 此外，荷兰代表还建议，如果建立非遗名录，那么列入名录的非遗项目不应无限期地留在名录中。④

同样在反对延续上述两种机制所具有的"精英主义"和蕴含的等级化逻辑的基础上，巴西代表建议列入非遗名录的标准不应强调"杰出性"（le caractère exceptionnel），而应建立在"代表性"（la représentativité）

---

① Vladimir Tr. Hafstein, "Intangible Heritage as a List: from Masterpieces to Representation", Laurajane Smith and Natsuko Akagawa, ed., 2009, Intangible Heritage, New York: Routledge, p. 94.

② Commentaire écrit de la France en prévision de la Deuxième session de la réunion intergouvernementale d' experts sur l' avant-projet de Convention pour la sauvegarde du patrimoine culturel immatériel, Unesco, Paris, 24 février - 1er mars 2003, http://www.unesco.org/culture/ich/doc/src/04550 - FR.doc, [2017 - 04 - 26].

③ Ahmed Skounti, Réflexions sur les critères d' inscription sur les listes de la Convention du patrimoine culturel immatériel, 2012 The First ICH Researchers Forums of 2003 Convention, International Research Centre for Intangible Cultural Heritage in the Asia-Pacific Region (IRCI), 2012, pp. 60 - 61.

④ Commentaire écrit des Pays-Bas en prévision de la Deuxième session de la réunion intergouvernementale d' experts sur l' avant-projet de Convention pour la sauvegarde du patrimoine culturel immatériel, Unesco, Paris, 24 février - 1er mars 2003, http://www.unesco.org/culture/ich/doc/src/04550 - FR.doc, [2017 - 04 - 26].

的基础上。参与讨论和起草《公约》的摩洛哥学者艾哈迈德·斯昆惕（Ahamed Skounti）也认为对名录机制的疑虑具有合理性，同时强调有必要避免一切形式的非遗项目之间的等级化，有必要尽一切努力保护那些濒临消亡的非遗项目。[①] 值得一提的是，非洲国家还集体提出了书面建议，强调建立“濒危非遗名录”的必要性。[②] 最终，各国形成了共识，决定建立一项《急需保护的非物质文化遗产名录》，这就成为《公约》第17 条的基础。在讨论的过程中，原先各国之间对于名录机制之间态度上的差异逐渐缩小，并达成共识，将“保护”（sauvegarde）置于这份新的国际文书的核心位置。接下来，各国代表和专家才讨论建立另一类名录，用来纳入那些保护状况比较理想的非遗项目。有意思的是，就这一名录名称中使用的修饰语，各国代表和专家曾提出并讨论过诸如“珍宝”（trésor）、“杰作”（chef-d’oeuvre）和“最突出的非遗”（plus saisissant）这样的表达方式。最后，参与起草的人员克服了 1972 年《公约》和“代表作计划”所造成的思维定式，将名录的名称定为“人类非物质文化遗产代表作名录”（Liste représentative dupatrimoine culturel immatériel de l’humanité）。[③]

尽管名录机制特别是代表作名录可能带来某种“精英主义”，带有强烈的 1972 年《公约》的色彩，不符合非遗的性质和规律，但是各国通过 2003《公约》的起草和名录制度的制定还是初步达成了共识。然而有关的争论并没有停息，反而伴随着每年都出现的两种名录和优秀保护实践名册（以下统称“名录名册”）所申报项目数量之间严重不平衡。代表作名录的评审标准并不涉及非遗项目的“杰出性”，不强调其在技艺、科学和审美等方面的价值，但这一机制却很快像一些国家在《公约》起草期间所担心的那样，被很多国家的政府作为扩大其文化影响力，增强其国

① Ahmed Skounti, Réflexions sur les critères d’ inscription sur les listes de la Convention du patrimoine culturel immatériel, p. 61.

② Commentaire écrit du Groupe Afrique en prévision de la Deuxième session de la réunion intergouvernementale d’ expertssur l’ avant-projet de Convention pour la sauvegarde du patrimoine culturel immatériel, Unesco, Paris, 24 février – 1er mars 2003, http://www.unesco.org/culture/ich/doc/src/04550 – FR. doc,［2017 – 04 – 26］.

③ Ahmed Skounti, Réflexions sur les critères d’ inscription sur les listes de la Convention du patrimoine culturel immatériel, pp. 61 – 62.

际话语权的平台。很多申报的项目都要在国内经过层层遴选，这就无疑强化了这些国家不同非遗实践之间的等级化，有违文化相对主义的价值观。各国政府对申报这一名录的过度热衷还造成其国内大量的人力和经济资源被浪费在申报工作中，影响了对濒临消亡的非遗实践的抢救性保护。反观急需保护名录，除2009年和2011年列入的项目较多，分别达到12项和11项外，在其他年度基本都徘徊在4个左右。至于旨在全球范围内推广非遗保护经验的优秀实践名册的推荐和遴选情况，相比之下就更为惨淡。从数据上看，教科文组织优先通过急需保护名录对世界范围内的非遗实践，特别是濒临消亡的非遗进行保护的构想没有实现，国际层面的非遗名录机制反而成为政治权力寻求扩张的工具。

历年来列入教科文组织非遗名录和名册的项目的数量统计

年份 / 数量 / 名录/名册	2008	2009	2010	2011	2012	2013	2014	2015	2016	总计
急需保护名录		12	4	11	4	4	3	5	4	47
代表作名录	90①	72	44	18	26	25	34	23	33	365
优秀保护实践名册		3	0	5	2	1	1	0	5	17

二　教科文组织非遗代表作名录机制的主要问题

事实上，无论是各国非遗保护研究的一些一线学者，还是教科文组织非物质文化遗产科的负责人员，都对上述名录机制特别是代表作名录的申报评审机制有不少看法。参与过《公约》起草阶段讨论的比利时学者马克·雅各布（Marc Jacobs）就曾直接表达了对代表作名录机制的否定态度。他指出，从2003年到2016年的十几年间，尽管人们一直在商讨这一机制，但没有任何人知道代表作名录真正代表着什么。建立代表作名录是众多权力所有方的要求，而很多专家出于平衡政治权力要求的考

① 这90项是从2001年、2003年和2005年公布的三批“宣布人类口头和非物质遗产代表作”项目中直接转入代表作名录的。

虑，最终支持了这一名录的创建。雅各布还认为，代表作名录本应引起人们关注非遗，但现实中，将非遗实践宣布为“口头和非物质遗产代表作”或列入代表作名录后，在大部分情况下都会对活态实践产生负面影响。这些机制并没有对地方社区有所帮助。① 雅各布的意见映射出国际层面非遗名录制度的几点问题，即代表作名录的核心价值不明、非遗申报的政治化和申报的商业开发导向。

（一）代表作名录的核心价值不明

从字面上看，代表作名录（Representative List）名称中的“representative”一词是体现该名录性质与核心价值的关键。“代表性”取代了1972年《公约》和“代表作计划”下的“本真性”和“杰出性”等衡量标准。然而究竟何为“代表性”，无论是2003《公约》，还是其《操作指南》和申报用的《填表指南》，都没有对其进行界定。诸如斯昆惕这样长期参与国际层面非遗保护政策制定的学者都无法对代表作名录的“代表性”给出明确的解释。斯昆惕还曾就这一“代表性”提出一系列问题，包括“代表性”是什么，代表性是否具有普遍意义，代表性（名录）为谁而建（是非遗持有社区、国家、《公约》缔约国，还是全人类），等等。② 在现实中，由于该“代表性”始终处于语义模糊的状态，因而给了各缔约国从自身的政治、经济和外交利益出发来申报代表作名录项目的充分空间。正如斯昆惕总结的那样，“代表性”这一表述用于名录的名称是有别于关于非遗的人类学观点和政治观点的第三种表述方案，并最终

---

① Ana Carvalho & Filipe Themudo Barata. “Ethics in Intangible Cultural Heritage Public Policies: Interview with Marc Jacobs”, In Revista Memória em Rede, Pelotas, Vol. 9, No. 16, Jan. /Jul. 2017, pp. 170 - 171.

② 斯昆惕提出的问题还包括：名录的“代表性”和列入标准之间有没有关系，列入名录的非遗项目满足了各项标准是否就意味着它具有“代表性”，这样的项目的“代表性”相对的是什么范畴（是相关国家的非遗，还是它在国家层面或某个“文化区域”层面所属的那个非遗种类，还是整个人类的非遗），是名录具有“代表性”还是名录中的项目具有“代表性”，还是因为名录具有“代表性”从而使得被列入的非遗项目相对于未列入的项目具有了“代表性”，等等。见 Ahmed Skounti, La représentativité dans le champ du patrimoine culturel immatériel. Notes préliminaires, 2013 IRCI Meeting on ICH, International Research Centre for Intangible Cultural Heritage in the Asia-Pacific Region (IRCI), 2013, pp. 112 - 113。

在起草《公约》时被一致接受。然而谁都没有花费心思为这个概念制定一个定义，这样无论是在国家层面还是在国际层面，对非遗的保护和认可就能够具有相当广泛的含义。①

（二）非遗申报的政治化

关于非遗申报的政治化，教科文组织非物质文化遗产科前任秘书茜茜尔·杜薇勒（Cécile Duvelle）在2015年曾用“世界小姐竞选”来形容各国对申报代表作项目的热度。她指出，很多国家的政府和与非遗实践有关的各方都对代表作名录的功能有着重大误解。这一名录只是用来交流的工具，而不用于划分等级。但是很多国家却将其当作光荣榜，因而急于在上面现身。② 意大利学者波多洛多（Bortolotto）也指出，各国实际上利用了这一误解来保证其存在感和声誉，将这一误解用于文化外交。③

在法国，2010年列入教科文组织代表作名录的项目“法国人的美餐”（Le repas gastronomique des Français）引起了该国遗产保护和研究界的强烈反应。这一项目的申报由一些知名厨师和烹调史专家发起，宣传的是法国人餐桌上的某种交际性和仪式化的餐饮方式。然而“餐食”（repas）一词很快就从宣传话语中消失，取而代之的是“美餐”（gastronomie）这一表述方式。紧接着，法国的驻外大使就开始在驻在国组织堪称奢华的法国饮食展，以推广法国烹饪。时任法国总统的尼古拉·萨尔科奇（Nicolas Sarkozy）还为教科文组织将这一项目列入名录而扬扬得意，在公开场合夸耀法国美餐。教科文组织因此提醒法国政府要引起注意，但没

---

① Ahmed Skounti, La représentativité dans le champ du patrimoine culturel immatériel. Notes préliminaires, 2013 IRCI Meeting on ICH, International Research Centre for Intangible Cultural Heritage in the Asia-Pacific Region (IRCI), 2013, p. 113.

② Erwan Desplanques, Le Patrimoine immatériel de l' Unesco, un label dévoyé? Publié le 07/12/2015, http://www.telerama.fr/idees/fest-noz-tissage-peruvien-contes-africains-repas-gastronomique-des-francais-comment-un-peu-tout-et-nimporte-quoi-devient-patrimoine-immateriel-de-l-unesco, 134909.php, [2017-04-26].

③ Erwan Desplanques, Le Patrimoine immatériel de l' Unesco, un label dévoyé? Publié le 07/12/2015, http://www.telerama.fr/idees/fest-noz-tissage-peruvien-contes-africains-repas-gastronomique-des-francais-comment-un-peu-tout-et-nimporte-quoi-devient-patrimoine-immateriel-de-l-unesco, 134909.php, [2017-04-26].

有效果。在一些文化遗产学者看来，这种对教科文组织代表作名录项目的政治利用属于“开启了潘多拉魔盒的智力欺诈”①。

在国家层面，这一教科文组织代表作名录项目申报的政治化导向有时体现在带有政治目的的申报项目遴选中。一些国家少数族裔的实践被选择性忽视，例如土耳其国内库尔德人（Kurdes）的传统实践。② 在土耳其2016年参与联合申报代表作名录的诺鲁兹（Nevruz）（节庆）项目的申报书中，该节庆持有群体之一的土耳其库尔德人并没有被提及。申报书还规避了库尔德人特别是库尔德工人党（PKK）利用诺鲁兹节庆来提升库尔德民族认同意识，要求民族独立的历史，也没有提及当前库尔德人将这一在该人群中参与度很高的节庆活动用于促进本民族团结、争取本民族文化权利的现实。审阅申报书表项R.4的填写内容可以发现，对申报给出知情同意意见的社区、群体和个人中同样没有库尔德人的社团与个人。在与土耳其有关的申报文本中展现的是一种被国家化了的、全国性质的、与具体民族无关的乃至极端民族主义的诺鲁兹形象。③

（三）名录申报的商业开发导向

由于申报国的申报动机常常与《公约》的宗旨并不一致，申报代表作名录更多的是希图利用教科文组织非遗代表作名录这块“招牌”产生的名誉效应，进而通过旅游和贸易等手段谋取经济利益。在这一过程中活态遗产经常遭到博物馆化或民俗化，文化实践与其原来存在的语境和持有社区之间就此遭到分离。这种去语境化加剧了对活态遗产的破坏，

---

① Erwan Desplanques, Le Patrimoine immatériel de l' Unesco, un label dévoyé? Publié le 07/12/2015, http://www.telerama.fr/idees/fest-noz-tissage-peruvien-contes-africains-repas-gastronomique-des-francais-comment-un-peu-tout-et-nimporte-quoi-devient-patrimoine-immateriel-de-l-unesco, 134909.php, [2017-04-26].

② Erwan Desplanques, Le Patrimoine immatériel de l' Unesco, un label dévoyé? Publié le 07/12/2015, http://www.telerama.fr/idees/fest-noz-tissage-peruvien-contes-africains-repas-gastronomique-des-francais-comment-un-peu-tout-et-nimporte-quoi-devient-patrimoine-immateriel-de-l-unesco, 134909.php, [2017-04-26].

③ Nomination file n° 01161 for inscription in 2016 on the Representative List of Intangible Cultural Heritage of Humanity, http://www.unesco.org/culture/ich/doc/download.php?versionID = 40543, [2017-03-07].

使有关社区、群体和个人的非遗得不到尊重，造成了与《公约》宗旨相反的后果。

对列入名录的非遗进行旅游开发是较为普遍的做法。摩洛哥马拉喀什市的“吉马·埃尔弗纳广场”（la Place Jemma el Fna）早在2001年就列入第一批“代表作计划”并于2008年转入代表作名录。这一遗产很快就成为当地发展旅游业的“王牌”，其保护却没有得到当地政府的特别关注。摩洛哥学者乌伊达·苔芭（Ouidad Tebba）指出：“列入‘人类口头和非物质遗产代表作计划’和摩洛哥民间社会的发展共同引发了对广场的旅游开发。这种开发严重削弱了广场的活力。一方面商业活动成为主角；另一方面说书人、耍蛇人或杂耍者却退居幕后。”①

在世界范围内，对活态实践的商业化，特别是将原先社区所持有和传承的对本社区具有特定意义的仪式转变为商业表演的开发行为迅速增长。据统计，有1/4的非遗项目在列入代表作名录后性质遭到了改变。②国际层面的代表作名录制度催化出了将教科文组织的标识工具化的现象。这一现象遭到众多学者的批评，并被视为是一种“可怕的乱象”（gachis épouvantable）③。

三 针对代表作名录机制问题的解决思路

实际上，上文所述的申报中的政治化和商业开发导向既与代表作名录的核心价值不明确有关，也是由于申报国能够利用教科文组织这一机构的公信力来增加列入名录的非遗项目的声誉资本，并通过声誉资本来获取更多的经济利益。从这一事实出发，一些非遗保护研究者和教科文组织非物质文化遗产科的官员已经开始探索改革代表作名录的路径。

比利时学者马克·雅各布主张，将代表作名录转变成一种维基百科式的名录。在这种模式下，就不再需要列入的标准，人人都可以决定哪

① Jama El Fna：Le patrimoine de l' humanité en danger? [Magazine].

② Erwan Desplanques, Le Patrimoine immatériel de l' Unesco, un label dévoyé? Publié le 07/12/2015.

③ Erwan Desplanques, Le Patrimoine immatériel de l' Unesco, un label dévoyé? Publié le 07/12/2015.

些项目被列入名录。雅各布也预测到实施这种模式必然会遇到很大的阻力。[①] 而在教科文组织内部，负责非遗事务的官员们在论及代表作项目的负面影响时已经不再遮遮掩掩地表达批评意见，而是直指这一遴选机制所造成的“病态的吸引力”，或者是“被操纵的无意义的申报”。作为非物质文化遗产科的负责人，蒂姆·柯提斯（Tim Curtis）开始构想一种替代方案，也是一种开放式的类似维基百科的名册，以期消除教科文组织的“品牌”效应。不过目前各缔约国对此基本都不积极，对申报代表作名录的热情依然高涨。[②] 缔约国对替代方案普遍的消极态度也正好映射出代表作名录沦为利益载体的现实。

事实上，与非遗有关的各行动方，包括社区、群体、传承个人、政府、企业、学界和媒体等在申报的过程中都有各自的利益诉求，只是由于代表作名录项目申报机制的设计使得政府在这一过程中实际上发挥着主导作用，因而其利益诉求更为表面化。一些生产性的非遗项目的申报单位（例如，2016 年列入代表作名录的“比利时啤酒文化”项目的申报发起方是当地的啤酒生产企业）的利益诉求也比较容易通过教科文组织的声誉资本而得到实现。瑞士国内活态传统名录在遴选项目时就直接以申报教科文组织非遗名录为导向，一方面在遴选标准上全面参照申报教科文组织非遗名录的标准以提高未来申报的成功率；另一方面将遴选出的项目集中于对于瑞士而言具有所谓“独特性”（originalité）和“典范性”（exemplarité）的实践，同时又要求不优先遴选那些可能会增强外国人对瑞士文化形象的陈旧观念（cliché）的项目。[③] 但在专家组向瑞士联邦政府推荐的用于申报教科文组织非遗名录项目的一份指示性名录中，并没有包括自 20 世纪以来进入瑞士的移民社区（如非洲裔和前南斯拉夫裔移民）的文化实践。指示性名录体现的依然是一个传统意义上乡村的、

① Ana Carvalho & Filipe Themudo Barata. “Ethics in Intangible Cultural Heritage Public Policies: Interview with Marc Jacobs”, In Revista Memória em Rede, Pelotas, Vol. 9, No. 16, Jan. /Jul. 2017, p. 171.

② Erwan Desplanques, Le Patrimoine immatériel de l' Unesco, un label dévoyé? Publié le 07/12/2015.

③ Département fédéral de l' intérieur DFI & Office fédéral de la Culture OFC, Rapport du groupe d' experts pour l' établissement d' une Liste indicative du patrimoine culturel immatériel en Suisse, p. 13.

牧区的和天主教文化的瑞士。[①]

从上述情况可以看出，目前代表作名录的申报已经在很大程度上背离了《公约》建立代表作名录的初衷。尽管在申报过程中，非遗保护的各行动方被动员起来，社区也不同程度地参与了申报材料的准备，相应的非遗项目也在列入名录后得到进一步的宣传、弘扬和传承，但从不少国家对这些非遗项目进行利用开发的情况可以看出，这一名录机制并没有起到“从尊重文化多样性的角度促进对话”的作用，反而助长了各国和各文化之间的竞争与冲突。即使是一些多国联合申报的项目，其促进不同文化间对话与相互欣赏的作用也并不明显。

从源头上看，教科文组织之所以要在全球范围内推广对非遗的保护，是与其促进人类普遍文化权利和文化多样性，反对文化霸权主义，维护少数族裔和群体的文化权益，保护往往为社会中下阶层所持有的传统文化实践直接相关的。在现实中，作为申报主导方的各缔约国政府的申报动机往往与教科文组织的理念相差甚远，这就造成了“一种名录，各自表述”的情况。可以预见，在不对这一名录机制做出本质性改革的前提下，现有的上述问题难以解决，教科文组织非物质文化遗产处也难以从根本上改变代表作名录与急需保护名录、优秀保护实践名册的申报项目数量之间极度不平衡的状况。

实际上，上文所引述的用维基百科式的名册来代替代表作名录的构思正是出于一种“去利益化”的考虑。消除利用代表作名录来谋求政治、经济和外交等利益的可能性，是使得国际层面的非遗名录恢复《公约》第十六条所定义的代表作名录基本功用的一种思路。这种替代方案避免了申报评审机制下社区、群体和个人的权益“被代表”的情况，同时开放式的用户编辑方式为社区、群体和个人直接参与非遗清单编制和建档提供了可能性。当然，在应用这一方式进行社会化和去政治化的非遗名录编制前，需要对其可能带来的技术和伦理上的问题和挑战进行预判。在国家层面，已经有一些组织和个人在维基百科上编辑词条，将正式列

① Département fédéral de l' intérieur DFI & Office fédéral de la Culture OFC, Rapport du groupe d' experts pour l' établissement d' une Liste indicative du patrimoine culturel immatériel en Suisse, p. 14.

入该国非遗名录的项目及其相关资料（不包括视频）编辑进去，如“法国非物质文化遗产清单”（Inventaire du patrimoine culturelimmatériel en France[①]）和“瑞士活态传统”（Catégorie：Tradition vivante de Suisse[②]）。不过这些非遗清单还仅限于编入经政府文化管理部门认定的非遗项目的基本档案，还没有社区、群体和个人主动推荐的活态实践进入词条。在国际层面如何设计这一理论上包括全人类所有活态传统实践的名录的框架结构，如何保证全人类这个庞大共同体的所有成员能够用好这一机制，都是相当有挑战性和实施难度的课题。

从可行性的角度考虑，作为国际层面代表作名录的替代方案，维基百科式的非遗名录或名册尽管代表了“去政治化”和“去利益化”的方向，但由于涉及的地理范围过于广泛，世界不同国家之间往往迥异的政治和文化传统很可能给其实施带来较大的难度。这一用户开放式的编辑方案可能更适合一国或某个特定地区范围内活态实践的社会化建档。从《公约》第十六条关于代表作名录目的的表述可以看到，提高非遗在人类社会中的可见度是建立这一名录的主旨，同时大部分《公约》缔约国在非遗清单编制方面已经有一定的成果，那么，同样在取消申报评审机制的前提下，由缔约国将各自国家的非遗清单（包括简要的项目介绍）翻译为法文或英文（如果其非遗清单的原文不是这两种文字中的一种）后提交到教科文组织非遗领域的网络公共平台并定期更新，应当是更为合理的一种方案。这一开放式的档案库将成为旨在继续提高非遗在人类社会中的可见度的共享平台，从而发挥《公约》第十六条为代表作名录所设定的功能，同时也为比较研究各国非遗名录或清单机制提供了资料。

当然，任何对现行的代表作名录机制的改革都会涉及缔约国的利益，这是需要深入探讨的课题。由于进一步的讨论必然涉及对国际政治和教科文组织框架下的外交活动的研究，本文对此不作展开。然而，恰恰是非遗代表作名录申报蕴含的政治维度为研究代表作名录机制的改革提供

---

① Inventaire du patrimoine culturel immatériel en France，https：//fr. wikipedia. org/wiki/Inventaire_du_patrimoine_culturel_immatériel_en_France，［2017－03－08］.

② Catégorie：Tradition vivante de Suisse，https：//fr. wikipedia. org/wiki/Catégorie：Tradition_vivante_de_Suisse，［2017－03－08］.

了跨学科的视角。此外，如何处理好在全球范围内推广《公约》与尊重各缔约国主权之间的关系，如何实质性地改善急需保护名录、优秀保护实践名册和国际援助等其他几种机制的运行效果，如何改进教科文组织、缔约国政府和当地社区在这些机制中的合作关系，都是值得进一步探讨的课题。

六　伦理问题

联合国教科文组织《保护非物质文化遗产伦理原则》:绎读与评骘*

朝戈金**

摘　要：本文针对联合国教科文组织于2015年通过的《保护非物质文化遗产伦理原则》及其出台的背景，梳理该政府间组织在文化遗产领域先后制定的相关国际文书，就《保护非物质文化遗产公约》的伦理维度和实践进路作概要性的解读、评述和分析，进而反观《公约》实施以来全球范围出现的若干横向问题及其伦理关切，兼谈国内非物质文化遗产保护面临的伦理选择和能力建设走向。

关键词：非物质文化遗产　核心价值观　伦理原则　伦理选择　能力建设

2015年12月4日是一个值得关注的非常时刻。联合国教科文组织（UNESCO，以下简称“教科文组织”）保护非物质文化遗产政府间委员会（IGC-ICH，以下简称“委员会”）在其第10届常会上（纳米比亚温得和克市）审议并通过了《保护非物质文化遗产伦理原则》（Ethical Principles for Safeguarding Intangible Cultural Heritage，以下简称“十二条

---

* 原文刊于《内蒙古社会科学（汉文版）》2016年第5期。

** 朝戈金，中国社会科学院学部委员，民族文学研究所研究员。

伦理原则”)[①]。这是教科文组织在文化遗产领域推动形成的又一份重要的国际文件，正式为2003年通过的《保护非物质文化遗产公约》（以下简称2003《公约》或《公约》)[②]赋予了伦理维度，其纲领意义和指导作用将在地方、国家和国际层面的非物质文化遗产保护进程中日益凸显出来，也将为全球范围内的文化遗产保护和伦理实践提供可资深拓和发展的多面向路径。这里，笔者还想提及的是，中国民俗学会出席这次会议的代表团见证了该文件进入审议、辩论、修正和通过的全过程。这也是我们能够“近水楼台先得月”地了解并领会国际层面的相关进展和委员会精神的一个契机。

一 从“老鹰之歌”到瓦伦西亚专家会议：伦理关切

1970年，美国歌手保罗·西蒙（Paul Simon）的一支单曲风行于世，很快人们就发现这首名叫《老鹰在飞》（*El Condor Pasa*）的歌，实际上是一支玻利维亚民谣，后来也有人称这首民歌在整个南美都有流传。[③]1973年10月1日，玻利维亚政府以其教育与文化部的名义向教科文组织政府间版权委员会第12次会议提交了一份《保护民俗国际文书提案》[④]，此举后来便成为2003《公约》的先声。此后不久，教科文组织和世界知识产权组织（WIPO）便联手在世界范围内发起“保护民俗”（Protection of Folklore）的行动计划，双方共同拟定了示范条款的工作模型。该计划虽然历经各种波折并饱受诟病，但在1989年11月通过了《保护传统文

① 这份文件的中文译本已由长期在非遗领域工作且熟悉教科文组织工作语汇的两位同道完成，全文刊布在《民族文学研究》2016年第3期。原文可从以下网页获取，http://www.unesco.org/culture/ich/en/decisions/10.COM/15.A。

② UNESCO, Convention for the Safeguarding of the Intangible Cultural Heritage, 2003. 中文订正本见，http://unesdoc.unesco.org/images//0013/001325/132540c.pdf，2016-7-16。

③ 1913年，秘鲁作曲家达尼埃尔·阿洛米亚·罗布莱斯（Daniel Alomia Robles）按照安第斯山区流传的这支民谣谱写成曲；近些年，秘鲁政府宣布这首名曲为该国的国家文化遗产。

④ Proposal for International Instrument for the Protection of Folklore, LA-73/CONF.005/12.

化和民俗建议案》（简称《建议案》）。[1] 可以毫不夸张地说，玻利维亚政府的“权利主张”背后，实际牵涉着艺术家是否“挪用”或“滥用”该国民间文学艺术并使之商品化而获得非正当商业利益的伦理拷问。

公允地说，这份《建议案》也为晚近出台的“十二条伦理原则”奠定了至关重要的实践基础。所谓基础，特别是指在该《建议案》中，言及传统共同体——社区的地位和作用，言及民俗在传达文化认同和社区价值观方面的重要意义等，尤其是其中就“民俗的传播”已明确提出“鼓励国际科学共同体采纳一套伦理准则（a code of ethics），以确保以适当的方式对待传统文化并对之予以尊重”。作为教科文组织的一份重要国际文书，《建议案》旨在敦促各国政府承担起保护传统文化和民俗的历史责任，同时呼吁“科学共同体”[2] 提供必要的伦理支持和道义协助，以推动这种保护。从玻利维亚提案的未通过到“十二条伦理原则”的出台，我们或许能够找到一条潜在的线索，那就是对民间文学艺术和非物质文化遗产的商业利用、挪用和滥用，从一个国家蔓延为全球性的普遍关切，尤其是 2003《公约》实施以来，各国非物质文化遗产的存续力在得到进一步保护的同时，也随着可见度的日益提升而遭遇各种各样的威胁和挑战，伦理方面形成的颉颃、矛盾和冲突也尤为突出。

《保护非物质文化遗产公约》正式生效于 2006 年，《实施〈保护非物质文化遗产公约〉的操作指南》（以下简称“操作指南”）则于 2008 年

---

① UNESCO, Recommendation on the Safeguarding of Traditional Culture and Folklore, 1989. 在教科文组织的官方文件中又译作《保护民间创作建议案》，而世界知识产权组织则一直将其中的关键概念“folklore”译为“民间文学艺术”，有时也以“传统表达形式”替换之。有关 1989 年《建议案》与 2003《公约》的内在关联，参见巴莫曲布嫫《非物质文化遗产：从概念到实践》，《民族艺术》2008 年第 1 期，亦见安德明《非物质文化遗产保护：民俗学的两难选择》，《河南社会科学》2008 年第 1 期。

② “科学共同体”这一概念的提出由来已久，但发展到今天，也可以理解为“学术共同体”。在非物质文化遗产领域，民俗学正是其学科根基。参见巴莫曲布嫫《非物质文化遗产：从概念到实践》，《民族艺术》2008 年第 1 期。诚然，在欧美一些国家，民俗学与人类学或民族学也难分畛域。

颁布，此后还经过多次修正。[①] 虽然在指导多元化行动方保护非物质文化遗产的努力方面，无论是《公约》还是其《操作指南》都未提供专门的伦理方针或具体的行为规范，但伦理关切在《操作指南》的某些章节中已形成相应的表述，比如第 93 段规定："经认证的非政府组织应遵守适用的国内、国际法律和伦理标准（ethical standards）"[②]；再如第 103 段规定："鼓励缔约国制定并通过基于《公约》和本业务指南各项规定的伦理准则（codes of ethics），确保以适当方式提高对其各自领土上存在的非物质文化遗产的认识。"2012 年，保护非物质文化遗产政府间委员会在其第 7 届常会上要求教科文组织《公约》秘书处"启动伦理示范准则工作并在其下一届常会上报告"（Decision7. COM 6）。这一要求是在辩论语境中提出的，一则围绕非物质文化遗产日益面临的威胁——包括商业化、商品化和去语境化——出现了越来越多的关切；二则反映了缔约国在履约过程中急需伦理方法及其指导方针的诉求。

为响应委员会的要求，秘书处于 2015 年 3 月 30 日至 4 月 1 日在西班牙巴伦西亚组织了一次专家会议。来自教科文组织 6 个选举组的 11 名专家（包括 5 名女性）以个人身份参与其间，而 2003《公约》秘书处（以下简称"秘书处"）主持讨论的项目官员普罗山（Frank Proschan）博士，时任教科文组织文化遗产处非遗科项目实施的负责人，兼有人类学和民俗学的专业背景。会议分为 4 个专场：（1）应当纳入非物质文化遗产伦理示范准则的《公约》核心价值观；（2）非物质文化遗产伦理准则的一般范围；（3）应纳入道德准则的具体伦理原则；（4）为非物质文化遗产编制一份示范准则和由示范准则到具体准则的可能性流程。在每个专场中，专家们应邀讨论了制定伦理准则的诉求及其相关性，并从内容、类型、对象和特殊性等方面就一份可能的示范准则做了意见的分享和讨论。

---

① UNESCO, Operational Directives for the Implementation of the Convention for the Safeguarding of the Intangible Cultural Heritage.《公约》缔约国大会第二届会议（2008 年 6 月 16—19 日，法国巴黎）通过，第三届会议（2010 年 6 月 22—24 日，法国巴黎）、第四届会议（2012 年 6 月 4—8 日，法国巴黎）及第五届会议（2014 年 6 月 2—4 日，法国巴黎）修正。该文件又译作《实施〈保护非物质文化遗产公约〉的业务指南》；本文采纳经中国文化主管部门认定的译法——"操作指南"。http：//www. unesco. org/culture/ich/en/directives，2016 - 07 - 12.

② 需要说明的是，在《操作指南》中文本中，将"ethics"或其形容词格"ethical"一律译作"道德"或"道德的"，应当予以矫正。

这些专家来自多个学科领域，且兼具性别视角，同时也代表了范围广泛的专门知识、经验（如人类学、传播、发展、文化遗产、知识产权和法律）及部门（政府、学术机构、非政府组织及政府智库），在一定程度上反映了多元化的利益相关方（stakeholders）和行动方（actors）的立场和声音，为伦理示范准则及其适用范围应涵括的核心价值观提供了不同的见解和新观点。以上便是《保护非物质文化遗产伦理原则》出台的直接背景。截至目前，秘书处已经按委员会的要求，在2003《公约》的专用网站上开通了作为在线工具包的“伦理与非物质文化遗产”专栏，提供了“十二条伦理原则”及其出台的相关背景、工作目标及参考资料的简要说明①，以达传播和推广之效。

二 核心价值观：保护理念与伦理维度

2003《公约》语言简明，用词精审，行文举重若轻，最能体现教科文组织的文书特征。该《公约》开宗明义，将其宗旨概括为以下四条：（一）保护非物质文化遗产；（二）尊重有关社区、群体和个人的非物质文化遗产；（三）在地方、国家和国际一级提高对非物质文化遗产及其相互欣赏的重要性的意识；（四）开展国际合作及提供国际援助。可以认为，这四条宗旨充分体现了《公约》的核心价值观。《公约》旨在保护非物质文化遗产，促进文化多样性、人类创造力、相互理解和国际合作，在定义、施行、传承和保护其非物质文化遗产等方面，格外强调传承人和实践者及其所在社区的核心作用。因此，保护（safeguarding）、尊重（respect）、提高意识（awareness-raising）、相互欣赏（mutual appreciation），以及国际合作与援助（international cooperation and assistance）皆应成为保护实践的关键词。在《公约》的框架下，围绕这些关键词所体现的核心价值观来制定的《公约》条文，也是以这四条宗旨为目标和指引。那么，从《公约》宗旨中的几组关键语汇便能把握其中的基本保护理念，也就能理解其有关“非物质文化遗产”的定义和有关“保护”的实施方

---

① UNESCO, Ethics and Intangible Cultural Heritage, http://www.unesco.org/culture/ich/en/ethics-and-ich-00866, 2016-07-15.

略所蕴含的核心价值观。当然，话是这么讲，但从认识到理解再到行动，其复杂程度远远超出了所有人的预期，包括《公约》起草人。作为国际标准文书，《公约》只能言简意赅，而各缔约国的履约则大多显现出种种步履蹒跚的复杂样态。这其中就有太多的伦理险境，或曰伦理陷阱。

言归正传。我们对“十二条伦理原则”的词频进行统计结果表明，“社区”出现过14次，在十二条原则中仅有第八条除外；与此同时，“尊重”二字出现了9次，涉及相关的六条原则。由此生发的一整套核心价值观可以概括为“五个符合”，即符合确保社区、群体和个人应有的中心作用这一根基性立场，符合现有国际人权文件的精神，符合相互尊重的要求，符合可持续发展的需要，符合人类的整体利益和共同关切。正是在这些核心价值观的引导下形成了“十二条伦理原则”这一整体性纲领，由此为地方、国家和国际层面的非物质文化遗产保护进一步夯实了道义行动的观念基石，也为更好地实施《公约》及其《操作指南》赋予了不可或缺的伦理维度。

下面，我们围绕2003《公约》定义所蕴含的三组基本价值观，同时结合《公约》基础文件、教科文组织及联合国系统的相关国际文书[①]，以及若干独立专家的专题研究报告，对“十二条伦理原则”的设计意图和工作目标及其体现的《公约》核心价值观[②]，进行撮要性绎读和解析。

价值观一：确保社区在保护进程中应有的中心作用

“非物质文化遗产”在2003《公约》中被明确定义为“被各社区、群体，有时是个人，视为其文化遗产组成部分的各种社会实践、观念表述、表现形式、知识、技能以及相关的工具、实物、手工艺品和文化场所”。这便将“非物质文化遗产”的价值认定通过《公约》这一国际法文件正式赋权给了遗产的持有人，也就是我们通常所说的传承人和实践

---

① 本文引述的相关国际文书大都直接来自教科文组织或联合国在线数据库，由于篇幅所限，不再一一列出每个文件的网址。

② 这里需要说明的是，就核心价值观的分类阐述，笔者参考了秘书处为瓦伦西亚专家会议准备的讨论文件（UNESCO，ITH/15/EXP/2，Paris，20 February 2015），但并不限于这个工作文件（working paper）本身，尤其是其中的个别观点本人也不完全同意。

者，以及他们所属的社区和群体。[①] 因此，“非物质文化遗产”以相关社区、群体和个人的自我授权为特征，保留了文化创造者、传承者和实践者群体对其自身的文化遗产予以界定的权利，这与《保护世界文化和自然遗产公约》（1972 年）框架下的“专家认定”或“专业组织认定”是迥异的，但与 1989 年《建议案》则一脉相承，体现了保护立场的历史性调整。按照芬兰民俗学家劳里·航柯（Lauri Honko）的说法，这是经过几十年的发展，从事文化遗产保护的学者，已经从高高在上享有某些特权的“精英”人士变为普通人了。[②] 换言之，学者或专家不再居高临下地去看待民间文化，而把价值认定的权利归还给了非物质文化遗产的持有人和实践者及其所属的社区和群体。这也是学科、社会、文明发展带来的深刻变化。

说到底，非物质文化遗产作为一种文化事实不能离开人这一实践主体而独立存在，其存续力（viability）的维系取决于这种活形态遗产之于社区的社会功能和文化意义；而离开相关社区、群体或个人——实践主体——就不存在《公约》所定义的“非物质文化遗产”。毋庸置疑，非物质文化遗产由相关社区、群体或个人来展现、传递和传承，也只有社区、群体或个人才能决定什么是他们的遗产。这与《公约》“前言”也形成了呼应：“各社区，尤其是原住民、各群体，有时是个人，在非物质文化遗产的生产、保护、延续和再创造方面发挥着重要作用，从而为丰富文化多样性和人类的创造性做出贡献。”“相关社区、群体和个人在保护其所持有的非物质文化遗产过程中应发挥主要作用”（原则一）便由此确定，进而《公约》以社区为本的根基性立场也作为首要原则确立了一整套伦理原则的基本导向。

《公约》对非物质文化遗产的“保护”也作出了明确的定义：“保护”是指“采取各种措施，确保非物质文化遗产的生命力［应为‘存续力’——笔者注］，包括这种遗产各个方面的确认、立档、研究、保存、

---

① “相关社区、群体，有时是个人”这一表述是教科文组织的工作语汇，也是 2003《公约》的关键用语之一。为行文方便，我们采取俭省一些的方式来指代，比如“相关社区、群体和个人”，这也是国内相关文件在翻译中采纳的表述。文中的“相关社区”或“社区参与”等省略表达，也多用于指代非物质文化遗产的持有人，包括社区、群体和个人。

② Lauri Honko，“Do We Need a Folkloristic Code of Ethics?”，FFN 21，March 2001：2 –7.

保护、宣传、弘扬、传承（主要通过正规和非正规教育）和振兴”。《公约》第三章对各缔约国义务是这样规定的：“采取必要措施确保其领土上的非物质文化遗产受到保护；在第二条、第三款提及的保护措施内，由各社区、群体和有关非政府组织参与，确认和确定其领土上的各种非物质文化遗产。”也就是说，社区参与应贯穿整个保护的全过程及各个方面，尤其是在“确认和确定”方面，这里同时述及的还有“非政府组织”如专业学会、行业组织、社区协会等非官方力量的参与。后文我们还会涉及这个话题。

《公约》第十五条进一步强调了社区、群体或个人在非物质文化遗产保护中的首要地位：“缔约国在开展保护非物质文化遗产活动时，应努力确保创造、延续和传承这种遗产的社区、群体，有时是个人的最大限度的参与，并吸收他们积极地参与有关的管理。”也就是说，在国家层面上，确保社区的广泛参与是每一个缔约国的法定义务，而且对这些国家的非遗主管部门和保护机构当形成更大的约束力。因此，缔约国应该创造条件并形成机制确保社区、群体和个人参与和管理他们自身的非物质文化遗产，这是“保护”的题中应有之义，也是“十二条伦理原则”的出发点，当用以指导所有参与保护非物质文化遗产的相关行动方。

价值观二：符合现有国际人权文件的精神，符合相互尊重的需要，符合可持续发展的要求

《公约》第二条第一款“定义”中规定：“在本公约中，只考虑符合现有的国际人权文件，各社区、群体和个人之间相互尊重的需要和顺应可持续发展的非物质文化遗产。”这句话的背后蕴含着三种伦理价值的深意。换言之，这里的“符合”一词同时限定了三个条件，也就蕴含了三个层面的伦理关切，进一步界定了“非物质文化遗产”的范围。这句话看似简单，但不得不说是步步为营，逻辑缜密，滴水不漏。

其一，非物质文化遗产须符合现有的国际人权文件。但凡不符合现有的国际人权文件的任何非物质文化遗产，都不在2003《公约》定义或据其定义的保护范围之内。虽然《公约》述及但未穷尽国际社会业已公认的各种人权基本原则，从《公约》出台的背景到“十二条伦理原则”的通过，我们不难发现教科文组织在文化遗产领域所遵循的一贯立场，保护非物质文化遗产的伦理准则也必须尊重这些人权原则。因此，“社区、群体和个人继续其各种实践、观念表述、表现形式、知识和技能以确保非物质文化遗产存续力之权利应得到承认和尊重”（原则二），不仅体现了《公约》的根基性立场（如第二条和第十五条），也是基于一系列国际人权文件的精神。“十二条伦理原则”开篇也对此作出了回应：“《保护非物质文化遗产伦理原则》遵循2003年《保护非物质文化遗产公约》和现有的保护人权和原住民权利国际标准文书的精神而制定。”

那么，哪些国际人权文件应纳入基本的参照范围呢？一则可以按照《公约》“前言”述及的相关国际文书从整体上加以理解，这就包括《世界人权宣言》（1948年）、《经济、社会及文化权利国际公约》（1966年）和《公民权利和政治权利国际公约》（1966年）；二则可以从该组织在文化领域颁布的相关国际基础文书来深化我们对基本人权文件的认识。目前，全球范围内对维护文化多样性的关切日益增长，也需要人们更全面地探究2003《公约》与相关国际标准文书之间的关系。虽然其中的若干法律文书比《公约》出台要晚一些，但国际人权领域近年来的发展，比如说联合国的《残疾人权利公约》（2006年）和《联合国土著人民权利宣言》（2007年）的通过，对2003《公约》也有相互促进和相互支撑的作用。因此，在讨论“十二条伦理原则”的同时，需要结合相关的国际人权文书加以分析。这里，我们应当述及的一份重要文献是联合国大会通过的《联合国土著人民权利宣言》。①

该宣言承认土著人民②免受文化歧视的平等人权，努力促进土著人民和各国间的相互尊重及和谐关系。其中第三十一条第一款阐明如下：“土著人民有权保持、掌管、保护和发展其文化遗产、传统知识和传统文化表现形式，以及其科学、技术和文化表现形式，包括人类和遗传资源、

---

① UN, United Nations Declaration on the Rights of Indigenous Peoples, 2007.

② Indigenous people，又译作“原住民”“土著人”“土著居民”。一般认为，土著人民是指在外来族群到来之前，祖祖辈辈繁衍生息在一个国家或地区的人民，如美洲的印第安人、大洋洲的毛利人和靠近北极圈的因纽特人等，中国台湾地区的少数民族也往往被称作“原住民”。据估计，世界上共有370000000万土著人，分布在90多个国家和地区。联合国系统近年来的数据分析发现，许多土著人民生活在贫困之中，大约占世界贫困人口15%。参见http://www.un.org/chinese/News/story.asp?NewsID=23848，2016-08-25。

种子、医药、关于动植物群特性的知识、口述［头］传统、文学作品、设计、体育和传统游戏、视觉和表演艺术。他们还有权保持、掌管、保护和发展自己对这些文化遗产、传统知识和传统文化表现形式的知识产权。”第三十一条第二款进一步规定：“各国应与土著人民共同采取有效措施，确认和保护这些权利的行使。”回观《公约》“定义”一节，非物质文化遗产从整体上被划分为五大领域：（1）口头传统和表现形式，包括作为非物质文化遗产媒介的语言；（2）表演艺术；（3）社会实践、仪式和节庆活动；（4）有关自然和宇宙的知识和实践；（5）传统手工艺。这些领域与《联合国土著人民权利宣言》所界定的“传统知识、传统文化表现形式和遗传资源”大部分重合，比如关于传统医学，后者第二十四条规定如下：“土著人民有权使用自己的传统医药，有权保持自己的保健方法，包括保护他们必需的药用植物、动物和矿物。”2003《公约》界定的“有关自然和宇宙的知识和实践”便覆盖了传统医学知识及其相关的实践。

其二，非物质文化遗产须符合社区、群体和个人之间相互尊重的需要。这一价值取向以教科文组织于 2001 年制定的《世界文化多样性宣言》为基石，即“在相互信任和理解氛围下，尊重文化多样性、宽容、对话及合作是国际和平与安全的最佳保障之一”。该《宣言》所倡导的文化之间的真诚对话，唯有相互尊重的原则在地方层面（社区、群体和个人）和国家层面都成为保护活动的导向，国际层面的人类和平愿景才能实现。《公约》第一条也提醒我们，这样的相互尊重，不仅仅基于人与人之间的尊重，而且也基于对非物质文化遗产的相互尊重和相互欣赏。那么，从“相互尊重以及对非物质文化遗产的尊重和相互欣赏，应在缔约国之间，社区、群体和个人之间的互动中蔚成风气”（原则三），到“与创造、保护、延续和传承非物质文化遗产的社区、群体和个人的所有互动应以透明的合作、对话、协商和咨询为特征，并取决于尊重其意愿，使其事先、持续知情并同意的前提而定”（原则四）也就顺理成章，且彼此映照。

这两条原则从“尊重”到“相互尊重”为如何实现彼此尊重提出了“互动”的原则。一则，合作、对话、协商及咨询是基本的互动方式，但应当保持“透明”，方能达成相互之间的理解；二则，这样的互动须以

"自愿事先知情同意"为前提，且须保持持续性知情和同意为条件。"自愿事先知情同意"（Free，Prior and Informed Consent，FPIC）是"事先知情同意"（Prior Informed Consent，PIC）的发展，其中的伦理关切不仅意味着权利，也意味着责任，同时诉诸互动中的有关各方，但须以尊重社区的选择为导向。[①]"事先知情同意"这一原则从概念上讲最早来自医学伦理，即病人有权在完全了解某种治疗的利弊之后决定是否接受这种治疗。后来，作为专业伦理和职业操守进入相关领域的许多学科，尤其是那些与人打交道的学科，包括民俗学、人类学和社会学等平行学科。该原则同样为若干国际标准文书所采纳。《世界人类基因组织与人权宣言》（1997年）第五条述及，在所有针对某个人的基因组的研究、治疗或诊断中，应当对潜在危险和益处进行评估，并"均应得到有关人员的事先、自愿和明确同意"。教科文组织的《世界生物伦理与人权宣言》（2005年）第六条规定，涉及"预防性、诊断性或治疗性的医学措施"或"科学研究"时，需要"当事人事先、自愿地作出知情同意"。再如，教科文组织《生物多样性公约》（1992年）第十五条第五款对遗传资源的获取作出如下规定，"须经提供这种资源的缔约国事先知情同意，除非该缔约国另有决定"。《生物多样性公约关于获取遗传资源和公正和公平分享其利用所产生惠益的名古屋议定书》（2010年）第十六条第一款规定："缔约方应酌情采取适当、有效和适度的立法、行政或政策措施，以便规定，其管辖范围内所利用的与遗传资源相关的传统知识，须遵照土著和地方社区的事先知情同意或批准和在其参与下予以获取，同时规定，须依照此种土著和地方社区所在其他缔约方的国内获取和惠益分享立法或管制要求订立共同商定的条件。"在国际文化政治领域，"自愿事先知情同意"这一多重限定的术语也已成为普遍的工作原则，比如执行土著人民参与决策以及参与制定、实施和评价对其有影响的项目（《联合国土著人民权利宣言》第三十二条第二款），须遵循事先知情同意原则。[②]

---

① 在中国的非物质文化遗产保护实践中，将"free"这一原义为"自由的"一词按中文表述习惯译为"尊重其意愿"，在"十二条伦理原则"汉译中也采纳了这一译法。考虑到该原则通用的国际语境，具体怎么译更贴近原意，尚可进一步商榷。

② 亦见 United Nations Development Group（UNDG），Guidelines on Indigenous Peoples' Issues，2008。

自2003《公约》及其《操作指南》实施以来，“尊重其意愿，使其事先知情并同意”这一原则落实到了具体的行动中，主要包括在项目申报和定期履约报告的证据提供。比如，缔约国无论是向委员会提交列入“人类非物质文化遗产代表作名录”和“急需保护的非物质文化遗产名录”的项目申报，还是推荐项目、计划或活动参加“优秀保护实践名册”的遴选，乃至向非物质文化遗产基金申请国际援助，都需要提供社区知情同意的相关证明：“申报该遗产项目尊重相关社区、群体或个人的意愿，经其事先知情同意，这既可通过书面或音像形式，也可通过根据缔约国法律制度及相关社区和群体丰富多样性所采取的其它方式予以证明。委员会欢迎通过不同的方式表达或证实社区的同意，不强求标准或单一的声明形式。此类事先知情同意的证明应译成委员会的工作语言之一（英文或法文），并提供相关社区的原始语言材料（如其使用的语言非英文或法文）。随表附上证实此类同意的信息，并在此处注明所提供的资料及其形式。”[①] 这便是工作层面上业已成型的具体实践方略。“原则四”更进一步要求“持续知情并同意”，也就是说，相关的保护活动包括“申遗”这样的国家行为，都应当创造一种透明的、不间断的互动机制，确保相关社区、群体和个人自始至终全面参与保护和管理自身的非物质文化遗产。各缔约国在具体的操作层面上则采纳各种各样的“证据提供”，常见的方式有书面证明、视频证明，前些年还有提交实物证明的例子。在被退回补充信息的项目中，因为社区知情同意证明未能通过审查的例子也不在少数。

这里值得提醒的是，“相互尊重”还隐含着平衡相关利益方的内在诉求。一方面，获得和享有文化遗产权利是人权的构成部分[②]，也是大量国际人权文书的基础，更是《公约》的立足点之一，缔约国当承担确保各

---

① 这段文字引自文化部外联局国际处翻译的 ICH - 02 - 2016 申报表 4. b 表项说明。

② 2011 年，文化权利领域独立专家法里达·沙希德（Farida Shaheed）根据人权理事会第 10/23 号决议提交的一份报告（A/HRC/17/38），探讨了获取和享有文化遗产在多大程度上构成国际人权法的一部分。这位专家在强调需要以基于人权的方法处理文化遗产问题时，从人权的角度探讨了文化遗产的概念，并列出了与文化遗产有关的人权问题清单。参见 Farida Shaheed，“The Right of Access to and Enjoyment of Cultural Heritage, a Report of the Independent Expert in the Field of Cultural Rights”, 2011, http://www.ohchr.org/EN/Issues/CulturalRights/Pages/AnnualReports.aspx. 2016 - 07 - 16。

利益相关方获得非物质文化遗产的责任；另一方面，“相互尊重”也要求对获取这种遗产的特殊方面的习俗做法予以尊重（《公约》第十三条第四款第二点的规定），也就是需要来自遗产社区外部的相关行动方尊重社区内部特定的传统实践和惯例做法，尤其是被视为隐秘和神圣的方面（《操作指南》第101段d条）。因而，“应确保社区、群体和个人有权使用表现非物质文化遗产所需而存在的器具、实物、手工艺品、文化和自然空间以及纪念地，包括在武装冲突的情况下。接触非物质文化遗产的习惯做法应受到充分尊重，即使这些习惯做法可能会限制更广泛的公众接触”（原则五），与前述关注社区、群体和个人的中心地位是一致的，这一价值观肯定了他们有获得自己文化遗产的优先权，即使这种优先考虑有时会限制其他人的获得机会，这依然是以社区为本的伦理选择。

进一步引申“相互尊重”，也是对“人类文化多样性”的尊重。这一价值观与《教科文组织世界文化多样性宣言》（2001年）[①] 在基本精神和立场上是相衔接的：“文化多样性是交流、革新和创作的源泉，对人类来讲就像生物多样性对维持生物平衡那样必不可少。从这个意义上讲，文化多样性是人类的共同遗产，应当从当代人和子孙后代的利益考虑予以承认和肯定。”捍卫文化多样性是伦理道义，离不开对人尊严的尊重。“每个人都应当能够参加其选择的文化生活和从事自己所特有的文化活动，但必须在尊重人权和基本自由的范围内。”《公约》同样认为非物质文化遗产是文化多样性的源泉，相关缔约国对促进文化多样性负有同样的义务，这就意味着非物质文化遗产的不同表现形式之间的绝对平等（只要符合第二条第一款中的定义），也意味着任何类别的等级化都是不当之举。“每一社区、群体或个人应评定其所持有的非物质文化遗产的价值，而这种遗产不应受制于外部的价值或意义评判”（原则六），蕴含的基本理念就是平等，同时要尊重差异，因为正是差异才构成人类文化的多样性；而文化多样性又为平等、人权和自决权原则所要求。

在教科文组织2000年发布的《世界文化报告——文化的多样性、冲突与多元共存》中能更清楚地看到，该组织在倡导和践行文化多样性理

① 联合国教科文组织：《教科文组织世界文化多样性宣言》，2002，http://unesdoc.unesco.org/images/0012/001246/124687c.pdf#page=84，2016-07-15。

念时，其核心价值观是明晰的，也是一以贯之的。报告的第一章在引述“文化多样性”与“文化创造力”的相互关系时认为，世界文化并非由马赛克构成，而是一条由不同文化支流混合而成且奔流不息的“七彩长河”，这是受到威尔逊·曼德拉关于“七彩之国”的启发。报告认为，虽然文化差异日益成为冲突的原因，但冲突并不一定是发展的障碍。问题在于政府如何将差异作为一种建设性而不是破坏性的力量来处理，并加以引导：“如果文化的多样性是人类精神创造无法抑制的表达，那么差异的创造就同样是不可动摇的。没有任何力量能压制和窒息它。然而政府和社会风俗习惯对差异所界定和采取的方法，决定了差异是导致更全面的社会创新，还是导致暴力和排斥。”① 第六条原则强调的是每个社区、群体或个人都当认识和珍视自己的非物质文化遗产，任何外部对其价值或赋值的评判都有背《公约》精神；既要承认差异，也要尊重差异，就是尊重并促进文化多样性。所以，对于非物质文化遗产的保护，就同时具有不同文化之间彼此欣赏、交流、借鉴和共享，消除不同文化之间的误解和歧视，增进人类和平的意义。这样的基本意涵，反复出现在教科文组织所主导的若干彼此有关联的重要文献中。② 2014 年 3 月 27 日，习近平总书记在教科文组织巴黎总部发表演讲时指出，“文明因交流而多彩，文明因互鉴而丰富。文明交流互鉴，是推动人类文明进步和世界和平发展的重要动力”③。“文明交流互鉴”这一重要思想的提出，也是中国智慧对促进人类文化多样性的积极贡献。

其三，非物质文化遗产须符合可持续发展的要求。这一价值取向同样是对《公约》对“非物质文化遗产”范畴的进一步限定。也就是说，对非物质文化遗产当符合可持续发展的要求，正如《公约》承认非物质文化遗产是文化多样性的熔炉，又是可持续发展的保证（“序言”部分）。

---

① 联合国教科文组织编：《世界文化报告——文化的多样性、冲突与多元共存》，关世杰等译，北京大学出版社 2002 年版，“绪论”部分。

② 例如，2005 年联合国教科文组织在文化领域通过了又一个重要的国际标准文书《保护和促进文化表现形式多样性公约》，以解决 2003《公约》未能覆盖的文化创意和文化产品等诸多有关文化多样性与可持续发展的关键问题。

③ 习近平：《在联合国教科文组织总部的演讲》，联合国教科文组织总部（巴黎），2014 年 3 月 27 日。http：//news. xinhuanet. com/politics/2014 - 03/28/c_119982831_2. htm，2016 - 07 - 22.

“可持续发展”的最初定义见于著名的《布伦特兰报告》（Brundtland Report，1987 年）中：可持续发展是满足目前的需求又不损害子孙后代满足其自身需求的能力的发展。[①] 10 年后，这一核心原则在教科文组织通过的《当代人对后代人的责任宣言》（1997 年）中得到重申。其中指出：“当代人有责任使当代人和后代人的需要和利益受到充分的保护。”[②] 因此，基于可持续发展的诉求及其间凸显出来的代际责任原则，也引发了保护非物质文化遗产的伦理考量，同时也是实现代际传承的动力所在。

由于不同社区、群体和个人的文化表达，具有独特价值和意义，有助于丰富人类文化的多样化景观，也因此有助于人类的和平和可持续发展。围绕“可持续发展”这一人类社会的普遍诉求，“十二条伦理原则”形成了如下若干条彼此互为关联并互为限定的条文：

> 创造非物质文化遗产的社区、群体或个人应从源于这类遗产的精神利益和物质利益的保护中受益，特别是社区成员或其他人对其使用、研究、立档、宣传或改编。（原则七）
>
> 非物质文化遗产的动态性和活态性应始终受到尊重。本真性和排外性不应构成保护非物质文化遗产的问题和障碍。（原则八）
>
> 社区、群体及地方的、国家的和跨国的组织，还有个人，对可能影响到非物质文化遗产的存续力或实践该遗产的社区的任何行动的直接和间接、短期和长期、潜在和明显的影响都应仔细评估。（原则九）
>
> 社区、群体和个人在确定对其非物质文化遗产构成的威胁，包括对非物质文化遗产的去语境化、商品化及歪曲，并决定怎样防止和减缓这样的威胁时应发挥重要作用。（原则十）

---

① UN-WCED. “Report of the World Commission on Environment and Development：Our Common Future”, 1987. http：//www. un-documents. net/our-common-future. pdf. 2016 - 07 - 16. 该报告以牵头执笔人格罗·哈莱姆·布伦特兰（Gro Harlem Brundtland，时任联合国环境与发展委员会主席）的姓氏而为世人知晓。

② UNESCO, “Declaration on the Responsibilities of the Present Generations towards Future Generations”, 29 C/Resolution 44. Records of the General Conference, 29th session, Paris, 21 October to 12 November 1997, v. 1： Resolutions, http：//unesdoc. unesco. org/images/0011/001102/110220e。pdf. 2016 - 07 - 16.

实际上，这四条原则的并置也进一步回应了《操作指南》的相关实施细则。在“鼓励所有各方谨慎从事，确保提高认识的行动”一节中，该指南第102段提出：

> (1) 不使非物质文化遗产的相关表现或表达形式脱离其语境(decontextualization［即原则十述及的“去语境化”——作者注］)或背离其本质；
>
> (2) 不给相关社区、群体或个人贴上与当代生活脱节的标签，也不以任何方式损害其形象；
>
> (3) 不为任何基于政治、社会、种族、宗教、语言或性别的歧视提供辩护；
>
> (4) 不助长对相关社区、群体或个人的知识和技能的盗用或滥用；
>
> (5) 不导致将危及相关非物质文化遗产的过度商业化或不可持续的旅游开发。

这段以“不”字打头的祈使句一贯而下，读来真有振聋发聩的力量。遗憾的是，我们发现许多行动方往往在保护的过程中既不认真领会《公约》的宗旨和精神，也不细读《操作指南》的行动方针，甚至长期使用已经废止的《公约》中文文本。[①] 我们在文化部组织的相关培训中一向将以上的警示性建议归纳为“五不行为守则”——这五个“不”的提出，实际上已经构成非遗保护在实践层面的基本操守。其不仅是在“提高认识行动”中，也是在非遗保护进程的各个环节上，各利益相关方或各有关行动方都当遵从的基本行为规范，并应视作“谨慎从事”的伦理警钟。

《操作指南》第103段紧接着提出：“鼓励缔约国制定并通过基于《公约》和本操作指南各项规定的伦理守则（codes of ethics），确保以适当方式提高对其各自领土上存在的非物质文化遗产的认识。”对比《操作指南》的不同版本，我们可以看到早在2008年的第一版文本中，委员会

---

① 参见巴莫曲布嫫《从语词层面理解非物质文化遗产——基于〈公约〉“两个中文本”的分析》，《民族艺术》2015年第6期。

就已经向缔约国提出编制此类行为规范的建议了。庆幸的是，“十二条伦理原则”的正式出台，再一次为缔约国的履约加强了积极采取伦理行动的信号。

那么，为确保相关社区、群体和个人的经济、社会及文化权利，《操作指南》则建议采取适当的法律措施：“缔约国应特别通过运用知识产权、隐私权和其他适当的法律保护形式，在提高对其非物质文化遗产的认识和从事商业活动时，努力确保创造、传承和传播该遗产的相关社区、群体和有关个人的权利得到应有的保护。”（第104段）

当下，非遗保护面临的一大挑战是商品化、商业化，由此带来的后果是对相关社区社会、经济和文化权利的剥夺，乃至形成知识产权的长期攫取。许多打着“保护”甚至“抢救性保护”名号的非遗“开发”、非遗“打造”、非遗“再生产”，往往就是伦理失范导致的滥用和破坏。实际上，《操作指南》就“与非物质遗产有关的商业活动”早就给出了导向明确的建议：

> 某些形式的非物质文化遗产可能产生的商业活动和与非物质文化遗产相关的文化产品和服务贸易，可提高人们对此类遗产重要性的认识，并为其从业者带来收益。这些商业和贸易活动有助于传承和实践该遗产的社区提高生活水平，推动地方经济发展，增强社会凝聚力。然而，这些活动和贸易不应危及非物质文化遗产的存续力，而且应当采取各种适当措施，确保相关社区成为主要的受益方。这些活动可能影响上述非物质文化遗产的性质和存续力，尤其会影响各种仪式、社会实践或有关大自然和宇宙的知识等领域所展现的非物质文化遗产，因此应当予以特别关注。（第116段）
>
> 应当特别注意避免商业性滥用，以可持续方式管理旅游业，寻求商业方、公共管理和文化从业者利益之间的适当平衡，确保商业使用不歪曲非物质文化遗产之于相关社区的意义和本旨。（第117段）

诚然，来自“商业利用”方面的种种难题已然超出了2003《公约》所覆盖的范围，但商业利用中必须以社区诉求和社区利益为导向，同时不危及非物质文化遗产的性质和存续力，当成为基本原则。1989 年《建议案》出台后持续了 10 年之久的辩论结果，就是将相关问题移交给世界知识产权组织从国际法层面去应对和解决。1999 年至今，世界知识产权组织在“民俗”也就是该组织沿用的“民间文学艺术”或“传统文化表达形式”方面所取得的立法进展，这里我们按且不表。但值得述及的是，2016 年 5 月 30 日至 6 月 1 日在巴黎召开的 2003《公约》缔约国大会第六届会议期间，讨论通过了《操作指南》的修正意见，并为该指南增加全新的第六章“在国家层面上保护非物质文化遗产与可持续发展”①。在这一新增章节中，伦理关切的意味浓厚：

> 只要其发展计划、政策和方案涉及非物质文化遗产或可能影响其可行性，缔约国应努力……确保该计划、政策和方案尊重伦理考量因素（respect ethical considerations），不对相关的非物质文化遗产的存续力产生负面影响，不脱离遗产的语境或改变其本质；（第 171 段第 c 条）
>
> 采取适当的法律、技术、管理和金融措施，包括伦理准则或其他伦理工具（codes or other tools of ethics），以促进和/或监管农业、捕鱼、狩猎、放牧、食物采集、准备及保存的知识和实践的使用，这些知识和实践在有些情况下被社区、群体和个人视为非物质文化遗产及利益平均分配的一部分，同时以确保这些知识和实践的传承；（第 178 段第 b 条，食品安全）
>
> ……鼓励缔约国尊重遗产性质和相关社区、群体和个人的具体情况，特别是其对集体或个人管理其遗产的选择，同时为其创造性表达提供必要条件并促进公平贸易和伦理经济关系（fair trade and ethical economic relations）。（第 184 段，包容性经济发展）

关于可持续发展的议题有很多。非物质文化遗产中所承载的知识和技能往往都是世代传承的，是民众智慧累积式的发展资源，弥足珍贵。

---

① http://www.unesco.org/culture/ich/doc/src/ICH - Operational_Directives - 6.GA - PDF - EN.pdf#p170，2016 - 08 - 25.

尤其是对于那些在其日常生活世界中依赖这种知识体系的社区、群体和个人来说具有不可替代的价值。当今人类面临的许多问题，从生态保护、气候变暖、环境恶化到土壤、草场、水资源管理，从灾害治理到减贫脱贫，乃至防止冲突和战争等棘手难题，往往在民间传承的知识体系和智慧管理中呈现应对、平衡和发展的动力，尤其是乡土民间大都自有一套兼具可持续性和适应性的积极方案。这也正是“西班牙地中海海岸的灌溉者法庭：穆尔西亚平原贤人委员会和巴伦西亚平原水法庭”[①] 在2009年被列入“人类非物质文化遗产代表作”名录的独特意义所在。在中国，我们也看到过类似的民间管理方案，比如东巴造纸传统资源共管会的在地实践。[②] 地方的或社区的非物质文化遗产保护行动及其所依托的世代相承的经验值得汲取。在各国的履约过程中，这些典型案例也在某种意义上构成当下可被特定社区、同类遗产管理可资参考的行动方针。如果我们认真加以梳理、归纳和总结，也不难找到为今天乃至将来的非遗保护提供伦理行动导向且符合社区意愿和诉求的诸多前车之鉴。

在当下国际、国内的非物质文化遗产保护工作中，对非物质文化遗产的不尊重和滥用现象普遍存在。而《操作指南》提出的一系列鼓励性建议，也是前述四条原则的基本理据所在，尽管第六章有关“可持续发展”的增补晚于“十二条伦理原则”获得通过，但在酝酿过程中，二者几乎是同步的，不同之处仅是常会每年一次，而缔约国大会每两年一次。可以认为，这些原则性建议，环环相扣，每一环节的具体实施和落实都与如何保护和维系各民族文化多样性、文化创造力和文化自主权相关。

价值观三：符合人类的整体利益和共同关切

这一价值观直接引申自《公约》的前言，即保护非物质文化遗产是人类的普遍意愿和共同关切，而特定的社会实践、观念表述、表现形式、知识和技能依然是各自社区、群体或个人不可推卸的责任，同时也承认

---

① 委员会决议见 http：//www. unesco. org/culture/ich/en/decisions/4. COM/13. 70，2016 - 08 - 25。

② 曾益群、郭占峰：《丽江市纳西族东巴纸调研报告》，刊于国际行动援助中国办公室编《保障弱势群体的公平受益——云南6个少数民族自治县文化产业化过程的利益分配问题研究报告集》，知识产权出版社2009年版，第54—80页。

在不同的社区存在着持续不断的借鉴和共享非物质文化遗产的事实。基于这个核心价值观，“文化多样性及社区、群体和个人的认同应得到充分尊重。尊重社区、群体和个人的价值认定和文化规范的敏感性，对性别平等、年轻人参与给予特别关注，尊重民族认同，皆应涵括在保护措施的制定和实施中”（原则十一），便是对当今各国普遍关切的若干问题的回应。除了文化多样性事关可持续发展外，性别平等、代际责任、少数民族群体的文化认同等都是较为突出的全球关切，也是联合国系统中相关政府间组织及其职能部门的优先考虑事项。性别问题一直以来都是教科文组织的优先事务之一，往往与非洲地区事务并置。在其机构部署中，每一部门都设有性别平等的专项事务，比如教育与性别、媒体与性别、信息技术与性别，等等。非物质化遗产与性别平等也是其文化遗产处非物质文化遗产科必须关注的重要议题之一。为此，该组织于 2014 年发布了《性别平等：遗产和创造力》的专题报告。①

说到“代际责任”，这里我们不妨回到《当代人对后代人的责任宣言》：“在充分尊重人权和基本自由的情况下，当代人应注意保护人类的文化多样性。当代人有责任确定、保存和保护物质及非物质文化遗产，并将这一共同遗产传给子孙后代（第七条，‘文化多样性与文化遗产’）。”实际上，这是教科文组织官方文件中首次将物质遗产与非物质文化遗产进行对举的正式表述——早在 2003《公约》正式通过之前，而其提出的初衷正是为了强化人类共同的代际责任。至于年轻人的参与，往往比我们想象得还要复杂，其中有几个突出问题，一是儿童的安全问题；二是雇用童工问题；三是强制儿童问题。这里的篇幅不容许举更多的例证逐一予以说明。我们仅须提及一个近年被退回的“代表作”申报项目。原因是某缔约国向委员会提交的一个项目在申报片中所展示的细节：将未成年人置于高空而未采取任何保护措施。尽管申报材料未作任何涉及，但一个镜头就足以让人们警觉青少年在参与非遗传承的过程中需要引以

① 联合国教科文组织：《性别平等：遗产和创造力》（Gender Equality: Heritage and Creativity），2014 年。相关讨论详见康丽《非物质文化遗产保护与性别平等——基于〈保护非物质文化遗产公约〉及相关文书的讨论》，《民族艺术》2016 年第 6 期。感谢作者在本人完成这篇文章的过程中惠赐这篇论文的未刊稿。

为戒的伦理警示。尽管其实践方式是基于传统的训练模式，但传统也需要加以审视和反思。如何确保孩子们在习得祖传技艺的同时保障其身心安全，这也是当代人对后代的责任之一。

联合国大会通过的《土著人民权利宣言》为保障世界土著人民的生存、尊严、福祉和权利确立了全球框架，以确保土著人民充分享有经济、社会和文化权利，这是实现基本尊严和生存的关键。少数民族群体的相应权利也同样是教科文组织195个会员国和10个准会员国所表达的全球关切。尤其是近年来随着全球化趋势的加剧，原住民的利益问题与移民、流散民的生存权问题一道成为众多国家面对的文化冲突，其间夹杂着少数群体如何在融入可持续发展的同时保有平等、公正和自由选择的诸多难题。在伦理行动的多重“选择窗”中，原住民、少数民族的社会、经济和文化权利始终是全球事务的焦点之一。正是因为以上问题往往演变为冲突、对抗和战争，全球关切也就成为人类的普遍利益。在欧洲，这类冲突愈演愈烈，以致德国曾公开承认多元文化政策在本国的失败。但失败可能正是成功之母，俨如前述差异正是激发创造力的动能所在。非物质文化遗产被理解为能够推动文化多样性和不同文化间和平对话的积极资源。

教科文组织很早就通过了《国际文化合作原则宣言》（1966年）。在第三届文化部长圆桌会议上通过的《伊斯坦布尔宣言》（2002年）指出，非物质文化遗产是构成世界各民族特性的重要因素，保护和发展非物质文化遗产对于促进人类文化的多样性、增强人类社会的凝聚力和推动社会的发展具有重要意义。宣言还呼吁世界各国遵循《世界文化多样性宣言》的原则，制定有关收集和整理非物质文化遗产的国家政策和相应的措施，同时在这一领域开展广泛的国际合作。在《世界文化多样性宣言》中，则列有“文化多样性与国际团结”部分。《保护非物质文化遗产公约》第五章的标题就是“国际合作与援助”。可见，促进国际间文化对话和文明交流互动的国际合作，乃是近些年来教科文组织的重要关切之一。

因此，2003《公约》起草人摒弃了1972年《保护世界文化和自然遗产公约》的语言，即“作为全人类世界遗产的一部分”。但《公约》文本承认“保护人类非物质文化遗产是普遍的意愿和共同关心的事项”，而缔约国为此目的在双边、次区域、区域和国际各层面开展合作（第十九条第二款）就是应尽的责任和义务，与此同时不能让相关的社区、群体或个人疏离自身的遗产。因此，这一价值观回到了第一价值观，即社区、群体和个人在实践、传承和保护其自身的遗产方面应发挥首要作用。最后，“保护非物质文化遗产是人类的共同利益①，因而应通过双边、次区域、区域和国际层面的各方之间的合作而开展；然而，绝不应使社区、群体和个人疏离其自身的非物质文化遗产”（原则十二），成为整套“伦理原则”的收尾也就顺理成章，达成了首尾呼应并内在一致的总动员之效。

写到这里，我们不得不说“十二条伦理原则”的设计、目标和方略是成功的，也是缜密的。但正如其“序言”所说，“这些原则代表一套鼓励性的总体原则，对政府、组织和个人可形成直接或间接影响非物质文化遗产的优秀实践，以确保非物质文化遗产的存续力，并由此确认非物质文化遗产对促进和平和可持续发展的贡献，因而获得广泛接受。作为2003 年《保护非物质文化遗产公约》、《实施〈公约〉操作指南》和国家立法框架的补充，这些伦理原则可作为制定适用于地方和部门条件的具体道德准则和工具的基础”。换言之，每一条原则都可以针对不同的使用语境和适用对象发展出具体的伦理守则，为参与非物质文化遗产的各行动方提供工具性的指导方针和行为规范。这也就是通常意义上的“伦理守则”如何制定的问题。而 170 个缔约国（截至 2016 年 6 月 10 日）的不同行动方可依据这“十二条伦理原则”的基本精神及其所体现《公约》核心价值观，针对不同的保护环节（至少涉及《公约》第二条所定义的九种措施）继续深化伦理关切，并将这些通用性原则付诸具体的行动和实践。

三　朝向未来的伦理行动

在 12 年前的中国，人们对于“非物质文化遗产”这个名词还知之甚

① 经与“十二条伦理原则”的译者讨论并取得认可，此处的英文是 general interest to humanity，译为“人类的普遍利益”更妥当，留待今后修订时再采纳。这里我也代表译者作一更正。本文在写作过程中，本人也与中文版《保护非物质文化遗产伦理原则》两位译者进行过不间断的在线讨论，并吸纳了她们的意见和建议，这里特别申谢。

少，如今“非遗”作为一个概念已家喻户晓，并随着地方、国家和国际层面展开的保护实践及其空前的影响而日益深入人心。截至2015年年底，中央财政投入非物质文化遗产保护专项经费共计42亿元。国务院批准公布了四批国家级非物质文化遗产名录共1372种项目；文化部命名了四批国家级非物质文化遗产项目代表性传承人共1986名，各省（区、市）批准公布了12294名省级非遗项目代表性传承人；设立了18个国家级文化生态保护实验区，公布了两批国家级非物质文化遗产生产性保护示范基地共100家企业和单位。与此同时，通过《保护非物质文化遗产公约》搭建的国际合作机制，中国有30个项目被列入“人类非物质文化遗产代表作名录”、7个项目列入“急需保护的非物质文化遗产名录”、1个提案被遴选进入“优秀实践名册”。这些数字看似流水账，但确实说明国家层面长期以来对各民族文化遗产不遗余力地进行抢救、挖掘、整理、保护、传承和传播的具体实绩，传达出中国非物质文化遗产保护成果的主要指数。

众所周知，2003《公约》通过政府间委员会执行，接受缔约国大会的管控，并由教科文秘书处协助各缔约国实施，包括其《操作指南》和国际合作机制（一个基金、两个名录、一个优秀实践名册，以及定期报告制度），也就是说，教科文组织搭建的这一平台给缔约国同时带来义务（即责任）和惠益（即权利）。《公约》作为保护非物质文化遗产的国际性多边文件，从法律上讲对缔约国都具有约束力。加入《公约》就意味着我们承诺遵守这一国际公约的相关规定，履行缔约国的责任和义务，并接受有关方面的监测。自2003《公约》通过至今已经过去了12年，而自《公约》于2006年生效以来，其在国际层面上的履约工作也积累了9年的实践。与此同时，《中华人民共和国非物质文化遗产法》（2011年2月25日第十一届全国人民代表大会常务委员会第十九次会议通过）自2011年6月1日起实施。在国际法和国内法的双重框架下，如何有效地保护非物质文化遗产依然是学界和政府普遍关注、不断讨论乃至辩论的一个焦点。那么，在地方、国家和国际等不同层面开展的非物质文化遗产保护实践中，到底存在一些怎样的伦理问题？

对此，长期在国际层面参与非物质文化遗产保护工作的巴莫曲布嫫，立足于保护非物质文化遗产政府间委员会自其第四届常会以来的相关工作报告，按时间顺序和相关项对全球范围内普遍存在的“横向问题”（transversal issues）进行了如下归总：(1) 在保护的整个过程中社区的中心作用；(2) 不当用词（本真性/真实性、原创性、杰出的、唯一的等）；(3) 商业利用中的经济导向与社区导向；(4) 非文化目的保护和申报；(5) 长期保护进程与短期效应；(6) 性别平等；(7) 可持续发展（解决冲突与建设和平、气候变暖与生态环境、可持续的旅游与促进地方旅游等）；(8) 在非遗保护工作中可持续发展专家的参与；(9) 青年与儿童；(10) 能力建设；(11) 原住民和少数民族；(12) 全球性资源与跨界共享（族群关系、民族国家、移民、流散民、游牧传统等问题与多国联合申报）；(13) 知识产权；(14) 1972 年《公约》与 2003《公约》之间的联系；(15) 与空间、场所和手工艺品有关的非遗；(16) 混淆 2003《公约》与 2005 年《公约》；(17) 传承人与实践者；(18) 多元行动方的参与，不局限于文化部门；(19) 保护措施的“自上而下”、“去语境化”或“再语境化”、“博物馆化”及“剧场化”等；(20) 非物质文化遗产与动物使用；(21) 非物质文化遗产保护的伦理原则，等等。[①] 这些问题之所以成为横向问题，大多与伦理考量相关。

因此，“十二条伦理原则”的出台，对非物质文化遗产保护活动中的各行动方进一步制定具体的伦理守则提供了指导性的方针，对各国切实地建构保护框架中的伦理维度和更新保护理念也是深有启发的。而如何根据中国非物质文化遗产保护实际，并在具体实践中回应可持续发展的伦理诉求，也正是政府、学界和相关行动方面临的挑战之一。

有鉴于此，我们希望在国内的非物质文化遗产保护领域引入伦理分析的视角，并形成连续性讨论。这或许有利于从认识论和实践论两个向度促进和“提高认识行动”，加强履约的能力建设，进而探索未来保护非物质文化遗产的可能性路径，厘清实践中的伦理挑战，进而规避伦理误区，不落入伦理禁区。

---

① 转引自中国民俗学会联合国教科文组织非物质文化遗产项目评审工作团队的年度报告，2015 年 11 月。

非物质文化遗产从记录到消费中的伦理问题*

张举文**

摘　要：在非物质文化遗产从记录、保护、研究、传承到消费的过程中，一个常常被忽略的问题就是伦理问题。本文首先陈述所提倡和遵从的伦理原则，强调将学科伦理与日常生活中做人的伦理结合起来，特别是在保护非遗中的记录阶段，然后，以对非遗的影视记录为例，分别论述目前所存在的问题，列举涉及伦理和价值观的学科事例，并具体说明对非遗传统的影视记录中，在理论和技术层面都需要注意的伦理问题。本文希望抛砖引玉，尽早建立符合中国社会和学科特点的伦理规则，特别是在民俗学和文化遗产研究领域。

关键词：非物质文化遗产　伦理原则　伦理实践　实地记录　影像记录

一　引言

在2006年于华中师范大学（于武汉和长阳县）召开的“非物质文化遗产保护国际学术研讨会暨第四届民间文化青年论坛”会议上,[①] 笔者强

---

* 原文刊于《文化遗产》2020年第1期。

** 张举文，美国崴涞大学（Willamette University）东亚系教授。

① 参见《文化自觉 众志成城——非物质文化遗产保护国际学术研讨会暨第四届民间文化青年论坛在鄂召开》，《民俗研究》2006年第3期。

调了在田野记录中所遇到的伦理问题，提到了托尔肯的故事（见下文）。记得当时许多人对这个话题没有什么兴趣，因为那时这个话题既不是教材中强调的内容，也不是实践中所关注的问题。

2014 年，借助中美两国民俗学会的合作项目，我推动举办了“民俗影视田野记录工作坊”，并将伦理问题融入从立题到记录，从编辑影片到宣传的整个过程，努力让每个学员不但有伦理意识，也学会如何践行。2015 年，第二届工作坊以美国西部地区的“圣诞节”为主题，又通过在异文化语境中的伦理践行让学员们体会到伦理的重要性和必要性。[①] 在之后的工作坊中，笔者也始终坚持“伦理问题始终是工作坊的一个核心”[②]。在笔者主持编辑的《民俗影视记录手册》（2018 年）中，也通过对各个记录阶段的论述突出伦理问题，并在附录中包含了美国和日本人类学会和民俗学会的伦理规则译文。[③]

2015 年年底，联合国教科文组织通过了《保护非物质文化遗产的伦理原则》（Ethical Principles for Safeguarding Intangible Cultural Heritage），并做了背景说明，解释了为什么需要这个伦理原则：[④]

> 鉴于 2003 年的《保护非物质文化遗产公约》（以下简称《公约》）将“社区”（communities）作为“非遗”的核心，任何有关非遗的活动都必须尽可能邀请相关的社区、群体和个人参与，并是自愿的、事先的，以及得到被告知的认可。基于越来越多的“非遗”被商业化（包括对数据或录音材料在未经同意，并且不提供权益和利益的情况下进行商业使用），成员国表达了对有关伦理操作方法的指导的需要，以便强化执行 2003 年的《公约》。在此，对伦理问题的讨论便是对这个新的《保护非物质文化遗产的伦理原则》（以下简

---

① 有关这两届工作坊的一些详情，见《民间文化论坛》2016 年第 6 期专栏。

② 参见拙文《民俗的影像记录：从概念到实践的日常化》，《民间文化论坛》2016 年第 6 期；《民俗影像的核心符号记录与相关伦理》，《广西民族大学学报》2019 年第 1 期。

③ 参见《文化自觉众志成城——非物质文化遗产保护国际学术研讨会暨第四届民间文化青年论坛在鄂召开》，《民俗研究》2006 年第 3 期。

④ 参见 https://ich.unesco.org/en/background-of-the-ethical-principles-00867，访问日期：2019 年 12 月 19 日。

称《伦理原则》）的呼应。①

……

与创造、保护、维持和传播非物质文化遗产的社区、群体和有关个人之间的所有互动，应以透明合作、对话、谈判和协商为特征，并以自愿、事先、持续和知情同意为前提。②

而在《公约》的“行动指导”（Operational Directives）③ 中，只有两条相关的建议：

第 93 段：“认定的非政府机构应该遵循可执行的国内和国际法律和伦理标准。”

第 103 段：“鼓励成员国发展和采用基于《公约》和‘行动指导’的伦理规则，以便保证以妥当的方法提高对自己地区的‘非遗’的意识。”④

由此，我们可以看出，《伦理原则》是希望成员国根据各自的文化和社会情况，制定符合各自社会背景的伦理行为规范。所以，《伦理原则》的 12 条进一步诠释的是如何推动全世界共同努力以便增加对保护非遗的意识，发掘出 2003《公约》中的伦理维度；其目的是指导成员国及其机构（政府机构、公共组织、私人机构、国民社会组织等）发展出具体可行的、适于各种“非遗”活动的伦理规则。

其实，《伦理原则》的核心精神就是对“非遗”项目拥有者（社区、

---

① 本文主要内容为 2017 年 12 月 9—10 日的“伦理与非物质文化遗产国际研讨会”会议发言稿，该会议由中山大学非物质文化遗产研究中心主办。

② 本文主要内容为 2017 年 12 月 9—10 日的“伦理与非物质文化遗产国际研讨会”会议发言稿，该会议由中山大学非物质文化遗产研究中心主办。

③ 括号中的英文，可以帮助理解“行动指导”的含义。笔者认为，如果译为“业务指南”，不符合国际公约的内容。

④ 参见《联合国教科文组织〈保护非物质文化遗产公约〉成果框架专家会议在京召开》（https：//www. chinesefolklore. org. cn/web/index. php？ NewsID = 14750）；巴莫曲布嫫《民俗学伦理与非物质文化遗产保护》，《民族文学研究》2016 年第 4 期；朝戈金《联合国教科文组织保护非物质文化遗产伦理原则：绎读与评骘》，《内蒙古社会科学》2016 年第 5 期。

群体和有关个人）的“权利”（rights）的“承认与尊重”（recognized and respected）和相关建议，也提出了许多好的意见。[①] 笔者希望，有关学科和机构，至少是中国的人类学会和民俗学会，可以尽快拟定相关“伦理规则”，并在今后的实践中进一步完善。在此，笔者主要就伦理的基本原则和对“非遗”的影视记录方面提出浅见，希望能将对伦理的重要性的认识与日常行为合为一体，融入学术活动和社会实践。

二 学者应当遵循的基本原则

（一）要将“非遗”的伦理原则与学科伦理，以及日常生活中做人与做学者的伦理结合起来

伦理规范不仅是一个人一生中的行为准则，也是一个社会和文化的特质及其持续的准则。其实，正是人类有了伦理原则，才有了人类文化发展的今天；而每当出现战争和动乱时，也正是伦理原则因政治、军事和经济等利益成为优先而被抛弃的时候。可以说，儒家伦理原则是东方文化的基础，而亚里士多德的伦理观则是基督世界的基础。孔子和亚里士多德都强调的是伦理行为的一贯性（一生性，而不是一次性），这才是人生幸福的前提。所以，一个学者在学术上的伦理行为必须是其生活中的伦理行为的继续，必须把做学者与在日常生活中做人（包括做“非遗”的传承人和实践者或消费者）的伦理结合起来。对保护“非遗”的伦理行为也必须与对待所有人类多样文化传统的行为一致。这种原则上的一致与不同文化有不同伦理规范是不矛盾的，因为这一切的前提是对所有传统实践者的“承认与尊重”，是“己所不欲，勿施于人”的践行。

---

① 参见《联合国教科文组织〈保护非物质文化遗产公约〉成果框架专家会议在京召开》（https：//www. chinesefolklore. org. cn/web/index. php？NewsID = 14750）；巴莫曲布嫫《民俗学伦理与非物质文化遗产保护》，《民族文学研究》2016 年第 4 期；朝戈金《联合国教科文组织保护非物质文化遗产伦理原则：绎读与评骘》，《内蒙古社会科学》2016 年第 5 期。

（二）在“非遗”与伦理问题上，传统的持续和维系是根，保护的“成果”或“效益”是叶，不可本末倒置

保护“非遗”的伦理行为体现在多个层面，特别是在多文化互动融合中：有的涉及核心信仰与价值观层面；有的是在可变的日常表现行为方式上。因此，必须对有关文化传统有深刻的认识，才能做到合情合理，而不是本末倒置。同时，在保护“非遗”进程中，记录、研究、传承和传播、发展和创新以及销售和消费都是必要的环节，其中的伦理行为涉及全社会的每个人，因此，这也是整个社会的问题，而不是某个机构、学科或群体的问题。同样，在全球化的今天，跨国旅游与进出口贸易已经成为日常生活的一部分，对异文化的认识和消费也是非常普遍的行为。因此，对所谓“异文化”中的“非遗”或传统的认识和消费也需要遵循“承认与尊重”的基本原则。

总之，在日常生活中，对“非遗”或其他传统的物质消费和精神消费是不可分隔的两面，而作为消费者与实践者或研究者（或保护者）也是两个不可分隔的层面。因此，从记录者、保护者以及消费者角度（也是传承的一部分）来说，都要把伦理实践作为做人、做学者、做文化保护者，以及做文化消费者的日常实践的必要部分。

不应以“保护”的名义去做违背伦理原则的事。例如，利用“偷拍”或“偷录”（或不说明真正目的的欺骗）手段以影视记录某项传统，进而将所获得的资料进行商业化处理（如以公共媒体“曝光”或“直播”等形式追求某种利益目的），或是以学术名义发表而因此获得名誉和利益，这些在近年来时有发生，值得学者和有关机构（如媒体平台）的关注和反思。

这里，我们必须反思这些问题：如果没有记录那些消失的传统，我们失去了什么？如果以文字和影像记录那些消失的传统，这意味着什么（对实践者及其社区或其他社会和社区）？因遵循伦理而没有记录与违背伦理而记录的得失是什么？如何在不违背伦理的前提下记录正在消失的传统？

三 从对“非遗”的影视记录层面来看

如上所述，对“非遗”的保护涉及社会各个层面的人：记录者、研究者、传承者、传播者以及各种消费者，但是，就“非遗”保护而言，记录是第一步，因此也是伦理实践中最重要的一步。在此，着重探讨对“非遗”等类型事项的记录问题，尤其是在影视记录中“记录者”在实地调查（fieldwork）中的伦理问题。[①]

（一）部分现状

1. 有关记录方法

过去（乃至今天）最常用的“田野”方法是：（1）殖民式，或强加式，认为自己的就是最好的，最正确的；（2）帝国式，或掠夺式，认为自己的解释或阐释便是唯一可行的。两者都是在物质资源与精神信仰层面将己所欲强加于人，以己所欲强取于人。始于20世纪80年代的人类学的“反思”正是对依此方法所产生的大量“民族志”的批评。

而今天，我们需要的“实地调查”方法是：（1）入乡随俗式，通过体验和包容以求“和而不同”；（2）具体忠实式，利用影视设备等手段记录（特定时空内有局限的“一人一事一时一地”）所见所闻。两者都需要强调“己所不欲，勿施于人”和“尊重”对方“权利”和“权益”的原则。同时，也需要有妥当的表现方式，即“方法”和“方法论”，表里如一。例如，在对“非遗”传承人的记录拍摄中，就有过许多不妥当的例子：“偷拍”“摆拍”“断章取义”“编辑解说”“免费拍摄”、无许可的拍摄和发行影像资料以及“揭秘隐私”等现象。

---

① 在此，笔者认为，中文应该以“实地调查”取代“田野作业”或“田野”，从术语翻译和观念两个方面做一修正：一方面是因为今天的调查记录不只是在田间旷野，也还在都市高楼中，是实实在在的“实地”工作；另一方面当今世界正在摆脱殖民时代的阴影，人类学和民俗学者正在将“向下看”和“向过去看”的眼光转向“向自己看”或“向身边看”。此外，笔者也提出从“走向民间”到“走在民间”的观念转换问题，详见拙文《田野：从文化观念与民俗学意识形态范式角度的反思》，《民俗研究》2020年第2期。

2. 有关教材对伦理价值观的教育

在有关民俗记录的论述，特别是涉及影视纪录片的拍摄和使用中，目前似乎存在两个突出的问题：总体上，缺失对伦理问题的涵盖和讨论；实践上，忽视对所记录的与民俗相关的传统价值观的前提的了解，反而侧重国外的学科理论和方法。例如，被列为“新世纪高等学校教材”“国家规划重点教材”的《纪录片：影像意义系统》[①] 就没有关于伦理的论述。另外，该书所列的“参考文献”中，共有 37 部，其中，纯英文著述有 7 部，翻译成中文的著作和文集有 14 部，中文著作和文集有 16 部。中文著作中只有 3 部属于对影视纪录片的研究，其他都是有关语言文化艺术和美学研究。当然，值得高兴的是，该书在最后的两个小节论述了“文化侵入”问题，强调了近年中国一些优秀纪录片中对传统价值观的关怀：“爱人修己”的道德完善；“中庸和谐”的宽容品格。但是，为什么这些根本的问题不能被提到更重要的教学大纲或科研立项或审批等具体进程中?

民俗影视以其独特的关注视角和叙事手段，通过尊重人类与自然生生不息的文化传承力，依据美与崇高的价值观，塑造传统生活的丰富与创造力。这是其深层内核。因而，民俗影视记录，不是文明对于愚昧的猎奇，不是先进对于落后的俯瞰，也不是落后对先进的仰视，而是充满人文关怀的人类平等的对话与交流，是对于民俗生活的尊重与礼赞。借助于民俗影视，民族与民族之间、人与人之间达到交流与理解的目的。这也正是民俗影视无可比拟的魅力所在。为此，民俗影视工作者首先要能进入生活、走向民间，包括物质生活和感情生活两个方面的心理准备和体验。要有吃苦的准备和能力。一旦与被拍摄对象有了感情，就不会去拍猎奇的画面。哪怕拍一间破茅屋，拍一位破衣烂衫的劳作者，也会将画面充满生活气息，充满人情味，会从现实的贫困中找出他们和昔日的不同与发展，会从相对的落后环境中发现在现代城市里已经难以找到的情感与信任。只有这样，民俗影视记录才有真正的价值。

伦理问题不只是观念上的问题，也不只是学科方法论的一部分，更重要的是日常行为上的表现。目前，中国民俗学界在民俗与法律、民俗

---

① 钟大年、雷建军：《纪录片：影像意义系统》，北京师范大学出版社 2006 年版。

与伦理等方面没有大家认可的或可执行的学科“伦理规则”。相关的人类学、社会学、心理学等学科也没有。不仅如此，对伦理的研究和关注也很有限。在构建类似的学科“伦理规则”时，我们可以借“他山之石”,[①] 但是，不同文化和社会背景需要有相应的不同伦理准则，不能照搬。切实可行的伦理规则是基于特定文化价值观的伦理实践。

（二）前车之鉴

1. 一次对伦理的反思行为

在此，简述一个柏瑞·托尔肯（Barre Toelken，1935—2018）的故事。他在20世纪60年代开始民俗学研究，曾负责俄勒冈大学的民俗档案室一个组织称谓美国国家人文基金的民间艺术部，承担犹他州立大学的民俗项目，并在1977—1978年任美国民俗学会会长。他的《民俗动力学》等著述都是美国民俗学的基础教材。托尔肯的民俗学之路始于他年轻时与纳瓦霍印第安人中的一个叫“黄人”（Yellowman）的族人接触。黄人把他从疾病的死神手中救了回来。从此，托尔肯成为黄人的家人。不论他人在哪里，始终与黄人和部族人保持联系。在60年代，他利用录音设备，记录了约60小时黄人和他的族人讲述的故事和唱的歌等。用托尔肯自己的话说，因为他与黄人的特殊关系，他得以发表一些独特的研究黄人和纳瓦霍文化的文章，由此而获得了晋升，也赢得了名声和地位。

但是，三十多年后，托尔肯做了一个别人意想不到的决定：他把只有自己保存的录音带都归还给了黄人的家人。1998年他在《美国民俗学刊》发表了一篇文章，说明了自己为什么这样做，也在2003年美国民俗学年会上的发言中特别论述过。[②] 由于他的传播，一些纳瓦霍的故事被在错误的时间和地点讲述了，也被片面地理解了。而这些故事涉及纳瓦霍的一些重要信仰基础。后来，在他的姐姐，也就是黄人的妻子（那时黄人已经去世）的要求下，托尔肯把录音带都还给了她。“毕竟，这些故事

---

① 参见《民俗影视记录手册》（2018）附录中的美国和日本的人类学会和民俗学会的四份伦理规则译文。

② Barre Toelken, “The Yellowman Tapes, 1966 - 1997”, *Journal of American Folklore* (1998) 111, pp. 381 - 391. Barre Toelken, “Beauty Behind Me; Before Me”, *Journal of American Folklore* (2004) 117 , pp. 441 - 445.

是纳瓦霍人的，不是我的。”[1] 但是，托尔肯后来似乎明白了，他反思自己的所作所为，也为了提醒后人，总结到：在一个母系社会里，他没有关注女性讲的故事；他没有将为他提供各种帮助的族人作为他发表文章的合作者；他没有明白故事中的多层意义，而仅凭所知道的一层意思去炫耀自己。[2] 托尔肯认为，一个学者只有在所研究的文化指导下才可能做好工作，哪怕这条路会被学术假设所中断。[3]

托尔肯归还了录音带，“坦白”了自己在采录故事时对女性的忽视，在“运用”故事时的片面，也表明归还故事是因为这些故事被认为会对讲述者有害，特别是在不恰当的时间讲述时。他承认自己终于在 50 年后才开始懂得其中的一些问题。但是，他的做法引发了民俗学界的一场辩论[4]：一种观点认为，尊重采录对象的意愿是符合伦理的行为；但是，如果违背这个伦理准则，将所录的故事好好翻译、保存，这可能是永远也不能再得到的人类文化的宝库的一部分；另一种观点认为，尽管故事涉及讲述者的信仰核心，不以其应有的方式讲述将为族人带来伤害，但是，如果按照族人的传统来对待这些故事，在特定时间地点播放或讲述这些故事，难道不可以吗？这两个方面的伦理问题，以及相关的问题，也值得中国同行的思考。

2. 技术手段所折射出的价值观问题

这里特别要提到一个案例：著名人类学家列维·斯特劳斯（C. Lévi-Strauss）在 20 世纪 30 年代到巴西做过人类学田野记录，也拍摄了大量照片。近 60 年后，他出版了那次考察的影像民族志画册《巴西回忆》（1994）。稍后，他当时的巴西助手，卡斯特罗·里亚，也出版了一部与他同行时自己拍摄的图片集《另外的观看》（2001）。前者要展现的是自己想象中的“田野”、经过裁剪过的（或是当时用不同景别和景深）画面，一种“原始”图景。因此，照片中的人物都是在“原始”的背景前

---

① Barre Toelken, 2004, p. 443.

② Barre Toelken, 2004, p. 444.

③ Barre Toelken, 1998, p. 381.

④ Oring, Elliott. 2006. Folk or Lore? The Stake in Dichotomies, *Journal of Folklore Research* 43 (3), pp. 205 - 218; Sherman, Sharon, 2008. Who Owns Culture and Who Decides? : Ethics, Film Methodology, and Intangible Cultural Heritage Protection, *Western Folklore* 67 (2/3), pp. 223 - 236.

的各种动作。可是，后者展现的是当时的社会发展现状：同样的人物，在同一时刻，所处的背景中展现出前者所没有的房屋、栅栏、电线杆等"现代"村落的迹象。①

由此可见，无论是通过景别还是后期剪裁，都可以有意识或无意识地再现或消除"背景"，从而达到论证个人理论观点的目的。但是，这绝不是一个支持某个理论观点的问题，更重要的是对一种文化的现状的尊重、对人类文化发展进程现实的尊重，是一个人的信仰与价值观的表现。这不是对特写画面的真实性的质问，而是对拍摄这样画面的目的的质问。这也正是我们始终追问"为何如此"（so what?）的原因。

在此，首先要彻底理解伦理原则的内核，它到底要表达什么，是针对什么问题提出的，其目的是针对某些文化或具体现象，还是要将其视为普遍的，具有普世价值？那么，在伦理实践中，有普世标准吗？伦理的普世性是理想（概念）层面的，还是实践层面的？这与人的抽象的本质有何关系？

（三）对"非遗"传统的影视记录

仅从民俗影视工作者的角度来说，对伦理常识的关注和掌握要体现在日常生活和学习中，再践行于实地调查中。无论是在准备进入现场，已经在现场，还是后期编辑或展示成果，头脑中不但要有伦理这根"弦"，而且要时刻把这根弦"绷紧"。要加强自身在传统伦理方面的修养和实践，要在准备阶段思考一些基本的原则和常识问题。

以影视方式进行现场记录所涉及的伦理问题，要比传统的纸笔记录（甚或录音）方式的田野调查所涉及的更复杂，也更有认真学习、实践和反思的必要。

民俗影视记录所涉及的伦理问题，从当事人层面，至少直接涉及四个方面：该拍摄项目所涉及的法律和规则问题；拍摄者的自我权益（包括名誉和良知）；被拍摄者的权益；所拍摄内容的取舍。其实，这些原则的前提是：拍摄者是否在平等对待被拍摄者。这也是实地调查的最基本伦理原则。从拍摄项目角度，要考虑到所拍摄的作品对民俗传统的传承

---

① 详见邓启耀：《我看与他观》，清华大学出版社2013年版，第12—16页。

和实践的影响，以及可能的学术、社会、经济、政治以及法律影响等。当然，还有与参与拍摄的同事、现场的“旁观者”等的关系问题。充分尊重伦理，按照伦理原则进行拍摄是每一个民俗影视工作者应当坚持的原则。在实践上，一方面要遵循学科的原则；另一方面要遵循传统价值观，特别是所要记录的群体的当地的伦理行为规范。民俗影视记录不仅要遵循特定伦理规范，也要为捍卫和传承这些规范做出贡献。

民俗影视记录的最基本原则是要尊重和保护被拍摄者（被记录者）的尊严和权益。对此，民俗影视记录者的良知有时比明文规则更重要。如何具体掌握伦理的基本原则，可以从下面的实践进程中得到体现。

1. 基本准备

伦理问题，不仅仅是职业道德问题，也是个人素养问题；不仅仅是学科问题，也是不同文化价值体系问题。所以，准备下面提到的问题时，也要思考这样一些大问题：民俗的影视记录仅仅是个学科问题吗？民俗影视记录是尊重传统或传承人的最佳方法吗？还有什么价值？民俗的影视记录与该文化的价值观有什么关系？民俗影视记录是记录“我们自己”还是“他者”？谁拥有所记录的文化（民俗）？谁在以什么方式、为了什么、为了谁进行影视记录？

i. 准备拍摄项目：

（1）将要拍摄的项目对被拍摄者有什么利益和伤害（名声、财产、社区关系等）？

（2）将要拍摄的项目与现行的法律或规则或当地习俗或信仰有冲突吗？

（3）将要拍摄的项目是研究该群体或个人及其传统的最佳或唯一手段吗？

（4）如果不进行此拍摄项目会对该传统或该群体有什么消极影响？

（5）将要拍摄的项目需要事先得到被拍摄者的许可吗？

（6）自己将进行的拍摄项目在什么程度上影响到个人的名和利？

（7）如果作品为自己带来了名利，如何处理这些名利与被拍摄者及其群体的关系？

（8）如何比较个人与被拍摄者的得失？

此外，要明确是否做好了这些准备工作：书面（或录音）的许可声明文件；证明自己身份的信件；与采访对象事先约定；采访对象或联系人的联系方式；采访对象或相关人的称谓；向采访对象说明拍摄目的与用途；拍摄事件的联系人等信息，等等。

ii. 准备现场拍摄：

要确认是否已经了解或熟悉了这些情况：当地特别的节庆或日子；当地有关辈分、性别、年龄的称谓与禁忌；需要注意的穿着（当地禁忌、习惯）；需要注意的言行（当地禁忌、习惯）；需要注意的饮食（当地禁忌、习惯）；需要注意的行为（当地信仰），等等。此外，要自我回答这些问题：

（1）所有拍摄的场景和镜头都需要事先或事后得到被拍摄者的许可吗？

（2）对被拍摄者的群体，在拍摄过程中和之后，需要做什么说明（或者，有什么积极和消极影响，如何避免可能的消极影响）？

（3）是否准备好应对可能出现的情况（如，被拒绝拍摄或采访？）

（4）是否协调好了与同事的合作关系？

（5）是否协调好了与现场有关人员的关系？

（6）是否处理好了相关人员的隐私问题？

（7）是否已口头（录音或录像）或以书面的形式得到了被拍摄者的许可？

iii. 后期编辑与成果展示：

这个阶段，要持续向自己提问：

（1）所拍摄和所编辑的成片在传播或发表之前需要再次得到被拍摄者的认可吗？

（2）如果拍摄和编辑出的作品得到社会或学科（甚或被拍摄者）的批评，如何处理与被拍摄者及其群体的关系？

（3）目前没有得到许可的拍摄将来可以使用吗（因为影片会存在很长时期，也会在很广的范围传播）？

（4）如何对成片署名？

（5）如何处理同事、辅助人员的署名或报酬问题？

（6）如何处理被拍摄者或其社区有关人员的署名或权利问题？

（7）如何处置或保管素材片、不同样片，以及成片？

（8）如何签署涉及利润和权益的出版或商业合同？

2. 伦理反思

虽然我们可以说，如果不去拍摄记录某民俗事项，它可能就濒临消失的可能，但是，我们还必须反思，如果所要做的拍摄行为违背了当事人的意愿，我们是否该坚持拍摄；是否有其他记录方式；是否因为不拍摄记录就会加快该民俗传统的消失。当然，最重要的是：如何协调好关系，达到多方满意的结果。

我们可以设想这样一些尤其值得深刻思考和反思的场景（其实，在民俗学界就曾发生过）：民俗记录者以自己的真诚得到了被记录者或其群体的认可，也得到被记录者的许可，并记录了所计划的专题项目的核心部分，而这部分正是该群体或文化的信仰核心，甚至是神圣的、秘密的部分，那么，记录者是否应该将此部分“完整”和“真实”地展示给公众？如何保存这部分素材？如果被拍摄者个人与其群体出现不同意见，那么，该如何处理所拍摄的内容？如果记录者个人因此得到了名利，如果被记录者当时没有意识到被记录的内容会得到某种程度的公开，如果被记录者或其群体在事后不想让自己的“内部知识”公开，那么，记录者该如何处理？

总之，在反思拍摄和记录过程中遇到的伦理和法律的冲突、伦理与现实的冲突、伦理与个人利益的冲突时，要常常重温和反省最基本的伦理底线：不能因为自己的拍摄，而使被拍摄者的各种权利和利益受到侵害或损失，无论是暂时的还是长久的。其实，如果真诚地说明某项记录工作的意义和用途，使被拍摄者认识到自己的价值和长远的利益，就不存在不可调和的矛盾了。

3. 伦理维护

对伦理的维护体现在每个工作阶段，从设计到拍摄及后期编辑，从成片的播放传播到档案保存，以及这一期间的版权和利益分配问题。例如，在制作成品片的时候，要注意，运用任何“特技”或“配加”任何画面和声音，都可能是强加的制作者的“意图”，“压制”被拍摄者自己的“声音”。而这被消除的“声音”不正是民俗影视记录最需要聚焦的核心吗？不能为了画面的“美”，音响的“美”，而歪曲“真实”的美。（此时如果妥当利用文字补充说明不仅是必要的，也是完整的影视记录必需的。）这与其说是风格技术问题，倒不如说是伦理意识问题——是真实和平等地尊重被拍摄记录者，还是利用“他者”来强迫受众接受制作者的价值观？其实，伦理道德的准线决定了电影制作人如何选择所拍摄的内容以及如何去拍摄，同时也受到参与者的影响。对于一部民俗影片，到底是谁在控制其制作？如果被拍摄人物在控制，那么制作人是否能坚持自己的道德底线？其结果是否多少会更接近生活真实？

伦理的维护，从目前实际的角度看，体现在这几个方面：（1）知识产权等法律问题与伦理传统；（2）学科发展层面；（3）个人发展角度；（4）多元文化交流中的伦理维护；（5）对未来学科发展的影响；（6）对一个社会里的传统文化价值观和信仰体系的维护。

结　语

每一次的实地调查、拍摄记录或课题执行都是一次伦理践行，但是，这样的职业伦理规则与做人的日常生活中的伦理准则应是一致的。对每个“非遗”项目的记录或保护也必须是多方面的伦理践行。因此，在“非遗”保护中，虽然记录是以学者为主的工作，保护常常是以政府为主的工作，传承是以实践者为主的工作，消费是所有民众的需要和责任，但是，“非遗”保护中的伦理问题是全社会的问题，是做人的核心问题。

民俗学因为走在保护传统的第一线，通过实地调查，与传承人有着面对面的接触，也因此会更多地运用影视设备对“非遗”等传统活动和传承人生活进行记录。由此，就尤其需要思考伦理的核心问题，并在实践方法上注意如何维系自己的价值观和伦理准则，吸取前车之鉴的教训，将伦理维护落实到保护工作的每个步骤。

通过对《伦理原则》的探讨，相信在不久的将来会出现符合中国文化和价值观体系以及传统实践，并适用于相关学科的“伦理规则”，以便帮助学者在跨文化、跨区域和跨学科的“非遗”保护中发挥更积极的作用。

非物质文化遗产保护与后现代伦理意识*

周福岩**

摘　要：在非物质文化遗产保护中被赋予了极端重要性的“社区”，同时也处在对现代性文化政治激进反思的后现代语境之核心位置上。从《保护非物质文化遗产公约》及《保护非物质文化遗产伦理原则》的表述及价值关怀中，我们能看到非物质文化遗产保护理念与实践意识同以列维纳斯所代表的后现代伦理立场及主张的吻合之处。非物质文化遗产保护的伦理原则可以被理解为一种守护伦理的伦理原则或一种保存道德的道德立场。事实上，非物质文化遗产保护对社区伦理共同体及其所内蕴的对话机制、在家感、美感、团结、创造性以及多元性等方面的认同，使它能够与后现代社会想象联手，促进与扩充对话、增进人民团体之间宽容程度这种意义上的文化政治。

关键词：非物质文化遗产　后现代伦理意识　列维纳斯　文化政治　社区

2015 年联合国教科文组织审议并通过了 12 项《保护人类非物质文化遗产伦理原则》，[①] 以抵制保护实践中层出不穷的与公约精神相抵牾的商业化、消费品化和去语境化等倾向。在这些倾向中，术语“保护”（Safe-

---

* 原文刊于《民族文学研究》2017 年第 6 期。

** 周福岩，辽宁大学文学院民俗学专业教授。

① 联合国教科文组织：《保护非物质文化遗产伦理原则》，巴莫曲布嫫、张玲译，《民族文学研究》2016 年第 3 期。

guarding）的意义被狭隘地理解甚或被曲解，导致了非物质文化遗产在这种物质化的保护模式中事实上的被破坏，如因被商业利用、被开发而造成的不可持续；因静态化、博物馆化的保存而造成的丧失活力等。

伦理原则问题的提出不仅是针对具体的保护举措，更是针对保护理念，其文化政治学的意义大于其操作和方法的规范性意义。这 12 项原则吁请各相关主体在履行公约和国家法律框架中将其作为非遗保护实践的操作指南予以遵守。从表面上看，它是对非遗保护的工作伦理、可行规则及其运用范围等议题的直接回应。然而从根本上说，它旨在补充申明 2003《公约》中隐含的价值关怀，是对《公约》核心价值的延伸和阐发，同时也是对现代性以来文化工程主义思维和想象方式的纠正。12 项原则的表述由一整套关键词贯穿，这些关键词反映了非物质文化遗产保护在伦理意识取向上鲜明的后现代色彩。

这些原则首先突出了文化持有者，即原住民社区/共同体、群体和个人在认定非物质文化遗产上的权力，承认其在非遗的生产、保护、延续和再创造方面发挥的首要作用。“社区、群体和个人”拥有并能识别各种特殊文化实践、再现、表达、知识和技艺与其非物质文化遗产之间的逻辑/意义关联，离开了他们的识别与建构活动，非遗是不存在的，更谈不上有持存力；其次，这些原则也重申了人类文化多样性价值。“捍卫文化多样性是一项伦理命令，与对人类尊严的尊重不可分离。”“非物质文化遗产是文化多样性的主要动力（Mainspring）。”① 此外，这些原则还强调了非物质文化遗产保护代表并且追求普遍人类旨趣与局部共同体文化诉求的统一。

这 12 项原则与联合国教科文组织 2003 年《保护非物质文化遗产公约》和 2001 年《世界文化多样性宣言》存在着表述上的互文关系，并与后者共同促成了在当代世界不断扩张的文化实践与反思语境。

从外延上说，非物质文化（Intangible Culture）——直译为“不可触摸的文化”——同包括了特定人工物品的运用、习俗和日常语言及其观念产品的、地方性的、传统的日常生活对象化系统即广义的民间文化相

① Document ITH－15－EXP－2，ITH/15/10. COM/15. a expert meeting on a model code of ethics for intangible cultural heritage. http：//www. unesco. org/culture/ich/en/10com.

重叠。在这里可能令人困惑的是非物质文化与物质文化的区分，因为显然前者大量地包含了甚至依存于文化的物质部分。然而，“非物质文化”并不与“物质文化”构成类型学意义的对立和互补，因为这两者分属于不同的视域或话语系统。“物质文化”主要是在技术/效用的经济话语中被想象的，而“非物质文化”则主要是在符号和伦理话语中被理解的，它关联的是意义性的再生产而非功能性的消费。正如我们所知，单纯物质产品的使用本身充其量只是一种消费，若要揭示一个人的文化归属，我们还需要获得物品是在遵守什么特定习俗和在什么特定语言实践情境中被使用等参数。

在符号和伦理话语中，物的世界是作为精神中介的符号世界，绝非消费品加原材料的用度世界。人支配物根本上是为了履行或创造契合情境召唤的有意味的交流形式要求。“不可触摸的文化”借此变得可触摸，所以人对物的态度是人对人的态度的反映，物的世界隐喻着人的世界。非物质文化是一种精神的对象化或表现性体系，是黑格尔用“客观精神”或“伦理实体”等术语指称的那种文化现实，是那种能诉诸感官，而非被封闭于头脑中的精神，它要求被不断地再生产，而不是不断地被消费。

从 12 项《保护人类非物质文化遗产伦理原则》、2003《公约》中对“非物质文化遗产”的定义中，我们可以感受到一种在政治由法律合法化的框架中对人类道德文明及生活方式的激进反省，一种对启蒙理性主义和技术想象引领日常生活再生产及其后果的忧虑，一种对告别他律性团体、回归历史想象、回归自律的伦理共同体文化和道德亲密的热切渴望，一种重建伦理、风尚、道德与审美在生活世界中应有地位与尊严的文化政治旨趣。非物质文化已经被视为承担这种渴望和解放旨趣的重要载体。

非物质文化中的符号关联不是物理性和存在论意义的关联，而是一种伦理性质的关联，它使得人类生活世界被永不停歇的符号责任、对话等伦理要求所充满。公约和伦理原则所捍卫的文化多样性价值与人类创造力价值显然是伦理同时也是审美取向的。文化多样性并不是一个现代性视角下的人类学的经验普遍性概念，它表达的是一种他者关怀，一种对他性（Otherness）的渴望，一种道德冲动或一种后现代的内部视角。正是在这个意义上，非遗保护的伦理原则可以被理解为一种守护伦理的伦理原则或一种保存道德的道德立场。

一般而言，非物质文化是传统生活方式派生的，奠基于社区群体（如亲属集团和邻里）中具体和亲密（Proximity）关系的地方或局部的共同体文化。这种文化是天然异质的，但它是“社会性”（Sociality）真正的诞生地，是以爱、信念、习惯而非以自由意志、理性、利益为行动内核的实质伦理性文化。然而，在以主客对立的技术思维为特征并朝向理性/普遍性的现代性文化政治中，这种文化的社会再生产权力被接管、被剥夺或被抑制，它本身也被作为前现代文化遗址的代表列入“祛魅”清单并等候着被清除。在现代文明化历程中，制度化的、均一的、团体的、功能性的、互惠性的日常生活逐渐使传统的、特定的、共同体的、意义性的、情感性的日常生活边缘化，撤销并接管了后者定义个体伦理身份的影响力。现代性初期的文化改革运动将目标指向在一种统一的、文明的、启蒙的、法律支持的生活模式的名义下，根除和破坏复数的、多种多样的、共同存在的方式。在这样的文化政治视野中，文化多样性绝非人类的荣誉，相反它是一个缺陷，是一个在建构文化同质性（Cultural Homogeneity）的努力中将被克服的障碍。

理性预设了一种社会存在的本体论，将社会事实设想为可以脱离具体伦理规范、只需以认知去观照并能在技术上被管理的客观中立的事实。它不理解社会事实无法隔绝于伦理规范，不理解事实是伦理规范的外化，而伦理规范是人们对某事实的内化。伴随着系统层面道德他治的强化，个体对程序和规则的遵守以及对被派定角色的扮演就是全部，道德判断的机会很少。理性悬搁了其道德判断，虽然保留了其认知判断。然而，在伦理与风俗缺席的条件下，系统或技术层面的“成功”——即成功地使互惠性的共在成为现实——并没有撤销现代社会交往中道德的溃败，毋宁说它加剧了这种溃败。

通过“睁开理性之眼，让激情去休眠”，现代文化政治以系统的社会化（Socialization）取代了面对面群体的社会性（Sociality），以同质的功能性团体取代异质的伦理性共同体，以世俗攻击神圣，以总体性攻击个体性，以管理攻击自发性，以理性攻击情感，这样一条技术主义和抽象普遍主义的“成为我们”之路已经越来越被证明要为现代世界伦理衰微和公共风险加剧的后果承担主要责任。现代社会根据一种假想的“全人类”内核，将人从所有“破坏他最深层本质的历史影响和牵制中”解放出来，这意味着将个体“去伦理化”，即还原为一个独立的、非社会性的道德存在，从而解除个体真正的道德责任和道德能力，以便于“人本身”（Man as Such）赤裸的肉体和灵魂能够穿上崭新的、流行的设计者所制作的衣服；还通过扩展特定的制度力量来克服多样性，取缔了所有被认为是阻碍“普遍化”的习俗和惯例的中介力量，将道德法典化，即化约为一组仅具有“公分母”性质的形式要求，但这并没有实现想象中的道德统一，却导致了普遍伦理面具之下狭隘的道德相对主义盛行。

质疑、不满这种伦理危机处境并寻求解决之道就是后现代思想的焦点，而保护非物质文化遗产公约及伦理原则的提出在话语和实践上都与后现代的反思立场相呼应。

后现代可以被理解为对现代性文化政治及其“人观”的全面质疑，对无情感的、计算的理性及其权威的不信任与对“祛魅”的“返魅”。在后现代视野中，人们恢复了道德情感的权力与尊严，抛弃了作为脱离了语境的有效性的那种理性定义及其理性主义修辞；重新将道德能力从其现代流放中接纳回人类世界，并强调正是这种社会参与的道德能力——而不是其他方式使社会、社会的持续存在和社会幸福成为可能；重新确认了使伦理再公共化的意义与价值，肯定了作为联结个体与国家的中介性的社区文化相对于现代组织化管理的优先性，开始用“人与人之间的信任共同体”理念替代了“人类成员资格的普遍义务”理念。在对伦理生活的捍卫方面，以伊曼纽尔·列维纳斯为代表的后现代思想家引发了对现代性文化政治及其后果的激进反思与批评，他们强调了伦理关系的奠基性和具体性，强调了道德责任的前存在性与无限性，提出了对现代以存在论和总体化为出发点的人道主义及其主导的道德论证的抗议，原因是后者远不够充分地“人道”，他们试图发展一种非总体化视角的人道主义。在他们的批评声中，现代性文化政治话语中一系列最重要的语汇——如“理性”“自由”“自我”“平等（对称/不对称）”等——被重新赋予意义，原来被剥夺或被扭曲了价值内涵的概念——“对话”“社区”“主体间性”“社会性”“爱欲”“创造”“文化多样性”“普遍性”以及“伦理”本身——得以恢复其生命力。后现代伦理与文化主张在人类非物质文化遗产保护公约及其伦理原则的表述与实践中有完整的呈现。

在后现代伦理思想的基本预设中，道德现象并非如康德所认为的那样根植于实践理性，相反，它是一种先于理性的、自发的情感冲动，是自主行动的源泉，道德是并且注定是“非理性的”。它避开了所有的法典，不为任何它之外的目的服务，不参加任何它自身之外的关系，事实上，也只有当它优先于目的的考虑和得失的计算时，它才可称为是道德的；道德在本质上并不从属于理性秩序，不适合“达到目的之方法”的体系，无法被管理、被标准化和被法典化，无法被总体性（Totality）或以生存为最高法则的存在视域所同化或征用；① 道德还具有无可救药的先验性，道德行为既不能被更适宜的行为环境所保证，也不能被更高尚的行为动机所保证；道德选择的不确定性也注定要永远伴随着道德自我。对后者而言，几乎没有什么选择是毫不含糊的善。善恶不仅并存于人最初场景的中心，而且“善与善的抵触”也几乎是无法避免的冲突，这足以使人设想“道德运气”的存在。每一个道德冲动如果走到极端就会导致不道德之后果。当关心他者的冲动走到极端时，就会导致他者自治的毁灭，导致统治与压迫。然而，在列维纳斯看来，正是道德现象的这种无法被整合进理性秩序或存在之中、极端异质的属性确保了人们可以谈论对于他者或为了他者的“无限责任”。

与康德一样，列维纳斯肯定道德命令的无条件性，但这种无条件性并不是指对非个人的、中性的、匿名的可普遍化规则的无条件遵从，而是指先于或外在于一切规范性理念及理性界限，个人遭遇他者时将要无条件予以承担的责任，因此它指的是无条件地遭遇他者或者说遭遇他者的无条件性。这里的“先于”是指道德责任和道德关系先于本体或存在，也先于自我以及自律性自由②，比后者更加原始。道德的这种“在先”不意味着本体或存在的缺席，而意味着本体或存在的降级。道德是对后者

① 道德被利用、被驯服、被开发的历程就是道德在现代性中被普遍化的历程，这是一场“一体化”或填平差异、消除“狂热”的（自治的、任性的、无法控制的）道德判断来源的运动历程，在其中道德冲动被压制，道德能力被导向社会设定的非道德目标。

② 列维纳斯并不否认康德式的自律，他试图表明这种自律已经预设了更为根本的承诺，预设了对于他者和为了他者的无限责任。所以，列维纳斯扩大了“自律”的伦理属性，即相对于他律的不可让渡性。在他看来，道德责任是无条件的和无限的，它从来不为其存在寻找保证，也从来不为其不存在寻找借口。道德责任存在于任何保证和证据之前，存在于任何借口或赦免之后。

的一种超越或奠基。伦理学正是通过打破本体或存在的自鸣得意来实现。列维纳斯是通过“存在论的非道德性”（the Immodesty of Ontology）来论证这一点的。

在列维纳斯看来，伦理判断先于并独立于对存在的洞察（Ontological insights），因为后者预设了伦理质疑和道德考量将予以抵抗的总体化视角、主客对立关系模式和普遍化认知。伦理——“这种由他人的出场所造成的对我的自发性的质疑”[①] ——只接受情感圣洁意义上“无限”（Infinity）——大写的他者（Other）——的牵引，拒绝服从理智意义上总体对道德主体的安顿。在“总体”中，“他者”的他异性（Alterity）在我对他的观念化中被撤销，成为内在于我思想中的“形象/表象”，成为无人格的“同一”（Same），一个中性之物，一个关系中的环节，他遗失了“面孔”（Face），被分配了面具、角色以及一个由互惠和可被满足的“需要”（Need）编织成的社会网络中的功能性位置。这种小写的他者只是存在论中同样被撤销了自身之他异性的“一般的我”的复本，是“他我”（Alter ego），是“我”的复数，是被观念建构出来并被认知所捕获与占有的“对象”。相反，在“无限”中，“他者”恢复了其绝对的分离、他异性以及外在性的实存，恢复了其不可界定也不可替代的面孔，恢复了其作为“超越者”“可欲望者”的实存，这意味着存在论意义上对他者进行同一化和总体化尝试的不可能性，也意味着由匿名的权力（哪怕它是可理解的）建构共同体认知表象及其伦理关联的不可能性。作为“无限”的他者中止了我在同一中起作用的“否定性”，中止了权能与控制，我无法再建构关于他者的那种在“非人格的中性之物的解蔽”意义上的真理，我能做的就是朝向他者，就是在面对面中让他者的面孔对我说话，就是被启示、被教导。“面孔”拒绝被我配给一个身份，拒绝被我简化成一个已知之物，我从内在性出发对面孔的认知与为其在总体中定位的企图终将失败。“并不是自我的不足在阻止总体化，而是他者的无限在阻止。”[②]

---

① Emmanuel Levinas, *Totality and Infinity: An Essay on Exteriority*, Martinus Nijhoff Publishers, 1979, p. 43.

② Emmanuel Levinas, *Totality and Infinity: An Essay on Exteriority*, Martinus Nijhoff Publishers, 1979, pp. 43, 80.

如果没有面孔的临显，没有无限的这种呈现，有限思想并不会知道它的有限性。面孔申明了自我与他人之间根本的道德性或伦理性的而非理论性或认知性的关联。这种关联已经溢出了相即观念，溢出了相互“需要”的总体化认知图式，任何概念共同体、任何类型学、任何主客关系和种属关系均不能反映它。这种关联是由不相即的、完全无利害的“欲望”（Desire）所主导的伦理关联。① 与源自主体之空乏并能得到满足的“需要”不同，“欲望”由那一无所缺之人所寻求，它诞生于“可欲望者”（他者）本身，被后者的超越、他异性和外在性所激发并加深，它不能得到满足。在这种关联中，关系连接的并不是相互补充并因此彼此缺失的诸项，而是自足的诸项。“面孔对我说话，并因此邀请我来到一个关系之中，此关系与正在实行的权能毫无共同尺度，无论这种权能是享受还是认识。”② 与面孔相“遭遇”（Encounter）——列维纳斯称其为“无关系的关系”（Relation without relation）——所挑战的并不是我的权能之虚弱，而恰恰是我的权能之能够。称其为“关系”是因为与面孔的遭遇发生于其间；称其为“无关系”是因为它使我无法用总体化中任何给定的关系来统摄这种与面孔的遭遇，面孔呈示着不可还原的、终极的外在性，那种任何相即的主题化行为、任何概念都不能抓住的外在性。它使我寻求在普遍秩序中为我的自由辩护的努力受挫，使我质疑我的自由的自发性并为我的唯我论自由感到羞愧，使我意识到我的自由是一种被作为无限的他者之临显（Epiphany）所授权的自由，是有所奠基的自由。他者的无限、他人的这种非同一般的在场为我的权能设置了终点，为同一性的帝国主义设置了终点，却为一种非排异反应的关联（Non-allergic relation），一种非总体化的、相容而非相斥的伦理关联和话语设置了起点。“道德开始于自由感觉到自己充满任意和暴力之际，而非在其自己为自己辩护之际。”③

---

① 在列维纳斯看来，自巴门尼德经普罗提诺以来的西方存在论一直受一种形式逻辑的支配。在形式必然性的要求中，“需要”与“欲望”之间的区分不能得到反映，“欲望”总是让自己沦入“需要”的形式，对他异性的观照和渴求总是被实践合目的性的理智主义所遮蔽，这一点甚至在海德格尔的“世界性”中仍然被沿袭，“操心”仍然保有相对于观照的优先性。

② Emmanuel Levinas, *Totality and Infinity*: *An Essay on Exteriority*, Martinus Nijhoff Publishers, 1979, p. 198.

③ Emmanuel Levinas, *Totality and Infinity*: *An Essay on Exteriority*, Martinus Nijhoff Publishers, 1979, p. 84.

通过将他者确立为“无限”，将与超越者的关系肯定为社会关系，列维纳斯延伸了涂尔干“社会即神”的思路。他对无限观念的伦理化阐释剥除了长久以来附着于后者之上的总体论或存在论的非人格性成分，使神圣的维度在人类面孔中打开。以理性普遍主义为代表的总体论或存在论的无限观念是：无限是包容着每个事物的某物，是整全的一，而与无限相分离的“有限”存在则被看作是对整全的减损或贬低，是一种从无限中的“堕落”。相应地，“分离”则被看作是对无限的否定。列维纳斯认为，在这种意义上被理解的无限遮蔽了有限与无限之间原初的也是最重要的关联，即由欲望而非由需要主导着的关联，一种先于存在的伦理性的关联。根据列维纳斯，以面孔临显的无限乃是作为存在之本质的绝对外在性，不可还原为内在性，它以同一相对于他者或有限相对于超越者的“分离”为前提，它是原初的“复多性”（Multiplicity），而非整全的一。无限观念发生在有限对其自身有限性的溢出中，发生在有限存在者意识到在其封闭的自我主义或内在性之外始终有抗拒着被同一化的他人之他异性时。这种分离的处境并不意味着对立，相反，它立即唤起“欲望”与“善良”（Good）。“有限的否定性应该从善出发获得理解。社会关系孕育了善超出于存在的盈余，复多性超出于一的盈余。”[①]

将存在理解为外在性，将无限领会为有限对它的欲望，将世界或社会理解为原初的复多性，揭示了同一与他者之间、有限与无限之间的关联并非是种属性质的关联[②]，也宣告了总体的扩张和存在的全景性生存之终结。有限（分离的存在者）并不被无限所吸纳，它无须是一种对无限的乡愁，一种思归之病；相反，它将寓于其本己存在，在此世行动，因为他自身的他异性也是绝对的，也是无限。

以面孔的临显作为端项的“无限”使自我与他人的伦理关联——“会面”（To the Face）成为存在中的终极关系，它既先于自我与他人的存在关系，也先于自我与对象的存在关系。无限在这种关联中被理解为

---

① Emmanuel Levinas, *Totality and Infinity*: *An Essay on Exteriority*, Martinus Nijhoff Publishers, 1979, p. 292.

② 他人的他异性是在其自身的，而非是与我相比而言的。这种他异性启示出自身，并不依赖于任意一种会把他与我区别开来的性质，因为这样一种区分恰恰意味着在外面之间存在这种属的共同体，后者已经取消了他异性。

高度（至上性），而非数量意义上的多；有限也不是少，而是趋于崇高和卓越的内在性。这种关联揭示了世界的本源必然呈现为多元（Plurality），呈现为每一个表达着的自我，多元并不是一种缺陷，多元之间最终通过以促进作为主体性的善良为建构动机的文化政治而走向和平。在这种文化政治中，伦理不再为存在服务，而是为存在奠基；伦理学也不再是哲学的一个分支，而是第一哲学。

在列维纳斯看来，一切社会关系，都可以作为一种派生物回溯到他者向同一的呈现上。这种呈现没有任何图像或符号的中介，而只是通过“面孔”的表达。“面孔”无须解释，因为一切解释都是从它出发的。问题“这是谁?”向之提出的那个谁并不为任何被表象的内容和知识所满足，它仅指向一副通过拒绝被包含而呈现出来的面孔。“面孔并不是本质的一种模态，不是对一个问题的回答，而是那在所有问题之先者的相关项。那在所有问题之先者，并不复是一个问题，也不是一种先天拥有的知识，而是欲望。”① 与他人在面孔中相遭遇是存在中原初和纯粹的经验，它引领着分离的存在者进入欲望的领地，一个在其中知识与权能将受质疑的领地。以面孔临显的他人保持为无限的超越，邀请我进入一种与无限之他异性相往来的关系，一种不可还原为对总体进行统治的那些关系的关系。在这种关系中，面孔激发并呼唤着朝向它的那个自我的唯一性，它确证了那个被人们轻易地抛掷到生物学中的，却具有绝对独特性的爱欲（Eros）关系，它仅向爱欲中的主体而非作为知和权能的主体呈现自身。“面孔求助于我，却与世界破裂。”②

列维纳斯把这种关系称为“教导”或“伦理”。教导向那些对教导开放的人呈现精神性的事物，并与之达成和解。它并不是如苏格拉底式的理智的助产术（Maieutics）那样运作，而是持续地把无限观念即外在性的高度本身置入我之中。教导以这样一种灵魂为前提：这种灵魂有能力与外在性发生关系，有能力不断溢出自身，有能力去包含比它可从自身

---

① Emmanuel Levinas, *Totality and Infinity: An Essay on Exteriority*, Martinus Nijhoff Publishers, 1979, p. 177.

② Emmanuel Levinas, *Totality and Infinity: An Essay on Exteriority*, Martinus Nijhoff Publishers, 1979, p. 194.

中引出的东西更多的东西。教导并不像意见、权威或神奇的超自然现象那样使人受伤，它并不否定和违背同一，并不限制被教导者的内在性。限制只有在一总体中才产生，而与他人的关系却突破总体的界限。这种关系在根本上是和平的。不同于苏格拉底式对话，教导并没有预设对话语做出裁决并因此已经接受了话语规则的存在者，教导没有修辞，不带奉承和引诱，因此也没有暴力，相反它维持着那接受者的内在性。在教导中，他人并不像一个其他的、但又与我的自由相似并因此与之敌对的自由那样与我对立，并不是一个与我的自由同样任意的自由——否则他就会立刻跨过那使我与之分离开的无限，而进入同一的概念之下。他人也并没有完完全全地否定自我，完全否定的诱惑和企图是“谋杀”，这种完全否定参照着他人与我之间的一种在先的关系。教导所申述的唯一诫命就是“汝毋杀”。“教导不是被称为统治的属中的一个种，不是一类在总体中起作用的霸权，而是摧毁总体封闭圆圈的无限之在场。”①

正是这种作为无限之在场的教导确立并限定了“语言”和“理性”的本质。正是在这种与他者面对面的、没有疆界和没有否定性的和平关系中，在语言中产生。在这里，寓居并再生产着伦理关系和语言的理性特征。列维纳斯强调只有在对面孔的迎接中，在因教导而派生的语言中，理性才是可能的，意志也才真正向理性敞开自身。语言不同于“观看”，它代表着分离项之间的关联，它是说话，是激发起他人，而非是“让存在”。在“观看”这种构造活动中，我赋予“被看者”以某种含义并将之整合进一个世界之中，使之成为我的对象或主题。然而，在“话语”中，作为我的主题被构造的他人和作为我的对话者的他人之间不可避免地凸现出一道裂缝，此裂缝立刻质疑我所赋予我的对话者的意义。面孔通过话语向我表明他人在伦理上的“圣洁”和不可侵犯性。语言是原初的欢迎动作和姿态，它的本质是伦理，它敦促去我承担“符号责任”，在符号伦理的意义上行事。语言并不是观念论的辅从，它的使命并不是要把在我之中先行存在的表象外在化，并不是要使我的内在性和我的世界成为共有；它并不局限于以助产术的方式唤醒那些对于诸存在者来说是

① Emmanuel Levinas, *Totality and Infinity: An Essay on Exteriority*, Martinus Nijhoff Publishers, 1979, p. 171.

共同的思想，并不促进一种对所有存在者来说是共同的理性逐渐走向内在的成熟。语言是最初的伦理行动，它把无限——即他人——作为绝对的新事物引入思想，而这正是“理性”的工作本身。

与现代性的主导意见不同，列维纳斯认为，理性既非来自于作为知和权能主体的自我主义自由，也非来自某种通过概念化和论证推演出来的非人格的法则或中性之物。能提供最初理性教导的只有作为无限而临显的他人，理性只诞生在他人于其中呈现自己的面孔以及作为教导的语言之中。与他人的关系作为与超越的关系、对我之粗暴的自发性进行质疑的关系，暴露了我的尚未为自身辩护的自我主义的任性与偶然，它把并非在我之中的对象引入我之中，引入我的自由之上。然而，这并不意味着我的同一的自由受到限制或被触犯；正相反，它在把这种自由提升到责任的同时，也创建了这种自由并为其辩护，它使任性与偶然终结，使暴力终结，也是在这个意义上它创建了理性。这种意义的理性产生于人类聚集/“会面”的“社会性”（Sociality）中，产生自话语的和平式对立中，它维系了作为面孔的他者与作为欲望的主体之间非排异性的、不断的“教导/接受”关系。列维纳斯确信只有这种在会面中诞生的理性才使人类社会得以可能，它要比那种在观念论中被同一化为自由意志的理性更能为生命与变易充当存在论的标准，因为生命和变易有进行革新、欲望和社会关联的能力。

这种理性所呼唤的主体是严格意义上的个体和真正具有唯一性的自我①，是能够对教导不断接受、对无限不断敞开、对自身不断溢出、对面孔做出“人格的”从而是伦理的回应的存在者。这种自我与关于理智助产术的偏见决裂了，但同时却并没有与理性主义决裂，在教导和作为对话的语言中，他的主体性（个体性）能够通过“申辩”（Apology）获得证实。申辩并不是盲目地肯定自身，而是已经求助于他人，它是理性的原初现象。理性作为社会关联的产物也恰恰以能够为自身辩护的个别性或特殊性为前提。这些个别性或特殊性是作为对话者，作为面孔，作为不可取代的、在其类型中独一无二的存在者而在场的。只有当我的自由

---

① 列维纳斯认为，自我的唯一性并不在于它仅仅作为一个唯一的例子而现身，而是在于它之实存是没有属的。自我的自我性在于它处于个体与普遍的区别之外。

被可申辩性所保证时，理性、对话以及超越客观法则所确定的任何界限承担对他者的无限责任——即“正义”（Justice）——才能同时被保证。列维纳斯强调作为实存的自我的自由是一种特殊的、个别的但并非任性的自由，这种自由只能被作为无限的他者以面孔的临显所开启，只能在一种由伦理而非由认知主导的“会面”中诞生。

列维纳斯拒绝那种自我先于与他人相遭遇而存在的观念，他并不把自我理解为“意识”（Consciousness）、“意向性”（Intentionality）、“内在性”（Interiority）、“自足的自由”（Freedom of Self-possession）以及“承诺”（Commitment）或“选择”（Choice）。在他看来，只有通过接近他人，通过暴露给他人，我才出席到我自身之中。只有以面孔临显的他人才能唤醒自我，使自我从存在的内在性或同一性的孤岛及避难所中走出，从孤立的自我主义的任意性中走出，成为“为他者存在”的道德自我，成就人格。这种自我的实存也不同于那种被纳入了匿名普遍性或总体性中的客观实存，那种与抽象理性法则相同一的自我的实存——后者其实已经丧失了其自我性本身，他仅仅作为一个概念的个体化而实存，他为自己进行表象，也就倾空了自己的主观实体。列维纳斯坦言，由后者作为成员而组成的社会作为社会将消失。

这种社会强调“我们”相对于自我的在先性，处境相对于处境中存在者的在先性。它尊奉关于中性之物的哲学，颂扬那种没有任何面孔去命令的服从。在这种一元化、总体化社会中，是需要而不是欲望在命令着行为。人们不再能够被对于人格的欲望——形而上学的、并非出于欠缺的渴望所牵引，不再与作为诸意义之源泉的他者面孔相遭遇。服从共同理性法则的存在者之间不再有进行对话的必要，人们听到的将仅是无尽的同一的独白。存在者的存在不再于他者与同一之间的“会面”式关联内上演，不再是作为人言的逻各斯。他者通过其“作品”（Works）有所示意，但并不呈现自己。列维纳斯将这种面孔被内容取代、语言被作品取代的存在图景命名为“作品的专制”（Tyranny of works）。

作品虽然来自语言，但它并不是在会面中产生而只是在内在性或劳动中产生，它没有如面孔那样迫切地要求着回应。仅仅通过作品，自我并不能抵达外部。作品可以被交换，可以被置于金钱的匿名性中，可以告别它所源出的那种内在性。作品并不像面孔那样在场地支撑我，倾听我的申辩，对我的自由授权，相反，我在作品中是缺席的。“从作品出发，我只是被推演出来，并且已经遭到了误解、背叛而非表达。”[①] 作品的作者——他人——如果是从作品出发而被接近，他就将只是作为“内容”（Content）而被呈现出来。这一内容不会脱离这些作品本身被整合于其中的那个语境和系统，它以其在系统中的位置来回答关于“什么”（What）的问题。追问“什么”，也就是追问“作为什么”（As what），而这并不是把显现当作显现本身。他人与我在作品中并不能会面，哪怕是模拟的会面也不可能，因为“这是谁?”的问题只能被“作为什么”的问题所替换。

与他者在面孔中对我的质疑与审判不同，作品对我的审判不会关涉我的个别性，即那个不可还原的、外在于总体的个别性。这种审判总是缺席审判，没有申辩的审判，客观的审判。“客观的审判由理性制度的实存本身宣布出来。它就在于使主观意志经受着普遍法则的衡量，后者把主观意志引导至其客观意义。于是，在公共秩序的映照下，意志就存在于法则的普遍性为它确保的平等之中。但是意志在这里认识到另外一种专制：那些异化了的、已经陌异于人的作品的专制。一种普遍之物和非人格之物的专制，一种非人的、尽管有别于野蛮的秩序。”[②] 这种“纯粹理性”的有力审判是残酷的，它的普遍规范使申辩处于其中并从中引出其论证的那种唯一性沉默不语。意志处在这种话语中，如同处在一种间接引语中，它丧失了它的唯一性和开端的品格，丧失了说话的能力。在列维纳斯看来，这种拒绝申辩、拒绝自我作为唯一性的出席、脱离对话和伦理、诉诸定理与规则、诉诸总体或一的理性代表着一种暴力，一种不能使人服膺的非人格结构的暴力。这就是为什么人们在它那可见的、历史的或法律的审判之外，仍要去寻求不可见者的、宗教的或超越的审判的原因。“当意志对死亡的恐惧转为对进行谋杀的恐惧时，意志便处于

---

① Emmanuel Levinas, *Totality and Infinity: An Essay on Exteriority*, Martinus Nijhoff Publishers, 1979, p. 176.

② Emmanuel Levinas, *Totality and Infinity: An Essay on Exteriority*, Martinus Nijhoff Publishers, 1979, p. 242.

上帝的审判之下。"①

列维纳斯深切质疑和抵制这种无视面孔、将他者同一化并奉普遍之物与中性之物为圭臬的理性及其所主张的道德原则和伦理规范。他的全部分析都旨在暴露和控诉这种理性对文化生命所造成的伤害：它以一种形式的平等撤销了真正深刻的平等，以一种虚假的自由没收了作为实存的自由，以一种围绕互惠动机的伪对话取代了真正的对话，以一种作为总体之附庸和景观的多元性顶替了作为社会关联的根本的多元性，以一种对称的、冷漠的"共在"（Being with）取代了不对称的、人道的"为他人存在"（Being for），以一种中性的主体间性驱逐了真正能塑造并扩充"我们感"和培养人类文化创造力的主体间性。列维纳斯的伦理学并没有提供我们可能希望从中找到的一套普遍原则系统或一部规则的法典，他拒绝那种将伦理奠基于理性之上的康德式动机，他强调真正应予守护的是使社会关联的"盈余"（Surplus），即在"会面"中诞生的对话和伦理成为可能的文化机制，后者才是足以抗衡总体化并使人类伦理生活再公共化的终极保证，才是理性生活的终极保证。没有规则的伦理学提出对文化各方面新的要求，它意味着对他者的道德责任没有尽头，没有规则表达的正是道德责任不能被简化或标准化的内涵。

与现代性文化政治中占据主流的康德主义总体化抱负相反，列维纳斯看待理性的立场反映了鲜明的后现代主义文化理念，他提出了极具代表性的呼吁：理性应该被作为无限临显的他人面孔所界定，而不应该是面孔被理性的非人格结构所界定；社会关联应该先行于原则、法典或静态正义这些非人格结构的显现；普遍性应该作为凝视着我的双眼中的人道的呈现对我下命令，这一凝视应该求助于我的责任，并认可我的自由；社会关联的多元性（Pluralism）不应该在向理性的提升中消失，它应该成为后者的条件；理性最终所创建出来的不应该是我身上的非人格之物，而应该是能具备社会关联的自我本身。②

---

① Emmanuel Levinas, *Totality and Infinity*: *An Essay on Exteriority*, Martinus Nijhoff Publishers, 1979, p. 244.

② Emmanuel Levinas, *Totality and Infinity*: *An Essay on Exteriority*, Martinus Nijhoff Publishers, 1979, p. 209.

列维纳斯所主张和希望的那种能使社会关联的“盈余”，使作为实存的多元性，使“会面”以及教导/对话得以发生的文化机制和伦理空间正是在当下非物质文化遗产保护中被置于首属地位的“社区”（Communities）。

社区是人类聚居与“会面”发生于其间的领域，世界的亲熟性在此展开。它是道德开始的原初场景，是人格或道德自我的摇篮与发源地，包含了同一从内在性中走出并建立与他人的超越性关系（非关系的关系）的所有可能性。社区也是社会性“亲密/亲近”（Proximity）发生于其间的领域。只有在社区中，才有这种可能性，即不把与他人的遭遇看成是与“人”的遭遇，而是看成与面孔的遭遇。社区让主体性置身于审判之下的同时又保持“说话/申辩”。在通常意义上，社区是“没有中介的面对面的共同体”，即那种感觉到他人在自己身旁，而不是在自己对面的共同体。在其中，他者与我都不是角色，而是具有不可替代性或唯一性的自我。这种不可替代性使得我们持续地结合在一起的“共在”（Mitsein）成为“道德的”，也就是说，成为由内在的、非互惠性的、无条件的责任而非由外在的、无条件的义务以及规则和法律所维持的关联。邻居的面孔对我来说意味着一种不可抗拒的责任，优先于所有的承诺、所有的合同和所有的签约。在这样的共同体中，因为每一个人都是不可替代的，都拥有可申辩的自由，所以也不能通过什么方式将我们的行为区分成“自我中心的”或者“利他的”。

根据列维纳斯，这种共同体之所以是道德的或善的，首先因为它是由作为面孔之在场的语言创建出来的共同体，是由语言的伦理属性而非由血缘或地缘这类生物或自然因素促成的团结（Solidarity）；其次是因为这种共同体以“为他人存在”和主体间性的“不对称”（Asymmetry）为特征。

如前文所述，他者作为无限以面孔的临显在“教导”和本质上是对话的“语言”中同作为欲望的主体相交往。参与对话的自我与他人始终是绝对分离开的存在者，自我与之交往的他者始终是作为绝对的他者（Absolute Other）而非作为另一个我（Alter Ego）的他者。他们通过语言联结为一个共同体，但这并不构成属的统一体（the Unity of Genus），并不导致与受偏爱的存在者之间的共谋性，也不导致自足的、并遗忘了普遍之物的“我/你”关系（马丁·布伯）。语言始终保持着它的开放性和意义，并没有跌入爱的私密性中，并没有变为微笑或呢喃。即便是被称为亲属关系（Kinship）的自然共同体，也仍然是本源意义上的语言/伦理共同体。人人皆兄弟并不能由他们的相似性加以解释，也不能由一种共同的原因加以解释。“构成兄弟关系（博爱，Fraternity）之原初事实的，是我面对一个如绝对陌生人一般凝视着我的面孔时的责任”①。

社区是被伦理性的语言实践持续创建着的共同世界，确保社区文化共同体之伦理实体性、理性和创造性正是作为对话的语言。根据列维纳斯，与他人或“超越”的关系就在于向他人言说世界。言说把事物指示给他者，这是一个构成一般化之基础的伦理事件，是最初的赠予。通过言说，一件事物从那使它脱离此时此地的语汇中获得了普遍性，被“解占有”，被共同掌握。在伦理的意义上，语言通过语汇的一般性创建出社区这样的共同世界，并且更进一步地，语言的伦理性也渗透到所在社区的公共认知中，并使客体的客观性和它们的主题化得以可能。客观性的基础虽然在胡塞尔那里是在一种纯粹主观的过程中被构造出来的，但由于语言是伦理的中介，而非笛卡尔式绝对独立于他人的我思的中介，客观性的基础就仍然是伦理的、主体间的，客观意味着拥有更多的主体间的共识，意味着我的思想已经更多地包含了对于他者思想的参考。

社区内部的语言文化确立起一个逻辑空间，一个通过他者与自我的特定语言关联而逐渐成为公共的话语秩序，对任何关于某种事件的报道与理解都不能不参照这个被建构的共同体的社会实在本身。假如我说我经验到了上帝，人们是否认真地对待我的说法，依赖于“上帝”一词在我所在社区的用法。作为伦理性对话的语言及其所派生的特定语汇与文化对这个共同体后来的成员来说，是其成长的路标。特别是那些“终极语汇”（Final vocabulary），② 勾勒了其生活世界之可描述性与可识别性的

---

① Emmanuel Levinas, *Totality and Infinity: An Essay on Exteriority*, Martinus Nijhoff Publishers, 1979, p. 214.

② 这些语汇之所以是终极的，乃是因为凡对这些语词的价值产生疑惑，其使用者都不得不求助于循环的论证，以求解答。这些语词乃是他在语言范围内所能做到的一切；超出了这些语词，便只有无助的被动，或者诉诸武力。参见理查德·罗蒂《偶然、反讽与团结》，商务印书馆2005年版，第105页。

边界——独立于人们对之描述与识别的物是不存在的。从这个意义上说，人与文化都是语言和语汇的道成肉身与具体实现。这也意味着，当人们陷于成长所带来的语汇之中而无法自拔时，当人们要解决或平息对自己性格或自己文化的疑虑时，也只能返回到作为语汇之本源的、和平的伦理性对话——即作为动词的“语言”中。此时，他要持续地返回到作为教导的语言中，返回到作为无限临显的他者面孔中，尝试通过扩大语汇与共识，通过提出一项再描述，通过提出关于符号与声音的有益而新颖的用法来改变社会实践；他不可以幻想通过获得一种产生心智图像的能力，通过使用一种总体化的语言的策略，通过弃绝他者的目光，通过走向身体的强制或理智的暴力来完成这项实践。

社区这种地方性的伦理语言共同体显露也提出了与作为总体化、全景式社会建构截然不同的理性要求，并成为与现代性总体化文化政治相抗衡的堡垒。在社区中，“说话/对话”既是伦理的，也是理性的。始终伦理性地与他人说话本身就是“理性”。“为他人存在”的首要行动就是说话，说话的自我就是承担了对他者责任的自我。“合理性”在这里指的是每当人们进行交往时，每当他们试图向别人证明他们的断言时，而不是相互进行威胁时就会呈现的东西；“理性”在这里不是行动背后某种被视为权威的东西，而就是“说话/对话”这种行动本身以及通过说话而达成的共识。这个立场事实上已经使理性和情感之间标准的柏拉图和康德式二元划分被共识重叠或对话的充分性程度所取代。“非理性”也不再被归因于某人没有适当地运用其天赋的能力，而仅仅意味着他似乎没有与我们处于一个由话语开辟的共同世界中，没有与我们一起分享足够多的共识，没有使得就争论中的问题展开可能富于成果的对话。在现代性的总体化理性话语中，“非理性”这个称谓把一个可谴责的实践失范归于先天官能，变成了原罪的世俗等价物，是故意躲避圣光的照耀，是邪恶的自由选择；而在社区共同体的伦理理性话语中，“非理性”这个称谓仅仅是指对话的不充分性或者试图终止对话的那些注定不能成功的企图。“理性”开始被要求参与的对话而不再是被要求重构的原则所定义，意味着正确把握事物的目标将被代之以扩大我们关于个体和文化的自我描述的交际语库这一目标；意味着由人类的成员资格产生的普遍道德义务概念和建构人类存在的全景社会理念将被代之以由心智健全的对话参与者的无限道德责任概念和建构人与人之间伦理共同体纽带的理念。后现代主义者们认为，只有这种始于社区或地方性的、通过对话持续建构并扩大着的人与人之间的伦理共同体才使得全球道德共同体成为可以期盼的。非物质文化遗产保护中对社区及其所派生的对话机制的倚重、对“全球地方化”（Glocalization）概念的强调与这种后现代的反思立场是完全一致的。

社区伦理语言共同体之所以被倚重的原因，除了在于它能为奠基于对话的交往理性提供其生长所需的文化土壤，还在于它能通过强化一种以“不对称”（Asymmetry）为其存在论特征的主体间性，从而使人类摆脱现代性的总体化与全景统治，使“为他人存在”和人类真正的道德生活成为可能。

根据列维纳斯，在他者与我的教导/对话关系中，作为无限的他人位于“荣耀的卑”的维度上：它具有无权者的面孔[①]，同时它还具有那被召唤来为我的自由进行授权与辩护的主人的面孔。在“会面”这种纯粹经验中，他人进入关系，同时又保持为据其自身；他表达着他自身，在被我从一个视角出发、在一道借来的光中对其进行解蔽这种可能性之外表达着自身。这既意味着一种分离，也意味着一种“不平等”或“不对称”。他人以面孔的临显将我的位置从对他者可能采取的所有立场的依赖性中解放出来，将我暴露在对自己是否足够道德的深切怀疑中；与我对话的他人于此获得了一种神明般的至上性。由于他不能被同一化，不能被对象化或构造为另一个我，他所要求的我之回应针对的是我的欲望，而非我的需要，所以并不以我对他的理智化的计算和期待为前提，这意味着我对他人的责任是单向的、非互换性的、不可颠倒的，同时也是无“理由”的、无法量化的、无限的。这种“不对称”是前存在的伦理生活中主体间性的决定性特点。

列维纳斯把伦理生活被这种“不对称的”主体间关系所主导的情形称为“为他人存在”（Being-for-the-Other），以区别于海德格尔存在论中

① 他者对我没有什么权力，如果他有这种权力——如果他已经讲了我必须遵守的命令——他就不再是一个面孔，而是一个本体论的存在。他者仅仅通过这张面孔作为一个他者，通过他的位置抵抗我，而不是通过他的抵抗反对我。

的“共在”（Mitsein），或“与他人共在”（Being-with-the-Other）。“为他人存在，并不必须使人想到任意某个目的，它不包含对某个我不知道的价值的预先设定或对它的价值提升。为他人存在，这就是成为善的。在为他人实存时，我以不同于为自我而实存的方式实存——这一事情就是道德本身。”① “在海德格尔那里，共在被确立为与他人的关系，一种不可还原为客观知识的关系，但是它最终也是奠基于与存在一般的关系这个基础之上，奠基于理解的基础之上，奠基于存在论的基础之上。海德格尔已经预先把这个存在的基础确立为任何存在者都从中浮现出来的视域，仿佛视域已经成为它所包含的且作为观看本己之物的界限的观念，是关系的最终框架。在海德格尔那里，主体间性是共在，是一个先于自我和他者的我们，一个中性的主体间性。”② 在列维纳斯看来，海德格尔的“共在”从一开始就具有互相期待的、对称的假设，这种共在仅仅来自于连接着我们的存在论困境中的共同性——一个“需要”的体系。因此，这种共在并不需要道德约定和道德承诺，它甚至呈现为一种不可避免的伦理中立或冷漠（Indifference），它充其量仅是一种“肩并肩”，但绝不是“面对面”。

“共在”是对称的，而“为他人存在”很明显是不对称的（Asymmetric），这种存在方式排除的不仅是在“共在”中也同样被排除了的“孤独”，而且有冷漠。③ “为他人存在”是我在为他，而不管他是不是在为我。他为我是他的问题，他是否为我以及他怎样为我丝毫也不影响我为他。我与他者的关系是不可逆的。如果它恰恰是可以互换的话，从我为他者存在的观点来看，这种互换只是一个偶然事件。因此，代表一个如社区这样的伦理共同体的“我们”并不是“我”的复数，并不是一个通过“合计”形成的作为复数的“我们”，而是意味着一种复杂结构的术

① Emmanuel Levinas, *Totality and Infinity: An Essay on Exteriority*, Martinus Nijhoff Publishers, 1979, p. 261.

② Emmanuel Levinas, *Totality and Infinity: An Essay on Exteriority*, Martinus Nijhoff Publishers, 1979, pp. 67 – 68.

③ 列维纳斯认为“孤独”和“冷漠”是“为他人存在”的不完善形式，它们间接地确证着“为他人存在”。正如懒惰和失业是建立在工作基础上存在的不完善形式，然而，它们确认了劳动的重要性。

语，这种结构将身份各异的个体联结在一起。它意味着在道德关系中，所有可能想到的责任和规则都仅仅是由我来从事，仅仅对我有约束力。“我准备为他者而死”是一个道德陈述，“他也应该准备为我而死”则很明显就不是一种道德陈述了。不管怎样值得，他人应当为祖国、为政党或者任何其他原因牺牲他们的生命都不是一个道德命令。准备为他人牺牲使我承担起了责任，这种责任是道德的，正是因为我承认牺牲的命令适用于我并且仅仅适用于我。这个命令是不能被普遍化或被总体化的，因而不能从我的肩上抖落下来，落在另外一些人肩上，正是这种责任的唯一性——而不是普遍性——和非互换性将我置于道德关系之中。如麦金泰尔所言：“拒绝为除了他本人之外的任何人立法之人可能是站在伦理立场上的人。”①

“为他人存在”意味着我以“道德个体”与“人格”的身份对他人的祸福承担责任，对折磨我邻人的恶做出回应，而不是以“角色”的面目对他人履行普遍义务。责任是内在的，它使人类成为个体；义务则是外在的，它倾向于使个体变得相似。这个“我”诞生于社区伦理共同体持续的“会面”中，诞生于社会关联的无中介的“亲密/亲近”中；道德在这里意味着全部的自我判断。它不能表达为遵从非个人的规则，不能描述为遵从在原则上可以普遍化的规则。它没有目的，它不签约，它不互惠，它从属于伦理而非律法，它是地方性的，并且不可避免是“非理性的”——在不可计算的意义上，因此，道德呼吁是完全个人化的。它呼吁我们的责任，因而引起关系的迫切要求，不会因为知道他人在为我或者我通过严格遵守他人过去常常做的“做了我的一份”，而得到缓解和安抚。“我总是比所有他人有更多的责任，并且我永远也不可能充分履行我对他者的责任”——只有在这种假设下才可能存在着一个伦理共同体。

在社区的和平“会面”关系中，在教导所申述的“汝毋杀”的诫命中诞生的道德良知——一种透过面孔去感知他人的非语言性痛苦的能力——可以单独承担起灌输道德责任的任务。道德责任——在能与他者相处之前首先为他者考虑——是自我第一位的实存，是社会的起点，而非社会的产品。无论是通过习得知识、进行评价、承受苦难还是付诸行

① ［英］齐格蒙特·鲍曼：《后现代伦理学》，江苏人民出版社2003年版，第59页。

动，作为责任的道德都先于所有对他人许下的诺言，因此它没有理由，没有原因，没有决定因素，没有根基，仅仅是自我决定之行为。它是一种如爱欲一般的冲动，一种尚未被普遍原则压缩了的道德直觉，它无须去证明自身的正当性，它是它自身必要的和充分的理由。问题“为什么我们应当是道德的?”——这个问题几乎不会在社区伦理共同体中被提出——是道德立场的结束，而不是其开端。道德责任先于社会管理而出现。如果我要寻找用来测量我道德责任的标准来匹配我的道德冲动的话，在我合理地要求别人遵守的规则中，我是不会发现这种标准的。

道德并非起始于法则或原则，而是起始于社区伦理共同体中与他人会面的那个自我，那个选择了“为他人存在”的自我，那个能够也准备持续参与对话的自我。正是这个自我，而非其他东西，使伦理协商和共识成为可能，使道德恢复为一种在能够增长的学习能力和能够变化的文化之间进行协商的实务。正如迈克尔·奥克肖特所言：“道德既不是一套普遍原则的系统，也不是一部规则的法典，而是一个地方性的语言。普遍原则，甚至规则，固然可以从道德中导引出来，但道德（正如其他语言）绝非文法学者的作品，而是说话者所创造的。在道德教育中，我们所学的既不是定理（如善行就是公平的行为或仁慈），也不是规则（如‘一定要说实话’）；而是如何熟练地说这套语言。道德不是一个为了陈述关于行为的判断，或为了解决所谓道德问题的设备，道德乃是我们赖以思考、选择、行动和言说的一种实务。”① 后现代思想家们所主张的“道德之重新个人化”就是要恢复这种实务的自由，把它从人为创设的定然命令之坚硬盔甲中释放出来，使伦理进程从其终结处（它的流放所）回归到其出发点（它的在家状态）。在他们看来，道德原则乃是这类实务的提示或缩写，而不是这类实务的充分理据或证成，它们顶多只是学习这类实务的辅助教材。

在人类非物质文化遗产保护中被赋予了极端重要性的“社区”，同时也处在对现代性文化政治激进反思的后现代语境之核心位置上，这提示我们去推究两者在文化理念上一些根本的相通之处。事实上，从《保护非物质文化遗产公约》及《保护人类非物质文化遗产伦理原则》的表述

① ［美］理查德·罗蒂：《偶然、反讽与团结》，商务印书馆2005年版，第86页。

及其所确立的价值关怀中，我们能看到非物质文化遗产保护理念与实践意识同以列维纳斯所代表的后现代伦理立场及主张极为相似并吻合。

与文化的其他定义方式不同，“非物质文化”是在技术文明和技术化道德文明的扩张中，在人对物质的依附、人与人关系“异化”和“物化”的加剧中被提出的，它本身就带有检视当下文明得失、恢复人存在之固有尊严的反讽意味，带有对前现代人类生活方式致敬或至少是谦卑的同情意味。在它所开辟的视域中，人们被引导着对任何可供选择的生活方式，特别是对那些更卓异的伦理与审美生活方式保持敏感，而对试图取消这种他异性的同一化与总体化举措充满愤慨。虽然在外延上，“非物质文化”与“民间文化”（或“民俗”）、“族群文化”等都有着相当大的重叠，但在内涵上它已不同于后者。“非物质文化”要比所有其他“文化”概念的定义方式及分类都更加关注文化在文明中的命运问题，[①]“非物质文化”的语境和语汇已经充分证明了这一点。

“非物质文化遗产”这个称谓是对那个曾经在现代性文化政治中被理性主义文明驱逐并忽视的前现代地方的、局部的共同体文化的重新肯定，是对从前现代时期继承下来的道德——即“亲近的道德”（A Morality of Proximity）——的重新肯定。这种道德是迄今人类所拥有的仅有道德，尽管在一个所有重要行为都是走向疏远的当代文明社会中，这种道德显得如此的落落寡合。

非物质文化遗产保护使社区伦理共同体内部生长的文化摆脱了其长久以来被驱逐、被轻蔑与被征用的状态，强调对后者的“活态保护”（Safeguarding），注重其“生命力”（Vitality）、“存续力”（Viability）以及发展的“可持续性”（Sustainability），使之成为“活的遗产”（Living Heritage）。“活态保护”意味着“唤回”，意味着不再继续增加消费内容，即便这种消费是文化消费；意味着不再继续征用文化并使其为文明服务，而是要使非物质文化成为现代公共生活的有效部分。

---

① 其他“文化”概念的定义方式——侧重文化之“规范普遍性”方面的作为价值等级序列的文化定义（高级/经典文化、民间文化、大众文化）；侧重文化之“经验普遍性”方面的人类学的文化定义；侧重文化之“选择普遍性”方面的作为话语与交谈的文化定义——都是现代性方案的一个方面或片段，都会陷入它们各自的悖论之中。参见阿格尼斯·赫勒《现代性理论》，商务印书馆 2005 年版，第 163—197 页。

非物质文化遗产保护要通过对社区伦理共同体文化的保护，最终达成对现代性条件下人类文化生命本身的保护，以抵抗或逆转普遍原则对道德冲动的规训、“独白”对“说话”的侵犯、“总体”对“无限”的驱逐、文明礼仪对“社会合群性”（Social sociability）的驱逐、“角色”对“面孔”的替代、“非人”对道德自我的僭越、“与他人共在”对“为他人存在”的僭越，等等。事实上，在列维纳斯的分析框架中，我们已经能够看到“总体”与“无限”、“与他人共在”和“为他人存在”的区分对应着“文明”与“文化”的区分。非物质文化遗产保护的许多核心语汇都可以从这一区分中得到界定。比如，“相互尊重”（Mutual respect）和“公平相待”（Fair treatment）是在“文化”意义上而非“文明”意义上的，是针对作为另一个他者（Another other）而非作为另一个我（Alter ego）的存在者。再比如，“文化多样性”（Cultural diversity）并不等同于文明“款式”的多样性。前者是作为实存的质的多样性，它预设了他者彻底的他异性，因此是一种没有统一在总体之中的复多性；后者则仅仅是一种数目上的多数性（“复数性”，Plurality），它对于总体化毫无防御之力，它只是总体的外表，是总体中无足轻重的一种装饰。

非物质文化遗产保护对作为遗产持有者的“社区、群体以及个人”的重视；对促进“对话”与“相互尊重”的强调；对捍卫“世界文化多样性”与确证“人类文化创造力”的信念都与后现代反对总体化的主张相一致。事实上，非物质文化遗产保护对社区伦理共同体及其所蕴含的对话机制、在家感、美感、团结、创造性以及多元性等方面的认同，使它能够与后现代社会想象联手，共同服务于“去总体化”、促进与扩充对话、增进人民团体之间宽容程度这种意义上的文化政治。

非遗语境下的学科思考

非遗时代民俗学的实践回归*

户晓辉**

摘　要：只有从实践科学的立场才能看出，非遗保护和公共民俗学都从内部彰显出民俗学本身的实践属性，都是民俗学内在实践目的的部分实现。联合国教科文组织《保护非物质文化遗产公约》不仅重新激活了民俗学的实践意识和自由意志，也给我们重拾学科求民主、争自由的古典理想并且回归德国浪漫派为民俗学设定的实践理性起点或自由意志提供了契机。非遗时代民俗学的实践回归实际上就是返回民俗学的自由意志或实践理性起点，重建实践民俗学。这是学科整体的应然，是学科本然的、客观的内在要求，也是当代中国社会迫切的客观需求。

关键词：非遗　自由意志　实践民俗学　回归

自中国进入非遗时代以来，如何处理非遗保护与民俗学的关系就成为我们不得不面对的问题。尽管多数民俗学者认为有参与的责任，但也有学者担心，“学术与时政的结盟必然导致学术独立性的丧失”，“一旦非遗保护运动落幕，久违了常规研究的民俗学家们必将进退两难”①。这种担心主要基于这样的观点，即非遗保护顶多属于应用民俗学，与民俗学研究不是一回事，“保护和研究是两个范畴的概念，民俗学的参与，主要

---

* 原文刊于《民俗研究》2015 年第 1 期。

** 户晓辉，中国社会科学院文学研究所研究员。

① 施爱东：《学术运动对于常规科学的负面影响——兼谈民俗学家在非遗保护运动中的学术担当》，《河南社会科学》2009 年第 3 期。

是应用民俗学的参与，而不是理论民俗学的参与”①。日本民俗学会代表理事岩本通弥也曾预测，十年后非遗运动将过去，那时民俗学该怎么办?②

实际上，究竟如何理解非遗保护与民俗学的关系，不仅关涉现实应用的问题，更是一个理论问题。本文试图从实践科学的立场来重新梳理二者的内在关联及其根本属性。

一 非遗保护：民俗学的实践理性意志

尽管一直有学者犹豫不决，但不可否认的是，无论在国际、国家还是地方层面，民俗学者都是非遗保护的核心力量。尤其在国际层面，“作为一门专门以各民族民间文化传统为研究对象的学科的民俗学，在理念、思路和方法上都作出了重要的贡献，可以说为这项工作的形成和展开提供了学理上的基础”③。也就是说，尽管《保护非物质文化遗产公约》（以下简称《公约》）以联合国教科文组织的名义发布，但其中的概念、“理念、思路和方法”主要都是由民俗学者提供的。非遗保护实际上主要是由民俗学者发起并推动的实践活动，没有民俗学者的参与和推动就没有非遗保护。④ 这项实践活动与传统的民俗学研究的显著区别在于，它不是为了对不同地区、不同民族的非遗做经验的认识和归纳，也不是单纯

---

① 施爱东：《民俗学家在非物质文化遗产保护运动中的尴尬处境》，《民间文化论坛》2014年第2期。

② 参见户晓辉《为民主、争自由的民俗学——访日归来话短长》，《民俗研究》2013年第4期。

③ 安德明：《非物质文化遗产保护：民俗学的两难选择》，《河南社会科学》2008年第1期。

④ “淇园之竹”在网上讨论美国公共民俗学时指出：“我在主持公共民俗学主题讨论的时候，忘了交代一个重要的背景。美国公共民俗学的理念和实践是联合国教科文组织制定2003年非遗保护公约一个重要源头，而且很多重量级的美国公共民俗学家都在联合国教科文组织制定非遗保护公约的时候发挥了重要作用（BKG最新的有关文化遗产的论文里有清楚的梳理和交代）。其实与公共民俗学最密切相关的就是非遗保护的项目。当然，美国并没有加入非遗保护公约，但是这并没有妨碍公共民俗学家在自己的领域开展诸多传统文化传承与传播的丰富实践活动。”（参见 http：//www. pkucn. com/chenyc/viewthread. php? tid = 48642&extra = &page = 3） 实际上，不仅公共民俗学者，劳里·杭柯等一批学院民俗学者也长年参与起草、制定并推行了联合国教科文组织保护民俗和文化遗产的各项公约。

为了对它们进行登记、注册或保护，而是为了从实践原则和自由意志出发来展开并创造新的实践（包括新框架、新伦理、新思维和新举措）。①《公约》本身就是实践原则、伦理律令（Ethical imperative）② 或自由意志的内在目的③，而世界各地保护非遗的活动则是在《公约》的实践原则指导下对自由意志的贯彻或实现。也就是说，非遗保护不是对既有的东西进行经验性的归纳和认识，而是要按照《公约》规定的实践原则和自由意志从无到有地开辟崭新的实践，也就是以特定的实践原则和自由意志来“把曾经备受冷落的活动主体邀请回来”④，让不同民族、不同文化的非遗显现出来，在国际视野下彰显其价值并“尽可能提升非物质文化遗产的可见度”。⑤ 正如吕微所指出：

> 提出“非物质文化遗产”的概念，就其实践的意义来说，原本就是要在国家间通过开展一场多元的民族民间文化的保护运动并形成制度，以保障每一个共同体都能够平等地行使其文化选择的自主权利，进而保障每一个人的文化认同的“人权”。参与制定“非遗”公约的专家们多是国际知名的民间文学—民俗学家（以此可以说“非遗”保护是民间文学—民俗学学者的实践创举，以及民间文学—民俗学学科的理论骄傲），由于“首义者”多是民间文学家、民俗学家，所以“非遗”

---

① 参见户晓辉《〈保护非物质文化遗产公约〉能给中国带来什么新东西——兼谈非物质文化遗产区域性整体保护的理念》，《文化遗产》2014 年第 1 期和人大复印资料《文化研究》2014 年第 6 期。

② Laura Pineschi, “Cultural Diversity as a Human Right? General Comment No. 21 of the Committee on Economic, Social and Cultural Rights”, in Silvia Borelli and Federico Lenzerini (eds.), *Cultural Heritage, Cultural Rights, Cultural Diversity: New Developments in International Law*, Martinus Nijhoff Publishers, 2012, p. 35.

③ 真正的意志以自身为内在目的，因而本来就是自由的和普遍的，正如黑格尔所说：“意志是真正和绝对自由的，这会是它的所愿，或者说，它的内容无非就是它自身。它只会在它自身有意愿并把自己当作对象。因此，纯粹意志并不为了它的特殊性而希求某个特殊内容，而是意志本身在它的行为中就是自由的，并且获得自由，或者说，出现了普遍意志。”参见《黑格尔全集》第 10 卷，张东辉、户晓辉译，商务印书馆 2012 年版，第 304 页。

④ 高丙中：《民俗文化与民俗生活》，中国社会科学出版社 1994 年版，第 11 页。

⑤ 《联合国教科文组织〈保护非物质文化遗产公约〉基础文件汇编》，外文出版社 2012 年版，第 41 页；UNESCO 非遗处印发：Basic Texts of the 2003 Convention for the Safeguarding of the Intangible Cultural Heritage, 2012 Edition, p. 54。

> 保护最初使用的概念是“民间创作”，其所指的内容（对象、范围），也多是民俗或民间文化（包括民间文学、民间信仰）的传承。[①]

我们可以从几个层面来观察这个过程。

第一，联合国教科文组织1989年11月15日通过的《保护传统文化和民俗倡议书》[②] 使用的关键词还是folklore，其中仍然特别强调政府在民俗保护过程中应该起决定性作用。这种传统“民俗”概念常常带有贬义，而且在西方民俗学观念中指的往往是被收集的和僵死的东西，而在世界各地的许多本土民族看来，民俗则是活生生的和不断演进的传统，包含了文化遗产的所有方面。[③] 因此，从某种意义上说，《公约》使用的“非物质文化遗产”概念也是世界各地本土民族的民俗观念与西方民俗观念进行对话和视域融合的结果。[④]《公约》倡导的非遗与传统意义上的民俗的根本区别在于：非遗是当地社区（群体和个人）自我认定的，是一种自我认可或授权，而民俗一般由（外来的）专家认定；非遗是活态的、

---

① 吕微：《我们的学术观念是如何转变的？刘锡诚：从一位民间文学—民俗学学者看学科的范式转换》，2014年，未刊稿。

② 英文是 Recommendation on the Safeguarding of Traditional Culture and Folklore，通常被译为《保护民间创作建议案》，但并不准确。正如安德明评论的那样，“值得注意的是，在UNESCO《建议案》英文版的标题和具体内容中，保护对象一律被表述为folklore，这个概念在中文中对应的翻译，就是众所周知的‘民俗’或‘民间文学’。而无论是英文的folklore还是中文的民俗或民间文学，都早已是构成民俗学（folkloristics）这门学科的基础术语。然而，《建议案》的中文版本却没有采用汉语中早已为人们所熟知的术语，而是发明了‘民间创作’来指代民俗传统文化。这样的翻译，也许是为了突出《建议案》所包含的与版权相关的意义，但它却极大地遮蔽了早已成为汉语中一个常见词的‘民俗’或‘民间文学’所具有的丰富含义，特别是其中所包含的‘集体的’、‘传承的’以及‘匿名的’等意义，根本是‘民间创作’这个似是而非的词语无法体现的。这个新创造的名词，甚至还容易让人理解为‘非专业人士即时创作的作品’，从而对推广和普及《建议案》的倡议造成更多的障碍。此外，这种译法，也有意无意地忽略了中国民俗学（包括民间文学研究）领域的工作者近一个世纪以来的努力——当然，在一定程度上，这或许也体现了中国民俗学学科建设的薄弱。总之，这样的翻译，实际上对中文社会正确理解教科文组织在相关问题上的本意，带来了不必要的困难”。参见安德明《非物质文化遗产保护：民俗学的两难选择》，《河南社会科学》2008年第1期。相关讨论参见巴莫曲布嫫《非物质文化遗产：从概念到实践》，《民族艺术》2008年第1期。

③ 参见 Silke von Lewinski（ed.），Indigenous Heritage and Intellectual Property：Genetic Resources，Traditional Knowledge and Folklore，Second Edition，Kluwer Law International BV，2008，p. 346。

④ 比较而言，欧洲多为物质文化遗产，而亚洲、非洲和美洲则以非物质文化遗产为主。因此，《公约》也是对后者的兼顾和“倾斜”。

变动不居的和不断被再创造出来的，而民俗主要指的是已经凝固的习俗甚至是古俗在后来时代的遗留物；非遗既来自过去，也属于现在和未来，而民俗则多半只属于过去；非遗属于社区或共同体成员（群体和个人），不分高低和等级，而民俗则属于底层的民众，暗含高低等级之分。[①] 在《公约》中，社区、群体和个人直接被看作非遗的重要组成部分，其不仅是非遗的守护者，也是非遗的创造者和支持者。[②] 因此，非遗概念是一种列举式、开放式并且有足够弹性的描述而非严格的定义，因为它本来就不是为了认识，而是为了“给未来的实践提供一个起点”[③]，让以往被“民俗”忽视的社区及其非遗闪亮登场并得到新的价值体认。[④]

---

① 参见户晓辉《〈保护非物质文化遗产公约〉能给中国带来什么新东西——兼谈非物质文化遗产区域性整体保护的理念》，《文化遗产》2014 年第 1 期和人大复印资料《文化研究》2014 年第 6 期。另外，岩本通弥也指出，《公约》“中关于‘非物质文化’（Intangible Culture）的定义本身与民俗学的‘文化’理解方式存在很大差异。这是因为，该定义背后的‘文化’的理解方式，衍生于人类学曾经对象化的所谓未开化社会的封闭的小宇宙（microcomos——译者注），是基于极端‘属地主义’的‘文化’认识……但与主要将封闭的小宇宙对象化、提炼出‘文化’概念的人类学不同，研究文明社会‘文化’问题的民俗学，主要对象应该是像这样超越了国家、民族或者地域、集团的扩大了的文化（要素）”。参见［日］岩本通弥《围绕民间信仰的文化遗产化的悖论——以日本的事例为中心》，吕珍珍译，《文化遗产》2010 年第 2 期。

② 参见 Britta Rudolff and Susanne Raymond, “A Community Convention? An Analysis of Free, Prior and Informed Consent Given under the 2003 Convention”, in International Journal of Intangible Heritage, Vol. 8, 2013, p. 155；也有学者批评说，《公约》虽然承认社区、群体和个人在非遗的生产、保护、维护、传播和再创造过程中的重要作用，却没有把这些主体放在履约的核心位置，参见 Sabrina Urbinati, “The Role for Communities, Groups and Individuals under the Convention for the Safeguarding of the Intangible Cultural Heritage”, in Silvia Borelli and Federico Lenzerini (eds.), Cultural Heritage, Cultural Rights, Cultural Diversity: New Developments in International Law, Martinus Nijhoff Publishers, 2012, p. 220。

③ Tullio Scovazzi, “The Definition of Intangible Cultural Heritage”, in Silvia Borelli and Federico Lenzerini (eds.), Cultural Heritage, Cultural Rights, Cultural Diversity: New Developments in International Law, Martinus Nijhoff Publishers, 2012, p. 200.

④ 国际层面的法律用语在用语和概念使用方面可谓煞费苦心。例如，为了避免使用 native（土著）之类带有贬义色彩的词，国际法领域采用了 indigenous peoples（本土民族或当地民族）这样的术语。尽管对这样的术语很难给出一致同意的定义，而且这些本土民族或当地民族本身往往也自认为不需要这种定义，但为了立法的实践需要，仍然要有基本的定义。对于保护主体而言，术语的选择具有重要的规范意义并且触及本土民族在国际法和自决权（right of self-determination）条件下的法律身份和认可问题，参见 Silke von Lewinski (ed.), *Indigenous Heritage and Intellectual Property: Genetic Resources, Traditional Knowledge and Folklore*, Second Edition, Kluwer Law International BV, 2008, pp. 10 – 15, 70。

第二，非遗的价值不同于传统民俗的价值。根据《公约》精神，非遗的价值不仅可能是对原本不太有价值的民俗进行价值提升，而且是从全球化视野为传统民俗赋予新价值和普遍价值（不仅是民族的文化遗产，同时也是人类的文化遗产），其中的关键是为非遗赋予人类实践的普遍价值。① 正如菅丰所指出，“与其说非物质文化遗产本身具有价值，还不如说是因为非物质文化遗产与人类发生关系才生成的价值。非物质文化遗产如是作为能够给保持它的人们带来幸福的一种资源而存在的话，对于这样的非物质文化遗产我承认它的价值。在经济的、社会的、精神的等各个方面，非物质文化遗产存在着有助于人类幸福的可能性。在这样的情境之下，非物质文化遗产与其他的文化相比被表现为是有价值的，并成为保护的对象”，“因此，对非物质文化遗产的保护、保存，也可以说是有关非物质文化遗产的专家们对其历史的悠久性、民族性的异国情调以及珍奇性进行保证，使非物质文化遗产的利用价值得到提高”，“总之，非物质文化遗产的保护、保存、利用的目的，不在于‘对’非物质文化遗产进行守护，而应该在‘用’非物质文化遗产来守护和创造人类丰富生活之中得以发现。从这一点来说，我对与人类的幸福不相关的非物质文化遗产的保护、保存、利用进行完全否定的同时，相反地，对与人类的幸福相关的非物质文化遗产的保护、保存、利用进行完全的肯定”，因此，“最终因非物质文化遗产保护而获得的利益，理所当然地应当还原给以保持这种文化的普通人民为主的群体。由此，可以认为非物质文化遗产的保护、保存以及有效利用，应该是各种类型的主体以对等的立场而进行的协作运行。并不仅仅只是以国家、地方政府等公家的行为相关者和研究者为中心来制定政策……”②。

第三，非遗保护的实践不在于认识既有的民俗，而在于通过保护实

① 2009 年获诺贝尔经济学奖的埃莉诺·奥斯特罗姆提出了把人类遗产看作公共事物（the Commons）的理念，认为政治上成熟的和负责任的公民都应该关心这些人类公共的遗产，洛德斯·阿里斯佩（Lourdes Arizpe）也提出了“全球文化公共事物”（global cultural commons）的概念。参见 Marie-Theres Albert，“Heritage Studies-Paradigmatic Reflections”，in Marie-Theres Albert，Roland Bernecker，Britta Rudolff（eds.），*Understanding Heritage：Perspectives in Heritage Studies*，Walter de Gruyter GmbH，2013，pp. 9，12。

② ［日］菅丰：《何谓非物质文化遗产的价值》，陈志勤译，载《文化遗产》2009 年第 2 期。

践来改变“民俗”本身的存在方式，甚至产生新的民俗实践。日本民俗学者已经敏锐地觉察到了这一点。例如，岩本通弥指出，“随着非物质文化遗产保护工作在《[保护] 非物质文化遗产公约》下的实施，日本无形‘文化财’的存在方式必将发生变化。正因如此，曾经围绕无形民俗‘文化财’的固有概念——‘价值认识’、‘价值标准’、‘定义’、‘选定方法’等——从根本上发生了动摇，因此，我们有必要摸索一种新的‘文化财’行政方法，而今天的民俗学将要为此承担起重大的任务和自己的责任”①。菅丰也认为，“有名无名的民俗学者参与了日本的民俗文化保护政策，由此给民俗本身带来了很大的影响”②。才津裕美子则进一步指出：

> 近年，民俗学的研究对象不仅成为文化遗产，还经常以“地方文化”、“传统文化”等名义在观光、学校教育中被加以利用。这种动向可以被表述为：“‘民俗’的文化资源化”……目前，讨论的焦点仍然在于：
>
> 面对“民俗”的“利用”，民俗学应该做什么？③

这就从实践上表明，民俗或非遗本来就不是客观的认识对象，而是民众和学者主观的实践过程和实践成果，具有政治性和政治价值。当然，这里的“政治”主要不是指官方意识形态，而是指由生活方式、历史传统和价值规范的相互作用所形成的政治文化，也就是人们共同生活的正当方式和正义原则。换言之，本文所谓“政治”指的不是权术、潜规则或丛林法则意义上的政治，而是亚里士多德意义上的政治，即通过理性的言说和互动促成公民之间的自由和平等的公共活动。因此，民俗的实践和民俗学的实践关乎人们的生活品质和政治身份。

第四，非遗保护的实践进一步彰显出“民俗”本来就是一个“政治

---

① 才津裕美子：《民俗“文化遗产化”的理念及其实践——2003 年至 2005 年日本民俗学界关于非物质文化遗产研究的综述》，西村真志叶译，《河南社会科学》2008 年第 2 期。

② ［日］菅丰：《日本现代民俗学的“第三条道路”——文化保护政策、民俗学主义及公共民俗学》，陈志勤译，《民俗研究》2011 年第 2 期。

③ ［日］才津裕美子：《民俗“文化遗产化”的理念及其实践——2003 年至 2005 年日本民俗学界关于非物质文化遗产研究的综述》，西村真志叶译，《河南社会科学》2008 年第 2 期。

用语”①，“也就是说，非物质文化遗产以及围绕它的各类研究和活动，带有相当程度的政治性是不争的事实。而且，在非物质文化遗产之前已经在使用的民俗及其学问——民俗学，也是一个带有太多政治性的语词”②。这也就意味着，非遗保护让我们更清楚地看到了民俗以及民俗学长期被忽视的政治属性和实践属性。正因如此，“我们始终不能忘记，文化的最终指向是‘人’而非‘文化样式’本身。而这一传承群体，也正是在非物质文化遗产保护工作中，处于‘被保护’地位的对象。于此我们首先要问，加载在这一群体身上的‘遗产’标签，将会如何影响这一群体：对自身所拥有文化的认知；如何影响其文化实践或经济行为，并最终如何重塑被冠以遗产的文化实践活动本身”③。也就是说，民俗学应该关注非遗保护如何改变了民众的生活以及如何造福于民众的生活，否则就可能单纯对当地民众的生活秩序造成干扰甚至破坏。与此同时，我们也要警惕“文化遗产化可能导致‘信仰’、‘信心’的躯壳化。而且，这种观赏化也将与人类尊严直接相关的信仰 = 内在的心灵暴露于外部。将与尊严如此密切相关的信仰资源化以利于商品化、观光化，到底是否为伦理所容许，也有充分讨论的必要”④。正因为非遗保护是实践活动，由此对民众的信仰、尊严和文化权利造成的影响和干预等问题才可能浮出水面，才需要我们以实践理性的自由意志加以实践地对待，而不是像目前绝大多数学者这样从现实经验中进行单纯的归纳和实证。换言之，非遗保护不仅是一种地缘、身份和权力的实然政治，更是一种以民主参与的公民社会为旨归和游戏规则的应然政治。

① 参见岩本通弥《以“民俗”为研究对象即为民俗学吗——为什么民俗学疏离了“近代”》，宫岛琴美译，《文化遗产》2008 年第 2 期；王晓葵、何彬编《现代日本民俗学的理论与方法》，学苑出版社 2010 年版，第 33—34 页。

② ［日］菅丰：《日本现代民俗学的“第三条道路”——文化保护政策、民俗学主义及公共民俗学》，陈志勤译，《民俗研究》2011 年第 2 期。

③ 李琦、王天祥：《命名与质疑——“非物质文化遗产”概念的社会学解读》，《美术大观》2008 年第 8 期。

④ ［日］岩本通弥：《围绕民间信仰的文化遗产化的悖论——以日本的事例为中心》，吕珍珍译，《文化遗产》2010 年第 2 期。

第五，“保护非遗终究是为了人，一句话：为了社区的群体或个人”①，而且，作为被保护的传统承载者的社区和群体在履行《公约》的过程中被赋予了突出的角色。② 因此，“在某种程度上，可以说文化就是人，人就是文化，对一方采取某种措施，必然会影响到另一方。有人曾把非物质文化遗产保护与生物多样性的保护相提并论，也许这是为了以一种通俗和易接受的方式向社会各阶层宣传这一行动的重要性，但这种认识无疑包含着——或者至少会让公众产生作为传统文化承载者的人在这一文化的传承过程中并不重要，其文化可以随意加以处理的认识”③。正因为有了实践理性的自由意志，我们才能看见“人”（person），才能想起尊重人及其文化权利，才能看到以往被忘却和忽视了的人权、责任伦理和道德义务。④《公约》规定的保护始终以尊重并保护非遗传承人的权利和利益为中心，“如果说，非物质文化遗产的独特特性决定了遗产地的群体和个人必须成为遗产无可争议的所有者，它同样要求这些群体和个人成为遗产开发最重要的管理者和最大的受益者，即让他们充分享有遗产的完整产权，包括所有权、使用权、收益权和处置权”，“开发与保护是当地民众的事业，由社区民众积极参与。在政府支持控制下与专家

---

① 户晓辉：《〈保护非物质文化遗产公约〉能给中国带来什么新东西——兼谈非物质文化遗产区域性整体保护的理念》，《文化遗产》2014 年第 1 期和人大复印资料《文化研究》2014 年第 6 期。

② 参见 Silke von Lewinski（ed.）, *Indigenous Heritage and Intellectual Property*：*Genetic Resources*, *Traditional Knowledge and Folklore*, Second Edition, Kluwer Law International BV, 2008, p. 422。

③ 安德明：《非物质文化遗产保护：民俗学的两难选择》，《河南社会科学》2008 年第 1 期。

④ 威廉·洛根指出，世界遗产话语和实践的主流趋势已经从以狭隘的技术为中心转向以伦理为基础的途径，虽然许多实践者继续认为自己的工作只是技术性的，但实际上遗产保护实践包含着基本的哲学问题和伦理问题，参见 William Logan, “Learning to Engage with Human Right in Heritage”, in Marie-Theres Albert, Roland Bernecker, Britta Rudolff（eds.）, *Understanding Heritage*：*Perspectives in Heritage Studies*, Walter de Gruyter GmbH, 2013, pp. 36, 41 – 42；其他欧洲学者的新近研究参见 Laura Pineschi, “Cultural Diversity as a Human Right? General Comment No. 21 of the Committee on Economic, Social and Cultural Rights”, in Silvia Borelli and Federico Lenzerini（eds.）, *Cultural Heritage*, *Cultural Rights*, *Cultural Diversity*：*New Developments in International Law*, Martinus Nijhoff Publishers, 2012；Diane Barthel-Bouchier, *Cultural Heritage and the Challenge of Sustainability*, Left Coast Press, Inc., 2013, Chapter Two：Is Heritage a Human Right?

科学指导下，以民主方式管理，最终走上由当地民众全面管理和依靠民众自身力量进行发展的道路”[①]。与此同时，“扎根于地域社会和某个集团的民众文化，被作为外部多种价值混杂共存的‘公共’资源再分配的过程中，如何构筑作为主角的当地居民，即本来的实践主体基于‘快乐’、‘有趣’、或者‘虔诚’的自我管理能力？如何构筑并调节避免使民俗学丧失其作为根本立脚点的实践主体的快乐、信仰之心的对策呢？民俗学者有义务超越理论、思想的不同，明晰相互之间的相异点，找出解决思路吧”[②]。

第六，《公约》旨在用确保非遗社区、群体或个人的权益和参与为核心的实践原则以及以国际人权文书为前提的自由意志，推动一系列社会实践活动，“保护非物质文化遗产为实现人们参与文化生活、保护文化认同、保护民族与国际文化遗产及财富等文化权利提供了切实的基础，也为文化多样性的保持和发展提供了条件。另一方面，非物质文化遗产由于和特定群体之间的特定关系，对于其进行保护，不仅是对于所有人的文化权利的保护，而且是对于特定群体的公民权利、政治权利、经济和社会权利的保护”[③]。“综上可知，保护非物质文化遗产必须要贯彻人权保护的原则。人权保护是非物质文化遗产保护的必要条件，只有符合国际人权法律文件规定的非物质文化遗产，才能为国家和国际社会所承认和保护。对于那些违反国际人权法律文件的非物质文化遗产，国家和国际社会不仅不应予承认和保护，而且有义务制止。”[④] 正因为从实践理性的自由意志出发，非遗保护的实践中才可能出现权力与权利的划分问题以及公权和私权的分界问题，才可能给有些民族带来新的文化财产观念。[⑤]

---

① 程翠英：《民有 民治 民享——非物质文化遗产保护与开发中的主体研究》，《武汉文博》2010 年第1 期。

② ［日］岩本通弥：《围绕民间信仰的文化遗产化的悖论——以日本的事例为中心》，吕珍珍译，《文化遗产》2010 年第 2 期。

③ 蔡建芳、刘雪斌：《论非物质文化遗产法律保护的哲学基础》，《中共山西省委党校学报》2008 年第 6 期。

④ 郭玉军、唐海清：《非物质文化遗产的国际人权保护研究——以〈保护非物质文化遗产公约〉为视角》，《法律科学（西北政法大学学报）》2009 年第 6 期。

⑤ 尽管文化财产的权属问题与现行的知识产权法或版权法有不吻合之处［参见 Martin Skrydstrup，“Cultural Property”，in Regina F. Bendix and Galit Hasan-Rokem（eds.），*A Companion to Folklore*，Wiley-Blackwell，2012，p. 523］，甚至有些民族原来并没有文化财产的观念，但在全球化时代，只有具备了尊重文化财产权利的观念才能保护这种权利。

“现代法学一般认为，凡涉及公共权力、公共关系、公共利益和上下服从关系、管理关系、强制关系的法即为公法，凡是涉及个人利益、个人权利、自由选择、平权关系的法即为私法。而非物质文化遗产上体现的利益既有公共利益、公共关系，又有私人利益、个人权利”，“从非物质文化遗产保护的有关国际公约来看，文化权利、公民的文化自由和民主权利、民族或地区的文化发展权是《世界人权宣言》、《公民权利和政治权利》及《经济、社会与文化权利》中规定的基本人权，保护非物质文化遗产是为了更好地实现这些人权”；“公法保护的目的在于维护公共利益，其权利主体是国家，主管部门行使的是‘权力’而非‘权利’，主管部门的职能只能是代表国家行使权力，运用公权力来保存非物质文化遗产，但不能维护非物质文化遗产所有人或管理人的利益。民事权利属于私法范畴，私法是保护一切私人利益的法律，私法能够保证人们按客观经济规律办事，实现商品交换中的等价、自愿、有偿，体现权利主体的自主和平等，保护人们的财产不受侵犯。私法规范主要是授权性规范，当事人可以根据自己的需要和意志进行选择”。[①]

非遗保护的所有这些实践特点都为民俗学反思自己的学术出发点和学科性质提供了难得的契机。我们不能忘记甚至要再次强调，《公约》的主要起草者和主要推手是民俗学者，“没有［民俗］专家学者的直接参与和担当，非物质文化遗产的保护不可能取得这样的成就”[②]。我们不禁要问：这场主要由民俗学者亲手促成的非遗保护实践对民俗学自身来说究竟意味着什么？我们需要回到“‘Folk-lore’或‘民俗学’到底应该是研究什么的学科？”“这样一个最起码的学术常识的课题”[③]。

---

① 黄玉烨：《论非物质文化遗产的私权保护》，《中国法学》2008 年第 5 期。当然，在对非遗的法律保护实践中会出现一些具体的难题，例如，在公权和私权的划分方面，知识产权和人权保护的基础和范式一般基于个人以及清楚的权利界限，但有些本土民族并不把自己的非遗看作“财产”或经济权利，甚至可能并没有“公共领域”的概念，相关学者已经讨论了这些问题，参见 Silke von Lewinski（ed.）, *Indigenous Heritage and Intellectual Property: Genetic Resources, Traditional Knowledge and Folklore*, Second Edition, Kluwer Law International BV, 2008, pp. 21, 67, 415, 437。

② 陈勤建：《民俗学者与当今的中国非物质文化遗产保护》，《民间文化论坛》2014 年第 2 期。

③ 乌丙安：《民俗学原理》，辽宁教育出版社 2001 年版，第 7 页。

二 返回民俗学的实践理性起点

上文的分析表明，非遗保护运动实际上是民俗学自身生长并发展出来的可能性，或者说，民俗学把自身的一部分实践可能性变成了非遗保护的现实。既然非遗保护本来就不是认识和研究而是实践，那么，它就不仅是从外部激发了民俗学的内在实践意识，而是从内部彰显出民俗学本身的实践属性。换言之，如果说由《公约》带来的非遗保护是民俗学自身在全球化时代演化出来的新的实践形式，那么，这种实践形式就不是外在于民俗学自身的性质，而是民俗学内部本来就应该具备的实践属性。[①] 尽管从世界范围来看，民俗学自产生以来越来越向客观主义和实证主义研究范式靠拢，至今似乎已经积习难改、积重难返，但是，由民俗学自身生长出来的非遗实践已经从事实上表明，民俗学不是以客观主义和实证主义为范式的经验科学，而是一门通过回归生活世界而让人们过上好生活的实践科学，它要引入自由意志和价值考量，它要考虑的不仅有实然，而且有应然（学科理想或内在目的）以及如何让应然变成实然。在这方面，我们的确需要做一番“理论的辨正”[②] 和反思。

根据亚里士多德的分类，科学分为理论科学和实践科学，前者为了纯粹的认识和知识，后者为了更好地生活和行动。理论科学是用来“想”的，而实践科学是用来“做”的，只是这种“做”既是making也是doing，因此实践科学又分为制作科学（the Sciences of making）和行为科学

① 德国学者早就指出，“民俗学”事实上不仅是有关民众的学术信息，同时也是民众启蒙和改善民间文化的一种手段。因此，在“民俗学”这个名称刚出现时就有实践和应用的问题，参见 Helmut Möller, “Dieter Narr, Eschenau, und Hermann Bausinger, Aus den Anfängen der Volkskunde als Wissenschaft,” in *Zeitschrift für Volkskunde*, 60, Jahrgang 1964, S. 241。

② 早在1931年，罗绳武就精辟地指出：“没有哲学的头脑决不能产生科学的体系。理论是记述工作的向导。客观主义者与试验主义者不过是抛弃传统的哲学观点而建树自己新哲学观点罢了……因而我们在有着新的前途的民俗学初有萌芽时，与其让它蒙蔽在所谓客观主义的自觉的或不自觉的某种意识形态的处置之下，以染色式歪斜或萎缩其结论，不如事前从事于理论的辨正，以此为此项学术新的展示的有益的指针。”参见罗绳武《民俗学之社会史的研究》，王文宝编《中国民俗学论文选》，中国民间文艺出版社1986年版，第40页。

(the Sciences of doing)，它们研究的事物，其变化的原因都不在自身，而主要在于人的主观意图和目的。[①] 也就是说，无论制作还是行为，都是人按照主观意图和目的来进行的实践，因此，实践科学与伦理学密切相关。这正是马克思说的，“最蹩脚的建筑师从一开始就比最灵巧的蜜蜂高明的地方，是他在用蜂蜡建筑蜂房以前，已经在自己的头脑中把它建成了。劳动过程结束时得到的结果，在这个过程开始时就已经在劳动者的表象中存在着，即已经观念地存在着。他不仅使自然物发生形式变化，同时他还在自然物中实现自己的目的，这个目的是他所知道的，是作为规律决定着他的活动的方式和方法的，他必须使他的意志服从这个目的”[②]。实践不仅受主观目的驱使，而且受意志的规定。换言之，认识从事物的实然出发，力求依照实然来认识事物；实践则以应然为出发点，不仅从应然看待实然，而且从根本上是根据应然创造出实然。实践的本质在于目的先行、意志优先，“实践的能力完全从它自身内在地规定自己。它的规定的内容属于它，而且它把这些规定认作自己的。但这些规定首先只是内在的，因而与外在的实在性是分开的，但它们必将变为外在的并实现自身。这是通过行动进行的，通过行动，内在的实践规定获得一种外在性，即一种外在的特定存在。反过来，这也可以这样来看，即一种现成的外在性得到扬弃，被变得与内在的规定相一致”[③]。实践的自由意志以自身为内在目的和“内在的规定”，因此，自由意志也就是理性的实践目的。

以此来看，首先，民俗或民间文学不是为了“想”，而是为了“做”，它们是民众在日常生活中的实践行为。民俗学也同样如此。具体而言，英语 folklore 中的 lore 和德语 Volkskunde 中的 kunde 都不是自然科学意义上的客观知识或科学，而是消息和传说，是人们在生活世界中的实践理解和意义领会。其次，德国浪漫派最初为民俗学制定的动机和出发点不是为了理论认识而是为了实践，也就是从实践的自由意志出发，把人和

---

① 参见 Aristotle, *The Nicomachean Ethics with an English Translation* by H. Rackham, Harvard University Press, 1934, Introduction, p. xv。

② ［德］马克思：《资本论》第一卷，人民出版社 2004 年版，第 208 页。

③ 《黑格尔全集》第 10 卷，张东辉、户晓辉译，商务印书馆 2012 年版，第 302 页。

研究“对象”都看作有机体，即在把他们当作手段的同时也把他们当作目的。遗憾的是，“现代民间文学或民俗学在越来越向学科化和体制化方向发展的同时，已经逐渐遁入无穷无尽的差异化、地方化、民族化和碎片化的文化表象，忘记了学科最根本的前提，即实践理性的自由意志和实践科学的本质属性。具体而言，这种前提就是：从自由意志出发，尊重人的本性（即人格）和事物的特性（Eigentümlichkeit），也就是以人和事物自身为目的，尊重并维护不同的民族、文化和个人保持不同（Ungleichheit）的相同（gleich）权利，把审美的理性变成实践的理性，也就是变成审美的实践理性。这当然也是实践理性的自由意志”[①]。对这种自由意志的遗忘和迷失使民俗学者们长期见物不见人。正如乌丙安在21世纪初所指出，“我突出感觉到国际民俗学从一百多年前研究古俗、旧俗、遗留物开始到现在，学科的注意力始终盯在了令人眼花缭乱、异彩纷呈的‘俗’上，却很少关注负载着‘俗’的‘民’和他们的最基本的日常生活”，而且，“在民俗学史上每当把民俗作为客观对象研究时，往往忽略民俗的主体是‘人’，而去过多地关注了笼统的‘民众’或相当抽象的‘人民’”[②]。究其根本原因，是因为民俗学者们遗忘甚至忽视了民俗学作为实践科学的本性及其实践理性的自由意志，而一味地向对象化、客观化的实证科学靠拢，在把民俗当作客观对象的同时也把“民”和民俗学者自己当作了客观对象。[③] 因为真正的主体总是一种相互承认的交

① 户晓辉：《民间文学的自由叙事》，社会科学文献出版社2014年版，“自序”，第12—13页。

② 乌丙安：《民俗学原理》“前言”，辽宁教育出版社2001年版，第4页。当然，高丙中早在1994年就指出：“民俗生活作为人的活动，是指主体在民俗模式中的存在，也就是主体把自己投入民俗模式中而构成的活动。人是立足点，是出发点，是动因。人是主体，是支配者。所以，我们不仅对主体有浓厚兴趣，而且还要把主体作为审视民俗生活的焦点。”参见高丙中《民俗文化与民俗生活》，中国社会科学出版社1994年版，第165页。

③ “如果我们不能使用社会科学的经验方法，从社会事实中抽象出共同体必然的集体理想（当然能够呈现偶然的个人愿望），那么作为社会事实（经验现象）的实践主体，即作为并不必然地拥有先验的人文理想的普通民众，又如何能够在认识结构中，作为被研究的客体（对象）在客观上具有与研究者主体平等的道德地位呢？”参见吕微《民俗学的哥白尼革命——高丙中的民俗学实践“表述”的个案研究》，《民俗研究》2015年第1期。

互主体[①]，“民俗学从一开始就面对的不仅是主体性，更是交互主体性（Intersubjektivität），它的核心问题不是对象性而是对话性。民俗学的任务与其说是对物的认识，不如说是与人的沟通、理解和对话”，“民俗学从起源时起就是一门直接面对‘你’的学问，就具有比其他人文学科更浓厚的人文关怀和价值诉求”，“民俗学者面对的实际上是一个期待着对话的中间地带而不是一个对象化的世界”，“民俗学更关注人之为人的基础层面、人的生活世界以及民如何成为人”。[②]

这也就意味着，民俗学本来就应该是一门实践科学而不是像自然科学或社会科学那样的实证科学。换言之，像自然科学或社会科学那样的实证科学，必然把研究对象当作物或客体。既然“民俗学在探索传承的法则性本质时，不能不关注传承人或传承者、民俗传人的主体位置。民俗传承不是理论上概括出来的行为特征，它是来自人在实践中的具体行为”[③]，既然“民俗学的研究理应以研究这个民俗的‘主体’为中心，即以研究习俗化了的俗民个体与俗民群体为对象。对一切民俗事象的调查研究，都应当服从于研究这个‘主体’，而不是只见‘俗’而不见‘民’。民俗学的‘主体’研究，应当是21世纪民俗学充分展现人文精神的重大课题”[④]，那么，民俗学主体研究的根本就在于实践研究。如果我们仍然抱着客观认识的态度来对待民众，那么，民众就仍然不能成为真正的主体。因为从根本上说，客观认识态度中的人只能被当作“物”或对象。更重要的原因在于，真正的主体是具有自由意志的人格存在（das

---

① 吕微早就指出，“民间文学与民俗学学科的所有成败都与这个‘我们’的主体性息息相关。如果‘我们’始终将那个‘他们’作为‘我们’主体性的客体化对象，尽管‘我们’始终怀着‘他—我’合一或‘我—他’同一的良好愿望，结果仍是成也萧何败也萧何，我们的所有成败都始于斯，也终于斯。因此，对于这个‘我们和他们’的出发点，我们需要重新奠基。这个需要重新奠基的、可供选择的出发点就是：一个独断的主体性，还是一个交互的主体性”，“从事经验研究者的最终结果只能是沦为一个现代的‘孤独的鲁滨逊’”，“‘我们’是民间文学和民俗学的终极理想，是这个学科或学问的基本问题之终极指向，而这个基本问题的终极指向只有当我们回溯到它的先验来源之处才能够被给予、被显现”。参见吕微《从“我们和他们”到“我与你”》，《民间文化论坛》2004年第4期。

② 户晓辉：《从民到公民：中国民俗学研究“对象”的结构转换》，《民俗研究》2013年第3期和人大复印资料《文化研究》2013年第8期。

③ 乌丙安：《民俗学原理》，辽宁教育出版社2001年版，第288—289页。

④ 乌丙安：《民俗学原理》，辽宁教育出版社2001年版，第133页。

Person-Sein)。正如沃尔夫冈·仁茨所指出，人格存在无法从经验材料中加以把握。① 也就是说，人格存在不是从经验材料中归纳出来，而是自由意志的实践设定和条件还原。只有实践理性的意志可以“先验地”② 把民当作人格主体来对待。既然实践理性只诉诸人的意志，实践民俗学依靠的就是人的意志而非心理。心理可能随外界环境的变化而变化，但意志则能够独立决断并且始终以自身为内在目的。既然从田野的经验观察中根本无法归纳出人格平等和自由的理念，实践民俗学就不再采取这种认识论的路径，而是把自由意志用于田野实践并以此开辟崭新的实践，即促成人格平等和自由理念的实现。民俗学的“对象”并非现成的，而是民俗学实践试图实现的目的或“先验对象”。因此，岩本通弥说，“民俗学要调查日常行为及其人际关系，更意味着要把‘常民’直接视为民俗

---

① 参见 Wolfgang Senz, Transzendentalphilosophie und Volkskunde. Zur Transzendentalphilosophie als Fundament des Vergegenwärtigens, Unter Mitarbeit von Brigitte Senz, Peter Lang GmbH, Frankfurt am Main 2006, S. 9；正如美国著名教士和思想家哈里·爱默生·福斯迪克所说，民主的基础是确信普通人具有不普通的能力［参见 Hans-Horst Skupy (hrgs.), Das große Handbuch der Zitate, Bertelsmann Lexikon Verlag GmbH, Gütersloh, 1993, S. 125］。这就意味着，民主实践的前提是先验地设定每个人都具有理性判断、思考和行动的意志能力，就是给每个人提供这样的机会，也就是让每个人都具有理性判断、思考和行动的权利和责任。同样，“认可民的公民身份或者把民看做西方自然法意义上的自然人就意味着，先验地认可民的人权，而不论或者忽略经验中的民的其他一切社会角色、地位或身份的差异。如果说公民概念有人权的先验设定而民概念还缺乏这种设定，那么，从民到公民的转换首先就包含着对民的人权的先验认定。与人权一样，人的自由也是一种先验的设定，无论现实中人们的其他能力有多大差别，无论人们的地位、角色和身份实际上必然有何等不同，他或她都被认定具有自由行为的能力和实现人权的权利，舍此，不仅无以对他或她的行为问责和归罪，也不能让他或她成为有尊严的人”。参见户晓辉《从民到公民：中国民俗学研究“对象”的结构转换》，《民俗研究》2013 年第 3 期和人大复印资料《文化研究》2013 年第 8 期。

② 在康德的意义上说，实践理性本身就是纯粹的和先验的，因而本来无须再称为“先验的实践理性”，但本文为了强调理性的实践应用的先验性，有时也加“先验”一词。它指的不仅是在时间上先于经验，而且主要是条件上的先验还原。正如吕微所指出：“对实践现象的经验研究与先验认识的区别就在于：前者是对‘事实‘是’如何’的描述，而后者是对‘事情‘应’如何’的论述。而后者作为对前者进行价值判断的道德标准并不能从前者对‘人性’的经验性描述中归纳、分析或抽象出来，而只能通过对前者的存在条件的先验还原而给予”（《民俗复兴与公民社会相联结的可能性——古典理想与后现代思想的对话》，《民俗研究》2013 年第 3 期和人大复印资料《文化研究》2013 年第 8 期）；“民俗学的人文理想，不仅不能用社会科学的方法予以经验的证明，更不能用社会科学的方法加以先验地阐明，也就是说，不能用‘准’（或‘类’）自然科学的方法从研究对象的经验事实中把学科的先验理想推论出来”。参见吕微《民俗学的哥白尼革命——高丙中的民俗学实践“表述”的个案研究》，《民俗研究》2015 年第 1 期。

学的'先验对象'"[①]。所谓"先验对象"并非与现实生活中具体的民众直接对号入座，而是从"先验的"自由意志出发，把现实生活中具体的民众看作有独立人格和自由意志的人。没有对独立人格和自由意志的先验设定，人的主体性就会落空，人的实践活动就会失去人性特征。这意味着，民俗学实践的前提是把民看作公民的自由意志。正如吕微所洞见的那样：

> 公民社会，就是在当代中国或在中国当下以实践的方式研究中国问题的先验语境条件，只有注意到公民社会是实践地研究当代中国或中国当下的任何问题的先验语境条件，我们才能准确把握当代中国或中国当下的语境脉络中的根本问题（包括一些具体问题）的性质、作用究竟是什么，而那些没有把公民社会作为当代（或当下）实践民俗学的语境条件的民俗学者，即使成天口口声声"到民间去"面对人与生活的鲜活经验，进行"深入"的田野调查，却对真正的、鲜活的中国问题视而不见、听而不闻，因为他们根本就不具备"正在迈向"或"已经迈进"公民社会的语境视野，也就是说，他们根本就没有进入公民社会的生活现场，而没有进入公民社会的生活现场，也就意味着他们无法把自己的研究对象（民众）作为公民来看待或对待，于是，他们就把自己关进了学院派的象牙塔里，让公民社会的现场语境下真正的中国问题从自己的指间轻易地流失了。[②]

换言之，把民众看作公民，以公民社会为"先验语境条件"是当今实践民俗学的自由意志和实践理性起点。只有回归实践民俗学，我们才能从根本上处理好民俗学由之起源的士大夫与民众关系的长期矛盾，才能不再以知识的多寡来看待并决定身份等级或社会阶层的高下，才能去除知识分子启蒙民众的盲目优越感。只有这样，我们才能从认识论和知识论返回伦理学，并参与对话，才能避免以往以知识论遮蔽甚至代替伦

---

① ［日］岩本通弥：《"都市民俗学"抑或"现代民俗学"？——以日本民俗学的都市研究为例》，西村真志叶译，《文化遗产》2012 年第 2 期。

② 吕微：《民俗学的哥白尼革命——高丙中的民俗学实践"表述"的个案研究》，《民俗研究》2015 年第 1 期。

理学的一贯做法，才能认识到道德形式和文化权利的平等无关乎知识的多寡。遗憾的是，民俗学如今不再问我们向往的本源关系、我们的审美趣味和我们乐于接受的思想态度，而是首先问某些文化现象在如今的种种表象有什么变化。① 只有从实证科学回归实践科学，民俗学才能从以往的见物不见人回头重新看见人，只不过这时看见的不仅是经验中呈现出来的人，而且是具有独立人格和自由意志的人。也就是说，实践民俗学不是像以往的实证民俗学那样从田野观察的经验中对人及其民俗进行归纳，而是从实践理性的自由意志出发，确立把人看作人格存在的实践意志，把民俗和民俗学研究都看作具有独立人格和自由意志的人的实践活动。② 民俗学者的田野调查也是一种实践，是对民众实践的再实践和再建构，正如菅丰所指出，"一直以来很多民俗学者对于地方文化是作为第三者的观察而付诸行动，进行民俗的采集、解说和诠释。但是，从建构主义的观点来说，民俗学者自身已经胜于行政组织、企业等营利团体以及宣传媒体，毫无逊色地成为建构民俗的相关者使民俗发生变质。如果是致力于调查研究的民俗研究者，对于源自研究者的民俗的建构是不应该没有清醒地认识的。而且，事实上因之研究者的建构是不可避免的，所以，还不如带着一种自觉的意识去理解这样的建构过程，应当对作为一个民俗学者所采取的行动作出选择"③。

非遗保护实践也再次表明，民俗是民众凭自由意志在日常生活中进行的实践行为，实践者有道德责任，而学者的研究又是凭自由意志对实

---

① 参见 Wolfgang Brückner，Kultur und Volk. Begriffe，Probleme，Ideengeschichte，WP-Verlag F. Konstroffer，2000，S. 138。

② 当然，从学科自我认识的历程来看，我们对民俗学的实践理性起点的认识和觉悟是当代才可能发生的事情，因为"任何一门科学都有一个发生和臻于完善的过程，而其开端和发生的进程同作为完备科学的进程是不相同的……所以，科学在臻于完备以前，必须经过从个别到一般、从特殊到普遍的过程，必须主动地反作用于经验材料，对之进行加工改造，而这也就是任何一门科学的开端和发生的进程。只有当科学的这个经验的发生进程积累了足够的经验材料和概念材料时，才会出现把所有这些材料结合为一个统一整体（理论体系）的必要性和可能性，也就是说，只有到了这个时候，科学就不再从经验材料开始而从原理、原则或公理开始，其进程也就不再是经验的认识过程而是逻辑的认识过程了"。参见杨祖陶《康德黑格尔研究》，武汉大学出版社 2001 年版，第 356 页。

③ ［日］菅丰：《日本现代民俗学的"第三条道路"——文化保护政策、民俗学主义及公共民俗学》，陈志勤译，《民俗研究》2011 年第 2 期。

践的实践，民俗学所谓的田野调查不是为了去认识客观的、现成的物或对象，而是人与人之间的一种交往、理解和对话的实践活动，学者同样有道德责任。这就再次彰显出民俗学长期被遮蔽了的实践科学属性。也就是说，无论民众的民俗实践还是学者对民俗实践的“研究”或者所谓的非遗保护，都是凭自由意志进行的实践行为，其中包含着各个实践主体的实践目的和道德责任。如果仅仅从实证科学的角度研究民俗或非遗，那就会忽视甚至遮蔽民众、学者、行政官员或文化工作者作为实践主体的自由意志和道德责任，扭曲民俗或非遗的实践本质，从而与民俗学的初衷和非遗保护的目的背道而驰。

从现实层面来看，中国的非遗保护实践暴露出种种问题，例如，地方官员对非遗或民俗文化本身往往缺乏真正的尊重和重视，而大多把它们看作地方政府单纯谋利和取得政绩的工具，各级政府和某些学者以主导和包办的形式剥夺了民众的主体地位和各项权利等。这些问题既表明了体制和观念的严重滞后，也表明以往学者对民俗学的认识存在误区，中国需要新的民俗实践和实践民俗学，民俗学需要反本复始。

从思想层面来看，《公约》重新激活了民俗学的实践意识和自由意志，也给我们重拾学科求民主、争自由的古典理想并且重新领会民俗学的学科性质提供了启示。实际上，联合国教科文组织在全世界推行的非遗保护实践恰恰是从德国浪漫派为民俗学设定的自由意志出发的，也是对德国浪漫派为民俗学设定的自由意志的回忆和回返、贯彻和延续。① 换言之，《公约》提倡并推行的普世价值观与民俗学求民主、争自由的内在目的是一致的，其要旨在于：建立、普及并落实对普世价值的实践公识及其制度保障。

因此，非遗时代民俗学的实践回归实际上就是返回民俗学的自由意志或实践理性起点。这是学科整体的应然，是学科本然的、客观的内在要求，而不是我个人的主观意愿。正因为民俗学本来就是一门实践科学，所以，日本民俗学之父柳田国男才会认为，“它既是知识，同时又必然是技术。说到底，我们去了解事实，绝不仅是为了获得知其然的知识”，“我们的学问归根到底，必须是济世助人的。换言之，它是为将人类生活

① 参见户晓辉《返回民间文学的实践理性起点》，未刊稿。

导向幸福未来的现在的知识”。①

三 民俗学本来就是实践民俗学②

只有从实践理性的自由意志出发，我们才能进一步理解，非遗保护并非只是公共民俗学的延伸和发展，好像它们都仅仅属于应用民俗学。③ 相反，非遗保护和公共民俗学都是民俗学内在实践目的的部分实现，也是民俗学实践属性的进一步彰显。

美国公共民俗学虽然在兴起时曾备受争议，但由公共民俗学引发了对民俗学研究是否拥有公共性的长期讨论以及对（纯粹）学院民俗学与应用民俗学二分法的广泛质疑。④ 目前，美国公共民俗学已蔚为大观而且与学院民俗学逐渐发生交融⑤，美国民俗学会有一半以上的会员在学院之

---

① ［日］柳田国男：《民间传承论与乡土生活研究法》，王晓葵、王京、何彬译，学苑出版社2010年版，第331、189—190页。

② 本节原题为“实践民俗学就是‘公共’民俗学”，感谢张士闪教授的提示——为了避免读者望文生义而混淆实践民俗学与公共民俗学，改为现题。

③ 美国民俗学者科申布莱特—吉布丽特在1988年就批评说，学院民俗学课程总是固守纯粹民俗学与应用民俗学的二元论并且一直拒绝考察它们自身根本无可回避的应用性，参见Barbara Kirshenblatt-Gimblett, “Mistaken Dichotomies”, in *Journal of American Folklore*, No. 101, April-June 1988; Robert Baron and Nick Spitzer (eds.), *Public Folklore*, University Press of Mississipi, 2007, pp. 31-32；另外参见［日］菅丰《跨越“错误的二元论”（mistaken dichotomy）》，陈志勤译，《民间文化论坛》2014年第2期。

④ 1987年，美国民俗学会的年会专题讨论公共民俗学的这些问题。以此次会议论文为主结集而成的著名文集，参见Robert Baron and Nicholas R. Spitzer (eds.), *Public Folklore*, Smithsonian Institution Press, 1992。

⑤ 正如罗仪德所说，“在过去的35年里，伴随着学术领域的扩大和多样化，民俗学界发生的最主要的变化就是我们所谓的公共民俗学的发展。总的来说，公共民俗学家所受到的学术训练跟其他大学教员一样，而他们的工作也同样是有教育意义的，只不过他们的指导对象是普罗大众，包括孩童，并非以大学生或者大学里的同事为主。他们的工作地点是社区和公共场所（图书馆，公立学校，博物馆，艺术或者文化机构），而不以大学为主”，“对我而言，美国的学院派民俗学家和公共民俗学家们携手共事。他们受训于一样的学术机构（这使得这些机构显得尤为重要），他们拥有相同的视角、价值观并且专注于他们的事业，只是他们的教学方式不同”，“如今，公共民俗学早已成为民俗学的一部分，创造出足够多的优异成果（也为民俗学家提供工作机会），使它成为民俗研究领域不容置疑的组成部分。在今天的美国，公共民俗学不再是奇怪的新事物，也不再需要被辩护。事实上，许多公共民俗学家和学院派民俗学家在他们的职业生涯中经常身份互换，交叉工作。比如，一个学院派的民俗学家可能在他的休假年参加到某个公共民俗学的项目中，或者一个公共民俗学家受聘于某个大学，从他作为一名公共教育者的独特经验的视角出发教授民俗学。这样经过时间的洗礼，位于公共民俗学与学院派民俗学之间的那堵墙已经慢慢坍塌”。参见［美］罗仪德、游自荧《美国公共民俗学的过去、现在和未来——美国民俗学会理事长Timothy Lloyd（罗仪德）访谈录》，丁玲译，《民俗研究》2013年第6期。

外从事公共民俗学事业①，民俗学者、“民众”与专业的文化生产者之间的区隔也已经开始消除②。这就进一步表明，民俗学本来就具有实践属性。尽管美国公共民俗学在被介绍到中国之后并没有得到足够的关注和应有的重视，但我仍然要指出，我们往往只看到他们的协商和妥协，看不到他们为什么能够协商和妥协以及凭什么来协商和妥协。也就是说，我们主要关注和强调的往往只是他们的一些具体做法和技术细节（尽管这些细节也非常重要），却忽略了其中最重要而且中国最缺乏的实践理性基点和自由意志。实际上，美国公共民俗学实践之所以能够开展协商、妥协等一系列民主操作细节，恰恰是因为他们具有共同的民主环境和公民社会的自由意志，因为他们已经凭借这种自由意志建立了 fairplay（公平游戏）的游戏规则。美国公共民俗学恰恰昭示出民俗学的实践前提在于实践理性的自由意志，也就是从公民社会的精神出发来进行民俗实践和民俗学的实践。

由此来看，实践民俗学本来就具有公共性，只不过这里所谓的公共性不仅指美国以社区为主、提倡自下而上的民主文化参与的公共民俗学③，也不

① 参见 Robert Baron and Nick Spitzer, “Cultural Continuity and Community Creativity in a New Century: Preface to the Third Printing”, in Robert Baron and Nick Spitzer (eds.), *Public Folklore*, University Press of Mississipi, 2007, pp. ix – x；感谢彭牧博士提醒我说，美国不少民俗学者虽然在学院里得到了学术训练并且拿到了学位，但由于没有相应的学院岗位而不得不从事公共民俗学职业；其实，美国著名的公共民俗学者德博拉·柯迪希也曾提到了 20 世纪 70 年代中晚期美国的类似情况［参见 Debora Kodish, “Imagining Public Folklore”, in Regina F. Bendix and Galit Hasan-Rokem (eds.), *A Companion to Folklore*, Wiley-Blackwell, 2012, p. 587］。但本文主要考虑的是公共民俗学的内在依据和基本理念问题，而不是外在的偶然机缘问题。

② 参见 Dorothy Noyes, “The Social Base of Folklore”, in Regina F. Bendix and Galit Hasan-Rokem (eds.), *A Companion to Folklore*, Wiley-Blackwell, 2012, p. 30。

③ 实际上，public folklore 的全称是 public sector folklore（公共部门民俗学，参见 http://en.wikipedia.org/wiki/Public_folklore）；德博拉·柯迪希反问道，有什么民俗（学）不是公共的呢？她把公共民俗学理解为承诺进行广泛的民主文化参与的一种职业［参见 Debora Kodish, “Imagining Public Folklore”, in Regina F. Bendix and Galit Hasan-Rokem (ed.), *A Companion to Folklore*, Wiley-Blackwell, 2012, p. 579］。美国的公共民俗学在刚刚起步的 20 世纪 60 年代曾被认为是一种应用民俗学，但随着实践和认识的深入，这种观念早已发生了变化，参见安德明《美国公众民俗学的兴起、发展与实践》，《民间文化论坛》2004 年第 3 期；杨利慧《美国公众民俗学的理论贡献与相关反思》，《广西民族学院学报》2005 年第 5 期。正如罗伯特·巴龙所指出，“自从 1980 年代末期，大多数在学院外实践的民俗学家更喜欢将自己的工作称为‘公众民俗’，而不是‘应用民俗’”，“通过强调对话和合作，公众民俗学家拒绝应用民俗学家对待社区的‘自上而下’的方法，认为民俗学家不应将某种特殊的意识形态议程强加在社区头上”，如果仅仅把公共（众）民俗学理解为应用民俗学，那就可能像学院派民俗学家多尔逊那样认为，“社会改革不关民俗学家什么事儿，即他无需准备去改造那些制度，如果他变为一个激进主义者，他将成为一个拙劣的学者和民俗学家”。参见［美］罗伯特·巴龙《美国公众民俗学：历史、问题和挑战》，黄龙光译，《文化遗产》2010 年第 1 期。

仅指公共领域的民俗活动，而是主要指实践民俗学本身在各个实践环节都具有以自由意志为规范的公共性和政治性。也就是说，民俗学实践本来就具有公共性和政治性，只是这种公共性和政治性一直隐而未彰而已。比如，从民俗学的调查、收集、整理和改编到学术表述，一直都具有公共性和政治性，只是到了晚近才有学者对此做出越来越多的关注和反思。[①] 这也就意味着，民俗学本来就应该是实践民俗学，而实践民俗学本来也和民俗一样具有公共性。[②] 在这方面，笔者赞同菅丰的如下观点：

> 作为我们必须摸索的一个方向，可以提倡以民俗学的知识和见解为基础的在现实社会中的直接的实践——公共民俗学。
>
> 笔者所主张的公共民俗学虽然也包括上面所提到的公共部门的公众民俗学，但并不仅限于此，而是进一步注重学院派民俗学者从事社会实践的一种民俗学方法。公共民俗学不只是从属于政府及其相关团体等公共部门的专业人员所承担的学问，也是从属于大学等机构的学院派民俗学者同样必须承担起来的一种方法。

---

① 这方面的文献很多，就我所见，例如，美国的《西部民俗学》1993 年第 52 卷发表的两篇文章：Susan Ritchie，“Ventriloquist Folklore：Who Speaks for Representation?”；Amy Shuman，“Dismantling Local Culture”；美国的《民俗研究杂志》1999 年第 36 卷第 2—3 期合刊发表了专题会议文章讨论美、德两国公共民俗学的差异（德国并没有“公共民俗学”）：Roger D. Abrahams，“American Academic and Public Folklore：Late-Twentieth-Century Musings”；Christel Köhle-Hezinger，“Cultural Brokerage and the Public Sector：Response to Roger Abrahams”；Hermann Bausinger，“Disengagement by Engagement：Volkskunde in a Period of Change”；本迪克斯和威尔兹直接指出，民俗学者从来不只是呈现文化，而是也发明文化，他们的功能是生产性的而非单纯地复制（参见 Regina Bendix and Gisela Welz，“‘Cultural Brokerage’ and ‘Public Folklore’ within a German and American Field of Discourse”，in *Journal of Folklore Research*，Vol. 36，Nos. 2/3，1999，p. 120）；关于中国与美国在民俗学教学、职业和公共服务方面的比较，参见 Kang Baocheng，Robert Baron and Wang Dun，“States of the Folklore Profession in China and the United States：A Trialogue”，in *Journal of American Folklore*，Vol. 127，No. 505，2014；恰恰因为民俗学的收集、改编是实践行为，国际法学界才在近年来开展了对这些行为的知识产权进行间接保护的工作，参见 Silke von Lewinski（ed.），*Indigenous Heritage and Intellectual Property*：*Genetic Resources*，*Traditional Knowledge and Folklore*，Second Edition，Kluwer Law International BV，2008，pp. 393 – 397。

② 正如高丙中所指出，“民俗不是个人现象，公共性恰恰是民俗所内在地具有的基本属性”，民俗学的研究也同样如此，因此，“我们可以更多地投入关于民俗的公共性的知识生产”。参见高丙中《日常生活的现代与后现代遭遇》，《民间文化与公民社会：中国现代历程的文化研究》，北京大学出版社 2008 年版，第 49 页。

> 如果作为一个民俗学者不具备形成实践前提的规范的实践思想，民俗学者在地方上的实践就如同那些无清醒认识地参与文化保护政策的民俗学者的实践那样，将不可能产生对地方上的文化和居民来说具有可喜意义的结果。为此，民俗学者在地方进行实践活动之际，首先必须奠定根植于地方规范的思想。当然，这样的实践不是为了我们学者而进行的，也不是为了行政组织等公共部门而进行的，它应该是为了生活在地方上的、长期以来承担这个文化的人们而实行的。也就是说，这种实践活动，应当是在以重视地方为目的的地方主义以及以重视生活者为目的的生活者主义这些实践思想的基础上而展开。
>
> 对地方的生活者作为保护和活用文化的合法性存在加以尊重，在尊重他们所拥有的价值的基础上，这一类民俗学者将是不可或缺的：这就是直接从事地方文化的保护和活用之实践活动的民俗学者—公共民俗学者。
>
> 建立新的公共民俗学，可以说是现在的民俗学者的使命。①

不过，我与菅丰的不同之处在于：一、本文主张的实践民俗学不是民俗学的“第三条道路”，而是唯一的康庄大道；换言之，不是说实践民俗学应该分出一部分公共民俗学，而是说，实践民俗学本来全部都是“公共”民俗学。二、实践民俗学不仅发生在公共领域，而且发生在民俗学的一切领域。三、作为实践民俗学“实践前提的规范的实践思想”，不仅是“植根于地方规范的思想”，而且主要指实践理性的普遍自由意志。也就是说，实践民俗学的根本在于完全放弃实证科学的客观认识范式及其对理论与应用的划分，完全从实践理性的自由意志来看待民众的民俗实践并以此进行民俗学自身的一切实践。实践理性的自由意志既是实践民俗学的前提，又是实践民俗学的内在目的。

如果非遗保护实践和民俗学实践像目前这样缺乏实践理性的自由意志即吕微所谓“公民社会的先验语境”，而只是一味地迁就于中国的具体

---

① 以上引文均见［日］菅丰《日本现代民俗学的“第三条道路”——文化保护政策、民俗学主义及公共民俗学》，陈志勤译，《民俗研究》2011年第2期。

国情，那么，它就很难开辟出新的民俗实践和新的文化政治结构，也就会任凭目前的行政体制和积重难返的传统观念把非遗保护同化为一本念歪了的经。民俗学的研究也会一直跟随所谓的中国现实而亦步亦趋、唯命是从，根本无心、无力去开启它本应以自由意志去开启的民主、平等的文化关系和新的理想现实。相反，实践民俗学恰恰不是要匍匐在现实的脚下，而是要用自由意志引导并改变现实，开辟并创造崭新的现实。[①]具体而言，实践民俗学不是在等待外在的现实社会出现了公民社会之后再去对它进行田野调查和描述，而是从公民和公民社会的自由意志去看待民众的实践，并由此促成公民社会的实现。因此，"今天我们民俗学要有一个新的机会，我们要为我们新的国家变换到一个新的认同、新的形象来做出我们的贡献，就是怎么样结合'公民'概念来做"[②] 和行动。

实际上，从实践理性的自由意志来看，历史和文明的整体进程已经体现出实践目的论趋势。借用萨姆纳的术语来说，人类都在经历一个从民风（folkways）向德范（mores）转变的过程，这其中包含着风俗由非理性向理性发展和演变的总体趋势。[③] 换言之，历史的进程也是民俗学学科实现自身目的的过程。公民社会既是民俗学的实践前提和隐秘渴望，又是民俗学的自由意志和内在目的。在这方面，民俗学的内在目的恰好与中国社会的内在目的是一致的，甚至就是同一个目的。也就是说，公民社会正在变成中国的现实，尽管对中国而言，这个实现过程可能还很

---

① 正如罗仪德所说，"今天的美国民俗学家关注更广泛多样的现象，部分是因为这些现象过去并不存在"。参见［美］罗仪德、游自荧《美国公共民俗学的过去、现在和未来——美国民俗学会理事长 Timothy Lloyd（罗仪德）访谈录》，丁玲译，《民俗研究》2013 年第 6 期。

② 高丙中：《从民间到公民——民俗学在其中的作用》，《中国民族报》2004 年 3 月 19 日。

③ 日本学者神岛二郎认为，folkways 是生活经验沉淀而成的行为样式，mores 则是从中升华上来的行动基准，王晓葵认为，"对 folkways 进行选择和调整的是 mores"（参见王晓葵《民俗学与现代社会》，上海文艺出版社 2011 年版，第 285—286 页）；萨姆纳指出，"德范也通过传统和惯例表达它们自己对自己的肯定，先是靠神秘的力量加以认可，后来通过理性的反思，发展出它们自己的哲学的和伦理的抽象思想，最后又被提炼成关于真理和是非的'原理'"（参见高丙中《民俗文化与民俗生活》，中国社会科学出版社 1994 年版，第 204 页）；高丙中解释说，"萨姆纳的'德范'概念集中体现了他的形式与内容统一的思想方法。德范既是外在的行为模式，又是内在的哲理和伦理，是行为模式与哲理、伦理的统一，两者相辅相成"（高丙中《民俗文化与民俗生活》，中国社会科学出版社 1994 年版，第 100 页）。对萨姆纳这些概念的深入讨论，参见吕微《民俗学的笛卡尔沉思（上）——高丙中〈民俗文化与民俗生活〉申论》，《民俗研究》2010 年第 1 期和《中国民俗学》第一辑，广西师范大学出版社 2012 年版。

漫长，但它是一个必然会实现的过程。正如英语 civilization（文明）的字面意思也可以理解为“公民化”一样，传统的民风正在经历也需要经历理性化的洗礼和筛选，这是一个由各种彼此有别的、不一定平等的礼仪向平等的、尊重人格的现代文明规范看齐的过程，在人的层面上也表现为从民到公民的演变过程。这种国际范围内的“移风易俗”与中国传统的移风易俗的本质区别在于，前者不是为了某个民族国家特殊的政治利益，而是为了从实践理性的普遍自由意志来看待并实现不同文化、不同习俗的实践价值，这也可以说是人类学家阿尔君·阿帕杜莱（Arjun Appadurai）所谓“草根全球化”（grassroots globalization）[①] 的题中应有之义。

由于中国文化传统缺乏现代价值观的启蒙，目前的行政体制也不利于以《公约》精神开展非遗保护，尤其是根深蒂固的官本位观念阻碍了其他各项工作的开展，因此，我们需要借助非遗保护实践来引入公民社会的自由意志。“公民社会最本质性的特征，在于坚持尊重公民的自主意志的原则，换言之，在于尊重自由的价值。自由的原则是抽象的，它除了主张‘自己的自由之存在取决于对他人的自由的尊重’之外，并不建构任何其它东西，即建构不出任何包揽无遗的有约束力的社会与政治的主导理念”[②]。从某种意义上说，《公约》正是公民社会的自由意志在非遗保护实践中的贯彻和体现。如果不贯彻和体现这种自由意志，我们就很难避免在保护实践中出现一些违背《公约》精神的现象，诸如“从最基本的申报开始，文化的承载者就没有发言权”，“作为文化主体的民众，一定程度上丧失了对于自己置身其间且耳熟能详的文化的话语权”[③]，因此，“非遗评审中，如何使遗产当事者、传承人在评审中有相应的话语权等需要进一步探讨”[④]。这就从反面表明，在非遗保护的实践中，如果不

---

① 参见 Kristin Kuutma, “Concepts and Contingencies in Heritage Politics”, in Lourdes Arizpe and Cristina Amescua (eds.), *Anthropological Perspectives on Intangible Cultural Heritage*, Springer, 2013, p. 8。

② 高丙中：《“公民身份”的理论取向和现实意义》，《学习时报》2003 年 9 月 1 日。

③ 安德明：《非物质文化遗产保护：民俗学的两难选择》，《河南社会科学》2008 年第 1 期。

④ 陈勤建：《民俗学者与当今的中国非物质文化遗产保护》，《民间文化论坛》2014 年第 2 期。

能保障社区、群体和个人的程序权（procedural rights），他们的主权（substantive rights）也就很难得到落实和保障。[①]

由此可见，实践民俗学在当代中国有其紧迫性和必要性，当然正因如此也有很大的开展难度。实践民俗学需要确立实践理性的自由意志，首先借助非遗保护来贯彻基本的普世价值理念，尊重民众的主体性，将他们对自己非遗的选择权、参与权、受益权等各项实践权利写入非遗保护的立法并且体现在从国家到地区的各个实践环节上，建立违法的监督和惩罚机制；另外也需要凸显民俗实践的道德责任和伦理维度，使抽象的、蒙面的民变回具体的、有血有肉的人，防止为了保存过去而牺牲现在和未来以及为了物而忽视人的观念和做法，从而实现民俗学求民主、争自由的自由意志和隐秘渴望。因此，“民俗学不是没有人文关怀的客观知识学，而是通过对民俗和生活世界的理解最终推动民众（包括学者自己）过上好生活的实践科学。实际上，民俗学在许多国家从一开始就是民主实践的组成部分，在这方面，学者对民和民俗理解得越好，就越有助于推动民俗生活的正当化和由民转变为公民或自由人的社会进程”[②]。“作为研究和描述普通人的生活世界的一门学问，民俗学永远肩负着呈现民众生活和表达普通人心声的任务，作为一门实践科学，它一直承担着发现民众和普通人的主体意愿和实践智慧的义务”，“中国民俗学要发现民俗或文化的意义并对中国民众过上好生活真正有所贡献，就不能把自己变成一门经验科学，而是应该成为一门实践科学”。[③]

只有在实践民俗学的各个环节贯彻让民众平等对话和广泛参与的自由意志，理想才能照进现实，民俗学才能“将民众正当拥有的、我们取

---

① 参见 Laura Pineschi，“Cultural Diversity as a Human Right? General Comment No. 21 of the Committee on Economic，Social and Cultural Rights”，in Silvia Borelli and Federico Lenzerini（eds.），*Cultural Heritage*，*Cultural rights*，*Cultural Diversity*：*New Developments in International Law*，Martinus Nijhoff Publishers，2012，p. 44。

② 户晓辉：《从民到公民：中国民俗学研究“对象”的结构转换》，《民俗研究》2013 年第 3 期和人大复印资料《文化研究》2013 年第 8 期。

③ 户晓辉：《建构城市特性：瑞士民俗学理论新视角——以托马斯·亨格纳的研究为例》，《民俗研究》2012 年第 3 期、《中国社会科学文摘》2012 年第 10 期摘要转载。

之于他们的东西以一个他们理解的方式归还给他们"①，民俗学者才能"关注使平凡的人生活得更美好"②，才能"积极参与使'民'成为社会行动的主体的思想过程和社会过程"③。只有实践民俗学才能真正从实践理性的自由意志出发来看待民众的实践，"认真地把他们当作具有政治、社会、文化的公民身份的成员来对待，这是今天在'民间'做关于文化的调查研究要具备的学术伦理"④，也是实践民俗学的根本任务和使命。只有从自由意志出发才能证明，"民俗学是一门以其学科的基本问题意识而于社会、于人生都大有益的学问，而且能够以其理论的完备性和彻底性承担起对于社会与人生应负的学科责任"⑤。

---

① ［美］罗伯特·巴龙：《美国公众民俗学：历史、问题和挑战》，黄龙光译，《文化遗产》2010 年第 1 期。

② ［美］史蒂夫·J. 蔡特林：《我是民俗学家而你不是——民俗学实践中泛化与分界的策略对抗》，周星主编《民俗学的历史、理论与方法》，商务印书馆 2006 年版，第 772 页。

③ 高丙中：《日常生活的现代与后现代遭遇》，《民间文化与公民社会：中国现代历程的文化研究》，北京大学出版社 2008 年版，第 37 页。

④ 高丙中：《民间文化与公民社会：中国现代历程的文化研究》，"序言"，北京大学出版社 2008 年版，第 4 页。

⑤ 吕微：《民俗学的笛卡尔沉思（上）——高丙中〈民俗文化与民俗生活〉申论》，《民俗研究》2010 年第 1 期和《中国民俗学》第一辑，广西师范大学出版社 2012 年版。

遗产学与遗产运动:表述与制造*

彭兆荣**

摘　要: 遗产运动已经成为当代社会的重要活动和重大事件，然而，我国学术界对遗产学，尤其是对所涉及的理论、批评以及复杂关系的研究相对滞后，对一些学理方面的问题研究甚少。本文试图就相关问题进行讨论。这些问题不仅关乎遗产学的理论方面，对我国现实所进行的遗产运动也有重要的借鉴作用。

关键词: 遗产　资本　认同

一

遗产研究已成为一门特殊的学问，是为不争的事实。若从传统“学科规则”去检验，遗产学似不“纯粹”，即它不为某一学科所专属。其所以如此，主要原因在于:(1)遗产学并非单一的学科领域，不像人类学、历史学、文学、天文学、物理学等成为公认的学科。参与遗产研究的学科很多，领域也很广泛，比如遗产的人类学研究、遗产的地理学研究、遗产的政治学研究、遗产的历史学研究、遗产的艺术研究、遗产的文化研究、遗产的管理研究，等等。不同学科将各自的触角深入其中，各学科的特质、品性、理念、方法和手段也大量渗入、移植到具体的遗产研究中。(2)我们今天所说的“遗产”被打上强烈的现代烙印，它不仅是

---

* 原文刊于《文艺研究》2008 年第 2 期。

** 彭兆荣，厦门大学社会与人类学院人类学与民族学系教授。

一个时代命题，是一种社会实践，也是一个具有鲜明“话语”特征的产物。与其说遗产是财产、财富，还不如说它更表现为权力化的资本符号。根本原因在于：遗产作为一种特殊的财产具有资源性，人们可以根据不同社会和群体的需要进行发掘、开发、利用、交换和交易。（3）现代遗产融会了工业化的痕迹、技术主义的手段、商品社会的交换品质、现代传媒的炒作对象、公共事业的管理方式，也经常被政治家和行政管理部门作为展示政绩、追求业绩的资本。因此，遗产理论首先表现为所谓的“共谋理论”（conspiracy theory）。“共谋理论”的原旨是对自“二战”之后各种相关的拯救历史遗产的活动和运动的概述，并由此延伸出对法规、实践等综合情况的描述。[①]“共谋理论”其实是“话语理论”在不同领域和背景下的移植和变形。

遗产研究的理论显得庞杂，学术取向也不一致。其中一种是根据遗产的特定历史情况，在理论上强调遗产产生的动机，称为“动机说”（motivation）。这一学说主要从西方各国政府近几十年来对各种遗产采取的拯救和保护等实践活动的愿望和动机入手展开分析。从20世纪初开始，西方各国政府、社会组织和民间团体有意识地开展了对遗产——尤其是两次世界大战对欧洲遗产毁灭性破坏后的情形，以立法性的手段对遗产进行保护。这些工作先是在法国，继而在俄国、德国等国家陆续开展。其对象主要是战争所遗留下来旧时代的财产和遗产，如皇宫以及废墟等，使那些具有国家标志性特质的遗产“合法化”和“正统化”。这是西方国家建立“祖国”（home country）、塑造新形象的意愿所在，是各国政府适应社会发展和形势变迁的实际需要，也是强化民族国家主权的历史必然。在这种背景下，欧洲各国的“国家博物馆”（national museum）遂成为这一过程的象征性标志和品牌——通过国家博物馆中的各类遗产以展示国家的文明与文化。但是，他们在具体的保护方式和手段上产生争议，主要争议点集中在是采取摧毁重建还是进行有效维护的选择上。简言之，“动机理论”将现代遗产学产生的动机和理由置于特定的历史语境中进行探讨，并与遗产的国家化、合法化、正统化的需要、转型、过

---

① P. Howard, *Heritage: Management, Interpretation, Identity*, London & New York: Continuum, 2006, p. 36.

程联系在一起。

遗产理论除了表现出特定时代的语境特质外，也表现出自身的特点与品质。遗产的存在离不开延续性，所谓的“延续说”（continuity）就是强调遗产的存续性。这一理论旨在说明：在遗产的合法化、正统化、国家化的进程中需要强调遗产延续在立法方面的保障，只有这样，才能够使那些公认的、具有符号化的国家遗产不至于因政府的频繁更迭而中断或发生变更。立法足以保证遗产的持续性和稳定性。而对遗产的立法性保护又满足遗产本身自我延续的客观要求。这种延续性由遗产的本质、特性和历史所决定。由于其客观、内在、历史的需要属于“看不见的过程”，需要更加谨慎。各式各样的遗产，如艺术、手工艺、历史文本等，无不有着与现在对接的内在关联和逻辑。遗产的“延续说”便侧重于对遗产在各个方面的延续性进行研究，比如“遗产与历史”“遗产与记忆”等都旨在说明和强调遗产在社会传统中的延续性。归纳起来，“延续说”主要强调两层意图：遗产本身的延续性和对遗产保护的延续性。

遗产研究与资本主义发展和扩张无法须臾分开，遗产与资本顺理成章地成为研究的一个重点。遗产的“资本”形态呈现作为文化多样性的特殊品质。“资本说”也成了遗产的重要理论之一。大体上说，遗产的“资本说”可分为两个部分：一是遗产的“文化资本”（cultural capital）；二是遗产的“经济资本”（economic capital）。前者主要是对法国学者布迪厄“文化资本论”的移植和改造；后者则强调遗产在现代经济活动中的资本表现形式和形态。“资本”是布迪厄“实践社会学”的关键词。在他看来，“资本”既是人们进入“社会场域”的“入场券”，也是参与社会竞争的必备价码。[①]“文化资本”具有复杂的存在形式和形态，同时兼有部分经济资本的客观品质。因此，它不仅成为各方利益和力量争夺的对象，也成为各方利益和力量进行协商、平衡的商品，甚至是牺牲品。严格地说，不同类型或来自不同地方、不同族群的遗产，特别是非物质文化遗产很难通过评估以确定其“价值”高低，这原本也是国际组织在确认和制定相关法律、法规的原则，然而，现行的各种遗产评定、遴选

① ［德］皮埃尔·布迪厄：《实践与反思——反思社会学引论》，李猛等译，中央编译出版社 1998 年版，第 147 页。

实际上却无一不在进行“区分”其价值高低的工作。所谓的“代表作”“杰出代表”都意在强调那些“入选者”高出其他的价值，而这一过程本身含有平衡、协商和妥协的成分和含义。而获得“杰出代表”者随即在经济资本上大大增值。不言而喻，在这些复杂的关系中，权力起到至关重要的作用。[①] 至于遗产在经济方面的表现很容易理解，简单地说就是在市场经济流通过程中价值的原附性和可缩性。

还有一种理论主要反映在遗产的认同（identity）方面。遗产的产生、创造与遗产的归属、认同是相互依存的。没有任何一个民族、族群会创造他们不认同、不认可却能长久传承下来的遗产。“人民需要认同，同时，某一群人的认同往往又对另外一群人的认同造成伤害”[②]，这也是我们在确认遗产的“人类性”时需要“加注”、需要“设限”的理由。比如在非物质文化遗产的类型中，仪式之于某一个民族、族群显得特别重要。然而，在某一个特定的民族仪式中，一些被赋予的观念、形式、符号、牺牲等可能恰好与其他民族形成价值相悖，甚至产生冲突。历史上的一些宗教战争源自对遗产在不同方向上的认同，不同方向上的认同导致了对峙、对立和对抗。认同是一个多层次的体系和关系网络，当今的遗产认同外在的、集中的表现是民族认同，而这一认同与民族国家紧密相连。这也构成遗产研究的一个主题。[③] 从目前所确认的遗产范围来说，它包括了国际的、洲际的、国家的、区域的、地方的、临界的（具有边界相关性——不仅包括领土的边界，也包括族群的边界，还包括文化的边界）、家族—家庭的以及个人的等诸种状况。更为重要的是，“认同的因素也能成为遗产”[④]，或者说，遗产中包含着认同，认同本身也是特殊的遗产。

遗产学带有很强的实践性，即便是讨论纯粹的学理问题也需强调这一点。对遗产的保护更是一项应用性、实践性、专业性的系统工程，相关的专业人员涉及民俗学家、人类学家、考古学家、历史学家、环境规

① P. Howard, *Heritage: Management, Interpretation, Identity*, pp. 44, 17 - 18.
② P. Howard, *Heritage: Management, Interpretation, Identity*, pp. 44, 17 - 18.
③ P. Howard, *Heritage: Management, Interpretation, Identity*, pp. 167, 150.
④ P. Howard, *Heritage: Management, Interpretation, Identity*, pp. 167, 150.

划专家以及有关的其他科学家和工程技术人员。[①] 遗产的保持与保护有赖于民族志的田野调查。民族志的一个原则正是人类学家在实地和现场“参与观察”，身体力行，试图发现和描绘某一文化系统的符号来源以及在那些特定的背景中所赋予的文化意义和解释。除此之外，人类学对遗产研究的重要贡献还表现在诸如地方研究、文化变迁，包括大规模的现代旅游对遗产地的冲击所引起的细微变化等；同时也代表地方传达“地方声音”（local voice）。[②] 人类学对于遗产的研究特色还表现在民族志对“物”的研究（objects of ethnography），例如对于民间手工艺品和技术的研究、描述，便属于物的民族志范畴。[③] 民间手工艺品及技术成为人类学家研究的物质对象，因而具有鲜明的民族志特点。反过来，民间工艺品又被民族志者所“创造”。民族志对“物”的研究形成了一种特殊的范式——民族志对物的研究使之成为一种特殊的描述性和展示性叙事方式。在特定的语境中，这种展示性的“民族志画廊”（Ethnographical Gallery）成了一种“文明的制造”。[④]

人类学的民族志方法适用于文化遗产研究，特别对那些来自于无文字民族、族群、民间等原生性遗产的研究，器物成了这些民族、族群、人群特殊的文化传统和文化表达，形成了所谓的“文本化的物”与“物化的文本”（textualizing objects / objectifying texts）。[⑤] 另外，民族志研究除了将人类学的学科精神融入其研究对象“物”以外——即物质遗产的民族志研究包括了明确的目的和目标，更重要的是以“文化相对”的态度对待不同民族、族群和地方的各类遗产和遗存，不仅肯定它们的生成、存在与其他任何遗产拥有同等的权利，也不遗余力地为那些在社会现实

① M. Hufford（ed.），*Conserving Culture: A New Discourse on Heritage*, Urbana and Chicago: University of Illinois Press, 1994, p. 4.

② E. Chambers, “Thailand's Tourism Paradox: Identity and Nationalism as Factors in Tourism Development”, in *Conserving Culture: A New Discourse on Heritage*, p. 98.

③ B. Kirshenblatt-Gimblett（ed.），*Destination Culture: Tourism, Museums, and Heritage*, Berkeley: University of California Press, 1998, pp. 17, 21, 30–34.

④ B. Kirshenblatt-Gimblett（ed.），*Destination Culture: Tourism, Museums, and Heritage*, Berkeley: University of California Press, 1998, p. 17, 21, 30–34.

⑤ B. Kirshenblatt-Gimblett（ed.），*Destination Culture: Tourism, Museums, and Heritage*, Berkeley: University of California Press, 1998, p. 17, 21, 30–34.

中实际上不能得到或没有得到同等权利的民族、族群遗产进行呼吁和申辩，同时还要通过研究发掘出在那些文化遗留物中所积淀、所存贮、所包含的具有民族独特的品质。

二

“物”的民族志研究具有鲜明的特点。从现象学角度看，遗产作为“物”（包括特殊的“非物质”形态）的存续，表面上是客观的、有形的、可感触的；事实上，它们融入了“主观的、描述的和解释的经验”①，其中涉及一些很有意思的原理和元素。当遗产作为“物”的遗留、分类展示在公众和游客面前的时候，它们无疑成为历史的“物证”。视觉效果和经验体认成了观众和游客最具说服力的支持与支撑。他们相信所参观的遗产或遗产景观的客观性不可置疑。另外，通过参观遗产，人们产生一种怀旧的情感，特别是这种情感与一些政治理由相维系，并与资本主义化的旅游工业结合在一起的时候，代表所谓“低文化”的遗产满足了人们的怀旧情感。② 正是由于遗产实物形态的客观性、真实性，在很大程度上遮蔽、掩饰了所呈现、所展示、所陈列遗产的主观表述特征。也可以说，迄今为止人们所认定、认可、认为的“遗产”都是主观选择的结果。我们不妨追问：为什么把“这些”而不是“那些”当作遗产？人们为什么要访问被认定的文化遗产地？答案很清楚：遗产只不过是在不同的历史语境下，人们根据不同的分类原则和标准所进行的选择性划分、主观性描述、经验性解释、目的性宣传和商业性炒作。

逻辑性的遗产便成了一种表述，但遗产的表述并不简单。就遗产的物质性而言，遗产必定代表了什么，表达了什么，包含了什么。这些表示相对较为容易了解和把握，物理学、地理学等可以对遗产的“能指”（物质性）进行量化分析。然而，与遗产相关和所属的社会、历史、时

---

① A. Synnestovedt, “Who Wants to Visit a Cultural Heritage Site? ” in A. Russell (eds.), *Image*, *Representation and Heritage*, New York: Springer, 2006, pp. 334 – 335.

② A. Synnestovedt, “Who Wants to Visit a Cultural Heritage Site? ” in A. Russell (eds.), *Image*, *Representation and Heritage*, New York: Springer, 2006, p. 335.

代、族群、地缘等表述更为多样。对遗产表述与被表述、解读与误读、诠释与过度诠释、包装与变形，都成了遗产表述的附加内容。今天，“遗产工业”（heritage industry）已经成为一个普遍被学术界接受的概念，其中一个重要的原因就是由于遗产在现代背景中产生了大量的“附加值”，被赋予了“遗产的第二种生命”。简言之，遗产本身的表述是一个方面，而遗产被当作满足其他社会功能和意义的表述是另一个方面。遗产的附加性、再生性、延伸性意义已经成为当今遗产研究中最受关注的部分。遗产的附加值主要表现在以下三个方面：（1）过去的价值；（2）展示的价值；（3）差异的价值。全球化使原来局限于某一个地方、分属于某一个民族的遗产在遗产工业的生产和交流中成为“出口产品”（export）①。遗产的被选择和被操作使之转化为一种“媒体”——根据某一特定的需要和语境的“被表述”，这种情形决定了遗产在很短的时间里呈现多方面的、新的表述与被表述关系的重组。

遗产的表述与遗产的归属有着内在关系。如果我们采取一种相对狭窄而简单的态度对待遗产，即把遗产看作“财产”（property），那么，其所属关系就显得更简单。人们首先想确认的是：这是谁的财产？其所有权属于谁？在西方，几乎所有国家的宪法都把保护和维护个人财产视为至高无上的原则。我国在最近的宪法修改中也把保护公民的个人财产作为宪法的重要条款。也就是说，任何一位公民，其个人财产只要是正当的和合法的，国家就必须保护。把人类遗产视为人类财产，无论从立法上还是从观念上，都具有逻辑关系，因而可以成立。然而，由于附加了“人类”这样极其模糊的概念，原来很清晰的关系变得复杂。如果说“这是张三的合法财产，那么宪法就必须保护其财产的合法性”。可是，如果说“这是人类的财产”，那么，它是否意味着每个人都具有获得它的合法权利呢？这样的推论显然有些荒谬。“人类”的概念具有各种不同的对应关系：个人群体、等级阶层、群体国家、我群他群、前辈晚辈、男人女人、政府民间、过去现在，还有人类与其他物种，等等。正因为如此，在遗产学的研究中，人类财产或文化财产的所属问题也就成为重要的讨

---

① B. Kirshenblatt-Gimblett（ed.），*Destination Culture: Tourism, Museums, and Heritage*, pp. 150 – 153.

论对象。沃伦（K. J. Warren）在同一个命题之下，首先从哲学高度对此进行辨析，并把这些问题概括为所谓的“三权”（3R），即所属权（rights of ownership）、接近权（rights of access）和继承权（rights of inheritance）。[①] 在沃伦看来，人类遗产作为文化财产最受争议的问题就是其归属问题，而归属问题概括起来就是三大权属问题。

在谈及产权问题之前，首先有必要对“文化财产”或“文化遗产”做一个大致的分类。联合国教科文组织从遗产的形态上进行了细致的划分，使之具有可感性和可操作性。然而，对文化遗产的原生性质和交错关系却重视不够。在学者们看来，文化遗产首先是关乎“过去”的遗存，因此，文化遗产的“过去”属于谁首先就需要确认。[②] 是全人类？是国家？是民族？是某一个社群？是某一个宗教团体？是某一个家族世系（lineage）抑或是个人？将这些范围弄清楚，才有助于确定具体文化财产归属的正当性。由于当今世界公认的表述单位为国家，或更具体地说是“民族国家”[③]，因此，联合国教科文组织规定，与遗产相关的所有类型的申报主体都是国家（新近的申报主体已有所扩大）。与此相联系，人文遗产权属问题在国家层面的争论便可以围绕着许多方面进行，其中有一点较为特殊，即文化遗产的国家原属性与这些国家原属性的转移和变更是否可以偿还。比如，大量原属于第三世界国家、殖民地国家的历史遗产转变了所有权，它们在大英博物馆、卢浮宫等老牌殖民主义国家的博物馆里陈列和展出。由于既往所发生的各种历史事件、殖民战争，使得原属于不同国家的遗产被盗运、掠夺到另外一些国家或外国人的手里。这些遗产通过抢夺、偷盗的方式转移了财产的所属者，又通过历史性的、不同国家的法律认可后得到了所谓的“合法性”。这些遗产的归属问题迄今为止仍没有一个可接受的国际规则。由此我们也可以清楚地了解到，

---

① K. J. Warren, “A Philosophical Perspective on the Ethics and Resolution of Cultural Properties Issues”, in P. M. Messenger (ed.), *The Ethics of Collecting Cultural Property: Whose Culture? Whose Property?* Albuquerque: University of New Mexico Press, 1993, p. 2.

② K. J Warren, “A Philosophical Perspective on the Ethics and Resolution of Cultural Properties Issues”, in P. M. Messenger (ed.), *The Ethics of Collecting Cultural Property: Whose Culture? Whose Property?* Albuquerque: University of New Mexico Press, 1993, pp. 3, 4.

③ 彭兆荣：《论民族作为历史性的表述单位》，《中国社会科学》2004 年第 2 期。

国际规则的制定主要由西方列强把握、掌控，它们不会主动去制定对他们不利的国际法律条款。这些看上去极不公平、极不公正的历史现象和历史事实无不在国家的“合法”名义中获得认可。对于那些遗产的原属性和变更“合法性”之间的历史遗留问题，就有学者提出另外一个“3R”原则，即归还（Restitution）、限制（Restriction）和权利（Rights）。①

遗产已经越来越不像是一个“既定物”，而是被赋予越来越多人为的因素，加入越来越多的行动色彩。② 如果我们以历史的眼光去看待遗产的这种变化，一个很有意思的现象便凸显出来，即“遗产的历史”与“遗产学历史”完全不同。如果把某一种遗产置于特定的地方和人群的传承、演变、权责关系中，并把这些关系视为一条主线，我们就可以把握其自身的逻辑和遗产所属群体的内部纽带关系。如果我们对遗产学置于特定语境中进行结构分析的话，则可以清楚地瞥见“短时段”因素的作用。具体地说，遗产概念、分类、立法、管理中的应用性、行动性、行政性、资源性、分享性、利用性、商业性、交易性等特质显现出越来越扩大、越来越严重的趋向。遗产的原生性更多地表现出遗产的“原生纽带”中各种关系的内在延续，还有特定人群对遗产的情感、忠诚、认同、限制甚至禁忌等特点。而今天遗产的外在因素增加了工业化、技术性和资本主义的“铜臭”。有鉴于此，遗产在理论上的历史研究取向便凸显出来，诸如记忆理论、认同理论、谱系研究等。

在这些不同层次的文化表现和认同的复杂关系中，某一层次的政治认同有时会上升为文化的主导。比如我们经常使用“民族文化”的概念，其实是指中华民族的政治共同体文化，它与民族国家的政治主导价值相吻合，却因此淡化了传统遗存和现实表现的文化特质，即现实的、可持续性的社会关系。于是一个问题便自然浮现：那些所指的、具体的民族

---

① K. J Warren, “A Philosophical Perspective on the Ethics and Resolution of Cultural Properties Issues”, in P. M. Messenger (ed.), *The Ethics of Collecting Cultural Property: Whose Culture? Whose Property?* pp. 3, 4.

② M. Hufford (ed.), *Conserving Culture: A New Discourse on Hertage*, Urbana and Chicago: University of Illinois Press, 1994, p. 5.

文化遗产是谁的?属于哪一种传统类型?属于哪一种生活方式?[①] 从文化谱系角度和历史关系判断遗产,在民族国家的原生性方面有些无法找到符号化的历史事实和历史逻辑的根源,却在某一个具体的族群、家族、世系等的谱系线索中可以找到其源头,但同一种文化遗产却可以成为不同的概念、群体、阶级等的共同资源。比如"孔子"这一历史文化符号,作为文化遗产的一部分,在某种程度上它既可以归属于孔氏家系,更属于中华民族的代表性遗产。另外,出于认同上的需要,不同的群体,包括政治共同体、地缘共同体、社区共同体以及家族共同体等都会对遗产这一"猎物"进行瓜分撕抢,使之变得支离破碎,仿佛在动物世界里出现的血腥场景。其中,所遵循的原则是"权力话语"——以权力的大小、势力的强弱瓜分不同的部分和部件。在这场"争夺"中,国家的权力最大,它可以专断性地获取其所需要的东西。

三

遗产运动与"遗产工业"相互交织无疑是现代技术主义的一大特征。理论上看,我们认识遗产应该就遗产本身而论,而非其他。问题是:遗产工业本质上是商业的,而文化遗产却不是。遗产工业正是利用了遗产的巨大号召力和吸引力,包括自主、存续和自然资源等品质和特点。遗产的这些特质对遗产工业的商业活动而言无疑都是无可替代的关键因素。[②] 后现代的"遗产说"熔铸了"遗产制造技术"的成分。现代技术主义从根本上超越了传统樊篱,不仅改变了人们的工作、生活环境、节奏和习惯,而且改变了人们的认知体系和思维方式。当技术主义与社会再生产相结合变成"遗产工业"时,遗产便不可避免地出现异化。二者的并存与"共生"最具讽刺意味的恰恰源自于二者的共处。换言之,"遗

① S. Hall, "Culture, Community, Nation", in D. Boswell & J. Evans (eds.), *Representing the Nation: A Reader Histories, Heritage and Museum*, London & New York: Routledge, 2005, p. 41.

② B. Kirshenblatt-Gimblett (ed.), *Destination Culture: Tourism, Museums, and Heritage*, 1998, p. 142.

产的危险正好来自于遗产工业"。[①] 从某种意义上看，我们在当下所说的"遗产"便是技术主义的"产物"，其根源来自相同的"技术—官僚主义的组织结构"。[②] 技术主义强化了现代遗产工业的话语特征。遗产运动便是现代技术与现代政治共谋的时代产物。

以"遗产"为名的实践活动在近三十年演变为一场社会运动，其内涵和形式、叙述与解释等相对于传统对遗产的认识出现了巨大的距离。造成这种状况的原因很多，除了当代的社会发展和变迁所形成的特定氛围和价值取向外，还有一个重要的原因就是遗产工业的出现。根据遗产工业的程序要求，必定有所谓的"遗产工程"的制造、制作因素与过程。霍华德（P. Howard）对此做了一个图解：

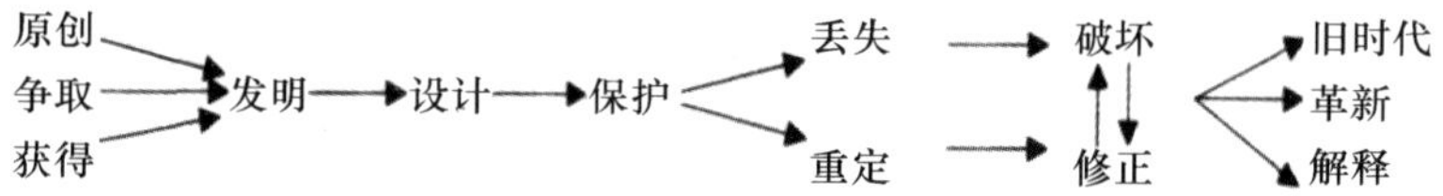

他对遗产之所以能够成为"现代遗产"的生产过程及要素做了详细的列举。[③] 从这个图式中我们非常清楚地看到，原生、原始与原创的遗产与我们现在所看到、所接触到、所认识到的遗产之间出现了多么大的距离。参照这一个程式，人们可以这样拷问：这还是遗产本身吗？如果我们反过来看这个图式，会有一个耐人寻味的发现，那就是"遗产"的结果和命运与遗产过程和遗产制造的程序完全被"中间形态"所制约、所决定。首先，如果没有诸如"发明""设计""选择""解释""确定""调整"等观念和理念、行为和行动，遗产就没有被认定的可能性。换言之，若没有这些因素，人们根本就不认为其为"遗产"。人类祖先遗留了无数形态各异的东西，包括器物、事件、形式、知识、认知、仪礼、习俗、观念等，而我们今天所说的"遗产"只是其中的沧海一粟，绝大多

① R. Hewison, "Heritage: An Interpretation", in David L. Uzzell (ed.), *Heritage Interpretation (Vol. 1): The Natural and Built Environment*, London & New York: Belhaven Press, 1989, p. 18.

② J. Friedman, "Being in the World: Globalization and Localization", in M. Featherstone (ed.), *Global Culture: Nationalism, Globalization and Modernity*, London: Sage, 1990.

③ P. Howard, *Heritage: Management, Interpretation, Identity*, pp. 186 – 187.

数遗产并不被我们所认定。从此可以看出，“遗产”是由社会价值和制造程序决定的。

遗产的构成必然包括解释成分。构造主义者干脆认为遗产不是其他，就是解释；不过它不是一般性的解释理论，而是有关知识和学问的理论。比如游客之所以去造访遗产地，其目的之一是去学习和体验。在参观、游历的过程中，每一个游客都会根据自己的知识背景和经验对遗产进行解释。遗址为到访者提供了一个确定的目的地，并使到访者获得身体力行的知识认同、经验认可。这一过程出现了很有意思的解释现象，即同一个遗产物对每一个到访者而言都是相同的，但在不同的到访者那里所获得的认知和解释则会出现极大的差异。根本原因是到访者加入了各自的认识、解释和互动。[①] 如果这样的观点可以成立，或在推论的逻辑上可以成立的话，便不存在具有相同指喻性的“遗产言说”，也就是说，我们首先承认有一个具体的遗产物、遗留物的客观存在，但这个“客观存在”只不过是假定排除了任何人为因素的“存在”。从这个层面上说，它的存在并无意义——对人没有意义的东西不可能被“指认”为遗产。反过来，只要是遗产也就必定包含人的因素：认知、解释、记忆、选择、认同、主观、策略、制造，等等。据此，遗产的构成中必然包括可触及的和不可触及的部分，它们相互作用，组成完整的遗产共同体。[②]

众所周知，对遗产的界定、认识和解释或多或少地会带上时代、政治、权力化的“阴影”。从这个意义上说，今天的遗产属于“创造的遗产”。其中附丽了大量的“次生因素”。具体来说，由于当代大规模遗产运动的作用，遗产已经成为一个具有公共价值的“品牌”，累叠了许多与遗产“原生因素”不相干甚至不相容的东西。造成这种情状的始作俑者即是“权力话语”。由于当代社会对遗产的界定带有明确的目的性、利益性和实践性，因此，遗产也经常成为各种利益群体及国家之间斡旋、协商的平衡物。全球化对遗产工程重视的热潮加速了遗产存续的变化速度，

---

① T. Copeland, “Constructing Pasts: Interpreting the Historic Environment”, in A. Hems & M. Blockley (eds.), *Heritage Interpretation*, London and New York: Routledge, 2006, pp. 83 – 84, 85.

② T. Copeland, “Constructing Pasts: Interpreting the Historic Environment”, in A. Hems & M. Blockley (eds.), *Heritage Interpretation*, London and New York: Routledge, 2006, pp. 83 – 84, 85.

改变了它的行进方向。在这一过程中，大规模的旅游活动成为这一进程的另一个重要推动力，同时也强化了行政管理方面的重要性。① 行政管理往往把遗产变成一种社会公共资源并对它们进行分配、管理和利用。在此，我们更想强调对遗产主体性的真正尊重，对遗产原生形态的正确认识和充分理解。如果这一前提没有把握好，遗产的命运和后果便令人堪忧，遗产也会改变其原有的性质和特征。

既然遗产属于特殊的存留物，便有各自的存续样态，这决定了其相应的地方和空间背景。《世界遗产名录》在这方面的规定包括：（1）相同的历史—文化组成。（2）在地理区域特征内的相同类型的遗产。（3）相同地质形态构成，相同生物地理省份或相同生态系统类型，并说明其作为一个具有突出普遍价值的系列遗产不能将其分割开。② 每一个独特的遗产都具有环境的特质、自然优势以及生态构造。本质上看，任何物种都是生态性的。生物乃至“文化物种”的多样性离不开其生成、生存、演变和发展的生态环境。所谓“可持续性发展”首先也是针对自然生态环境的背景和基础的。按照文化生态学的基本要义，人与环境的关系首先表现为平衡与适应。它有两个基本特征：对生态环境的保持、保障与保护以及在和谐基础上的创造行为是生态发生学的原旨。所以，严格意义上的“遗产”都可以被认为是自然环境的生态性遗物、遗存和遗留。任何值得保护的遗产也都是人与自然和谐相处的典范。与此同时，人们必须认识到，“世界遗产是一种脆弱的、不可修复（不可再生）的资源，必须受到保护，以保持它的真实性并留给后人享用”③。

不言而喻，全球范围内有关遗产的主导价值观念来自联合国。即便如此，我们也必须清醒地认识到，遗产政治中隐含了某些殖民化因子。具体而言，全球背景下所推行的“遗产政治”仍然带有“欧洲中心”和

---

① Claude-Marie Bazin, “Industrial Heritage in the Tourism Process in France”, in M. Lanfant, J. B. Allcock and E. M. Bruner (eds.), *International Tourism: Identity and Change*, London: Sage Publications Ltd., 1995, pp. 124 – 125.

② 北京大学世界遗产研究中心编：《世界遗产相关文件选编》，北京大学出版社 2004 年版，第 18 页。

③ ［英］迈拉·沙克利：《游客管理：世界文化遗产管理案例分析》，张晓萍等译，云南大学出版社 2004 年版，第 1 页。

"工业历史"的强烈隐喻。只要我们对西方现代史作一个大致的梳理，便不难看出这种判断的历史依据。20世纪60年代以降，西方社会一直鼓励对自工业革命以后，特别是现代工业、科学技术对人类社会、文明形态所起的主导价值的作用进行总结。在这样的历史过程中，保护"物质遗产"也就成为一种张扬西方工业革命所引导的历史成就和物质成果的行动。简言之，鼓励对物质遗产进行历史研究和总结与所谓的工业或原初性工业文明（protoindustrial civilization）主题有关。[①] 在这股潮流的作用下，60年代以后，西方的主要国家便出现了对遗物历史的兴趣与热情。许多机构相继成立：英国始于1960年，瑞典始于60年代末，美国真正的开始应在1974年，加拿大的魁北克始自于1976年，而法国最早在这方面出现的暧昧态度始于1973年……这一段历史使我们认识到"人类遗产"的"重组"（reunited）与"西方中心"的政治叙事须臾不可分离。[②] 这一"政治叙事"后来通过联合国教科文组织——更大的"官方话语"表现出来。我们不能漠视这一段历史的发生与发展，一方面，我们不能轻视西方发达国家对人类"物质遗产"，包括工业技术主义对现代人类文明的先导作用；另一方面，我们也必须重视这一短暂的历史之于当下进行"遗产政治"价值引导所起到的关键性作用。这对我们理解"突如其来的遗产运动"颇有助益，也有助于我们更自觉地分清"自己的遗产"的自主价值，避免使之沦为"他者的陪衬"。值得提醒的还有，当遗产成为现代旅游的一个资源性品牌和品名的时候，要格外警惕遗产演变成某种"新殖民主义"（neo-colonialism）的副产品。[③] 有的学者称之为"后现代主义遗产"（post-modernist heritage），并认为其已构成后现代主义的社会景观。在这样的背景和"产业化的生产模式"的推动下，一方面，"文化遗产已经变成了一种赚钱的商业，这使得在过去曾经出现过、发生过

---

① Claude-Marie Bazin, "Industrial Heritage in the Tourism Process in France", in M. Lanfant, J. B. Allcock, and E. M. Bruner (eds.), *International Tourism: Identity and Change*, pp. 113, 114.

② Claude-Marie Bazin, "Industrial Heritage in the Tourism Process in France", in M. Lanfant, J. B. Allcock, and E. M. Bruner (eds.), *International Tourism: Identity and Change*, pp. 113, 114.

③ P. Boniface & P. J. Fowler, Heritage and Tourism in "the Global Village", p. 19.

（对遗产的破坏性事件和行为）的社会风气有可能回潮”[①]；另一方面，它也在同步地进行着人们对社会认知体系的改造和重建工作。

综上所述，遗产是一笔财产，具有资本性质。遗产是一种表述，具有主观和解释的成分。遗产无法摆脱政治的影响，经常成为“被劫持”的符号。遗产与技术主义和社会再生产密切关联，并成为“制造”的一个舞台。[②] 在这些复杂的关系中，满足现代社会的“需求”和“保护”遗产之间构成了一对矛盾关系。妥善解决这一对矛盾不仅考验我们的智慧，也考察我们的良知。

---

① M. Leanen, “Looking for the Future Through the Past”, in D. L. Uzzell (ed.), *Heritage Interpretation (Vol. 1): The Natural and Built Environment*, p. 88.

② D. L. Uzzell (ed.), *Introduction to Heritage Interpretation (Vol. 1): The Natural and Built Environment*, p. 3.

非物质文化遗产的当下性：时间与民俗传统的遗产化*

彭　牧**

摘　要：以 2003 年《保护非物质文化遗产公约》为代表，民俗传统于 20 世纪后半叶在全球范围内经历了文化遗产化的历程。在探索民俗保护到公约形成的历史过程中，联合国教科文组织制定的有关“文化遗产”的几个文件，在相关概念的界定和阐释中表现出对民俗传统时间界定上的微妙变化：民俗从具绵延性的历史产生的文化产品变成了与历史以某种方式关联的当下实践。文章通过辨析这些文件形成的社会历史和政治文化背景，探求其演变背后的知识生产及知识/话语相关的权力过程，并指出这一演变与现代化到后现代的历史进程中时间、空间和时空关系变化的深刻关联。

关键词：时间　空间　当下性　民俗传统　遗产化

一　遗产界定：历史悠久与当下实践

2003 年 9 月联合国教科文组织在第 32 届大会上通过了《保护非物质文化遗产公约》（以下简称 2003《公约》）。至 2017 年 9 月 5 日，加入的国家已达 175 个。2017 年 12 月 9 日在韩国济州岛闭幕的教科文组织保护

* 原文刊于《民族文学研究》2018 年第 4 期。本文系国家社会科学基金项目“文化认同、身份政治与美国民俗学知识生产研究”（项目编号：17BZW172）阶段性成果。

** 彭牧，北京师范大学文学院民间文学所副教授。

非物质文化遗产政府间委员会第十二届常会，共有117个国家的470个项目列入了2003《公约》的三类名录/名册，其中我国共有38个项目列入。作为历史悠久的文明古国，我国入选的项目皆有悠久的历史。对我们来说，能称得上遗产的，时间是否悠久显然很关键，这正如《现代汉语词典》对“遗产”的定义：“泛指人类历史遗留下来的精神财富或物质财富。”① 但是在2003《公约》对非物质文化遗产的基本界定中，对时间是否悠久其实并未做要求。2003《公约》第二条给出了非物质文化遗产的基本定义：

> 指被各社区、群体，有时是个人，视为其文化遗产组成部分的各种社会实践、观念表述、表现形式、知识、技能以及相关的工具、实物、手工艺品和文化场所。这种非物质文化遗产世代相传，在各社区和群体适应周围环境以及与自然和历史的互动中，被不断地再创造，为这些社区和群体提供认同感和持续感，从而增强对文化多样性和人类创造力的尊重。②

在这里，非遗的时间性仅仅通过“世代相传”来限定，整句的重点其实在“不断地再创造”，也即其当下的功能和意义而言。③ 如果说在2003《公约》的文本中，这种弱化历史而强化当下的时间观还只是一句话的凝练表述，那么在公约2006年生效之后的评审中，它就得到了明确的阐释和实践。

---

① 中国社会科学院语言研究所编纂：《现代汉语词典》第6版，商务印书馆2012年版，第1535页。

② 见 MISC/2003/CLT/CH/14 REV. 1, p. 2, http://www.unesco.org/new/en/unesco/resources/publications/unesdoc-database, 2018-01-2/2018-03-28。本文中来源于教科文组织的各种文件，除单独注明出处的，均来自此网站，下文引用时给出了如上具体的文件编号和引文所在的段落号或页码，不再重复给出网址。

③ 涉及非物质文化遗产的历史性的第二句的英文全文为：This intangible cultural heritage, transmitted from generation to generation, is constantly recreated by communities and groups in response to their environment, their interaction with nature and their history, and provides them with a sense of identity and continuity, thus promoting respect for cultural diversity and human creativity。显然，全句的主要动词是 recreate，而 transmitted from generation to generation 只是限定语。

事实上，至少从2009年的第四届常会的评审报告开始，在如何理解非遗的定义这一关键问题，也即对公约第二条的阐释和评审上，项目在当下的社会功能和文化意义与项目的历史维度的关系、比重就是一个屡次论及的问题。评审机构多次对各缔约国明确指出，在申请表的填写中，对项目的历史信息无须过多赘言，需要重点阐述的是非遗项目的当下功能和意义。如在2012年和2013年咨询机构提出的评审中出现的横向问题（transversal issues）和2014年的申报表填写备忘中，淡化历史和突出现状都是反复强调的问题。[①] 第九届（2014年）和第十届（2015年）常会的评审报告均提及缔约国对于“项目的描述不应该着重于历史性的方面，而应该着重于其当下对于相关社区的社会功能与实际意义”。[②] 第十届的评审报告还明确阐述了非物质文化遗产作为一种当代实践和历史的关系：“非物质文化遗产毕竟总是一种活的实践……虽然可以围绕社区与其历史的互动而展开。”[③]

显然，2003《公约》界定的非物质文化遗产指向一种当下的实践，虽然它有历史的维度，但这种历史维度在时间的跨度上可以是非常短暂的。如2015年列入的代表作项目“阿根廷布宜诺斯艾利斯的传统绘画技巧 Filete porteno”，是20世纪初意大利移民面对新的社会文化环境，在城市空间中形成的民俗实践。而2016年列入的孟加拉国“庆祝 Pahela Baishakh（新年）的 Mangal Shobhajatra 节习俗”，作为传统新年庆祝的一部分，则是从1989年才开始的，也就是说只有不到30年的历史！以此而言，2003《公约》定义中虽然有“世代相传”的限定，但是其所指涉的时间其实并没有具体的纵深程度的要求。与其说这里是表述时间性，不如说是强调传承的方式。在这样的界定中，真正强调的是，这些遗产在当下的状况是处于“不断地再创造”之中。显而易见，非遗界定与考量

① 如2013年的第七届常会咨询机构的报告中列出了此前该横向问题的相关文件：Document 8. COM 7. a paragraph 6（USL），Document 8. COM 8 paragraphs 34、35、53（RL），Document 7. COM 8 paragraphs 11、12（USL），Document 6. COM 8 paragraphs 17、23（USL），Document 6. COM 9 paragraph 18（BSP），Document 6. COM 13 paragraph 34（RL），Document 4. COM 13 paragraph 20（RL）。参见 ITH/13/8. COM/INF. 7 Rev.：English，p. 15。

② 参见 ITH - 14 - 9. COM - 10 + Add. 3 - EN，43，ith - 15 - 10. com - 10_en，40。

③ 参见 ith - 15 - 10. com - 10_en，40。

的关键并非强调某种文化实践是否具有悠久的历史，并非其在时间上的绵延程度，而是其在当下存在的意义及其再创造的实践。

如果我们比较2003《公约》体现出的这种时间观和联合国教科文组织第一个有关文化遗产的公约，也即1972年通过的《保护世界文化和自然遗产公约》（以下简称1972《公约》），以及2003《公约》通过之前与非遗有关的几个文件，即1989年的《保护民间创作建议案》（以下简称《建议案》）①、1998年的《宣布人类口头和非物质遗产代表作条例》（以下简称《代表作条例》），我们会看到，在文化遗产从物质文化扩展到非物质文化的三十多年的历程中，教科文组织在对"文化遗产"相关的几个概念的界定和阐释中，体现出时间性的微妙变化：遗产从具绵延性的历史产生的文化产品（product）变成了与历史以某种方式关联的当下实践（practice）。这样的转变何以可能？其历史和社会的原因何在？本文以2003《公约》形成过程中教科文组织的几个关键文件为对象，通过探讨文件形成的社会历史和政治文化背景，辨析民俗传统在遗产化过程中对其时间性界定的演变，探求其背后的知识生产及知识/话语相关的权力过程。

教科文组织的1972《公约》是这样界定文化遗产的。

在本公约中，以下各项为"文化遗产"：

> 文物：从历史、艺术或科学角度看具有突出的普遍价值的建筑物、碑雕和碑画、具有考古性质成份或结构、铭文、窟洞以及联合体；
>
> 建筑群：从历史、艺术或科学角度看在建筑式样、分布均匀或与环境景色结合方面具有突出的普遍价值的单立或连接的建筑群；
>
> 遗址：从历史、审美、人种学或人类学角度看具有突出的普遍价值的人类工程或自然与人联合工程以及考古地址等地方。②

---

① 英文原文为Recommendation on the Safeguarding of Traditional Culture and Folklore，又译作《保护传统文化和民俗的建议》。

② 《保护世界文化和自然遗产公约》，第2页，见https：//whc. unesco. org/archive/convention－ch. pdf，2018－01－04/2018－03－28。

而《建议案》这样界定民俗：

> 民俗（或传统的大众文化）是文化团体基于传统创造的全部，通过群体或个人表达出来，被认为是就文化和社会特性反映团体期望的方式；其标准和价值是通过模仿或其他方式口头流传的。其中，其形式包括语言、文学作品、音乐、舞蹈、游戏、神话、仪式、习俗、手工艺品、建筑及其他艺术。①

《代表作条例》把民俗换成了“口头和非物质遗产”，整体上沿用了《建议案》的界定：

> 根据上述《建议案》，“口头和非物质遗产”一词的定义是指“来自某一文化社区的全部创作，这些创作以传统为依据、由某一群体或一些个体所表达并被认为是符合社区期望的作为其文化和社会特性的表达形式；其准则和价值通过模仿或其他方式口头相传，它的形式包括：语言、文学、音乐、舞蹈、游戏、神话、礼仪、习惯、手工艺、建筑术及其他艺术”。除了这些例子以外，还将考虑传播与信息的传统形式。②

在上述三个文件和 2003《公约》的历时展开中，我们不仅看到非物质文化遗产概念形成的轨迹，也看到文化遗产概念与时间、历史关系的变化，看到民俗传统通过非物质文化遗产的概念和实践而遗产化的历史过程。

二　现在与过去：遗产保护的时间性

在现代化过程中形成的遗产概念及其实践体现出一种特殊的时间性，即其作为当下实践但在本质上又与过去时间相关联，这也是现代化过程

---

① 《教科文组织第 25 届会议大会记录》，第 126 页。

② 155 EX/15 Add et CorrAnnexe Ⅳ, p. 1.

中对过去和现代的时间划分的结果。正如美国民俗学家芭芭拉·科尔申布拉特－基布列特（Barbara Kirshenblatt-Gimblett）所言，“遗产是当下一种求助于过去的新的文化生产方式”①。受约翰内斯·费边（Johannes Fabian）批判反思人类学学术史时提出的否认同时性（the denial of coevalness）② 启发，科尔申布拉特－基布列特把时间性看成文化遗产的关键特性，指出遗产实践中体现着时间上过去与现在的特殊关联，呈现现代化构建出的当代时间中的多重并置。

遗产的超文化属性（metacultural nature of heritage）的核心就是时间。历史、遗产和惯习之钟的非同时性（asynchrony）和事物、人和事件不同的暂时性在当代性和同时代性之间产生了一种张力（a tension between the contemporary and the contemporaneous），正如上文所论，产生了一种逐渐消失和消失殆尽的混乱（a confusion of evanescence and disappearance），以及一种悖论，也即拥有遗产作为现代性的标志。这正是全球遗产事业得以可能的条件。③

众所周知，民俗学作为学科起源于现代化进程，起源于现在与过去在时间上看似连续实则是现代与传统的二元对立的构建。④ 而遗产的概念及其相关实践亦产生于同样的历史过程，带有现代性的烙印。阿斯特丽德·斯温森（Astrid Swenson）用翔实的史料展示、比较了遗产的概念及相关实践于18 世纪末到20 世纪初在法国、德国和英国的现代化过程中形成与发展的历程。它表现为各民族国家身份形成时对民族文化起源的探求，也与工业化、城市化以及世俗化过程中宗教的位置相关，更体现为19 世纪中叶开始的各种世界博览会与展览中的历史性展品的流行。在这样的过程中，遗产成为民族文化身份的体现，但其展示与保护实践又始终与资本主义在全球兴起阶段中各国之间的交流对话和国际竞争相关，

---

① Barbara Kirshenblatt-Gimblett, “Theorizing Heritage”, *Ethnomusicology*, 1995 (3).

② Johannes Fabian, *Time and the Other: How Anthropology Makes Its Object*, New York: Columbia University Press, 1983.

③ Barbara Kirshenblatt-Gimblett, “Intangible Heritage as Metacultural Production”, *Museum International*, 2004 (1–2).

④ Richard Bauman and Charles Briggs, *Voices of Modernity: Language Ideologies and the Politics of Inequality*, Cambridge: Cambridge University Press, 2003, pp. 70–127.

显示出国际性的背景，这也成为战后国际联盟和联合国推动的国际性遗产保护的先声。[①]

在这样的历史过程中形成的文化遗产概念，与同时期形成的人类学和民俗学一样，对全球历史和文化持有单线进化的观点。欧洲文明被置于历史的顶点，其他文化的成就被从其各自的脉络中抽离出来，分门别类地列入线性的历史排序中。文化被条目化（itemized），被按照某种超越其具体语境的分类方式归类、排列，构成一种超文化的清单（list）。[②]任何的排序都需要一个分类与编排的标准，在这里，时间，启蒙以后被普遍化和抽象化的时间，成为最基本的分类线索。费边指出，在犹太—基督教传统中，时间是线性的，是神圣历史的媒介，而异教的时间是循环的。在现代化过程中，并不是发明一种新的线性的时间，而是把犹太—基督教的宗教时间世俗化，把这种时间泛化和普遍化。线性的普遍时间在文艺复兴时期已出现，到启蒙时代得以迅速发展，这也成为人类学的基础。[③] 民俗学也一样，这是学科起源时期历史起源研究占主流的根本原因。

以这种线性的时间观为基础的全球文化历史的排列在时间上具有两个颇有意味的特点。首先是民俗学和人类学研究中的遗留物的概念。人类学家泰勒（Edward Bumett Tylor）的遗留物概念深受英国民俗学早期的古物概念（antiquity）的影响[④]，而无论是表述为古物还是遗留物其基本的特点就是认为这些现象虽然当下存在，但是其意义和价值从本质而言并不属于当下，它们是“污损了的历史，或者是逃离了时间沉船的一些历史遗迹”，它们“只能处于毁坏的状态，它们象征着缺席、衰退与损

① Astrid Swenson, *The Rise of Heritage: Preserving the Past in France, Germany and England, 1789 - 1914*, Cambridge: Cambridge University Press, 2013.

② Valdimar Tr. Hafstein, “Intangible Heritage as a List: From Masterpieces to Representation”, in Laurajane Smith and Natsuko Akagawa (eds.), *Intangible Heritage*, New York: Routledge, 2009, pp. 105 - 108.

③ Johannes Fabian, *Time and the Other: How Anthropology Makes Its Object*, p. 2.

④ Margaret T. Hodgen, “The Doctrine of Survivals: The History of an Idea, American Anthropologist”, *American Anthropologist*, New Series, 1931 (3).

失，构建并强调着过去与现在的鸿沟”。[1] 遗留物是过去生活留下的破碎残片，其价值在于构建过去的历史。它们作为现在和过去相关联的物化呈现，展示出一种特殊的时间性，也即它们是过去与现在时间的混合与中介。在民俗学学科20世纪中后期转向研究当代实践之前，可以说，民俗学整个的学术对象就是这种看似当下存在但本质属于过去传统的遗留物，所以民俗学才是一门面向过去的历史学科。第二个特点，就是费边所指出的在全球文化线性排序的体系中表现出的非同时性特质。费边认为，从人类学学科伊始，其话语实践就使学者和他们的学科对象——那些在田野中和他们身处同一时代的人——被界定为原始人、野蛮人这样的文化他者，因而处于不同的时间之中，后者的同时代性被学科话语从根本上否定了："这是一种持续和系统化的倾向，即把人类学的研究对象置于与当代的人类学话语生产者相异的时间中。"[2] 正是这种非同时性的本质，使民俗学和人类学在很长时间内对世界文化的分析排序本身成为一种不平等的权力话语体系的话语实践。

其实，这两个特点是一个硬币的两面。费边的批判指出了：遗留物概念背后人为的非同时性及其体现的不平等的权力关系。遗留物被赋予的特殊历史价值正源自其被话语构建出的非同时性和被遮蔽而模糊的当下性。

整体而言，从欧洲开始的文化遗产概念及其保护实践也处于同样的线性时间观为基础的知识话语体系中，体现着现在与过去交织的复杂的时间性及其背后的权力关系。文化遗产的完整价值在于过去的历史之中，我们今天面对的存在是历史过程已然结束的结果，所能做的只是保持原样或者说尽量减缓时间流逝侵蚀的烙印。从对象的时间和当下的关系来看，1972《公约》至《建议案》无疑体现出这种非同时性和遗留物的观念。

---

① Richard Bauman and Charles Briggs, *Voices of Modernity: Language Ideologies and the Politics of Inequality*, p. 74.

② Johannes Fabian, *Time and the Other: How Anthropology Makes Its Object*, p. 31.

三 本真性、历史产品与文化遗产的线性时间

联合国教科文组织层面对文化遗产的保护始于20世纪60年代埃及与苏丹就努比亚遗址向联合国的求助。为使遗址免遭修建阿斯旺大坝导致的人工湖淹没，众多国家参与了保护行动，这一国际合作性保护得到了价值4千万美元的国际支持。原本被看作各国国内事务的遗产及其保护，第一次被理解为超越国界的全人类的文化遗产，得到国际社会和教科文组织的关注。[①] 作为这一行动的发展，1972《公约》所指向的显然是这种全人类的遗产：文化遗产开始在超越国界的层面上被审视。那么，这种审视的标准是什么？上文引述的1972《公约》对文化遗产的界定中，"突出的普遍价值"无疑是最核心的评判标准，而历史性就是这种充满模糊性与可能性的"突出的普遍价值"的第一个限定性维度。具体到文化遗产的评审原则上，就是体现出时间和历史烙印的本真性（authenticity）[②] 问题。

1994年版的《世界遗产公约行动指南》（Operational Guidelines for the Implementation of the World Heritage Convention）明确指出，要具备公约所说的"杰出的普遍价值"，从而列入世界遗产名录的文化财产（property），必须符合下面的一条或多条标准以及通过本真性的检测。而后面所列的几条标准皆或明确或隐含地体现着时间的标准，如"一段历史时期""已消失的文明或文化传统""人类历史的特别阶段"等。而本真性则是"要满足在设计、材料、工艺或背景环境方面的本真性检验，如果是文化景观则是其独特个性和构成要素方面的本真性检验。而委员会强调重建只有在完整和细致地记录原貌并且没有任何程度的臆测的基础上才可以接受"。[③] 在本真性的判定上，这里显然继承了1964年《关于古迹遗址保

---

① 参见穆尼尔·布彻奈基《联合国教科文组织保护和修复文化遗产行动概要》，《世界文化报告（2000）——文化的多样性、冲突与多元共存》，关世杰等译，北京大学出版社2002年版，第139页。

② 在相关文件的英文表述中，皆采用authenticity一词，中文翻译有"本真性""真实性"等几种，本文采用"本真性"译法，但引用教科文文件时，如有官方发布的中文版，采用原有译文。

③ WHC/2/revised，1994，第24段。

护与修复的国际宪章（威尼斯宪章）》的精神，其强调：

> 保护与修复古迹的目的旨在把它们既作为历史见证，又作为艺术品予以保护……古迹不能与其所见证的历史和其产生的环境分离。除非出于保护古迹之需要，或因国家或国际之极为重要利益而证明有其必要，否则不得全部或局部搬迁古迹……修复过程是一个高度专业性的工作，其目的旨在保存和展示古迹的美学与历史价值，并以尊重原始材料和确凿文献为依据。一旦出现臆测，必须立即予以停止。此外，即使如此，任何不可避免的添加都必须与该建筑的构成有所区别，并且必须要有现代标记。[①]

可以看出，1972《公约》界定的文化遗产的本真性就在于其原初材料的物质性中凝结的久远的历史，也即线性的普遍时间中所绵延的程度。在全球文化创造物在统一的、以单一的线性时间观进行的重新分类、比较与排序中，物质文化遗产所谓的“突出的普遍价值”就在于它们具有的历史悠久性。物质文化遗产的价值不仅在于其在今日时空中依然存在，更在于它见证着时间的流逝，是可见的历史本身，是过去在今天遗留的残片，其价值的大小可以用时间的跨度来精确测量因而也就可以把突出与非突出区别开来。

这样一种线性时间观自然青睐那些长于抵御时间侵蚀性的文化创造物。1972《公约》因此被非西方国家认为是西方发达国家的纪念碑式遗产观的代言人，其实质是欧洲启蒙哲学理念的体现[②]，是用欧洲中心的文化遗产观、时间观来评判全球多样的文化。[③] 如何评判包含着完全不同时间观的历史见证物？例如，日本的建筑以木结构为主，但是体现出两种

---

① 见《关于古迹遗址保护与修复的国际宪章（威尼斯宪章）》，http：//www. iicc. org. cn/IICCZH/WenJianXuanYan/GuoJiXuanYan/20100722275. html，2018－01－06/2018－03－28。

② Sophia Labadi，UNESCO，*Cultural Heritage，and Outstanding Universal Value：Value-based Analyses of the World Heritage and Intangible Cultural Heritage Conventions*，Lanham，Md.：AltaMira Press，2013，p. 28.

③ Noriko Aikawa-Faure，“From the Proclamation of Masterpieces to the Convention for the Safeguarding of Intangible Cultural Heritage”，in Laurajane Smith and Natsuko Akagawa（eds.），*Intangible Heritage*，New York：Routledge，2009，p. 15.

完全不同的时间观。虽然有法隆寺这样类似欧洲的尽量保护原材料的建筑，但也有一种通过不断重建来延续的传统，如始建于7世纪的伊势神宫。伊势神宫的本殿每20年就会依照传统重建，称为式年迁宫，迄今已有62次。这一方面是绵延上千年的传统；另一方面真实存在的建筑却只有最多20年的历史，是在不断创造中力图保持不变的传统，是一种循环的时间。[①]

正是出于对这种欧洲中心主义文化遗产观的不满，1994年11月的奈良会议对1972《公约》的本真性进行了重新阐释，采用了更为宽泛的本真性的界定，不仅考虑纪念物的材料，而且考虑其设计、形式、用途、功能、技术等因素，特别是衍生出来的精神和感觉，并最终承认每种文化对价值和本真性的界定都不同，不能采用单一标准。[②] 本真性界定的改变，在一定程度上改变了这样一种单一的线性时间观，承认了遗产不是过去历史过程的终点与结束，而仍然具有不断创造的可能，也正是本真性界定的这种变化，使包含着不同时间维度的非物质文化传统得以进入遗产化进程。[③]

1972《公约》生效以后很快就遭到非西方国家的质疑，主要是因为不符合欧洲观念的文化遗产无法得到承认与保护。1982年，教科文组织设立了民俗保护的专家委员会[④]，同年夏天，在墨西哥举办的“世界文化政策会议”（World Conference on Cultural Policies）才正式扩展了文化遗产的定义，整合进了非物质文化遗产：

一个民族的文化遗产包括它的艺术家、建筑家、音乐家、作家

---

① 参见益田兼房等《从国际观点看日本木结构建筑遗产的保护与传承》，《建筑遗产》2017年第2期。饶有意味的是，法隆寺于1993年列入《世界遗产名录》，其一些建筑被认为是世界上现存最古老的木结构建筑，而伊势神宫迄今为止并未列入。

② 参见《实施〈世界遗产公约〉操作指南》2015年版，并见其附录4《奈良真实性文件》（WHC. 15/01，II. E）。

③ Sophia Labadi, *UNESCO, Cultural Heritage, and Outstanding Universal Value: Value-based Analyses of the World Heritage and Intangible Cultural Heritage Conventions*, p. 132.

④ World Conference on Cultural Policies Mexico City, 26 July – 6 August 1982, Final Report, p. 101, 2018 – 01 – 10. José Banaag, “Important Dates on Intangible Heritage at UNESCO”, *The UNESCO Courier*, May 2006, p. 12.

> 和科学家的成果，也包括匿名艺术家的成果、民族精神的表达以及赋予生活以意义的价值体系。它同时包括民族创造性得以表达的物质性和非物质性的成果（both tangible and intangible works）：语言、仪式、信仰、历史地点和纪念碑（historic places and monuments）、文学、艺术作品、档案馆与图书馆。①

会议肯定了民俗（folklore）构建民族文化身份（cultural identity）的价值和意义。② 但正是因为把遗产看成历史过程的终点和成果，也就是一种业已完成产品（product），教科文组织对民俗的保护是从知识产权的角度开始的。玻利维亚政府在1973年向教科文组织提出建议，希望从知识产权的角度保护民俗。其动因是20世纪70年代初南美安第斯山区的民歌《山鹰之歌》（*El Condor Pasa*）被美国流行歌手保罗·西蒙填词重唱，全球流行，取得了巨大的商业利润，而其专辑上并没有给出任何来源的标注。③ 虽然从知识产权角度保护民俗的动机是抵抗民俗成果在商业化过程中遭受的国内外剥削，但是实践证明，从知识产权的角度来保护民俗传统并不可行。④ 教科文组织文化遗产部非物质文化遗产处的专家萨曼塔·谢尔金（Samantha Sherkin）曾撰文，详细地追溯了教科文组织从1952年《世界版权公约》通过到1989年《建议案》形成之间探索立法保护民俗的漫长历程。一直到20世纪80年代中期，世界知识产权组织和教科文组

---

① World Conference on Cultural Policies Mexico City, 26 July – 6 August 1982, Final Report, p. 43.

② World Conference on Cultural Policies Mexico City, 26 July – 6 August 1982, Final Report, p. 43；会议建议64与65, pp. 100 – 101。

③ 见Samantha Sherkin, "A Historical Study on the Preparation of the 1989 Recommendation on the Safeguarding of Traditional Culture and Folklore", in Peter Seitel ed., *Safeguarding Traditional Cultures: A Global Assessment*, *Center for Folklife and Cultural Heritage*, Washington, D. C: Smithsonian Institution, 2001, p. 44。参见Lori Honko, Copyright and Folklore, http://www.folklorefellows.fi/copyright-and-folklore/, 2018 – 01 – 10/2018 – 03 – 29；José Banaag, "Important dates on Intangible Heritage at UNESCO", The UNESCO Courier, 2006（5）。

④ 爱川纪子指出，实际上，那些得益于免费使用各国传统文化资源的国家反对从知识产权角度进行保护。见Noriko Aikawa-Faure, "From the Proclamation of Masterpieces to the Convention for the Safeguarding of Intangible Cultural Heritage", in Laurajane Smith and Natsuko Akagawa (eds.), Intangible Heritage, p. 15。

织联合召开了多次专家会探讨合作保护民俗的可能，但是其分歧在于，从知识产权法的角度采取措施，是保护个别的民俗成果，还是关注民俗实践整体的保护？换言之，知识产权的保护角度必然把民俗看成是已完成的具体产品，看成是过去历史的结果，那么如何看待民俗在现实中不断的创造？这种根本性分歧导致世界知识产权组织最终在 1985 年从合作探讨中退出。[①]

《建议案》的民俗保护是在知识产权保护的框架之外由教科文组织独自展开的，标志着教科文组织在民俗保护过程里程碑式的进展，但是《建议案》依然体现出从知识产权角度与从文化角度进行保护的矛盾，知识产权思路的影响并未消除。[②] 虽然劳里·杭柯（Lori Honko）从 1982 年开始就参与教科文组织的专家委员会，并直接参与了《建议案》文本的撰写[③]，但从上文引述的定义来看，《建议案》基本上还是把民俗界定为已完成的历史产品。民俗作为历史过程结果的本质并没有改变，差别只是在于，《建议案》力图从整体上保护已形成的民俗传统。

《建议案》虽然承认民俗传统在时间上兼具过去与现在的双重性："强调民间创作作为文化遗产和现代文化之组成部分所具有的特殊性和重要意义"，但是其重点在于从国家层面从上到下地依赖专家对民俗进行整理和研究性保护。首先提出的保护措施是鉴别（identification），旨在完成"民间创作标准化分类法：即（i）编制民间创作分类总表，以指导全世界这方面的工作；（ii）编制民间创作细目汇编；（iii）对民间创作进行地区分类，特别是通过实地试办项目进行"。之后就是民俗在博物馆、档案馆等机构中的保存（conservation）。后面的三项措施保护（preservation）、传播（dissemination）与维护（protection）虽然涉及了民俗传统的传承者及其当下传承与创造，但其具体列出的措施和支持的重点还是在民俗传

---

① Noriko Aikawa-Faure, "From the Proclamation of Masterpieces to the Convention for the Safeguarding of Intangible Cultural Heritage", in Laurajane Smith and Natsuko Akagawa (eds.), *Intangible Heritage*, pp. 47 – 48.

② Intangible Heritage, p. 21.

③ Lori Honko, Copyright and Folklore, http://www.folklorefellows.fi/copyright-and-folklore/, 2018-01-10/2018-03-29.

统的研究者身上。[①] 换言之,《建议案》保护的重点是民俗专家的学术研究和资料搜集、整理,希望能从专家角度,在全球范围内完成一个民俗事项的学术研究性保护体系,其核心是借助教科文组织的国际平台,从超越具体国家的层面对全球民俗进行记录、整理、分类和排序,构建一种全球性的标准类型学体系(typology)。这也是当时制定《建议案》的指导思想之一。[②] 从某种程度而言,这和民俗学早期阶段努力完成的各种母题、类型索引并无二致,只不过此时的类型学体系的范围从口头文学扩大到民俗生活整体。这里的民俗传统从本质上而言是已完成的民俗事项,是可以抽象为学术对象的民俗,而不是作为生活本身的民俗,其保护的对象并不是作为民俗传承主体的民众,而是事项本身。在这里,民俗依然被看成是历史性的业已完成的创造物,这种全球体系必然是一种线性时间观指导下的分类与排序。

虽然《建议案》的出台历经曲折,但是它并没有带来成功。实际上,它甚至是非常失败的。由于该文件采取"建议案"的形式,直接针对各成员国,但并未赋予教科文组织任何权力,所以也就无法采取什么行动。[③] 1999 年,在《建议案》十周年之后的华盛顿评估会议上,时任教科文组织非物质文化遗产部主任的爱川纪子(Noriko Aikawa)坦承:《建议案》生效之后,教科文组织成员国反应很消极,对要求提交的行动进展汇报,只有区区 6 个国家回应。但是 20 世纪 90 年代初的国际政治和经济发展,却使各国认识到其民族文化资源的重要现实意义:冷战结束之后,东欧各国在重塑民族身份,拉美国家正在重新思考融合多元的文化

---

① Records of the General Conference, 25 session(《教科文组织第 25 届会议大会记录》), 1989, pp. 126 - 128。

② 参见 Samantha Sherkin, "A Historical Study on the Preparation of the 1989 Recommendation on the Safeguarding of Traditional Culture and Folklore", in Peter Seitel (ed.), *Safeguarding Traditional Cultures: A Global Assessment*, *Center for Folklife and Cultural Heritage*, p. 50。爱川纪子:《联合国教科文组织的〈保护非物质文化遗产公约〉与韩国》,沈燕译、彭牧校,《民间文化论坛》2016 年第 2 期。

③ 参见 Noriko Aikawa, "The UNESCO Recommendation on the Safeguarding of Traditional Culture and Folklore (1989): Actions Undertaken by UNESCO for Its Implementation", in Peter Seitel (ed.), *Safeguarding Traditional Cultures: A Global Assessment*, *Center for Folklife and Cultural Heritage*, p. 13。

身份，而市场扩张造成的全球化又促进了各国对本土文化多样性的重视。[①] 在这样的国际社会背景下，越来越多的成员国向教科文组织提出民俗传统保护的需求。90 年代初，教科文组织开始寻求从新的角度保护民俗传统的可能，关注民俗传统的当下传承与实践、关注传承主体和社区成为民俗保护的指导思想之一。[②] 2003《公约》即是这种努力的结果，它体现出和《建议案》的专家型、研究性保护完全不同的框架思路。

四 民俗传统的遗产化与当下性

从 1982 年墨西哥会议民俗传统被认可为文化遗产的一部分，到 2003《公约》通过，民俗完成了其在国际层面上遗产化的历程。凭借"非物质文化遗产"的新身份，民俗传统多少摆脱了"folklore"概念的负面含义，成为当代生活中重要的文化资源。[③] 如果说 20 世纪 80 年代墨西哥会议对民俗主要功能的理解还在于其构建文化身份的价值，那么到 2002 年的里约会议[④]，它就与对抗全球化的文化多样性联系了起来，具有了更多、更为重要的现实意义。

限于篇幅，本文不再赘述整个历史过程，只关注其中两个关键性的转折点。一个是 1997 年的摩洛哥会议；另一个是 1999 年的华盛顿会议。前者直接促成了《代表作条例》的出台，为 2003《公约》的形成铺平了道路；而后者对《建议案》的民俗保护思路进行了彻底反思，实现了遗产保护的框架思路从作为历史产品的民俗到作为当下实践过程的民俗之

① 参见 Noriko Aikawa, "The UNESCO Recommendation on the Safeguarding of Traditional Culture and Folklore (1989): Actions Undertaken by UNESCO for Its Implementation", in Peter Seitel (ed.), *Safeguarding Traditional Cultures: A Global Assessment*, *Center for Folklife and Cultural Heritage*, p. 14。

② 参见爱川纪子《联合国教科文组织的〈保护非物质文化遗产公约〉与韩国》，沈燕译，彭牧校，《民间文化论坛》2016 年第 2 期。Noriko Aikawa-Faure, "From the Proclamation of Masterpieces to the Convention for the Safeguarding of Intangible Cultural Heritage", in Laurajane Smith and Natsuko Akagawa (eds.), *Intangible Heritage*, pp. 14 – 15.

③ 参见 Barbara Kirshenblatt-Gimblett, "Theorizing Heritage", *Ethnomusicology*, 1995 (3)。

④ 里约会议是 2003《公约》起草过程中的一系列会议之一，参见 Noriko Aikawa-Faure, "From the Proclamation of Masterpieces to the Convention for the Safeguarding of Intangible Cultural Heritage", in Laurajane Smith and NatsukoAkagawa (eds.), *Intangible Heritage*, pp. 13 – 44。

转变，也完成了作为非物质文化遗产的民俗从历史到当下的转变。虽然这两次会议之后乃至代表作项目宣布之后都还有不少不同的声音，2003《公约》起草过程中的每一个会议也充满着这种产品与过程的激烈斗争，但最终是非物质文化遗产作为当下的创造与过程占了上风。[①]

1997 年 6 月，教科文组织在摩洛哥马拉喀什（Marrakech）召开了名为“保护大众文化空间国际磋商会”（International Consultation on the Preservation of Popular Cultural Spaces）[②] 的小型会议。会议是在旅居马拉喀什的西班牙著名作家胡安·戈伊蒂索洛（Juan Goytisolo）的动议下召开的，其最初的直接目的在于使马拉喀什的吉马·埃尔弗纳广场（Jemaa el Fna Square）免遭当地城市改造计划的破坏。至少从 17 世纪开始，这个广场就是民间音乐家、故事家、占卜看相、杂耍等各色民间艺人汇聚、表演的空间。戈伊蒂索洛等组织了保护协会，并利用他和当时的西班牙籍联合国教科文组织总干事费德里科·马约尔（Federico Mayor）的关系，进入了教科文组织的议程，最终使地方性的危机成为全球性的问题。[③] 人文地理学家托马斯·施密特（Thomas M. Schmitt）撰文详细回顾了摩洛哥会议如何使多少偶然的具体文化空间的保护成为全球性非物质文化遗产立法保护的转折点。[④]

这中间一个具有连接性的概念就是此次会议的议题所在：“文化空间”（cultural space）。1992 年，1972《公约》的文化遗产概念增加了新的一类：文化景观（cultural landscape），希望能包括一些非物质文化遗产。[⑤] 而“文化空间”这一概念就基于与文化景观概念的直接关联。实际上，摩洛哥会议最初的目的，是以吉马·埃尔弗纳广场这个文化空间为

---

① 参见 Noriko Aikawa-Faure, “From the Proclamation of Masterpieces to the Convention for the Safeguarding of Intangible Cultural Heritage”, in Laurajane Smith and Natsuko Akagawa (eds.), *Intangible Heritage*, p. 36。

② *Intangible Heritage*, p. 14.

③ 参见巴莫曲布嫫《非物质文化遗产：从概念到实践》，《民族艺术》2008 年第 1 期。

④ Schmitt, Thomas M., “The UNESCO Concept of Safeguarding Intangible Cultural Heritage: Its Background and Marrakchi Roots”, *International Journal of Heritage Studies*, 2008 (14).

⑤ Noriko Aikawa-Faure, “From the Proclamation of Masterpieces to the Convention for the Safeguarding of Intangible Cultural Heritage”, in Laurajane Smith and Natsuko Akagawa (eds.), *Intangible Heritage*, p. 15.

代表，探讨在具体的物理空间中保护非物质文化遗产的可能性。也就是能否把非物质文化遗产放入类似物质文化遗产的具体物理空间（site）中，从而具有更好的确定性与更强的可操作性。这次会议专家讨论的结论是，吉马·埃尔弗纳广场在全球是个特殊的个案，非物质文化遗产充满了流动性，很难被有限的具体空间所局限。[①] 因为会议由具体的空间危机急迫性所引发，会议最终依然颇有成效，乃至具有里程碑式的成果：也就是建议使用人类口头遗产（oral heritage of humanity）的概念，拟照“1972《公约》”的名录（list）形式，建立一套简化的体系。[②] 此后经过1998 年教科文组织第 154 次、第 155 次两次执行局会议讨论，将概念扩展修订为“人类口头和非物质遗产”，于 1998 年联合国大会最终确认通过《教科文组织宣布人类口头和非物质遗产代表作条例》，并启动计划，戈伊蒂索洛担任最初的评审委员会（jury）主席。[③]

但正是由于摩洛哥会议的原初动机是保护具体文化空间的现实危机，在会议之后形成的《代表作条例》中，文化空间不仅成为着重界定的概念[④]，也成为非物质文化遗产最初的两大遗产领域（domain）之一，不仅和另一大领域民间或传统的文化表现形式并列，而且位列第一。但是把具体物理空间作为界定和分类非遗的标准并不具有很强的操作性，非遗

---

① 参见 Thomas M. Schmitt，“The UNESCO Concept of Safeguarding Intangible Cultural Heritage：Its Background and Marrakchi Roots”，*International Journal of Heritage Studies*，2008（14）。

② Noriko Aikawa-Faure，“From the Proclamation of Masterpieces to the Convention for the Safeguarding of Intangible Cultural Heritage”，in Laurajane Smith and Natsuko Akagawa（eds.），*Intangible Heritage*，p. 19.

③ 会议记录见 154 EX/13 和 155 EX/15，2018 - 01 - 12。Noriko Aikawa-Faure，“From the Proclamation of Masterpieces to the Convention for the Safeguarding of Intangible Cultural Heritage”，in Laurajane Smith and NatsukoAkagawa（eds.），*Intangible Heritage*，p. 19. 参见巴莫曲布嫫《非物质文化遗产：从概念到实践》，《民族艺术》2008 年第 1 期。Thomas M. Schmitt，“The UNESCO Concept of Safeguarding Intangible Cultural Heritage：Its Background and Marrakchi Roots”，*International Journal of Heritage Studies*，2008（14）.

④ 在 155 EX/15 Annex Ⅳ 1（c）中，文化空间被这样界定：“‘文化空间’的人类学概念被确定为一个集中了民间和传统文化活动的地点，但也被确定为一般以某一周期（季节、日程表等）或是一事件为特点的一段时间。这段时间和这一地点的存在取决于传统方式进行的文化活动本身的存在。”这里显示出一种耐人寻味的时空融合与彼此界定，留待另文专述。

保护中的这种空间性关注并没有维持很久。[①] 巴莫曲布嫫最近也注意到非遗名录中"文化空间"类遗产的减少。[②] 限于篇幅，关于文化遗产保护中的空间维度，将另文专述。

代表作计划从草拟到实施的过程中引发了激烈争议，特别是发达国家反对在 1972《公约》之外，另外再通过一个新的非遗公约，而正是 1999 年的华盛顿会议使这种可能性变得较为清晰。[③] 1999 年 6 月，教科文组织与美国史密森协会（Smithsonian Institution）合作，召开了"全球评估 1989 年《保护民间创作建议案》：在地赋权与国际合作"（A Global Assessment of the 1989 Recommendation on the Safeguarding of Traditional Culture and Folklore：Local Empowerment and International Cooperation）的会议，主旨就是对已通过十年的《建议案》在全球范围内的效果进行评估，探讨民俗保护的有效框架。这次评估的结论非常清楚明确：《建议案》所体现的概念和保护模式在 20 世纪 90 年代的政治、社会和文化背景中已经完全过时，需要创造一个全新的模式。[④] 大会的最终报告指出，《建议案》最大的问题是"过于僵化地局限于记录和档案机构中，反映出保护的目的是产品而不是传统文化和民俗的生产者。必须在两种需求中寻求某种平衡，一种是记录的需求，一种是保护创造、培育以后能被记录的产品的相关实践的需求。因此保护的重心必须转移到社区"。报告还指出大部分与会者认为《建议案》所使用的 folklore 一词带有负面意味而颇有问题，建议以后吸收当下民俗学界关于民俗定义的根本变化，不再把民俗看成具体单一的事项，而是理解为一种社会行为，是创造或重新创造的事件，是促成这种行为的知识和价值以及这种行为存在的社会交换模式，

---

① 参见 Thomas M. Schmitt，"The UNESCO Concept of Safeguarding Intangible Cultural Heritage：Its Background and Marrakchi Roots"，*International Journal of Heritage Studies*，2008（14）。

② 巴莫曲布嫫：《遗产化进程中的活形态史诗传统：表述的张力》，《民族文学研究》2017 年第 6 期。

③ Noriko Aikawa-Faure，"From the Proclamation of Masterpieces to the Convention for the Safeguarding of Intangible Cultural Heritage"，in Laurajane Smith and Natsuko Akagawa（eds.），*Intangible Heritage*，p. 20.

④ Noriko Aikawa-Faure，"From the Proclamation of Masterpieces to the Convention for the Safeguarding of Intangible Cultural Heritage"，in Laurajane Smith and Natsuko Akagawa（eds.），*Intangible Heritage*，p. 20.

并进而关注行动的主体。①

以华盛顿会议的结论而言，20 世纪六七十年代以后欧美民俗学界学术转型带来的对民俗的全新阐释已体现在教科文组织的保护理念之中。以此次会议为标志，通过史密森学会的几位美国民俗学者的参与，已完成了从历史到当下转型的美国民俗学理论对教科文组织国际层面的保护实践产生了根本性影响。② 在这次会议上，民俗作为一个概念被明确取消，与稍前召开的摩洛哥会议相呼应，民俗传统转换身份以“非物质遗产”的面目出现，由此完成了概念上的遗产化过程，在新的框架下，获得了新的可能性。非物质遗产的当下性从理论上得以根本确认，其核心是民众即民俗主体的当下实践。当绵延的时间和具体的物理空间都无法成为外在的分类、排序民俗实践的基本范畴与准则时，教科文组织的非遗保护最终选择了从民俗实践的内部寻找界定的维度，这就是在后来的评审和保护中实践者/社区成为中心的根本原因。从实践者角度界定非物质遗产，这最终体现在 2015 年教科文组织保护非物质文化遗产政府间委员会第十届常会通过的《保护非物质文化遗产伦理原则》，其中有这样的明确表述：“每一社区、群体或个人应评定其所持有的非物质文化遗产的价值，而这种遗产不应受制于外部的价值或意义评判。”③ 当然，这些根本性的变化从学者提出建议到最终体现在公约的文本和实践中，充满波折，学界的观念也总是和国际政治的角力既纠缠又抗争。从 1993 年起担任教科文组织非物质文化遗产部主任的爱川纪子曾详细回顾了教科文从 20 世纪 90 年代初开始到 2003《公约》出台的历史过程。在一些会议的激烈讨论中，不同国家特别是那些得益于 1972《公约》的发达国家，曾经强烈质疑已经通过的相关决议，甚至几乎危及《代表作条例》计划的

① Peter Seitel（ed.），Safeguarding Traditional Cultures：A Global Assessment，pp. 57 – 60，272 – 273. 参见爱川纪子《联合国教科文组织的〈保护非物质文化遗产公约〉与韩国》，沈燕译、彭牧校，《民间文化论坛》2016 年第 2 期。

② Barbara Kirshenblatt-Gimblett，“Intangible Heritage as Metacultural Production”，*Museum International*，2004（1 – 2）. 这些学者后来还参与了 2003《公约》起草的不同会议，见 Noriko Aikawa-Faure，“From the Proclamation of Masterpieces to the Convention for the Safeguarding of Intangible Cultural Heritage”，in Laurajane Smith and Natsuko Akagawa（eds.），*Intangible Heritage*，p. 22。

③ 《联合国教科文组织〈保护非物质文化遗产伦理原则〉》，巴莫曲布嫫、张玲译，《民族文学研究》2016 年第 3 期。

实施，其焦点就是产品与过程行为之争。[①] 2003 年 10 月《公约》最终通过时，“无反对票，但有八票弃权，它们分别来自英国、澳大利亚、新西兰、丹麦、俄罗斯联邦、美国、加拿大和瑞士”[②]。

五 从历史到当下：时间的浓缩化与空间

饶有兴味的是，民俗传统在 20 世纪后半叶以来的遗产化进程中，从具有历史纵深度的遗留物式文化产品变成了当下的行动过程，呈现出瑞吉娜·本迪克斯（Regina Bendix）所说时间上的浓缩化（temporal thickening），即跻身遗产行列所需时间跨度的缩短。在科尔申布拉特－基布列特探讨文化遗产时间性的基础上，本迪克斯进一步指出，“在我们关注于荣耀文化过去时，我们碰到越来越新生的现象。有人甚至会说，对一些文化创新来说，其遗产化与它们在日常生活的逐渐发展是同时进行的……一个典型的例子就是电子文化遗产”，因为技术的迅速革新，已威胁到第一代的电子文化和知识。[③]

文化遗产化过程中的时间浓缩化的过程其实并不特殊。事实上，这从根本上是从现代化到后现代的历史进程中时间、空间和时空关系变化的体现。正如美国理论家弗雷德里克·杰姆逊（Fredric Jameson）所指出的，“我把从现代到后现代的转变视为空间对时间取得了绝对的优势。现代主义经典在某种深刻和生产性意义上沉迷于对时间的本质的关注，它迷恋深度时间、记忆、绵延（柏格森主义的 duree），甚至是乔伊斯的布

---

① Noriko Aikawa-Faure, “From the Proclamation of Masterpieces to the Convention for the Safeguarding of Intangible Cultural Heritage”, in Laurajane Smith and Natsuko Akagawa (eds.), *Intangible Heritage*, p. 20.

② 爱川纪子：《联合国教科文组织的〈保护非物质文化遗产公约〉与韩国》，沈燕译、彭牧校，《民间文化论坛》2016 年第 2 期。

③ Regina Bendix, “Heritage Between Economy and Politics: An Assessment from the Perspective of Cultural Anthropology”, in Laurajane Smith and Natsuko Akagawa (eds.), *Intangible Heritage*, pp. 256－257. 另参见朝戈金《“一带一路”话语体系建设与文化遗产保护》，《西北民族研究》2017 年第 3 期。

卢姆日里的点滴瞬间"[①]。现代性从根本上是关乎时间性的。民俗学肇始于传统与现代的二元对立与划分，源于对于过去的怀旧，从根本上而言亦是对于时间的关注与迷恋："我想，不仅是柏格森，还有托马斯·曼和普鲁斯特，这些现代主义者都迷恋深度时间。这种迷恋实际根源于现代化进程的不平衡，于是造成了迟缓的乡村时间和令人眼花缭乱的都市及工业化节奏共存的情况。"[②] 关注乡村时间的民俗学兴起时对起源分析、历史脉络的热衷与执着，对古老习俗、传统消失产生的抢救、记录与保护的紧迫感，都深刻地体现出当时历史语境中时间焦点的特质。民俗实践的完整意义被界定为指向过去时代，现代生活中带传统色彩的民俗实践是碎片化的，是遗留物，民俗就是现在中的过去。

而从 20 世纪 80 年代开始，在当下后现代、全球化时代的社会生产中，空间已经取代时间成为更为重要的决定性因素，杰姆逊称之为时间性的终结，它表现为对身体和此刻的关注："我将这称之为时间性的终结，一切终止于身体和此刻。值得寻找的只是一个强化的现在，它的前后时刻都不再存在。我们的历史观也受到影响。从前的社会没有一个像我们现在的社会这样，有着如此少的功能性记忆和可怜的历史感。"[③] 福柯、列斐伏尔、德·塞托等理论家们对空间的大量论述与探讨，亦反映出学界对社会生活变迁的崭新认识。[④]

在很大程度上，民俗传统从现代化过程中被关注、建构到在全球层面遗产化过程中其时间维度的变化和时间跨度的浓缩化，正是这一历史过程中时间性变化的体现。民俗传统在遗产化进程中的种种曲折，反映出现代性向后现代性转化的过程中，当时间性的标准变化之后，相较于多少固定于具体时空、具有边界性的文化遗产，民俗传统在时间和空间

---

① ［美］弗雷德里克·杰姆逊：《奇异性美学》，蒋晖译，《文艺理论与批评》2013 年第 1 期。

② ［美］弗雷德里克·杰姆逊：《奇异性美学》，蒋晖译，《文艺理论与批评》2013 年第 1 期。

③ ［美］弗雷德里克·杰姆逊：《奇异性美学》，蒋晖译，《文艺理论与批评》2013 年第 1 期。

④ Michel Foucault and Jay Miskowiec, "Of Other Spaces", Diacritics, 1986 (1)；包亚明主编《现代性与空间的生产》，上海教育出版社 2003 年版；米歇尔·德·塞托《日常生活实践：1. 实践的艺术》，方琳琳、黄春柳译，南京大学出版社 2009 年版。

上都更加难以操纵与控制，[①] 因为它充满了流动性，往往是越界的、不断变化的。[②] 正因为民俗传统所具有的复杂的时空特点与关系，其遗产化最终是通过指向当下社区主体来实现的，通过社区主体来把握，也即聚焦身体和此刻。

但是另一方面，从宏观而言，2003《公约》的评审和名录列入实际表现为一种面向当下、此刻的空间性并置。因为所列入的各个项目彼此之间并无一种时间线索的序列，强调的都是它们当下在其具体社区存在的意义与价值，也即它们在各自存在空间的意义与价值。由此2003《公约》名录体系呈现出一种空间的关系，具体的文化空间从根本上决定了项目的意义，这也是非遗评审与保护实践中反对去语境化，反复强调再语境化的根本原因所在。

虽然非遗项目的根本意义取决于其社区文化空间内原有的意义，但是列入名录（代表作、优秀实践、急需保护）这一举措本身赋予了项目得以超越自身文化空间内部意义的可能性。由于其所获得的“人类非遗”的名号，从而与其他文化空间的实践产生了关联，在全球空间的层级性并置中（世界级、国家级等），获得一种重新的理解与阐释。这样2003《公约》本身所强调的文化多样性，亦是一种空间关系，因为不同文化在时间上是同时的，所谓的多元实际上是一种空间上的分布，这也体现为名录希望包括更多的国家，以获得更广泛的地域分布的努力。以此而言，2003《公约》及其评审和名录体系体现为一种超越具体地域文化空间的超越性的空间关系，这无疑正是当下全球化时代时空关系的缩影。地方性的民俗传统因其地方性而列入名录体系，却由此获得了超越地方性的能力，显示出地方性与全球性的深刻关联。

---

① Laurajane Smith and NatsukoAkagawa, “Introduction”, in Laurajane Smith and Natsuko Akagawa (eds.), *Intangible Heritage*, pp. 4 – 5.

② ［摩洛哥］艾哈迈德·斯昆悌：《非物质文化遗产及其遗产化反思》，马千里译、巴莫曲布嫫校，《民族文学研究》2017年第4期。

文化本真性：从本质论到建构论

——“遗产主义”时代的观念启蒙*

刘晓春**

摘　要：“本真性”观念建立在西方哲学有关现实、再现以及知识的认识论基础之上。从16世纪地理大发现开始的文化发现，到20世纪初人类学民族志的文化表述，都以本质主义的观念宣称客观真实及全面地再现文化。从20世纪60年代开始，随着人类学家田野调查的深入，以及哲学认识论和方法论的深化，民族志表述的文化被看作是现实的社会建构，民族志表述的仅仅只是“部分的真理”。由此文化本真性的观念从本质论转向了建构论。这种转向，对中国当前文化遗产保护的启示在于：由于参与者的主体性、语境的时效性等因素，文化遗产的本真性标准很可能遮蔽了文化本身的历史性，这样反而会阻碍文化的传承发展，扼杀文化的生命力。本真的文化不是那些被表述的碎片的、静止的社会事实，而是当地人感受的、体验的、实践着的、具有历史性的日常生活。我们正在保护的“本真”文化，只是一种现实的社会建构，远不同于文化本身的真实样貌。作为文化代理人，外来知识精英往往僭越本土文化持有者的主体角色，继而建构本真的文化，但外来知识精英无法回避以下伦理拷问：精英文化的优越感以及对本土文化的文化殖民。面对多元、异质、

* 原文刊于《民俗研究》2013年第4期。本文系2008年度国家哲学社会科学基金项目“民俗与民族国家认同探讨”（项目编号：08BMZ024）阶段性成果。

** 刘晓春，中山大学中国非物质文化遗产研究中心教授。

流动的文化遗产现实图景，民俗学应该超越“探求本真性”的学术范式。

关键词：文化本真性　本质论　建构论　文化遗产　启蒙

在当下中国，众多历史悠久、影响广泛的地方文化被赋予政治、经济、文化价值，超越其原生语境的文化时空与传承享用群体，成为被展示、被消费的对象而被重新发明出来，广为“传承母体”①之外的人们所享用、利用、再生产乃至消费，成为民族—国家甚至超越民族—国家界限的文化遗产。21世纪以来，随着非物质文化遗产保护运动的开展，文化多样性的观念在中国深入人心，极大地改变了中国人的文化观念，影响了人们对于地方文化的价值认定，那些之前被斥为“迷信”“落后”的地方文化，被重新命名为民族—国家的“文化遗产”。在这一遗产化的过程中，各种政治、经济、文化力量也介入地方文化的发展中，进而塑造了一种新型的文化生态，致使地方文化本身也被重新建构。这种关于地方文化的遗产化观念及其社会文化实践，笔者称为地方传统文化的“遗产主义”。

在当下的“遗产主义”时代，地方文化从“生活文化”的语境中被抽取出来，被移植到“文化遗产”的语境之中，为不同的力量所重新建构，使地方文化不可避免且确确实实地发生了变化。在这一建构过程中发生的诸多社会文化变迁，似乎“一切坚固的东西都烟消云散了”。在当代中国，随着“遗产主义”的日益盛行，参与这一文化建构过程的不同

① “传承母体”是日本民俗学家福田亚细男为了批判柳田国男的“重出立证法”而提出的概念。他认为以“重出立证法”为唯一方法的民俗学研究成果是虚构的历史，必须放弃以资料的全国性搜集为前提的重出立证法，要在具体的传承母体中分析民俗现象之间的相互关联，从中得出变化、变迁，进而提出假设。他进而指出，那种认为重出立证法可以究明变迁过程的观点，只是一种幻想。在这个意义上，民俗学必须把民俗放在其传承地域进行调查分析，在其“传承母体”，即传承地域究明民俗存在的意义及其历史性格（见［日］福田亚细男《日本民俗学方法序说——柳田国男与民俗学》，於芳、王京、彭伟文译，学苑出版社2010年版，第100、160页）。基于此，笔者将“传承母体”的概念拓展为传承地域与传承群体，即包含特定的时空以及在这一特定时空中生活并传承文化传统的群体。在全球化与现代化过程中，人口的流动，文化之间的交流，以及地方文化的遗产化过程，实际上表明本质主义意义上的“传承母体”面临被解体的可能，将“传承母体”看作是封闭的、具有稳定文化内核的观念，正面临着前所未有的挑战。笔者倾向于认为，在当下，传承母体只能在理想类型（ideal type）的意义上作为一个分析概念，而如果将其依然看作是一个本质性的、均质的社会历史文化空间，则值得商榷。

力量，无论是政府、学者、文化传承人还是普通大众，往往为“生活文化”与“文化遗产”的“真/伪”问题所深深困扰。[①]

笔者认为，这一困扰与长期以来人们认为文化具有一种“本真性”的观念息息相关。文化本真性的观念认为，文化先验地存在，不证自明；具有久远的历史、稳定的内核和清晰的界限，可以与他者文化相区别，并且被作为共同体内部成员相互认同的依据；人们可以通过媒介客观、真实地予以表述（represent），并为他者所认识、理解乃至享用；本真的文化往往被看作是已经消失或正在消失的、过去的文化，与被认为是非本真的现实文化形成强烈的对比而存在。文化本真性的观念在文化被发现、被表述之日起，就已根深蒂固地存在于人们的观念之中。这一观念建立在西方哲学有关现实、再现以及知识的认识论基础之上，现实被视为是毫无疑问的存在，知识是关于现实的再现，而再现可以直达透明的现实。然而，随着文化研究的日渐深入，以及全球化、现代化进程的展开，围绕“本真性”这一观念，人们对文化的认识、理解及表述不断深化，逐渐认识到文化的本真性“具有多义性和不易把握的本质”。[②] 本文试图通过分析人们的文化观念与对象之间相互建构的关系，进而梳理文化本真性的观念谱系，揭示文化本真性观念的生产过程，期望对当代知识界思考“遗产主义”时代文化传承与发展的关系有一定参考意义。

一　本质论：文化是客观真实的再现

当文化作为一种生活与实践的客观对象进入人们的思想观念领域，成为一种确定性的知识，并为人们所表述，就经历了一个从发现、再现到建构的过程。于是，什么是文化？如何再现文化？如何真实地再现文化？也就成了问题。

---

① 参见刘魁立《非物质文化遗产的共享性、本真性与人类文化多样性发展》，《山东社会科学》2010 年第 3 期；王霄冰《浅论非物质文化遗产本真性的衡量标准——以祭孔大典为例》，《文化遗产》2010 年第 4 期；王霄冰《民俗文化的遗化、本真性和传承主体问题——以浙江衢州“九华立春祭”为中心的考察》，《民俗研究》2012 年第 6 期；刘晓春《谁的原生态，为何本真性？——非物质文化遗产语境下的原生态现象分析》，《学术研究》2008 年第 2 期。

② ［德］瑞吉娜·本迪克斯：《本真性》，李扬译，《民间文化论坛》2006 年第 4 期。

（一）发现文化：启蒙理性的历史观照

现代意义上的“文化”的发现，与自16世纪以来的地理大发现以及启蒙运动密切相关。16世纪的地理大发现，特别是新大陆的发现，促使西方学者开始重新思考与风俗、制度有关的许多问题，并且将新大陆发现的风俗、制度与欧洲的风俗加以比较，进而产生了现代的民族志与民俗学。① 18世纪，随着启蒙运动的展开，启蒙思想家开始反思笛卡尔主义只崇尚理性而远离历史领域的哲学观念。② 启蒙时期的思想家，如培尔（Piere Bale，1647—1706）、孟德斯鸠（Baronde Montesuieu，1689—1755）、伏尔泰（Voltaire，1694—1778）等，利用历史的证据，也利用在亚洲和美洲等新大陆的旅行和探索所提供的新文献，强调人类风俗的多样性，特别是不同的自然因素（具体而言是地理因素），对不同的人类社会发展造成的影响，它们导致了制度和世界观的差异，而这又造成了信仰和行为的巨大差别。③ 这些观点强调人类价值的相对性，强调包括历史事实在内的社会事实之解释的相对性，这在一定程度上挑战了启蒙运动的理性主义。④

首先，通过经验、事实、常识乃至细节等文化现象，呈现历史的真实。在培尔的《历史批判辞典》中，他对遥远的事实、考古的细节和历

---

① Giuseppe Cochiara, *The History of Folklore in Europe*, Translated from Italian by John. Mcdaniel, Philadelphia: ISHI, 1981, p. 7.

② ［德］E. 卡西尔：《启蒙哲学》，顾伟铭等译，山东人民出版社2007年版，第187页。笛卡尔的“普遍怀疑”精神体现在知识理想中，就是“任何纯事实的东西都不得声称有任何真正的确定性，任何关于事实的知识在价值上都无法与清楚明白的逻辑知识、纯数学知识和精密科学相比拟”。（［德］E. 卡西尔：《启蒙哲学》，顾伟铭等译，山东人民出版社2007年版，第187页。）由此可见，任何关于事实的知识都不能达到这一知识理想，关于事实的历史被排斥在笛卡尔的知识理想之外。在笛卡尔看来，普遍科学的“整个建构就像规范几何学一样，依靠一种绝对证成在演绎之上的公理基础”。（［德］埃德蒙德·胡塞尔：《笛卡尔沉思与巴黎演讲》，张宪译，人民出版社2008年版，第44页。）

③ ［英］伯林：《反潮流：观念史论文集》，冯克利译，译林出版社2002年版，第3页。

④ Giuseppe Cochiara, *The History of Folklore in Europe*, tranlated from Italian by John. Mcdaniel, Philadelphia: ISHI, 1981, p. 7. ［英］伯林：《反潮流：观念史论文集》，冯克利译，译林出版社2002年版，第3—4页。关于地理大发现对启蒙思想家及西方知识界的影响，具体参见刘晓春《从维科、卢梭到赫尔德——民俗学浪漫主义的根源》，《民俗研究》2007年第3期。

史趣闻表现出特殊的偏好和主观的兴趣。他醉心于细节，为事实而爱事实。[①] 对历史学家以“想象”中的某种观念形态将历史事实串联起来的做法，培尔表示高度的怀疑。他认为只有那些片断、没有加工的原料、废墟、偶然性，才是“事实”性的东西。[②] 换言之，那些摈弃了观念形态的事实、细节，才是历史的真实面貌。呈现“事实”不再是历史知识的开端，而是历史知识的终结，其目的是“企图为达到‘事实的真理’开辟道路”。[③] 他从不回避索然无味的细枝末节，为的是揭示历史知识的种种谬误，因为即便是最无足轻重的谬误，也有可能由于世代相传而导致对事实真相的彻底歪曲。难怪卡西尔赞叹，培尔的天才不在于发现真，而在于发现假。[④] 培尔正是在剔除假象之后，最终呈现历史的真实。培尔对于历史的理解，代表了启蒙运动时期世俗化了的历史思想，这一历史思想将基督教—信条的标准束之高阁，教导历史生命，包括宗教史，应该根据人类精神的内在世界来加以解释。[⑤]

伏尔泰通过描述各民族的风俗，试图真实地呈现人类的文化创造，包括制度、礼仪、言谈、举止、服饰、审美、道德、宗教等。伏尔泰写作《风俗论》的目的，乃是有感于近代国家历史著作堆砌众多毫无联系的琐事，既枯燥乏味又空泛无边，而要从众多未加工的素材中，剔除令人生厌而又不真实的战争细节，保留其中描写风俗习惯的材料，从中整理出人类精神的历史。[⑥] 因此，在《风俗论》中，他宁可描述各个时期的社会状况、家庭生活形式和工艺的种类及其进步，也不愿描写各民族的政治、宗教过失以及他们之间的战争。[⑦]

---

① ［德］E. 卡西尔：《启蒙哲学》，顾伟铭等译，山东人民出版社 2007 年版，第 188—190 页。

② 叶秀山、王树人总主编：《西方哲学史》第五卷（尚杰《启蒙时代的法国哲学》），凤凰出版社、江苏人民出版社 2005 年版，第 110 页。

③ ［德］E. 卡西尔：《启蒙哲学》，顾伟铭等译，山东人民出版社 2007 年版，第 190 页。

④ ［德］E. 卡西尔：《启蒙哲学》，顾伟铭等译，山东人民出版社 2007 年版，第 190—191 页。

⑤ ［德］弗里德里希·梅尼克：《历史主义的兴起》，陆月宏译，译林出版社 2010 年版，第 359 页。

⑥ ［法］伏尔泰：《风俗论》（上），梁守锵译，商务印书馆 2009 年版，“序论”。

⑦ ［德］E. 卡西尔：《启蒙哲学》，顾伟铭等译，山东人民出版社 2007 年版，第 206 页。

其次，通过文化呈现历史真实，体现了一种与以往完全不同的历史哲学观念。如果说培尔通过细枝末节，呈现经验与事实，表达对传统历史领域宗教神学权威的高度怀疑，那么伏尔泰则更进了一步。他将历史提高到超出“过分人格化”、偶然事件和纯粹个人的水准，通过风俗——不是日常琐事、习惯，而是人的精神、思想、行为、生活方式等——表现“时代精神”和“民族精神”，文化史的目的不再是描述独特的细枝末节，其兴趣也不在于事件的前后相继，而在于文明的进步和它诸因素的内在关系。[①]

伏尔泰并不满足于说明纯粹的偶然事件，而是把描述与对现象的理智分析直接联系起来，把偶然与必然、恒久因素与暂时因素区分开来，在纷繁复杂的现象中寻求隐藏的规律。[②] 经过漫长的历史跋涉，伏尔泰发现，在哲学最终启迪人们的思想之前，各民族的历史都曾为传说所歪曲，当哲学终于来到这个愚昧的社会时，却发现人们的思想早已为数世纪的谬误所蒙蔽，以至于难以纠正。比如某些仪式、某些事实和某些纪念性建筑，都是为了证实谎言而建立。伏尔泰认为，路易十四之前近900年的历史虽然充满着罪恶、荒唐与灾难，但就像荒凉沙漠中偶尔出现的零星住所一样，也会有某些美德和片刻的幸福，比如对正常秩序的向往，不断地防止人类的彻底毁灭，形成了各个国家的法典；又比如宗教无一例外地向各民族传授教人和睦相处的道德观念等。职是之故，虽然英国、德国、法国等长期以来战乱濒仍，但战祸中出现的新人道主义却减少了人类对战争的恐惧，使人类从毁灭中得到拯救，国家的繁荣景象足以证明人类的勤劳智慧远远胜过人类的残暴与疯狂。[③] 在纷繁复杂的历史线索中，他发现，气候、政治和宗教三种因素不断地影响着人们的思想，他认为这是洞悉近900年历史演变的奥秘之所在。在《风俗论》的结论中，伏尔泰认为“人性”与“风俗”构成了各民族历史的主旋律与变奏曲：

---

① ［德］E. 卡西尔：《启蒙哲学》，顾伟铭等译，山东人民出版社2007年版，第200—201页。

② ［德］E. 卡西尔：《启蒙哲学》，顾伟铭等译，山东人民出版社2007年版，第203页。

③ ［法］伏尔泰：《风俗论》（下），梁守锵译，商务印书馆2009年版，第523、530—531、533—534页。

一切与人性紧密相连的事物在世界各地都是相似的；而一切可能取决于习俗的事物则各不相同，如果相似，那是某种巧合。习俗的影响要比人性的影响更广泛，它涉及一切风尚，一切习惯，它使世界舞台呈现出多样性；而人性则在世界舞台上表现出一致性，它到处建立了为数不多的不变的基本原则：土地到处都一样，但是种植出来的果实不同。①

据此可以发现，尽管伏尔泰等人在一定程度上挑战了启蒙理性主义，但是最终还是没有在根本上撼动启蒙运动的基本信条，即自然法和永恒真理的真实性。自然法和永恒真理支配着无生命的自然，也支配着有生命的自然，支配着事实和事件、手段和目的、私生活和公共生活，支配着所有的社会、时代和文明；只要一背离它们，人类就会陷入犯罪、邪恶和悲惨的境地。②

（二）移情式理解：历史主义的文化多样性

上述对笛卡尔主义的反思，可以称为"反纯粹理性"。"反纯粹理性"的思想家吸取了笛卡尔"普遍怀疑"的精神，也就是广义的笛卡尔的理性方法③，构成了欧洲启蒙时期理性主义的另一文脉。这些主张"反纯粹理性"的思想家并非拒绝"理性"，他们真正反对的，是传统上排斥和压制经验的形而上学，他们提倡一种经验主义的理性，也就是在经验事实的基础上，力求论证的合理与清晰、思想的自洽与完整。④ 正是在"反纯粹理性"的思想指引下，启蒙时期的思想家维科（Giambattista Vico，1668－1744）、赫尔德（Johann Gotfried von Herder，1744－1803）等，秉持经验主义理性，专注于观念之外的历史事实以及经验常识。维科的诗

---

① ［法］伏尔泰：《风俗论》（下），梁守锵译，商务印书馆 2009 年版，第 532 页。

② ［英］伯林：《反潮流：观念史论文集》，冯克利译，译林出版社 2002 年版，第 3—4 页。

③ 叶秀山、王树人总主编：《西方哲学史》第五卷（尚杰《启蒙时代的法国哲学》），凤凰出版社、江苏人民出版社 2005 年版，第 104 页。

④ ［德］约翰·哥特弗雷德·赫尔德：《反纯粹理性——论宗教、语言和历史文选》，张晓梅"译者序"，商务印书馆 2010 年版，第 1 页。

性智慧开拓了理解古代历史、古代文化的新视野，以想象、理解、直觉、同情、移情等方式理解远古历史，在此基础上发展出了以赫尔德为代表的德国历史主义的参天大树，其中包括理解、同情的洞察力、直觉的同情、历史的移情等①，深刻地认识到人类习俗与文化的多样性。

如果说伏尔泰等“系统论述史实的”历史学家对于历史的理解囿于自然法的藩篱，还试图依据不充分的证据建立宏大的综合，对于制度的连续性和发展也还没有充分关注②，那么以维科、赫尔德为代表的“反纯粹理性”的历史主义则是对启蒙运动自然法学说的反动。在《新科学》中，维科将自己的注意力转向下层人民的行为与习惯，也开始注意到当时非常罕见的美洲土著的民族志材料，根据这些来自不同阶层、不同地域人民的文化习惯，他以天才的能力洞察到其中呈现的人类景象，与认为人类本性相同的自然法观念迥然相异。维科的这些天才创造，构成了现代历史思想的基础。维科在《新科学》中形成了一种综合的知识，重构了人类前历史的图景，他将历史领域拓展到世界上所有的民族。然而，尽管维科不再从历史中寻找永恒的、万古常新的和简单明了的自然法真理，但他把历史视为一种精神的永恒过程，而这种过程只包括一般的共同性，而不包括个体。维科对于荷马的理解，体现了他的这一历史观念。后人以为荷马是希腊政治体制或文化的创建人，是一切其他诗人的祖宗，是一切流派的希腊哲学的源泉，但维科将荷马还原到历史的真实世界中，“他不以人格化的方式来看待荷马，而是把他当作整个民族的反映，就荷马史诗中颂扬的历史而言，整个民族才是真正的历史创造者”。③ 荷马史诗中性格鲜明多样的神话形象是由全民族共同创造的，并因此成为一个民族的共同意识。在维科的观念中，共同意识是一整个阶级、一整个人民集体、一整个民族乃至人类所共有的不假思索的判断，人们就是通过这些具有民族典范性的英雄来理解一个民族习俗的。而这种共同意识的

---

① ［英］伯林：《反潮流：观念史论文集》，冯克利译，译林出版社 2002 年版，第 123、139、140—141 页。

② ［美］格奥尔格·G. 伊格尔斯：《德国的历史观》，彭刚、顾杭译，译林出版社 2006 年版，第 35—36 页。

③ ［德］弗里德里希·梅尼克：《历史主义的兴起》，陆月宏译，译林出版社 2010 年版，第 47—50、54—55 页。

形成，乃是古人运用诗性智慧进行想象和创造世界的结果。诗性智慧不仅使无生命的事物具有感觉和情欲，也使个别事例提升为共相，把某些部分和形成总体的其他部分结合起来①，最典型的体现即神话故事是想象的“类概念”。

如果说维科将各民族的共同意识与各民族多样文化的创造联系起来，通过多样的文化重构了各民族具有民族共同性的历史，进而从民族共同性的洞察中创造了文化独特性、文化多样性的观念，否定了自亚里士多德以来西方传统的核心——永恒的自然法学说，那么赫尔德则明确地将个体与各民族多样文化的创造联系起来，认为所有价值和认识都是历史的和个体的，而民族亦具有人的特点：拥有灵魂，具有生命周期；不是个体的综合，而是有机组织。每一个时代都必须通过它自己当时的价值来予以考察，就比如“幸福”这样的命题，任何一个民族，在特定的时空，都具有其自身的幸福时刻，而不存在那种绝对的、独立的、不变的幸福。在不同时空境遇中的人们所体会到的不同的幸福感受，依国家、时代和地点的不同而不同，相互之间无法比较，“每个民族都在其自身之内有自己的幸福中心，正如每个圆球都有它自己的重心”②。基于此，赫尔德批判了当时的时代病症，“普遍的、哲学化的、博爱天下的语调，论及德性与幸福，总是把‘我们自己的理想’强加于每个遥远的异邦、历史上每个古老的时代”③。赫尔德认为，一些坚持启蒙理性的思想家们以“进步”作为理解世代演进之谜的密钥，他们不惜粉饰、生造一些事实，忽略、压制和掩盖另外一些相反的事实，以具有普遍意义的“启蒙”替代各民族自我感知的“幸福”，用以进步为取向的“更多更好的思想”替代各民族多样的“德性”。赫尔德质疑这种以“进步”为唯一的理想能否作为判断、批评或颂扬其他民族和时代之风俗的不二标准。在他看来，人类的恶与德、完美、习俗和禀赋等，“没有计划！没有进步！无非是永

---

① ［意］维科：《新科学》，朱光潜译，商务印书馆1989年版，第103—104、201—202页。

② ［德］约翰·哥特弗雷德·赫尔德：《反纯粹理性——论宗教、语言和历史文选》，张晓梅译，商务印书馆2010年版，第8页。

③ ［德］约翰·哥特弗雷德·赫尔德：《反纯粹理性——论宗教、语言和历史文选》，张晓梅译，商务印书馆2010年版，第9页。

无止尽的变化!”①

正是在反思启蒙理性以普遍、进步观念压制多样、变化的历史演变的基础上，“现代意义上的文化概念——即一种社会的而非教育学的意义——开始出现在赫尔德的论述之中”②。文化建基于由具体时空中特定人群构成的社会，由社会生活和变化着的传统构成的人类历史的整体链条，共同塑造了独特的个人。这一塑造过程，赫尔德称之为“教育”。通过“教育”，个人与社会、人类整体形成关联。赫尔德认为，在这一基础之上探讨历史哲学的原则将变得清晰、简单、确定无疑。他将“传统”和“有机力”确定为历史哲学的原则，人类的“教育”既是“遗传的”，又是“有机的”。“遗传的”，即“教育”在“模范者”与“仿效者”之间传递；“有机的”，即“教育”过程也是“仿效者”接受、取用、转化“传统”的过程。每一个个体仿效、接受、吸收、消化、运用“传统”的过程，赫尔德或称之为“文化”，因为它就像土壤之栽培；或称之为“启蒙”，因为它为思想带来光明。③ 同时，在赫尔德看来，传统/有机力、遗传的/有机的、模范者/仿效者、文化/启蒙等都是不可分割的整体，而非二元对立或彼此分离。

赫尔德将“‘文化/启蒙’之链”赋予人类教育以及历史哲学的原则，以此为标准理解欧洲之外的人民及其创造的文化，而不是用欧洲文化的理念作为标准。这一标准赋予他文化多样的眼光，使他在欧洲之外同样发现了人类的文化创造。他发现，“所谓‘开化’和‘蒙昧’、‘文明’和‘野蛮’民族之间，不过是量的区别，而非质的不同”。“即便是加利福尼亚和火地岛的原住民也学会了制造和使用弓箭；他们学会了自己的语言和概念、实践和技艺，与我们完全一样。在此意义上，他们实实在在也是有文化的开化民族，尽管是在最低的层次上”，“民族之画卷有五

① ［德］约翰·哥特弗雷德·赫尔德：《反纯粹理性——论宗教、语言和历史文选》，张晓梅译，商务印书馆2010年版，第9页。

② ［美］唐纳德·R. 凯利：《多面的历史——从希罗多德到赫尔德的历史探寻》，陈恒、宋立宏译，生活·读书·新知三联书店2003年版，第459页。

③ ［德］约翰·哥特弗雷德·赫尔德：《反纯粹理性——论宗教、语言和历史文选》，张晓梅译，商务印书馆2010年版，第16—20页。

彩斑斓，依着时间和地点纷繁变化”。[①]

总之，赫尔德的历史哲学超越了启蒙运动的自然法与机械式的思想，带着新的方法走上思想史的舞台，他把世界与自然看作是一个充满着来源于神的力量的生机勃勃的宇宙，世界与自然在经验中又具有其多样性。[②] 每一个时代都必须通过它自己当时的价值来考察，历史中没有进步或是衰落，有的只是充满价值的多样性。[③] 正是因为赫尔德超越启蒙运动的历史哲学观念，在卡西尔看来，赫尔德对于启蒙运动的征服是一种真正的自我征服。[④] 赫尔德的历史哲学观念最核心的部分是他对个体本质所抱持的相对主义情感，以及他对每一种文化的赞赏，这些都对欧洲思想产生了深刻的影响。[⑤]

（三）真实而全面：本质主义的民族志时代

从 19 世纪中后期开始，以文化（culture）为概念性工具来研究他者的人类学，逐渐成长为体系化的现代学术，与政治学、经济学、社会学等现代社会科学一起，开始取代传统的道德哲学，试图从科学而非历史和道德的意义去探讨人性以及人类行为等基本问题。与道德哲学家依赖于来自内在逻辑的确信不同，现代社会科学主要通过搜集材料、观察对象甚至量化实验等经验实证的手段，获得认识理解人类以及社会的基本证据。同样地，人类学逐渐摒弃传统以来对他者的神话化、道德化想象，而以文化这一概念性工具为核心，发展出一整套经验实证基础上的田野民族志方法，试图真实、全面地呈现他者文化。[⑥]

通过真实地再现他者文化以发现人类文化的共相，成为自 19 世纪中

---

① ［德］约翰·哥特弗雷德·赫尔德：《反纯粹理性——论宗教、语言和历史文选》，张晓梅译，商务印书馆 2010 年版，第 20 页。

② ［德］弗里德里希·梅尼克：《历史主义的兴起》，陆月宏译，译林出版社 2010 年版，第 358 页。

③ ［美］格奥尔格·G. 伊格尔斯：《德国的历史观》，彭刚、顾杭译，译林出版社 2006 年版，第 36 页。

④ ［德］E. 卡西尔：《启蒙哲学》，顾伟铭等译，山东人民出版社 2007 年版，第 215 页。

⑤ ［英］伯林：《反潮流：观念史论文集》，冯克利译，译林出版社 2002 年版，第 14 页。

⑥ ［美］威廉·亚当斯：《人类学的哲学之根》，黄剑波译，广西师范大学出版社 2006 年版，第 1—3 页。

后期以来人类学[①]等现代人文社会科学孜孜以求的终极目的。如何真实地再现他者文化？科学、客观、系统、规范的田野调查成为人类学等学科真实再现文化的手段。尽管人类学有着英国、德国、法国、美国四大传统，但真实再现文化的民族志经典方法，还是由以马林诺夫斯基为代表的英国功能学派人类学所创立。在马林诺夫斯基看来，民族志方法应以绝对坦诚和毫无保留的方式披露其科学研究的结果，科学化、条理化的调查可以带来丰富而高质量的成果。何种民族志材料才具有无可置疑的科学价值？马林诺夫斯基指出，唯有符合以下条件的民族志材料才具有无可置疑的科学价值：我们可以分辨出哪些材料是由直接观察与土著人的陈述和解说得来的，哪些材料是作者基于他的常识与心理领悟得来的。民族志的首要理想就是从纠缠不清的事物中把所有文化现象的法则和规律梳理出来。民族志的原始信息素材是以亲身观察、土著陈述、部落生活的纷繁形式呈现给学者的。面对纷繁复杂的异文化，马林诺夫斯基指出，民族志学者在田野调查的时候应该怀有科学的目标，明了现代民族志的价值与准则，完全生活在土著人之中，并使用一些特殊的方法来搜集、处理和核实他的证据。民族志学者运用现代民族志方法，生活在土著人之中，通过亲身观察体验，聆听土著的陈述，广泛搜集事实和具体材料，将泛灵论、亲属关系、社会组织等现代科学的概念引入看似光怪陆离的“野蛮人”的世界，用土著的亲属称谓表、谱牒、地图、示意图和图表等，显示出土著人具有确定的社会组织，受到权威、法律和秩序的管理，也受到极其复杂的亲属和宗族纽带的控制，证明了一个广泛而庞大的组织的存在，呈现了部落、宗族和家庭的构造，展示了一幅土著人严格行为和良好习惯的图画。[②]

人类学试图通过民族志整体考察、思考他者文化现象，全面地呈现他者文化的整体面貌，借助其他文化的现实来反观自身文化的本质，以

---

① 按照克里斯·哈恩（Chris Hann）的说法，此处的“人类学”作为一个伞状的概念，包含民族学、民族志，也包含民俗学、博物馆学等领域。见［挪］弗里德里克·巴特等《人类学的四大传统——英国、德国、法国和美国的人类学》，高丙中等译，商务印书馆 2008 年版，“前言”。

② ［英］马林诺夫斯基：《西太平洋的航海者》，梁永佳等译，华夏出版社 2002 年版，“前言”，第 1—8 页。

获得对文化整体的充分认识。马林诺夫斯基认为，可接受的民族志工作的首要条件就是，它必须把该社区中社会的、文化的和心理的所有方面作为一个整体来处理，因为这些方面是如此错综复杂，以至于不把所有方面考虑进来就不可能理解其中的一个方面。因此，马林诺夫斯基的《西太平洋的航海者》的主题尽管是经济，但却不得不经常涉及社会机制、巫术力量，涉及神话与传说。① 与此同时，人类学在技术层面不断完善其整体视野的实现措施与策略，1874 年至 1951 年历经六版编订的调查提纲《人类学的询问与记录》即其典型，几乎事无巨细地涉及人类创造的物质文化、非物质文化以及社会组织等方方面面。② 根据规范的调查提纲，人类学家写作了众多民族志经典。

如果说马林诺夫斯基从功能论的角度将文化看作是直接或间接满足人类需要的一套工具或风俗，其中的文化要素都有效地发生作用，文化的意义存在于文化各要素间的关系之中，③ 那么民族志研究者则是从文化内部各具功能的诸要素之间的相互关系中，达成对文化的整体把握。相比之下，法国社会学家涂尔干则强调呈现整体社会事实。何为整体社会事实？涂尔干认为，作为整体的社会事实独立于个体之外，从外部给人以约束，普遍存在于社会之中，并具有其固有存在形式。如何把握整体的社会事实？涂尔干指出，社会学要从混淆观念与事实的泥淖中摆脱出来，不应该用思想的分析去代替实在的科学分析，而应该把社会事实作为“物”来考察，“使社会现象与在头脑中把它们表象出来的主体分开，面对社会现象本身进行考察”，“社会事实越是充分地摆脱体现它们的个体事实，就越能使人得到客观的表象”，从而超越孔德社会学以概念、观念代替社会事实的研究阶段。比如，作为社会事实的集体习惯，除了反映它所制约的个人行为之外，还以法律条款、道德准则、民间格言、俗语和社会构造事实等固定形式表现出来。这些社会事实不仅存在于集体

① ［英］马林诺夫斯基：《西太平洋的航海者》，梁永佳等译，华夏出版社 2002 年版，“前言”，第 2 页。

② 英国皇家人类学会编订：《人类学的询问与记录》，周云水等译，国际炎黄文化出版社 2009 年版。

③ ［英］马林诺夫斯基：《文化论》，费孝通译，中国民间文艺出版社 1987 年版，第 14 页。

习惯所决定的持续的人类行为之中，而且还通过言传身教、教育的师授，甚至通过文字的肯定而永远流传下来。[①] 这些长久存在的、经常为人们所看到的、但也不受主观印象和个人所见之影响的集体习惯，便是涂尔干的社会学要求专注于摆脱个人表现的、独立于个体之外的社会事实。涂尔干对宗教基本形式的社会性之探讨，体现了他对整体社会事实的理解。他认为，具有悠久的历史传统，并外在于个体的宗教之所以具有社会性，是因为宗教具有强制性的特点，社会始终不断地从普通事物中创造出神圣事物，神不过是对社会的形象表达，对于人类而言，宗教作为强制性的力量，对人既专横又助人，既威严又仁慈。此外，宗教还具有普遍性特点。涂尔干发现，在宗教仪式中，当人们进入亢奋状态时，则感到自己为某种力量所支配，与其他人一起进入迷狂的欢腾，他认为宗教的观念似乎正是诞生于这种欢腾的社会环境。[②]

二　建构论：文化是现实的社会建构

自 20 世纪初期以来，以“文化”为概念工具、运用田野民族志方法试图客观、真实、全面呈现他者文化与社会生活的人类学得到了长足发展，经由人类学家长期、广泛、深入的研究讨论，积累了一大批人类学经典个案，如米德（Margaret Mead）的萨摩亚、马林诺夫斯基的特洛布里安德群岛等。在关于认识论、历史、经济、政治、族群、发展、环境、宇宙观等诸多方面，形成了文化相对主义、文化生态论等经典理论，以及历史人类学等跨学科实践，人类学被看作是“敢于检验那些自称具有普遍合理性的常识——特别是西方理论所公认的常识，并提供独到的批评视角和经验检验的余地”[③]。

然而，20 世纪 60 年代，西方思想界开始反思自 17 世纪以来的现代

---

① ［法］E. 迪尔凯姆：《社会学方法的准则》，狄玉明译，商务印书馆 1995 年版，第 47、29、63 页。

② ［法］爱弥尔·涂尔干：《宗教生活的基本形式》，渠东汲喆译，上海人民出版社 1999 年版，第 297、283、289 页。

③ ［美］麦克尔·赫兹菲尔德：《什么是人类常识——社会和文化领域中的人类学理论实践》，刘珩等译，华夏出版社 2005 年版，第 6 页。

性进程，对现代社会结构、社会实践、文化及思维模式都提出了质疑，随后的70年代和80年代发生的一系列社会经济变迁和文化变迁，如媒体、电脑及新技术的爆炸、资本主义的重新调整、政治的激烈变动、新的文化形式以及新的时空经验形式等，让人们感觉到文化和社会确实已经发生了剧烈变化。① 与此同时，西方理论界对追求普遍化、总体化，承诺能够为人们提供绝对真理的启蒙叙事即元叙事也进行了批判。法国思想家利奥塔尔（Jean-Franois Lyotard）用“现代”一词指称这种依靠元叙事使自身合法化的科学，而对于上述话语的怀疑，利奥塔尔则称之为“后现代”②。利奥塔尔从叙事的角度讨论最发达社会中的知识状态，认为依靠元叙事使自身合法化的科学并不是知识的全部，而且从柏拉图开始，科学合法化问题就与立法者合法化的问题密不可分，知识与权力从来都是相互依附的关系，知识与权力是同一个问题的两面：谁决定知识是什么？谁知道应该决定什么？只不过在发达社会的信息时代，知识的问题比过去任何时候都更是统治的问题。③

具体到文化领域，这种知识反思的思潮开始危及自18世纪以来西方学者建构起来的文化图景。其中，由语言学家索绪尔引导的语言学转向，经由后结构主义的阐发，在文化研究领域表现为，那些在民族志中呈现的他者文化，人类学家曾经信誓旦旦地声称是一种客观真实的呈现，它们与本真存在的关系开始受到人们的质疑，人们越来越将这些真实客观的文化看作是人类学家建构出来的产物。此外，以福柯为代表的话语理论指出，不存在为知识而知识、不为权力而获取知识的科学，④ 这一观点深刻地洞察了知识与权力的关联。在文化研究领域则表现为质疑文化建构者与表述对象之间或隐或显的权力支配关系，开始认识到知识是通过制度性实践被社会性地建构起来的。

---

① ［美］道格拉斯·凯尔纳、斯蒂文·贝斯特：《后现代理论——批判性的质疑》，张志斌译，中央编译出版社1999年版，“英文版导言”。

② ［法］利奥塔尔：《后现代状态——关于知识的报告》，车槿山译，生活·读书·新知三联书店1997年版，“引言”，第2页。

③ ［法］利奥塔尔：《后现代状态——关于知识的报告》，车槿山译，生活·读书·新知三联书店1997年版，第14页。

④ ［美］乔治·瑞泽尔：《后现代社会理论》，谢立中等译，华夏出版社2003年版，第63页。

（一）客观：建构他者文化的“真实”幻象

本质主义的民族志一直强调通过一整套经验实证基础上的田野民族志方法，就能够真实、全面地呈现他者文化。但这一人类学家苦心经营的学科神话却一再被打破。无论在田野调查还是在民族志写作过程中，人类学家的主体性都无法退隐到无，以致进入完全客观真实地呈现他者文化的理想状态。此外，田野调查中资讯提供者主体性的存在，他们对于自我文化的客体化，以及人类学家对于他者文化的客体化，始终贯穿于田野调查的全过程。跨文化人类学事实实际上是被建构的对象。

在某种意义上，可以这样说，索绪尔的符号理论敲响了民族志客观性神话的丧钟，后结构主义则彻底终结了民族志客观性的神话。索绪尔的符号理论强调，语言符号是任意的，能指与所指的关系是一种偶然的文化约定，它们之间并不存在任何的本质联系。① 后结构主义从索绪尔的符号理论中得到启发，并将其发挥到极致，他们强调任何社会都具有任意性和约定俗成性，例如语言、文化、实践方式、主体性以及社会本身。② 福柯等后结构主义理论家否定现代理论所假设的一种前定的、统一的主体，也否定先于一切社会活动的永恒的人性。福柯呼吁要解构主体，而且强调主体的“创造性角色必须被剥夺，必须将它视为话语的一个复杂的可变函数”③。德里达认为，支配着西方哲学和文化的二元对立（主体/客体、表象/现实、言谈/写作等），建构了一种非常有害的价值体系。这一价值体系不仅试图为真理提供保证，而且还排斥和贬抑那些被说成是低级的方面和立场。④ 也就是说，他们要揭露貌似客观、科学事实背后潜藏的主体，而正是这一主体，主宰了自 17 世纪以来西方社会的知识与价值体系。

---

① ［瑞士］费尔迪南·德·索绪尔：《普通语言学教程》，商务印书馆 1996 年版，第 102—105 页。

② ［美］道格拉斯·凯尔纳、斯蒂文·贝斯特：《后现代理论——批判性的质疑》，张志斌译，中央编译出版社 1999 年版，第 25 页。

③ ［美］道格拉斯·凯尔纳、斯蒂文·贝斯特：《后现代理论——批判性的质疑》，张志斌译，中央编译出版社 1999 年版，第 66 页。

④ ［美］道格拉斯·凯尔纳、斯蒂文·贝斯特：《后现代理论——批判性的质疑》，张志斌译，中央编译出版社 1999 年版，第 27 页。

这一后结构主义的反思与批判在人类学领域则表现为对“民族志的现在时”（ethnographic present）的批判，即“民族志的现在时”表现的非时间性的、文化之间是统一的、观察者是中立的等假设，在学术的和政治的意义上都遭到了质疑。[①] 而这一切，都与隐藏在人类学知识体系背后的民族志建构主体有关。人们越来越发现，民族志的文化表述受人类学的实践与制度的限制。因此，民族志写作也不断地遭遇以下问题的追问：谁在说话？谁在写？什么时候？什么地方？和谁一道？对谁说？在什么样的制度和历史限制之下？[②]

如果说奈杰尔·巴利的《天真的人类学家——小泥屋笔记》带有某种戏谑意味地解构了人类学田野作业的客观性与严肃性，[③] 德里克·弗里曼的《玛格丽特·米德与萨摩亚——一个人类学神话的形成与破灭》质疑米德与其导师博厄斯共同建构的文化决定论神话，[④] 那么，保罗·拉比诺的《摩洛哥田野作业反思》则以其年轻的坦诚与勇气，反思自己的田野作业及其民族志知识的生产过程，将人类学田野作业及其民族志生产过程暴露在阳光之下，它们不再是充满高度神秘色彩的学术秘密。拉比诺的田野作业及其知识生产的祛魅化过程，其实只是反思的表象，其深层原因恐怕与后结构主义质疑西方长期以来通过二元对立建构起来的真理观有关。拉比诺在该书的中译本序言写道：“1986 年，《写文化：民族志的诗学与政治学》的出版是美国人类学的一个分水岭。该书掀起了一场激烈的讨论……但不幸地，它趋向于提供一种对主体性的轻易信任，……我们以极为美国的方式把对知识主体的关注变成了告解室里以‘自我’为中心的讨论。”[⑤] 而就是在此 10 年前，拉比诺不顾导师格尔茨的劝告，非常认真而固执地以人类学家、资讯人之间跨文化实践共同生

---

① ［美］保罗·拉比诺：《摩洛哥田野作业反思》，高丙中等译，商务印书馆 2008 年版，“中译本序：哲学地反思田野作业”，第 10—11 页。

② ［美］詹姆斯·克利福德、乔治·E. 马库斯编：《写文化——民族志的诗学与政治学》，高丙中等译，商务印书馆 2006 年版，第 42 页。

③ ［英］奈杰尔·巴利：《天真的人类学家——小泥屋笔记》，上海人民出版社 2003 年版。

④ ［澳］德里克·弗里曼：《玛格丽特·米德与萨摩亚——一个人类学神话的形成与破灭》，商务印书馆 2008 年版。

⑤ ［美］保罗·拉比诺：《摩洛哥田野作业反思》，高丙中等译，商务印书馆 2008 年版，第 9 页。

产出来的人类学事实作为哲学问题进行反思，即此前从未被反思过的人类学者的“客观”“中立”背后所潜藏的主体性，即揭露在“客观事实”的背后，资讯人与人类学家的“事实”“呈现”与制作过程，其最终要质疑的是，民族志究竟“呈现”了谁的文化？

也许正因如此，拉比诺感觉到对人类学跨文化田野作业进行反思的迫切性，“必须对田野作业进行反思，必须反思它的历史情境，必须反思它的体裁约束，鉴于田野作业与其殖民的和帝国的过去的关系，必须反思它的存在和价值，必须反思它的未来”[①]。拉比诺希望通过展示自己的人类学田野作业与民族志制作过程，反思支配人类学之所以成立的核心观念：文化/社会是否具有稳定的内核？作为人文研究的人类学是否仅仅只是智慧性而没有情感性和道德性？对于人文研究中的价值判断在场，人类学究竟是视之为洪水猛兽？还是必须置于批判性的反思之中，并且时刻与田野经验相互参照，并不断被调整？田野经验是否意味着人类学匍匐在实证科学的霸权之下，失去自我反思、自我批判的自觉，还是时刻保持反思与批判在知识探求中的有效地位？[②]

拉比诺认识到，人类学家在开始进入田野之时，就已经不再中立，而是深陷于地方的政治与社会之中。[③] 拉比诺在摩洛哥田野过程中的众多资讯人，由于其各自的身份和社会地位，被深深地嵌入不同的社会权力结构之中，由于人类学家的介入，他们作为一个个活生生的主体，为拉比诺提供的资讯有其各自的视角、各自的利益考虑。在与不同的资讯人互动的过程中，强烈地刺激拉比诺从根本上思考社会和文化的范畴。表面看来，人们共享的常识以及日常互动是不证自明、无须反思的，但是，对于来自不同文化的人来说，日常互动以及常识的意涵，却远远超过了其自身。需要反思的是，我们身处其中的文化/社会本身，存在着一种稳定不变的、本质主义的内核吗？人类学家与资讯人之间只有充分认识到

---

① ［美］保罗·拉比诺：《摩洛哥田野作业反思》，高丙中等译，商务印书馆 2008 年版，第 5 页。

② ［美］保罗·拉比诺：《摩洛哥田野作业反思》，高丙中等译，商务印书馆 2008 年版，第 10、11、19、24 页。

③ ［美］保罗·拉比诺：《摩洛哥田野作业反思》，高丙中等译，商务印书馆 2008 年版，第 94 页。

彼此的不同，进而相互尊重，相互之间有着充分的信任，资讯人能具有鲜明而执着的"主人"角色，反而才有可能消解人类学家与资讯人之间的权力政治关系，使得他们之间能够在彼此尊重和理解、清楚各自历史情境之局限的基础上，深入讨论各自的传统。经过与资讯人的深入沟通，拉比诺认识到，彼此之间的隔阂，基本源自于各自的传统。但是，因传统导致的彼此隔阂，并不意味着彼此的"他性"是一种不可言说、不证自明、固定不变的本质，而是不同历史经历的总和。"他和我一样，并非居住于一个他性恒久不变的水晶世界。他成长于一个能够为他的生活世界提供有意义的，但仅仅是部分令人满意的解释的历史性环境。"[①] 这一"部分"，正是凸显了在全球化的跨文化交流时代，无论是东方还是西方，只有忠实于自己的传统，尊重他人的文化，"美人之美，美美与共"，才能对话、沟通与交流，不断地深化对于彼此的认识和了解，进而理解他人，反观自己。

由此可见，人类学家来自自我文化的先见，田野地方以及人类学家与资讯人之间的权力政治关系，还有由此衍生的情感反应与道德伦理等，都会影响人类学家的田野作业与民族志写作。拉比诺认为，人类学家创造了一种意识的双重性。"人类学者的分析必须结合两个事实：首先，我们自身是通过我们提出的问题和我们寻找理解与经验这个世界的方式而历史地存在的；其次，我们从我们的资讯人那里得到的是解释，解释同样是以历史和文化为媒介。因此，我们收集的数据是被双重调节的，首先由我们自己的存在，然后是我们向资讯人要求的第二层的自我反省。"[②] 田野材料呈现的，并非是一种本质主义意义上的自在之物，而是人类学家在田野过程中获得的建构之物。

那么，人类学的"文化"是什么？拉比诺指出，人类学事实是跨文化的，它跨越了文化的界限而被制造出来。"它们本是活生生的经历，却在询问、观察和体验的过程中被制作成事实。人类学家和他所生活在一

---

① ［美］保罗·拉比诺：《摩洛哥田野作业反思》，高丙中等译，商务印书馆2008年版，第152—153页。

② ［美］保罗·拉比诺：《摩洛哥田野作业反思》，高丙中等译，商务印书馆2008年版，第115页。

起的人们都参与了这一制作。”[①] 资讯人其实也是将自己的生活世界对象化，进行自我反省，以便借助外部媒介，重新表述自己的经验，以人类学家可以理解的方式予以表达。文化即阐释，文化“不可能自我中立地呈现，或以一种声音呈现。每一种文化事实都可以既被人类学家，也被其持有者，赋予多种解释”[②]。人类学家和资讯人都深陷于自己编织的“意义之网”，人类学家可以假装自己是中立的，假装自己无视人们能动地生活在各种决定因素的支配之中，只有人类学家才能书写他们的历史与文化，“然而，这仅仅是假象而已”[③]。

（二）权力：表述他者文化的“隐秘”工具

如果说前文分析了民族志写作中“谁在看”的问题，那么这部分则要解决民族志“如何看”的问题。萨义德在《东方学》[④] 一书开篇引用马克思在《路易·波拿巴的雾月十八日》中的一句话：“他们无法表述自己，他们必须被别人表述”，充分揭示了人类学与他者文化之间或隐或显的权力支配关系。长期以来，为人类学民族志所书写的西方他者，只不过是历史过程的牺牲品和沉默的证人，是“没有历史的人民”，从来就不是历史过程的积极主体。[⑤]

在人类学的“西方/非西方”之间，学界惯常以“殖民/被殖民”的二元对立反映二者之间的权力与支配关系，这种关系反映在文化表述上，则体现为一系列对立与差异的关系，如西方/东方、先进/落后、文明/野蛮，以及理性的、贞洁的、成熟的、正常的欧洲/非理性的、堕落的、幼

---

① ［美］保罗·拉比诺：《摩洛哥田野作业反思》，高丙中等译，商务印书馆 2008 年版，第 145 页。

② ［美］保罗·拉比诺：《摩洛哥田野作业反思》，高丙中等译，商务印书馆 2008 年版，第 143 页。

③ ［美］保罗·拉比诺：《摩洛哥田野作业反思》，高丙中等译，商务印书馆 2008 年版，第 144 页。

④ ［美］爱德华·W. 萨义德：《东方学》，王宇根译，生活·读书·新知三联书店 1999 年版。

⑤ ［美］埃里克·沃尔夫：《欧洲与没有历史的人民》，赵丙祥等译，上海人民出版社 2006 年版，第 2 页。

稚的、不正常的东方等。[①] 尽管学者们已经认识到，殖民/被殖民的关系，并不能以一种简单的二元对立关系加以处理。[②] 但是，拉比诺发现，对殖民主义的研究几乎无一例外地依据上述支配、剥削以及反抗的辩证法。[③] 对于人类学民族志书写中潜藏的权力关系的揭示，需要超越简单的二元对立以及拉比诺所谓的辩证法，引入福柯的权力观念以及布迪厄的文化政治学，以便更有力地揭示其隐秘的支配形式、表述方式等。福柯的权力观拒绝自由主义与马克思主义共有的理解权力的司法模式，也不把权力的功能和运作简化为仅仅是维持生产关系和阶级统治，而把权力理解为多重力量关系，它们在自身运作的领域中建构自身的组织关系。[④] “权力无所不

① ［美］爱德华·W. 萨义德：《东方学》，王宇根译，生活·读书·新知三联书店 1999 年版，第 49 页。

② 在原初意义上，“殖民”只是一个技术术语，仅仅用于描述人们迁移到世界其他地方并在那里展开新的定居生活的现象。随着帝国主义——通过武力的主权施加与经济侵略而实现——在世界范围的扩张，西方国家对其他地区种族及国家施行的压迫、统治、奴役与剥削、倾销商品、掠夺原料等殖民控制手段，“殖民”开始被帝国主义赋予了霸权的意义。20 世纪殖民控制的结束，并不意味着殖民主义的终结，帝国主义的资本垄断、社会文化领域的全球化影响等，说明我们所处的时代仍然没有超越殖民主义。参见杨乃乔为［英］巴特·穆尔－吉尔伯特等编撰《后殖民批评》一书所作的译者序《从殖民主义到后殖民批评的学缘谱系追溯》，北京大学出版社 2001 年，第 3—5 页；张京媛编《后殖民理论与文化批评》，北京大学出版社 1999 年版，“前言”，第 1 页。

③ 拉比诺还注意到，非常奇怪的是，殖民主义者本身极少为研究者所注意。他提请人类学家注意，福柯在剥削、支配与主体之间做出的区分，将为人类学者提供有益的分析工具。在当代殖民地社会的发展进程中，如摩洛哥的城市化，各种专家学者表面试图规避、逃避政治，却以自我殖民的方式发展出了一种新的科学以及策略性的社会艺术，以构想和造就出一种新的、“恰如其分”的社会安排，在此基础上形成了一种崭新的权力关系形式，使法国与摩洛哥（殖民与被殖民）之间“良性的”社会、经济与文化关系得到展现。［美］保罗·拉比诺：《表征就是社会事实：人类学中的现代性与后现代性》，［美］詹姆斯·克利福德、乔治·E. 马库斯编：《写文化——民族志的诗学与政治学》，商务印书馆 2006 年版，第 312—314 页。

④ ［英］凯思·安塞尔·佩尔森：《福柯解读尼采之意义——权力、主体与政治理论》，汪民安、陈永国编《尼采的幽灵——西方后现代语境中的尼采》，社会科学文献出版社 2001 年版，第 143—147 页。福柯的性意识史研究，即通过考察性——作为我们生活中的肉体上最大的禁忌之一——在现代史上的遭遇，尝试摆脱法律的观点去思考性，摆脱国王去研究权力。他要追问的是，如果不是通过禁止和阻碍的手段，权力又是如何接近性的？通过什么机制、战术手段？他指出，要用权力的概念，而不是用压制或法律的概念去分析某一类性的知识的形成。而权力，是众多力量的关系，这些关系存在于它们发生作用的那个领域。杜小真编选：《福柯集》，上海远东出版社 2002 年版，第 344—345 页。

在，并不是因为它包含一切，而是因为它来自一切方面。"[①] 权力本质上是生产性的，权力是人类主体的建构性力量。而布迪厄则认为，文化不仅为人类的交流与互动提供基础，也是统治的一个根源，文化不仅塑造着我们对于现实的理解，而且帮助确立并维持社会等级。无论采取何种形式，[②] 文化都体现着权力关系。知识分子——专业化的文化生产者与传播者——在文化实践中建构的斗争舞台以及机构等级中，发挥了核心作用。[③] 借用布迪厄的"场域"概念分析民族志知识的生产过程，可以这样说，长期以来人类学围绕民族志的生产形成了一个错综复杂的权力争斗"场域"。从西方国家的殖民统治力量对民族志知识的需求，促使人类学家到海外发现异文化，以一种"本质主义"的态度理解、描写异文化，进而形成刻板、僵化的异文化形象，到殖民地人民对殖民统治以及殖民文化的抵制与吸纳，重构了殖民地社会的社会关系与文化形态，那种认为传统与现代、东方与西方相对立的观点，已经被证明是一种不怎么"启蒙"的成见；[④] 从人类学家运用西方人文社会科学的理论方法阐释异文化现象，将非西方文化作为西方自我的镜像，到殖民地人民与人类学家的互动中所产生的自我客体化过程，人类学家与资讯人之间复杂的互动关系，都影响着人类学知识的建构；从民族志知识的生产逐渐成为人类学学科体制化的规训机制，到民族志知识的客观性与真实性越来越受到人们的质疑，作为学术规训机制一部分的民族志写作，难免受到学术传统的限制，民族志是否与社会现实渐行渐远？等等，这些都表明民族志知识的生产是众多力量构成的权力之间争斗、博弈的结果。

人类学民族志建构的他者是与自我相比较的形象。威廉·亚当斯以

---

① 杜小真编选：《福柯集》，上海远东出版社 2002 年版，第 345 页。

② 布迪厄认为，文化资本可以以三种形式存在：（1）具体的状态，以精神和身体的持久"性情"的形式；（2）客观化的状态，以文化商品的形式（图片、书籍、词典、工具、机器等），这些商品是理论留下的痕迹或理论的具体显现，或是对这些理论、问题的批判，等等；（3）体制化状态，以采取学术资格的形式使文化资本客观化。布尔迪厄：《文化资本与社会炼金术——布尔迪厄访谈录》，包亚明译，上海人民出版社 1997 年版，第 192—201 页。

③ ［美］戴维·斯沃茨：《文化与权力——布尔迪厄的社会学》，陶东风译，上海译文出版社 2006 年版，第 1 页。

④ 马歇尔·萨林斯：《何为人类学启蒙？——20 世纪的若干教诲》，马歇尔·萨林斯《甜蜜的悲哀》，王铭铭、胡宗泽译，生活·读书·新知三联书店 2000 年版。

美国人类学学术史为例，指出美国人类学之所以能够发现他者、建构他者形象，是因为建立在进步论、原始论、自然法则论、印第安学、德国理想主义等五种哲学学说基础上，而这五种哲学学说都与他者这一概念密切相关。上述五种哲学学说，在人类学中衍生了普世论、比较论和特殊论等三种理论。实际上，上述三种理论衍生的结构主义、社会进化论、文化形貌论等不同研究方法，在民族志中赋予他者不同的角色。在普世论中，他者即我们；在比较论中，他者乃是以前的我们；而在特殊论中，他者是非我。如结构主义即属于普世论，力图发现和解释为所有民族共享的文化；社会进化论由于力图在某个普遍原则的基础上解释不同民族的差异，属于比较论；而文化形貌论则力图去理解每个文化的不同特质以及它们是怎样产生的，则属于特殊论。[①] 人类学家通过何种策略建构自我与他者的关系，其中是否仅仅只是以客观、真实为唯一依归，而没有潜藏权力诉求呢？人类学家费边（Johannes Fabian）指出，我们能够接受的所有特定的人类学知识，都受到西方社会与非西方社会之间历史以来建立的权力与支配关系的影响，人类学知识本质上都是政治的。[②] 他发现，人类学家以“时间”为手段，建构了自己的对象——野蛮人、原始人、他者，从这一过程可以非常清晰地看到，对于权力的诉求是人类学的根本属性，而非人类学家偶然的误用。[③]

费边认为，那些在田野调查基础上从事民族志写作的人类学家，主要有三类运用时间的方式。第一类是自然时间（Physical Time），用来描述大范围、长时段发生的历史事实，比如人口统计和生态变迁，这是一种“客观的”“中性的”时间。第二类是世俗时间（Mundane Time）与象征性时间（Typological Time），这是两个相互联系的时间类型，它不以时间的消逝作为变量，而是以具有社会文化意义的历史事件作为时间变量，在某一世俗时间中发生了具有社会文化意义的历史事件，从而使这

① ［美］威廉·亚当斯：《人类学的哲学之根》，黄剑波译，广西师范大学出版社 2006 年版，第 3—5 页。

② Johannes Fabian, *Time and the Other: How Anthropology Makes its Object*, New York: Columbia University Press, 1983, p. 28.

③ Johannes Fabian, *Time and the Other: How Anthropology Makes its Object*, New York: Columbia University Press, 1983, p. 1.

一世俗时间具有了象征性；象征性时间奠定了一系列比较的基础，比如前文字的/文字的、传统的/现代的、农业的/工业的以及部落的/封建的、乡村的/城市的等。第三类是互为主体性的时间（Intersubjective Time），人类学家强调，在人类的行为与互动中，交往是其重要的特质；在这一类时间中，文化不再被首先看作是由不同群体的人们制定的一整套规则，而被看作是一种特定的方式，人们在其中创造和生产了信仰、价值和社会生活的其他方面；时间，不再仅仅被看作是人类行动的历时变量单位，而是人类行为以及社会现实的构成要素；任何将时间从阐释话语中排除出去的企图，都只能是歪曲的、毫无意义的阐释。①

对于上述三类时间，费边指出，自然时间蕴含的时间距离，其显示的是人类社会和文化的发展过程中自然法则或类法则的规律性运作。② 第二类时间则是建立在比较的基础上，通过呈现一种与民族志研究者（西方）相距遥远的他者（非西方）的时间状态，以及在这一时间状态中他者的整体文化生活，建构了一种与西方现代文明相比较的“原始的”“传统的”文明图景。在这一类民族志中，对原始的、前文明状态的怀古幽思，暗含着对现代文明的自我反思。威廉·亚当斯指出，这种原始论其实是进步论这枚硬币的另一面。它带着遗憾的眼光看待文明的发展，与其相联系的，是原始社会和原始人的理想化形象，用以批判现代文明的奢华和自我放纵。③ 而第三类时间，费边则认为，表面看来似乎体现了人类行为和互动中的交往实质，使民族志和土著处于相同的时代，但是，在民族志的描述中，与“现代”相对立的“原始的”成了唯一标示土著时间的变量，民族志学者所处的西方的“现代”成了一个潜在的在场，无时无刻不在支配着人类学家的写作。④ 当人类学家以描述、分析和理论结论的方式生产人类学话语的时候，同一个民族志学者可能忘记或者否

---

① Johannes Fabian, *Time and the Other*: *How Anthropology Makes its Object*, New York: Columbia University Press, 1983, pp. 23 –25.

② Johannes Fabian, *Time and the Other*: *How Anthropology Makes its Object*, New York: Columbia University Press, 1983, p. 29.

③ ［美］威廉·亚当斯：《人类学的哲学之根》，黄剑波译，广西师范大学出版社 2006 年版，第 107 页。

④ Johannes Fabian, *Time and the Other*: *How Anthropology Makes its Object*, New York: Columbia University Press, 1983, p. 18.

认他们与其研究对象之间的同时代经历。[①] 有学者指出，民族志的写作范式对非西方社会采取自然化、非历史化的手法，使得民族志话语中充斥着自然与文化、原始状态与现代特性的对立，透露出的乃是一个隐秘的进化论，其产物就是20世纪人类学反复出现的主题——永恒的民族志的现在时（the timeless ethnological present），这种对殖民地社会业已发生的社会变迁采取既承认又压抑的态度，实际上是服务于殖民统治的一种民族志书写策略。[②] 因此，正是在这种意义上，威廉·亚当斯将进步论看作人类学哲学的“根中之根”[③]。

（三）文化是现实的社会建构

由上述分析可知，民族志的文化表述受人类学的实践与制度、权力的限制。人类学家非常清楚，现在的民族志写作不断地遭遇以下问题的追问：谁在说话？谁在写？什么时候？什么地方？和谁一道？对谁说？在什么样的制度和历史限制之下？[④] 随着马林诺夫斯基在麦卢和特罗布里恩德群岛田野日记的出版，任何过于自信和一致的民族志声音都被暗暗打上了问号：它掩饰了什么样的欲望和疑惑？它的“客观性”是如何从文本中建构起来的？人类学从关注民族志田野调查与写作过程中人类学家与资讯人的主体性开始，民族志客观性的神话就被逐渐瓦解，到人类学民族志建构的自我/他者形象所潜藏的知识/权力关系被逐渐披露，人们终于认识到，人类学民族志表述的文化，不再是客观真实的完整再现，而是现实的社会建构，表述的仅仅只是“部分的真理”。许多具有自觉意识的民族志作者发现，很难从一个固定的、客观的立场来谈论定义明确的“他者”。以至于人类学家只能心存疑虑地评估自己的文化表述，“我们关于其他文化的大部分知识必须被看成偶然的，是交互主体间对话、

---

① Johannes Fabian, *Time and the Other*: *How Anthropology Makes its Object*, New York: Columbia University Press, 1983, p. 33.

② ［印］特贾斯维莉·尼南贾纳：《为翻译定位》，许宝强、袁伟选编《语言与翻译的政治》，中央编译出版社2001年版，第186页。

③ ［美］威廉·亚当斯：《人类学的哲学之根》，黄剑波译，广西师范大学出版社2006年版，第8页。

④ ［美］詹姆斯·克利福德、乔治·E. 马库斯编：《写文化——民族志的诗学与政治学》，高丙中等译，商务印书馆2006年版，第42页。

翻译和投射的存有疑问的结果”①。

民族志的文化表述之所以遭遇如此之多的追问与困扰，拉比诺在梳理了理查德·罗蒂（Ricard Rorty）、伊恩·哈金（Ian Hacking）以及福柯等关于西方认识论的研究之后，认为这与西方自17世纪以来现代哲学认知范式的确立有关。笛卡尔放弃了亚里士多德将理性视为普遍性之把握的观念，知识成为内在的、表述性的和判断性的，被赋予了意识的认识主体及其表述内容成为思维的核心问题，也成为一切认知的范式。通过了关于“现实”和“认识主体”的表述检验的知识就是具有普遍性的知识，这种普遍性的知识当然就是科学，认识论成为现代哲学的核心。② 但是，这一认识论范式在20世纪遭到人们的质疑。罗蒂指出，20世纪三位最重要的哲学家维特根斯坦、海德格尔和杜威都一致同意，必须放弃作为准确再现结果的知识观，这种知识是经由特殊的新的过程而成立的，并由于某种有关再现作用的一般理论而成为可理解的。对他们三位来说，“知识基础”的观念和以笛卡尔回答认识论的怀疑论者的企图为中心的哲学观念，都被抛弃了。③ 拉比诺进一步指出，福柯把表述问题看作一种更为基本的文化关怀，一种存在于许多其他领域之中的问题。对福柯而言，表述问题与范围广阔的、异质的，但又相互关联的社会与文化实践相联系，而这些实践又建构了现代世界。④

如果说拉比诺主要从哲学的认识论角度反思人类学本质主义在民族志写作中存在的问题，那么，早在20世纪初，社会学家韦伯就从方法论的角度，通过分析文化科学与自然科学的区别，探讨了文化科学的“客观性”。韦伯认为，文化科学的对象是文化事件，有别于自然科学的对象，文化事件包含有意义与价值两种基本要素。文化事件的性质特点不是它自身“客观地”具有，而是以人们认识兴趣的倾向为条件，产生自

① ［美］詹姆斯·克利福德、乔治·E. 马库斯编：《写文化——民族志的诗学与政治学》，高丙中等译，商务印书馆2006年版，第43、29、143、148页。

② James Clifford and George E. Marcus（eds.），*Writing Culture*：*The Poetics and Politics of Ethnography*，Berkeley：University of California Press，1986，p. 235.

③ ［美］理查德·罗蒂：《哲学与自然之镜》，李幼蒸译，商务印书馆2003年版，第3页。

④ ［美］詹姆斯·克利福德、乔治·E. 马库斯编：《写文化——民族志的诗学与政治学》，高丙中等译，商务印书馆2006年版，第291页。

人们在具体情况下赋予相关事件的特殊文化意义。[①] 这种力求根据其文化意义认识生活现象的学科，即“文化科学”。韦伯指出，文化事件的意义无法从任何规律概念得出、论证和阐明，“因为这种意义假定了文化现象与价值观念的关联”。因此，文化概念又是一个价值概念，人们只有将经验实在置于与价值观念的关系之中，经验实在才对人们具有意义，那些对于人们具有意义的经验实在便是“文化”，“‘文化’是无意义的无限世界事件中从人类的观点来考虑具有意思和意义的有限部分”[②]。由于受制于价值观念，人们对于文化的观察、认识，在任何情况下都只有个别实在的一部分让人们产生兴趣，从而对人们具有意义。

此外，在韦伯看来，对于具体的文化科学而言，文化意义存在于历史事实之中，而不在于普遍本质和规律之中。韦伯认识到历史事实对于文化意义的生成之重要性，意味着人们对于经验实在的观察、认识不仅受制于人们的价值观念，还受制于经验实在呈现的历史性、多样性、无限性。由于文化事件的无限性与多样性，致使文化事件的有限部分才构成文化科学的探讨对象。因此，韦伯指出，对任何具体现象做详尽无遗的因果追溯，不仅在实践上不可能，而且也是荒谬的。[③] 由于文化事实的历史性，以及文化事件对于人们而言所具意义的有限性，韦伯认为，与自然科学将经验的东西还原为“规律”不同，“客观地”对待文化事件是没有意义的。韦伯并不是说文化事件或精神事件“客观上”很少受规律支配，而是因为人们对社会规律的认识，并不是对社会现实的认识，人们建立“合规则性的”规律不是认识社会现实的目的，而只是认识的手段。所以，无论是从文化事件所包含的基本要素，以及文化事件的历史性存在，还是文化科学所建立的规律之实质出发，文化科学所研究的经验知识，其“客观有效性依赖于并且仅仅依赖于既定的实在按照范畴得到整理，而这种范畴在一种特定的意义上，亦即在它表述了我们认识的

---

① ［德］马克斯·韦伯：《社会科学方法论》，李秋零、田薇译，中国人民大学出版社 1999 年版，第 11 页。

② ［德］马克斯·韦伯：《社会科学方法论》，韩水法、莫茜译，中央编译出版社 2002 年版，第 26—27、31 页。

③ ［德］马克斯·韦伯：《社会科学方法论》，韩水法、莫茜译，中央编译出版社 2002 年版，第 26—29 页。

先决条件的意义上是主观的，并且是受到惟有经验知识才能提供给我们的那些真理的价值前提制约的”。也就是说，“不依赖于特定的和‘片面的’观点而对社会生活或者‘社会现象’绝对‘客观的’科学分析是不存在的”[①]。因此，在文化科学所研究的经验知识，没有不包含研究者个体主观性的绝对客观知识。

韦伯最终指出，“致力于认识具体历史联系的文化意义”，是文化科学唯一的最终目的，概念构造和概念批判也要服务于这个目的。他认为，文化科学研究者的真正才能在于，“总是表现在知道如何通过将人所熟悉的事实与人所熟悉的观点联系起来，而后产生新的知识”[②]。总之，韦伯的社会科学方法论揭示的，并不是从虚无主义的态度否定人们认识社会历史文化事件的可能性，而是提醒人们，由于文化事件之于人所具有的意义与价值，以及文化事件本身所具有的历史性，任何文化科学的研究，都只能是对文化事实之有限部分的认识、理解和阐释。同样地，民族志描述的客体，并不是一个静止的对象，在全球化、现代化进程中，民族志的书写实际上也是一个塑造和自我塑造的过程。

现在，我们可以从另一个角度，即知识社会学的角度理解民族志学者孜孜以求，试图客观、真实、完整地再现的“文化”究竟是什么。如果从知识社会学的角度着眼于民族志知识的生产与社会文化之间的联系，那么，民族志生产的知识，即人们通常所说的文化，则是一种表述，而人类学正是通过民族志的表述，生产、建构了社会事实。知识社会学深受德国历史主义的影响，历史主义强调所有关于人类事物不同看法的相对性，即人类思想本身所具有的不可避免的历史性。如果不依照特定历

---

① ［德］马克斯·韦伯：《社会科学方法论》，韩水法、莫茜译，中央编译出版社 2002 年版，第 30—31、59、22 页。

② ［德］马克斯·韦伯：《社会科学方法论》，韩水法、莫茜译，中央编译出版社 2002 年版，第 60 页。韩水法认为，韦伯在社会科学方法论方面的建树，与康德批判哲学的影响有莫大关系。康德的批判哲学对抗了一元论，他对于人类知识的重新解释不仅改变了人们对于世界的看法，而且直接改变了人们对于科学认识的看法。现象和物自身的区别打破了人们对于知识绝对性的形而上学信念；而对经验和先天形式的同时承认又提示了知识构成的多元性特点；知识领域和道德领域的划分，则揭示了人类生活中不同于甚至优于知识的理性另一方面的价值。见汉译本“序”，［德］马克斯·韦伯《社会科学方法论》，韩水法、莫茜译，中央编译出版社 2002 年版，第 60 页。

史的脉络并强调思想所产生的社会情境，就根本无法了解历史情境。人类所有的“知识”都是在社会情境中得到发展、传递和维持的。人们生活中的“所知”以及常识性的知识，都被社会性地建构为一种现实。而且，关于这一现实的理论建构，不论它们是科学的、哲学的，或者是神话的系统，都无法穷尽社会中的成员视为“真实”的事物。① 那些以再现文化为己任的民族志学者，无一不是从自身文化的视野出发去发现、认识、考察、研究、描述文化，而且确立民族志学者自身生活方式的种种意义框架，无时无刻不深刻地影响他们的感知。因此，当我们强调客观、真实的知识的时候，我们需要追问的是，这究竟是“谁的客观性？”从这一意义上说，根本不存在什么“中立的”学者，也不存在对社会现实的照相式再现。任何文化描述的数据与材料的选择，其基础都是历史地建构起来的，总是不可避免地随着世界的变化而变化。总之，“知识是通过社会而构成的”②。只有建立在这一知识社会学的观念基础之上，我们才能真正理解文化表述的诸多关键问题，如共同体如何被想象？传统如何被发明？认同如何被建构？神圣真理和宗教叙事是如何生产出来的？等等。诸如此类问题的探究，已经被知识界视为文化建构的经典案例。

三 讨论

以人类学、民俗学为代表的文化科学，对文化本真性的追索探求，经历数个世纪众多学者的探究、辩驳之后，人们认识到，民族志呈现的文化事实，作为一种知识，是一种表述，是现实的社会建构，只是“部分的真理”，而不是关于社会事实的完全客观真实的再现。这一关于本真性的观念转换，对于当下的“遗产主义”时代有何启示呢？

“活态的”文化遗产作为一种既成的社会文化事实，无论以何种标准，我们都无法站在一个居高临下、天然正确的立场对其“真/伪”做出

① ［美］彼得伯格、托马斯·卢克曼：《现实的社会构建》，汪涌译，北京大学出版社 2009 年版，第 7、13 页。

② ［美］华勒斯坦等：《开放社会科学》，刘锋译，生活·读书·新知三联书店 1997 年版，第 98—100 页。

价值评判。那种认为“真”文化具有天然正确的合法性依据，“伪”文化则不具备存在之理由的看法，是一种非历史主义的观念。“真/伪”评判标准一旦被确立下来，因其天然正确的合法性而成为确定的、静止的标准形态、“本真”样貌，很可能由于参与者的主体性、语境的时效性等因素而遮蔽了文化本身的历史性，反而会阻碍文化的传承发展，扼杀文化的生命力。如果我们再进一步检校其判断标准是否合理，我们可以追问的是，这一标准由谁来确定？学者？政府？商业资本？传承人？还是多方力量的共同确定？谁是主导力量？为何可以成为主导力量？在何种语境下确定？依据是什么？如何确定？这种人为建构出来的“真/伪”标准，与现实生活中人们感受到、意识到的文化究竟有多大的距离？还有一个更为现实、无法回避的问题：中国当下诸多“文化遗产”在1949年之后的历次运动中，不可避免地遭受到不同程度的破坏，有的甚至完全中断。20世纪80—90年代，传统文化复兴，但它们是民众适应当代社会发展复兴的“新传统”。难道我们敢于宣称，这些“文化遗产”都是从传统社会一直“原生态”地传承到今天，因而具有无可置疑的“本真性”？当我们认识到，一种天然正确的判断标准被确定的背后有如此之多的复杂因素相互博弈时，我们究竟是应该悲叹文化的某种静止形态、“本真”样貌的消失，还是更应该警惕这种“真/伪”判断标准是否有利于文化的自主发展与文化多样性的成长？

当然，我们会怀着一种悲天悯人的情怀，认为我们有责任通过文字等媒介手段搜集、记录、整理，进而拯救许许多多正在“消失”的文化，而这正是民族志学者长期以来苦心经营的事业之一。美国人类学家乔治·E. 马库斯概括了两种通行的民族志模式，即抢救模式和救赎模式：民族志作者要么是“大洪水”来临之前的文化抢救者，要么寻找一个假定存在、文化本真性保存完好的“穷乡僻壤”，但前者往往对历史变化缺乏敏感，后者的假设则最终被民族志作者自己所推翻。而詹姆斯·克利福德则进一步指出，民族志随处可见的初民社会正在消失、传统社会之末日的主题，是民族志根深蒂固的寓言。这一寓言认为，他者社会是孱弱的，并“需要”由一个外部人来代表（还有，在这个社会的生命中重要的是它的过去，而不是现在或者将来）；脆弱的风俗的记录者和解释者是某种本质的保管人，是某种本真性无可怀疑的目击者。[①] 这种想象出来的正在逝去的本真文化，总是与当下现实生活方式急剧变迁、社会结构转型、日渐同质性的全球化过程、个人非本真的生活与道德堕落联系在一起。[②]"每一个被想象的本真性都预先假定有一个被感到非本真的当前环境，并且由这种当前环境的非本真性所产生。"[③] 据此，我们可以继续上文的追问，这究竟是谁的本真性？今天我们还能找到一块没有被现代文明浸染的前现代"净土"吗？还有未被文字等媒介表述过的"无文字社会"吗？共同参与文化本真性建构的"土著"，难道他们是"不知有汉，无论魏晋"的桃花源遗民吗？因此，"本真的文化不是那些东西——被民族志作者或其他任何人搜集起来的易碎的、最后的事实"，[④] 而是当地人感受的、体验的、实践着的、具有历史性的日常生活。

也许，我们还可以站在保护民族文化的高度来捍卫文化的本真性，进而唤起我们的文化自觉、维护民族文化认同。对于自己的文化从哪里来，到哪里去，我们为什么是我们而不是他人……关涉文化自主性的问题，我们固然需要清醒的文化自觉。但是，需要警醒的是，我们正在保护的所谓"本真"文化，实际上是一种现实的社会建构，这种被表述的、被建构的文化远不同于文化本身的真实样貌。因为任何通过媒介固化下来的某一特定时空的文化样貌，无法代表文化的唯一"本真性"。那些活态的、具有其自身功能、价值、意义的"文化遗产"，随着时代的变化而变化，并持续地为人们所认同，即呈现其"本真性"。只有在确立了何为"本真"文化的前提下，才有可能讨论文化自觉，才有可能避免少数人通过掌握书写所谓"本真"文化的权力影响文化的发展，继而歪曲地建构文化的符号与形象。

此外，还有一个我们无法回避，但往往不敢直面的伦理问题。我们

---

① ［美］詹姆斯·克利福德、乔治·E. 马库斯编：《写文化——民族志的诗学与政治学》，高丙中等译，商务印书馆 2006 年版，第 209、152、153 页。

② 刘晓春：《个人本真性的建构》，《民族艺术》2011 年第 4 期。

③ ［美］詹姆斯·克利福德、乔治·E. 马库斯编：《写文化——民族志的诗学与政治学》，高丙中等译，商务印书馆 2006 年版，第 154 页。

④ ［美］詹姆斯·克利福德、乔治·E. 马库斯编：《写文化——民族志的诗学与政治学》，高丙中等译，商务印书馆 2006 年版，第 160 页。

享受着现代生活的诸多便利，来到“穷乡僻壤”，欣赏陶醉于“前现代的”“本真的”“奇风异俗”，却每每悲哀于当地人张开双臂拥抱现代技术，原有的生活方式日渐消失，甚至冀望他们永远生活在可以寄托现代人的怀古幽思、慰藉现代人灵魂的“前现代”时期。我们在声称保护民间文化的同时，难道我们没有怀抱一种文化优越感，以精英文化的观念及实践对民间文化进行殖民?[①] 我们究竟是以一种文化代理人的身份抢救、救赎民间文化，还是真正唤醒文化持有者的文化自觉，由他们自己来阐释和确认文化的本真性？何谓文化自觉？费孝通先生强调，文化自觉不带任何“文化回归”的意思，不是要“复旧”，同时也不主张“全盘西化”或“全盘他化”，而是为了加强对文化转型的自主能力，取得决定适应新环境、新时代文化选择的自主地位，和其他文化一起，取长补短，共同建立一个有共同认可的基本秩序和一套各种文化能和平共处、各舒所长、联手发展的共处守则。[②] 萨林斯甚至更直接地定义，“文化自觉”的真实含义是不同的民族要求在世界文化秩序中得到自己的空间。这不是一种对世界体系的商品与关系的排斥，而是……对这些商品与关系的本土化渴求。它所代表的方案，就是现代性的本土化。[③] 现实的境况也表明，最近几个世纪以来，全球化的同质性与地方差异性同步发展，人们就是生活在一个由不同地方性生活方式组成的世界文化体系之中。本土人民的现实生活告诉我们，我们无须杞人忧天，在全球化现代化过程中，本土人民既能保持自己的文化，也能适应现代社会的变迁。身处变动不居的时代，人们有权力也有能力选择自己的生活方式。

最后，还是回到知识社会学的立场，思考遗产主义时代民俗学的当下境遇。民俗学通过特殊的科学客观的文化技艺，如文艺集成、博物馆、人类学影视、民俗志书写等手段，创造了科学客观的、具有本质性的、均质的民族文化的共同知识，这些共同知识被塑造为民族精神的象征，被建构成为民族共同的“文化遗产”，在建构民族文化共同知识的同时，

---

① 方李莉：《警惕潜在的文化殖民趋势：生态博物馆理念所面临的挑战》，《民族艺术》2005 年第 3 期。

② 费孝通：《反思·对话·文化自觉》，《北京大学学报》1997 年第 3 期。

③ ［美］马歇尔·萨林斯：《何为人类学启蒙？——20 世纪的若干教诲》，马歇尔·萨林斯《甜蜜的悲哀》，王铭铭、胡宗泽译，生活·读书·新知三联书店 2000 年版，第 124 页。

民俗学也逐渐完善自我的知识生产与学科建构。[①] 当我们认识到，民俗学知识生产与民族文化共同知识之间具有复杂的相互建构关系，“文化遗产”是通过特殊的民俗学技艺生产出来的共同知识，那么，当前我们正在保护的“文化遗产”既是“遗产化”的“文化”，在某种意义上恐怕也应该是“遗产化”的民俗学吧？长期以来，“探求本真性”作为民俗学的主导范式，[②] 这既意味着那些被认为是本真的、过去的文化日渐消失，也意味着传统的文化一直是民俗学建构学科合法性的依据。如果建构本真性的民俗学知识生产过程一旦被解构，遗产主义时代的民俗学又该如何面对当下多元、异质、流动的文化遗产的现实图景？悲情而浪漫的民俗学究竟是应该像唐·吉诃德一样捍卫一种想象中的本真文化？还是应该置身于复杂的现实生活，洞察“文化遗产”的生成过程与民俗学知识生产以及其他社会因素之间相互建构的复杂关系，进而超越“探求本真性”的学术范式呢？

---

① 参见［德］沃尔夫冈·卡舒巴《文化遗产在欧洲：本真性的神话》，杨利慧译，《民俗研究》2010 年第 4 期。

② Regina Bendix, *In Search of Authenticity: the Formation of Folklore Studies*, Madison, Wisconsin: The University of Wisconsin Press, 1997.

思路与出路：保护非物质文化遗产热潮中的中国民俗学*

乌丙安**

摘　要： 众所周知，四年来，以中国政府为主导启动并动员全社会积极参与的非物质文化遗产保护工作，已经形成了热潮，产生了轰动效应。与此同时，令学术界关注的是：这股热潮意外地激活了在低温状态中徘徊已久的中国民俗学，并使它迅速升温开始成为热门学科。面对这种鲜活的民俗文化复兴和民俗学振兴的大好局面，应进行切合实际的思考，理出一条相对应或相适应的思路，寻求一条切实可行的出路，从而使民俗学的理论和应用有所创新，促使民俗学科的建设有所开拓、有所突破，创造各种条件使民俗学人有更多更大的作为。

关键词： 非物质文化遗产　中国民俗学　思路　出路

从2003年年初文化部正式启动民族民间文化遗产保护工程开始，到目前国务院批准公布了518项第一批国家级非物质文化遗产代表作名录并进入实施保护阶段为止，仅仅度过了四个年头，中国的非物质文化遗产保护就已经在全国上下掀起了举世公认的热潮。值得注意的是，这一场紧锣密鼓的文化热力运动，却意外地启动了相对冷寂多年处于低温状态的中国民俗学，同时，几乎所有的民俗学人都不仅目睹了这场文化热力

---

* 原文刊于《河南社会科学》2007年第2期。

** 乌丙安，辽宁大学民俗研究中心原主任、教授。

运动的进程，而且更重要的是，全国各地绝大多数民俗学者还亲身经历并参与了这项民俗文化保护工程的实际工作，作出了颇为可观的显著成绩。

面对这种令人特别关注的民俗文化科学环境的新动向，应该如何认识和思考？应该采取怎样的应对措施和策略？笔者认为，这是值得21世纪民俗学人认真探讨的实际问题。

一　关于思路

在这里，我想借用一个自然科学定律对当前中国民俗学所受到的非物质文化遗产保护热潮的深刻影响作一些分析说明。

目前，中国民俗学处在保护非物质文化遗产热潮中的状态，几乎完全符合热力学的基本定律之一——热力学第二定律。热力学第二定律有两种表述，其中很朴实的表述是克劳修斯在1850年提出的，所以科学界通常把这种表述方式称为“克劳修斯表述”。克劳修斯指出：在自然条件下，热量只能从高温物体（或系统）向低温物体转移，而不能由低温物体自动向高温物体转移，也就是说，在自然条件下，这个转变过程是不可逆的。如果以这个定律来仿真解说当前这种非物质文化遗产热的传导现象，也可以如是说，在联合国教科文组织倡导的非物质文化遗产保护的热传导中，国际性强有力的文化战略、策略、举措和经验凝聚成的高温热量，必然或自然而然地传递给处于非物质文化遗产保护低温状态的中国及遭受冷落的中国民俗学；相反，鉴于以往若干历史的经验和教训，中国及中国的民俗学要想自发地从低温状态把保护非物质文化遗产仅有的微弱热量传导给国际范围的强大热潮并做出贡献，那不仅是极为有限的，甚至是不可逆的和不可能的。按照自然定律所指出的，要使热量的传递方向倒转过来，使热量从低温物体传至高温物体，只有靠“消耗功”来实现。中国和中国民俗学必须依靠自己的人力、财力、科学创新能力、卓绝的工作能力，并将其作为文化保护工程的“消耗功”来实现，也可以说，要为此而付出巨大的努力和代价。四年非物质文化遗产保护工作的实践证明，中国和中国民俗学已经朝着这个方向努力了，而且已经取得了喜人的成效。

（一）民俗学冷冻期反思

让我们回顾一下上述在中国这种特有的民俗文化科学的发展动向。原来我们所认为的中国的改革开放带来了中国民俗学的复苏，其实只是一个民俗学人自我陶醉和自我安慰的谀美之词，因为，在国家改革开放之前的几十年间，全民族的民俗文化遭遇的是逐步升级的破坏、打压甚至禁绝，传统的民俗学科也已经被禁锢成钟敬文先生所说的“绝学”。笔者在1978年写的一篇文章中说过：“从1878年英国民俗学会的成立算起，到现在整整一百年了。这百年间，人类经历了两次世界大战，经历了伟大的社会主义革命，无论西方还是东方都发生了天翻地覆的变化。我们这个具有悠久文化、古老风俗传统的多灾多难的中国，也以崭新的姿态屹立于世界民族之林。然而不能否认的是，我国民俗学活动却悲剧性地被中断了将近四十个年头。从五四运动的反帝反封建浪潮中刚刚发展起来的中国现代民俗学活动，被许多可以理解的政治的、历史的因素所抛弃。而建国以来三十年当中发展起来的部分民族学研究和民间文艺活动，又被林彪和‘四人帮’所洗劫，伤势之重，惨不忍言。”① 今天经过反思，笔者仍然认为这一论断并不过分，只是在改革开放前夕笔者的表述在认知上显然还很幼稚可笑。民俗学和民俗文化活动被政治的和历史的因素抛弃了40年，并不都是“可以理解”的，应当说有相当大一部分原因是不可理解的或令人无法理解的。1980年3月笔者在大学讲堂上首开民俗学课时，还曾经把这种民俗学活动中断几十年的惨淡现象美誉曰“民俗学的休眠期”。但是，无论如何，民俗文化连同研究它的民俗学，在中国大陆经历了一段漫长的极其严酷的濒临绝境的冰冻期，这是毋庸讳言的和无可辩驳的历史事实。

（二）民俗学低温期回顾

此后经过了拨乱反正，民俗学随着思想解放而产生的民俗文化的自发修复和恢复，也渐渐自发性地萌发了自身的劫后余生，以微乎其微的财力和并不雄厚的专业人才实力，维持着艰难的民俗学科的有限建设。

---

① 王文宝：《中国民俗研究史》，黑龙江人民出版社2003年版，第252页。

民俗学劫后余生的奇迹般标志是20世纪同龄人顾颉刚、常惠、容肇祖、江绍原、杨坤、杨成志和钟敬文等老一辈民俗学家的群体健在和复出，其中以钟敬文为代表的几位学术带头人还重新扛起了重建民俗学的大旗。这成为这个时期中国民俗学的不幸中之大幸。接着中国民俗学界进行了规模不大的老中青学术梯队的建构、交替和传承。尽管在民俗学业内呈现很多自我感觉良好的成绩，中国民俗学界也曾经如数家珍地多次展示过成果，但是和与其同步发展的相邻相近的人文学科比较起来，在兴旺发达的社会学、民族学映衬下，民俗学的客观影响依然微弱，学术地位照例偏低，它在社会学科全面发展的热烈氛围中依然遭受冷落。经过将近20年的艰苦努力，中国民俗学和与其紧密相关的民间文艺学不但没有被列入强势学科的行列，相反却总是被拦截在二三级学科间难以提升。在这种学术环境中，许多勤奋辛劳的民俗学人也由于难以有用武之地而少有作为，不少满腔热情投入民俗学事业的新人也因为学科领域的冷寂而寒心离队。体制的缺陷、学术的偏见和不正的学风沉重地打击了民俗学人的学科发展信心。这些都使中国民俗学伴随着它的学科对象——备受摧残和冷遇的民俗文化及其遗产，不得不依旧处于缓慢行进的甚至相对静止而寂寞的低温期中，确实难以寻找到真正的复苏与崛起的升温热点。民俗学界同仁们都不会忘记，就是在这个低温期间，几乎所有的民俗学世纪老人都相继离去，人们最后告别的是2002年1月仙逝的百岁先师钟敬文，他留下了毕生宝贵的精神遗产，奠定了20世纪中国民俗学自身建设的根基。他在临走的前几天，吟诵了一首七律，诗中说："历经仄径与危滩，步履蹒跚到百年。曾抱壮心奔国难，犹余微尚恋诗篇。宏思遐想终何补，素食粗衣分自甘。学艺世功都未了，发挥知有后来贤。"① 这首百岁绝唱不仅是钟敬文作为学者和诗人的终生感悟，更重要的也是他对20世纪末中国民俗学历史境况的深沉感叹。

最值得反思的是，这期间中国社会正在急剧转型，中国民俗文化的传统与现实遭遇了现代化、全球化的凶猛冲击，民俗文化及其整代民俗传人的生存环境受到空前的破坏，民俗文化的原形态发生了剧烈的变化，

---

① 乌丙安：《圣洁时辰零点零一分——沉痛哀悼百岁宗师钟敬文先生逝世》，《西北民族研究》2002年第2期。

而处于低温状态的中国民俗学界此刻显得有些迟钝、冷漠，甚至面对社会的剧烈变动漫不经心近似局外的看客，错失了自觉振兴民俗学的良机而少有作为。

（三）民俗学热潮期检测

1. 国际非物质文化遗产保护的热传导

就在中国民俗学无可奈何地在低温期缓慢徘徊时，国际上早已经掀起了保护民间文化的新一轮热潮。1989 年 11 月 15 日，在巴黎举行的联合国教科文组织大会第二十五届会议通过了《保护民间创作建议案》，提出了“民间创作”（或民间文化）的概念，启动了民间创作保护工程。教科文组织强调了民间创作作为文化遗产和现代文化的组成部分所具有的特殊性和重要意义。考虑到民间文化传统形式的极端不稳定性，特别是口头文化的不稳定性和有可能消失的危险，教科文组织认为各国政府在保护民间文化方面应起决定性作用，并应尽快采取行动，执行保护民间创作的各项规定，以便在其领土上实施该建议所规定的原则和措施。《保护民间创作建议案》指出：“民间创作（或传统的民间文化）是指来自某一文化社区的全部创作，这些创作以传统为依据、由某一群体或一些个体所表达，其表达形式包括：语言、口头文学、音乐、舞蹈、游戏、神话、礼仪、风俗习惯、手工艺、建筑术及其他艺术。”许多联合国成员国的民俗学组织和学者纷纷被卷入这项专业性很强的民间文化遗产保护工程并形成热潮。然而中国的民俗学会或民间文艺协会及其成员由于没有本国政府的主导，所以并没有任何回应，因而错过了一次发展学术的机遇。这一错就错失了九年大好时光，国际上的民间文化保护工程再一次升温到一个崭新的高度。1998 年，联合国教科文组织公布了《人类口头和非物质遗产代表作条例》，并正式提出了和人类口头并列在一起的非物质遗产这个概念，它的另一译名是“无形文化遗产”。联合国教科文组织执委会宣布了对人类口头及非物质遗产代表作的评审鉴别目的：号召各国政府和非政府组织及地方社区采取行动对那些被认为是民间集体的保管和记忆的口头及非物质遗产进行鉴别、保护和利用。只有这样，才能保证这些文化特性永存不灭。同时《条例》明确重申“人类口头和非物质遗产”（The Oral & Intangible heritage）的定义就来自 1989 年《保护民间创作建议案》，是“指来自某一文化社区的全部创作，这些创作以传统为依据、由某一群体或一些个体所表达并被认为是符合社区期望的作为其文化和社会特性的表达形式；准则和价值通过模仿或其他方式口头相传。它的形式包括：语言、口头文学、音乐、舞蹈、游戏、竞技、神话、礼仪、风俗习惯、手工艺、建筑术及其他艺术。除此之外，还包括传统形式的传播和信息”。由此可见，人类口头和非物质遗产的定义其实就是原有的民间创作的定义。随后联合国教科文组织立即启动了各成员国申报世界非物质遗产代表作的活动，使世界性的民俗文化遗产保护工作发展到一个新阶段。2001 年 5 月，首批人类口头和非物质遗产代表作向全世界公布。在这 19 个代表作中，有 5 个为戏剧类，我国的“昆曲艺术”名列其中；还有 4 个为音乐、舞蹈类，2 个为口头遗产类，1 个为手工艺类，7 个为民俗类。从比例来看，民俗类（包括民俗文化空间）占有很重要的位置。接下来中国的古琴艺术、新疆维吾尔族木卡姆艺术、蒙古族长调艺术相继被列入世界非物质遗产代表作名录。这些代表作公布后在国内外产生了轰动效应。全球性的保护非物质文化遗产热潮，终于因为中国政府的有效参与在中国境内文化界、学术界迅速升温。只不过由于中国政府文化主管部门的传统职能所限，这种升温的热量最初只在传统艺术领域传导，并没有向民俗文化领域延伸和扩展，所以民俗学界的学人们依然平静如常，还没有发现自身的民俗文化研究和外面世界的非物质文化遗产保护工程存在着哪些必然的联系。

2. 国内非物质文化遗产保护的热传导

2003 年 1 月显然是一个非凡的月份，“中国民族民间文化遗产保护工程”正式在全国范围启动。月初就成立了文化部的领导小组，月中就举行了启动工程的工作会议，月末就组建了第一届保护工程国家级专家委员会，在被聘任的 27 位专家委员中，民俗学专业教授占 1/3。从此，中国非物质文化遗产保护的文化工程很快就与中国的民俗学发生了热线连接，于是民俗学的研究和应用出现了始料未及的新热潮。与此同时，中国文联民间文艺家协会也启动了民间文化遗产抢救工程，吸引了数以百计的民俗学者参与了民俗民间文化遗产的抢救性普查工作。

2004 年以政府为主导的全国性的民族民间文化遗产的保护，已经从两批试点工作向全国推展开去，大型的专业培训班已经在国家级、省级先后举办，数以千计的基层民俗学、民间文艺学专业工作者参加了培训，全国各地高等院校和科研机构的民俗学者承担了普及与提高民俗学知识和方法技能的传授和讲解工作，同时还有一大批民俗学家被聘为省市两级专家委员会的咨询委员或评审委员。当年 9 月，以《中国民俗文化的根基及其深刻影响》为题的民俗学专题讲座破天荒地首次进入中央“部级领导干部历史文化讲座”的讲堂，受到政府高层的热烈欢迎和高度评价。[①] 自此，举国上下掀起一股传播民俗文化知识和应用技能的热潮，民俗学从原来的冷门学科迅速上升为炙手可热的热门学科，一大批民俗学者不得不暂时离开平静冷清的书斋生活，投身到民间文化保护的热点工程中去做贡献。

2005 年是中国民族民间文化保护工程扩大发展和继续提升的关键之年。4 月，我国率先签署了联合国教科文组织《保护非物质文化遗产公约》。6 月，国务院发布了重要的 18 号文件，动员全国加强非物质文化遗产保护工作，建立了该项工作的国务院部际联席会议制度，公布了《国家级非物质文化遗产代表作申报评定暂行办法》等，同时召开了里程碑式的全国非物质文化遗产保护工作会议。国家级专家委员会的民俗学专家不仅事先参与了这次会议及一些文件的准备，还应邀出席了会议。6 月末 7 月初，民俗学者积极协助政府实施了第一批国家级非物质文化遗产代表作的申报工作。紧接着，全国各地大批民俗学者纷纷应邀投入申报国家级非物质文化遗产代表作的热潮中，进行有效的民俗文化遗产项目的认定、鉴别、评估和遴选工作，有的甚至深入民俗文化活动第一线和各地民俗文化传承人相结合进行采录工作，切实发挥了民俗学理论结合实际的作用。9 月以后，又有一批民俗学者从全国各地应邀来到北京，直接参与了对大批量民俗文化类申报项目的专业评审，直到年底完成了第一批国家级遗产代表作的推荐。2006 年毫无疑问成了中国的非物质文化遗产年。5 月末，国务院公布了第一批国家级非物质文化遗产代表作名录，其中民俗文化类及与其密切相关的其他类别的遗产项目被列入国家保护规划，占有重要位置。6 月初，全国上下隆重举办了我国第一个“中

---

① 乌丙安：《2004 部级领导干部历史文化讲座》，北京图书馆出版社 2005 年版，第 317—352 页。

国遗产日”活动，影响广泛且深远。民俗文化遗产的普查和保护成为全国城乡民众的热门话题，并牵动了大多数基层乡镇百姓的心，这是多年来很少见到的情景。大都市里的许多高等院校、科研机构的民俗学者纷纷参与策划并筹备成立了非物质文化遗产研究中心等专业单位；有的民俗学者甚至以高度的热情宣布准备建立“非物质文化遗产学”的科研计划。面临2007年计划中的第二批国家级非物质文化遗产代表作的申报，面对已经向纵深发展的非物质文化遗产普查工作，中国民俗学和民俗学人将有更大的用武之地。非物质文化遗产保护的高温热传导，已经向原来处于低温状态的中国民俗学导入了相当多的热量。下一步已经热起来的中国民俗学和民俗学人该如何用自身的“消耗功”来实现把热量反过来传导给民俗文化遗产保护事业，就成了需要认真对待的问题。

3. 中国民俗学的热传导

这里指的是因国内外非物质文化遗产保护热而很快热起来的中国民俗学的热，再反过来怎样导入民俗文化遗产保护的实践中去的现实问题。显然，靠以往低温状态下的能量是难以完成导入的。且让我们检测一下。

（1）非物质文化遗产保护是一项动态的文化工程，只要运作得当，就会产生热效应，并有可能激活所有与之相关的处于静态的人文学科，使它们转化为热门学科从而得到某些发展和进步。民俗学正属于这种与之密切相关的学科，自然会成为热门学科。

（2）非物质文化遗产和民俗文化并不是同一个概念，也不属于同一个范畴，它们之间也不存在种属关系。由于它们分别是从“非物质”和“民俗”两个不同的分类角度划分的文化领域，所以彼此的内容和形式多有交叉和重合，可以认为，民俗文化的所有表现形式都是非物质的或无形文化形式，而非物质的文化表现形式却大于民俗文化，它同时还涵盖非民俗非民间的其他文化形式。两个领域的文化正因为有了这样的交叉重合的关联，所以非物质文化的遗产保护工程的热潮就不可避免地会激活民俗学理论与实践的应用功能。

（3）但是，作为一门人文学科，民俗学终究不是非物质文化遗产中民俗文化遗产保护的工程学，它还有与哲学、社会学、历史学、人类学或民族学交叉相关的科学任务，还有本体的或本格的学科自身建设任务。显然，中国民俗学借着非物质文化遗产保护的热潮加快自身的学科建设是十分必要的。从这个意义上说，非物质文化遗产保护无论怎样热，也不可能吞没或取代民俗学，而民俗学借此良机升温加热才是关键。

（4）就当前的非物质文化遗产热的走势来看，民俗学自身的自觉升温发热（而不是盲目的高温发烧），必将直接促使物质文化遗产保护工程向更加科学化高质量的方向发展。为此，目前民俗学升温的切入点，似乎应该是加强应用研究，优先结合实际加强民俗文化遗产保护的科学研究，丰富并完善高水平的“中国应用民俗学”的理论与方法。

（5）由于中国非物质文化遗产保护的热潮来得突然，而中国民俗学与之相应的有关理论和可操作的方法还不够完备或难以适应，所以，最直接的学科任务就是尽快建立一整套的保护民俗文化遗产的应用理论和操作方法，丰富当代民俗学的多样化的分支学科建设。总之，处在当前非物质文化遗产保护热潮中的中国民俗学界，确实已经到了群策群力、振奋精神、高效率、高水平地建设适应时代需要的新型民俗学体系的最佳时期。

二　关于出路

如果上述思路基本上贴近实际情况的话，那么确定目标并找到恰当的出路就显得十分重要。如今是个提倡创新的时代，但是创新要贴近实际，否则盲目的创新不会创造出有效的成果。全国性的非物质文化遗产普查、抢救和保护，让我们看到了民俗文化现在生存状态的客观实际；在保护工程中已经运用的知识、方法和技能，使我们检测到民俗学自身知识质量、水平以及工具性的操作技能等主观实际。经过近年主客观的两个实际的紧密互动，我们不难发现处于主观方面的中国民俗学，自身存在着不小的缺欠，表现在以下几个方面。

（一）对民俗文化的原有底数不清

非物质文化遗产保护的要求指标是首先摸清遗产地理分布状况。然而从中华人民共和国成立以来直到社会转型的今天，中国民俗学从来就没有（也不可能有）建立起一套民俗志书可供非物质文化遗产保护作依据和参考。近年有的新编地方志书里编入了民俗章节，也几乎是从清代至民国时期地方志中原封不动抄录来的。中国民俗学从来就没有有计划地、全面地测查过现当代我国民俗文化版图，到底原来有多少民俗文化可以作为遗产，其还没有依据。

（二）对民俗文化的变异动态不明

非物质文化遗产保护的要求指标是必须优先抢救处于濒危状态的遗产。但是，中国民俗学从来没有调查过自1949年以来到“文化大革命”时期到底毁坏了多少民俗文化遗产，毁坏的都是什么；改革开放以来，随着全球化的冲击又破坏了多少，灭绝了多少，破坏的和灭绝的都是什么遗产，还没有调查过。民间文化的生存状态、濒危状态也没有调查过。对民俗文化嬗变、剧变一直缺乏具体了解。

（三）对民俗文化的表现形态不解

非物质文化遗产保护的要求指标是保护好民俗文化遗产项目所有表现形态的原真细节。然而现有的民俗学知识对于各地方各民族遗产项目千姿百态的民俗多样性表现，常常给予笼统的、模糊的、类型化的或概念化的解读分析，对文化形态的重要细节缺乏科学关注。多年来的民俗学概论知识难以解析丰富多彩的民俗形态。

（四）对民俗文化的传承机制不详

非物质文化遗产保护的要求指标是要认真保护民俗文化的传承人及其传承机制，以便保持其传承的可持续发展，并把这看作保护的重中之重。然而传统的民俗学更多关注的是民俗事物和现象，对民俗文化千百年沿袭不断的传承机制和方法手段，却缺乏具体的调查研究。因而面对如何保护艺人、匠人和传人或隐蔽的或公开的多种多样的传承形式和行业传承机制，民俗学知识与方法显得相当苍白无力。

（五）对民俗文化的遗产分类不准

非物质文化遗产分类认定按国际标准要求民俗遗产类别和其他类别一律要从它们的文化表现形式上认定。但是，我国传统的民俗学分类基本上是以民俗文化存在的物质与精神的几大范围划分的，具体的民俗几乎都是以民俗内容划分的。因而每当和艺术门类的遗产放在一起并以表现形式分类时，就会发生难以认定的困惑。比如，舞龙舞狮的表现形式分类被艺术门类认定为龙舞狮舞的舞蹈类；与此不同的是，民俗学从舞龙舞狮的文化内涵分类认定为民俗社火，而怎样鉴别社火的表现形式，缺乏标准。

从上述五点检验现有的民俗学知识与技能和非物质文化遗产保护工作相适应或相契合的程度，可以看到，这种契合程度不是很高而是偏低。作为民俗学人，面对现状首先应该着眼于自身民俗学理论与方法的创新，立足于民俗学自身建设的加强，这样才会有出路。否则，如果一味地挑剔遗产保护工作的欠缺，不去做加强民俗学理论与方法的研究和创新，其后果必将失去民俗学提升的良机，且对非物质文化遗产保护工作也无益有损。

由于本文的话题是在说非物质文化遗产热潮中的民俗学，所以这里所说的民俗学出路也正是围绕着这个主题来探讨的。因为，前面已经提到，民俗学的学科建设任务还有多项，并不只是伴随非物质文化遗产保护工作共同前进的出路。但是，也必须看到，非物质文化遗产的保护和研究毕竟是一个长期的文化建设事业，民俗学为此而振兴是适时的和值得的。

最后，本文提出四个民俗学研究课题作为与非物质文化遗产保护工作热点相契合的切入点，相信从这里会传导出民俗学的热潮来。

第一个课题是，紧紧围绕前不久国家具体部署到基层的全国非物质文化遗产普查工作，进行各地区、各民族民俗文化遗产地理分布的调查研究，也包括民俗文化遗产生存环境调查研究和民俗遗产生存状态研究，特别是濒危状态的详尽统计和调查研究。这应当是中国民俗文化主权分布版图的重要调研活动，它和民俗文化濒危状态的调研汇集到一起，将可以被纳入作为国家文化战略决策依据的基本国情记忆库中。该项应用研究课题成果有重大价值。

第二个课题是，密切结合非物质文化遗产项目表现形式的采录挖掘，进行各种类别民俗文化遗产的文化形态学研究。这种调查研究要运用微观研究的所有方法和技术手段，尽可能从民间传承人那里采集所有非物质遗产代表作的各具特色的文化细节，从而汇聚所有原真性的文化遗产元素，再现民俗遗产清晰的整体形态，而不再是传统的类型化的形态研究的那种由学者主观做出的归纳和描绘。在这个课题中，要提倡不打折扣地尊重民间传承人的知识和技能。

第三个课题是，随着非物质文化遗产保护的实施，对民间传承人的保护、对民间传承机制的保护都已经进入国家和基层保护单位的计划日程，但是，对于民间传承人的传统传承机制如何保护，必须做深入调查研究。以往的民俗研究，几乎很少关注民间古老的文化传承规则原型，特别是那些独具特色的无形的潜规则，都是过去在田野作业中被忽略的。不调查研究民间传承人群体内部的文化传递活动及其规律，保护传承人和他们的传承机制就是一句没有依据的空话。民间传承学的系统研究，只能在民间传承的生存聚落中调查才有望成功。

第四个课题是，结合非物质文化遗产项目的分类工作实践，很有必要对民俗文化的表现形式按照民俗的原型和遵循民间传统的习惯分类法，再作出一套民俗分类来。联合国教科文组织曾经号召各成员国的专家，尽量结合本国实际作出更好的分类，以适应遗产保护的需要。民俗文化的科学分类是一个不小的课题，以前的教科书式的分类，其实只是一种划分范围的凑合归类。我相信，随着文化科学不断进步，技术手段日益更新，民俗的科学分类会有一个适应新情况的新系统的。

最后，不能不再强调一句：民俗学的思考是多角度的、多侧面的和多样化的，民俗学的出路也是多方向的和多轨道的甚至是放射性的，因此也不应该把民俗学仅仅捆绑在非物质文化遗产保护工程的机器上运转。但是，无论如何，在这个特定的年代，突然掀起的非物质文化遗产保护热潮始料未及地激活了低温期间的中国民俗学，使它很快地在应用中展示了一种显学的光彩，民俗学因此为之一振并由此而升温，这终究是一件多年不遇的好事。

“遗产化”与后现代生活世界

——基于民俗学立场的批判与反思*

王杰文**

摘　要：自21世纪以来，在对民俗学学术史进行了认真的反思并形成了自反性的共识之后，国际民俗学界倾向于把“遗产化”看作一种历史性的、社会性的文化实践，认为“遗产化”具有相当久远的“传统”，在《保护非物质文化遗产公约》被广泛推行之后，具有自反性意识的民俗学家更加关注围绕着特定的非物质文化遗产相关利益群体之间互动的具体过程，尤其关注“遗产化”过程中可能形成的社会交流模式与增进理解的可能性途径。国际民俗学认为“遗产化”的文化实践已经成为后现代社会生活世界普遍的行为模式，民俗学必须相应地反思与调整自身的研究策略。

关键词：遗产化　后现代生活世界　表演　知识格式　公共民俗学

自21世纪以来，中国许多学术研究领域的专家学者纷纷转向文化遗产研究，“文化遗产”迅速成为全社会关注的焦点。有关“文化遗产”之构成、保护、利用、评估、批评的研究成果成批量地涌现在各类学术性、大众性报纸杂志上。这种现象的出现，与联合国教育、科学及文化组织（以下简称教科文组织）于2003年10月17日通过的《保护非物质文化

---

* 原文刊于《民俗研究》2016年第4期。

** 王杰文，中国传媒大学艺术研究院教授。

遗产公约》直接相关。该公约与1972年通过的《保护世界文化和自然遗产公约》一道，成为教科文组织为保护世界遗产做出的两项最为重要的决议。

在教科文组织的话语框架中，世界遗产包括了文化遗产、自然遗产与非物质文化遗产三种类型。所谓“文化遗产”包括了古迹、建筑群与遗址，而“自然遗产”则包括“自然景观、动物和植物生态区”。与上述两种“物质”（material）文化遗产不同，“非物质”（intangible）文化遗产则包括：（a）口头传统和表现形式，包括作为非物质文化遗产媒介的语言；（b）表演艺术；（c）社会实践、仪式、节庆活动；（d）有关自然界和宇宙的知识和实践；（e）传统手工艺。[①]

对于大多数研究者而言，上述世界“遗产”意味着两层含义：一方面，它指的是为特定民族所保有的具有历史价值与旅游文化价值的物质文化、景观、纪念物与建筑等；另一方面，它又指一套共享的价值与集体记忆，它是继承而来的习俗与累积起来的共有经验，它被建构为与生俱来的权利，是通过特定的语言或者文化表演表达出来的。

然而，无论哪一种形式的“遗产”，其背后共同的思想基础是对某种特定文化财富的“丧失之虞”或者“留恋之情”，正是基于这样两种怀旧的情绪，特定社区、群体与个人从其日常生活实践与习惯性活动中选择出某些内容作为“遗产”并予以特别地推崇与保护，使之“成为”遗产；相应地，与这些受强调的内容相共存的其他日常行为活动则被有意无意地忽略与遗忘了。这一“选择”的过程被民俗学家们称为“遗产化”（heritagisation）。“遗产化”这一概念意味着“遗产”并不是固有地存在，而是一种“发明”。换言之，当社会与政治格局变动时，人们思考自身及其与“过去”的方式也会相应地发生改变。“过去”的某些社会与文化行为及其成果会被看作本真的、有价值的、值得细心呵护的，而保存它们的理由与方式也会相应地发生变化。社会变革及政权交替之际，针对“遗产”的话语争夺被不同群体用于建构、维护、交流某种特定的“遗产

① 联合国教科文组织：《非物质文化遗产基本文件·保护非物质文化遗产公约（2003）》，2014年，第5页。

观”。总之，遗产的建构与实践，内在地是一种政治行为。①

然而，教科文组织在《保护非物质文化遗产公约》中声称，该公约参照现有的国际人权文书，尤其是1948年的《世界人权宣言》以及1966年的《经济、社会及文化权利国际公约》和《公民权利和政治权利国际公约》。②

换句话说，教科文组织提倡保护非物质文化遗产，强调要在保护人权，经济、社会与文化权利，公民权利的前提下实施，这是教科文组织的良好意图与指导原则，但是，良好的意图与指导原则毕竟不同于具体的实践。既然“遗产化”的过程涉及了联合国教科文组织、缔约国、缔约国内部的相关权力部门、文化产业机构、相关区、群体或者个体等，而上述不同主体对于“非物质遗产”的概念、范围、保护方式、保护目标等问题存在不同的理解，那么，围绕“遗产化”的实践就必然地涉及抵制、协商与妥协等不同的互动形式。基于民俗学学术史研究的成果，民俗学家认为，《保护非物质文化遗产公约》所倡导的保护性实践（无论它在基本立场与原则上是多么地强调普遍性的价值与世界性的意义），从历史的与社会的角度来看，它都不是新世纪人类的首创性发明。换句话说，“遗产化”的行为很久以来已经是人类社会在特定历史时期基于特定社会需要的创造性“再生产”。

1. “遗产化”是一种传统

教科文组织在《保护世界文化和自然遗产公约》与《保护非物质文化遗产公约》中强调，“遗产”之所以值得保护，完全是因为其审美的、科学的、文化的、人权的普遍价值，而这种普遍价值对于全世界、全人类具有重要意义。事实上，“遗产”从“文化”中被挑选出来，既是一个社会的过程，又是一个历史的过程。教科文组织在《保护非物质文化遗产公约》中强调普遍价值的时候，有意无意间屏蔽了“遗产化”实践背后历史的与社会的斗争过程。

① 王杰文：《遗产即政治——关于“文化遗产”的表演性与表演“文化遗产”》，《“作为记忆之场的东亚”国际学术研讨会论文集》，华东师范大学，2014年，第125—129页。

② 联合国教科文组织：《非物质文化遗产基本文件·保护非物质文化遗产公约（2003）》，2014年，第3页。

"遗产化"的问题正是近半个世纪以来国际民俗学热烈讨论的问题之一。自20世纪60年代以来，国际民俗学界先后反思并解构了"伪民俗"(fakelore)①、民俗主义（folklorismus)②、"传统"(tradition)③、"本真性"(authenticity)④ 等概念，这些概念无一不与"遗产化"的实践相关。民俗学家们发现，民俗学学科及其研究对象（民俗或者传统）的形成是现代化进程中的一项发明，民俗学学科、作为象征性文化资本的"民俗"以及"民族—国家"的建构，三者之间存在着相互依赖、相互证明的关系。

人类有意识地珍视某些"文化传统"既是一项与"现代性"相关的历史性创造，又是一种社会性表演。一方面，在西方，自文艺复兴运动以来，启蒙主义、浪漫主义以及近代博物馆的勃兴，数百年漫长的历史时期都为一波又一波"遗产"的发明做出了巨大贡献。其中，现代性主体意识的强化与对于"传统"的意识的深化是同一历史与社会过程的两个侧面，正是在这一意义上，芬兰民俗学家安尼东奥·佩勒蒂强调"要透过现代性理解传统"⑤，因为"传统"是因现代性而被发明的，相反，现代性也正是通过发明"传统"来建构自身的。另一方面，从"遗产"被发明的历史顺序来看，特定社会之统治阶层的文化传统更可能被优先"选择"出来作为"遗产"予以对待，其所属阶层之审美的、价值的标准也更可能被当作普遍的标准而被采纳。在这个意义上，一切人类文化遗产首先是属于统治阶层的遗产，一切优先被当作遗产的挑选标准都倾向于自动被当作判定后来的社会与文化现象是否可能被作为"遗产"的"普适性标准"。当然，越到近现代时期，随着历史的发展、民主化进程

① Richard M. Dorson, *Folklore and Fakelore: Essay Toward a Discipline of Folk Studies*, Cambridge: Harvard University Press, 1976.

② Hermann Bausinger, German Volkskunde: *A Decade of Theoretical Confrontation, Debate and Reorientation 1967 - 1977*, Bloomington: Indiana University Press, 1986.

③ Hobsbawm Eric and Terence Ranger, *The Invention of Traditon*, Cambridge: Cambridge University Press, 1983.

④ Regina Bendix, *In Search of Authenticity: The Formation of Folklore Studies*, Madison: University of Wisconsin Press, 1997.

⑤ Pertti J. Anttonen, *Tradition through Modernity: Postmodernism and the Nation-State in Folklore Scholarship*, Helsinki: Finnish Literature Society, 2005.

的加快以及主体性意识的普及，普通民众的日常生活实践与文化元素也被纳入“遗产”的目录当中。但是，在这一文化进程背后，显然存在着政治与经济权力的斗争。总之，意识到“遗产化”实践是一种历史的与社会的发明，意味着一种具有深刻“自反性”的意识已经沉淀在民俗学的理论中了。

在这个意义上，当代民俗学认为，“遗产化”本身已经成为一种“传统”，它被看作一种历史性的、社会性的“文化实践”。在这种文化实践中，一方面，它是特定主体（可能是民族国家、社区、群体或者个人）基于自身的主观能动性，积极运用特定的文化资源，选择、重组某些文化元素并称之为“遗产”的过程；另一方面，正是通过这些作为符号与文化资本的“遗产”，这些主体获得了存在的合法性，生产并攫取了政治的、经济的与象征性的文化资本。

美国民俗学家芭芭拉·科森布莱特·吉姆布莱特把“遗产化”的过程称为“元文化的运作”（metaculturalperations）[①]。在她看来，尊重、珍视、保存并最终视为“遗产”的实践活动是一种“元层次”（meta-level）的文化创造过程，即把一种原本是日常生活“惯习”（habitus）的东西从惯常的视角中充分地剥离出来，开始反思性地凝视它，并从中剔取出某些片断，赋予它以特殊的价值。换句话说，“遗产化”的文化实践，乃是一种基于“现在的”需要而创造性地挑选、命名、重组“过去的”文化资源的创造性活动。在这里，“历史”真的成了一个任人打扮的小姑娘。不同的主体，基于当下与未来的不同需要，总是会选择与重组不同历史时期的不同的文化元素，并竭力赋予其“真正的遗产”的地位，并试图使这一“真正的遗产”在当下的日常生活中产生人们所期望的影响。

“遗产化”的文化实践是“后现代生活世界”的普遍行为[②]，也是一

① Barbara Kirshenblastt-Gimblett, “Intagible Heritage as Metacultural Production”, *Museum International*, 2004, Vol. 56, Nos. 1 - 2, p. 59.

② Sherry B. Ortner, *Anthropology and Social Theory: Culture, Power, and the Acting Subject*, Duke University Press, Durham and London, 2006.

种“文化表演”(cultural performance)[①] 或者文化遮蔽[②]的行为。“遗产化”的文化实践正是特定社区、群体与个体试图表演或者遮蔽(不表演)其文化传统中某些元素的行为;也是强调(或者遗忘)、重组、整合其文化传统元素以建构后现代生活世界的行为。“非物质文化遗产”源自其日常生活,又以“变异”的形式被纳入与重组到其日常生活当中来。

2. “遗产化”是一种文化实践

在《保护非物质文化遗产公约》中,教科文组织“所倡导并希望带来的就是一种以人权为基础和旨归的新型文化实践”[③],但是,与教科文组织倡议某种抽象的“意图”不同,民俗学则描述围绕特定的“非物质文化遗产”不同主体借助对同一话语资源的不同理解,或者借助不同的话语资源所从事的“遗产化”的具体实践。事实上,即使仅仅从《保护非物质文化遗产公约》的文件文本来看,尽管教科文组织广泛地吸纳了民俗学、人类学等相关学科的思想观点,但是,从当下具有强烈自反性意识的民俗学学术立场来看,《保护非物质文化遗产公约》中所提供的决议框架在某些概念与思想上仍然落后于,甚至有悖于当下国际民俗学所取得的共识。

“二战”以来,教科文组织出台了一系列保护文化遗产的国际性公约,其中最重要的是《保护世界文化和自然遗产公约》(1972 年)、《世界文化多样性公约》(2001 年)、《保护非物质文化遗产公约》(2003

---

① 芬兰人类学家居卡·西卡拉教授认为,被“发明的传统”的表演是客体化的、经过反思的,但它们是艺术作品,在其背后找不到任何东西。正如库克群岛的例子所展示的,文化中只有一部分可以用于民族文化的创造与发明,与此同时,其他部分通过其“反表演”的活动对抗着“传统的发明”,民族主义者的发明计划并不能耗尽他们所知的全部资料,当然,人类学也如此。参见王杰文编著《北欧民间文化研究(1972—2010)》,学苑出版社 2012 年版,第 310 页。

② 关于“文化遮蔽”的问题,赫兹菲尔德提供了类似的思想,他称之为“文化隐秘”(Cultural Intimacy),是相对于“文化表演”而言的。所谓“文化隐秘”是指一种仅仅为群体内部所分享的而不愿为局外人知晓的文化传统,因此,它是不会被公开展演的。在某种意义上,它相当于居卡·西卡拉教授认为“反表演”。然而,从分析的角度来看,表演研究者认为,“不表演”本身也是一种“表演”。参见 Michael Herzfeld, *Cultural Intimacy: Social Poetics in the Nation-State*, Second Edition, New York: Routledge, 2005。

③ 户晓辉:《文化多样性与现代化的人权文化———对 UNESCO 三个文化公约的政治哲学解读》,未刊稿。当然,户晓辉教授所谓“文化实践”的概念与本文中所使用的概念显然并不完全一致。

年)、《保护和促进文化表现形式多样性公约》(2005 年) 等。但是，在教科文组织所界定的文化遗产中，具有考古价值、审美价值与历史价值的“物质文化遗产”被优先保护。尽管教科文组织一再声称，这些被优先保护的“文化遗产”具有“突出的普遍价值”，是“全人类的共同财富”，但是，从客观上讲，这些被优先保护起来的“文化遗产”却主要分布在北半球的富裕国家，而南半球许多国家却没有符合受保护条件的、相应的“物质文化遗产”。换句话说，“物质文化遗产”一开始就被排斥在受保护的范围之外了。这种不平等现象让人们对教科文组织所声称的“普遍标准”产生了怀疑。而《保护非物质文化遗产公约》从制定草案到正式公布的“难产”过程又一次印证了“南北”之间固有的不平等关系，印证了“南北”之间斗争的复杂性与艰巨性。①

在既定的不平等话语框架内部寻找保护不同类型的文化遗产的策略，对于非西方的、欠发达的国家而言，意味着要在多个层面上进行“博弈”，比如，如何保护诸如讲故事、音乐、舞蹈表演这样的被命名为“非物质文化遗产”的表达性行为？它们可以像保护物质文化遗产那样被保护吗？民俗学是一门专门研究“口头传统”的学科，民俗学家们如何评价非物质文化遗产被“保护”的思想？当特定“口头传统”的存在环境不再存在时，民俗学家们搜集与记录它的工作还可以“保护”它吗？

众所周知，教科文组织最初确实是按照保护物质文化遗产的思维着手保护非物质文化遗产的。20 世纪 80 年代初，教科文组织首先想到的是通过法律手段（版权与专利）保护非物质文化遗产。但是，绝大多数非物质文化遗产并不专属于特定的个体，或者甚至无法认定其创造者与传播者。而且，对于没有版权概念的社区与群体而言，运用知识产权法去保护他们的文化遗产不仅显得荒谬可笑，而且是赤裸裸的话语霸权。

当下民俗学把全球化的“非物质文化遗产”保护工作理解为一种

---

① 有关《非物质文化遗产公约》“难产”过程的描述，可参见 Noriko Aikawa-Faure, 2009, “From the Proclamation of Masterpieces to the Convention for the Safeguarding of Intangible Cultural Heritage”, in *Intangible Heritage*, Edited by Laurajane Smith and Natsuko Akagawa, Routledge, pp. 13 – 44。其注意到“非物质文化遗产”话语出现的相关政治语境，即在全球化的环境观念、环境哲学、可持续发展的意识形态主导下流行起来的。而这种观念、哲学与意识形态本身也是西方世界主导的霸权话语，其所谓“危机”意识被伪装成全人类生存的危机。

“文化实践”，首先，揭示了隐藏在《保护非物质文化遗产公约》话语框架背后的西方中心主义的意识形态。其次，结合《保护非物质文化遗产公约》在地方性层面的具体实践，民俗学依据其反思性的概念与理论，可以深入地对其中的关键性概念进行批判性的反思与质疑。

（一）作为关键词的“非物质文化遗产”

“非物质文化遗产”的概念首次出现于1982年教科文组织在墨西哥举行的世界文化政策会议上。1989年，在《保护传统文化与民俗草案》中被正式界定。芬兰民俗学家劳里·航柯直接参与起草了该《草案》。在该《草案》中，“传统文化、民俗”两个概念是“非物质遗产”的“前概念”，甚至是可替换的概念，《草案》暗示了它们之间的互通性。

> 在宽泛的意义上，民俗等同于传统文化，是群体或者个体以群体为指向、以传统为基础的创造，在社区预期的控制之下，作为对其文化与社会认同的充分的表达；其标准与价值被口头传播，或者以其他方式被模仿。此外，民俗是一个完整的人类文化遗产的组成部分——在变化与发展的长期状态中是一种活生生的现象。它表征在大众的、民族的、地域的和国家的多种多样的层面上，它经常还是综合性的。传统必须被正确地搜集、保护、储存、档案化、出版、研究与应用，在国家及国际承认的标准手段的指导下予以特殊保护。在一系列人文社会的与科学的规则指导下进行，既要避免忽视、歪曲与滥用现象的发生，又要保护传统携带者的合法权益，满足民俗学家、民俗数据的使用者、档案馆、博物馆与其他研究机构的需要。①

此后，在《活态人类财富计划》（1994年）、《人类口头与非物质遗产代表作》（1997—1998年）等一系列法案中，“非物质遗产”的概念被连续使用，最后，在《保护非物质文化遗产公约》中被明确予以界定。

---

① Lauri Honko, “UNESCO Work on the Safeguarding of Folklore”, NIF Newsletter: 1 – 2, 1982, pp. 3 – 4.

在本公约中："非物质文化遗产"，指被各社区、群体，有时是个人，视为其文化遗产组成部分的各种社会实践、观念表述、表现形式、知识、技能以及相关的工具、实物、手工艺品和文化场所。这种非物质文化遗产世代相传，在各社区和群体适应周围环境以及与自然和历史的互动中，被不断地再创造，为这些社区和群体提供认同感和持续感，从而增强对文化多样性和人类创造力的尊重。在本公约中，只考虑符合现有的国际人权文件，各社区、群体和个人之间相互尊重的需要和顺应可持续发展的非物质文化遗产。

经过多次修正，教科文组织已经从强调保护"传统文化""民俗""非物质文化遗产"转向强调保护"非物质文化遗产的传承者"①，强调每个国家、每个社区借助自身的非物质文化遗产以"促进和平和可持续发展"的人类理想。

从"非物质文化遗产"的概念发展史可以看出②，这一概念是在全球化发展过程中国际社会政治斗争的结果，而不是民俗学、人类学学术争论的结果。显然，站在民俗学的立场上看，（1）"非物质文化遗产"之"非物质"（intangible）的概念是十分模糊。虽然教科文组织试图用这一概念来指称一种文化中那些并不具有物质外形的、即时呈现的层面，但实际情况是，物质的与非物质的层面，在许多情况下，是很难予以区分的。事实上，所谓"物质"与"非物质"的划分方式本身已经带有西方二元论思想的痕迹，这对于某些非西方国家是以难以理解的。从历史的角度来看，教科文组织倡议在全球范围内保护非物质文化遗产，其出发点本是为了弥补之前对于"非物质文化遗产"的忽视，可是实际的效果

① Borolotto, Chiara, "From Objects to Processes: UNESCO's Intangible Cultural Heritage", *Journal of Museum Ethnoaphy*, 2007, Vol. 19, pp. 21 – 33.

② 依据巴莫曲布嫫的介绍，今天已经广为人知的"非物质文化遗产"（Intagible Cultural Heritage，英语缩写为 ICH）概 念，随着时间的嬗递，在用词或术语上出现过几次明显的变化，其中既有民俗（folklore）、非物质文化遗产（non-physical heritage）、民间创作（cultural tradition and folklore）、口头遗产（oral heritage）、口头和非物质遗产（oral and intagible heritage），以及非物质文化遗产（intagible cultural heritage）这一类总称性术语，也有后来在"代表作"申报条例和申报书编写指南中解释为"非物质文化遗产"两种基本类型的"文化表达形式"（cultural expressive forms）和"文化空间"（cultural space）。参见巴莫曲布嫫《非物质文化遗产：从概念到实践》，《民族艺术》2008 年第 1 期。

是，它恰恰可能会因为其政策与措施本身所潜藏的西方中心主义话语，潜在地深化“南北”之间的文化区隔与不平等。（2）“文化”概念的固化。传统的民俗学、人类学与社会学倾向于把“文化”定义为稳定的功能性单元，它被视为同质性的、时空界限明确的地域围内的知识总体。但是，这种观念已经遭到上述学科的质疑，它们已经接受了作为一种过程的、互动性的、实践的“文化”概念。在“实践论”的指导下，创造、发明、建构、生产、生成、表演等概念已经蕴含在“文化”的概念中了。“文化”不再是一个稳定的对象，而是一个由相关行动者借助文化元素进行社会互动的过程，这里充满了动态、矛盾、协商的交互性。然而，这一作为“实践”与“过程”的文化观念与教科文组织所谓“保护”的观念根本相左。尽管教科文组织提供的定义中强调了非物质文化遗产“被不断地再创造”的特点，但是，既然要保护它，其倾向仍然是要固化它。（3）“遗产”被固定化的危险。尽管教科文组织意识到了非物质文化遗产可能存在的复杂性，意识到了其传承性与变异性。但成功进入人类非物质文化遗产名录却要依赖于该文化遗产的“本真性”“原创性”与“独一无二性”等。而一旦入选“名录”，这些非物质文化遗产就面临着被“固定化”的危险，其变异性的内在倾向从根本上被否定了。然而，非物质文化遗产并不仅仅是一种普通的文化产品，它还具有相当的能动性。当特定社区、群体与个体在“表演”非物质文化遗产时，他们并不只是文化产品的客体（作为非遗的传承人），也是非物质文化遗产活动中的能动者。在这个意义上，非物质文化遗产的展演是“表演性”的，是具有“社会效能”的，它不仅会改变了表演者主体与他们的活动（非物质文化遗产）之间的关系，也会改变文化生产与复制的基本条件。这种蕴含在非物质文化遗产自身内部的“绵延性”再生产机制是教科文组织未能详及的。换言之，教科文组织对《公约》本身的“表演性”潜力缺乏必要的反思性意识。

此外，在许多情况下，非物质文化遗产是与其传承人的身体展示（知识、技术与表演）分不开的，这就意味着“身体”对于非物质文化遗产之传承是至关重要的。这使得非物质文化遗产之保护方式内在地要求与物质文化遗产的保存方式不同。所谓“活态的人类财富”便意味着对于传承者之作为传播媒介的“身体”的强调，他（她）们的身体成为濒危非物质文化遗产的储存器。可问题在于，个体的技艺如何可以成为一个文化社区或者群体的代表？这个只有有限生命期限的血肉之躯怎么可能被永久地保护起来呢？而且，他（她）作为一个活生生的个体，必然地同时既是主体，又是客体。这就意味着，他（她）既是他们所传承的“非物质文化”的传承人，但同时又是“代理人”（agent）。作为代理人，他（她）是一个有意识的、反思性的主体，是具有自身的主观意志、意愿、情感①与创造性能力的主体，他们的每一项实践都是带着他们自身的观念印记的。在当代民俗学看来，每个个体都是积极的、表演性的主体。个体的身体、身体实践以及展现并不仅仅是“传统的存储器”，而且，在具体的表演活动中，这些“作为传统的存储器”的主体使得被存储下来的传统得以活态地传承与传播。② 民俗学的“表演理论”强调语境、意图、传统资料、惯例以及社会关系等问题，强调人类行为的“表演”层面，强调主体借助文化资源从事现实实践的过程，强调人类行为的意图与表达的层面。与“表演”相关联的核心词汇，比如“表达”“体验”“阐释”等都是在强调他者对主体表达的体验，强调主体对于他者的责任与义务，这是一个交流互动、循环往复的永恒的过程，这是任何固定化的记录与保存手段所不可能捕捉到的。

（二）“民俗”与“非物质遗产”

对照《保护传统文化与民俗草案》与《保护非物质文化遗产公约》可以发现，“民俗”与“非物质文化遗产”之间有着千丝万缕的联系，但是，《草案》并没有获得多数国家的认同，而《公约》却获得了161个缔

---

① 在实践中，保护非物质文化遗产仅仅关注其物质性材料，并最终堕落到仅以保护这些物质性材料为目的，就是把“过去”“传统”“遗产”非人化。这种所谓客观或者客观的立场，否定了作为情感主体的表演者或者传承人与前人、观众交流的潜力。仅以“材料”为目标的保护是“变形”的暴力，把“材料”从其社会语境中切除，掏空并改变它，留下的只是却除了情感的事物自身。参见 Denis Byrne，“A Critique of Unfeeling Heritage”，in *Intagible Heritage*，Edited by Laurajane Smith and Natsuko Akagawa，Routledge，2009，p. 247。

② Richard Schechner，*Performance Studies*：*An Introduction*，Routledge：London，2002，p. 22. 理查德·谢克纳认为，特定个体的任何行为永远只能是“二次行为化的行为”（twice-behaved behavior）或者“储存的行为”，那么，在本质上，无论仪式表演还是日常生活，我们都无可避免地需要借助于习俗与传统，不得不遵循已经建立的模式。

约国的支持。[1] 其间的差别何在？显然，从当代民俗学的角度来看，“民俗”的概念容易让人联想到特定“民族群体”或者其中的“社会下层群体”，自然而然地把民俗与乡村、前工业社会以及农业文明联系在一起。这一术语背后的浪漫主义色彩容易让人们把与它相关的社区想象成一个保有和谐传统的桃花源式“自然—社会”空间，这里没有社会冲突，没有现代化工业的污染，当然也根本不存在个体的自由与平等等问题。在现代化、都市化、全球化的进程中，“民俗”容易被借以去想象一个同质化的社会共同体。而且，在强调前工业时期乡土社会形象的同时，“民俗”这一概念还一厢情愿地忽视了现代都市化、全球化发展的趋势与现实，理想化地强调文化被“传承”的一面，而忽视其被“变异”的一面。换句话说，民俗在被浪漫化地想象的同时，也被看作现代化进程的阻力。而现代化的进程就是清除民俗传统的过程。

在当下国际民俗学界，民俗之“民”可以是任何人，但是，由于历史的原因，在日常生活中人们在使用“民俗”这一概念时，习惯性地延续了这一概念所蕴含的传统含义，即把“民俗”之“民”与“精英”对立起来使用与理解，其背后隐藏着浓重的浪漫主义与沙文主义的思想。事实上，教科文组织在《公约》中也隐含了这一被民俗学抛弃的世俗化的思想。在这个意义上，教科文组织抛弃“民俗”而采用“非物质文化遗产”的“进步”显然只是表面性的，因为它之所以要保护“非物质文化遗产”，一个重要的假设是“他者”没有相应的意识、能力与资金去保护。在缔约国内部，“民俗”与“非物质遗产”两个概念被或隐或显地等同起来加以运用的情况更为普遍。其中某些社会群体为了强化身份认同，或者为了寻找安全感，甚或只是为了单纯的经济利益而应用“民俗”。他们常常习惯性地把“民俗”等同于民族国家的、传统的（前工业时期乡土社会的）文化传统。当然，在某些情况下，特定社会群体中的精英与民众也可能因为“民俗”而团结起来，尽管他们在日常生活中占有不同的社会地位，拥有不同的生活方式与文化传统，但是，当他们面对共同的“他者”时——比如其他民族群体——他们会强调共同的民族风俗，

---

① 联合国教科文组织：《非物质文化遗产基本文件·保护非物质文化遗产公约（2003）》，2014 年，“序言”。

认为这些“民俗”代表了“真正的”民族传统。比如，纳粹德国统治时期，德国社会与文化地位的区隔被人们忽略了，德国人——无论穷富——普遍地认为自己区别于其他“非传统的、不纯粹”的德国人。

借用“民俗”以建构社会与文化区隔的行为早就受到了民俗学的严肃批判与反省，因此，具有自反意识的民俗学特别关注民俗或者非物质文化遗产在实践过程中可能被“固化”的理解与行为，因为特定的文化现象极容易被转化为固化既定社会不平等秩序与社会偏见的工具。同时，民俗学也特别关注民俗与非物质文化遗产如何可能从一种阻碍社会进步的元素而被转化为一种能够促进社会可持续发展的动力的过程。教科文组织所倡导的保护行为很可能会“火上浇油”（或者“锦上添花”），很可能会保护一些在社会与文化网络中“春风得意”的已经占据了主导地位的文化现象，相反，其他边缘性的文化现象却可能因为被视为“非传统的、非社区化的、非本真的”而不会受到保护。在这个意义上，非物质文化遗产仍然可能是妨碍地方社区发展的阻力，而无助于实现教科文组织所倡导的可持续发展的美好愿景。

教科文组织意识到这一点①，它明确地鼓励不同的社区与群体展现其文化中精选的内容与形式，并在一种无争议的基础上增进国际间的交流与沟通，同时促进特定社区与群体推进自身文化与思想的提升。然而，尽管保护非物质文化遗产的主旨在于增进不同文化之间的交流，但是，恰恰是那些在多元文化交叉融合的时代所创造出来的文化形式却往往又不在受保护的范围之列。比如，那些借用传统元素进行艺术创作的艺术家的行为方式就不在受保护的范围之内。这是一个十分奇怪的逻辑，其背后仍然是明显具有本质主义的民俗观在作怪。

此外，从《保护传统文化与民俗草案》到《保护非物质文化遗产公

---

① 教科文组织清楚地意识到，人类社会的存在就是因为人类拥有文化，非物质文化遗产是文化中最重要的一种能力。它可以让相关社区、群体或者是个人以一种他们自己选择的方式设计他们自己的未来。在这个意义上，非物质文化遗产是相关社区、群体认同的源泉，是他们的社会与文化可持续发展的动力，也是全人类多元文化类型共存与可持续发展的前提。参见 Janet Blake, “UNESCO's 2003 Convention on Intangble Cultural Heritage: The Implications of Community Involvement in ‘Safeguarding’”, in *Intagible Heritage*, Edited by Laurajane Smith and Natsuko Akagawa, Routledge, 2009, p. 49。

约》，非物质文化遗产传承人的地位的确提升了，然而相关研究者的重要性却被淡化了。包括民俗学家在内的研究者们为教科文组织的“民主化”努力欢欣鼓舞，但是，他们却没有意识到，既然教科文组织强调“保护”，而缔约国也同意去“保护”，那么，在具体实践的层面上，便往往只有那些符合既定条件的社区与群体才会被邀请来参与相关机构所开展的相关活动。试想一下，如果一位书呆子气十足的民俗学家坚持说某个被认定为非物质文化遗产的项目是一项晚近的“发明”，这对于缔约国及其相关机构，乃至于对它们所认定的相关传承人会是多么扫兴的事！即使这位民俗学家是相关“非物质文化遗产”的专业研究人员，可他还有可能被邀请参与其保护工作吗？

尽管教科文组织也承认非物质文化遗产并非固定不变的，但是，它的界定工作本质上是鼓励一种稳定化的、具有明确特征的界定，换句话说，这仍然是“本质主义”民俗观的延续。这是与自反性民俗学所谓“实践、过程、表演”的观念相对立的。换句话说，在全球性非物质文化遗产保护工作中，当民俗学已经反思并批判了前工业的、乡村的、传统的、民族国家统一体的“民俗”观念之时，作为实践主体的缔约国及其内部的社区、群体或者个人却还在以一种强化的方式理解并运用这一概念的陈旧含义。

（三）“社区”与全球移动

教科文组织强调“非物质文化遗产”与“社区、群体”之间的关联，要求缔约国制定相关政策促进社区的参与度。然而，“社区”是一个十分棘手的难以界定的概念。民俗学、人类学竭力避免把社区等同于具有明确边界的地理空间，但是教科文组织在公约中的界定显然倾向于保留这样的理解。一个现实的难题是，许多非物质文化遗产与特定的群体或者社区并不一一对应，比如，有些文化现象是为许多群体所共享的，或者是超越民族国家的地理边界的。换言之，在经验的层面上，对于特定非物质文化遗产的认同，在许多情况下是超越地理空间范围的。但是，在实践的层面上，教科文组织却倾向于支持那些具有明确地理边界的非物质文化遗产形式，对于那些超越固定地理空间范围的非物质文化遗产项目却无法得到界定和支持，也倾向于简单地把其中某个被挑选出来的社区命名为“代表”①。在这种颇为“草率”的命名中，更遑论个体权利与群体权利之间可能存在的矛盾与冲突了。②

考虑到“全球化与现代化”是教科文组织倡议保护非物质文化遗产的现实背景，那么，“社会变迁”的问题便是一个不容忽视的事实。教科文组织如何兼顾“文化多样化”与本土社区的“社会变迁”？在一个全球移动的时代，文化移动、混杂与新传统的流行等问题十分活跃，然而教科文组织却几乎没有顾及。但无论如何，恰恰是这些杂交的文化形态在现代社会中起着重要的作用。

教科文组织强调：“在本公约中，只考虑符合现有的国际人权文件，各社区、群体和个人之间相互尊重的需要和顺应可持续发展的非物质文化遗产。”③ 问题是，保护“文化多样性”会不会有可能与人权、经济与社会的发展权相矛盾？按照马克思主义的原理，经济与社会基础决定文化实践，决定社会规范与公正等问题。因此，从理论上来看，要保护某一特定的文化实践，必得先保护其相应的社会经济基础。既然非物质文化遗产的保护（safeguarding）并不只是防止它的“消亡”，而是要采取积极的态度与行为，赋予它连续的生命力，包括创造条件，使它能在某种情境下，连续地被创造、维持与传播。那么，一个必须回答的问题是：那些受保护的非物质文化遗产社区、群体及个人要按照各自守护的社会文化系统去生活吗？他们必须得延续他们的传统生产与生活方式吗？在全球化时代，当其他人都在享受现代文明创造的成果，谁有权利、有能力仅仅为了“文化的多样性”而要求他们继续保持这些受保护的非物质文化遗产的社会与经济“语境”？况且，现存的许多文化形式与现代意识上的人权观念并不相符。当社会生产力已经大大地提高之后，单纯地保护某些文化形式，客观上会弱化文化形式与其相应的社会经济环境之间

---

① 特别需要注意“代表”既可能在保护非物质文化遗产的过程中扮演积极的角色，也可能扮演消极的角色。

② 基于人权法案的一般规定，一切群体对于他们自身的文化认同（身份）享有自主的权利。然而教科文组织是基于“非物质文化遗产”而认定“社区与群体”，而不是相反。可是，社区与群体内部很可能是异质性的共同体，在这种情况下，社区的权利与个体的权利就有可能产生矛盾。

③ 联合国教科文组织：《非物质文化遗产基本文件·保护非物质文化遗产公约（2003）》，2014 年，第 5 页。

的关系，淡化文化形式的社会意义与实际功能。"去语境化"的文化形式被博物馆化了，对于其文化实践者而言，这些传统的文化形式已经不再具有建构身份认同的文化价值与功能了。

换句话说，面对特定"非物质文化遗产"，其传承者与教科文组织之间的看法不同。教科文组织当然可以出于保护"文化多样性"的需要，提倡并培植一种无争议的、传统的文化形式，并在人们的头脑中形成这样一种印象，即一个理想世界的形象，一个稳定的、统一的社区形象，可事实上全球化进程从根本上改变了社会，并在创造着多样化的冲突。显然，这种基于政治立场而决定的文化遗产并不是由相关社区与群体出于最大限度的自主与自决而决定的，它服从于另一套逻辑，即服从于国际政策法案的逻辑，但它可能完全有悖于特定社区与群体的社会逻辑，尽管社区负有传承其非物质文化遗产的责任。

（四）新媒体技术与非物质文化遗产

"非物质文化遗产"这一概念内在地会把保有这一文化遗产的"传统社会"与"现代社会"对立起来。按照本雅明、麦克卢汉与波兹曼等的观点，现代社会不再是口头传播的时代，而是文字、图像与电子传播的时代。而所谓"非物质文化遗产"恰恰是在保护"口头传统和表现形式，包括作为非物质文化遗产媒介的语言"，因此，从一开始，这一概念就是沿着乡村与都市、普通人与精英、手工艺与现代化工业等一系列二元对立的原则展开的，非物质文化遗产被界定为上述二元对立中的前者。传统与现代被截然对立起来，但事实上二者是无法截然分开的。如前所述，正是现代社会"发明"了对"传统"的需要，"创造"了身份认同的需求。所谓"传统""遗产"之本真性与稳定性的特质，完全是通过现代化、工业化、都市化、媒介化、全球化才得以存在。没有后者，前者是无法存在的。

与教科文组织强调"地方性传统"的意识形态正相反，特定缔约国的现代化进程恰恰是与"全球化、流动性、革新以及流行文化的盛行"相关的。现代化进程与构建传统的进程是同一社会过程的两个侧面。教科文组织强调保护口头传承的文化传统，可是，理解现代社会恰恰需要超越口头传统，或者正如波兹曼所说的那样，要深入理解文字、图像以及电子传媒的潜在“意味”。超越教科文组织的话语逻辑可以发现：新兴交流媒介的存在并不只是导致传统的消逝，而且也在积极地激发灵感，刺激多元化传播方式的创新。依赖这些新兴媒介，文化传承的渠道实现了多元化，多媒介技术的共时传播影响了人类的不同感官，并把不同的感官关联起来，共同起作用。现代主体在自主地挑选与利用多种媒介，并已经积极地参与到传播传统的洪流当中来了，新兴的文化传承模式诞生了。一个不争的事实是，今天，互联网及相关的数码技术已经极其明显地显示了文化媒介使用的潜力与可能性。

面对新媒介技术的广泛传播与被运用，非物质文化遗产保护的“本真主义者”引述本雅明在《机械复制时代的艺术品》中的观点：一方面为机械复制技术带来的艺术“民主化”（democratization）欢呼雀跃；另一方面又为艺术之“光韵”（aura）的丧失而忧心忡忡。这种恐惧感也流行于保护非物质文化遗产的众多声音中。“独一无二性与光韵，这是两个与寻找祖源与根脉密切相关的概念，通过借助时空维度来区分原本与复制品，这些概念被用于去界定文化产品的最重要的价值。”① 然而吊诡的是，非物质文化遗产所比附于精英艺术的所谓“独一无二性与光韵”的价值，在口头传统流行的社会中并不重要；在大规模机械复制的时代也不重要。事实上，深入理解新媒介技术在生产与传承非物质文化遗产方面的可能性与潜力，对于理解其相应的实践群体与个体的价值观、文化认同、身份建构是十分重要的。

总之，在具体实践中，《保护非物质文化遗产公约》大多是在基于传统的、前现代的、乡土社会的“民俗”概念上被宣传的，许多情况下，“非物质遗产”与“民俗”被交替运用；这与现代社会“发展”的概念是相违背的，尽管教科文组织的本旨是“顺应可持续发展”。正像民俗学的草创阶段，民俗学的先驱者们注意到了现代化、工业化与城市化的迅猛发展转而关注民俗，倡导人们搜集、记录、保护民俗文化现象一样，今天，非物质文化遗产的先驱们又四处奔走，试图说服人们去保护那些可以抵制全球化进程的非物质文化遗产。不过，这次不再是依赖民俗博

---

① Walter Leimgruber, “Switzerland and the UNESCO Convention on Intangible Cultural Heritage”, *Journal of Folklore Research*, 2010, Vol. 47, No. 1/2, p. 180.

物馆与档案馆，而是依赖数据库与名录。然而，必须提醒的是，教科文组织在《公约》中所界定的非物质文化遗产，忽视了如下三个重要方面：（1）那些处于流动中的文化形式，尤其是那些跨国的杂交性文化形式，因为它们很难被归属于哪一个民族、国家或者群体；（2）媒介化传播的流行文化；（3）文化中的表演性元素。教科文组织所提供的保护方式倾向于把多元性的文化从其日常生活中“去语境化”，并被进一步美化与提纯，其本属群体中大多数参与者反而被国际性的非物质文化遗产保护活动给边缘化了。伴随着这一现象的是新一轮“民俗主义”的流行。缔约国及其相关职能部门的工作人员挑选了他们想要的文化元素加以强调，那些有违其意图的文化实践被认为是不值得保护的，进而遭到历史的汰洗。遗产的政治正是通过强调国内亚群体之间前政治的文化纽带，削弱了民族国家及其公民之间的关联，转而强调并塑造新兴的与全球政策相关的全球公民的形象。至于它是否能够成功，这可能要因具体缔约国的性质、意图、推动的力度来决定了。

《保护非物质文化遗产公约》一方面强调对传统的传承，另一方面强调对文化多元性的开放与包容；一方面给特定非物质文化遗产社区及群体以一种传统与稳定的形象，另一方面给外来旅游人士以一种作为娱乐的文化消费品的形象。然而，在任何一种情况下，“传统”都不会被当作参与身份建构、社会变迁与全球化过程的重要的参与性平台。保护非物质文化遗产产生的两个后果是：一方面，在非物质文化遗产与其源出地之间产生了一种扭曲的关系，一旦被“遗产化”，这种文化传统便会与源出地之间丧失关联，这些被“遗产化”的文化现象对于源出地而言就变成了“他者”，具有了自身的生命，一种“本真的传统”的幻觉在源出地被创造出来了。① 另一方面，在全球人员移动、互联网技术以及文化产业的强大推动下，被“遗产化”之后的文化现象有可能在全球任何地方被迅速复制。教科文组织所引发的非物质文化遗产形式将在很大程度上变成猎奇心严重的旅游大众的热点景观，对于相应社区、群体与个体的生

① Ahmed Skounti, “The Authentic Illusion: Humanity's Intangible Cultural Heritage, the Moroccan Experience”, in *Intagible Heritage*, Edited by Laurajane Smith and Natsuko Akagawa, Routledge, 2009, p. 77.

活方式却少有关联，也许唯一的关联是这些相应的社区、群体与个体必将成为热点景观的一部分，他们因为成为“非物质文化遗产”的传承人与表演者而重构了自身的身份，重塑了他们日常生活的结构与意义。

3. 后“遗产化”时代的民俗学

在《保护非物质文化遗产公约》被具体实施的过程中，当代民俗学关心的是人们在赋予“遗产”以新价值的过程中，围绕着这些“新价值”的正反争论是什么，是由谁在何种语境下肯定或者反对“新价值”观念的，与这一“遗产化”过程相关的所有利益群体之间的动态关系图景是什么样的。在全球化大移民以及互联网全覆盖的时代，等到“遗产化”的热潮退去之后，民俗学家从中学到了什么？换句话说，当“遗产化”的行为已经成为人们理所当然的日常生活方式时，当下民俗学的研究理念与方法应该做出何种调整呢？的确，“非遗保护的所有这些实践特点都为民俗学反思自己的学术出发点和学科性质提供了难得的契机”①。

如上所述，当代国际民俗学的理论前提是“文化实践论”，是把“遗产化”作为理所当然的社会与文化实践处理的。具有反思意识的民俗学关注《保护非物质文化遗产公约》的相关条款如何已经成为相关利益群体挪用与批判的话语资源，如何把非物质遗产物质化，并运用“最小投入与最大收益”的逻辑，排他性地参与竞争，实践社会、经济与文化资本的最大利益化。在这一“文化实践”过程中，基于竞争的逻辑而引发的现实与理想的差距已经引起民俗学、人类学的严肃批判，然而，民俗学并不仅仅满足于“批判”，专家们还发现，“遗产化”的过程同时也打开了新的机遇，比如它完全有可能促进相关社区的环境改善，促进其能源开发与旅游业的发展，实现地方社会经济与文化的革新。超越于这一经验表象之外的实践意义甚至可能是：“非遗保护不仅是一种地缘、身份和权力的实然政治，更是一种以民主参与的公民社会为旨归和游戏规则的应然政治。”②

---

① 户晓辉：《非遗时代民俗学的实践回归》，《民俗研究》2015 年第 1 期。

② 户晓辉：《非遗时代民俗学的实践回归》，《民俗研究》2015 年第 1 期。

在这一理解中，《公约》不是为了对不同地区、不同民族的非遗做经验的认识和归纳，也不是单纯为了对它们进行登记、注册或保护，而是为了从实践原则和自由意志出发来展开并创造新的实践（包括新框架、新伦理、新思维和新举措）。

> 《公约》本身就是实践原则、伦理律令（ethical imperative）或自由意志的内在目的，而世界各地保护非遗的活动则是在《公约》的实践原则指导下对自由意志的贯彻或实现。也就是说，非遗保护不是对既有的东西进行经验性归纳和认识，而是要按照《公约》规定的实践原则和自由意志从无到有地开辟崭新的实践……①

我们注意到教科文组织旨在用确保社区、群体或个人的权益和参与为核心的实践原则以及以国际人权文书为前提的自由意志，又注意到教科文组织呼吁缔约国制定相应的政策措施，在国际协作的框架内，来激发相关社区、群体与个人积极保护与传承非物质文化遗产的积极性与主动性②，还注意到教科文组织相关申报与评审机制的相对公平性，这使得特定文化社区与群体中的某些部分，因为其具有特殊的价值，从而有可能获得"非物质文化遗产"的称号；反过来，正是因为这些具有特殊价值的文化财富符合教科文组织权威机构的某些评价标准而成为"非物质文化遗产"。如果相关社区、群体或者个人珍惜相关称号（就像成熟的商业公司重视自身的品牌一样），"遗产化"可以带动配套的旅游服务业，并出于珍惜自己声誉的愿望，能够带动普遍的竞争与质量把控机制，那么，"遗产化"机制就会为地方参与全球化竞争提供机遇，一种基于质量把控与审计的自我管理型文化理念就会广泛地渗透进日常生活。在某些

---

① 户晓辉：《非遗时代民俗学的实践回归》，《民俗研究》2015 年第 1 期。

② 《保护非物质文化遗产公约》的意义在于把保护工作的措施与责任转让给社区自身，非物质文化遗产并不是要保存在档案馆或者民族博物馆里，而是要保存在社区中，其成员要实践与展示其形式。如果传统仍然在社区中存活并可以持续下去，这就是保护了。参见 R. Kurin, "Safeguarding Intangible Cultural Heritage: Key Factors in Implementing the 2003 Convention", *International Journal of Intangible Heritage*, 2007, Vol. 2, pp. 12 – 13。

乐观的民俗学家看来，“遗产化”正是这样一个领域。①

在促进非遗参与竞争时，那些社区、群体与个体已经预先接受了竞争机制与可能的结果；非遗项目的筛选过程又是相对透明的；相关社区、群体与个人可以比较清晰地把那些具有自由价值的文化财富转化为具有特定价值的非物质文化遗产。民俗学家可以由此分析出构成非物质文化遗产的构成要素，从而理解特定的文化传统是如何被转化为非物质文化遗产的。政府官员则要基于教科文组提供的框架，赋予相关社区、群体或者个人以相应的尊重与权利。换言之，在整个非物质文化遗产的保护工作中，围绕着教科文组织提供的保护框架，各缔约国及其相关机构、专家学者、政府官员、文化产业管理人员以及地区、群体或者个人，都面对着一个重塑身份的问题。从理论上讲，这一“遗产化”的过程必然是一个“文化实践”的过程，而这一“文化实践”的过程又蕴含着“民主化”的种子，它为多种社会力量重塑角色与形象提供了平台，也提出了要求。② 比如，缔约国在承诺《公约》的相关条款时，它就把自身置于一个国际化的舞台，需要自觉接受全球社会对于其本土人权、经济与社会发展权及文化权利的处理方式的监督。

教科文组织的宗旨是在人类的心中树立和平的信念，而教育、社会与自然科学，文化与交流活动只不过是完成这一目标的途径。那么，民俗学在研究教科文组织有关《公约》的精神及相关实践时，关注该公约如何影响了缔约国、社区、群体与个体，如何影响了相关利益群体之间的相互关系，如何因此而建构起了新的意义之网，这都是民俗学经验研究的重要内容。在具体的文化实践过程中，人们可以同时看到围绕着非物质文化遗产命名的权力斗争以及道德教化，可以看到对于相关实践的形形色色的批评与攻击。毕竟“遗产化”的实践是后现代社会存在秩序的一个剪影，它是当代社会人类运用碎片化的文化资源谋取经济及社会利益的一种特殊表现。因此，准确理解与阐释“遗产化”的政治及其复

---

① Regina Bendix, “Heritage Beween Economy and Politics: An Assessment from the Perspective of Cultural Anthropology”, in *Intagible Heritage*, Edited by Laurajane Smith and Natsuko Akagawa, Routledge, 2009, p. 49.

② 户晓辉：《文化多样性与现代化的人权文化——对 UNESCO 三个文化公约的政治哲学解读》，未刊稿。

杂的利益冲突是十分重要的，但是，揭示同一过程中的竞争性与评估性机制也许更为重要，因为教科文组织借助《公约》赋予地方社区、群体，有时是个人以相应的权利与责任，肯定了相关责任主体的能动性，明确了相关责任主体理论上应该明确的角色与权利，这些相关约定赋予这一新时代的“遗产化”文化实践以更多可能性与机遇。

总之，在保护非物质文化遗产的具体实践中，一方面，保护“非物质文化遗产”表现了现存的权力模式；另一方面，《公约》所倡导的“遗产化”框架又携带着某种机遇与可能性。超越于保护非物质文化遗产活动之外可以看到，整个后现代生活世界充斥着“遗产化”的文化实践。如前所述，既然一切“文化实践”或者“（社会的、文化的、艺术的）表演”都不可能不挪用“传统”的行为，那么，“未来民俗学”[①] 除了扮演批判者的角色之外还可以做些什么？

在国际民俗学界，德国民俗学在历史上的沉痛教训使得整个德语区的民俗学家们痛定思痛之余，竭力避免重蹈历史的覆辙，不再直接参与社会与文化实践，而是洁身自好，做一名社会与文化的批评者。这就是德语区民俗学家们的学术定位。[②] 然而问题在于，这样的定位会使得整个学科被边缘化，比如在整个非物质文化遗产保护活动中，民俗学家可能会眼睁睁地看着自己的学术术语被滥用，却除了“批判”之外无所作为。[③] 尽管德国民俗学家恪守着“不介入”的学术伦理，但是，面对“民俗主义”的经验性现象，德国民俗学家同样积极反思了民俗学知识生产与传播的问题，他们同样对民俗学自我再生产的问题进行了深入的反思，比如德国民俗学家沃尔夫冈·卡舒巴明确地提出了“知识格式”（knowledge formats）的概念。

---

① 在中国，“未来民俗学”这一概念由户晓辉提出。但是，以户晓辉、吕微、高丙中为代表的中国民俗学家更常用的概念是“实践民俗学”。户晓辉甚至主张，“实践民俗学”是民俗学“唯一的康庄大道”。

② 王杰文：《超越“日常生活的启蒙”——关于“经验文化研究”的理解与批评》，《文化遗产》2014 年第 6 期。

③ Hermann Bausinger, “Disengagement by Engagement: Volkskunde in the Period of Change”, *Journal of Folklore Research*, Vol. 36, No. 2/3, 1999, p. 147.

> 表征类型与知识格式——即传播的媒介——是由目标观众的可观察的预期指导的，是由知识场所（knowledge venues）（诸如博物馆、公开演讲或者大学的研讨会）形成的。“知识格式”反映了知识生产与知识传播的规则；它们存在于物质文化的多种审美形式之中。作为科学的基本工具，知识格式结合了知识生产、表征与传播的不同实践，比如界定、搜集、排列、阐释与表征。其形式、物质、审美文化、内容、表演都是相互纠缠在一起的。知识格式反映了作为实践的思维方式、权力关系、文化规则与理想。①

显然，“知识格式”的概念体现了以为卡舒巴为代表的当代德国民俗学对于民俗学“表征”行为的高度自觉。

与德国民俗学家“通过不介入而介入”，且明确自我界定为“启蒙者”的民俗学立场不同，美国公共民俗学家主张积极地参与传播民俗，他们直接参与文化表征与文化经营的工作，努力把自己塑造成民俗的“实践者”。但是，他们同样关注“表征”的问题。在面对“文化的表征”（representation of culture）的伦理困境时，他们一直都在努力寻找“表征”的有效形式与媒介，目前，“文化自我呈现的乡土模式”（vernacular modes of cultural self-presentation）② 受到了美国公共民俗学家的青睐。因为他们发现本土人已经不再停留在展示那些过时的民俗文化的层面了，相反，他们已经把“文化作为自身的生活方式本身”，这种乡土模式的文化表演与民俗学家传播专业知识的意旨殊途同归。

日本民俗学家同样意识到“遗产化”的普遍性，认为“今天的民俗学将要为此承担起重大的任务和自己的责任”③。深受美国公共民俗学影

① Michaela Fenske, Antonia Davidovic-Walther, “Exploring Ethnological Knowledges”, *Jounal of Folklore Research*, Vol. 47, Nos. 1/2, 2010, p. 2.

② Barbara Kirshenblatt-Gimblett, “Folklorists in Public: Reflections on Cultural Brokerage in the United States and Germany”, *Jounal of Folklore Research*, Vol. 37, No. 1, 2000, p. 8.

③ 才津裕美子：《民俗“文化遗产化”的理念及其实践——2003 年至 2005 年日本民俗学界关于非物质文化遗产研究的综述》，西村真志叶译，《河南社会科学》2008 年第 2 期。

响的日本民俗学家菅丰提出了“新的在野之学”① 的概念，他不再把学问当成职业研究者的工作，不再只是通过共同的研究、实践以及应用以加深对地方的理解，不再把民俗学仅仅定位为发现地方的问题从而进行解决的知性活动，而是强调（1）应用性与实践性，以“有用”作为目标，并在社会上接受评价；（2）摆脱学问的领域，走出学术界的小圈子，充分地参与社会活动并贡献自身的睿智；（3）摆脱立场与属性，与来自不同群体、具有不同身份认同的人士合作；（4）共同协作，即与不同的行为者基于平等协作的理念共同“治理”；（5）在地方性的当下的日常生活中发现感同身受的问题，选择采用基于现场的方法予以归纳与理解；（6）不断反思这一合作过程中所应用的知识与行为，以维系后续的知识生产与社会实践。② 这里，民俗学者作为生活文化的专家参与其中，成为沟通地域社会内外的中介与桥梁。

区别于德、美、日民俗学家对于“未来民俗学”取向的定位方式，中国的“实践民俗学家”——以高丙中、吕微、户晓辉为代表——首先意识到美国民俗学（包括深受美国公共民俗学影响的日本民俗学）的特征：

> 公共民俗学实践之所以能够开展协商、妥协等一系列民主操作细节，恰恰因为他们具有共同的民主大前提和公民社会的自由意志，因为他们已经凭借这种自由意志建立了 fairplay（公平游戏）的游戏规则。美国公共民俗学恰恰昭示出民俗学的实践前提在于实践理性的自由意志，也就是从公民社会的精神出发来进行民俗实践和民俗学的实践。③

---

① 日本民俗学家菅丰明确承认，“研究者的建构是不可避免的，所以，还不如带着一种自觉的意识去理解这样的建构过程，应当对作为一个民俗学者所采取的行动作出选择”。“建立新的公共民俗学，可以说是现在的民俗学者的使命。”参见菅丰《日本现代民俗学的“第三条道路”——文化保护下政策、民俗学主义及公共民俗学》，陈志勤译，《民俗研究》2011 年第 2 期。

② 菅丰（Yutaka SUGA）：《面向“新的在野之学”的时代———日本民俗学的一种选择》，2013 年 5 月 30 日北京“中国民俗学会成立 30 年纪念大会暨学术报告会”主题发言。转引自王杰文《“生活世界”与“日常生活”———关于民俗学“元理论”的思考》，《民俗研究》2013 年第 4 期。

③ 户晓辉：《非遗时代民俗学的实践回归》，《民俗研究》2015 年第 1 期。

在意识到美国公共民俗学实践的“大前提”之后，中国的“实践民俗学家”主要借助于哲学以及德国浪漫主义民俗学的理论资源，从多个角度论证了“实践民俗学”的（唯一）合理性、合法性。他们认为“民俗学本来就是实践民俗学”，也就是说：

> 实践民俗学的根本在于完全放弃实证科学的客观认识范式及其对理论与应用的划分，完全从实践理性的自由意志来看待民众的民俗实践并以此进行民俗学自身的一切实践①。

> 通过对主体实践（民俗）的经验现象的先验条件的演绎还原，推论（生产）出并（现象学地）直观到实践主体（俗民）自身作为自由主体纯粹观念的先验目的，并以此民俗学的实践范式（方式）所提供的纯粹观念，用作民俗学的社会实践。以此，民俗学者才能够有把握地断言：我们学者“加给”“放进”老百姓心中的东西，也就是我们学者从老百姓的心中“看出”“找出”“取出”“学到”并“受教”于他们的东西。②

的确，有谁会否认“实践民俗学家”有关普遍主义价值论的主张呢？然而，又有谁会认为这一作为一切人文社会科学之学术伦理与学术宗旨的主张可以代替民俗学呢？与德、美、日的民俗学家比较起来，非常明显，中国的“实践民俗学家”把太多的精力聚焦于论证与还原民俗学的终极目的、哲学根源以及这一哲学根源所包含的潜在意义上。这一民俗学研究领域的中国特色，显然是由中国独特的历史与社会语境造成的。中国的实践民俗学家欣喜地看到当下中国保护非物质文化遗产的行动“重新赋予长期被贬低的文化以积极的价值”，高丙中说，“在中国实在正在造成社会变化的奇迹。分析奇迹发生的原因，当然首先要分析非物质文化遗产的理念，应该是它所代表的新的文化话语包含着化腐朽为神奇

---

① 户晓辉：《非遗时代民俗学的实践回归》，《民俗研究》2015 年第 1 期。

② 吕微：《民俗学：一门伟大的学科———从学术反思到实践科学的历史与逻辑研究》，中国社会科学出版社 2015 年版，第 579 页。

的思想力量"①。

显然，对于当代中国民俗学而言，认识到并着手去解析和反思非物质文化遗产的"理念"是十分睿智与重要的，它对于盲目套用欧美民俗学理论并妄图解释与解决中国民众生活问题的经验研究是一种强有力的拨乱反正。然而，中国的实践民俗学家又有意无意间贬低了经验研究，并试图以民俗学的学术伦理取代民俗学的具体研究，这种明显的霸权话语又是十分偏激的。事实上，德、美、日民俗学同行们的研究成果证明：

第一，当下国际民俗学界已经充分地意识到了民众与民俗学者同时作为实践主体的身份，都相当自觉地注意到了作为实践主体的自由意志与道德责任。

第二，这些普遍的意识与理念已经具体化为国际民俗学的学科伦理，成为一切国际民俗学者普遍遵守与践行的职业伦理。

第三，在遵守学科伦理的前提下，国际民俗学家仍然延续并坚守民俗学作为一门经验研究学科的定位，努力探索着民俗研究的新方法。比如，德国民俗学家坚守作为"启蒙者"的立场；芬兰民俗学家主张"批评者"的立场；而美国与日本公共民俗学家探索"实践者"的立场。等等。

第四，除非中国的"实践民俗学"能够提供质疑、批判、超越前述国际民俗学家经验研究的思想与实践，否则，中国民俗学没有轻易放弃经验研究传统的理由。

总之，我们需要认识到"遗产化"的文化实践已经成为后现代生活世界的日常行为，民俗学者的研究工作本质上是一种"表征"的行为，民俗学研究的模式与过程对于民俗知识及其主体"建构"有着相当的作用及其实际影响，以德、美、日民俗学家为代表的国际民俗学已经在为民俗学重新定位。

无论民俗学家主观的愿望如何，民俗学"介入"现代社会并会产生实际的影响是无可避免的。换句话说，民俗学研究的是"文化实践"，民俗学自身也是"文化实践"，那么，作为文化实践者，民俗学家如何为实

① 高丙中：《中国的非物质文化遗产保护与文化革命的终结》，《开放时代》2013 年第 5 期。

现美好社会愿景做出某种努力就不能不是“未来民俗学”思考的内容了。中国的“实践民俗学家”已经为未来民俗学奠定了良好的哲学基础，但是，中国民俗学不应该也不可能仅仅停留在哲学思辨与思想倡导的层面上，中国民俗学还应该广泛借鉴国际民俗学已有的探索成果，在坚持经验研究的前提下，结合中国社会经济与文化实践的具体情况，提出中国民俗学具体的实践策略。

论新文化史视野下的非物质文化遗产运动*

萧　放**

摘　要： 新文化史关注当代社会普通人的日常生活，重视当代文化现象的考察。非物质文化遗产抢救保护是当代中国文化史上的重要事件，它是全球化时代中国人的文化自觉，它代表了中国文化史的新阶段。对非物质文化遗产的抢救保护工作的评价与认识，应从百年中国文化的历史进程与哲学文化的高度进行审视，非物质文化遗产工作是对民族文化传统的修复与传承，是对民众文化地位的再确认，是对地方文化传统有效重建的契机与实践。

关键词： 新文化史　非物质文化遗产　民众文化地位　地方文化传统

新文化史是一种研究方法与研究视角，将当代文化活动纳入历史的考察范围，关注现代政治体制之下的文化建设与文化互动，尤其重视普通人的文化地位与日常生活，将国家与地方社会的历史看作相互联系的整体。也就是说，新文化史是从两个方面考虑：一是重视传统文化史与当代文化史的联系；二是将文化史关注的空间范围扩大到民众日常生活。21 世纪初启动的中国非物质文化遗产抢救保护工程，是近百年历史过程

---

* 原文刊于《遗产与保护研究》2016 年第 1 期。

** 萧放，北京师范大学社会管理研究院/社会学院人类学民俗学系教授。

中一次重要的文化事件或文化运动，它是中国新文化史的重要组成部分。我们对近10年来中国非物质文化遗产抢救保护工作的评价与认识，应该破除具体工作细节得失评价的局限，登高望远，从哲学文化的高度、从长远的历史进程的角度（历史与现实结合）、从民族文化本位的立场出发，对它进行积极而客观的历史评价。

一 非物质文化遗产抢救保护工作是近百年来中国文化史的新阶段

近百年的中国文化史，是古今中西文化交流碰撞的历史，如何认知传统文化是百年中国人纠结于心的重要问题。围绕着这一问题经历了几个历史阶段。

（1）20世纪初的新文化运动。19世纪末20世纪初在西方列强坚船利炮的攻击之下，晚清帝国丧权辱国，引起广大民众的强烈不满，革命因之发生，清王朝崩解，中华民国成立。民国成立之初，一些知识分子在接受西方文化理念的同时，对中国传统文化丧失信心，他们以科学与民主为口号发起了新文化运动。所谓新文化运动是要与传统文化区别开来，要与传统决裂。传统文化在五四新青年那里是落后、腐朽与反动的代名词。因此，他们不惜以自断脐带的方式，与文化母体决裂，对民族文化母体的挞伐前所未有。在充满叛逆情绪的历史时期，传统文化的负面评价成为社会时尚。不仅民国的主流文化人如此，作为当时的国家领导者同样是以“革命”的姿态去否定传统文化，如对传统节日文化的批判与禁止。当然这一时期，也有部分文化人并不是全部否定传统文化，他们要否定的是统治阶级的精英文化，他们以走向民间为口号，重视民间文化，开展了歌谣学、民俗学运动。总体上看，这一时期对传统文化持强烈否定态度。

（2）20世纪30年代至40年代的文化论争。民国成立之后，国家仍然处在分裂与衰弱状态。国家如何振兴？文化向何处去？这些问题成为国人关注的焦点，出现了前所未有的文化论争。文化论争主要集中在继承传统文化还是抛弃传统文化上，出现了“全盘西化论”与“中国文化本位论”的根本对立，“全盘西化”论者继承了五四以来强烈否定中国文化传统的思想情绪。全盘西化论的代表人物是胡适、陈序经，1930 年，胡适在《介绍我自己的思想》一文中说："我们必须承认我们百事不如人，不但物质机械上不如人，不但政治制度不如人，并且道德不如人，知识不如人，文学不如人，音乐不如人，艺术不如人，身体不如人"，"不要怕丧失我们自己的民族文化"，"请大家认清我们当前的紧急问题。我们的问题是救国，救这衰病的民族，救这半死的文化"。因此要"死心塌地的去学人家"。[①] 1934 年，陈序经在《中国文化的出路》一书中说："我们唯一的办法，是全盘西化"，强调要彻底打破中国传统思想的垄断，"此为救活中国目前危亡的根本"[②]。他们认为只有实行全盘西化的改弦更张，才能挽救中国危亡。与全盘西化派针锋相对的是强调中国文化本位的文化人，1935 年，王新命、萨孟武、何炳松、黄文山等 10 位教授在《文化建设》月刊上发表了《中国本位的文化建设宣言》，强调"中国本位的文化建设"，"要使中国在文化领域中抬头，要使中国的政治、社会组织和思想具有中国的特征，必须从事于中国本位的文化建设"。本位文化建设的目标是"检阅过去的中国，把握现在的中国，建设将来的中国"。对于传统文化进行细致研究，存其所当存，去其所当去。不守旧，不盲从，根据中国本位，采取批评态度，应用科学方法，检讨过去，把握现在，创造未来。"用文化的手段产生有光有热的中国，使中国在文化领域中能恢复过去的光荣，重新占着重要的位置，成为促进世界大同的一支最劲最强的生力军。"中国本位的文化建设主张，出于对中国文化传统的忧思与期待，比较全盘西化者来说，他们具有更强的文化传承的使命。同时在全盘西化与中国本位文化建设两大思想潮流之间，有调和折中的新儒家，他们倡导接续儒学道统，会通西学。以梁漱溟、熊十力、冯友兰、贺麟等为代表，他们主张融合西方文化的积极因素与中国传统文化精神，以实现儒学的复兴。1940 年，中共领导人毛泽东在延安发表了《新民主主义论》，提出了建立中华民族新文化的理论主张。他认为建立中华民族的新文化，"应当尽量吸收进步的外国文化，以为发展中国新文化的借镜"；"对于中国古代文化，同样，既不是一概排斥，也不是盲

---

① 胡适：《胡适文存（四集·卷五）》，黄山书社 1996 年版，第 459—460 页。

② 王宁：《中国文化概论》，湖南师范大学出版社 2000 年版，第 350 页。

目搬用，而是批判地接受它，以利于推进中国的新文化”。“民族的科学的大众的文化”是当时共产党人提出的“中华民族新文化”。中国共产党的文化观，对当代中国发生了重要影响。

（3）20世纪六七十年代“文化大革命”的“破四旧”。1949年中华人民共和国成立之后，贯彻的是毛泽东“古为今用、洋为中用”的思想，以是否有益于社会主义建设为吸收中国古代文化与西方文化养分的原则。但这种实用性的原则，随着极左思想的蔓延，逐渐蜕变成狭隘的孤芳自赏。“民族的科学的大众的文化”变化为无产阶级的革命文化，古代文化是落后的封建文化，西方文化成为腐朽的资本主义文化。在“文化大革命”时期，“破四旧”“立四新”，大革传统文化之命，传统文化遭受前所未有的灭顶之灾。

（4）20世纪80年代文化热中对传统文化认识逐渐回归理性。随着“文化大革命”的结束，中国进入了改革开放的新时期。在改革开放之初，人们在对“文化大革命”的反思与批判中，掀起了新的文化热潮。虽然一度人们急切地要摆脱传统的“黄色农耕文明”，去“拥抱蓝色文明”，好像我们经济的落后是文化的落后，一如全盘西化论者所认为的那样。但是随着中国经济的快速成长，综合国力的不断增强，国人逐渐认识到中国传统文化不是包袱而是资源，具有提升民族自信心的重要价值。

（5）20世纪末21世纪初的非物质文化遗产抢救保护工程的展开，是对传统文化历史地位与现实意义的充分肯定。20世纪90年代，中国开展了民族民间文化保护工程，但影响范围有限。2004年8月全国人大常委会批准加入联合国教科文组织《保护非物质文化遗产公约》，2005年3月国务院办公厅颁发了《国务院办公厅关于加强我国非物质文化遗产保护工作的意见》，同年12月，国务院下发了《国务院关于加强文化遗产保护的通知》，非物质文化遗产保护工作列入了国家行政工作范围，这是巨大的历史进步。以传统文化为核心的非物质文化遗产抢救保护工作从此步入快车道。在保护世界文化多样性的公约精神下，中国传统文化取得了合法地位。2011年月2月25日第十一届全国人大常委会第十九次会议通过了《非物质文化遗产法》，其总则的第一条开宗明义：“为了继承和弘扬中华民族优秀传统文化，促进社会主义精神文明建设，加强非物质文化遗产保护、保存工作，制定本法。”第二条对非物质文化遗产进行了界定，是指各族人民世代相传并视为其文化遗产组成部分的各种传统文化表现形式，以及与传统文化表现形式相关的实物和场所。[①] 传统文化第一次在国家取得了法律地位，是近代以来的巨大历史进步，它标志着中国文化史进入了新的历史阶段。

每一次关于文化的讨论，都关涉传统文化的评估，而且都与社会政治文化环境密切关联，都是政府与社会大众的共同参与。学者是主要的推动者与代言人。我们的非物质文化遗产四级名录体系的建立，不仅是非物质文化遗产保护工作的中国实践，更重要的是在全球化的新环境下对民族文化价值、意义的再认识。

二　非物质文化遗产抢救保护是民族文化自觉与民众文化地位确认的文化启蒙

启蒙是通过理性认识[②]祛除思想蒙蔽的过程。非物质文化遗产工作让中国社会获得一次重要的文化启蒙，这种启蒙体现在以下两个方面。

一是在非物质文化遗产的抢救保护过程中，通过对传统文化内涵的阐释与评价，使人们去除此前对传统文化的负面认识，理性而自觉地接受传统文化，对传统文化的这种重新认知过程，我们称之为中国文化的再启蒙过程。在近代文化的启蒙中，以西方文化标准衡量传统文化，多从政治革命的角度对传统文化予以负面评价。

在消费主义盛行、技术高度发达的当代社会里，人们物质追求与满足物欲的手段得到前所未有的扩张。在人与自然、人与社会、人与自我这三对基本关系中，充满了矛盾与分裂。自然环境恶化、社会道德失范、个人精神困顿、利益多元、社会分裂等现象，使得重新反思传统文化在天人和谐、家庭社会和谐上的精神价值与重新激活社会整合方面的功能，成为当代中国社会的当务之急。自21世纪以来的非物质文化遗产抢救保护工作是传统文化得以在当代中国顺利复兴的重要契机与途径。

---

① 李树文、信春鹰、袁曙宏等：《非物质文化遗产法律指南》，文化艺术出版社2011年版，第10—17页。

② 胡适：《胡适文存（四集·卷五）》，黄山书社1996年版，第459—460页。

当代以非物质文化遗产抢救保护为着力点的文化复兴，是在全球化过程中的、多元文化比较下的文化启蒙，让我们从欧美主导的价值观蒙蔽中清醒过来，是对传统文化与文化传统的再认识与再评价。以非遗为代表的新文化启蒙经历了若干阶段：政府的推动与主导，学者的积极参与，媒体的广泛传播，实现了非遗知识较广泛的普及；在这一过程中，对政府官员、一般文化工作者、社会大众及遗产持有人而言，也是一种对传统文化重新认识的过程。在全方位各层级的持续密集的社会动员之后，社会公众对传统文化有了新的认知，达成了社会共识，对有着积极意义的民族精神文化、社会文化、物质文化遗产予以特别重视，增强了民族文化的自信心与自豪感。在民族国家建设中，建设国家主体文化需要发挥民族传统在凝聚人心，增强民族文化认同方面的重要作用。“我国非物质文化遗产所蕴含的中华民族特有的精神价值、思维方式、想象力和文化意识，是维护我国文化身份与文化主权的基本依据。加强非物质文化遗产保护，不仅是国家和民族发展的需要，也是国际社会文明对话和人类社会可持续发展的必然要求。”[①] 人们对传统节日的重视与传统节日地位的再确定，就是其中成功的例子。

二是在非物质文化遗产运动中，对个体、特定群体及社区所拥有的文化予以确认与应有的地位[②]，这对于一向看重精英文化而忽视民众文化权益的中国政治文化传统来说，也是一次重要的思想启蒙。

在国家文化建设过程中，民众通过非物质文化遗产文化保护工作，提升了自己在国家文化体系中的位置。政府在政策导向、经济资助、制度保障与社会动员方面给民众文化以前所未有的支持力度，民众传统文化获得了较高的社会声誉。以前是民间社会自己享用的文化，现在堂而皇之地作为文化珍宝奉献给世人，在官方、媒体、学者的一致称颂中民众获得了久违的文化自信。而非物质文化遗产的根本宗旨，还不仅在于对文化成品的肯定，更重要的是肯定特定个人、群体或社区文化的历史传统、文化创造力与生命意识，是对文化创造者、传承人与享用者的尊

---

① 《国务院办公厅关于加强我国非物质文化遗产保护工作的意见》，国办发［2005］18 号。

② 高丙中：《日常生活的文化与政治见证公民性的成长》，社会科学文献出版社 2012 年版，第 216—226 页。

重与肯定。这种对民众个体或群体的文化权力与文化福利的承认与积极评价，是建立和谐的、有活力的、具有美好前程的公民社会的基础。从这一角度看，非遗运动无疑是重要的文化启蒙运动。

我们通过以下三个案例予以说明。

（1）庙会价值的重新认定。传统庙会的遗产价值的确认就是显明的例证。庙会是地方社会整合的重要时间点，在过去相当长的时间内，社会管理者将庙会视为封建迷信，予以禁止。20 世纪 90 年代初随着中国社会环境的改善，庙会才在各地逐渐恢复。但庙会处于自发的、民间组织状态，直到非物质文化遗产工程启动之后，人们强调庙会文化传统在传承社区历史、保持地信仰、凝聚地方社会的文化遗产价值。随着部分重要庙会被列入各级非物质文化遗产名录，人们已经消除了此前对庙会性质的疑虑，庙会作为地方文化遗产成为社区的传统型的公共文化活动，民众的文化权益得到肯定与认可，甚至是保护的对象。这是 21 世纪中国社会文化建设的标志性事件。

（2）家族文化的复兴。家族祭祀活动的复兴，也是民众文化权益得到尊重的表现。在 1949 年之后，家族文化被视为封建文化，家族祖先祭祀活动被当作封建迷信遭到破除与明令禁止，家族祠堂被改成学校或直接拆除，家谱被当作封建记录被毁弃。在 20 世纪后期，随着社会政治的清明，家族文化日益获得正面评价，各地重新编修族谱，重建祠堂，各种宗亲会活动频繁。2011 年在第三批国家非物质文化遗产名录扩展项目中，列入了“祭祖习俗”（序号 997，项目编号 X－90），将山西沁水柳氏清明祭祖、浙江文成的太公祭（刘伯温后人在每年太公诞辰即六月十五日举行祭祀仪式）、福建宁化石壁客家祭祖习俗、广东揭东灯杆彩凤习俗、广东深圳福田区下沙祭祖等列入其中。2014 年公布的第四批国家非物质文化遗产代表性项目名录中，在祭祖习俗项目下，又列入了安徽祁门徽州祠祭、浙江兰溪诸葛后裔祭祖、四川美姑凉山彝族尼木措毕祭祀、陕西韩城徐村司马迁祭祀等。祭祖仪式习俗列入国家保护的非物质文化遗产名录，这无疑是对民间祭祖活动的公开正名。家族祭祀文化是民族历史文化遗产，值得弘扬与传承。我们在南方地区调研时，对此有较深入的了解，家族祭祀活动已经成为地方性节会，是新的公共文化的一部分。如浙江温州乐清南氏祭祖活动，在历史上就是一个地方盛大庙会

（白石镇，每年三月初十）。同时，南氏家族祭祀已经与村民活动融合，家族与村落重新聚合，村委会参与其中，社会治理达到很好的效果。

（3）传统节日的回归。传统节日的回归是国家非物质文化遗产运动直接促成的结果，它是传统文化在当代社会复兴的重要标志。直到21世纪初，随着国家非物质文化遗产工作的展开，中国政府与社会开始对传统节日的价值与意义进行重新评价，春节、清明、端午、中秋、重阳等主要传统节日被纳入国家级非物质文化遗产名录。传统节日作为“我们的节日”，得到中央与国家相关机构的提倡与宣传。2008年，春节、清明、端午、中秋被政府规定为公众假日。传统节日作为传统文化的重要载体与重要标志，它获得了一百年来的最崇高的地位，成为人民文化的重要组成部分。

三　非物质文化遗产的抢救保护是地方文化传统重建的重要契机与实践

在各地申报非物质文化遗产的热潮中，无论他们有哪种主观考虑，无论他们自觉或不自觉，客观地看，这次非物质文化遗产抢救保护工作不仅是为国家民族乃至世界人民保存与传承文化财富，而且是对已经破碎的地方文化传统的重建。

地方文化传统是特定地区特定群体共享的精神生存与物质生活的传统。长久的、特定的地域生活，人与地方易于形成有机的互动关系，并逐渐养成特有的地方趣味与地方感觉，这种趣味与感觉构成了地方文化传统的深层内涵；同时地方文化传统更明显地体现在地方生活方式、地方历史记忆、地方风物传说中。地方文化传统是维系地方文化生态的重要力量，是地方社会良性运行的精神保障。

中国地域广袤，族群众多，地方文化丰富多彩。同时由于中国自秦汉郡县制确立之后，行政区划相对固定，更重要的是中国农业社会的长期稳定，人们安土重迁，促成了地方文化传统的形成与长久保持。但这种地方文化传统在近一百年来持续的社会政治变革中遭到重大损毁，我们今天视为非物质文化遗产的许多文化现象，曾经被贴上旧文化的标签，予以全面扫荡。文化同质化造成了地方文化传统的大面积消失，地方文化传统的缺失，不仅给依赖这些文化传统生活的地方居民心理造成严重伤害，从长远的角度看，也是对中华文化根脉的阻断。自 2004 年中国加入联合国《保护非物质文化遗产公约》之后，非物质文化遗产保护成为中国政府的工作任务之一，地方文化传统的重建获得了空前的便利条件。我们看到了明智的地方官员对待非物质文化遗产的理解与支持，同时更感受到地方知识分子对于复兴地方文化传统的热望。地方文化人积极参与地方非物质文化遗产的调查、资料整理与申报文案的写作工作，因为他们对地方乡土文化的熟稔及发自内心的热爱，所以在非物质文化遗产的抢救保护工作中，特别关注文化的主权，地方文化传统重建的诉求特别强烈。抢救保护非物质文化遗产工作，给地方文化传统的复兴提供了重要机遇。虽然这不一定是中国抢救保护非物质文化遗产工作的原初宗旨与直接目标，但事实上人们充分利用这一难得的历史机缘，在抢救保护非物质文化遗产的名义下，直接将地方文化遗存作为地方标志已凸显出来。

在非物质文化遗产抢救保护的旗帜下，人们认识到传统文化的价值，对传统文化的态度发生了根本转变，一些久已被冷落的传统文化现象，在新的历史条件下被重新激活。促动传统文化复兴的动机可能有多种，但其客观上无一不使地方文化成为引人注目的对象。地方文化精英也极力利用这一机会重建地方文化传统，虽然地方传统的重建会是一个较长的历史过程，但地方文化标志的树立是地方传统重建的重要步骤。由此，应对当前地方文化资源开掘及对流动的非物质文化遗产主权归属的竞争，给予积极的评价，同时也应该对地方文化传统重建过程中的一些问题予以思考。

（1）在地方文化传统重建过程中应重视整体文化与地方文化相互依存的关系。在长达数千年的一以贯之的伦理文化氛围中，中国人创造了丰富而有效的、为各社会层面所共享的历史文化传统，这种超越地域的文化大传统，对于维系与促进中华文化共同体的稳定与发展十分重要。同时，超越地域的文化大传统要落到实处，还有赖于地方文化小传统的接受与转化。地方文化因为风土的不同，也会产生服务于特定地域人群的地方文化，形成地方性文化标志。这些地方文化既是对文化大传统的丰富与补充，同时也使地方社会生活新鲜而生动。中国的地方文化传统既是地方自足的文化整体，也是整体性中国文化的一个子系统，二者相辅相成，相得益彰。

（2）地方性文化传统的重建要符合地方文化生态法则与地方文化历史的逻辑。每一文化区域都有自己的文化品性与文化景观，我们应该善于开掘和利用地方文化资源。在近年来非物质文化遗产资源的开掘中，地方人士对地方文化遗产进行了合理的总结与提升。人们从丰富的地方文化中提炼了地方标志文化，地方标志文化不是轻易提炼获得的，它要求对地方文化空间与群体生活进行考察、分析与总结，然后找出能反映该地文化特性的标志文化。对于借非物质文化遗产保护之机，为获取地方名利，伪造传统的行为，我们应该保持清醒的批判态度。

（3）地方文化传统的重建应遵循文化宽容原则，避免过分文化自恋与文化自足。重建地方文化传统，是为地方民众提供精神家园，为统一和谐的整体文化提供坚实的文化基础。因此，应该秉持文化开放与宽容的原则，在充分肯定褒扬乡土文化的前提下，对家乡文化要有感性认同，同时也要理性看待乡土文化，避免过分的文化自恋与文化自足。既要重视地方文化建设，也要提倡文化的流动与文化共享的精神。地方文化传统的重建，在较大程度上是文化空间的恢复与发展。但这文化空间是与更大的文化环境、与整个时代生活背景息息相关的。地方文化传统不是封闭自足的传统，不是自我陶醉的传统，它是一个与文化大传统不断交流，与周边地方传统不断接触、比较，以显示自己存在的传统。

四　结束语

将非物质文化遗产保护工作纳入当代新文化史研究视野，对其社会历史意义与文化重构意义进行学术研究与价值评估，需要当代学者的积极参与。作为知识分子应具有超越阶级、阶层利益局限的文化情怀，不宜以个人得失或民粹的眼光看待非物质文化遗产工作，应在非物质文化遗产保护工作中扮演重要角色，发挥应有的推动作用。在今天的语境中传统文化已经没有自然发生的条件，我们应以积极参与的态度，为非物质文化遗产传承尽力。

非物质文化遗产保护运动和中国民俗学

——“公共民俗学”在中国的可能性与危险性*

周　星**

摘　要：中国民俗学参与非物质文化遗产保护运动的各种学术实践，具有“公共民俗学”的属性。对非物质文化遗产相关问题的实践性和应用性研究，将促使民俗学在中国成长为一门能对国家文化政策、对非物质文化遗产行政、对现代中国社会的多种文化事象及问题展开基于学理的解释、揭示、评论和批评的具有公共性的学问。但在中国并不适宜在原本就有高度应属性的民俗学之外另行建构“公共民俗学”。民俗学作为一门科学只应是纯学术的，其对现实的介入、参与和社会贡献，均应基于切实的资料积累和严谨的田野调查，并在纯学术研究的基础之上展开。根据民俗学的实践性和公共性，不妨将民俗学对非物质文化遗产保护运动的参与等社会性学术实践定义为中国式的“公共民俗学”，但也应对其学术有可能被行政权力“化”的危险性保持警惕。

关键词：非物质文化遗产保护运动　中国民俗学　公共民俗学

刚进入21世纪，一个中国公众并不熟悉的概念——“非物质文化遗产”，突然由外而内、由上而下扩散开来，并迅速成为近年的“流行语”。作为改革开放的一环，中国以2004年迅速加盟联合国教科文组织

* 原文刊于《思想战线》2012年第6期。

** 周星，日本爱知大学国际中国学研究中心教授。

主导的《保护非物质文化遗产公约》为契机，在政府主导下，媒体渲染、学者参与、公众关心，全社会都被动员起来，掀起了一场声势浩大的“非物质文化遗产保护运动”。由于非物质文化遗产这一概念的内涵和民俗学的研究对象有大面积重叠之处，故有为数众多的民俗学者主动或被动地卷入其中，以各种形式和国家的非物质文化遗产行政发生了密切的关联。民俗学者究竟是凭什么去参与非物质文化遗产行政的？这类参与对民俗学意味着什么？民俗学因此而能得到哪些好处？它又会失去些什么？目前，民俗学在中国社会中的位置、存在感及其学术实践的可能性等正日益成为一个焦点问题。① 作为一门独立学术的中国民俗学，究竟该如何理解“公共民俗学”的理念和实践？中国民俗学是否存在被非物质文化遗产行政吞没的危险？本文不揣浅薄，拟就此类问题展开讨论。②

一 “运动”何以兴起

非物质文化遗产保护运动在中国兴起的背景复杂而又深远，但归纳起来，主要有以下几个方面值得深入讨论。

第一，改革开放政策持续推动中国的经济高速增长已长达30余年，由此带来了一系列重大的社会与文化变迁。例如，迅猛展开的都市化进程，使得30多年来有4亿多人口由农民变身为市民。都市人口大规模增加和都市型生活方式的全国性普及互为表里，深刻地改变着中国社会及文化的基本格局。由官方意识形态引导的“主旋律”文化，以大中城市及多种现代媒体为依托的大众文化，以农村、农业和农民为依托的地域性民俗文化，当然还有少数民族文化及无数多的“亚文化”等，形成了多足鼎立、相互影响的局面。但市场经济的发展和过度的商业化使得以民俗文化为底流的传统文化受到严重冲击，由此激发的文化危机感和全

① 由乌丙安、吴效群两位教授主持的以“机遇还是挑战：非物质文化遗产保护与中国民俗学发展”为主题的专栏，曾在《河南社会科学》2009年第3期发表了乌丙安、田兆元、陈金文、施爱东等4位民俗学者的论文。本文一定意义上也是对上述同行的呼应。

② 本文基于2010年9月在东京大学举办的以“中国民俗学和非物质文化遗产保护运动——可能性与课题”为主题的学术研讨会上的讲演提纲而改写完成。本文涉及的部分讨论得益于西村真志叶博士的点评，也得益于和菅丰、施爱东、中野泰诸先生的讨论。

社会迅速蔓延的“怀旧”乡愁，逐渐引发了对乡村传统生活方式和传统民俗价值的全面再评价。第二，经济、政治和文化的全球化趋势及西方强势文化（以好莱坞大片、可口可乐、圣诞节和情人节等为代表和象征）的涌入，触发了中国社会大众尤其是知识界的反弹乃至某种程度的抵触。于是，出现了诸如把七夕浪漫化以对抗西式“情人节”，把春节神圣化来抵制圣诞节，以国产电影和国产动漫对峙好莱坞大片和日本动漫等多种尝试的新动向。一方面是伴随着经济增长、初步富足而来的国民文化自信心和自豪感的复苏、扩大与提升；另一方面则是在面对全球化浪潮时，知识界和社会公众的文化焦虑感及以文化“软实力”应对和介入全球化进程的期许。[①]

第三，一段时间的“文化革命”政策终于走到尽头，建设可对应于“和谐社会”之国民文化的现实需求，不断促使国家文化政策朝向保护传统文化的方向逐渐实现着转型。清末以来，中国现代化进程屡遭挫折，以五四运动为起点，几代中国知识分子和政治精英，无论政治立场如何，大多倾向于激进的文化批判，大多倾向于把所谓“封建”的传统文化视为现代化的绊脚石。长期内忧外患和积贫凋敝的社会现状，促成了中国公众在本文化认识上的悖论式感受：文化自尊心/优越感和文化自卑感/劣等感的相互交错。于是，西学凌驾于国学之上，“科学”必然战胜“迷信”，古典进化论等成为中国文化“落后”以及“落后就要挨打”的依据。被认为起源于“五四”新文化运动的中国民俗学也深受此类“文化观”影响，其经常把民俗文化或传统文化区分为“精华”和“糟粕”的逻辑，多少就与此有关。

把文化视为“革命”对象的政策，在“文化大革命”期间的“破四旧”“立四新”中达到登峰造极的地步。虽然中国自古就有“移风易俗”的说法，但它在社会主义意识形态主导下大规模政治运动中的实践，却带来了严重的破坏和伤害。由于意识形态凌驾于文化之上，于是，文化有了“先进”与“落后”之分；由于存在“文化工具论”，所以，它主要被用来宣传造势或“搭台”供经济或政治“唱戏”。改革开放以来，文化革命政策逐渐难以为继，中国社会出现了全面复兴庙会等民间信仰和

---

① 周星：《非物质文化遗产与中国的文化政策》，《中国研究》第 10 期（2009 年秋季卷）。

传统年节等各种民俗活动的热潮；与此同时，也出现了文化市场化的新动向，例如，由官方推动的文化体制改革，在以增强文化软实力为志向的同时，还以文化“产业化”为路径。显然，以“文化民族主义”为基本内核的民族国家意识形态越来越具有了重要性，也更加合情合理，而建构国民文化的需求又要求将传统文化和地域性民俗文化均作为“资源”，于是，国家文化政策之朝向“文化保护”方向的大转型也就顺理成章了。

二 来自国际社会的新“文化观”

“非物质文化遗产”这一用语，不同于以往国内学术界和媒体惯常使用的其他诸如传统文化、民间文化、民俗文化、民族文化等任何用来描述文化的用语。它拗口、别扭而又有新鲜感，其“舶来”的属性和过程意味深长。中国政府通过译介“非物质文化遗产”这一概念以及引进国际社会以联合国教科文组织为中心形成的文化遗产保护机制，从而在中国社会内部迅速且相当成功地推动了新“文化观”的初步形成。

所谓“文化观”，简单而言，就是人们对文化的基本看法、认知和态度。伴随着非物质文化遗产保护运动而形成的新“文化观”，和以往中国政府的文化行政机关所理解的“文化”，以及除民俗学、文化人类学（民族学）等学术领域之外的中国知识界所津津乐道的“文化”有着明显的不同。它主要不是精英的，而是草根的；主要不是官方的，而是民间的；主要不是社会上层的，而是底层的；主要不是全国大一统的（除春节等少数例外），而是地域性或族群性的；主要不是集中分布在城市，而是在广大农村和牧区；主要不是文字形态和书承方式的，而是口头形态和口耳相传或言传身教的；它既是艺术和审美的，更是实践的日常生活方式；它虽是无形和非物质的，但往往又依托于某种有形或物态的载体。[①] 在民俗学和文化人类学的专业领域之外，要就上述新“文化观”在中国社会达成广泛共识绝非易事。若以国家文化政策实现大转型为背景，在国内开展文化问题大讨论，结果很可能是更加尖锐的对立及永远没有共识的

① 周星：《民族民间文化艺术遗产保护与基层社区》，《民族艺术》2004 年第 2 期。

混战。但通过译介国际社会“通行”的文化概念或相关理念，达成共识的过程却顺畅很多。中国政府主动选择加盟“国际公约”，从而不露痕迹、不动声色地校正了国内对文化问题的很多偏执或过激的理解，实现了对“文化”的重新定义。新的文化定义过程既是为了顺利实现国家文化政策的大转型，也是为了新的旨在提升文化软实力的国家战略，因此，必须得有国际社会“通用”的理念，采用为国际社会所理解和听得懂的表述。

和1985年中国加入《保护世界文化和自然遗产公约》相比较，中国于2004年12月批准《保护非物质文化遗产公约》要更及时、迅速和没有半点犹豫。甚至在该公约于2006年4月正式生效前，中国便已成功地先后将昆曲（2001年）、古琴（2003年）、新疆木卡姆艺术和蒙古长歌（2005年）等申报为“人类口头和非物质遗产代表作”。经由加盟相关国际公约，中国社会得以和国际社会共享对文化、文化遗产（含非物质文化遗产）、文化遗产的公共性、文化多样性、文化空间、文化景观，以及口头及民俗传统文化的重要性、文化的多种表现形式等一系列相关概念和理念的理解，超越了长期占据中国文化及意识形态领域的“阶级文化观”。尽管很快出现了“观光地化”和过度开发等问题，但涉及文化遗产的许多观念和理念却日益在中国普及开来。国际社会的文化遗产保护机制中既有全人类共享之普遍价值的理念，又有以民族国家为单位操作申报制度对文化民族主义的包容，中国的非物质文化遗产保护运动颇为巧妙地在上述两者之间做到了从容自在、游刃有余。

坦率而言，《保护非物质文化遗产公约》对于“非物质文化遗产”的定义，和中国民俗学长期以来对民俗、民俗文化、民间文化等的定义和文化人类学对文化的定义，并无根本不同。① 巴莫曲布嫫教授曾撰文详细介绍了联合国教科文组织多年来组织各国以民俗学者为主的专家展开讨论，经反复斟酌、激烈争辩及彼此妥协而最终采用此一定义的漫长过

---

① 从已公布的国家级非物质文化遗产代表作名录体现的“十大分类”（民间文学、民间音乐、民间舞蹈、传统戏剧、曲艺、杂技与竞技、民间美术、传统手工技艺、传统医药、民俗）来看，与钟敬文主编《民俗学概论》的目录对民俗学对象范畴的安排非常接近。参阅钟敬文主编《民俗学概论》，上海文艺出版社1998年版。

程。[1] 与此同时，在它被引介到中国公共媒体和知识界时，也曾因翻译过程有意无意地本土化“误读”导致了许多歧义。虽然非物质文化遗产概念的内涵，在民俗学和文化人类学看来并没有多少新意，但因这两个学科在中国社会科学及人文学科体系中的边缘性地位，并不拥有对国家文化政策施加影响的任何机制性路径，所以，借助联合国教科文组织及中国政府的文化行政权力而来的非物质文化遗产，便因“概念的陌生化特征”而体现出话语霸权。[2] 此种不求诸内部机制改革，而是借助外力推动国内变革的尝试屡试不爽。继加入世贸组织推进经济体制改革，借助世界卫生组织应对“非典危机”之后，通过加入《保护非物质文化遗产公约》，把国际“通用”的文化概念和理念引入国内、引入政府的文化政策和文化行政，的确是避免争议、推动国内文化体制变革和机制创新的聪明之举。

新“文化观”的逐渐确立，在中国社会和知识界引起强烈反响，它使民俗学和文化人类学的“文化观”超出专业学术领域而为一般公众、媒体和文化行政部门所知晓，民俗学、文化人类学及近缘的艺术学等领域的学者们自然是乐观其成。政府文化政策的大转型，正有赖于新“文化观”的大普及。即便在当前的中国，依然存在文化的“先进”“落后”之类意识形态评价，即便依然存在把文化视为宣传道具，视为教育人民的领域，视为可赚钱的产业之类的“文化观”，但同时，认为文化尤其是那些值得保护的非物质文化遗产本身就有价值，其对于那些创造、拥有和传承着各种非物质文化遗产的草根民众自身具有的意义理应得到尊重。文化不等于意识形态，文化不再是革命和阶级斗争的阵地，而是和谐社会里人民共享的财富。新“文化观”内涵的理念基本上是国际社会的“常识”，在其指引下的中国文化战略和现代文化发展，可以和国际社会相互沟通，也容易被理解，有利于中国和平崛起之国际环境和氛围的营建，以及文化软实力的行使。伴随着非物质文化遗产保护运动而促成的新“文化观”的普及，可以说是中国社会一次新的“文化革命”，只是它

① 巴莫曲布嫫：《非物质文化遗产：从概念到实践》，《民族艺术》2008 年第 1 期。

② 安德明：《非物质文化遗产保护：民俗学的两难选择》，《河南社会科学》2008 年第 1 期。

和20世纪六七十年代的“文化大革命”是完全相反的方向。

三 “运动”的形态和民俗学者的介入

之所以把近10年来保护非物质文化遗产的种种动态称为一场运动，乃是因为：第一，它自上而下、行政主导、基于政治判断而展开；它要实现全国性的规模，有明显的人为性。第二，它通过实现彻底的社会动员来推动，一切媒体和所有的行政及社会资源，以及所有社会阶层均被卷入其中。第三，它有短期内达成的明确目标，整个进程是急促的，一边试错，一边推进。但这场运动和以往中国社会不定期发生的历次政治运动有很大不同。例如，采用国际社会的标准、参照国外经验，在国内没有经过争论。此外，政府官员较强的学习能力和对民俗学者等知识分子的任用，以及有明确的制度建构目标等，都使它和以往颇为不同。对这个旨在建构新“文化观”和实现文化政策大转型，提升国家文化软实力的运动，民俗学者积极参与当然是以其学术担当履行社会责任的大好机遇。

最先介入运动的并非民俗学者，而是美术学者，① 但民俗学者大面积介入后，确实提供了有力的学理支撑。以往政府的文化行政有把学术界排除在外的倾向，此次非物质文化遗产行政的大变革却出现了空前需要民俗学等学术界人士介入的格局。这是因为新“文化观”及相关理念，极大超出了各级文化行政机关长期以来秉持的“常识”；且文化遗产保护国际机制的建构和形成，从一开始就是以多种学术专业的咨询、支持和支撑为依托的，像世界文化遗产的选定由国际古迹遗址理事会（ICOMOS）的专家们提供业务帮助，世界自然遗产的选定由世界自然保护联盟（IUCN）的科学家们提供专业咨询，世界非物质文化遗产保护机制的形成及名录确定等，更是以民俗学为主，由文化人类学（民族学）、艺术学、文化史等相关领域学者们通过教科文组织的讨论和交流机制，提供了大量、有力的学理依据。因此，把民俗学视为非物质文化遗产保护工

---

① 施爱东：《学术运动对于常规科学的负面影响——兼谈民俗学家在非遗保护运动中的学术担当》，《河南社会科学》2009年第3期。

作的学科基础并不过分。

运动的过程伴随着一定的制度建构和创新。例如，2003 年出台的“国家级非物质文化遗产代表作申报评定暂行办法”和部际联席会议制度；2005 年设立的全国非物质文化遗产保护工作领导小组和专家委员会；2006 年在文化部组建非物质文化遗产司和在中国艺术研究院设立中国非物质文化遗产保护中心等；此外还有陆续公布的国家级非物质文化遗产代表作名录和国家级非物质文化遗产项目代表性传承人，以及从 2006 年起一年一度的“文化遗产日”。在上述诸多建树的部分环节，就有民俗学者不同程度的介入。中国民俗学参与非物质文化遗产保护运动的方式和路径，主要有以下几种：

第一，接受中央和地方各级政府文化行政主管机关的聘请，参与由政府出面组建的各级“专家委员会”和“专家评审小组”，担任咨询或评审委员，并承担一定的负责性工作。例如，为国家级和各地方的非物质文化遗产代表作名录，及各级代表性传承人名单的确定，包括民俗文化遗产类申报项目的评估、审查、鉴别、调查、咨询、认定等，提供专业意见。在有些地方，甚至还有具体到报告文本的编纂等情形。当然，也要为已经确定的名录和名单的相关保护举措提供咨询和建言或献策。

第二，在国家和各级地方政府组织的与非物质文化遗产保护有关的公共事业和公共事务中，以专家身份提供学术支持，或直接或间接地参与规划、组织实施。例如，在“文化遗产日”和其他节庆假日（春节、元宵节、庙会等），北京和各地分别在图书馆、博物馆、文化馆、城市广场等公共场所相继举办的有关展览、演出、学术讲座等，都不难发现民俗学者的身影。

第三，以多种方式承接国家或地方政府的委托，从事非物质文化遗产的实地调查和相关课题的学术研究。其中包括部分地方政府有意向将其申报为非物质文化遗产代表性项目的调查及研究活动。

第四，在高校或政府下属的研究机关，搭建以非物质文化遗产为对象、为主题的研究组织，通过发表学术论文，召开学术研讨会以及发行杂志和出版书籍等方式，一定程度上推进了中国非物质文化遗产的学术研究。

第五，在大学招收相关或相近专业的硕士和博士课程研究生，设置非物质文化遗产保护等专业方向，致力于为国家的文化遗产保护事业培养人才。此外，还通过举办各种培训班，为基层的非物质文化遗产保护工作提供帮助。

第六，在报纸、杂志、电视、广播和网络等多种形态的大众媒体上现身，向公众宣讲非物质文化遗产的价值和保护工作的意义，为促成有关社会共识和建构全民参与的氛围做出了贡献。

上述参与路径有的较为直接，有的较为间接。即便是间接性参与，仍不乏重要性，它们从不同层面回应了国家、社会和时代对民俗学的需求、希冀和期待。在某种意义上，这些参与方式都是中国民俗学中堪称具有“公共民俗学”属性的学术实践。

民俗学者通过参与非物质文化遗产保护运动以及通过参与非物质文化遗产行政的部分工作环节，也很容易发现自身的弱点。感受较深的可能是民俗学者所能提供的学问实力不够、研究水平不高、田野调查不足，基于第一手实地调查的实证性资料的研究成果较少。在已经认定的代表作项目或其传承人中，基于由民俗学者提供的严谨、翔实而又科学的田野调查报告而予以认定的情形寥寥无几。尤其是民俗学长期以来对民俗文化的传承人及传承机制研究较少，故在咨询工作中常感到捉襟见肘。同时在民俗学专业领域内部也出现了混乱，例如，“民俗”和“民间文学”、“民俗学”和“民间文艺学”之间的关系问题等。中国民俗学过去多“以民间文艺取向为目标”，[①] 对民间文学的执着导致课题意识较为狭隘，其对非物质文化遗产的宽泛性缺乏了解，也缺乏基础性研究。即便是少数较著名的民俗学者，除了他们较为熟悉的地域和个别项目之外，必须面临却又无知的领域和民俗事象为数众多。一方面，来自民俗学领域的实证性田野调查报告或相关资料及研究成果颇为稀薄、有限；另一方面，却又不得不在很多场合硬着头皮充当专家。此外，在如此短时间内，却有如此数量和规模的代表作项目及传承人被认定，难免出现质量问题。扩展版名录的存在恰恰证实了这一点，它至少部分地意味着参与其事的民俗学者对某些民俗事象的空间分布并非了如指掌。这方面固然

① 田兆元：《关注非物质文化遗产保护背景下的民俗文化与民俗学学科的命运》，《河南社会科学》2009 年第 3 期。

有主导运动的文化官员们的责任，但既然参与其事，民俗学者也必须有心理准备为名录及传承人认定中存在的错误、遗漏和偏差等问题承担相应的责任。

四 民俗学的实践性与公共性

中国民俗学近年来的“热门”化趋势，确得益于突然兴起的非物质文化遗产保护运动，但民俗学参与国家文化建设相关工程或项目却非首次。民俗学是一门明显地具有实践性的学问，它从诞生伊始，就不是一门纯书斋式的学问。

中国民俗学诞生于20世纪20年代的北京大学，深受“五四”新文化运动的影响。民俗学从那时起就一直关注时政，并就其自身面临着许多悖论。例如，浪漫主义情怀引导民俗学者“眼睛向下”，对把“民俗”视为旧时“遗留物”分外钟情，试图从民间文学追寻民族文化之根（本真性），但同时又受科学、进步等理念影响，常居高临下地要引导民众，以民族精神重建为己任。当代民俗学逐渐放弃了“遗留物”偏好，把民俗看作普通民众的日常生活文化，但民俗学在各国都不同程度地自诩“国学”，自诩是在从事民族国家的文化建设，因此和政府文化部门合作倒不如说是它的常态。20世纪50年代以后，几乎所有的中国民间文艺活动，[①] 民俗学都是积极参与、从不缺席。

20世纪50年代的民间文艺运动，除较为广泛地搜集民间文艺资料之外，还积极参与了“大跃进”民歌创作和新文艺的建构，强化了文艺的意识形态属性。80—90年代的“三套民间文学集成”（《中国民间故事集成》《中国歌谣集成》《中国谚语集成》）工程，后被进一步发展为民族民间文艺十套集成项目，大量口承的民间文化得到调查和整理记录。从众多出版物看，其具有把口承文化以书承方式予以保存的性质，但也存

① 成立于1950年3月的中国民间文学研究会系历次民间文艺运动的主力，它于1987年改称中国民间文艺家协会，其与中国民俗学会的关系微妙而又复杂。两者会员之间有一定程度的重叠，但各自的学术认同分别是“民间文艺学”（含民间文学）和“民俗学”。考虑到“民间文学”和“民俗”在概念内涵上密切的关联性，此处暂以“民俗学者”统称之。

在一些问题，例如，按照行政级别出版的民间文学县卷资料本（达3896种）、省卷本（达100余卷）等，越是基层的卷本，其资料的学术价值越高。因行政区划而切割民间文学的自然流布，这个教训在此次运动中再次出现。参与国家发起和由各级政府主导的文化工程，既是民俗学的机会，也是它的爱好，而来自民俗学内部、基于纯粹发展学术的理念而展开的普查之类尝试则非常有限。

中国民间文艺家协会于2002年启动了“中国民间文化遗产抢救工程”。和早年民俗学的开创者们曾迅速、及时地把“歌谣”研究扩展到“风俗”和“方言”研究一样，后来的民俗学者（以钟敬文教授为代表）亦曾花大气力把“民间文学”逐渐扩张到“民俗学”，钟敬文主编的《民俗学概论》意味着这种扩展符合民俗学努力在中国社会表达自身的必要性。无独有偶，中国民间文艺家协会的经历也大致相仿，从民间文学研究到民间文艺，再到民间文化，通过概念置换方式扩展了自己的领域。这一类学科建构和概念内涵的扩张调整，均与社会实践性的指向密切相关。此后，该工程被纳入文化部于2003年启动的“中国民族民间文化遗产保护工程”，随后更为非物质文化遗产保护运动所淹没。

中国要在短期内建立起像样的非物质文化遗产保护机制，学术界尤其是来自民俗学的学术支撑不可或缺。中国民俗学从不隐讳本学科的实践性和应用性追求。绝大多数民俗学者都倾向于认为：民俗学肩负着国家文化建设的重任，民俗学或其学术共同体理应在国家文化发展战略中发挥重要作用，民俗学者有责任、有义务在非物质文化遗产保护运动中发挥学科的引导作用和学术影响。除以不同路径不同程度地介入非物质文化遗产行政之外，值得称道的还有中国民俗学会组织民俗学者在传统节日与国家法定假日的研究论证、国家节假日体系改革及制度安排等方面也做出了成绩，直接或间接地影响到国家节假日制度的创新和相关文化政策的制定及实施。

民俗学参与非物质文化遗产保护运动并不令人意外，民俗学学科和一些民俗学者从中获得较多“好处”也理所当然。此前的中国民俗学虽然并不起眼，但依然是国家经营的学术事业之一，为数众多的民俗学者平日在大学或研究机关工作，参与政府主导的文化遗产行政、民间文艺工作及相关运动，显现出他们以各种方式被政府雇佣而成为“政府民俗学者”这一身份。关键是时代对民俗学提出了需求。鉴于民俗学关注的“民俗文化遗产”在国家文化建设中的重要性，民俗学自身也从当前的非物质文化遗产保护运动及以后转入日常状态的非物质文化遗产行政受益良多。[①] 如，2012 年 6 月在法国巴黎召开的《保护非物质文化遗产公约》缔约国大会第四届会议上，中国民俗学会成为通过教科文组织认证的 156 个非政府组织咨询机构之一，从此也可向“保护非物质文化遗产政府间委员会”提供咨询意见。中国政府向教科文组织非物质文化遗产评议会推荐的专家中有多位民俗学者，这固然是学者职业生涯的成就，同时也是中国扩大影响力于国际文化事务的举措。

曾经被社会学、文化人类学等专业轻视，并因缺乏理论性而边缘化、存在感薄弱的民俗学，经由介入非物质文化遗产保护运动而一夜之间跃为明星学科，其在现当代中国社会的重要性、知名度和影响力均有了戏剧性提升。民俗学的学科价值正在被全社会和知识界广泛认知；设立民俗学或相关专业的大学及设置民俗学或相关专业之硕士、博士课程的研究生院呈增加趋势，民俗学相关专业毕业生的就职也较为顺畅。民俗学在获得课题资助、出版补贴等方面也比以往有了更多的机会，学问的“物质”环境和条件得到较大改善。与此同时，民俗学者的学术研究也从非物质文化遗产保护运动的相关实践中获得不少启示。例如，至少部分民俗学者以前主要是对“地方性知识”或某个特定地域的民俗文化较为熟悉，现在因为介入而具有了超越地域的全国性乃至国际性的视野，因此，其学问的格局也会发生提升。此外，民俗学和一同参与保护运动的近邻学科（文化人类学、艺术学、考古学、宗教学等）之间的深入交流成为可能，并因此获得相互刺激的机会。

非物质文化遗产保护牵涉的各种现实问题，以及来自现场、田野的实践，也会对民俗学形成良性刺激，促使在民俗学内部生发出新的课题意识。诸如“国家与民俗”“本质主义和建构主义”“民俗主义”“公共民俗学”“民间文化与公民社会”等，近年来民俗学界相继引起广泛关注的话题都或多或少与之有关。民俗学的一些传统课题和老生常谈的概念，诸如“传承”“本真性”等，也会在新的学术实践中引发深入的再探讨。

---

① 王晓葵：《民俗学与现代社会》，上海文艺出版社 2011 年版，第 201—205 页。

更重要的是，民俗学通过介入非物质文化遗产保护运动之类的实践性和应用性研究，将为民俗学在中国成长为一门能够对国家文化政策、对非物质文化遗产行政、对现代中国社会里多种生活文化问题和事象展开基于学理的解释、揭示、评论和批评的学问。[①] 为此，民俗学不仅要强调其实践性和应用性，还应进一步思考自身学问的公共性。

五 “公共民俗学”在中国的危险性

本文试图把中国民俗学对非物质文化遗产保护运动的介入视为中国式“公共民俗学”的一种实践活动，上文已论述了此种“公共民俗学”在中国的可能性，但笔者在此还想特别提及它在中国可能面临的各种危险性。“公共民俗学”（Public Folklore，或译“公众民俗学”）本兴起于20世纪70年代的美国，其主要依赖公共部门工作人员进行民俗调查，以及利用民俗开展各种公众性活动的一系列实践性行为（例如，博物馆的民俗陈列、创办民俗节日或组织社区节庆、在公共广播电台等媒体编制民俗音乐节目、在城市广场组织民俗舞蹈展演等），部分专业民俗学者的参与使之逐渐具备了一定的学术性，并在以美国民俗学会为主的民俗学界对学院派民俗学的纯学术研究提出了挑战。对于“公共民俗学”，当然首先应在美国民俗学的背景文脉下去理解。早先学院派民俗学者曾对“公共民俗学”者的实践活动不屑一顾，甚或斥之为“伪民俗”，但随着他们持久的努力和对其实践的学术性总结，其对美国民俗学理论和方法的积极贡献逐渐获得了承认和重新评价，“公共民俗学”遂发展成为美国民俗学一个重要的组成部分。[②] 当“公共民俗学”被介绍到中国时，语境和场景已有很大不同。由于中国民俗学内部向来就有强烈的“经世致用”之类重视应用性和实践性的倾向（日本民俗学也如此），“公共民俗学”的相关思路当然有助于丰富中国民俗学的应用性调查与研究，有助于促

---

① 吴秀杰：《文化保护与文化批评——民俗学真的面临两难选择吗?》，《河南社会科学》2008年第2期。

② 参阅安德明《美国公众民俗学的兴起、发展与实践》，《民间文化论坛》2004年第3期；杨利慧《美国公众民俗学的理论贡献与相关反思》，《广西民族学院学报》（哲学社会科学版）2004年第5期。

使中国民俗学反思自身的公共性；但并不适宜在现行的原本就有高度应用属性的民俗学之外另行建构“公共民俗学”方向，中国民俗学面临的现状与其说是缺乏应用和实践意识，倒不如说是在坚持学术研究的自由、自主和独立性方面较为欠缺，在扎实的基础性田野调查和资料积累方面较为欠缺，纯学术的研究较为欠缺。

在此，仍以中国民俗学参与非物质文化遗产保护运动时遭遇的各类问题为例，探讨在学术研究的自主、尊严和独立性尚难以得到真正尊重的社会里，学术和行政权力之间关系的危险性。虽然非物质文化遗产的相关概念、用语和分类多少曾经采纳或参考过民俗学及文化人类学的专业见解，但它归根到底是基于文化行政的方便而运作的“工作分类”，换言之，它有时必须兼顾学术之外更为复杂多样的情形，因此，很难和学术的用语、概念或分类完全一致。但它一经确立，便带有某种霸权，甚至具有强制性。这时，以多种方式介入文化遗产行政的民俗学者很容易被“同化”、被“说服”。例如，国家级非物质文化遗产代表作名录的“十大分类”，显然有悖民俗学的基本见解（将“民俗”和“民间文学”相区分等），“工作分类”与“学术分类”之间出现了冲突和无法整合之处。尽管有很多民俗学者参与其中，依然发生如此错乱，充分反映了民俗学者在和文化行政以及其他专业（例如，艺术学和艺术史）打交道时的无力感。再比如，非物质文化遗产这一“舶来”概念在本土化过程中发生了学术争论，但国务院的《通知》轻而易举地中断了相关的讨论，与其说是行政要求中断，不如说学者们自行放弃了讨论，于是非物质文化遗产便不仅进入媒体和公众话语，还进入民俗学内部，成为学术用语。还有所谓“有形”和“无形”、“物质”和“非物质”等，原本只是在文化遗产行政逐渐扩大保护范围过程中演变来的权宜概念，其在民俗学和文化人类学领域并不常用，它将生活文化的整体切割开来，直接将其用作学术用语是有问题的，但最近却有一些民俗学者对“非物质文化遗产”概念做本质主义式的解读。须知文化行政操作层面有可能成立的概念与分类，在学术上却未必成立。中国是在文物系统之外另起炉灶，建构非物质文化遗产的行政保护机制，因此，眼下的论说多少存在强调“非物质”以区别物质文化遗产的倾向；同时，民俗学的“民间文学”情结，也容易导致为增强存在感或所谓学科利益而对“口承”“非物质”过于强调，结果是文化遗产在中国被彻底人为分割为两个系统。还有一些民俗学者借助国际公约所说的“保护”，有意无意将其误读，结果是进一步强化了对民俗文化之所谓“本真性”“原生态”的执着，背离了学术的方向。

非物质文化遗产保护运动明显地具有将民俗文化按照行政区划及其级别来区分等级的倾向。县级、省市级、国家级和世界级非物质文化遗产的序列，原本只是为了行政管理的便利，它一旦成为体制，便成为非物质文化遗产之重要性和价值的等级制结构体系，这完全是非学术的，有悖于文化平等理念。过度倾斜关照某些特殊的文化项目而忽视或无视其他一般的文化，则有悖于文化生态和文化多样性原则。参与其中的民俗学者有被此种文化等级制同化或吞没的危险。将文化按行政区划来分断整理的方式从一开始就是非学术的，却获得了民俗学等学术的合法性支持。此外，在炽烈的申报竞争中，国家之间会出现“文化遗产民族主义”，地域之间会出现“文化遗产地域主义”，置身其中的民俗学者该如何自处？如果发挥为民族主义或地域主义增幅的作用，则作为学者的独立性将可能遭到损失。民俗学者不应过度卷入将非物质文化遗产神圣化为“中华民族精神”或其象征之类的文化民族主义言论，而应与之保持距离。基于民俗学的专业学术立场，民俗学者对非物质文化遗产之意义和价值的阐释，应着重强调其对所在地域或社区、对当地一般民众的生活、对传承它们的民众的人生和幸福所具有的意义，而不宜过度渲染或人为提升其“泛中华”的文化意义。各级政府有将非物质文化遗产的申报登录成功视为政绩和地方“名片”“招牌”的倾向，接受过各种形式款待的民俗学者为之“背书”甚至对当地申报项目过度评价的可能性也并非不存在。

根据一般的意识形态对非物质文化遗产进行价值判断的问题也值得深思。虽然在世界遗产的国际保护机制中也有“负遗产”一说，但在中国的实践中申报并获得认定的几乎全都是在价值方面被认为正面性的。例如，由于有以“科学”对峙“迷信”的意识形态，“风水”就成为一个令官学皆感困扰的难题。将民俗文化分为“精华”和“糟粕”，或“优秀”与“一般”，只对所谓卓越、优秀、典型和有代表性的予以申报和保护，民俗学者对此种分别对待的文化行政倾向应保持一定的距离。

民俗学的参与，在某些环节就必须和“官本位”的行政体系打交道，对此应有清醒认知，尤其需要警惕自身拥有的“话语权”。民俗学者充当不论是族群的、地域的或某些项目的代言人，都潜藏着某种危险性，对此应有反省的觉悟。应该检讨整个申报过程中基层社区和当地居民（文化的主体和传承者）“缺席”“不在场”和没有发言权等问题。对过度开发、过度的商品化和博物馆化等倾向，以及以“保护”之名导致出现“破坏”的可能性，也应予以警惕。在非物质文化遗产保护运动中出现了复杂的权力和利益关系，尤其在非物质文化遗产资源化之后的利益分配，主体都已缄默无闻。陈志勤博士对浙江禹陵村的个案研究，提出的问题是消失了“民俗”的村落和花得了“遗产”的政府，的确引人深思。①学者群体也可能成立利益攸关方，例如，群众性学术组织对各种“大师”的任命就反映了这一点，由于和国家认定体系形成双轨制，故导致了不必要的混乱。②

六 结语：再延伸一点讨论

施爱东博士有关因参与非物质文化遗产保护运动而对民俗学带来负面影响的观点，笔者并不完全赞同，但对他指出的问题却有很多同感，他尖锐的批评是非常及时的提醒。的确，研究者人数有限的中国民俗学被彻底卷入一场规模巨大的社会文化运动，若没有自持、自重、自觉和自醒，被运动异化或吞没就并非危言耸听。

在中国，把学院派或纯学术的民俗学和“公共民俗学”（或“应用民俗学”）相并置，是较为困难而又危险的。在民俗学领域之外形成“公共民俗学”并不具有建设性。民俗学作为一门学问，它只应该是纯学术的，至于民俗学的实践性，它对现实的介入、参与和社会贡献，应基于切实的资料积累和严谨的田野调查，并在纯学术性研究的基础之上展开。以此为前提，我们可将其对非物质文化遗产保护运动的参与或其他类似的

---

① 陈志勤：《论作为文化资源的非物质文化遗产的利用和管理———兼及日本的经验与探索》，《江南大学学报》（人文社会科学版）2012 年第 1 期。

② 周超：《中日非物质文化遗产传承人认定制度比较研究》，《民族艺术》2009 年第 2 期。

社会性学术实践定义为中国的“公共民俗学”，但它不能是在民俗学领域之外另立一个单独的部门，而应是基于民俗学原本就有的实践性和公共性。中国民俗学因参与这场运动而积累了一些堪称或类似于“公共民俗学”那样的经验及教训，对此不妨予以积极评价和检讨，但无论如何，它都应该是在民俗学专业性的延长线上才能被理解的。

民俗学、文化人类学、社会学都不缺乏实践性理念，中国的学问大多如此，学问的功用常被认为是其存续之合法性的最终依据。倒是学问的纯粹性、知识性、独立性，其满足求知欲和人类好奇心的价值不易在中国确立起来。在笔者看来，与其说应不应该参与运动，倒不如说是民俗学凭什么资本和能耐，以何种姿态，采取什么立场去参与的问题。在文人志向常压倒学者志向、文学志向常压倒学术志向的中国民俗学界，应以此为契机，更加努力提高纯学术的调查和研究的水准。中国尚缺乏尊重学术独立性的社会氛围和共识，在行政体系尚没有习惯倾听学者主张的当下，学问的自由和独立性经常会被权力裹挟与同化，因此，参与运动的民俗学者独立的立场和基于学术研究而提出建言的勇气，显得尤其重要。

“公共民俗学”之类的构想或主张，在学问的独立性得到基本尊重的社会里，通常不会产生多大问题。在当前的中国，若是民俗学者对相关危险能够充分警惕，则“公共民俗学”的社会实践及其价值、可能性就应得到尊重和提倡。“公共民俗学”既有可能与国家协作，也有可能与权力对峙，其健康发展需要各种意见均得以自由表述的社会生活空间的存在及不断扩大，国家的文化遗产行政、全社会和民俗学界需要共享一些基本的文化价值观。“公共民俗学”在中国的成长，或者说中国民俗学旨在增进国民福祉和传承文化多样性的社会实践活动，有助于推动上述社会生活空间的生成和逐步扩大，但它也可能被权力同化、异化而失去学术的自主性和尊严感，甚或沦为糟糕的文化行政的帮闲。

东京大学菅丰教授提倡的适应“市民社会”之需求的“公共民俗学”之所以可能，是因为能够掌握足够信息的“市民”大量涌现，以及民俗学专业知识的大众化普及，故而，“市民调查”不仅可行，它还可望成为地域民众发现自我、创建新的人际关系和人生价值的方法；民俗学者和当地居民协同作业的田野调查作为一种“实践”，具有加深对调查地域之理解、有助于解决当地某些现实问题和完善文化政策的公共性。《中华人民共和国非物质文化遗产法》的正式生效，为依法开展非物质文化遗产行政提供了依据,[①] 同时也为公民的参与及非物质文化遗产保护工作从运动状态转向日常工作状态提供了保障。中国民俗学今后以各种方式参与各级非物质文化遗产行政的可能性仍有很多空间，尽管中日国情不同、中日民俗学的现状和格局也各有风景，但菅丰教授提倡和市民协作开展共同研究的“公共民俗学”以及民俗学者参与各种社会实践的必要性等观点，依然值得我们参鉴。

① 周超：《中国文化遗产保护法制体系的形成与问题——以〈非物质文化遗产法〉为中心》,《青海社会科学》2012 年第 4 期。

中国实践与反思

政府非遗与民间非遗新论*

董晓萍**

摘　要：在全球化时代下建设非遗研究理论和阐释中国经验，需要讨论两种知识：一种是现代学校教育知识，它是国家意识形态文化的组成部分，由政府指导下的高校、科研部门和国家文化建设工程传播；一种是未进入现代学校教育系统的知识，它属于非正式的传统文化的组成部分，以民俗为主要载体传承与利用。政府管理非遗工作，以使用现代学校教育知识为主，而我国还有大量的非遗知识存藏于民间，保护、利用和传承它们，则需要使用现代学校教育以外的多元文化知识，此时民俗以其多元文化来源背景成为主要因素。在此基础上，还应该结合数据的使用，讨论非遗理论的核心概念、文化翻译、方法论等的问题。这种理论工作，可以深化我国非遗理论的研究，总结我国非遗工作的特点。我们要通过扎实有效的工作，构建非遗保护的中国理论和中国经验。

关键词：政府定位　两种知识　基础数据　价值化　中国经验

近年我国对非遗的申报、入围、保护与传承，已成为政府与民间共同进行的一场国家精神财富保卫战。可以肯定地说，政府开展非遗保护工作的目标是加强国家文化建设，同时向世界输出中国非遗精品，提升国家形象。对国民而言，非遗时代的到来，将那些未列入物质化的世界

---

* 原文刊于《西北民族研究》2014 年第 2 期。本文属于教育部人文社科重点研究基地重大项目“跨文化视野下的民俗文化研究”阶段性成果，项目批准号：19JJD7500003。

** 董晓萍，北京师范大学文学院中国民间文化研究所教授。

遗产、而拥有极为优异的精神化品质的多元知识类产品纳入保护对象，是重建人类世界的福音，也是人类自我认识能力的进步。

在我们所居住的地球上，迄今已有两种知识，第一种是现代学校教育知识，它的经典、标准、国家发布权威、社会制度准入、工业改造和商业支持，已形成国家标准和行政机制。它与国家意识形态文化结合，由政府指导下的高校、科研部门和国家文化建设工程传播，还成为一种专门的知识系统。第二种是未列入现代学校教育的知识，它属于非正式的传统文化的组成部分，以民俗为主要载体传承与利用，但它的非遗性能更强，是人类沟通自然与社会的群体生命本质所在，也是人类在自然过程中发展“天籁”级的个体创造力的源头。但它过于多元，绚烂而特异，很难直接被国家标准化。随着人类反思文化地位的提升，自我心智的成熟，创新能力的增强，它必然进入人类知识教育系统的视野中。相比之下，在两种知识中，第二种知识与人类本真的相亲相爱更接近，更能体现各国各民族文化传统的特色部分。同时，民俗以其多元文化来源背景和稳定的社会基础，应该在这项工作中加强建设，因为这有利于辅助建设中国的非遗价值文化，总结中国经验。如果说，第一种知识是人类共性知识的庞大宝库，那么第二种知识就是人类文化异性相吸的部分。保护、利用和传承非遗，两种知识都要。为什么？因为我们的理论目标，是通过我国非遗工作的理论建设与社会实践，建设人类共享价值文化。在 21 世纪人类命运共同体建设中，这也是一项必要的拓展内涵的工作。

目前我国缺乏的是第二种知识的研究与教育。从某种意义上说，联合国教科文组织是发布非遗保护世界公约，并传递很多国家的非遗保护个案样本，正是对第二种知识的充分肯定。我国政府加入联合国教科文组织的这个公约，也要加强对两种知识都加以研究与利用，促进我国的社会文化建设工作迈上历史新台阶。

关于本项研究的“政府非遗与民间非遗”问题，如果从第一种知识的角度说，这不算是一个命题，因为现代学校教育知识一直握有最大的话语权，是政府和学者从事非遗保护的智力依托，足以支撑非遗保护的指导工作。如果从第二种知识的角度说，由于各国的社会历史传统、文化传统和风俗习惯不同，各国政府在贯彻非遗理念和执行非遗保护计划时，也会遇到各种障碍，需要做各种协调工作。有些非遗保护，政府认为是好事，民间认识却未必。这其中有多元知识乏匮的原因，也有来自第二种知识的信任危机。从我国近年非遗保护的实践看，仅从非遗保护投入上说，就存在着政府与民间视角的分歧。来自政府的视角认为，对存藏于民间的大量非遗予以政府财政投入，存在着行政决策和行政执行上的层层难题，社会效益难以预测，最终费力不讨好。来自民间的视角认为，非遗保护应避免变成纯行政工作，避免流于形式。两种分歧的焦点是非遗利益的权属问题，换句话说，究竟是谁的非遗？是政府的非遗？还是民间的非遗？就此而言，本文拟使用“政府非遗”与“民间非遗”两个概念，分析两种知识的差异面中的分歧点与趋同性，旨在促进两种知识的互补共进。需要说明的是，本文的讨论限制在两种知识的范围内，不再向另外两个方向延伸，即持局外观的一国内部政府与民间非遗保护利益的一致性，与持局内观的我国政府与民间的非遗文化交集点覆盖了传统与现实的诸多方面，不存在不能沟通的死角。本文将集中在两种知识的方向上进行讨论。

“政府非遗”与“民间非遗”的差异面中的分歧，是“政府非遗”中以政府和学者的观念为主导，使用第一种知识，在指导非遗保护工作；而“民间非遗”以民俗观念为主导，使用第二种知识申遗和保护非遗。“政府非遗”与“民间非遗”的差异面中的趋同，是全球化下两种知识的融通趋势，包括去“原生态化”的倾向。

接受第二种知识是世界范围内的问题，不只我国有此需要，但我之所以仍要讨论，是因为第二种知识对于突破我国非遗保护格局和体现中国非遗特色更为有利，也能促进发挥第一种知识的作用。我们有对两种知识的清醒认识，还能提升政府的行政力，增强文化自信，正确地学习别国的经验，制定能包容我国非遗项目的社会分层与文化分层多样性的保护规划，变难题为机遇。所以，从这个角度看，该命题不仅存在，而且需要存在，并要认真讨论。

本文的讨论分两部分：一是使用“政府非遗”的概念，辅以使用“民间非遗”的概念，分析政府非遗工作的定位与转变观念的途径；二是使用“民间非遗”的概念，辅以使用“政府非遗”的概念，分析我国非遗保护的突破口是文化空间保护与研究保护性保护。这两个方面的工作做好，能促进构建非遗保护的中国知识和中国经验。

一 政府非遗：定位与观念

我国政府启动非遗保护工作，在全球化时期世界文化格局变迁的背景下进行，在深化经济社会改革和对外开放中开展，会遇到意识形态上的和体制上的问题，这些都是正常的。但现在的问题是，政府和部分建言学者观念跟进不力，需要改进。对政府指导非遗保护工作来说，转变观念的前提是定位。到今年，我国政府开展非遗保护工作已经十年，比较政府原文化管理工作与当今非遗保护之间的难题，需要重新定位并转变观念的，大体有三。

（一）思考所有制定位、解决非遗“公有财富化”与国别非遗“国有化”的矛盾

非遗保护是一项实践性很强的学问，政府工作的定位要扎根于我国的实际，而不是扎根于外来的条款。我国非遗的特质是农业文明的积存，它不仅具有巨大的无形的精神资产，如中国故事；还有巨大的物质化形态的精神资产，如传统手工技艺制品。而全球化下物质化的精神资产已迅速上升为人类文明异性相吸的对象。它不需要语言便能在世界各国的旅游沉浸、审美收藏和网络互通中交流；它拥有对物质的自然过程的美化奇迹，传达了多元文化的造型艺术、社会功能和民俗信息，更能激发人们长远的历史意识、亲近的自然观，塑造文化共鸣。2011 年，我国国务院公布了第三批国家级非遗名单，其中传统技艺类项目有 26 项，占这批非遗总项目的 14%，所申报省域为北京、上海、河北、河南、山东、山西、江苏、浙江、湖北、湖南、福建、云南、青海和新疆等 14 个，这些省区（市）全部都是故事资源极为丰富的地点，同时也是相关民俗文艺表演的繁盛地，还是物质化非遗传承的历史声望场所。它们从物质化的非遗角度说明，我国民间资源怎样成全了非遗项目，而非遗保护又能怎样促进民间资源的保护。这一点，是政府和建言学者在制定非遗保护规划时要注意的特点。

非遗保护工作的本质是一种政府治理工作，在这方面，西方国家的

动手要比我们早，也总结了不少解决政府难题的对策，如解决非遗保护法与知识产权的矛盾，保护非遗与经济开发的矛盾，国家评估不计保护成本、以投入为主而收效甚微的矛盾，保护资金来源的矛盾，保护非遗成绩和国民教育跟进不力的矛盾等。政府定位是国家所有制的定位，但政府却不能出任国民保护非遗的替代者。政府在新时期指导非遗保护工作，要将所有制定位与转变观念的过程相联系，才能逐步实现工作转型。在这个问题上，西方非遗保护国家提出的一个治理观念可供我们参考，就是要建立非遗的“公共财富”观念。对我国政府来说，在指导非遗保护上，要突破所有制的框框束缚，将所有制定位与两种知识的观念共同思考，并加以合理拓展；要增强宣传国家优秀非遗全民共享和世界共享的观念，加强这方面的基础教育和社会公共教育。政府要在此前提下，发展非遗公益保护事业，使这项工作从根本上得到可持续发展。

（二）转变大行政定位、解决国家非遗“清单化”与非遗保护“传承人化”矛盾

这个问题与上个问题有相关性。我国是一个非遗资源极其丰富的文化大国，在申遗之前，非遗国有化与非遗私有化的矛盾似乎并不存在。在以往的社会主义国有化制度和计划经济体制下，属于非遗的所有文化资源、管理权与社会利益分配，都在国有化的体制下运行，国有化的概念是政府行政解释权的依据。但是，我国又是在实行社会主义市场经济体制改革后加入世界非遗保护工作体系的，非遗保护项目要求落实到具体文化空间、具体地点和具体传承人，这样矛盾就产生了。从我们搜集的资料看，目前国家还是采取大行政定位，即对进入国家级非遗清单的项目有两种处理方案，一是提供非遗项目展演中心，拨发固定编制，予以行政规范管理，建立国家化的非遗传承空间象征；二是为国家级非遗项目保护地点和传承人提供不同比例的财政投入，建立国家责任与国家供养一体制。但这两种方案都面临着一个共同的风险，就是占用政府大量资金，增加政府财政负担，而无法回收明确的社会效益。这种政府投入俗称“无底洞”工程和“政府奶妈”工程。政府要将大行政定位转变为适应不同社会分层和文化分层结构的法制权利，下放部分行政管理权，

鼓励社会公益慈善投入，建立适合我国体制的非遗保护法和传承人知识产权法，弥补政府政策的缺位问题，化解风险。

（三）转变一元化定位、解决非遗项目“名录化”与非遗文化权利多样化的矛盾

我国政府的国家级非遗采取省域申报机制，通过省域单位建立名录的方法，认定和实施非遗保护项目。但是，我国大部分非遗的文化空间共享性很强，很多著名非遗项目实际上是跨省域和跨县域联合共享资源，包括多地区文化走廊共享生态资源、多区域流动共享品种资源和多民族共享文化资源。它们具有政府管理与民间管理的密集交叉点，很难用国家非遗一元化标准去统一。对这个问题，我们在前面已多次提到，后面在涉及具体掣肘问题时还会做具体分析。这类非遗项目通过省域申遗资格后，在回到原地保护时，会产生与原自然文化区划共享空间不吻合的矛盾，会出现国家一元化文化管理与申遗地方化和传承人保护个体化权利不协调的矛盾。政府在投入非遗保护资金时，还会发生不同社会利益群体划分资金的次生矛盾。在这种情况下，政府非要了解两种知识不可。政府还要重视第二种知识的强大地方功能和生态传承系统的能力，要将一元化名录定位与多元文化权利观念联系起来思考。要制定国家管理与各文化空间管理相协调的新政策。要在保护国家一元文化权利的同时，兼顾文化权利多样性的现实。抓住此点，并做得好，正是国家文化软实力建设创新之所在。

二　民间非遗：文化空间保护与研究性保护

现在需要讨论第二种知识，它是“民间非遗”概念的支点。什么是第二种知识？联合国教科文组织界定的非遗五条都属于这类知识，包括：（a）口头传说和表述，包括作为非物质文化遗产媒介的语言；（b）表演艺术；（c）社会风俗、礼仪、节庆；（d）有关自然界和宇宙的知识和实

践；（e）传统的手工艺技能。[①] 对我国政府和学者而言，怎样通过调查研究将这些定义中国化？怎样将这种向世界“普世”推行的框架与我国新时期社会文化建设挂钩？这些都需要时间。从我们已有的调查研究看，我国目前要抓紧进行的“民间非遗”建设工作，是要加强文化空间保护和研究性保护，并从这个角度与“政府非遗”工作汇合，争取突破，向建立具有中国特色的非遗保护知识系统进发。

（一）文化空间保护

我国非遗保护规划还缺乏文化空间保护知识和相应工作规划。目前政府非遗工作的平台是发红头文件、审批项目、挂牌、开会、展演、办班和拨款[②]，此外办法不多。

在以上谈到政府应反思定位和转变观念时，我们已说明，要用适合我国社会文化建设的新思路去规划非遗保护工作，就要对以往工作积累的旧数据化旧为新。所谓“化旧”，就是要充分利用以往已进行的前期工作基础，而不是一概否定。所谓“为新”，就是要从中发现，我国以往非遗保护规划的一个缺口是文化空间保护。出现这个缺口的原因是知识兼实践的问题。

2011 年的一份《民间文学保护发展报告》已指出这个问题，报告称之为“联合申报问题”，即本节所讲的“文化空间”保护问题，从报告中可以看出，在文化空间保护上，我国“政府非遗”的难题表现得最为集中。作者指出：多地共存是一个非常普遍的现象，共同申报成功的案例比比皆是，如在第一批国家级名录中有“苗族古歌”，是贵州省台平县、黄平县共同申报的……但是，由于行政区划的分隔，地方政府、文化部门都与非遗项目发源地、属地问题存在地方主义，这使得一些优秀的民

---

① 联合国教科文组织：《保护非物质文化遗产公约—联合国教育、科学及文化组织第三十二届会议正式通过》，中央民族大学民俗文化研究中心《民俗与研究通讯》，第 24—25 期，第 7 页，铅印本，2003 年 12 月印制。

② 吴海敏等：《传统技艺发展报告》，原载康保成主编《中国非物质文化遗产保护发展报告（2012）》，社会科学文献出版社 2012 年版，第 246—273 页。重点参看《（二）展演展示情况》，作者认为：“自从非物质文化遗产保护在全面范围内开展以来，展演展示成为向大众普及非物质文化遗产知识、开展传统文化教育的常用手段。”政府组织的非遗展演活动在国内外都已举行，还成为我国政府颁布的“文化遗产日”常设节目（见第 252—253 页）。

间文学项目未进入“非遗名录”。例如，在华南地区影响颇广的冼夫人传说，同属于广东省茂名市的高州和电白，两县在争夺冼夫人传说发源地的问题上偏执狭隘。其实，在地缘上两县毗邻，在历史上两县的行政区划也是分分合合，若能联合申报就是最好的解决办法。再则，由上一级的茂名市文化部门来主持申报也可行。但是，在过去的几年时间里，两方僵持不下。有着1400年历史的冼夫人传说，被周恩来总理称赞为“中国巾帼英雄第一人的‘冼夫人’”，至今仍旧徘徊在“非遗”名录之外，纵观全国，此类案例不少，应当引起反思。①

由分析报告之所描述，我们可以看到，以往政府实施的老艺人保护，是适用于封闭社会的民俗文艺保护政策。现代社会是开放社会，要在开放条件下进行文化空间中的非遗保护，政府就要认识和接受必要的思维转型，此时了解第二种知识就显得尤为重要，因为整个社会都在由封闭转为开放，第二种知识源自封闭社会又进入开放社会，遇到了生存危机，反而特征更加突出。当开放社会与全球化条件相结合的时候，第二种知识表现了异性相吸和多元互补的特质，获得了新的生命力。现在第二种知识繁荣很快，而不是死去。政府要了解第二种知识，才能认识“民间非遗”所在文化空间的底气，及其有怎样的国际话语空间。所以，保护文化空间，就是保护第二种知识的知识生态基地和民间社会组织。它是我国政府非遗工作争取国际话语权的重要资本。

保护文化空间，从过程上说，是一场将狭隘一元空间非遗转化为国家“公有财富”的观念的革命。从政府文化工作改革的方面说，加强文化空间保护，也是中央政府下放对非遗项目的包办权力，给中央行政工作减压和松绑的措施。以下是各省申报非遗保护时申请文化空间保护的数据。

---

① 刘晓春等:《民间文化保护发展报告》，原载康保成主编《中国非物质文化遗产保护发展报告（2011)》，社会科学文献出版社2011年版，第98页。

表1 国家级非遗省级行政申请与同步申请文化空间保护趋势一览表①

序号	省名	申请行政保护（项目）	其中申请空间保护（项目）
1	北 京	91	28
2	天 津	18	7
3	河 北	77	24
4	山 西	111	27
5	内蒙古	57	15
6	辽 宁	37	6
7	吉 林	36	6
8	黑龙江	20	1
9	上 海	50	12
10	江 苏	96	14
11	浙 江	161	24
12	安 徽	56	12
13	福 建	81	14
14	江 西	33	3
15	山 东	102	16
16	河 南	68	8
17	湖 北	77	9
18	湖 南	78	9
19	广 东	93	5
20	广 西	38	3
21	海 南	29	2
22	四 川	114	14
23	贵 州	77	16
24	陕 西	52	1
25	甘 肃	44	2
26	青 海	59	1
27	宁 夏	8	0

① 《表1 国家级非遗省级行政申请与同步申请文化空间保护趋势一览表》，由本文作者根据文化部公布的国家级非遗三批名录和世界非遗五批名录制作。

续表

序号	省名	申请行政保护（项目）	其中申请空间保护（项目）
28	新　疆	85	8
29	云　南	89	8
30	西　藏	52	13
合　计		1989	308 （申请跨县保护 277 县次， 申请跨省保护 645 省次）

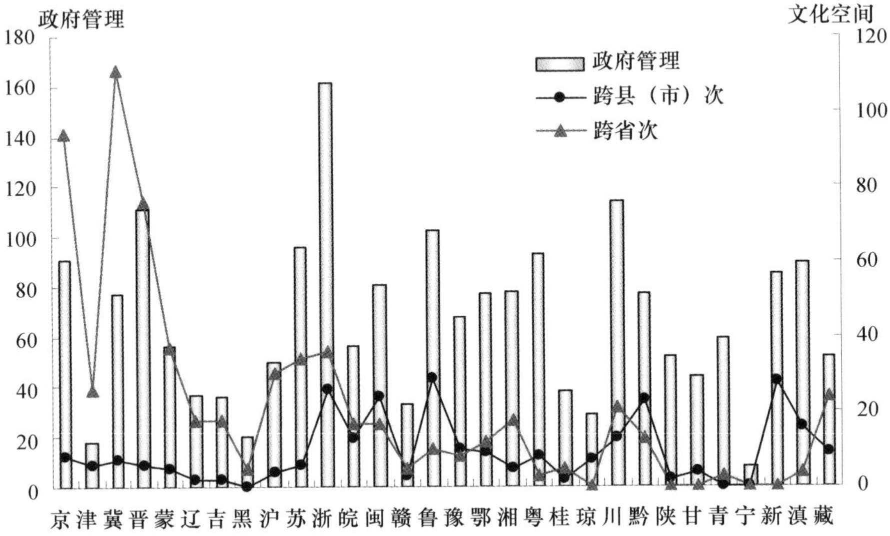

图 1　国家级非遗省级行政申请与同步申请文化空间保护趋势示意图①

阅读表 1 和图 1，可以得到一个直观的印象，即政府加强文化空间保护规划，实现非遗“公有财富”观念的转变，是有可能获得明显的社会效益的。所谓社会效益，指激发非遗原地点的非遗保护活力，打开政府与地方社会力量共同保护非遗项目的新局面。可以假设，从最初申遗到

① 《图 1　国家级非遗省级行政申请与同步申请文化空间保护趋势示意图》，数据搜集整理与编制：董晓萍；绘图：赖彦斌。

现在，多县和多省联合申请非遗一直是行政难题；但是，如果我们从自下而上的观点看，对于那些多地区、多民族长期共享的民俗文化非遗来说，这种非遗的生存和传承，正是在当地自然地理和历史环境中始终进行的。它们原本就是特定文化空间的公共产物。各级政府在申遗时，征得了特定文化空间中的非遗传承主体的同意，这正是政府尊重非遗传承者的文化权利的表现。只是事情不能就到此为止。

政府在批准地方联合申遗的项目之后，不能将这类非遗悉数划入某单一行政单位的囊中，因为这种划分依据的是第一种知识，适合了行政管理的要求，却违反了这类非遗运行所必须遵守的第二种知识。用第一种知识的角度看，第二种知识是“潜规则”，但用第一种知识代替“潜规则”，就会把接下来的非遗保护工作拖进死胡同。

换个思路再思考，便能发现，在我国这个多地区、多民族的国家统一中，文化空间分布广泛，文化空间内的各省、县申遗活跃，这正好体现了我国非遗的生态系统的长期存在与现实活跃性。政府僵硬地使用第一种知识，就会按既定的行政手段去看待和批评下级联合申遗后发生的纠纷，结果是给自己挖坑。政府补充和使用第二种知识，就能正确发挥政府对“民间非遗”的引领作用。政府要在文化空间上借力发力，放手让民间社会资源自己行动起来。政府要将“民间非遗”保护的文化权利还之于民，而不是只在老艺人去世的损失上悲情万丈。

2007 年至 2010 年，我国政府建立了 10 个国家级文化生态保护实验区，它们是：（福建省）闽南文化生态保护实验区、（安徽省）徽州文化生态保护实验区、（青海省）热贡文化生态保护实验区、（四川省）羌族文化生态保护实验区、（山西省）晋中文化生态保护实验区、（广东省）客家文化（梅州）文化生态保护实验区、（湖南省）武陵山区（湘西）土家族文化生态保护实验区、（浙江省）海洋鱼文化（象山）生态保护实验区、（山东省）潍水文化生态保护实验区和（云南省）迪庆文化生态保护实验区，分布在我国华北、华中、华东、华南、中南、西南和西北七个大区中。这些实验区的保护范围共涵盖了 10 省 41 市（县）。应该说，如果可以将“保护区”的概念与“文化空间”的概念互换，那么，建立 10 个保护区，就是政府在非遗文化空间保护方面迈出了重要的一步。然而，可惜的是，这两个概念是不能互换的。我们以各“区”的空间为单位，将10个保护区的非遗项目按各自的空间单位分别提取出来，再将各自空间内已审批的国家级非遗项目中的申请文化空间保护的210省（次）和140县（次）的数据相比较，就知道保护区的问题何在了。

将两个数据相比，这10个实验区的市（县）覆盖范围仅占29%，其省域覆盖范围仅占0.95%，余下的70%以上的文化空间就都被排除在10个保护区之外了。再详见下表的数据与分析。

表2 国家级非遗文化空间分布与国家级文化生态保护实验区分布一览表

序号	省名	申遗文化空间（覆盖县次/省次）		国家级文化生态保护实验区名称	省市（县）范围		保护比%	
		县次	省次		县次	省次	县次	省次
1	福建	24	22	闽南文化生态保护实验区	3		13	0
2	安徽	13	14	徽州文化生态保护实验区	3		23	0
3	青海	0	3	热贡文化生态保护实验区	1		100	0
4	四川	13	21	羌族文化生态保护实验区	9	2	69	10
5	山西	6	80	晋中文化生态保护实验区	11		183	0
6	广东	8	3	客家文化（梅州）文化生态保护实验区	8		100	0
7	湖南	5	18	武陵山区（湘西）土家族文化生态保护实验区	3		60	0
8	浙江	26	36	海洋鱼文化（象山）文化生态保护实验区	1		4	0
9	山东	29	10	潍水文化生态保护实验区	1		3	0
10	云南	16	3	迪庆文化生态保护实验区	1		6	0
合计		140	210		41		229	0.95

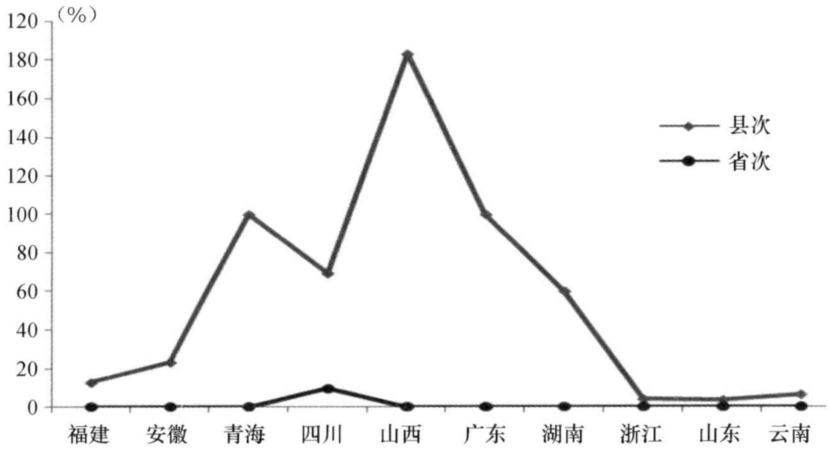

图2　国家级文化生态保护实验区与对应

非遗文化空间分布比例曲线图（2007—2012）①

余下的70%以上的非遗文化空间谁来管呢？特别是那些极为活跃的跨县联合申报的非遗项目由谁负责呢？

从已获得非遗项目的文化空间保护资料看，这种文化空间的比例尽管只占30%左右，但同样有对第二种知识的自觉利用的需求。具体针对性的问题有以下两个。

1. 文化空间保护要兼顾保护多地区与多民族文化权利

政府对民族地区的非遗文化空间保护要加强使用第二种知识，从政策制定到财政投入上给予优惠，鼓励和推动民族地区多元化非遗项目的建设，2005年至2012年，文化部拨发西藏专项资金3258万元，西藏自治区财政配套投入3000万元，共逾6000万元，用于保护西藏多种世界级和国家级非遗②，但这种政府投入是框架式的，不是地方权威性的，要具体落实就要依靠地方权威。同样重要的是，政府要促进多民族非遗保护的有序发展。新疆维吾尔自治区是我国维吾尔族群众的聚居区，维吾尔

① 《图2国家级文化生态保护实验区与对应非遗文化空间分布比例曲线图（2007—2012年）》，数据搜集整理与编制：董晓萍；绘图：赖彦斌。

② 康保成主编：《中国非物质文化遗产保护发展报告（2012）》，社会科学文献出版社2012年版，第452页。

族传统节日是古尔邦节。这是具有极为强烈的民族色彩和民族信仰知识的节日，历史悠久、规模盛大，但它不是覆盖全国的节日。2012 年，文化部下达了传统节日文化活动经费补贴的决定，规定补贴覆盖全国的节日，包括春节、清明节、端午节和中秋节，新疆维吾尔自治区政府就决定在中央政府补贴的四个节日之外，在新疆维吾尔自治区的范围内，继续增加对古尔邦节等四个民族节日的文化补贴，这样新疆维吾尔自治区政府补贴了八个节日，比中央政府补贴的节日增加了一倍。按着这份文件，在当地的文化空间内，民族节日与全国节日享有同等待遇。对本地本民族的四个节日，由自治区文化厅负责，给“节日的文艺活动给予每场补贴 20 万元”，每年补贴 100 万元。① 由此可见，在少数民族地区，对非遗认知的文化知识和知识的价值观有历史传统和民族倾向，地方政府在制定非遗保护政策上，有主动补偿民族节日的情感和意愿，在这些地方，中央政府都应该加大力度给予支持，并提前规划。

2. 文化空间保护要解决知识产权问题

在多地区、多民族联合申遗的非遗项目管理中，政府要灵活使用两种知识，并在具体问题上实现两种知识互补，妥善处理非遗项目传承人与资源权利人之间的版权之争。《梁山伯与祝英台》由江浙两省跨省申报国家级非遗并获得成功，但同名越剧剧目《梁山伯与祝英台》的成功演出却遭遇了版权纠纷，原告为越剧作家刘某的子女，他们状告演出单位浙江“小百花”越剧团没有写明父亲的编剧名字，也没有支付稿酬，侵犯了父亲的著作权。被告认为，《梁山伯与祝英台》是民间传说，在改写成越剧时，由袁雪芬唱词、刘某与另一位编剧合作写成，“小百花”越剧团购买了另一位编剧的版本，故不存在版权侵权问题。刘某子女的辩护律师认为，刘某子女没有争梁祝传说的民间文艺作品著作权，而是争剧本的改编权。这场官司终因民俗文艺知识产权法律不健全而搁浅。但还会有这类问题，政府要考虑如何解决。它比申遗工作的行政纠缠更为深刻，更能触及文化空间非遗“公共财富”化的观念革命的实质性问题。在梁祝这种我国经典传说故事上，其被改编进入上中下多层文艺代表作的例子是大量存在的，

---

① 康保成主编：《中国非物质文化遗产保护发展报告（2012）》，社会科学文献出版社 2012 年版，第 453 页。

政府在管理申遗项目时，既要尊重民俗文化资源拥有者的知识产权，也要尊重学者、作家和艺术家对民间资源二度开发的知识产权。在非遗知识产权的问题上，如果政府不作为，下级就会困难重重。在这个问题上，我们同意调查者的批评和建议："我国1990年颁布的《著作权法》第六条明确规定，民间文学艺术作品的著作权保护办法由国务院另行规定，但时至今日，相关的法律、法规仍未出台，关于越剧《梁山伯与祝英台》改编权的诉讼案，折射出对民间文学立法保护的缺位。"①

（二）加强研究性保护

我国还缺乏一支以政府为主导的，掌握两种知识的非遗鉴定与监理专业队伍。如何建立这支专业队伍？要以深入充分的实地调查和理论研究为基础。否则，按照第一种知识系统去复制所有非遗保护方案，无疑指挥越多，偏离越多，风险越大。

1. 在农村城镇化进程中加强研究性保护

这里有一个十分实际的问题，我已在前面多少讨论过。自从国家加快现代化和农村城镇化建设以来，在我国农村中青年人口流入城镇之后，广大农村基层社会的非遗文化传承群体已经分解，在社会资源与文化资源的分配之间出现了分离现象。农村中的中青年人口在城乡流动过程中，开拓了眼界，刷新了世界观，重组了社会分层和文化分层结构的关系。很多人虽不是传统意义上的故事篓子和地方歌王，却凭借祖辈传承的民俗基础和年轻好学的年龄资本，出色地演绎第二种知识，进入了影视圈或网络圈，获得了传承非遗才能的社会资源。农村非遗传承人中的老年人，是掌握农村非遗财富的智库和镇山之宝，但子女外出务工，农村空心之后，他们的天才演唱和庄严仪式失去了最有接受力的听众，他们的民俗文化精神失去了最有生命力的血脉质换。他们手中的文化资源的辐射力，抵不上进城年轻农民工拥有的社会资源的发酵速度。在这种较量

① 刘晓春等：《民间文化保护发展报告》，原载康保成主编《中国非物质文化遗产保护发展报告（2011）》，社会科学文献出版社2011年版，第98—99页。作者在第99页注①中说明了此条信息的出处：许群、何徐麟《〈梁祝〉版权纠纷折射民间文学法律保护缺失》，下载网站：新华网。下载网址 http://news.xinhuanet.com/newscenter/2009-03/14/content-11009450.htm。

中，一个农村老年传承人的亡故，便成为本地民间非遗资源弱化的一盏警灯。过去说，一个老艺人故去便是某地某类一座民俗博物馆的关门，现在却已变成威胁整体民间非遗生存的“地震”。在这种社会变迁中，政府转变非遗管理的思路是必要的，而这里肯定需要一批专业知识人才，专业人才的核心是学者，学者则要提升研究水平。以下举例说明学者向政府建言的研究报告的成果和有待改进提升之处。

表 3　《中国非物质文化遗产保护发展报告（2011）》所提供《苗族古歌》54 位传承人年龄结构构成表①

序号	年龄段（岁）	人数
1	30—39	2
2	40—49	3
3	50—59	3
4	60—69	19
5	70—79	20
6	80—89	6
7	90 以上	3

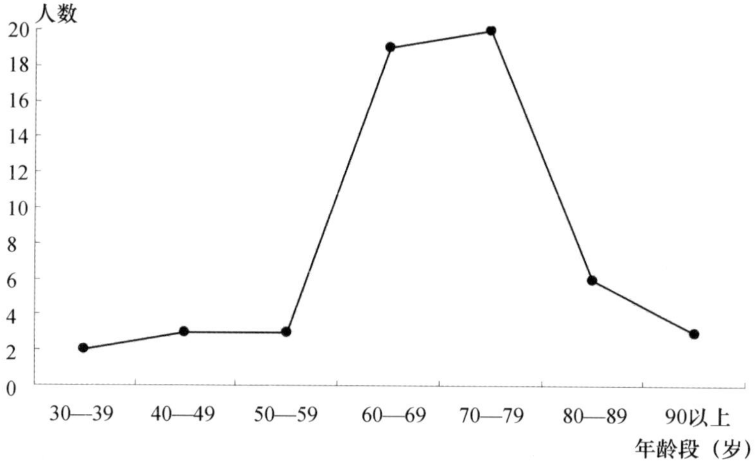

图 3　《苗族古歌》54 位传承人年龄结构曲线图②

① 引自刘晓春等《民间文化保护发展报告》，原载康保成主编《中国非物质文化遗产保护发展报告（2011）》，社会科学文献出版社 2011 年版，第 96 页。

② 《图 3 〈苗族古歌〉54 位传承人年龄结构曲线图》，数据搜集整理与编制：董晓萍；绘图：赖彦斌。

这是近年发布的一份较有分量的报告，报告的撰写水平可以代表现在大多学者提交政府咨询报告的情况。从这类报告看，学者仍在沿用旧思路向政府提供咨询。现在的学者有与以往学者思维方式一致的抢救性焦虑，主要是为老艺人去世感到悲哀。

> 2009年4月国家级非物质文化遗产“走马镇民间故事”项目代表作传承人魏显德辞世，终年88岁。
>
> 2010年6月25日，国家级非物质文化遗产“苗族古歌”项目代表作传承人王安江辞世，终年70岁……随着王安江的辞世，“苗族古歌”现状堪忧。贵州省台江县，全县13万苗族同胞，能唱完整古歌的已寥寥无几，只有200余人能唱一些不完整的古歌，而且都是中老年人，传承古歌较多的老人年事已高，王安江先生的辞世是“苗族古歌”保护工作的重大损失。
>
> ……
>
> 现在，国家级非物质文化遗产项目代表作传承人中最年长的是“维吾尔达斯坦”项目的夏赫·买买提，今年已经101岁高龄；最年轻的是“格萨尔”项目的达哇扎巴，今年31岁，传承人的平均年龄超过70岁，可见传承人老龄化问题严重。①

学者建言的核心是传承人的老龄化问题严重，一旦老人“人亡艺息”，民族文化瑰宝将消失，这将给非遗保护工作带来无法估量的损失。这个建言让我们了解到，“探索行之有效的非遗传承之道是当下保护工作的重心”②。另一份2012年发表的《传统技艺发展报告》中提出保护手工技艺非遗的三点措施，分别是保护老艺人、避免盲目市场化和谨慎执行文化产业政策。③ 报告所述都是不用调研就能讲出来的常识，对于严重遭

---

① 刘晓春等：《民间文化保护发展报告》，原载康保成主编《中国非物质文化遗产保护发展报告（2011）》，社会科学文献出版社2011年版，第95—96页。

② 刘晓春等：《民间文化保护发展报告》，原载康保成主编《中国非物质文化遗产保护发展报告（2011）》，社会科学文献出版社2011年版，第96页。

③ 吴海敏等：《传统技艺发展报告》，原载康保成主编《中国非物质文化遗产保护发展报告（2012）》，社会科学文献出版社2012年版，第272—273页。

受现代工业化、媒体化和商业利益化打击的传统手工技艺来说，这些说法既不解渴，也不治病。正确的做法是，研究者要走进传统手工技艺行业知识的内部，通过调研，获得研究成果，再正确表述我国手工行业非遗保护知识。

2. 民俗学者的困境

我国人文社会科学的学者近年发表了为数可观的非遗研究报告，其中有一批报告来自民俗学者。民俗学有对民俗文化传承集体性的性质的界定，有自 20 世纪 80 年代以来引进的传承人理论，这些都可以成为“民间非遗”概念的理论基础，能够帮助民俗学者在非遗保护项目中建言献策。

但是，我在前面已多次说过，目前我国民俗学者使用的研究理论，很多是在研究封闭社会的民俗文化传承中产生的理论成果，现在直接拿来研究当代开放社会中的非遗项目，还是有风险的。以上述两报告的观点为例，两者都将保护非遗项目中的老年传承人为重点，但人的生老病死是自然规律，维护一个非遗品种，不能全部依靠对老人的生命维系。

在当代非遗理论研究中，民俗学者要在文化空间的民俗文化生态系统研究方向上拓展研究①，要特别关注“民间非遗”的生存所依赖的知识系统和文化空间并争取产生新的理论成果。政府工作的当务之急则是培养新型专业人才队伍，建立适应现代开放社会要求的非遗政策研究框架，让政府非遗保护司令部的头脑变得更强大。

三　从建设人类命运共同体的高度建设价值非遗文化

最后，我想稍微广义一点谈谈本项研究的理论目标，旨在立于习主席提出的人类命运共同体建设的高度，从民俗学的立场，在跨文化的视野下，讨论 21 世纪我国非遗建设无可回避的几个问题，限于篇幅，这里

① ［芬兰］劳里·航柯（Lauri Honko）曾于1980年后提出了民俗传统的生态系统理论，可以借鉴，并结合我国实际使用。参见 Lauri Honko and Vilmos Voigt, *Adaptation, Change, and Decline in Oral Literature*, Suomalaisen Kirjallisuuden Seura, 1981。

简要谈三点：概念、文化翻译和方法论。

（一）概念

专门谈谈“民俗非遗”的概念。此指在全球化的背景下，在我国政府近十余年来大力开展非物质文化遗产工作的基础上，在我国民俗学等人文社会学科已开展相应的基础研究的前提下，从跨文化研究的视角，抽绎思想框架，从民俗学专业切入，针对我国非物质文化遗产中的优秀民俗文化代表作，在一个相对限定的范围内，总结我国政府非物质文化遗产保护的中国经验。之所以仍旧选择“民俗”二字，是根据理论目标所需要采用的学术原则，但将“民俗”与“非遗”粘连，又会使问题变得比较复杂，这是因为“非遗”背后的“非物质文化遗产”的概念所指相当宽泛，涉及人类各种历史文明、文化传统、社会变迁、社会意识形态、现代大学教育、现代文化转型策略和大众传媒影响力等诸多领域，非“民俗”的单一术语所能界定。不过，我仍然要坚持使用“民俗非遗”的概念，是因为中国非遗工作和相关非遗研究，正在这种复杂的环境中探索前行，因此我们需要认识我国民俗与其他优秀文化代表作所共同构成的国家非物质文化遗产的整体特色，从民俗学者熟悉的专业出发，结合相关学科的理论与方法，加以阐释，促进其创新维护与传承。

（二）文化翻译

现在要讨论概念的翻译问题。“民俗非遗”是新拟词，但从其社会应用上看，它的词根“非遗”已被我国各层次文化的集体成员和相关社会工作部门所普遍使用，其所指已被“约定俗成”，并悄然而逐步地取代“原生态”的概念。由此所衍生的一系列概念，如“民歌非遗”、“戏曲非遗”和“手工艺非遗”等，都已为人们所耳熟能详。当然，如果我们愿意较真，将“非遗”与其背后的“非物质文化遗产”（intangible heritage）的英文概念直接相比，两者肯定是不能完全对等的，这是因为在字典翻译中，汉语中的“非物质文化遗产”中的“非物质”，应该对译为英文的“no-material”；而英文中的“intangible”，应对译为汉语的“无形”。将两个译词相对照，结果让人很矛盾、很纠结，因为汉语中的“非物质”与“无形”不是一回事。然而，就在学者们热议“非物质文化遗产”的汉语字典意义翻译的毛病的时候，大众舆论已接受了“非遗”的说法，即出现了福柯所说的“大众化”现象。紧接着我国各地热火朝天地开展的非物质文化遗产申报与保护活动中，都有“非遗”的说法在活跃上线。学术上的“非遗”似是而非，实践中的“非遗”简明扼要，有利于人们加以领会和用来指导实践，已获得文化事实上的接受。面对这种活泼泼的现状，我们应该将“非遗”纳入通过文化翻译的外来语。

从翻译上说，学者对“非物质文化遗产”的字典翻译与对“非遗”的文化翻译，存在取舍问题。我认为，联合国教科文组织推行的保护世界非物质文化遗产的概念输入我国，是一个重大的多元文化保护的联合行动，不是字典翻译运动。这项工作的宗旨是提倡人类优秀而富有差异的思想与行动之间进行文化交流，取得相互理解和尊重，而不是用某种全球统一概念去套用千差万别的文化模式，也不是统一互有差别的国家标准。文明互鉴绝不是死的、原封不动的、刻舟求剑的。文明互鉴的结果是促进文化交流，文化交流的结果之一是文化转移，即彼国的优秀而有差异的好东西，来到此国的优秀而差异的文明圈中，要经过此国的“文化过滤”①，对原有概念加以改变，补充本国文化要素，形成在此国打动人心的新事物，如果还能加入此国的文化传承之中，就能获得实际的意义和可能的价值。这种翻译语的含义，也不会再是彼国出身的原意，也不会是此国语言的原意，而是相望彼此、守望相助、又有所不同的第三义。同理，“非物质文化遗产”的西方概念，从数万里之遥的法国，来到东方文明之珠的中国，也会经过林林总总的文化转移，已变成了现在的“非遗”，至少是“民俗非遗”。这种结果能带来怎样的启示呢？它告诉我们，目标国人民接受翻译语时有文化能动性；或者就是我们刚刚说过的，各种外来概念要过文化翻译这一关。文化翻译大于字典翻译。在文明互鉴中增加翻译语是常态。翻译语在字典翻译中经常矛盾重重，但也有的翻译语能在文化转场中山重水复、柳暗花明，重生再造。在我国历史文明的长河中，谁知道又有多少翻译语经过如此文化转场的通关，被融入历史典籍和口头语汇之中？如印度佛典汉译的翻译语。在它们中

---

① 在此使用金丝燕“文化过滤”的概念，参见［法］金丝燕《中国对他者的期待视野》，《跨文化对话》第29辑，生活·读书·新知三联书店2012年版，第230—254页。

间，已有大批词语进入我国的《辞源》《辞海》和《现代汉语词典》，相信还会续有新增，也许还会有“非遗”。

我们讨论这个问题的理论期待，是在这项研究中，扩大政府和民间的文化视野，丰富文化多样性的理论结构，提升非遗研究与保护的理论水平，并向现代教育事业拓展。

（三）方法论

现代大学教育分科过细，加上自20世纪中后期以来的西方文化霸权、经济全球化和网络信息化的冲击，还造成了历史文明的失语、人文价值的断裂、商风的弥漫和科技至上的倾向，带来了生态环境与人类身心的种种灾难。在近20余年中，已有一批中外学者提出跨文化研究的新理念。它的目标，就是要从人类多样文化传统中提炼遵守自然法则和人文守则的共识，找到抵制经济全球化和话语一元化弊病的途径。[①] 它还有一个目标，就是要重视民间文化的作用，让人民拿起文化自觉和文化权利的武器，广泛地参与跨文化对话，获取利益共赢。最近这个理论阵营又在扩大，提出了跨文化民俗学建设的理念，并在付诸实践。[②] 非遗保护不再是少数精英的学术活动和单边行动，还有激励世界各国热爱和平的人民都来参与建设的整体取向，建设人类共享非遗价值文化。因为人民是非遗保护利用的主体，没有任何人民应该是被霸权、被冲突和被移民的对象。学者与人民要始终握手，在现代社会中做到互相欣赏、忍耐差异、宽容彼此和尊重他者。民俗学有研究人民文化的前期成果，可以继

---

① 有关跨文化研究的理论建设问题，参见乐黛云《美国梦 欧洲梦 中国梦——探讨世纪之交的人生巨变》，《社会科学》2007年第9期。乐黛云：《中国传统文化的一些特点及其对世界可能的贡献》，《浙江大学学报》2007年第4期。［法］汪德迈（Léon Vandermeersch）：《“占卜学”对“神学”、“表意文字”对“拼音文字”》，于珺译，《跨文化对话》第29辑，生活·读书·新知三联书店2012年版，第1—4页。［法］汪德迈（Léon Vandermeersch）：《古代中国占卜术派生的理性思维》，许明龙译，《法国汉学》第1辑，清华大学出版社1996年版，第263—288页。［法］金丝燕：《跨文化研究学科建设》，《跨文化对话》第24辑，江苏人民出版社2008年版，第67—75页。［法］金丝燕：《中国对他者的期待视野》，《跨文化对话》第29辑，生活·读书·新知三联书店2012年版，第230—254页。

② 详见董晓萍《跨文化民间文艺学》，中国大百科全书出版社2016年版；董晓萍《跨文化民俗学》，中国大百科全书出版社2017年版。另见张烁、丁乐《跨文化方法论成为新学科》，《人民日报》2015年10月8日。

续发挥作用。民俗学现在的问题是，要提升到跨文化研究方法论的高度，使自己的科学研究和学科建设适合于对优秀“民俗非遗”做出现代阐释和教育行动。跨文化民俗学的非遗理论建设不是抢别人的好东西，而是多元学习、取经和互补，然后继续发展自己。“手把万字平戎策，换得农家种树书”，拥有古老而成熟的中国农业文明背景的民俗非遗，要在现代社会中掌握“跨”的方法论，才能将以农业文明为主的民俗非遗重新磨光擦亮[①]，使之在新的社会历史条件下得到传世和弘扬。

在民俗非遗研究与保护中，引入跨文化方法论，要以民俗学学科建设为根底，创造现代教育活动，这在我国也有历史资源。我国是一个拥有五十六个民族的统一社会主义国家，在长期的社会历史发展中，积累了多民族乐于接受和相互适应的内部跨文化模式，形成了强大的中华民族凝聚力。在我国进入全球化和现代化建设时期后，各族人民积极参加国家的社会建设和文化建设，提取出大批既具国家身份又有本民族特色的民俗非遗代表作，奉献给世界文化宝库。这些民俗非遗代表作的传承之久、品质之高、数量之众，举世瞩目。近年民俗学者已为此做了相当的研究，但这还不够，还要将之纳入跨文化方法论的研究空间予以讨论和提升，刷新民俗学者对保护民俗文化多样性的表达水平，使大量民俗非遗代表作既能内聚，也能外跨，在世界非遗保护学说中，表现中国多民族民俗文化的主体性和中国思维模式，为世界提供中国经验。

民俗学学科建设与跨文化方法论建设的结合意味深长。跨文化方法论所奉行的成套方法和系列概念，与我们以往所熟悉的方法有所不同。钟敬文先生就阐述过整体方法论的“套”和“层”的问题。[②] 整体性方法论特别适合于我国这个历史文明古国的民俗非遗研究。扩大一点说，在方法论上搞一元化和简单化，我们是吃过亏的，以往不少传统学问就

---

① 关于将某种为人熟知的旧概念“擦亮”，使之获得重新诠释的比喻，借用了白馥兰的说法。参见［英］白馥兰（Francesca Bray）《跨文化中国农学》，董晓萍译，中国大百科全书出版社 2017 年版。董晓萍《跨文化民俗学》，中国大百科全书出版社 2017 年版。

② 关于对钟敬文民俗学学说中的整体方法论的阐述，参见董晓萍《钟敬文先生对新时期民俗学科的重大建树》，《北京师范大学学报》2012 年第 5 期。

因为在现代学科中无法归类，在现代教育中被边缘化。[①] 民俗学研究和民俗学的学科建设，也因为以往民俗文化主要不在大学传承所决定，每每遇到这类困境[②]，但真正的科学研究有时能殊途同归。

余 论

我国的非遗理论研究和非遗保护工作要面向全球化下的社会现实问题[③]，大体有三点需要关注：一是对于具有人类文明共享潜质的历史经典和中国经验应该加强现代建设，同时对承载经典文献与口头传统的文化差异性的语言、风俗习惯、国民生活模式和社会心理给予关注，对其在差异性中的“相遇”，要有足够的对话空间与礼仪尊重；二是注意民俗社会功能的变化：在封闭和半封闭社会中，民俗的社会教育功能是惊人的，在开放社会中，民俗的社会教育功能减弱，特色化工具作用增强，民俗学者要关注这种转变；三是在跨文化研究中有关历史、文明、语言、文献、口语、风俗、特质、一元、多元、差异等阐述方法和一系列概念，富含和平精神，提倡人文价值观，强调科学方法对研究工作的重要性，此点尤其值得民俗非遗研究所借鉴。

保护我国非遗是政府、学者和民间的共建文化内容。政府要运用多元知识制定非遗保护决策，学者要掌握多元知识为政府建言，社会力量也要提升创新维护能力去传承非遗。三方协力，促进非遗保护工作的中国化，前景令人期待。

---

① 董晓萍：《启功先生的清代宫廷学问与中国传统文化》，《励耘学刊》2012 年第 2 辑，学苑出版社 2013 年版，第 1—9 页。

② 董晓萍：《反思民俗学高等教育十四年》，董晓萍《在民俗学（民间文艺学）规划建设中理性求变》，《温州大学学报》2011 年第 6 期。

③ 董晓萍：《中国民俗文化软实力发展战略专论》，商务印书馆 2015 年版，第 322—323 页。

《保护非物质文化遗产公约》的精神构成与中国实践*

高丙中**

摘　要：《保护非物质文化遗产公约》通过代表作名录的设计及其在全世界的广泛实施，第一次为人类确立了文化差异条件下文化共享的公共机制，把联合国体系内通过文化达成对人的尊重的努力推进到一个新的水平。文化的不同让各种“我们”相互区分、区隔，但是非遗保护的代表作名录制度把这种认识提升了一大步，差异文化因为被特定民族定为自己的代表性文化而有资格成为国际社会共享的文化遗产。当全人类因文化不同而相互欣赏与共享的格局形成时，最大限度地让每个人有机会受到尊重的文化条件就出现了。

关键词：保护非物质文化遗产　世界文化遗产　文化人权　文化共享　公共政策　社会实践

一　非物质文化遗产保护的优先价值

截至2016年10月6日，随着泰国的加入，《保护非物质文化遗产公约》的履约国家达到170个。保护“非遗”，在过去十多年越来越广泛地被认为是人类共同的事业。中国是第一批加入公约的国家，也是最积极

---

* 原文刊于《中南民族大学学报》（人文社会科学版）2017年第4期。

** 高丙中，北京师范大学人文和社会科学高等研究院（珠海）教授。

参与的国家。在中国，非物质文化遗产保护不仅是一个文化项目，它实际上是一个中央政府的文化部门统筹规划地方政府积极配合，诸学科的大量学者热情投入，基层文化机构和民众大办实事的大事件，堪称一种文化保护的社会运动。[①] 我国各种社会力量之所以积极参与，是因为非遗保护的理念与机制适应中国改革开放的多种内生需要，特别是有助于在文化上改善各种社会关系。其实，中国社会参与最积极，是因为截至目前非遗保护被证明是对中国不断深化的改革开放的最佳助益。

非遗保护是一项多主体复杂组合的公共政策和社会实践，包含不同层次的诸多目的，因为谁参与都有自己的目的。但是，作为公共事务，作为一种产生并运作公共文化的社会运动，了解它的优先价值才能够真正认识它。非遗保护只是一个通道，一个凭借，实际上它后面还有真正要关心的内容，换言之，它着力要办的是后面的事，这就是对遗产持有人、传承人群的关怀。人类各个社会都有长期关心文化遗产的私人收藏与公共事务，但是非遗保护有全新的内容，就是对遗产的传承人群的重视，并且是优先重视。认识到这一点，对于做好非遗保护工作至关重要。

非物质文化遗产保护有一个虽未声明却存在并发挥作用的优先价值，也就是在最大范围内让普通人得到受尊重的机会。在非遗保护的各种原则中，真正重要的是这个优先价值。非物质文化保护跟以前的遗产保护所涉及的对象是不一样的，它是社会中的文化，是民间文化。通常在一个正常的社会，老百姓的文化就是这个社会的基本文化。但是，中国近代以来，国家法定的或者在国家的公共场合有合法性的文化，一直是排斥固有的社会文化的。长期以来，老百姓都不能理直气壮地展示自己生活中的文化，如果不识时务地展示，在很多时候就会给自己惹麻烦。精英们给社会文化、民间文化贴上了各种错误的、反动的标签，老百姓动辄得咎。中国后来进行现代化建设，搞文化建设，引入新文化，并用这些文化去改造社会中的文化，重新化育民众，使他们成为新人。国家的文化工作实质上是一种教育工作。近代精英所引入的新文化由话剧、芭蕾、钢琴和各种作家文学所代表，其标准、经典的形式是从外面引进来

---

① 高丙中：《中国的非物质文化遗产保护与文化革命的终结》，《开放时代》2013 年第 5 期。

的，有些表现形式可能出自我们的社会，比如民歌、民间音乐，但是，它们必须经过精英改造才能进入国家管理的场所，成为国家认可的文化。简而言之，社会既有的文化在新生的国家空间里没有太多的位置，如果想进来必须经过改造。

无论是列入教科文组织保护名录的三百多个非遗项目，还是列入中国国家级名录的项目，当然都有其独特性。但是，它们的价值在什么意义上是不可怀疑的呢？或许有人认为其毋庸置疑的价值来自其独特性。然而其独特性何以能够被界定，又何以有意义呢？其实在于特定项目对于特定人群的代表性，即因为有一个特定的人群，那些能够独特地代表他们的文化项目才能进入遗产筛选的程序，才有机会成为代表作。坦率地说，非遗的许多项目，按照非遗思维确立之前的精英审美标准，真算不了什么。非遗项目的传承人大多是平凡之人，如何能比各种艺术院校训练出来的专业艺人发出更“美”的声音，拥有更“精湛”的手艺？在原来以专业精英所确立的评价体系里，绝大多数情况下并不认为非遗及其传承人。这也就是在非遗思维确立前民族民间文化所处的现实。长期都不重要，都显不出重要价值的民族民间文化项目为什么一下子就“金贵”了呢？原因显然不是来自这些项目本身，而是来自非遗保护的理念。非物质文化遗产的很多内容很普通，没有那么高大上、高精尖，但是，它们是因“人”而贵。这不在于一个项目有多复杂，而在于这个项目真正能够代表一个特定的群体、特定的国家，因为这个代表性太有价值，它会让一个群体被关注，进入文化交流的平台，由此在交流互动中使这些人感到受尊重。其实保护这些非物质文化遗产项目，只不过是达到尊重人的过渡方式。做非遗保护的具体工作，评价与筛选项目不是首先在意这个项目有多复杂，而是优先关注一个社群是否愿意被这些项目代表，参与共同的文化活动。非物质文化遗产保护真正重要的是让社会中的文化受尊重。在此优先价值下，每一个人都可能参与其中，要么是项目代表性传承人，要么是项目代表的群体，总之每个人都有机会因为非遗项目而被代表、受关注，感受到因为自己的文化而受尊重的情感。联合国教科文组织通过的《保护非物质文化遗产公约》也是让所有国家、所有民族都有机会把代表自己的文化放在这个平台上成为我们人类共同的东西，这是制度设计最关键的一点。

二 《保护非物质文化遗产公约》的核心精神

《保护非物质文化遗产公约》（以下简称《公约》）在文本字面并没有太多关于非遗的价值、意义、理念、机制等的阐述，它明确要做的事情也只有一件，那就是建立人类非物质文化遗产代表作的一份名录，把它向全世界予以公布并不断增补。在一个观念和价值分野乃至分歧十分突出的国际社会，很多方面都很难达成一致意见。《公约》的倡议者、起草者、推动者深谙国际社会的状态，以“简便易行”的策略在一个非常短的时间内走完公约的文本起草和教科文组织的审批程序，给一个亟须保护非遗的世界送来了及时雨，开创了人类遗产保护的新时代。该《公约》能够发挥如此意想不到的效力，其中必有深意。解读公约的微言大义，当然要仔细分析公约文本的具体陈述，但是也一定不要忽视公约在序言中所“参照”“考虑”与“忆及”的联合国系统的基本文件。联合国在“二战”的灾难中诞生，通过宪章的方式宣示了具有划时代意义的两点价值，即国际和平与个人权利的优先性。教科文组织是联合国的一个专门组织，它的核心价值当然应该来自联合国基本文件所宣示的价值。

《公约》的一个核心精神是通过文化达成对人权的最基础也是最难的一个内容即对人的尊重。这个社会是充满差异的，具体到每一个人也是有差异的。只有找到与别人不一样的独特性，自己才能发现“自我”。差异是个人与民族都需要的，但是差异给人类带来很多问题。人类的整个思想界和学术界一直以来要解决的关键问题就是我们要尊重差异，我们如何管控差异的负面后果。不同民族、不同宗教之间，要做到认同和尊重实际上并不容易。在这一点上，《公约》与国际社会以前的文化遗产保护不同，找到了避免差异所造成的负面效果的机制，为这个世界在文化多样性的背景下仍然能够相互尊重提供了几乎完美的设计。以民族为例，过去的认识是文化差异造就了不同民族，文化差异是特定民族的标志，但是，非遗保护的代表作名录制度把这种认识往前推进了一大步，不同的文化是特定民族的代表作，这个代表作的意义是人类大家庭共享的标志，文化差异因为被特定民族自认是自己的代表性文化从而有资格成为国际社会共享的文化遗产。过去的认识是文化让我们不同，非遗保护的制度设计带给世界的理念是，我们因文化不同而相互欣赏与共享。这就在新的意义上践行了联合国众多文件所倡导的最大限度让每个人有机会受到尊重的理念。这个《公约》很简单，就是因为它很简单，才能够在这么短的时间内在世界推行。看得出，它提及一些东西，但是并不具体申说，很多东西引而不发，就是为了避免争议，尽快使世界上更多国家接受它。显然，它的工作团队运用了一种策略，需要把它置于整个联合国文书的体系来阅读，而不是作为单独的文本来看。

那么，要把握这个《公约》的核心精神，就需要主动地与联合国一系列文件联系起来，因此，这个精神解读是一个认识过程，需要大家一起来讨论并通过讨论建立共识。也就是说，公约的核心精神需要大家一起来建构。公约的前言参照了几个文件，但是并没有提及那些文件的具体内容，就是把它放到这个语境里，让每个国家根据自己的需要，结合自己的国情去阐发。

《公约》的核心精神当然就是人权价值。人权概念最基本的内容是罗斯福首先概括然后写入联合国宪章的四大自由，即“言论自由、信仰自由、免于匮乏的自由和免于恐惧的自由”①。在联合国的文件系统中，宪章以及《世界人权宣言》《经济、社会、文化权利国际公约》等对人权都有一些表述，强调人生而自由，在尊严和权利上一律平等。核心的一点就是人的尊严，只有你把人当人看，你才承认他跟你一样有尊严。如果你把人当人看，大家在尊严这一点上是能达成共识的，或者是这么去推动的，其他的人权内容就可以是水到渠成的结果。实际上最难的，或者是最能体现你是否把人当人看的，就是尊严这个概念。从文化讲人的尊严是最切题的，因为文化事业的核心就是尊重人，给人以尊严。

但是做文化事业讲尊严与尊重，并非跟其他方面没有关系。恰恰只有通过文化达到相互尊重了，其他的问题才有根本解决的可能。因此，教科文组织后来搞文化权利国际公约，就把文化事业作为重要的专门工作。

人权很重要的一个内容是表达的自由。表达的自由其实在非遗保护中也是很重要的，因为很多人批评说搞非遗就把项目固化了，把项目弄

---

① ［美］埃里克·方纳：《美国自由的故事》，王希译，商务印书馆 2002 年版，第 314 页。

得僵化了，因为审批之后，项目自身也不能再改变。如果改变了遗产的原貌，是违反契约的，因为申报的时候就承诺让这个项目尽可能保持完整的传承。那么，传承人、传承人群自己改变可不可以？还得回到人权基本内容，其中一个就是自由表达的内容。文化所有人群有权利按照自己的需要表现自己的文化，不能因为其申报这个项目就剥夺了这个权利。项目申报时所建议的要素结构和它呈现的方式是互相配合的一个标的，是一个参照物，但是不要将它的权位看得太高，因为还是应在人权核心的概念里面看问题，不能因此不恰当地限制乃至剥夺他们自我表达的自由。

概括地说，谈文化权利，一是通过尊重他人的文化来尊重非遗传承人；二是通过保障受教育和宗教信仰自由等权利，使之具备能力来实现他们的文化权利。尊重他们的文化，这既是一个出发点，也是一个结果，中间还有其他需要。因为现代社会的不平等影响、妨碍了他们的自由表达，政府要投入教育，提高他们的表达能力；要给予其基础设施等物质条件的支持，使他们的表达具有基本的物质条件。

三　对于教科文组织的非遗理念与操作设计的理解

世界文化遗产的概念与保护精神在类型和内容上经历了两个标志性的阶段。非物质文化遗产保护在世界范围内确立之前，已经有一个《保护世界文化与自然遗产公约》（1972 年），初步建立了世界文化遗产的概念，但是这个概念在建立起来的时候又突出显示了自己是残缺的，因为人类的文化遗产既沉淀了古老的建筑物等各种景观，还更为丰富地活在社会生活之中。当把 1972 年的《公约》与 2003 年的《保护非物质文化遗产公约》看作一个姊妹文件的时候，“世界文化遗产”的概念才完全充实起来，才能广泛地与世界人民关联起来，才深切地把人类当前面对的问题与展望未来的机制相结合。1972 年的公约所界定的世界文化遗产只是“物质文化遗产”。当“非物质文化遗产”提出来并同样成为世界文化遗产的基本构成的时候，“世界文化遗产”才在 2003 年之后明确是由“物质文化遗产”与“非物质文化遗产”所组成的。

两个公约既有共同的做法，也有递进的关系。《保护非物质文化遗产公约》所规定的非遗保护，有一些做法是沿袭世界文化遗产保护的成功经验，比如主要工作是公布一个遗产名单，并附带地列举濒危项目的清单。这个面上的工作是简单易行的，但是背后的理念与这一工作所传达、培育的思想方式是非常深刻的。最核心的是一起建立、健全全人类的文化遗产。这是一个新的理念，这也是“二战”以后的世界新文明在公共文化事业上的表现。

“世界文化遗产”的生成包含着一个“私利”被集中、被转化为“公益”的权益生成过程。但是，非物质文化遗产与物质文化遗产的私利征用和公益生成是不一样的。正是这种不一样的机制被发现、被利用，使非遗保护给世界带来了新的游戏规则和思想方式。

归入物质文化遗产的项目在命名前后的权属发生了变化：一是原来就由国家单位所持有和管理，如故宫、天坛。二是原来并没有所有人，但是涉及的土地可能有归属，如长城、圆明园遗址，本身是废弃的，是无主之物，但是在成为文化遗产后，国家会以划拨、征用等方式让它们成为公有。三是自然景观，如黄山、三江并流，其产权可能是分散的，但是在准备申报以及申报之后，其产权与管辖权都会集中到政府成立的专门机构手中。物质遗产作为物质的东西，或者是无主的，或者是有主的；其所依附的土地可能存在或私、或公的多种所有权属性。但是它们成为文化遗产，就要通过产权调整而成为某种公共的遗产。也就是说，无论它们原来是什么产权情况，在成为世界文化遗产的时候就都成了公共所有的东西。简而言之，列入物质文化遗产的项目在命名前后会发生明确的产权调整，在命名之后无一例外都要集中产权和完全的管理权。

“非物质文化遗产”包含着既现实又有超越性、既照顾“私利”又支持“公益”的权益体系。非物质文化遗产的项目因为是活态的文化，依附于具体的人、特定的人群，所以有明确的私人性。但是成为非物质文化遗产之后，手艺类项目可能拥有更多客户，演唱可能拥有更多观众，作为私人利益可能不仅得到保持，还能扩大。不仅如此，非物质文化遗产代表作的名义造成了一种公共的权益，因为文化遗产在被命名之时就新增了一种公众认同、公共享有的维度。这个时候其在个人所有、个人占有之上发生了质的变化，新增了公共的属性，这种新的属性就是通过其社会化过程产生的。

世界文化遗产，不管是早先所讲的物质的、自然的，还是现在所讲的非物质文化的，都是要把“你的”或“他的”转化为“我们的”，都是要把私人性和共同性打通。原来是各种单独拥有或占有，现在变成是我们共同的，两种状态打通了。物质文化遗产是取消个别拥有而得到公益，非物质文化遗产是充分肯定个别拥有而增生公益。这个办法与它背后体现的理念和思想，完全是新的东西。“不否定私人性而共有”，这是一个了不起的文化创新。这样一个几近完美的“在‘你的’之上增生‘我们的’”技巧，不仅是一个文化工作的新思路，而且是人类在新技术条件下开创共享的未来的思想方法。通过文化，让私增生公，这种奇迹能够发生，所有奇迹都将可能发生；这个神奇的转换能够顺利完成，其他希冀的转换就都可以引申出来。

尊重人是解决问题的起点和终点。因为要尊重特定的人，而从尊重他的文化入手；要尊重他的文化，终极同时也是最好的方式是承认他的文化在世界文化当中的位置。历来众多的人群不能因为自己的文化而感到受尊重，因为他们的文化被遮蔽，不能被看见。各种各样的屏障，种族的、宗教的、审美的、技术的，把他们排斥在外，不能进入一个彼此都看得见的平台。如果只是打造一个更大的平台，把各种社群的文化都放上来，却不能改变各是各的分立状态，仍然解决不了问题。教科文组织的人类非物质文化遗产代表名录，既是这样一个足够大的平台，也是一个包含相互认可与认同的机制。既然“你的”与“我们的”已经能够顺利转化，现在你的东西在还是你的东西的前提下也是我们的东西了，我们没有必要排挤。所以国际社会建立人类文化遗产，就是要把大家各自的代表性文化在世界文化里面安顿一个位置，证明彼此的尊重与共享。

保护非物质文化遗产的理念，体现在以新的方式落实对人的尊重，新的方式里面体现着一种逻辑关系。原来文化差异是产生歧视的原因，比如说印度人用手吃饭，我们用筷子吃饭，我们可能觉得他们有点落后，可能会看不起他。但是，非物质文化遗产保护的理念恰恰是基于文化项目的独特性，也就是基于相互的差异。过去，民族文化的差异就意味着民族之间相互的区隔。为了寻找区隔的差异的积极意义，就强调区隔的差异所集聚在一起的多样性。但是非物质文化遗产的保护工作要建立共同的清单，因为差异和独特的代表性而构成地区、民族、国别的代表性项目，而这些项目汇总在一起成为“我们共同的”人类文化遗产。因为有差异才有最后的共享和认同。这就比单纯强调民族文化差异的理念要进步，因差异而起，最后又超越了差异的区隔而归于共享。

非遗理念还有一点内容也是新的，那就是从历史静态遗产的理念迈入现实活态遗产的理念。物质文化遗产代表的时间内涵是过去，这是过去的东西，它也只能属于过去，并且随着岁月流逝，它在不断消损之后可能会湮灭。没有人想象它们会有一个更好的未来。而活态的遗产在本意上就是活生生的，现在把它们列为遗产，既表明它们有历史，是传统，也表示希望它们明天依然能够存留，保护它们就是要保证它们有未来。所以活态的非遗相对于以前的物质遗产来说，未来作为很重要的思考维度被纳入进来。它们要活在人们生活当中，仍然是人们生活的一部分，而且是不可分割的一部分。实际上它们被列入遗产名录，就是要强调这个未来的维度。

在现代与后现代的思想谱系上，物质文化遗产与非物质文化遗产可能是不同的定位。国际社会建立文化遗产的进程，要放在整个反思现代的历史脉络里面理解。因为现代性概念所代表的不断求新，它的时间意识是向前的、单向的，把旧事物归入历史范畴，是与未来截然分开的。反思的思想是认为这个单向时间意识有问题，不能把所有东西放在一个尺度衡量，谁先谁后并不绝对，因为其尺度不是单一的，所以才有文化多样性。这种思路是由后现代的思想在背后支持的，没有后现代的思想，非物质文化遗产的保护运动难以形成气候，尤其是普通老百姓的文化要突破现代的精英体制是不可能的，过去的东西要保证有未来，也是不可能的。后现代的哲学思想条件打破了现代单向时间的宏大叙事的一统天下，老百姓的活态传统文化才能够进入公共文化体制，代表自己的社群进入世界中心舞台，成为要保证未来的宝贵对象。

非物质文化遗产的项目选择经历了从杰出性优先到代表性优先的转变，实际上也就是经历了从单纯的项目考虑到把项目与项目的代表人群合并考虑的转变。联合国教科文组织在 2000 年先试行的是评选人类口头与非物质遗产的杰作。杰作（masterpieces），就是相比于其他项目要更好(更精致、更有难度、更有技术含量等)。杰作清单是就项目论项目，好中挑好，形成另外一种明星项目构成的系列。到 2003 年确立《保护非物质文化遗产公约》的文本，这种评选思路就放弃了，代之以“代表作名录”，它强调的是代表性：一个项目，有地区、民族以之作为自己的代表，并按照程序提交申报书，就有机会放到清单里面。非物质文化遗产评选重视的是社群或国家被代表，而不是文化项目本身，这两个重点是不一样的。

教科文组织的名录体系选择项目有两个基本点：第一点是真实性，这个项目是申报者的项目；第二点是申报者认为这个项目能代表自己。这里面的核心就是特定的群体（以及民族、国家），他们在这一过程中对于代表作的声称是起最重要判断作用的。要求通过文化被代表，是文化持有者在行使的一种权利。在这个时候，代表性的公平性就成为另一个考量要素，不能某人被代表，别人不被代表；不能某人反复被代表，别人总不能被代表。所以教科文组织鼓励参与的广泛性，其中对于国家名额的限制，就是基于这个考虑。如果非物质文化遗产代表作名录逐渐在广泛性上代表人类社会的多样性，让所有国家和其他基本的认同单位都能够在其中体现出来，联合国系统所推动的精神价值就通过非遗的评选得到了预期的成果。

概括地说，非物质文化遗产的共享性特点使它成为联系和沟通不同民族的纽带。教科文组织推动非遗保护的意义，也在于借助这个文化规律，为人类社会寻求一个超越物质独占，消弭由之而引起的人与人、社会与社会之间的纷争，并进而成为推进人类文化繁荣发展的有效途径。针对非物质文化遗产的保护，既需要民族的视角，还需要人类的视角。从私产到公产，从“你的”到“我们的”（当然同时仍然是“你的”），个人或群体拥有的文化项目成为全国乃至全世界共同关心的事项。“全人类的遗产”，带来的不仅是隶属关系的变化，更是人类社会的新理念与新思维。

四 从费孝通先生的 16 字箴言来理解非物质文化遗产保护

费先生在 1990 年 12 月提出了跨文化交流的“各美其美，美人之美，美美与共，天下大同"① 16 字箴言，其内涵与后来国际社会形成的关于非遗保护的理念是非常贴近的。费先生的概括既体现了中国传统的思想智慧，也体现了人类文化的当代问题与可能前景，其中包含的交流机制与非遗保护的人类大业是息息相通的。

把费先生的思想放到非遗概念在国际社会确立的时间脉络里来介绍，是要破除一种把非遗单纯或单独看作外部引入理念的说法。非物质文化遗产是作为一个外来概念被引介进来的，但是非遗保护的理念与实践是一个中国与世界内外契合、配合的产物。具体来说，包括如下三点。

第一，跨文化交往，首先是"各美其美"。对于自己，要有文化自信。不是盲目的文化自信，而是基于文化自觉的洗礼之后的文化自信，敢于承认"自己的"文化。做到这一点其实并不容易。在近代以来，中国大范围否定自己的文化之后，已经丧失承认自己的文化能够代表自己的勇气和智慧。如果没有非遗保护的契机，是难以在国家层面正式承认妈祖信俗、黄陵祭典、成吉思汗陵祭典能代表我们的文化。能够各美其美，《保护非物质文化遗产公约》所强调的代表机制才能够启动，确认什么人群由什么文化所代表，申报程序才能够开始。

第二，要做到"美人之美"，这并不容易。在传统时代，人们常常因为差异觉得自己或自己的民族好，觉得别人与自己不同是可笑的，是应该被贬低的。《保护非物质文化遗产公约》则强调要促进对社群非物质文化遗产的承认与尊重，促进地方、国家和国际社会的文化群体之间的相互欣赏。

第三，要"美美与共"，即人类文化的共享。非物质文化遗产就是善用了文化作为非物质现象的共享性。比如民歌，更多人会唱特定的一首歌，会影响谁的利益吗？非物质文化遗产当中所蕴含的知识、技能，所有人都学会了也没有失去什么，还会因共享而增值，比如开展生产性保护，可以让这个项目有更好的美誉度，让产品更好卖。果真如此，就离中国古典理想所表达的大同世界不远了。

各美其美，是传统时代的人心状态，说自家好，找他人家的毛病，

① 费孝通：《反思·对话·文化自觉》，《北京大学学报》（哲学社会科学版）1997 年第 3 期。

通过贬低别人，让自己显得正确，让自己更可能受尊重。这也就是传统上自己对自己的信心支撑策略。民族的相处也是这样，哪个民族都在讲其他民族的笑话，这是群体相处的自然状态。但是，现在的问题是经过现代化长期的冲击，有好多民族、好多地方、好多社群不会或不敢自我肯定，不敢真诚表达真正代表自己的文化。这是遭受现代意识形态或文化的限制打压之后的状态。民间社会各美其美的能力被削弱了，很多民族不能很自信地把自己好的东西呈现出来。所以有时候从非遗保护的工作来说，文化工作者还要去帮助，去推动，跟当地人一起配合，启发他们发现什么东西是能代表当事人自己的文化项目，发现、启发特定民族各美其美的能力。

正是因为有各美其美，才能有文化自觉，这两个东西是捆绑在一起的。在《保护非物质文化遗产公约》第二条的定义部分就突出了“自视”的优越性：“非物质文化遗产指被各社区、群体，有时是个人，视为其文化遗产组成部分的各个社会实践。”① 这个“自视”是自己要认识自己，不然的话这个非遗保护工作就没法开头了。所以说文化的实践者要能有自我认识，有了这个认识就有了第一步。从民族民间文化的范围来说，自己大胆地肯定自己并非那么容易，如陕西的黄陵祭祀既是中国传统时代的一种国家祭典的惯例，在民间也有很深厚的信仰基础，但是现代史学的古史辨兴起后，黄帝被从历史上否定了，加上意识形态的进一步否定，它作为伪历史、假信仰，自然就不能存在了。改革开放后的三十多年，黄陵的民间信仰和地方祭典都逐渐恢复起来，也不断扩大规模，但是社会并不承认它是代表性文化，直到现在把它认定为国家非物质文化遗产，这个过程是一波三折的。黄帝陵祭祀，能够在现场和媒体传播中表达最广泛的中华文化认同，这是十分有价值的社会结合的方式，它是在心理上建构中国社会认同的方式，因而是一种积极的力量。

美人之美，就是相互欣赏、相互尊重，在《保护非物质文化遗产公约》里面是作为保护工作的目标来讲的，促进社群非物质文化遗产的承认，促进各族群、非政府组织的参与，都是基于美人之美。

美美与共，这个目标也只有非遗保护的理念和操作设计才能够达到。

---

① 《保护非物质文化遗产公约》，《全国人民代表大会常务委员会公报》2006 年第 2 期。

非遗保护，不能止步于你的文化还是你的，我的文化还是我的。非遗保护的工程一定要做到你的文化成为我们大家的文化，尤其从多民族的意义上说，原来这个是苗族的，这个是土家族的，非物质文化遗产理念进来之后，它们在分别是苗族、土家族文化遗产的同时，还都是“我们共同的”文化遗产。

你的变成我们的，当然我的也愿意变成我们的，这个时候是美美与共，彼此契合。非遗保护就是要解决特定传承人群的文化与共享的文化之间的转化关系。没有非遗保护的理念和逻辑，变成大家的就是文化持有者吃亏了。但是现在变成大家的以后，对持有者个人更有价值，其所在的社会、民族也获得了一项共有的文化代表。非物质文化遗产在从个人的东西变成公共东西的时候，它的整个价值，不管是精神价值还是可交易的、潜在的商业价值都得到升值。所有参与进来的人，既贡献了某个东西，又得到了更多的东西。

非物质文化遗产的思想模式、思维方法就特别适合我们这个时期的人类社会。我们一直有太多争斗，而非遗的概念与操作包含新的逻辑、新的价值观，用这种新的方法来促使所有参与者一起体认这样的理念：因为你的参与，让对方多得到了，你也得到了以前根本没有的东西。对于有些人来说是无中生有，对于有些人来说是以一当十。这种思想正是这个时代所需要的，而文化工作正在树立这个宝贵的理念。

五　中国的非物质文化遗产保护与《保护非物质文化遗产公约》精神的践行

目前，中国投入重金来保护非物质文化遗产，所取得的效应还难以估算，但非物质文化遗产保护在中国受重视，可以说帮中国解决了一个大问题。中国取得今天的成就不容易，社会、政治、经济的成就是在曲折的发展道路上艰难取得的，留下的问题不比解决的问题少或小。中国是后发现代化国家，因为落后挨打了并且打怕了，这才急着性子革新，通过从外部向内部、从上面向下面灌输危机意识的方式推动着民众往前走。为了快速追赶先进国家，进行了对原有社会予以全盘否定的思想革命、政治革命、文化革命、社会革命，形成了一个模式：老百姓受旧思想、旧习俗的束缚，不可能是对的，必须受精英的教育，完全改造自己。这绝对不是现代社会该有的正常模式。在近一个世纪对社会文化、民间文化的否定、批判中，业已形成了超稳定的内部生态，很难改变。要改变这个局面，一定要有外来因素打破已有的平衡。当然，这些年在基层社会的各种传统文化复兴，各地以经济建设的名义，在政治正确的口号下打造地方文化的努力，都在慢慢改变社会文化、民间文化不被承认的局面。如果没有这些基础条件，非物质文化遗产理念的引入也不一定能够解决问题。这个问题原来由社会在自发地缓慢解决中，但是没有一个历史的契机，就没有历史的转机。而非遗保护理念的引入，给了中国一个机会，聪明的中国人抓住了这个机会。所以，由非物质文化遗产概念的引入、普及形成新的集体意识和公共选择，正帮助中国渡过对社会的文化否定所造成的现代困境。

政治的正确与社会的错误、精英的正确与民众的错误形成的主宰模式难以改变，是真正难在谁都无从下手揭去“社会的迷信”或“民众的迷信”这种历史标签。“迷信”概念在现代树立起来，包括老百姓都是在话语体系里接受了的。社会生活的任何方面被贴上这个标签，都等于宣判问斩，死无葬身之地。而这个标签恰恰可以贴到社会生活的任何方面。老百姓因此也被在文化上污名化了。当老百姓在改革开放的条件下能够自由安排自己的生活之后，他们开始恢复传统的文化生活，但“迷信”仍如影随形地摆在公众面前，因为谁也不能无视“迷信”这个标签像利剑一样悬在大家头上。

用非物质文化遗产对众多的民间文化项目进行新的命名，把我们在思想理念上完全没有办法解套的事情解套了。或许会有人认为这个说法夸张了，因为非遗命名只是承认这种综合性项目的文化艺术方面，并没有承认其宗教信仰的方面。但是他们没有看到，非遗保护是对于活态文化的保护，也就是对于项目所依托的整体活动的保护，是对于项目的文化生态的保护。国家把该项目列入非遗名录，就是承诺自己不会破坏它的整体面貌，并且要尽一切所能支持当事人保持原貌，持续传承，除非当事人自己要进行改变或调整。在一些情况下，如果传承人不搞“迷信”，也就是不传承项目相关的一些核心内容了，谁会不答应？应该是管理部门和公众反而不答应。只能承认文化艺术的维度，是现有体制自身的特性使然，不仅是一种策略性的做法，也是文化工作而非宗教工作的本分。但是理解必须是完整的。

“迷信”的标签在今天可以从老百姓的某些生活活动中揭去了，除了非遗工作的神奇后果，还应该看到时代的发展。为什么我们今天可以包容那些“迷信”活动？当然还是社会本身发生了变化。原来没有普遍的医疗条件、就医习惯，孩子生病，家长不去医院，就可能把孩子的病耽误了。现在该上医院就上医院，该做仪式就做仪式，不矛盾了，并不必然引起不必要的损失了。

非遗保护虽然是落实在具体的项目上，但是非遗保护带给社会的非遗思维对社会更具有治疗和救助的作用。非遗保护的理念将慢慢让人们养成不一样的看问题、看他人的眼光，尤其是促使人们以新的方式看待私利、看待斗争。非遗思维超越了新与旧、现代与传统、私与公的对立思维，而更具亲和包容与共享理念。包容和共享，在文化领域里面是最容易做到的。

非遗的传承人与被代表的公众之间的典范关系是：别人跟你共享，你不损失什么，反而得到更多。非遗项目是具体的，也有所属；被命名为非遗代表性项目之后，就因为一个抽象的名称而引发了公众的认同，这个抽象的名称帮人们建立一种基于物的亲和关系，这就是可以参与体验的文化共享。越多的人参与进来共享，传承人并不损失什么。所以非遗项目的保护在整个实施过程中能够兼顾各种各样的利益与关切，如国际的参与、国家利益、私人商业利益、公众利益、个人的名利，都可能各得其所，尽管具体案例中的竞争与利益争夺在所难免。但是，非遗项目能够发挥文化的特性，更主要的功能是让人亲和，实现超越私人利益之上的共同分享。

中国在近现代经历了太久、太多的斗争锻炼，从中又产生了不少妨碍现代社会发展的价值观与行为方式，今天的社会仍然深受其苦，深遭其害。非遗概念进入人们的生活，让人们有机会通过文化在社会培育合作的理念，习得合作与共享的心性。从这个意义上讲，非物质文化遗产是解毒剂，让人们用别的方式解决问题，使斗争优先的社会变成合作优先，发现相互欣赏就能得到更多。这个不容易落实到生活当中，但是在文化里面相对容易实现。

中国的非物质文化遗产保护如何体现联合国文件的精神？这是必须回答的问题。如果把人权的内容看作普通人获得尊重的机会，让普通人更广泛地受尊重，那么整个非遗保护的目的就是要达到这个目标。非物质文化遗产保护在中国作为社会运动展开，是不是改善了社会之中普通人受尊重的机会？和世界上任何国家的非遗保护相比，中国普通老百姓因此受尊重的机会得到了极其显著的改善。从极端的例子看，非遗保护项目对很多穷乡僻壤的老奶奶的文化技艺进行肯定，给予荣誉，也给予一些医疗和经济上的照顾，让他们在这里面真正的得到了关怀、自信、尊重。中国的不少老百姓的生活都涉及一些民间宗教信仰内容，都因为这些信仰活动被认为是“迷信”而连带使一些相关文化事项受到否定。那么非遗代表作的命名极大地改善了这种局面。虽然不能说这个问题全部解决了，但是它最起码选择了那些比较突出的项目，承认了它们作为国家文化遗产的地位，也非常明显地增加了民众受尊重的机会。

人权的核心理念，让人人受尊重，这种思想观念的形成正是这些年在中国开展非物质文化遗产保护的一个实际效果，确确实实起了推动性作用。在这一点上，非物质文化遗产保护的中国实践跟联合国系统的主旨精神是完全相通的。

非物质文化遗产保护在中国解决的最大一个问题，是重视民间大众的文化，重视社会文化，承认原来某些以为是封建迷信的东西是国家宝贵的文化，由此让这些普通人在实践文化形式的时候，不受贬低，而是被承认、被尊重。这正是对联合国系列文件所支持的《保护非物质文化遗产公约》精神的实践，是一种深具中国特色的实践。脱离“文革”的思维模式，社会由此学习从相互斗争走向相互欣赏、相互合作，非遗保护成为社会运动，把这个趋势大大地推进了一步。

总而言之，加入并积极参与《保护非物质文化遗产公约》的相关活动，确实使中国社会从中受益。可以设问，非遗保护在国内的推动给我们带来了什么？笔者认为最重要的是，非遗保护成为国家的一项公共文化工作，“四级名录体系”大范围地确认了普通老百姓日常生活的内容是共同体的公共文化，改变了近代以来彻底否认“社会中的文化”的局面。自“五四”新文化运动以来，中国建立了一个有利于激进运动的文化体系，这个体系的特点是强调文化从上面来（很多时候就是从外面来），否定民众生活当中的文化，在这些文化一时不能杜绝的情况下，就说它们是旧文化、落后的文化，不允许它们公开践行。非遗保护是对民间文化，也就是来自生活中的民众文化的肯定，在非遗代表作名录体系基本建立和整体性保护原则得到贯彻的情况下，是对代表作项目所依附的生活文化在整体上的肯定，并宣示要尽力创造一切条件让这些项目能够完整地传承下去。这种态度可是近代以来的头一次。一些按照近代以来的逻辑绝对不能够接受或容忍的文化，因为具有中国文化的某种代表性特征或广泛的群众基础，也能够在国际社会的非遗语境下成为国家正式承认的文化遗产。在这个过程中，中国通过非遗保护的社会运动把“社会中的文化”的位置摆正了，通过文化遗产项目的立项过程把人跟人之间相互尊重的关系、把政府跟老百姓的关系摆正了。承认社会的基本文化是具有法定地位的公共文化，这才是走向真正的现代社会的一个正途。

分形全球化与非遗保护的中国标准*

高小康**

摘　要：当代国际政治、文化正处于重大冲突和转折中，美国主导的全球化正在转向多元多维自组织的分形全球化。中国在世界非遗保护中的地位、责任和作用发生变化，需要研究中国本土性、全球性和互享性多层次的非遗保护标准，同时从形态保护转向对文化精神内涵的保护。

关键词：非遗保护的中国标准　分形全球化　文化内涵保护

一　从全球分裂到全球化

联合国教科文组织的《保护非物质文化遗产公约》颁布于2003年，但关于非遗保护的文化背景——全球化与文化多元主义的冲突却是20世纪后期发生的全球政治现象，也是留给21世纪世界的重要问题。

20世纪80年代初，著名美国史学家斯塔夫利亚诺斯（Stavrianos）继《全球通史》之后出版了一部更加惊世骇俗的著作《全球分裂：第三世界的历史进程》（*Global Rift：The Third Word Comes of Age*），这部著作的副标题是“第三世界的历史进程”。这部书研究的是“二战”后的世界格局中处在美苏两大集团之外的世界“欠发达国家”的群体地位与文化特征。作者把20世纪资本主义的全球扩张形成的发达国家集团与殖民主义之后

---

* 原文刊于《文化遗产》2018年第6期。本文为2016年度教育部人文社会科学重点研究基地重大项目“非遗保护的中国标准研究”（项目批准号：16JJD850016）的阶段性成果之一。

** 高小康，南京大学文学院教授。

兴起的欠发达国家群体之间的分裂与冲突称为“全球分裂”[①]。

全球分裂是20世纪民族主义革命的兴起及其对“全球化”的冲击。但在斯塔夫利亚诺斯书中所说的全球化与自20世纪80年代以来人们热衷谈论的“全球化”概念之间其实是有差异的。“全球化”不是一个专有名词概念，人们在不同背景和语境谈论全球化的所指往往不同。《全球分裂：第三世界的历史进程》的作者在书中把全球化区分为几个历史阶段和形态：书中称为“全球性体系”的第一个全球化形态出现于1770年至1870年，这是工业资本主义的兴起与老殖民主义渐趋衰落的时代；第二个阶段是1870年至1914年，“垄断资本主义和全球殖民主义的时代”。而此后自1914年“一战”结束直到20世纪80年代，被作者统称为“全球性革命浪潮”的两个阶段，也就是从全球化走向全球分裂的时代。但当代人所熟知的“全球化”观念恰恰是“全球分裂”之后出现的以经济全球化为主导形态特征的文化现象，实际上是20世纪中期以后特定的国际政治、经济和文化背景下形成的关于世界状况的一种表述。

简单回顾一下世界历史就可以看出一个大的趋势：从多种文明分立并存的世界转变为一个相互联系的普遍化的世界，这是自殖民化时代以来发生的基本趋势。也可以说，西方文化向全球的传播、入侵，殖民主义的发展造成了自中世纪后期以来全球不同文明之间的影响和此后文明发展趋势的全球化趋同，也就是斯塔夫利亚诺斯所说的“全球性体系的出现”。这个全球化趋势的观念根据是相信科学技术和理性主义、启蒙主义所代表的现代西方文明的先进性。按照19世纪的进化论和历史主义观念的普遍性逻辑，这意味着其他文明尚处在不够先进的低级阶段，只可能被先进的西方文明涵化或消灭。

但是后来到20世纪发生了一个重要的变化，就是俄国“十月革命”引发的民族主义兴起以及随后“第三世界”的出现，由此造成现代全球性体系的崩裂即所谓“全球分裂”。这是从20世纪初开始产生一个大的世界文化发展趋势的新背景。

实际上作为现代文化思潮的民族主义还有一个更早的民俗学的背景，

---

① ［美］斯塔夫利亚诺斯：《全球分裂：第三世界的历史进程》，迟越等译，商务印书馆1995年版，第9页。

就是从德国18世纪以赫尔德为代表的民俗学对民间文化传统的重新发现和评价，尤其是格林兄弟对“雅利安民族原始共同神话”的研究，引发了现代民族—国家思潮的产生和发展；到“一战”后形成越来越多边缘文化和殖民地的民族共同体想象与独立意识的发展，全球范围的各种矛盾冲突不断发生和激化，由此而形成了现代世界“全球分裂”的形势。

但自20世纪80年代以来谈论的全球化就其主流而言并非如斯塔夫利亚诺斯书中所说的全球性体系那样的现代史问题，而是一个“二战”之后发生的新状况、新问题。

虽然在当代历史研究中两次世界大战往往并提，但实际上“二战”对世界秩序做了一个很特殊的重组。“二战”的开端是在全球两个距离遥远且关联甚少的区域分别发生的冲突：一个在太平洋地区，就是以日本侵华开始的东亚战场；另一个是欧洲战场。日本侵华战争的背景是1894年中日甲午战争、1904年日俄东北战争等一系列战争后日本随着国力强大而增长的侵吞朝鲜、中国东北的欲望导致的东亚地缘冲突；欧洲战事实际上是自19世纪中期克里米亚战争以来近一个世纪欧洲列强纵横折冲历史的延续。

这两个区域的战事从历史来看没有什么实质性联系，从战争肇端来看也和以前的战争没有什么太大差别——简单地说这些战争都是弱肉强食的利益之战。以往各国之间的这类战争打完之后接着就是一件事：坐下来算账——割地、赔款、通商之类，总之都是利益问题。“二战”两个不相关的战场打到半道上，加入了一个本来和战争无直接关系的美国。美国加入了两个战场后实际上使两个战场变成了美国主导的一个战场，这时候才成为真正意义上的第二次世界大战。大战结束后美国主导的战胜国集团同盟国“五强”对这次战争进行了道德定义——不是成王败寇，而是人类的正义力量联合抵抗反人类的法西斯主义的战争。所以战争的结局很特殊：首先不是计算利益补偿，而是进行道义审判——纽伦堡审判和东京审判，审判反人类罪。这样一来，“二战”被赋予了全球普适的道义价值，战后依据这种普适价值观重组世界秩序的典型政治制度设计就是成立联合国。整个战后世界发展的主要趋势就是美国主导的全球秩序的重组和发展理念的实施。

从总的趋势来看，从马歇尔计划、冷战以及其后的国际政治局势发展中，其实就是逐渐由美国来重组世界秩序的过程。战后没隔多久就形成了美苏两个超级大国领导的两个相互对立的集团并开始冷战。后来在冷战过程中苏联集团崩溃，20 世纪 80 年代到 90 年代世界政治形势发生重大变化。与政治形势变化相应，这个时期整个世界的经济形态、产业特征的变化更为鲜明：从工业化到后工业化信息技术的发展，全球性的跨国生产、贸易与金融体系的出现，形成了一个前所未有的经济全球化格局。

冷战结束以后美国学者福山出版了《历史的终结及最后之人》一书,[①] 他认为冷战的结束意味着美国的自由、民主、人权等价值观念成为全球的普遍价值，因而也就是人类意识形态发展的终点。历史终结论把当代的经济全球化推衍为政治、文化的全球化。这种泛全球化观念在 20 世纪 80 年代到 90 年代成为当时一个非常典型的解释历史发展的观念。除了福山的《历史的终结及最后之人》，这个时期还出现了未来学派，他们的基本观点是，未来科技的发展将深刻影响世界的发展，信息技术、生物工程等新技术的发展将解决以前工业化带来的问题；政治冷战结束意味着民主政治的胜利，以往的政治冲突也都会被解决。这个全球化的核心是美国主导下的世界政治、经济秩序安排，也是美国文化影响的全球化，也就是说全球化意味着全球的美国化趋势。

但是到了 90 年代中期以后，人们发现冷战的结束并不意味着全球文化冲突的结束。全球化并非世界大同的愿景的实现。质疑者中一个比较重要的人物就是亨廷顿，他在《文明的冲突》一书中的基本观点是，世界不可能成为西方化的统一文明。世界从一个文明对所有其他文明单方向支配的阶段，走向了所有文明之间强烈的、持续的和多方面相互作用的阶段。全球化以来，世界不是一个历史终结的统一世界，而是由“断层线”（faultlines）形成的不同文明相互冲突的世界：全球政治正沿着文化的界线重构……以意识形态和超级大国关系确定的结盟让位于以文化和文明确定的结盟，重新划分的政治界线越来越与种族、宗教、文明等文化的界线趋于一致，文化共同体正在取代冷战阵营，文明间的断层线

---

① ［美］弗兰西斯·F. 福山：《历史的终结及最后之人》，黄胜强等译，中国社会科学出版社 2003 年版。

正在成为全球政治冲突的中心界线。[①]

与亨廷顿所说的文明冲突相应的是20世纪90年代后期出现的文化多元主义批判思潮，即对抗美国的普世主义和文化同质化的全球化而提出的多元文化主张。普世主义的全球化被意识到是对不同文明价值和权利的剥夺，因而在这样一个新的全球文化关系背景下产生的“断层线冲突”，实质就是文化多元主义和普世主义全球化之间的矛盾。联合国教科文组织于2001年通过的《世界文化多样性宣言》、2003年颁布的《保护非物质文化遗产公约》、2005年《保护和促进文化表现形式多样性公约》等一系列文件都是在这个文化背景下产生的。

在这个背景下审视非物质文化遗产保护的观念，可以看出非遗是世界文化多样性宣言的延伸和深化发展。这是对自20世纪中期以来的普世主义全球化批判性反思形成的新的全球文化认识和对策，也可以说是后全球化时代的文化发展观念。

二　多元文化主义与分形全球化

亨廷顿的“断层线”理论是在多元文化主义兴起的背景下对全球化问题的重新定义，也可以视为后全球化的一个预言：在20世纪，文明之间的关系从受一个文明对所有其他文明单方向影响支配的阶段，走向所有文明之间强烈的、持续的和多方向的相互作用的阶段……非西方社会远不只是西方创造的历史的客体，而是日益成为它们自己的历史和西方的历史的推动者和塑造者……由于这些发展，国际体系超越了西方，成为多文明的。[②]

亨廷顿从捍卫西方文明的保守主义立场对多文明的国际体系持怀疑和警惕的态度，而对于自由主义精英来看，文化多元主义（cultural pluralism）恰恰是未来世界文化发展的合理趋势：在日益走向多样化的当今

① ［美］塞缪尔·亨廷顿：《文明的冲突与世界秩序的重建》，周琪等译，新华出版社1998年版，第129页。

② ［美］塞缪尔·亨廷顿：《文明的冲突与世界秩序的重建》，周琪等译，新华出版社1998年版，第39页。

社会中，必须确保具有多元、多样和充满活力的文化个性的个人和群体之间和睦交往和共处。促进所有公民融入和参与的政策是增强社会凝聚力、市民社会活力及和平的可靠保障。①

如果说20世纪80—90年代随着冷战结束而形成了普世主义全球化的乐观主义思潮，那么此后从90年代后期到21世纪蓬勃发展的后殖民主义、文化帝国主义、女性主义等后现代文化批判思潮则意味着对抗普世主义全球化的文化多元主义观念的兴起。从2001年的《世界文化多样性宣言》到2003年的《保护非物质文化遗产公约》和2005年的《保护和促进文化表现形式多样性公约》，联合国教科文组织发布的这一系列文件体现出一个关于当代世界文化发展的基本态度，就是通过“非物质文化遗产保护”理念的提出和实施，推进多元全球化的实践策略。

然而自“9·11”恐袭事件之后，全球文化关系迎来了新的挑战。越来越多针对美国和西方发达国家的恐怖袭击使得文化多元主义主张受到质疑，右翼保守主义兴起；基于文化多元主义立场的多元全球化观念在实践中遇到日益强大的保守主义的挑战。亨廷顿把文化多元主义视为对美国传统所代表的西方价值观念的挑战和消解：在历史上，美国的民族认同在文化上是由西方文明的遗产所界定的，在政治上则是由美国信条的原则所界定的，即绝大多数美国人都赞同的自由、民主、个人主义、法律面前人人平等、宪政和私人财产权。20世纪末，美国认同的这两个组成部分受到了为数不多但极有影响的知识分子和国际法专家集中而持久的攻击……60年代民权法案通过后制定的各项立法也表现了多元文化的趋势，而在90年代，克林顿政府把鼓励多样性化作为其主要目标之一……多元文化主义者还通过以集体权利代替个人权利来对美国信条的中心内容提出挑战，而集体权利在很大程度上是根据种族、民族、性别和性别偏好来界定的……摒弃美国信条和西方文明，就意味着我们所认识的美利坚合众国的终结。实际上这也意味着西方文明的终结。②

---

① 联合国教科文组织：《世界文化多样性宣言》第二条“从文化多样性到文化多元主义”，2001年11月2日。http://portal.unesco.org/en/ev.php-URL_ID=13179&URL_DO=DO_TOPIC&URL_SECTION=201.html.

② ［美］塞缪尔·亨廷顿：《文明的冲突与世界秩序的重建》，周琪等译，新华出版社1998年版，第352—354页。

亨廷顿代表的西方保守主义与激进的左翼文化多元主义之间的冲突日益剧烈，形成了21世纪第二个十年期间反全球化浪潮的发展：民族主义/民粹主义、普世主义/本土主义、自由贸易/新关税壁垒等一系列二元对立关系的形成及其影响的增长，标志着20世纪美国主导的普世主义全球化时代走向终结，同时文化多元主义也渐渐改变了争取文化平等与文化间性沟通的方向，越来越走向文化对立与政治对抗。自2008年世界金融危机以来，全球经济、政治发展中出现了强烈的保守主义与民粹主义倾向。全球化趋势似乎已经逆转，"后全球化"时代临近了。

在这个时代，福山心目中作为历史终结形态的普世主义全球化显然已经不合时宜。但是否这就意味着全球化已经走向终结还是个问题。从文化多元主义的立场看，亨廷顿的文明冲突论是一种后退、保守的历史观和价值观，是西方中心主义在当代文化冲突中的一种演变形态。但比政治正确与否更重要的是需要深入、科学地研究他的国际政治主张是否有意义？他的"保卫文明断层线"理论看上去符合当代人所看到的全球性文化冲突现实，但这种表面的断层划分能否科学地解释文化冲突的内在意义与特征却值得怀疑。他在书中提到了一个"达沃斯文化"概念：

> 每年大约有一千名商人、银行家、政府官员、知识分子和记者从几十个国家聚集到瑞士达沃斯的世界经济论坛。几乎所有这些人都有物理学、社会学、商学或法学的学位，从事文字或数字工作，英语相当娴熟，受雇于政府、公司和学术机构，有着广泛的国际交往，时常在他们自己的国家之外旅行。他们一般具有对个人主义、市场经济和政治民主的共同信念，这些也是西方文明中的人所共有的。达沃斯人实际上控制了所有的国际机构，许多世界管理机构，以及大量的世界政治和军事职位，达沃斯文化因此极为重要。然而，在世界范围内有多少人共有这种文化？……

正如赫德利·布尔所指出的，"共同的知识文化只存在于精英层次：

它在许多社会中根基很浅……”①

亨廷顿注意到“达沃斯人”在西方文明之外的世界很少有代表性，但他没有注意到的是，这些全球文化精英在西方文明中也并非具有当然的代表性和主导性。在他提出“达沃斯人”和“达沃斯文化”概念十年后，纽约时报一位专栏作家弗里德曼撰文说，“广场人让达沃斯人靠边站”：随着IT革命和全球化蔓延开来，电脑日益普及——当初只有精英人士才拥有笔记本电脑，现在每个人都有智能手机；当初只有少数幸运儿才能上网，现在人人都上Facebook；当初权力机构里只能听到富人的声音，现在每个人都能在Twitter上反驳他们的领导者——一股新的全球性政治力量正在诞生，而且它比达沃斯人更巨大、更重要。笔者称他们为“广场人”。

大多数广场人都很年轻，渴望拥有更优质的生活和更多的自由。无论是寻求改革还是革命（这取决于他们现在的政府），他们都通过在广场上集结，或者是在虚拟广场汇合，或者两者兼而有之的方式与彼此连接在一起。在更多的情况下，他们是通过一个共同方向，而不是共同的纲领团结起来的；他们希望自己的社会朝那个方向迈进。②

实际上弗里德曼所说的“广场人”在2008年的金融危机时期就已在“占领华尔街”等广场运动中表现出了自己的存在。值得注意的是，“广场人”和“达沃斯人”的冲突在极多的情境中与亨廷顿以民族、宗教、历史传统划分的“文明断层线”并不同维。许多占领广场反对全球化的人恰恰是发达国家的大学生、学者等西方文明意义上的社会精英。随着21世纪信息传播、社交、生活方式日益流动多元，全球联系趋向越来越复杂和动态化，如美国社会学家卡斯特所说，流动空间与地方空间的张力与结合……通过互联网水平传播的扩展，加速了片断化和象征性沟通的个体化过程。所以，片断化的都市和沟通的个体化促使双方产生无止

---

① ［美］塞缪尔·亨廷顿：《文明的冲突与世界秩序的重建》，周琪等译，新华出版社1998年版，第44—45页。

② ［美］T. 弗里德曼：《“广场人”让“达沃斯人”靠边站》，纽约时报中文网·国际纵览，2014年5月15日。

境的文化次领域群体。①

流动空间与地理社区之间的张力正在造成越来越复杂的社会关系，并由此产生越来越混杂的社会矛盾和冲突。以相对明确固定的历史文化和空间特征“断层线”来标识社会区隔、身份及其矛盾冲突，这种研究范式出现了明显的缺陷和偏差。可以说，后全球化时代的文化冲突的特征不再是疆界清晰的“断层线”，而是复杂多维的分形（fractal）几何图形。当美国社会学家萨林斯说出“爱斯基摩文化还在”② 的时候，就已经预示了未来全球文化关系超出全球化想象的复杂性。

美国城市学家索亚（Soja）在谈到后现代的城市形态“后大都市”特征时用到过“分形”这个概念，即“把流动、碎片、散乱的社会重组成复杂的构型”③。这种分形化的重构并非如一些后现代主义理论意指的碎片化或无序化，而是在信息与物质移动互联状态中通过自组织形成的流动链接的世界体系。这可能意味着一个新的全球连接形态的开始。全球化趋势不是在向前全球化的列强时代倒退逆转，而是在转向超越传统的全球关系——信息化与智能化构建的多元多维自组织的分形连接关系超越了物质拥有和地理关系的重要性。这种新的分形重组关系才是美国主导的普遍主义全球化崩盘的内在原因与动力。由此而产生的后全球化新型全球关系特征可以命名为“分形全球化”。

在这种新的“分形全球化”形势下，基于文化多元主义观念的文化多样性保护工作面临着更加复杂的文化冲突挑战——文化的主体、权利、价值、意义等问题都需要深度探讨和交流。非遗保护不再是单纯从技术层面考察、确定保护对象的范围、形态和方法，更需要从理念展示转向意义理解与沟通。联合国教科文组织于2016年通过的《保护非物质文化遗产伦理原则》文件提出了非遗保护的12项伦理原则，从道德、立法和商业利用等各层面确认了相关社区、群体和个人在保护非物质文化遗产

① ［美］曼纽尔·卡斯特：《21世纪的都市社会学》，刘益诚译，《国外城市规划》2006年第5期。

② ［美］马歇尔·萨林斯：《甜蜜的悲哀》，王铭铭等译，生活·读书·新知三联书店2000年版，第119页。

③ Edward W. Soja, Postmetropolis: Critical Stndies of Cities and Regions, Blackwell Publishers Ltd., UK, 2000, pp. 264 – 265.

中的地位，旨在防止对非物质文化遗产的不尊重和滥用。

非遗保护伦理问题的提出涉及了与文化多样性保护直接相关的文化主体性与主体间性，即文化传承的内在根据与当代多元文化环境中文化传播、交往的意义与价值，这在分形全球化的多维文化冲突场景中具有促进不同文化立场相互沟通与分享的意义，有助于非遗保护标准问题的深度探讨。

三　分形全球化时代的中国标准

非遗保护的标准制定问题起始于 1972 年巴黎世界文化及自然遗产保护公约的制定。在世界遗产公约获得通过之后，一部分会员国提出在联合国教科文组织内制定有关民间传统文化非物质遗产各个方面的国际标准文件。1989 年 11 月联合国教科文组织第 25 届大会上通过了关于民间传统文化保护的建议，并在最后的一章关于促进国际合作的条文中指出，会员国要对那些民众或社团的具有象征性精神价值的非物质遗产给予更大的关注。

联合国教科文组织在提出制定保护非物质文化遗产的国际标准时，注意到非物质遗产“具有象征性精神价值”，因而需要不同于保护物质形态遗产的方法和标准。简单地说，一般意义上的物质遗产保护对象是物质形态，保护目的和标准都是与保护对象可感知形态的本真性、完整性及其价值相关。从这个意义上讲，保护是一种固化对象的行为。而非物质遗产与物质形态遗产的主要差异在于非物质的性质，就是说真正的保护对象不是物质形态，而是物质形态背后的“象征性精神价值”，即文化形态的意义内涵。这种对精神价值的保护体现出联合国教科文组织关于世界文化保护的基本立场和价值根据。正如在该组织的组织法中所说：“战争起源于人之思想，故务需于人之思想中筑起保卫和平之屏障。”① 这种全球文化沟通和世界和平理想可以说是全球化时代形成的重要价值观念，也是非遗保护标准所涉及的精神价值内涵的评价基础。

---

① 《联合国教科文组织法 · 序言》，http：//unesdoc. unesco. org/images/0012/001255/125590c. pdf。

然而近几年来的反全球化趋势对这种全球化价值理念和文化保护标准都产生了复杂的影响。川普宣布美国退出联合国教科文组织就是这种影响的一个重大表现。美国因为不满于联合国教科文组织的许多做法和立场而“退群”已经不是第一次了，但这次的退出在这个具有全球性意义的转折时期产生了不同以往的重要影响。在全球化面临重大挑战的时刻退出联合国教科文组织，这是川普表达的一个清晰立场和态度：美国将从文化立场上放弃自20世纪中期以来的普世主义全球化理念。

联合国教科文组织在成立迄今的70多年来，在促进世界各国文化表达、对话与沟通方面进行了大量工作，从而建构起了一个前所未有的全球性文化交往行为场景。自联合国以及下设各国际组织成立起，这类全球性文化交往主要是在美国主导下进行的。自21世纪以来，随着多元文化主义兴起，美国政府影响力下降，因此产生退出这些国际组织的行为。

美国退出联合国教科文组织，意味着放弃在这个国际文化活动场景中的主导地位。一个直接、现实的影响就是正式减少了美国原承担的占比22%的会员费（实际上已拖欠甚久）。这将使得各个成员国承担的经费比例发生变化，因而也就相应地使得各成员国在教科文组织实际运作中的影响力也将发生变化。这是一个典型的后全球化场景——传统的“老大”离场，美国放弃了在国际文化活动中的主导地位，也就意味着半个世纪以来的全球一体化格局结束。各国将不得不重新定义、协商、组织和引导国际交往行为。

反全球化并非从全球化倒退到列强争霸的前全球化，而是美国主导式全球化正在让位于多元多维自组织的分形全球化。这种变化对中国这样一个世界第二大经济体、如今联合国教科文组织中最大的成员国来说具有更重要也更复杂的意义。在人类非物质文化遗产保护中，中国的地位产生了重要变化，这将影响到中国在新的全球文化发展情境中所处的立场、挑战和机遇。

这种国际政治和文化交往关系的重大转折对于世界非遗保护实践来说，意味着要适应于这个分形全球化新时代的情境，重新审视和研究多维复杂全球关系中的文化保护规则和标准。就中国而言，不仅意味着需要面向当代世界情境研究自己的非遗保护标准即中国标准，而且由于中国在分形全球化的国际文化交往关系中地位、义务和影响力的突出，也使得非遗保护的中国标准研究同时具有了全球性的文化意义和学术价值。从这个视角我们可以把非遗保护的中国标准研究内容区分出三个层面的意义。

第一个层面是本土性研究，即基于中国非遗保护的本土性特征进行的对中国本土非遗保护的标准进行的研究。

第二个层面是全球性研究，即基于分形全球化的世界文化发展状况，由中国倡议、创新对全球性非遗保护标准的重新认识和深化研究。

第三个层面是互享性研究，即在多元多维文化关系情境中，中国介入、推进多元文化相互沟通互享的保护标准研究。

这三个层面显示出非遗保护标准问题研究的当代性、全球性和复杂性，这种研究及其成果将对正在重构中的全球文化关系以及中国在这种文化关系情境中所需要构建的文化自知—自信具有重大而深刻的意义。

四　历史标准与美学标准

福山《历史的终结及最后之人》代表了一种全球化走向顶峰时代的普遍主义想象——相信理性主义的普适性必将引导全世界人民和文化通过人同此心心同此理的共识走向世界大同的普遍价值观。世界文化遗产保护理念也是基于这样一种普遍价值观而提出的。非遗保护虽然是从文化多元主义立场上提出的文化多样性保护理念，也强调了不同文化特有的象征性精神价值，但在具体的保护内容、方法、标准等实践性意图方面更多关注的是文化形态的多样性及其保护。这种基于形态保护提出的实践方法和标准与文化保护的动机、精神之间存在着差异。

文化形态保护可以通过物质条件支持以传习模仿的方式实现，但如果没有对文化内涵的保护，最终会使得传统文化遗产失去活力和发展的可持续性，使文化保护变成对传统的临终关怀。要真正实现传统文化在当代的活态传承和发展，就意味着传统文化精神内涵在当代文化环境中的活化。在进化论和总体主义历史观看来这是个反历史的悖论，而在当今多元多维的分形文化环境中，不同时空各种文化的再生、共生、并置和相互影响发展将成为未来趋势。通过深入研究去认识、理解这些深层文化内涵，使之在当代文化生活中活化，才能使非遗在当今全球文化生态环境中获得生机和发展，从而推动当代社会的交流进步和创新。

基于这种文化传承发展观念，非遗保护的标准问题需要从原点出发进行新的探索——不仅需要制定和完善对可感知形态的保护标准，而且需要探索保护文化内涵的标准。恩格斯1859年在写给费迪南·拉萨尔的一封批评作品的信中有一句很有名的关于文学评价标准的话："我是从美学观点和历史观点，以非常高的、即最高的标准来衡量您的作品的。"[①]在马克思主义文学理论研究中，"美学观点和历史观点"是分析文学作品的两个维度；美学标准和历史标准就是基于这两个研究维度而生成的评价文学的两条基本标准。从某种意义上说，非遗保护也需要认识文化价值的两个维度和两个评价标准——关于文化形态特征及其历史、社会价值的标准和关于文化内涵的精神意义及其人文的标准，类似于马克思主义文艺学的历史标准和美学标准。

这里提出的非遗价值评判的美学标准涉及的美学概念是一个文化理论意义上的美学观念。特定文化群体的文化娱乐、生活习俗、地方性知识、信仰仪式等历史文化形态是非遗的表层，而深层则是在社会发展、文化传承中整合、积淀生成的审美意蕴——集体意象、情感体验、文化认同和审美趣味等活态的文化内涵。非遗从形态保护到内涵保护的扩展就是美学价值的发现与评估。

物质形态的评价方法和标准是可以量化和客观化的，而精神内涵和美学价值的评估方法标准如何制定？这里涉及两个评价标准的不同性质和功能。中国传统美学中通常把文学创作和评价的标准称为"法"或"文法"。清代文人叶燮把文法区分为死法和活法两类，他认为死法是"定位"，活法是"虚名"，是"神明之法""感通之法""变化生心之法"，"虚名不可以为有，定位不可以为无"。[②]这种以言说定位的"死法"与神明感通的"活法"在中国传统美学和艺术批评史上以二元对立相辅相成的关系构成一系列美学范畴——言/意、气/象、风/骨、神/韵、

① 《恩格斯致费迪南·拉萨尔，5月18日》，《马克思恩格斯全集》第29卷，中共中央编译局译，人民出版社1982年版，第581页。

② 叶燮：《原诗》内篇下，霍松林校注《原诗一瓢诗话说诗晬语》，人民出版社1979年版。

意/境、格/调、情/趣等，通过对体验的辨析与沟通形成活的美学评价标准。

非遗的精神内涵包含多方面意义在今天都可以归为广义的审美内涵，对这些审美内涵的评价标准也可以借鉴传统美学的“活法”。但问题在于，“活法”如何能够从玄虚惝恍的心灵感悟进入社会交往，成为评价非遗保护效果的实践标准？实际上这倒不是什么不可解的难题。在当代世界的艺术品评价体系形成机制中就可以看到这种活的评价行为所起的作用：在商业化的艺术品交易市场机制的背后，存在着由传统的艺术教育、创作、传播活动生成的主流趣味及其影响社会的意见体系。社会文化活动中的主流意见体系实际上构成了特定社会文化环境中艺术品评价标准的生态基础。

非遗文化内涵的价值评估与标准体系建设在某种程度上也类似于艺术品评价体系的生成逻辑。非遗保护中的保存、传承、教育、传播、交流等各种具体实践行为不应当仅仅把注意力集中于作为保护对象的物质形态，更重要的是通过美学研究和接受活动培育对非遗精神内涵的感受、体验、认同和想象力。意大利哲学家克罗齐说，“一切真历史都是当代史”,[①] 对传统文化的接受只有通过这种心灵能力的美学培育才可能使历史成为能够激活当代人精神需要的当代史。有了这种接受实践所培育的文化生态环境，才有可能形成对社会趣味和精神的影响力氛围，这种文化氛围有助于培育起主流文化趣味和意见体系，从而构建起对非遗精神内涵的评价方法与标准，使非遗真正从文化精神根基上得到保护和活化传承。

---

① ［意］贝奈戴托·克罗齐：《历史学的理论和实际》，傅任敢译，商务印书馆 1982 年版，第 2 页。

地方与遗产：非物质文化遗产的地方性与当代问题*

耿　波**

摘　要： 当代非物质文化遗产保护运动带有浓厚的资本规训色彩，非物质文化遗产保护要获得其在当下时代的合理性基础，必先脱离资本引导下的自我规训逻辑，向古典传统回溯其文化定位。古典传统中的非物质文化遗产乃是通过“地方”认同实现价值升华的“地方性知识”。在当代，资本冲击使得古典传统中具有锚定性、安居性的“差异的地方”成了适应资本利益的“游荡的地方”，而非物质文化遗产保护运动发生的实质是资本逻辑规训对“游荡的地方”的营构。当代“非遗”保护运动的资本规训性造成了非物质文化遗产保护三原则的问题。当前中国非物质文化遗产保护发展出了“文化自觉”的先进观念，但因缺少对其资本规训性的反省，“文化自觉”无法获得公权保障而终陷入困境。

关键词： 资本规训　“地方”认同　《保护非物质文化遗产公约》　文化自觉

一　非物质文化遗产在古典文化体系中的位置

非物质文化遗产保护运动是传统现代化的重要契机。它以跨国际、主

* 原文刊于《民族艺术》2015 年第 3 期。

** 耿波，中国传媒大学文学院教授。

流化、焦点性的形态呈现，引动社会各层次人群的参与。然而，非物质文化遗产保护运动所引发的问题与争议从来就没有中断过。纵观非物质文化遗产保护在当代社会中所面临的种种问题，似乎都可聚焦于一个困境之上：在资本化的当代社会，非物质文化遗产保护推行的现实合理性何在？

（一）非物质文化遗产应向古典传统的回溯定位

在资本社会，非物质文化遗产保护运动的推行，要确认其合理性基础，应从资本社会本身的检讨说起。资本的逻辑是要以资本的洪流将一切价值通过为使用价值而将其抹平，但资本逻辑并非要建构一种均等价值体系，它对价值等级的构建异常精密，它总是要确立以自己为主位的言说体系，即资本的“规训”。规训作为一种权力机制，其特别之处在于，它通过自己所营造的体系而实现了被规训者的自我规训。

非物质文化遗产的当前呈现，带有明显的资本规训特征。在近现代西方文明发展历程中，资本扩张所导致的文明传统的“遗产化”是一出永恒的戏剧。自19世纪中叶以来，伴随资本扩展产生了西方文明对其他文明传统的挤压，或者西方文明传统自身的层次离析，那些在资本高速运转中而被抛离的文明传统或层次，被称为“残留物”。“文化遗产”的观念即来自文明“残留物”理论。“文化遗产”作为一个指称，本身乃是从资本本位而提出的规训化观念。非物质文化遗产保护在资本格局中的自我规训，正是其在资本社会无法获得其合理性前提的症结所在。正所谓“寄人篱下”，怎么能“出人头地”，非物质文化遗产保护如想获得其在当下时代的合理性基础，必先脱离资本引导下的自我规训逻辑，为非物质文化遗产正名。

（二）非物质文化遗产是古典传统中的“地方性知识”

那么，这种非物质文化遗产“传统”在古典传统[①]中有没有自身位

① 本文所用“古典传统”、“古典社会”及“古典文化”等词汇中的“古典”含义，脱胎于中国古典学对“古典”的使用。古典学是对古代文明的知识呈现与价值观确认。西方古典学正式确立于18世纪，以对古希腊罗马历史、语言、思想与文化的研究为目的，确立了以人为中心的人文主义价值观。中国古典学则主要以汉学、宋学为依据，以对先秦文明的知识呈现与价值确认为目的；其所建构的先秦文明以群体伦理为核心价值，并认为这构成了中国古代社会传承的主要传统。因此，本文所谓“古典”的含义，乃是先秦伦理传统的社会与文化传承所形成的文明体系。参见李吟咏《国学与西学：中西古典学的人文价值反思》，《厦门大学学报》2006年第5期；日知《中西古典文明千年史》，吉林文史出版社1997年版。

置？是何位置？与以资本流动为特征的现代社会相比，古典传统的关键特征在于它的地方性与自我封闭特征。古典传统是典型的植物性文明，不管是何种样态，古典传统都与特定的“地方”生态相联系。然而，古典传统的“地方”性又可分为两种类型：一种类型是立足于“地方”却已从“地方”的生态性中抽离出来，升华为一种在“地方”却“无地方”的文化结构，比如古典社会中的官方与精英文化，官方文化所形成的集权“制度”自我论证，精英文化则以“文本”形成了自足的圆满幻象，两者都是在“地方”却“无地方”；另一种类型则是立足于“地方”并在与“地方”的生态关联中形成文化传统，比如民俗文化。在“地方”却“无地方”的文化传统，以“地方”为其载器，通过“形而上者谓之道，形而下者谓之器”的构建，使已失去生态性的“地方”成为彰显其形上地位的象征体，“地方”在抽象的意义上得以凸显，展现了文化传统的物质层面，这可称为“物质文化”。相反，在“地方”并在与“地方”的生态关联中形成的文化传统，由“地方”的生态性而发展出了丰富多样的生存差异性，这些差异化的生存个体从“地方”中获得激励并围绕“地方”展开交往，“地方”被裹纳于人们的现实交往中，隐而不彰，反倒呈现出去物质化的形态，这可被称为“非物质文化”。

因此，非物质文化遗产在古典体系中的位置，其实是忠诚于“地方”的“地方性知识”。试想：上天生民，不择地而生，人们从满足自己的生存需要出发，必然地要向“地方”探索求食，展开基本的生存活动；在生存活动的展开中，丰富多彩的生存差异由此展开，而解决此差异与冲突，人之间的“协商”由此展开。有的“协商”依据“制度”与“文字”的自上而下之规定展开，而有的协商则是“自下而下”的“约定俗成”。在前者，“协商”其实是被协商，“地方”成为索牢人们的营盘并得到凸显；在后者，“协商”引带开了丰富的社会交往，这些社会交往不离“地方”，“地方”成为人们通过协商而凝聚“差异”实现“聚合”的“地方”，“地方”却裹纳入“差异的聚合”中而不显。前者是物质文化遗产，后者则是非物质文化遗产。

（三）非物质文化遗产作为“地方性知识”的核心问题是通过“地方”认同实现价值升华

在古典传统体系中，非物质文化遗产乃是不同个体在“地点”中发生的“差异的聚合”，这种“差异的聚合”使人“能栖居”而生产了“地方”认同。然而，现实中的非物质文化遗产“地方”认同却存有极大隐忧。

非物质文化遗产是不同个体的“差异的聚合”，这种“聚合”的意义在于其“整体”性的庇护意义。但是，通常会发生的情形是：“差异”中所包含的功利性欲望如此强大，以至于使“整体”性变成了一种“私”欲的共谋体；由“私”欲顺着“亲缘”关系推广开去的“网络”，包含着“整体性”的公共意义，但同时也包含着亲亲同谋、家族独大的隐患。这在中国传统村落中是常见的，村落中宗族势力把持了几乎全部的资源，造成了“地方”认同的失落。我们再从另一个层面对此问题展开论述。非物质文化遗产的显著特征是其文化生态特征，非物质文化遗产的产生与发展被认为是与周围自然、社会环境变化密切相关的。非物质文化遗产在根本上乃是环境的产物，这是对非物质文化遗产文化生态性特征的确认，这一结论在世界范围内的非物质文化遗产保护观念与实践中获得了认同。

但从此观念，产生出一个问题：在将非物质文化遗产视为生态性造物的前提下，其“传统性”从何而来？从文化学来看，文化的生态性是将文化视为在具体环境中，按照生物体的应激原则与环境相往还而产生的文化形态；文化的生态性因为局限于具体环境，因此创生与变动是其显著形态特征，但文化传统的核心特征则是稳定与连续性，唯有如此才能将人们的文化认同赋予形式，形成价值，形成跨越时空的传统。这样就产生了一个深化的思路：从环境应激产生的文化生态到唤起人们认同的文化传统，是一个顺向发生的过程，也是一个需要获得价值赋予和形式呈现的升华过程。

《保护非物质文化遗产公约》中所提出的“非物质文化遗产”定义，其问题正在于，它将非物质文化遗产的“生态性”与“传统性”混为一体，却并没有对非物质文化遗产从“生态性”向“传统性”升华的契机给予指明。由此造成了这样的结果，遵此定义所进行的非物质文化遗产保护常常是按需取舍，或者是强调非物质文化遗产保护的生态属性与文化自觉，或者是强调非物质文化遗产传统的稳固属性与象征内涵，导致了当前非物质文化遗产保护观念与实践的自相矛盾。

非物质文化遗产传统，应是在具体环境中应激产生的生态文化，在特定价值框架中获得正当性确认，由此而获得稳固群体认同的文化传统，文化应激与价值约束的相互激荡、动态共存是非物质文化遗产传统的典型形态。以非物质文化遗产文化传统的核心内容民俗文化而论：民俗形成于约定俗成，约定俗成的起因无疑是来自于环境变动提出的现实问题，因此，约定俗成的第一层含义是约其同心、共成事业，这是其文化生态层次；但在具体环境中所形成的约定俗成要成为承载不同个体之共同认同的传统，“约定俗成”却需要第二层含义，那就是对民俗本身之传统性的再约定。这一层次的“约定”与前一层次“约定”不同，不再是针对具体现实，而是要在群体中追绎价值认同，以此价值认同实现民俗文化从“生态性”向“传统性”的升华。民俗文化如果仅仅强调其第一层约定，那么，民俗行为将只是人们随机缘发、无始无终的偶发行为，无法承载稳定的文化认同，也形成不了传统。非物质文化遗产传统的形成应是文化应激与价值约束相互激荡的产物。非物质文化遗产作为“地方性知识”，其生态应激性产生于“地方”，而其价值约束同样来自“地方”。

二 古典传统中非物质文化遗产的“地方”认同

在古典传统中，非物质文化遗产传统是围绕“地点”而产生的“差异的聚合”，在“差异的聚合”所呈现的“整体性”中，人们实现了“可栖居”，产生了“地方”认同。在此意义上，非物质文化遗产传统形成了人与人之社会关系的构建。在非物质文化遗产实现的社会建构中，“地方”既是促生人与人之间“差异”的生态要素，同时又是将“差异的聚合”即“整体性”锚定于现实的关键。

下面将结合非物质文化遗产的五大类分别考察其实现“地方”认同的内在逻辑。

（一）口头传说和表述中的“地方”认同

口头传说和表述为何产生？口头传说与表述，在所讲述的内容上有较大的共通性，即基本都是对“本地”口口相传的故事、传说的转述，或者是对“本地”风土人物的故事性、传说性的讲述。

这些故事、传说和讲述中的“本土”之事，肯定无法追究其真实与否，但讲述者却言之凿凿地将其当作“真事”来讲，并“口头”保证其真实性。在对“本土”的谈论中，人们凭着自己的理解和想象，添油加醋。然而，这看似夸夸其谈、师心自用的关于“本土”之讲述中，其实包含一种超越“私”欲之上的“公”性，即在口头传说与表述的个体之“差异”中包含着“聚合”。本雅明分析了口头传说和表述的重要形式：故事，他认为：“口口相传的经验是所有讲故事者都从中汲取灵思的源泉。”①

本雅明认为，亲历的“经验”是讲故事的前提；但他特别指出，亲历的“经验”还不够，必须是“口口相传”的经验才行。本雅明所谓的“口口相传”的经验并非是自己全部的“亲历”经验，而是“亲历”经验经过公众道德体系滤化后的“经验”，就是那些包含着世俗劝喻义的“老生常谈”②。这些“老生常谈”是大众的道德共识，在他们的引带之下，个体在对“本土”讲述中的“私”欲得到了“聚合”，“讲故事者越是自然地放弃心理层面的幽冥，故事就越能占据听者的记忆，越能充分与听者的经验融为一体，听者也越是愿意日后某时向别人重述这故事。这个融合过程在深层发生。”③

这种“差异”的“聚合”形成了一种“整体”性，使讲故事的人和听故事的人在其中获得了“能栖居”的指向，“地方”认同由此产生，本雅明描述到：“听故事时，人们不再罗织细节，增奇附丽。听者越是忘怀

① ［德］瓦尔特·本雅明：《讲故事的人》，汉娜·阿伦特编《启迪》，张旭东、王斑译，生活·读书·新知三联书店 2008 年版，第 98—102 页。

② ［德］瓦尔特·本雅明：《讲故事的人》，汉娜·阿伦特编《启迪》，张旭东、王斑译，生活·读书·新知三联书店 2008 年版，第 98—102 页。

③ ［德］瓦尔特·本雅明：《讲故事的人》，汉娜·阿伦特编《启迪》，张旭东、王斑译，生活·读书·新知三联书店 2008 年版，第 98—102 页。

于己，故事内容就越能深深地在记忆上打下印记。故事的韵律攫住他，听着听着，重述故事的才更会自动化为他自身的资禀。这就是讲故事的艺术得以哺育的网络的情状。这就是之所以当今之世，这网络在最古老的工艺氛围内编织了数千年之后已开始分崩离析。”① 故事的讲述构成了“网络”，讲的人和听的人在“口口相传的经验”的认同中连接于更大的共同体中，实现了“整体”性所在。这种由故事讲述所产生的“整体”性认同引向了人们的“能栖居”倾向，由此产生了故事讲述中的“地方”叙事。

（二）表演艺术中的“地方”认同

《保护非物质文化遗产公约》所说的“表演艺术”应是古典传统中的表演艺术，与现代表演体系有别。在古典传统中，表演艺术形形色色，千差万别，但在与现代表演艺术相比较，却凸显了一个共同特点，即都是以“身体”为主要载体的艺术表演。

“身体”本身就是“地方”性的。梅洛－庞蒂认为，身体并非是单面单向的肉质载体，而是一种“空间”，身体的“空间”不同于外部“空间”：“身体空间有别于外部空间，它能包住它的各个部分，而不是展现它的各个部分。”②

但“身体”在现实中常常遭遇种种遮蔽，而古典表演艺术的主要意义，就在于通过“舞台”将一个能够充分带来“地方”认同的身体呈现出来。可以说，古典表演艺术就是“身体”的解蔽。

以京剧表演艺术为例。京剧表演的舞台极其简单，一桌一椅即是华堂，举手投足行走万里，整个舞台上“身体”是绝对的焦点。现实行为中的“身体”因为被明确的目标所牵拽，只是不断地呈现一种朝向、一种面相，“身体”本身被简化为同质的肉质载体。但在京剧舞台上，“身体”及由身体运动所呈现的“行为”不是简单的呈现，而是通过精妙的

① ［德］瓦尔特·本雅明：《讲故事的人》，汉娜·阿伦特编《启迪》，张旭东、王斑译，生活·读书·新知三联书店2008年版，第98—102页。

② ［法］莫里斯·梅洛－庞蒂：《知觉现象学》，姜志辉译，商务印书馆2001年版，第138页。

戏剧动作，不断调整，使现实中同质的“身体”呈现丰富差异性的“身体”，有举手必有投足，有前必有后，“身体”凸显出的“差异”在戏剧中又不是朝向涣散与分裂，而是要在“差异”中体现“聚合”。这种舞台上“身体”的“差异的聚合”最终形成了其在舞台上的完美形态，即“圆”。“身体”在戏曲舞台上呈现出的“圆”实质上是一种“整体”性，在这种“整体”性的实现中，“能栖居”的“地方”认同油然而生。这是以京剧表演为例来说明，在古典表演艺术中，因为“身体”是绝对的中心，因此舞台上的“圆”及“整体”性同样能够呈现。

（三）社会风俗、礼仪、节庆等活动中的“地方”认同

《保护非物质文化遗产公约》中的第三项是“社会风俗、礼仪、节庆”。社会风俗即所谓“风土人情”，它的“地方”认同自不待言；礼仪与节庆，其中体现的“地方”认同则较为模糊，在此给予重点剖析。

礼仪的本质是仪式，而仪式的核心是人类学家特纳说的“阈限”。日常生活中发生的仪式，通过仪式的“阈限”性而实现了日常生活中的“差异的聚合”，即多种社会关系的聚合。特纳仪式观中的“阈限”作为一种“通过”，它并不是平行地“通过”，而是在世俗与神圣间的“通过”，本质上是上下聚合，即在世俗与神圣之间的聚合。在“世俗与神圣”通过“阈限”而实现的“整体”中，上与下、神圣与世俗、神与人都得其位；于人而言，则在此结构体系中实现了“能栖居”，获得了“地方”认同。

节日在本质上也是一种仪式，但节日所实现的“差异的聚合”之整体性意味更加丰富：节日是使时间整体性得以形式化呈现的节点时刻。那么，什么使得节日中的时间整体性得以呈现？答曰，是身体。节日样式多种多样，但所有的节日有一个共同点，即亲身参与，也就是身体在场。在节日场所中现身的身体是特殊的载体，其特殊性是指人们通过节日中的身体所获取的不仅仅是感官现实，而且包含了更深刻的层次。身体感觉世界的方式是独特的，即“此地此时”，也就是说身体在空间中的存在必然是连续性的，它不能忽略或省掉某一段空间而活动，而“时间”与“空间”是等位的，不存在没有“空间”的“时间”，反之亦如此；所以，身体在空间中的连续性体验必然成了时间上的连续体验性，但在

日常生活中，这种体验的连续性因主体过强的功利指向而常常是断裂的。而在节日时刻，身体获得了从功利目的的指向中抽身出来的机会，获得了专门掇拾、连接时间体验“碎片”而使之“整体化”的契机；种种节日符号、仪式以及象征行为，其目的则在于“点醒”人们向自己的身体体验上寻找时间的整体体验，并借助符号等象征行为，使时间整体性（同时也是空间整体性、社会整体性等诸种整体内涵）得以形式化显身，最终呈现节日时刻的神圣世界。因此，节日是一种提醒，是对人们因功利目的而遗忘的自身身体整体体验的提醒，而在此过程中，身体是载体，也是唯一可能的经验。

（四）有关自然界和宇宙的知识与实践中的“地方”认同

所谓“有关自然界和宇宙的知识与实践”，指的是在现代科学发生之前，人们用以解释世界的“科学与自然观”，也就是说是一种“前科学”。

“有关自然界和宇宙的知识与实践”作为一种现代科学之前的“前科学”，虽与现代科学背道而驰，但与现代科学相同的地方在于：它同样需要“观测”及“观测”发生的前提基础。现代科学的观测基础是时间与空间的定位。在“前科学”那里，观测的基础是古人世界中被视为最稳固的两个要素：天与地。老子说：“人法地，地法天，天法道，道法自然。”（《道德经》二十章）在古人眼中，什么东西都在变动，但只有天与地是永恒稳定的，他们就在天、地永恒的框架下建构了自己的“科学”。所以，“有关自然界和宇宙的知识与实践”都是从“天”“地”中而来。

那么，通行于“天”“地”“人”间的规则是什么呢？这种规则既不是“天”的规则也不是“地”的规则，而是两者交融形成的一体化，就是中国传统哲学的“阴阳法则”。“阴”是“地”的法则，“阳”是“天”的法则，阴阳互动，形成了富有张力性的“整体”。阴阳法则作为“天”与“地”法则的抽象，以富有张力的形式混融为一个“整体”，所有的“有关自然界和宇宙的知识与实践”都在这个阴阳整体中找到自己的通则和位置。正是在这样一个由阴阳互动所形成的天地“整体”中，所有的“有关自然界和宇宙的知识与实践”获取在其中的位置，在此意义上，“有关自然界和宇宙的知识与实践”其实是人类“栖居”的知识与实践。同时，这种“栖居”在幕“天”席“地”的永恒构建中被牢牢地“锚住”，其中所包含的“地方”认同得以完整实现。

（五）手工技艺中的“地方”认同

手工技艺操作最大的情态在于熟练，在手工艺人所进行的操作中，仿佛无须经过思考，便可以完成一个物件。他们在这种玩弄中，感到一切都是稔熟的，身体通过这种稔熟的玩弄，实现了其本身与周围世界的接洽，包括与周围空间世界及承载传统的时间的接洽。然而，仅仅稔熟的情态并非手艺人的全部特点，它仅是表层的体现，更深层的特点在于：手艺人在熟练把玩物件的过程中，他们的身体实现了自我控制。手工艺人在制作的过程中，在与周身世界接洽的过程中获取抵抗时间的力量。手艺人之所以在都市的节奏之中依旧暂且保存着内心的安然与平静，原因就在于他们获取了这样一种力量。

技艺本身是生产物件的，满足人类日常的生活需求。然而，手艺人手中的物件有别于资本主义大生产中批量复制的“大”的物件，它是小、少、独特的：理发师手头只有一把剃刀和几缕头发，面包师手中仅有几个面团，裁缝手里只有一把剪刀和几片布料，补鞋匠指尖只有几块皮革，杂货店店主也只是摆弄几件小货品……手工艺人所制作的都仅仅是“小”东西。而这种有别于资本主义成批成量大生产而言的“小”东西意味着什么呢？以理发师为例，理发师生活在城镇中，生活在一个庞大的系统之中。他所有的日常工作与生活都只能被这座城市的节奏所摆布。他无法自由决定住在哪里，无法决定这座城市的管理系统，无法决定自己的生意好坏，无法决定自己的服务对象是怎样的人。他整个人都是被安置在其中的。手艺人正是通过摆弄这些小东西，找到一些自己所能控制的物体，这就是他们处身“大世界”中的小乐趣，这种乐趣正是在“地方”中的乐趣。在手工艺人那里，正因为他们摆弄的是被“大世界”所忽略的“小”东西，他们就在一个大得无法控制的世界中，在摆弄的过程中便构建出自己的独特世界，即自己的“地方”。

三 “地方”认同的失去与当代非物质文化遗产运动

在古典传统中，非物质文化遗产产生于“地方”并锚住于“地方”。在古典时代，人们重栖居也“能栖居”，封闭的生活世界为他们的“能栖居”提供了“锚住”性，因此使“地方”认同具有了意义，变成了一种价值观。

（一）资本造成了游荡的“差异的聚合”即“游荡的地方”

在资本时代，资本的空间扩张及对生活世界的殖民构成了资本发展永恒的历史。与古典时代注重安居的传统相反，资本的发展要求高度流动性，因为唯有流动才能为资本主义的生产体系提供剩余利润转化的契机。通常认为，资本的空间扩张与殖民如刀刈草，其实不然。资本的空间扩张与殖民，其目的在于扩大市场，促进消费，而人们的消费行为必须与人们的生活认同相关联。

因此，资本的扩张与殖民其实要同时完成两个要求：一方面要将古典传统从其封闭性的地方之“锚住”性连根拔起，另一方面又要维持人们的“地方”认同，使人们的“生活世界”照常运行，也就是说，它需要维持一个架空了现实基础的“地方”，一个游荡的“地方”。唯有如此，资本扩张与殖民才能真正达到它的消费倾销的目的。

在资本的扩张中，这种在资本规训逻辑下产生的“游荡的地方”异常丰富。当代非物质文化遗产保护运动的发生，究其实质，乃是资本对“游荡的地方”之营构的一种策略。

（二）《保护非物质文化遗产公约》的制定及其去“地方”化

当代非物质文化遗产保护运动的兴起，以联合国教科文组织制定的《保护非物质文化遗产公约》为促动力与起点。详细梳理《保护非物质文化遗产公约》的出台过程并对此结约过程中出现的冲突、矛盾进行分析，可对当代非物质文化遗产保护运动的去“地方化”有明晰的认识。[①]

巴莫曲布嫫在梳理《保护非物质文化遗产公约》的出台过程中，注意到在此过程中发生的一个争论，即“非物质文化遗产”概念与“民俗”概念的竞争问题。她注意到，在“非物质文化遗产”概念及保护体系提出时，就有多国代表指出：“非物质文化遗产”概念所涵括的主要内容，其实就是传统的“民俗”，但“民俗”在本质上是一国或一个社会集体的“本土”知识资源，而“非物质文化遗产”则通过概念的改变使之轻易地从“本土”知识资源变成了“国际”共享资源，这违背了同样作为国际规则的知识产权体系，因此要求“非物质文化遗产保护”体系要将“非物质文化遗产”的知识版权问题写入“公约”。这一声音后来在《保护非物质文化遗产公约》的制定中被充分考虑并在其中得到体现。[②]

仔细分析这一论争：《保护非物质文化遗产公约》在其制定之初，固然违反了版权法，但是，在听取反对的声音并将之写入最后的“公约”，使“非物质文化遗产”作为本土知识产权资源的特征得以确定，这就合理了吗？这里边隐藏着更深的隐忧。正如民俗学家们所一再确认的，“民俗”乃是一个国家或一个群体的本土知识，是从本土“地方”中产生并锚住于“地方”的，《保护非物质文化遗产公约》若肯定其作为知识产权资源的身份，表面上是尊重，其实是在剥夺其“地方”特征，而将之转化为“资源”，这种从“地方”认同向“资源”禀赋的转化，正是以形式上的公正实现了实质上的非公正。

事实上，在非物质文化遗产保护运动的实践中，各国代表对“非遗”的“地方”性特征总是一次次强调。到1999年，也就是《建议案》通过10年之后，联合国教科文组织与长期致力于保护民间文化而在国际社会享有盛誉的美国史密森尼学会（Smithsonian Institution）在华盛顿特区联合组织召开了以“全面评估《保护民间创作建议案》：在地赋权与国际合作”为主题的国际会议，来自27个国家的37位代表包括专家、政府官

---

① 巴莫曲布嫫在《非物质文化遗产：从概念到实践》的文章中，详细梳理了《保护非物质文化遗产公约》出台的前前后后，并对其中包含的冲突进行展示。在此主要依据这篇文章，展开考察。

② 巴莫曲布嫫：《非物质文化遗产：从概念到实践》，《民族艺术》2008年第1期。

员、传统文化的实践者和40位观察员参加了会议。来自厄瓜多尔的代表发难："'没有土地的人就是没有文化的人。'如果教科文组织不能改变什么，那么我们一定要改变教科文组织。在西班牙占领之前，我们拥有纯净的文化；今天，则充斥着太多的混乱！文化，已经遭到污染。"接着他指出："……《建议案》基本上把文化描述成'物品'！但文化也是人类有生命的。"①

（三）非物质文化遗产保护运动发生的实质是资本规训对"游荡的地方"的营构

非物质文化遗产保护运动的兴起，被普遍视为在物质主义泛滥时代文化主义的胜利，然而在当代资本主义的规训逻辑，即营造为其倾销商品而建构游荡"地方"的谋略中，非物质文化遗产保护运动却必然地沦落。

这种沦落，突出体现在非物质文化遗产保护运动的文化主义定位上。非物质文化遗产保护突出文化"优先"性，但这种文化"优先"在资本主义的政治经济总体结构中难免成为资本意志的"玩偶"。马克思主义城市学者大卫·哈维考察了全球资本主义的运作逻辑，揭示出全球资本实现自我增殖的重要方式之一，是通过空间垄断而创造空间资本增值的"垄断地租"②。对资本逻辑而言，"非遗"保护值得关注的地方在哪里？在于它所营构的"地方"认同幻象。在资本主义的宏大语境中，从古典时代而来的非物质文化遗产传统被"移栽"而来；资本为"非遗"保护划定一个"地方"（通常是以政府圈定、资本主体投资的方式），在这个被"划定"的"地方"，"非遗"互动中的"差异的聚合"得以维持，由此使得引致"能栖居"的"整体性"如常幻出，"地方"性认同自然产生。然而，因为这个"地方"本身乃是被划定的孤岛，在整体动荡不居的资本汪洋中，其本身就是变动不居的，因此，当代非物质文化遗产保护运动"能"使其产生"地方"认同，却无法在现实中"锚住"这种地

① 巴莫曲布嫫：《非物质文化遗产：从概念到实践》，《民族艺术》2008年第1期。

② ［美］大卫·哈维：《资本的空间》，王志弘、王玥民译，群学出版有限公司2010年版，第574页。

方认同，从而使其所产生的“地方”认同永远只是一种游荡的“地方”之幻象。而这种在真实的“地方”与幻象的“地方”撕裂中产生的“地方”之策略，又被成功地转化为资本以“地方”之名唤起的消费欲望。如此这般，非物质文化遗产保护运动最终成为资本机器获取利润的动力源。

总之，当代非物质文化遗产运动引导人们在游荡的“差异的聚合”中获取“地方”的幻象，这为政治集权集团的民众规制提供了绝佳的契机。当地非物质文化遗产保护运动，引导非物质文化遗产主体关注“文化”，注目“地方”，这表面上看上去体现了集权政治的包容。然而，在非物质文化遗产主体缺乏现实权益保证的前提下，非物质文化遗产的“文化”引导必然是反动的；在非物质文化遗产主体无法获得现实空间中的主动权的前提下，非物质文化遗产的“地方”认同只能是一种幻象。当代非物质文化遗产保护运动，营构了游荡的“差异的聚合”即“地方”，使非物质文化遗产主体在“地方”幻象中安居，其实是引导其对现实“地方”的固守，进而削弱其现实的“地方”权利诉求，而这必然为政治集权的规制提供了极大便利。因此，在资本主体和集权主体的共同联姻中，当代非物质文化遗产保护运动便轰轰烈烈地展开了。

（四）当代非物质文化遗产保护运动三原则的检讨

当代非物质文化遗产保护运动，从其发生而言即存在先天的观念错位，即是在资本扩张所形成的规训逻辑中形成，实质是通过非物质文化遗产保护运动而形成“游荡的地方”。观念的先天错位，造成了在此基础上所提出的非物质文化遗产保护运动之若干主导原则大可商榷。

非物质文化遗产的主导原则之一：“保护为主”原则。保护为主，这是当代非物质文化遗产保护的首要原则，这个原则很成问题。非物质文化遗产保护的“保护为主”原则之提出，从其提出的路径来看，是对国际“非遗”保护的主要实践模式——“日本模式”总结的结果。但非物质文化遗产保护之“保护为主”的主导理念，将其置放于资本扩张所产生的驯化逻辑中，则可发现其实质乃是在此驯化逻辑中非物质文化遗产保护的“自我驯化”。《保护非物质文化遗产公约》之“保护为主”的主导理念，将丰富多样的非物质文化遗产传统视为僵化之“物”，剥除了在古典传统中非物质文化遗产本身所承载的、丰富的“差异的聚合”之内涵，因为唯有如此，“理想”的保护才能进行。“保护为主”的原则，通过将非物质文化遗产传统连根拔起，使之从其“地方”传统中脱离，而将之置放于“博物馆化”的保护环境中，这样的“保护”实际上是典型的“临终关怀”。

非物质文化遗产的主导理念之二：“文化多样性”原则。文化多样性是非物质文化遗产保护提出的另一主导理念。非物质文化遗产文化多样性原则的提出，考察其发生路径，应是在联合国的跨国际平台上众多经济不发达的“第三世界”国家积极争取、呼吁的结果。因此，非物质文化遗产保护的文化多样性原则的提出，本身即是国际权利秩序格局中博弈的结果，或者说，非物质文化遗产保护的多样性原则并非是从传统本身的发展而出的“多样性”，而是政治权利博弈在文化中的投射。

这就造成了问题。政治权力格局中的“文化多样性”指向的以“文化”缓释政治对抗，就像劝架一样，是要双方相互承认对方的权利并在两者之间达成一种互不侵犯的文化缓冲带，这就造成了非物质文化遗产保护的“文化多样性”更多地引导人们去“承认”非物质文化遗产的多样性，使它们之间免于产生文化歧视与侵略，其实就是将其闭锁在各自的“游荡的地方”中相安无事。但文化传统中的“文化多样”就其理想状态而言却并非如此。文化传统的“文化多样性”应当是总在冲突、越界中显身的多样文化，这种动态的、冲突的多样文化才是可实践的文化，与之相比，政治权力格局中的“文化多样性”仅是政治家口头上的措辞而已。因此，当代《保护非物质文化遗产公约》的“文化多样性”其实是以政治权力格局中的“文化多样性”替换了文化传统中的“文化多样性”，这样的鼓吹最后造成的只能是抽象的、在实践中根本不可行的文化多样性，而这也正是其“保护为主”原则的衍生品。

非物质文化遗产保护主导理念之三：“知识产权保护”原则。当代非物质文化遗产保护运动提出的一个重要原则，就是非物质文化遗产保护应当纳入国际知识产权保护法体系。这一原则表面上保护了非物质文化遗产传统的社会权益，但在实践中却问题重重。非物质文化遗产主要是指那些“基于传统”而产生、创造、应用和传承的知识，而所谓“基于传统”，根据世界知识产权组织（WIPO）的定义，则主要指代代相传的知识体系、创造、创新和文化表达，被认为属于特定人群或地区，自发演化，并根据变化的环境而改变。在一个为符合工业社会需求而产生的知识产权体系中，这类“知识”并没有适当的位置，因为它们既不是个人创新的成果，也不具有所谓新颖性，只能被归入公有领域，供人免费使用，知识产权法对之很难起到立法保护的作用，因此也就无法保证遗产传承人的“所有权”。不仅如此，现代知识产权法在很多情况下还可能成为文化强权组织破坏权益公正的得利手段。

四 非物质文化遗产保护的“文化自觉”之困境

反观中国的非物质文化遗产保护，可发现在中国展开的非物质文化遗产保护逐渐形成了自己的特色，即从起初沿循国际通行的“保护为主”到发展出“兼有开发”的观念和实践。中国非物质文化遗产保护最新的观念，是力求摆脱“临终保护”，主张非物质文化遗产保护应将其放回到其语境中去，“活鱼要在水中看”，认为非物质文化遗产保护中非物质文化遗产个体或群体的“文化自觉”是头等要义。然而，鼓吹非物质文化遗产保护中的“文化自觉”，是否能使中国非物质文化遗产保护真正摆脱在“地方”认同上的“游荡”性，而获得在现实中的“锚住”地位呢？未必！

（一）当代中国非物质文化遗产“文化自觉”观念的提出及现实困境

早在20世纪七八十年代，与“经济搭台，文化唱戏”相对，由部分作家与人类学家发起的“文化寻根”运动，就已产生了不无浪漫倾向但却包含朴素民本主义的传统现代化导向。自21世纪以来，随着非物质文化遗产保护与世界接轨，“非遗”保护在当代中国变成了影响越来越大、利益牵涉越来越复杂的社会运动，加之在市场化已充分成熟的背景下，政府行政职能逐渐转变，促成了“非遗”保护从此前的专门事件变成了公共事件，民众广泛参与并在现代媒介支持下获得了表达自身诉求的平台，这为部分知识分子倡导“非遗”保护“文化自觉”观念提供了走向主流的社会前提。

“非遗”保护“文化自觉”的倡导，较明确的起点是2007年。2007年，文化部开展了国家级非物质文化遗产项目代表性传承人的认定与命名工作。“非遗传承人”制度的推出，在社会层面上的确造成了这样的推想，即政府用对非物质文化遗产传承人的“经济补助”将非物质文化遗产变成了“国家”的。正是针对这种非物质文化遗产“国家”化的趋势，在学界应激性地凸显了非物质文化遗产民本主义的“文化自觉”倡导。与不加反思地认同政府—产业利益共同体对“非遗”的权益专享所有相比，“非遗”保护的“文化自觉”观念关注“非遗”权益归属问题，这已是中国“非遗”保护的巨大进步。然而，从“非遗”保护的最终目的，即实现民众对“非遗”传统的真正认同而言，“非遗”保护“文化自觉”观念的提出是否已实现了问题的最终解决？事情似乎并没有这么简单。

“贵州六盘水市六枝梭戛生态博物馆”项目为此提供了极佳的观察个案。1998年，中国与挪威合作建设中国第一座生态博物馆，贵州六盘水市六枝梭戛生态博物馆。此馆建设的指导思想即是在充分尊重地方文化持有者的文化自觉前提下的介入保护。为更好保证此一观念的落实，中国贵州六枝和挪威方面双方讨论制定了《六枝原则》，一共九条，第一条就是对村民文化所有权的确认：“村民是其文化的主人，他们有权认同与解释其文化。”《六枝原则》可说是“非遗”文化保护自觉性观念的正面体现，但实践结果却出人意料。根据观察，梭戛生态博物馆建成后，“生态博物馆社区”（即社区村民）和“生态博物馆资料信息中心”（即博物馆）成了“两张皮”，生态博物馆资料信息中心所在的中心寨的村民并不认为他们是生态博物馆的一员，而认为他们仍然是梭戛乡的一个村民。为解决“两张皮”的问题，组织方做出了不懈的努力，比如在2001年成立了12个村民组代表参加的“梭戛生态博物馆管理委员会”，并制定了一个管理委员会章程，该章程明确了由中心寨，即陇戛寨的村主任为生态博物馆的副馆长，这样的结果好像在即刻间解决了“两张皮”的问题，村民和博物馆融为了一体，但这仅是生态博物馆的一厢情愿。生态博物馆管委会的委员开了一次会之后再也没有开第二次会了，原因是他们来开会是无偿的，是博物馆组织他们来开的，会议讨论的是文化保护和传承，他们对此不感兴趣，他们关心的是生态博物馆给他们带来的好处是什么，如粮食、住房、孩子上学学费等基本生计问题。[①] 在给予村民充分文化自觉空间以后，为何仍然没有引起他们真正的认同？非物质文化遗产保护的文化自觉设计，还遗产于民，为何在现实中不能真正实现民众的文化认同？

（二）当代中国非物质文化遗产保护“文化自觉”的失败源自其在现实公权结构中的虚无

没有无缘无故的文化自觉，问题的解答宜从检讨“文化自觉”可实现的前提条件入手。“非遗”保护的文化自觉设计，设想还遗产于民，使民众在“非遗”的文化自觉中实现文化认同，这一设计的问题，在于忽略了“文化自觉”就其可实现而言并非是自我缘发、一无倚傍，而是有其先决条件的。

“文化自觉”的核心前提是个体自由。卢梭在《社会契约论》中独创性地提出了“个体自由”可实现的设计，即社会契约论。卢梭的社会契约思想以“权利让渡”为核心，它要求为实现个体自由，个体必须要服从公意并将自身自由权利让渡给公权，唯有众人在对公权的绝对服从之下才能获得“个人自由”可实现的保障。按照卡西尔的解读，卢梭的社会契约论实际上建立在个体自由的“意愿”与“意志”区分之上：个体“意愿”是私意，虽然包含强烈的自由冲动，但其实仅仅是个人诉求的事实；而个体“意志”则是公意，是可实践的自由冲动。个体自由从“意愿”而成为“意志”，唯有在公权结构的确认中才能获得对大众表达的正当性形式；在此意义上，公权机构对个体自由的控制其实是通过“正当性确认”使之获得可实现形式。当“意愿”无法获得“正当性确认”而成为“意志”时，则将在自我封闭与怀疑中最终丧失。

个体“意愿”唯有在公权机构中被“正当性确认”成为“意志”才能实现其个体自由，以此反思非遗保护的文化自觉设计当前遭遇的困境，可发现问题所在。

在“六枝梭戛生态博物馆”项目个案中，《六枝原则》承诺给予村民

① 胡朝相：《六枝梭戛生态博物馆建馆十周年回眸》，民族民间文化资源信息网，http：//www.gzfefax.com/news/news/laigao/laigao_20090222001.html。

以“文化所有权”，但首先，此“文化所有权”的颁权主体并非国家或其他公权机构，而仅是国际间合作组织，实际上并无真正颁权资格；其次，村民被承诺给予的“文化所有权”其实仅仅是“文化解释权”。这就造成村民在此项目推动之下也许的确产生了文化自觉冲动，但此文化自觉却在根本上缺乏公权机构的“正当性确认”，不能真正完成文化自觉从“意愿”向“意志”的升华，导致了尴尬收场。“鞭炮燃放解禁”遭遇的困境也可做如此反思：鞭炮解禁表面上给予民众以文化自觉的空间，但“限时限地”地追加条件则使民众的鞭炮燃放行为与公权机关之间的契约关系变得脆弱，这造成了民众的鞭炮燃放在当下公权体系中无法获得充足的正当性形式，所以才有了民众的主动退场。

（三）中国非物质文化遗产保护中之“游荡的地方”：文化生态保护（馆）区

从“地方”认同的角度而言，“非遗”保护之“文化自觉”因缺乏在国家公权机构中的正当性确认而成为表面风光、实则无用的文化游戏，根本原因就在于这种在现实中失权的“文化自觉”其实就是一种被产业—国家利益共同体营构出的“游荡”的“地方”认同。

当前中国各地大量出现的文化生态保护（馆）区就是典型的“游荡”之“地方”。文化生态保护（馆）区，可分为文化生态博物馆与文化生态保护区两种类型。文化生态保护（馆）区的设立，意图在于能使非物质文化遗产传承主体自觉自愿地进行文化传承，但实践效果却并不尽如人意。

当前文化生态保护（馆）区的问题：对于知识分子群体和政府而言，文化生态保护（馆）区设定的初衷是民众非物质文化遗产传统的文化自觉，但于民众而言，真正觉醒的却是其物质欲望与产业开发意识。问题出在什么地方？为什么设立文化生态保护（馆）区，释放出的却是民众的物质欲望？这其实是由文化生态保护（馆）区自身的属性特征所决定的。

首先，文化生态保护（馆）区缺乏确定的空间实体组织，这使其在城市化的空间竞争中缺乏赋予空间中个体以独特身份的能力。文化生态保护（馆）区以“（馆）区”命名，其空间边界却是模糊的。考察已建构的各类文化生态保护（馆）区，可发现，这些（馆）区在城乡空间格局中基本是悬空而立，也就是说没有一块独立的空间被划定为生态保护（馆）区。它们不像行政区划、经济区划一样有自己明确的实体空间形态，生态保护空间区划不具备使此空间与其他空间组织体形成张力的实体界线。

其次，文化生态保护（馆）区缺乏确定的法律保障体系，这使其无法给予（馆）区内个体以相应的权益保障。文化生态保护（馆）区悬空而立，缺乏实体组织，固然存在着有政府推动的跨区域与部门之间的协作条例，但协作条例不同于法律体系；法律体系能够给予（馆）区内个体以明确的权益，但协作条例却只是执政部门之间的工作协议，无法让民众产生认同。因为缺乏明确的法律保障体系，使得（馆）区中的非物质文化遗产保护与传承行为遭遇权益矛盾时，无法可依，无据可查，最终使（馆）区保护变成了一张空头支票。

最后，文化生态保护（馆）区缺乏相适合的产业开发模式，这使其在应对现代产业化浪潮冲击时容易失陷。在资本全球化的大背景下，文化生态保护（馆）区的产业化不可避免，“非遗”传统的“资源化”不仅是资本主体的目标，同时也是（馆）区内大众的自然意愿；然而，文化生态保护（馆）区的产业发展应有自己的模式，这种产业模式应实现产业开发与传统传承之间的平衡。当前文化生态保护（馆）区的产业开发，基本上是沿循现代产业开发模式，这就造成了（馆）区内个体产业行为的高度物质化，最终导致产业发展对传统传承的破坏。

因此，在缺乏空间实体组织、法律保障体系与相应产业发展模式的前提下，文化生态保护（馆）区实际上是设立了一个文化的“乌托邦”，即一个“游荡的地方”。这个“乌托邦”存在于精英群体与政府的良好愿景中，他们希望能借此使民众的“文化自觉”焕发，却忽视了没有无缘无故的“文化自觉”，在缺乏身份认同、体制保障的前提下，“文化自觉”纯然就是一团欲望，是处在十字路口的群氓意愿。落实到中国文化生态保护（馆）区，在（馆）区民众那里，“乌托邦”变成了其生态欲望的合法释放，这种欲望又在资本主体的外诱之下彻底表达出来，造成了现在文化生态保护（馆）区中民众文化自觉缺乏、物质欲望蓬勃的现状。

论全球化背景下的中国非物质文化遗产保护[*]

刘魁立[**]

摘　要：我国非物质文化遗产保护问题，有其历史的和社会的、国际的和国内的背景，是回应历史发展的要求而提出的。非物质文化遗产既是建设现代民族文化的基础，也是每个民族对世界文化的丰富和贡献。因此必然要从全人类的视角来看待非物质文化遗产保护问题。从古今文化关系的角度说，非物质文化遗产在多数情况下，既是昨天的实录、今天的现实，同时也是明天的预示；从东西方文化关系的角度看，吸纳外来文化和继承原有传统并不是矛盾的，二者所形成的张力对于创造新的文化起着非常重要的作用。然而，由于非物质文化遗产大多是农业社会条件下的产物，所以今天对它的保护便包含着许多悖论。例如，保护和发展的关系，结构性对象的解构性保护，对传承人的态度，市场经济体制和非物质文化遗产保护等，都隐含着诸多两难的问题，期待着文化行政部门、学术界以及整个社会给出两全的解决方案。因此，对于非物质文化遗产的保护应该贯彻整体性的原则，从整体上加以认识，进行整体性的保护。从根本意义上说，非物质文化遗产的保护，首先应该是对创造、享有和传承该文化遗产的人的保护；同时，对这一遗产的切实有效的保护，也特别依赖于创造、享有和传承这一遗产的群体。促进和保护

* 原文刊于《河南社会科学》2007年第1期。

** 刘魁立，中国社会科学院荣誉学部委员，民族文学研究所研究员。

文化的多样性发展，才是我们努力追求的目标。

关键词：非物质文化遗产　非物质文化遗产保护　传承人　悖论　整体性原则　文化发展的多样性

非物质文化遗产保护问题虽然不是纯粹思辨性的题目，但是为了更好地认识非物质文化遗产的本质就不能不从学理的角度挖掘它的深层内涵。只有在不断深化认识的基础上，才能使保护工作的方针和方法更符合非物质文化遗产本身的实际，更有效地回应社会现实的要求。

一　文化遗产保护的近期背景

“非物质文化遗产”这个术语在我们的日常词汇里出现的时间不算很长，但是我们可以预计，随着时间的推移，它的使用频率会越来越高。我们的好多新词有时是通过翻译的途径首先引进的，这个词也是这样。

20 世纪 70 年代，联合国教科文组织通过了《保护世界文化和自然遗产公约》。其后不久，有的发展中国家提议，作为对前述公约的补充，应该对口头和非物质遗产给予特别关注。1989 年 10 月，联合国教科文组织第 25 届大会通过了保护民间创作的建议案。1999 年 11 月，第 30 届大会决定设立人类非物质和口头遗产代表作名录。2000 年 6 月，在联合国教科文组织总部巴黎，首次召开口头和非物质文化遗产代表作评委会议，正式发起设立“代表作名录”，并为会员国申报工作制定了《申报条例指南》。2001 年启动申报工作。第一批确定了 19 项代表作，其中亚洲占有 4 项，中国传统文化瑰宝、古老剧种——昆曲名列其中，两年后的 2003 年，又公布了第二批代表作，我国的古琴艺术榜上有名。2005 年新疆维吾尔木卡姆和蒙古族长调又列入名录。联合国教科文组织于 2003 年通过了《非物质文化遗产保护公约》。2004 年 9 月，我国人大常委会批准了此项公约，我国成为此项国际性公约的发起国。这项国际公约目前已经生效。所有这些都引起了国人的普遍重视。

在这种背景下，我国在非物质文化遗产保护方面也做了大量的工作。2003 年成立中国非物质文化保护小组和专家委员会，开展了保护工程试点工作，组织各种形式的培训班。以文化部、国务院办公厅、国务院名义发布相关文件，对保护工作作出部署、提出相关要求。同时，布置申报第一批非物质文化遗产国家名录，并确定在全国范围内建立国家、省、市、县非物质文化遗产名录体系，对非物质文化遗产进行切实保护。2005 年，国务院发布文件，确定在国家日历中设立文化遗产日。2006 年 6 月 9 日，全国各地热烈庆祝了第一个文化遗产日。之前还公布了第一批国家非物质文化遗产名录，这在全国范围内产生了极大影响，使得保护工作深入人心，成为全国人民的共同行动。近年还将在全国范围内开展大规模的普查工作，为今后全面深入地保护工作盘清家底、打好基础。

二　非物质文化遗产的定义和范围

什么是非物质文化遗产?

或许，每一个人都会按着自己的理解来定义它，见仁见智在所难免，即使像联合国教科文组织这样的权威机构向世界发布的文件中，也就这一对象的定名、定义等，作了不下五六次的修改。关于定名，在不同时期曾经使用过“口头和非物质文化遗产”“无形文化遗产”“非物质文化遗产”等术语。至于定义的变化就更加复杂了。在这里，我们或许可以比较概括地来表述这一概念，即非物质文化遗产是指各族人民世代相承的、与民众生活密切相关的各种传统文化表现形式（如民俗活动、表演艺术、传统知识和技能，以及与之相关的器具、实物、手工制品等）和文化空间。这种文化遗产对于维系社区传统、凝聚民族认同、促进文化交流具有不可替代的作用，是中华民族宝贵的精神财富，也是世界文化多样性和人类创造力的体现。至于说到非物质文化遗产的具体范围，应包括：（1）口头传统，以及作为非物质文化遗产载体的语言；（2）传统表演艺术；（3）民俗活动、礼仪、节庆；（4）有关自然界和宇宙的民间传统知识和实践；（5）传统手工艺技能；（6）与上述表现形式相关的文化空间。如果要详细论述非物质文化遗产所包含的具体内容，那么每一项都会有很多的问题要深入讨论，每一个具体对象都可以成为专门的研究课题。

非物质文化遗产不可能单独地作为一种意识形态而存在，它总是要通过相应的物质载体表现出来，然而，我们更要关注的并非这一遗产的物质层面，而是隐含在物质层面之后的宝贵的精神内涵和历史传统。

说到底，非物质文化遗产的最终主体是人，是这一珍贵历史性遗产的传承人和他所代表的广大民众。

比如剪纸，我们关注的不单单是或者说不主要是被剪出的那幅美丽精致的图样，而是作为剪纸主体的这位妇女、这位传承人在剪纸过程中代代相承的技艺，特别是她的信仰、审美、习俗传承的诸多特点，以及这幅剪纸作为窗花的剪制和张贴的时空环境和民俗功能。

又如，每一座祠堂的前面往往会搭建一个戏台，而祠堂和戏台作为建筑物来说仅仅是相应群体举行周期性文化活动的场所。非物质文化遗产保护工作所关注的不仅仅是而且也不主要是这些建筑物的存在，而是在这些建筑物背景下“演出”的有声有色的群体活动。周期性举行的每一次庙会活动，内容是极为丰富的，这里有种种的民间信仰仪式：向送子观音祈求子嗣，向药师佛求医，向其他相应的神祈求富贵、平安……在庙会期间，有娱神同时也是娱人的戏剧歌舞表演，有物品交易，有游艺和交友等活动，不一而足。类似的这种在具体时空中周期性展开的活动综合在一起被学界称为“文化空间”。

如果仔细地分析社会的知识体系，特别是从知识传授的方式和手段的角度来分析的话，我们会看到仿佛存在着两种不同性质、不同类型的知识。一种是所谓知识界的知识体系；另一种则是广大民众所掌握、所享用的知识体系，即通常所说的民间文化的知识体系。

在一些人的观念中，只有前一种才被认定为知识或文化。这一知识体系往往是通过文字或者书本的形式传播开来的，而且它的传习从一定的意义上说是带有强制性的，是通过学校教育或者通常所说的“正规”教育来实现的。在当今社会，人人都要接受义务教育，而且都要达到相应的水平，不及格还要重新学习。

而民间的知识体系，则是通过耳濡目染、口传心授、潜移默化的方式传习。这种知识体系，对于人类社会的存在和发展发挥着非常重要的作用，无论是我们的生活方式还是我们的思维方式都贯穿着这一知识体系的内容和精髓。然而遗憾的是，这种民间知识体系往往不被看作知识，不被看作文化。这反映了人们对于博大精深的民间文化的漠视。这种民众知识的传习方式往往不被承认，有时被冠以“非正规”教育的称谓。

这种正规与非正规的冠名多少有些荒唐，这反映了无数个时代的掌握话语权的所谓知识界对于广大民众及其知识体系的“傲慢与偏见”。即使那些有抱负的、有可贵进步思想的中国的、外国的知识分子，在不同时期提出“走向民间”的口号，并将这一良好志向付诸行动的时候，也多少带有要自上而下“启蒙”民众、“教育”民众的色彩。

三 保护非物质文化遗产是回应历史发展的要求

最近一个时期，非物质文化遗产，或者扩大一点说，民间传统文化遗产的保护问题，成为举国上下全民关注的热门话题。这股热情的高涨，不是联合国教科文组织开展了公布世界非物质文化遗产代表作名录这样一项活动可以解释得了的。相反的倒是，因为包括中国在内的世界各国广大民众有了高涨的热情和强烈的要求，才促成了这样一项举措的诞生。这种热情有它的时空背景和历史必然性。

这与自20世纪80年代以来的“文化热”是一脉相承的，也可以看成是它的扩展、深入和继续。此前一个时期的文化大破坏尤其给了我们永远难忘的教训。

——长期以来，对于传统的漠视，不分青红皂白地否定传统，使我们吃了不少苦头。想凭空地从虚无中创造一个新的文化天地的企图，没有结出理想的果实。今天的这种全民的反思和觉醒是用相当惨痛的代价换来的。痛定思痛，人们开始以前所未有的热情和理性，重新审视和辨析我们的传统的民族文化遗产。

——在探索社会主义建设和发展道路的过程中，人们逐渐地明确了全面、科学和可持续发展的建设方向。对于文化问题的关注成为题中应有之义。在精神文明建设的过程中，人们也逐渐认识到发扬优秀的传统文化的意义。

——在全球化和经济一体化、社会生活现代化的大潮中，我们的民族文化受到外来文化的强势撞击。强势的外来文化会被一些人视为时尚，而时尚久而久之会改变越来越多的人的价值观。面对这种趋向单一的文化模式，人们感到极有必要挖掘和发扬中华民族文化的优秀传统。

——近20年来，世界各国人民，特别是发展中国家，对于民族文化传统特别是非物质文化遗产的关注和珍爱，已经成为一种世界性的时代潮流。这在相当程度上，从外部影响到我们对于民族文化和非物质文化遗产的重视态度。

四 非物质文化遗产的意义和功能

人是文化的动物，人是社会的动物，人类社会的存在又是历史性的。当我们谈到非物质文化遗产的时候，就不能不特别地关注这个对象的历史性特点和社会广泛性特点。它是一定群体共同创造、共同享用的生活方式，同时这种生活方式又在历史的长河中延续、继承、发展和变化。一定人群的文化是在历史时间和社会空间两个向度中存在着的。

非物质文化是我们每个民族历代先辈奋斗和创造的历史实录，是民族历史这棵参天大树的“年轮”。它反映出雄浑的、博大的、涵括整个民族的悠久历史进程。我们常常会比喻说这一或那一优秀的口承文学作品是某个民族的“百科全书”。我以为，这不单是一种比喻，它反映了历史的真谛。

人总是生活在一定的社会群体当中，非物质文化规范着这一群体的生活方式、价值取向，是维系和巩固群体团结和谐的黏合剂，是一定群体、一定民族凝聚力的载体。无论你的政治态度如何，无论你的年龄、性格如何，无论你有怎样不同于其他人的经历，无论你处在如何异样的生活环境中，它总会无形地把你同一定社会群体、一定民族牢牢地联系在一起，这是一个民族的每一个成员文化认同的依据，是整个民族所有子民情感的“最大公约数”。

价值认同是群体和民族凝聚力的重要基础。作为文化的动物，人的一切文化活动如果用经济学的术语来说都是一种“消费”。在我们的文化享用中，有诸多文化事象，对我们来说并不都是等价值的，有的我们仅止于利用；而另外一些则被我们赋予了丰富的价值内涵，使它们具有了感情的附加值。举例来说，从 1912 年开始，由孙中山先生首创，我们改用了公历，把我们的“年”降了一格，改为“节”——春节，把公历的一年之始称为“新年”。虽说春节是“节”，但在我们的心里它要比那称作“新年”的“元旦”要隆重和亲切很多。在我们祖国的广大同胞中间，在所有的中华子民心中，春节具有非同一般的情感内涵，它成为我们中华民族所有子民彼此认同的一种标志。特别是当我们处在一种异文化环境中的时候，这种情感的内涵就表现得极为突出，这种潜在的价值会强烈地浮现在每一个人的心中。

非物质文化遗产具有群体认同、民族认同的极为重要的功能和价值。优秀的民族文化传统同时也是建设先进文化的基础条件之一。还在不久前，我们曾经经历过“同一切旧传统、旧思想彻底决裂”的文化大灾难。即使在“否定一切、打倒一切”的日子里，人们也摆脱不了和历史的瓜葛，那时照样泛滥起相当多极其陈旧、极其愚昧的现象。从痛苦的教训中我们领悟到，在虚无中建设新文化如果不是愚蠢的，至少也是幼稚的妄想，是不可能实现的。人是不可能揪着自己的头发离开地面的。优秀的非物质文化因此也应当成为推进现代文化前进的基础之一。不在自己优秀传统文化的基础上建设和发展民族的现代文化是行不通、做不到的。我们有那么多宝贵的精神财富，那么悠久而深厚的文化传统，只要我们善于从中汲取有益的营养，就一定有益于文化建设。

五　从全人类的视角看非物质文化遗产保护

在当今时代，在外来强势文化不断浸染的现实中，在民族文化日益受到损毁的危机面前，为了社会的可持续发展，为了人类文化的多样性发展，我们越来越感到传统文化特别是民间传统文化的可贵。抢救和保护民间文化遗产，继承和弘扬民族文化的优良传统，成为人们的共同心声。

关心和爱护民族文化的特异性，保护口头和非物质文化遗产，不仅是整个人类共同的光荣任务，是繁荣和发展世界多元化文化的必经之路，而且是每个民族对世界和时代应承担的责任。只有最大限度地发展底蕴深厚、色彩绚丽的民族文化，才可能更好地保护、体现和发扬人类文化的多样性和丰富性。

联合国教科文组织总干事松浦晃一郎 2000 年 5 月 4 日在日内瓦“瑞士国际政治论坛”上指出：“全球化趋势可能成为世界各民族密切关系的一个有力因素。但是不应因此而导致世界文化的一体化发展，不应该使一种或几种文化支配其他文化，也不应该导致文化肢解或同一性的重合。我主张要把人类文化多样性的保护和开发摆在一切工作的首位。”[①] 设想一下，在我们中国广袤的大地上，如果没有了大熊猫、如果没有了东北虎、如果没有了许多诸如此类可爱的动物，我们的动物界必然就会黯然失色。事情还不仅仅是这样，如果在世界范围内也是这样的话，恐怕人类的生存环境就会变得极端恶劣，人类社会的发展将会难以为继。同样地，如果在人类文化的园地里，只有可口可乐、好莱坞、电脑及其他，那么我们的世界文化将非常单调，世界将变成一个灰暗的甚至是在文化上和精神上萎缩了的世界。

今天，世界经济走向一体化、现代化、城市化，这些都不是空泛的概念，而是实实在在的发展趋势。在这一背景下，强势的经济、强势的军事等自然也会使其文化形成强势，这样的强势文化仍自然会有意无意地带有浸染和蚕食其他民族文化的趋向。为了形成文化认同、提高民族自信心、增强民族凝聚力，我们必须强调民族文化的自主性，很好地继承和弘扬优秀的民族文化传统，繁荣和发展民族文化。

如果我们从民族文化和外来文化两者关系的视角来看我们对待自己民族文化传统的态度，就会发现，我们正在经历着一次具有本质意义的立场转变。在相当长的历史时期中，我们针对外来文化曾经提出过许多主张，“全盘西化”“中学为体，西学为用”“全面复古”等，无论哪一种态度，说到底都是从民族的视角出发将民族文化同外来文化对立起来。今天提出非物质文化遗产保护问题，更有新的意义。我们对过去的立场进行反思是从对现实世界的认识出发的。当世界被比喻成“地球村”的时候，这已经不只是一种形象的比喻，而在相当程度上反映了世界的真实状况。当前的国家已经不再是彼此割裂、较少交往的国家。比如，某些国家和地区热带雨林遭到破坏，就会影响到整个地球的气候变化；某些国家过多的废气排放，就会直接造成全球的气候变暖，以至于造成极地冰山的消融、海面的升高，如此等等。在人类的文化建设问题上，也应作如是观。我们对过去的立场要有所反思。当我们意识到地球是整个

---

① ［日］松浦晃一郎：《多元文化的保护和开发》，http//www. china - fpa. org/memories/unesco/advance. htm。

人类的共同家园的时候，我们就不应该再狭隘地认为，保护自己的优秀文化传统仅仅是单纯地涉及我们自己民族命运的重要问题，而应该把它提升到一个高度，即建设全人类的文化，使人类文化具有多样性的发展基础和前景。每个民族是否善待自己的传统文化，是否继承和弘扬自己优秀的民族文化传统，也是关乎人类文化多样性发展的大事。我们越来越清楚地认识到，民族的立场和全人类的立场并不是截然对立的。应该说，民族的立场针对曾经喧嚣一时、至今仍很难说全然绝迹的“欧洲文化中心论”以及“欧洲文化唯一论”等论调，肯定是具有现实和进步意义的。但在今天的历史条件下，面对人类文化多样性发展的新课题，我们的这种视角的转变就是非常重要的了，它会使我们在对待非物质文化遗产的认识及其保护的方向、方针和方法等方面，有全新的认识并采取相应的有效举措。

吸纳外来文化和继承原有传统并不是矛盾的，二者所形成的张力对于创造新的文化起着非常重要的作用。于是我们看到，许多文化系统都有着鲜明的多元特点。在我们的民族大家庭里，这种多元特点，不仅有吸纳外来文化这一方面，更有多民族文化相互交融这一尤为重要的方面。例如，在美国，印第安族群贡献了自己的印第安文化，波兰、墨西哥、波多黎各等民族的后裔也做出了自己的文化贡献，美国文化的多元性呈现杂色的特点。而我们中华民族文化的多元性则更有自己的鲜明特色。它的融会能力表现得特别强烈。一位古印度净饭王的王子所创立的佛教传入我国，走了一条中国化的道路，演化成为中国化的佛教。这种已经彻底中国化了的宗教信仰，自隋唐始对中国的社会生活产生了深刻的影响，成为中国传统文化的一个有机组成部分。

从另外一个角度来看，宝贵的文化遗产还具有鲜明的共享性特点，可以被不同的社会群体甚至是不同的民族或国家所享用。正因为有了这种共享性特点，它才使我们的非物质文化遗产保护具有了重大的世界性的意义。

但与此同时，人们往往把非物质文化遗产理解为集体性的创造主体的智慧结晶，而且是历史性的智慧成果。于是非物质文化遗产就变成了“无主体”的知识，它的知识产权保护就被搁置了。因此在涉及国家主权问题时，人们往往不把非物质文化遗产作为它的重要组成部分之一。在当前的世界政治格局中，这个问题当然是我们必须认真考虑和研究的课题。

六 悖论中的非物质文化遗产保护

通常理解的文化遗产是历史留给我们的精神财富，仿佛是属于过去时的。但实际上所有这些事象又可以在现实生活中找到它存在的痕迹，有的甚至生命力相当旺盛。这一点决定了在保护中存在着诸多的两难问题。说到在当今社会条件下的非物质文化遗产保护，我想没有哪一个题目会像它这样包含着那么多的悖论。

我们的非物质文化遗产主要是在什么样的历史条件下形成的呢？应该说它们大多是农业社会的产物。农业文化以家族、村落、社区为基础环境。在这样的环境中，人们的生活方式、思维方式、价值体系在很大程度上受传统的制约。在新的社会条件下，传统文化则经历着很大的变异，极容易被消解。

第一，保护意味着保持原汁原味，保持它的本来面目，或者保持传统现存的面貌，保持它现今的或是昨天的形态、内涵、功能等。例如，讲春节，则似乎更多的是着眼于其中的祭祖、迎神、祈福求祥等内容和相应的仪式。民居、信仰等也是如此。但社会要前进，一切事物——包括传统在内，总在不停地发展、演变，我们不是要把被保护的对象仅仅放在博物馆展台上，而是要它在现实中发挥作用，于是问题就来了。为了建设明天，自然应当强调弘扬、强调继承发展，这就意味着在一定程度上要改进，要变革，要创造。当说到保护的时候、当要把这一事物在现实生活中的具象表现保持在原有状态的时候，从某种意义上说，就可能被理解为要拉住历史前进的车轮，人为地阻止历史前进的步伐。

第二，当我们谈保护的问题时，往往会连带地提出一个重要问题，就是要保护这些遗产的生态环境。而这个生态环境，包括政治的、经济的、文化的各种历史条件，也包括人的思想观、价值观，人的需求等，都在发生着急剧的变化。那么保护遗产的生态环境，实际上是一种美好的空想。这种想法本身也是十分矛盾的。

第三，当我们谈保护的问题时，为了保护的方便和有效，往往要把保护对象从一种完整的、庞大的体系中抽取出来，给予特别的关注，这实际上是采取一种解构的办法来对待文化遗产。但是非物质文化遗产的非常重要的特点就在于它的发生和构成中的混元性、现实存在的共生性以及和生活不可分割的关系。一旦我们将这些保护对象孤立地保护起来的时候，我们实际上是破坏了这个被保护的事物。对象的解构，意味着对对象完整性的破坏，这种保护离保护的本意渐行渐远，这也是很矛盾的事情。

第四，当我们谈保护的问题时，首要的任务就是要特别保护那些继承和发扬历史文化传统的优秀的传承人，而这些传承人（我指的不是个别人，而是这一伟大群体的每一个人），不是简单的一个抽象概念，而是活生生的、同你我一样的现实的人。他们的思想、他们的价值观、他们的生活方式在急遽变革的时代同样在不停地发展变化着。他们有新的生活欲求，有改善生活条件的理想，不能让他们为了保护某种遗产、保存某一历史传统而牺牲自己的现实生活，不能强求他们以昨天的思维方式和生活方式来度过今天。

第五，在市场经济体制下，社会生活发生极大变化，生活的诸多因素大多打上了市场经济的烙印，保护一种传统文化，不让它受到市场经济的干扰是不大可能的。不是所有的文化遗产都可以变成创造物质价值的手段的。面对大量的类似情况，又如何能够把保护文化遗产的工作在理想的意义上付诸实施呢？这又是一个矛盾。当前在一些地方，把申报非物质文化遗产当作是开发旅游或者是兴办其他文化产业的手段，而这些非物质文化遗产的本质在于，它是广大民众的生活方式，而一旦这种生活方式被当作谋取利润的商品时，它的性质就完全改变了。旅游业使非物质文化的各种表现形式在性质、功能等方面发生了根本性的改变，当一种生活方式变成商品时就很难再完好地保持其原来的功能。例如，结婚仪式如果作为每天舞台上的表演，当事人的内心情感、庄严仪式的内涵就都被抽掉了，保留的是外壳，这就丧失了神圣、严肃的本色和情感价值。这当然会对非物质文化遗产造成损害和破坏。我们当然可以指责这是脱离了生活，但反过来问，原来占全国人口 90% 以上的农民，有一部分人离开了土地，离开了农业劳动，他们将自己过去的生活方式截取某些片段当作旅游资源，提供给城里人或者外国人观赏，这本身就是生活，怎么能说是脱离了生活呢？他们的这种做法也是现实要求的必然结果。现在70%的农业人口，其中还有相当一部分离土不离乡的人，他们同样需要提高自己的生活水平，难道应该让他们为了保护世界文化的多样性、保护某种文化遗产的表现形式而固守贫穷吗？我们的以人为本的精神又表现在哪里呢？

同样，在市场经济条件下还会产生知识产权保护问题。市场经济讲专利，专利的提出同民间文化的传承有一定矛盾。知识产权是个人生产、个人至上、以个人为中心条件下出现的，不是着眼于群体。现在用资本主义的一套准则来要求本来是以集体利益为目标，同时也是集体创造、世代相传的文化遗产是很难行得通的。如某位老人的剪纸作品被子女作为专利"保护"起来不让其他人模仿传承，这样的情况今后会越来越多。通过各种官方的和非官方的形式保护传承人，给他们以相应的荣誉和地位是极好的事，是应该的。但现在有人把在长期的历史过程中人们口传心授的遗产作为一己的发明垄断起来，不传承、不交流，这对非物质文化遗产的保护和传承会产生阻碍作用。然而为了扩大影响、扩大传承，而不去保护知识产权，也很难防范国内、国际的文化侵权和文化剽窃。这也是一种两难的处境。

第六，现代化过程明显的甚至是重要的趋势之一，在于城镇化的加速。城镇化过程使人们改变了生存的环境、生存的条件，这必将影响人们的生活方式。当煤气灶和微波炉代替了柴灶的时候，灶王爷就没有了安身之处。

第七，在当今时代，标准化已成为一种社会需求和发展趋势。而在非物质文化遗产保护当中，强调的则是地方特色，甚至是某个社会群体的特异性。这里不仅不是大传统，甚至也不是小传统，而是传统的特异表现。例如，我们一方面要求推广普通话，另一方面为了保护如地方戏曲、民间文学等非物质文化遗产又不得不强调方言。这本身又是一种矛盾。

类似的矛盾和两难还可以举出很多。如何解决这些悖论呢？面对所有这些问题以及类似的更多问题，知识界责无旁贷，知识界有责任提供智力支持，从各自的角度给出各种不同的答案。对于两难的问题，学界应当尽量探寻出两全的答案。我个人认为，没有深入的研究工作就没有真正意义的、科学的、合乎历史规律的保护。然而知识界不可能包打天下。知识界的出发点和重心在于求真，在于追求真理，在于挖掘事物的真谛。而且每位学者根据自己接触对象的程度和侧面不同，只能从自己的角度对事物做出观察，得出相应的认识，所以不可能没有局限。而追求真理和经世致用，并非在一切场合下是相通的、统一的。

文化行政部门有条件听取各方面发出的呼声，接受各种信息，其中包括知识界提供的学理思考；能够审视社会、现实和历史发展的需要，从民众长远利益出发，坚持可持续发展的方针，权衡利弊，综合考量，选择最佳方案进行决策，达到经世致用的目的。在非物质文化遗产保护工作中有关各方面，包括行政领导部门、传承人、普通民众、学术界、企事业单位、商界，都有各自的期望，如何协调好各方面的关系，从文化建设的需要出发，最大限度地实现应有的共同目标，是需要我们认真思考和努力解决的问题。

七　非物质文化遗产保护的整体性原则

非物质文化遗产在多数情况下，既是昨天的实录、今天的现实，同时也是明天的预示。

我们往往看到有些文化事象随着历史时代的发展和前进在不断地变异，有的由于不再与新的社会生活环境相适应而被淘汰，但同样也还有相当多的事象在继续展示着自己强大的生命力，或者在变异中获得新的发展。

人类作为智慧的动物，有着一种强烈的认知需求，这种需求并不是完全功利的。也许可以说，人类在认知中更增长了自己的智慧。我们对那些已经进入历史的文化遗产的认知和记忆，在一定意义上说也是一种保护，也会给我们创造未来、建设未来提供有益的启迪。保护不是要把它封闭在一个既往的历史时空点上，也并非一种书斋里的历史研究或者仅仅给博物馆提供某种展品，它是我们文化建设系统工程中的一个有机组成部分。

如果从更为宽泛、更为深远、更具有重要意义的视角来看非物质文化遗产及其保护的重要性，还可以说，它在人类社会生活方式多样性选择中具有特殊的意义。工业化和现代化为人类社会带来了诸多福祉，但也有许多难以克服的负面影响。我们越来越多地感受到这些负面因素对人类社会所造成的现存的和潜在的威胁。人的全面发展同样会从优秀的文化传统中、从宝贵的非物质文化遗产中获取灵感。不是只有现代化、机械化、自动化、数字化等才是唯一的灵丹妙药。返璞归真，继承和弘扬某些手工生产方式和传统生活方式中的某些优秀成分，未尝不是为了人类社会健康发展而可能选择的重要途径之一。

我们对于非物质文化遗产的保护应该有一个整体性的原则，从整体上加以认识，在整体上进行关注和保护。从这一原则出发，我认为以下六个方面的认识对保护工作来说十分重要。

（一）各社区、各群体为适应他们所处的环境，为应对他们与自然和历史的互动，不断使这种代代相传的非物质文化遗产得到创新，同时也为他们自己提供了一种认同感和历史感，由此促进了文化的多样性和人类的创造力

我们看到，世界非物质文化遗产保护的目的是以全方位、多层次和非简化的方式来反映并保存人类文化的多样性。它涉及整体性文化的各个方面，几乎包括了传统和民间文化的所有表现形式，而不仅仅是个别文化形式的有限综合。

作为一个幅员辽阔的文明古国，中国有着极为丰富的文化遗产。面对这样宝贵的文化传统，我们不能以保护个别具体的文化事象来代替对优秀文化遗产全局的关注和保护，应该在全民范围内树立和提高对整体性文化的保护意识，只要是能体现人类在特定时空内的文化形态及其创造力的，都应该给予关注，加强研究和认真保护。

如果不能从整体上对非物质的文化遗产加以关注并进行综合保护，如果仅仅以个别“代表作”的形式对已经认证的文化片段进行“圈护”，那就可能在保护个别文化片段的同时，漠视、忽略、遗弃或者伤害更多未被“圈护”的优秀文化遗产。我们对非物质文化遗产的保护不应也不会仅仅停留在保护一个个“文化碎片”或者“文化孤岛”上。世界文化遗产保护的现实状况以及历史的经验都告诉我们，坚持整体性原则是非物质文化遗产保护的必然趋势。

在全球经济一体化和社会生活现代化的大潮中，我们的传统民间文化正面临前所未有的困境，特别是以口头传承为主要存在方式的非物质文化遗产正在迅速变异或消亡。传统的、多样的民间文化受到社会化大生产和外来文化的强烈撞击。这种撞击的结果绝不仅仅意味着个别文化片段的毁灭，而是意味着整个多样性文化的生存空间的改变。如果我们不能从整体上对之加以热心关注、科学分析和合理有效的保护，正确处理好发展与保护之间的关系，那么，任何个别“圈护”都会显得苍白无力。

同样地，我们不能将具体文化事象从它的生存环境和背景中割裂出来“保护”，否则只能切断具体传统文化事象自我更新、自我创造的能力，最终使我们的优秀民族文化的根基受损。换句话说，对具体文化事象的保护，要尊重其内在的丰富性和生命特点。不但要保护非物质文化遗产的自身及其有形外现，更要注意它们所依赖、所因应的结构性环境；不仅要重视这份遗产静态的成就，尤其要关注各种事象的存在方式和存在过程。比如，保存了民间故事的文字记录，并不能替代它的讲述场景、讲述氛围和讲述技巧等重要过程的真实全面的记录。仅仅有哭丧歌的歌词远远不能反映哭丧仪式中的悲怆情绪和死别的心境，仅仅有情歌和歌词同样难以表达恋爱的过程中情感交流的丰富内涵。总之，既要保护文化事象本身，也要保护它的生命之源。

（二）保护非物质文化遗产的整体性原则不仅是就空间向度而言的，也表现在时间向度上

传统是发展的、流动的，它有自己运行的客观规律。文化遗产作为传统的一个方面，同样是存在于发展过程中的，不可能一成不变。我们不能只注意文化遗产的历史形态，以为文化遗产的“过去时”就是最合理的存在，忽视甚至歧视文化遗产的现时状态和将来发展，割裂它的发展和流变，人为地将还在生活着的文化遗产“化石化”。

同为人类文化遗产，非物质遗产与有形的文化遗产相比，有其独特的存在方式。特定时代的有形文物是固定的、不可再生的，它可以是脱离活形态文化传统的一种静态存在，是一种物化的时间记忆。相对来说，对它可以用强制手段进行有效的保护。但是，非物质文化遗产却是流动的、发展的，它不可能脱离生产者和享用者而独立存在，它是存在于特定群体生活之中的活的内容，是发展着的传统方式，它很难被强制地凝固保存。在联合国教科文组织《非物质文化遗产保护公约》的定义中，对“创新”和“可持续发展”的强调，是很值得我们认真思考的。

我们切不可把有形的文化遗产的保护方法简单地挪用为非物质文化遗产的保护方法，不应割裂这种文化传统与民众生活方式的关联，把这种文化传统固定在既有时态上，遏制它在新的生存时空下的新的发展。有形的文化遗产反映的可能只是人类过去的创造，而非物质文化遗产反映的是人类的过去、现在以及将来的创造力。

文化精神和气韵的流变是有生活基础的，忽视了生气勃勃的生活之流对非物质文化遗产的滋润，遗产的保护难免流于形式，而这遗产本身也就离绝唱不远了。因此，笔者想，承认并理解文化遗产自身的嬗变，正意味着对它的尊重。我们应该重视文化遗产的自身发展，保护不应是把它凝固在某个历史的时空点上。

（三）保护非物质文化遗产还面临一个关键性问题，即关注和尊重蕴含其中的文化价值观

比如，藏区的广大僧俗民众，在寺庙里或者在家中供奉“唐卡”。传统的“唐卡”制作有严格的仪式，制作完了还要“开光”。它不仅仅是艺术作品，更是信仰的载体。在经济大潮的冲击下，一些地方将“唐卡”简单地当作商品推向市场，其观念的内涵被抽掉了，其制作的方式、方法和进程，也与既往大相径庭了。而“唐卡”在相当长的历史时期中所蕴含的民众价值观，对我们却是十分重要的和珍贵的。

口头及非物质文化承载着生活制度和行为规范的内涵，是广大民众生活当中须臾不可离开的一个有机组成部分。例如，诸多民族的不成文法多是以口头传承的艺术作品形式表现出来的，侗族的“款词”、瑶族和苗族的“石牌话”都是最好的代表。口头及非物质文化还是民族价值观的反映，是民族情感的寄托，是民族精神和民族性格的体现。与此同时，蕴含在各民族文化当中的价值观念又构成了这一文化的灵魂。非物质文化事象的本质基础在于它的价值，即在于人同这一文化的关系。脱离了核心价值判断的文化事象只能是徒有其表而内无神韵的玩偶，现在遍布

各地的各种急功近利的伪“文化”景观难道还不足以使我们警醒吗？保护非物质文化遗产应该关注民众同这一部分遗产的情感联系，十分关注、大力发掘和精心保护蕴含在这一传统中的价值观念。这样，保护才具有本质性的意义，才能使之呈现为活的文化。

任何一项口头和非物质文化事象，都是存在于整个民族文化系统当中的，抢救和保护这部分遗产，不能割断和脱离开它与相关环境和背景的联系。在一些情况下，由于忽略了它与存在环境的血肉联系，我们的保护初衷有时不可能收到令人满意的效果，甚至可能会适得其反。比如，某地领导深爱一位民间故事家，为了“照顾”他，将他从村里调到县城，每月发给他工资。但是事与愿违，脱离开原本的生存环境，故事家的讲述才能也就无法展现、无法发展了。割断了民间故事以及故事家与生活和民众的联系，丧失了原有的价值观，把故事家推向茶社、演艺厅，重建一种市场价值观，原来的民间故事就变质了，原来的民间故事家也就不存在了。

（四）理论上的探讨自然还需要结合实际

我们在抢救和保护非物质文化遗产的过程中，往往感到，行政部门的作为、商业单位的作为同非物质文化自身的发展逻辑，并非总是取向一致的。同样是为了抢救正在逝去的人类文明成果，着眼点是放在中华民族和全人类的未来文化发展上，还是放在部门功利建树上，抑或是放在商业利润追求上，就有很大的不同，相应地，在实践中、在目标设计乃至实际功效上，也会呈现相当大的差异。

非物质文化遗产保护是一项系统工程，而且是一项举国上下全民参与代代接替的、长期的、宏伟的历史性任务。应该承认，保护民族文化的民间根基和维护其可持续发展，绝不可能离开行政部门的强力领导，绝不可能离开社会各界包括知识界和商界的大力支持，特别是广大民众的积极参与。在现代中国社会的大环境下，缺了哪一方都不行。在具体操作过程中，参与保护的各个社区、群体、组织或个人，都有着自身的利益，如果各个参与者之间的利益严重失衡，那么就不仅不能对文化遗产进行有效的保护，而且可能对这一文化形成毁灭性的破坏，尤其是对文化遗产所赖以生存的价值观念造成根本性的破坏。

认识保护工程的复杂性，合理地协调各方的利益诉求，将保护行为纳入科学、合理、有效的轨道，是一件需要社会各界共同努力去做而且并不容易做好的事情。在这一活动中，合理地整合与协调各种利益诉求，是使保护行为不至于走向片面或反面的基本保障。比如，在文化遗产的享用上，就要根据这种文化的特点而规定不同的鼓励和限制措施，也就是说，要营造一个合理的、和谐的良好环境，以利于这一文化遗产的妥善保护、健康发展和广泛享用。商业立场、政府立场、学术立场与民众立场之间有时可能呈现出某种程度的不和谐。要正视商业立场、政府立场、学术立场与民众立场的不同，并且很好地协调各方的立场。但是，在协调中要坚持一条底线，那就是保护文化遗产应该建立在人类社会可持续发展与人的全面发展需要的基础之上。这样，我们这一代人才能俯仰上下而无愧于心。

（五）实际工作中除了协调保护者之间的利益之外，还要处理好文化遗产的创造者、拥有者和保护者之间的关系

当我们强调对一种非物质文化事象进行保护的时候，我们应该对自己的立场有一个清醒的认识，即我们是代表谁来保护以及为什么保护的问题。应当承认，站在全人类文明史的宏观角度来保护为一时一地的人们所拥有的文化成就，这本身就是一件矛盾的事情。对非物质文化的保护，不应将之封闭在某个特定的历史时空中。要尊重非物质文化的传承者和共享者在文化保护、文化传承、文化发展中的自由选择意志。

我们在工作中往往可以看到，当地人民往往希望摆脱传统的“包袱”，希望谋求本地区的现代化发展。这种要求本身无可非议，但是对其中的得失和代价也许不是每一个人一开始就能有清晰认识的。有时候当事人并没有意识到自己抛弃的东西有什么价值。现在，我们意识到了，或者说感受到了这种抛弃无意间造成的巨大损失和无可弥补的遗憾，于是必须寻求一种途径以调和社会发展与文化传承之间的矛盾。

我们看到，个人、群体和整个世界一样，对文化的追求都是多样的。当人类为了自身的健康发展而要求保护多样性文化的时候，生活在特定文化中的群体和个人，同样应该有对多样性生存方式的选择自由，不应该也不可能要求他们为了给世界保存一种生存方式，而将他们的生活封闭在固定的时空中，使他们成为世界文化多样性追求的牺牲品。否则，对文化传承者来说，显然是不公平的。

就这一点来说，当地民众与我们之间是平等的。我们的追求如果缺乏必要的自省和自律的话，客观上就可能在某种程度上影响或限制了特定群体或个人对文化多样性的自由选择。应该说，以往对这个问题的重视是不够的。面对非物质文化遗产，尤其是一些技艺性的非物质文化遗产，如果舍弃了主体，那我们还能面对什么呢？我想我们在讨论非物质文化遗产保护的时候，应该意识到它本身也是我们改进自身方法和理论的一个契机。只有当我们在工作中把民俗文化的创造者、持守者和继承者也纳入我们工作的视野中来，把他们的主体性、现实境遇和要求也切实地考虑进来的时候，我们的抢救和保护工作才可以说真正有了对人的关怀。这个人不仅是抽象的全民族、全人类，而且也是具象的实实在在生活在我们身边的人。我想，只有兼备了这两种“人的关怀”之后，我们对文化遗产的抢救和保护的立场才是完全的。

尊重传承这部分文化遗产的特定群体或个人，当然要遵循历史发展的要求，当然应当很好地协调自由选择与继承传统之间的矛盾。而处理传统保护与现实追求之间的矛盾，并不是靠单纯的行政命令或法律裁决所能解决的，它需要传承者同行政部门、学术界、实业界等多方的平等对话，甚至可能需要政府和社会各界做出道义上的鼓励和财政上的支持。从局部的和短暂的利益来看，或许可能出现做出某种牺牲的一方；而从全局的和长远的利益来看，所有参与者乃至全民族全人类世世代代都是受益者。

从根本意义上说，非物质文化遗产的保护，首先应该是对创造、享有和传承这一文化的人的保护；同时，对这一遗产的切实有效的保护，也特别依赖于创造、享有和传承这一遗产的群体。

这就要求我们在工作中能够有一种善于从民众出发、设身处地为民众着想、以人为本的精神，注意倾听当事者的声音，协调好各个方面的关系，本着为人类文化多样性发展的宗旨积极合作，大力宣传保护优秀文化遗产的重要意义，正确对待文化遗产保护工作，真正把文化遗产的保护工作变成一项发自民众而又服务于民众的事业。

（六）要特别关注中国多民族的历史与现状对口头和非物质文化遗产的影响

非物质文化遗产尤其是口头文化遗产，具有广泛性和共享性特点。作为一个多民族国家，我国的情况更是如此。我们要特别关注中国多民族的历史与现状对口头和非物质文化遗产的影响。许多口头和非物质文化遗产不是特定民族、特定地区、特定群体独创或独享的文化。例如，火把节、赛龙舟、傩戏等习俗或艺术形式都是为多个民族共同享有和传承的。马头琴艺术、阿肯弹唱、木卡姆传统艺术等同样是我国有关民族的历史悠久、内涵丰富、根基深厚、枝繁叶茂的优秀文化遗产。我们保护遗产，就不能忽略其中享有和传承这一遗产的有关族群的响亮声音。不论是出于什么样的考虑，文化保护的过程都不应成为文化垄断的过程，不能因为遗产保护的立项而把这一或那一共享的群体割裂开来或者排斥出去，不能把民族团结和人类交流的凝合剂变成影响团结交流的障碍。跨群体、跨地区、跨民族的非物质文化遗产保护应该成为共创、共享该文化的各群体、各地区、各民族的共同权益与责任。

与有形文化的单一性、排他性以及在另一时空的不可再生、不可复制的特点不同，口头和非物质文化遗产本身就具有共享性、变异性（多样性）的特点，因而也就具有了传播、享用的广泛性。但是，当文化成为一种商业资源、一种可以获取利益的手段的时候，这一文化的享用者们就有可能最大限度地寻求对文化的垄断。垄断诉求一旦出现并被付诸实施，就可能在保护这一群体的文化遗产的同时，伤害着另一群体的文化共有和共享。口头和非物质文化遗产的保护不应成为特定群体对某种共享的文化资源的独占，某一地方、某一群体的非物质文化的保护行为不应成为剥夺和排斥其他地方、其他群体同型文化享用的借口。

我们在工作中要更加尊重文化共享者的价值认同和文化认同，尤其要关注发掘特定群体、地区和民族的文化特质，因为其中可能正隐含着民间文化传承、再生和发展的生机。促进和保护文化的多样性发展，才是我们努力追求的目标。

论非物质文化遗产保护工作的规范化与标准体系的建立*

王霄冰　胡玉福**

摘　要：非物质文化遗产保护标准体系的建立是出于保护工作规范化的需求。引入标准的目的在于完善制度，协调相关部门之间的关系，平衡参与其中的各方利益，促进非遗项目的可持续发展，而非为了限制作为传承主体的地方社区与传承者个人的创新自由。该标准体系的内容应包括非物质文化遗产保护操作标准、项目分类标准和项目标准三大部分。其建立过程，应充分体现民主协商的精神，在各级政府、学者、传承主体和其他利益方之间展开充分沟通的基础之上形成。德国哲学家哈贝马斯倡导的交往理性与商谈理论可为此提供理论指导。

关键词：非物质文化遗产保护　标准体系　标准化　交往理性　商谈理论

非物质文化遗产（以下简称“非遗”）保护工作是否需要标准？为何需要标准？需要什么样的标准？标准的内涵是什么？标准如何确立？其确立过程有何意义？随着非遗保护工作在中国大地上的蓬勃开展，这些问题逐渐浮上水面。特别是部分非遗产品的市场化给保护工作带来了新的挑战。如何在现代化、商业化的背景下，在不偏离联合国教科文组织

---

* 原文刊于《文化遗产》2017 年第 5 期。

** 王霄冰，女，中山大学中文系、中国非物质文化遗产研究中心教授。胡玉福，华南师范大学城市文化学院副研究员。

《保护非物质文化遗产公约》（2003 年）（以下简称《公约》）和新近出台的《保护非物质文化遗产伦理原则》（2015 年）（以下简称《伦理原则》）以及《中华人民共和国非物质文化遗产法》（2011 年）（以下简称《非遗法》）的基础上，制定各类行动规则和保护标准，以保证非遗保护工作的顺利推进，参与各方的价值理念、经济和文化利益都得到相应的保护？这是目前中国的非遗保护实践对我们研究者提出的一个重要命题。

一　非遗保护为何需要标准?

说到“标准”，人们往往会联想到机械化工业大生产中的标准化零件、标准化操作程序、产品等级和价格标准以及标准化的检验制度等，它给人的印象除了批量生产和整齐划一之外，还经常被与机械化、刻板化、缺乏创新精神等负面效果联系在一起。或许正是出于这种刻板印象，部分学者和实践者才会谈非遗保护的标准化而色变。他们担心传统文化的多样性会因各类标准的引入而遭受毁灭性打击，一方面，原本鲜活生动的民间文化表现形式会因此而被凝固为一种静态的、固化的产品，越来越丧失其自由创作的个性；另一方面，会造成文化现象的碎片化及与原本生存语境的脱离，从而违背了非遗保护最为根本的整体性和活态性原则。

但在非遗保护实践当中，却又往往因为缺乏统一的规范和标准而出现各种冲突与问题。总结起来，主要体现在以下几个方面。

1. 围绕非遗产品名称的知识产权之争。如 2007 年，山东鲁锦实业有限公司（注册商标为“鲁锦”）将鄄城县鲁锦工艺品有限责任公司（注册商标为“精一坊”）和济宁礼之邦家纺有限公司（“精一坊”鲁锦代理商）告上法庭，理由是后者侵犯了该公司的注册商标专用权，属不正当竞争。初审法院济宁市中级人民法院认为，“精一坊”公司在与“鲁锦”公司相近的商品上使用“鲁锦”标识，“构成对原告注册商标专用权的侵犯”，并判定被告所提供证据“不足以说明‘鲁锦’是历史文化遗产、社会公共资源”，“精一坊”公司因此败诉。但二审法院山东省高级人民法院却重新提出了一个关键性问题，即“‘鲁锦’是否是一种山东民间纯棉手工纺织品的通用名称?”经法庭争辩，得出与初审不同的结论，最终认定“鲁锦”是通用名称，“精一坊”等不构成侵权和不正当竞争。[①] 此案被最高人民法院列为“2009 年中国法院知识产权司法保护 10 大案件”[②]之一。2009 年，自贡市扎染工艺厂也以“擅用扎染厂的商品特有名称或者冒用其质量标志”构成“不正当竞争”为由，将本地另外两家扎染公司诉至公堂，并要求对方不再使用带有“非遗”字样的包装宣传。最终法院以立法不明为由驳回了原告的诉求。[③]

2. 因大多数非遗产品缺乏统一的生产标准，从而造成大量自称“非遗”的假冒伪劣产品充斥市场。如 2013 年，曾被 2011 年央视“3・15”晚会曝光的成都市田婆婆洗灸堂因涉嫌使用假药被判赔偿原告 194 万元。在此之前田婆婆洗灸堂曾以成都市非遗项目“新繁药浴”的名义进行宣传。[④] 2013 年，《中华手工》杂志以“揭秘工艺造假”为题组织专栏，集中介绍了漆器、木雕、陶瓷、紫砂等手工艺在材质、工艺、产地、时间、身份方面以假乱真的问题。[⑤]

3. 关于非遗项目起源地和归属地的争议。由于很多非遗事项都是多地域甚至多民族共享的文化遗产，而非遗名录的申报采取通过各级行政机构、自下而上层层申报的方式，所以在申报过程中很难达成跨区域、跨民族的联合申报，这就使得一些非遗项目在进入名录之后似乎变成了某一地区的“特产”，从而伤害到孕育和保存有同样文化事项的其他地区人民的情感和权益。如 2010 年，文化部公布第三批国家级非物质文化遗产代表作建议名单，浙江省龙游县以“宣纸制作技艺”进入公示，安徽省宣城随即发起“宣纸保卫战”。几经周折，最终龙游不得不将所申报的

---

① 《山东鲁锦实业有限公司诉鄄城县鲁锦工艺品有限责任公司、济宁礼之邦家纺有限公司侵犯注册商标专用权及不正当竞争纠纷案》，《中华人民共和国最高人民法院公报》2010 年第 1 期。

② 《最高法院公布 2009 年中国法院知识产权司法保护 10 大案件》，《人民法院报》2010 年 4 月 22 日第 2 版。

③ 《“自贡扎染”打“非遗”侵权官司原告败诉》，《华西都市报》2010 年 1 月 17 日第 11 版。

④ 刘伟：《“田婆婆”一方被判赔偿 194 万元》，《南方都市报》2013 年 3 月 8 日第 AA26 版。

⑤ 《中华手工》编辑部：《揭秘工艺造假》，《中华手工》2013 年第 6 期。

项目改名为“龙游皮纸制作技艺”，才得以顺利进入名录。[1]

4. 一些非遗项目的传统生产方式不符合国家有关部门制定的各项法规，从而造成停产、转产或者产品不能得到政府认可。如2011年，拥有国家级非遗项目“钱万隆酱油酿造技艺”的上海钱万隆官酱园被质检部门勒令停产，原因是“局部生产环境及生产流程不符合食品生产卫生标准”[2]。2015年，河南省食品药品监督管理局认定河南省省级非遗项目“聂麟郊膏药”的衍生品“聂麟郊祛痛贴”为假药，引起了当地行业商会和传承人的不满，有关此药的定性问题各方至今未能达成共识。[3] 河北省井陉县省级非遗项目“窦王醋酿制技艺”代表性传承人仇彦军使用其传承的技艺制作的食醋在进入超市销售时，也因“没有市场准入证”而被拒门外，只能在醋坊周边交易，不能进入更宽渠道的市场流通。[4] 最近又有报道称，北京门头沟区龙泉镇的所有琉璃烧制厂因不符合环保规定而被关停，因为该地流传的国家级非遗项目“琉璃烧制技艺”采用的是传统烧煤方式，与当下的环保政策相冲突。[5]

5. 一些民间传承人对于非遗项目的调查、申报和认定程序及其结果感到不满。如2016年，北京西城区民间艺人袁益中将西城区政府以及西城区文委会诉至公堂，指责二者在区级非遗项目“古建筑模型扎小样”的调查与认定时，违反了《非遗法》第十二条、第十七条中有关征收代表性实物及确定项目代表性传承人的相关规定，并要求撤销已公示的该非遗项目。最终法院认为原告起诉不符合法定条件而驳回。[6]

以上案例反映出，传统非遗在从自在的生活空间进入公共领域之后所面临的种种不适，同时也说明社会各界对于非遗保护工作在许多方面都未能达成共识。解决这些矛盾和冲突的关键，就在于加强非遗保护工作的制度化和规范性，制定统一的纲领与适合操作的标准。早在我国非

---

① 《宣城完胜“宣纸保卫战”》，《皖江晚报》2011年6月10日第A03版。

② 《古法酿酱油不符现代标准停产》，《东方早报》2012年3月7日第A14版。

③ 《河南非遗“聂麟郊膏药”是假药?》，《兰州晨报》2015年5月26日第AII04版。

④ 《井陉“非遗”手工醋为何被拒柜台外》，《燕赵晚报》2015年8月8日第A02版。

⑤ 李梦婷：《北京叫停非遗“皇家琉璃”生产》，《北京青年报》2017年8月23日第A05版。

⑥ 李铁柱：《北京首例申请撤销“非遗”案原告败诉》，《北京青年报》2016年12月28日第A09版。

遗保护工作开展之初，民俗学家乌丙安就从推动非遗保护工作合理有序进行的角度，要求实行“严格的科学管理和标准化的操作程序”，前者指的是对非遗项目的“科学认定及审定的管理”，后者则指非遗保护工作在相关政策下，从调查、申报、评审到后续保护等都需要按照一定标准进行实施。[①] 徐艺乙认为，申报和保护都需要规范，以避免非遗保护工作中出现的功利化、形式化问题。[②] 高小康也指出，“如果要使非遗保护走向法制化，保护限制的确定性是必须的。也就是说，在观念上需要有某种形态的‘红线’作为规范。没有了保护限制的确定性，保护行为就变成了无法实施强制性限制和约束的随意活动。如果不能强制性实施和确定效果，法规意义上的保护行为也就不存在了”[③]。此外，还有陈金文[④]、袁学骏[⑤]、孔维强、刘云升[⑥]、乔凯[⑦]等学者都从不同角度强调了确立非遗保护工作标准的必要性。

俗语说，“不以规矩，不能成方圆”。无论古今中外，规范在推动社会发展和进步方面效果明显。历史上秦朝“书同文”“车同轨”、统一度量衡就是例证。现代的标准建设兴起于西方。我国标准建设开始于经济领域，随着标准工作范围的拓展，文化服务领域也逐渐引入标准，并得到国家的重视。2007 年，文化部制定《文化标准化中长期发展规划(2007—2020)》。2008 年，全国文化艺术资源标准化技术委员会成立，挂靠在文化部民族民间文艺发展中心，负责“文化艺术资源的收集、整理、保护、开发、数字化等领域的标准化工作”[⑧]。

作为 21 世纪初全球性的一项文化事业，非遗保护也需要规范化、标

---

① 乌丙安：《非物质文化遗产保护的科学管理及规程》，王文章主编《非物质文化遗产保护国际学术研讨会 2004 论文集》，文化艺术出版社 2005 年版，第 10—20 页。

② 徐艺乙：《非遗申报和保护都须规范》，《世界遗产》2013 年第 3 期。

③ 高小康：《“红线”：非遗保护观念的确定性》，《文化遗产》2013 年第 3 期。

④ 陈金文：《“非遗”保护应更加规范有效》，《中国社会科学报》2012 年 3 月 5 日第 B05 版。

⑤ 袁学骏：《非遗保护必须科学规范》，《中国文化报》2013 年 8 月 28 日第 003 版。

⑥ 孔维强、刘云升：《反思“非遗”的保护标准》，《河北法学》2013 年第 9 期。

⑦ 乔凯：《非物质文化遗产之界定标准议》，《齐鲁艺苑》2011 年第 6 期。

⑧ 《8 个文化领域全国专业标准化技术委员会获批成立》，中央政府门户网站，http://www.gov.cn/gzdt/2008-11/18/content_1153005.htm，2017 年 2 月 16 日。

准化的行动指南。联合国教科文组织针对落实《公约》而制定的《实施〈保护非物质文化遗产公约〉的业务指南》[①] 就是这方面的一个典范。因为只有确立了规矩和标准，参与各方才能统一认识，政府与司法部门才能拥有裁决依据，非遗保护工作才有可能得到有序推进。当然，参与各方在制定标准和规范之前也应达成以下共识，即引入“标准”的目的完全在于完善制度，协调相关部门之间的关系，平衡参与其中的各方利益，促进非遗项目的可持续发展，而绝非为了限制作为传承主体的地方社区与传承者个人的创新自由。

二 非遗保护标准体系的构成

由国家标准化管理委员会编辑的《标准化工作手册》将“标准”定义为：“为了在一定范围内获得最佳秩序，经协商一致制定并由公认机构批准、共同使用的和重复使用的一种规范性文件。”[②] “标准化”则是指“为了在一定范围内获得最佳秩序，对现实问题或潜在问题制定共同使用和重复使用的条款的活动”[③]。这一定义显然也适用于非物质文化遗产保护领域。

根据1988年通过的《中华人民共和国标准化法》，我国现行的标准体系包括国家标准、行业标准、地方标准和企业标准四个层次，按照执行力度又可分为强制性标准和推荐性标准两种。这个标准体系主要满足市场经济的需要，对企业生产环境、产品生产流通环节等进行技术性的规定，并以量化的形式呈现出来。尤其是强制性标准，具有法律效力，涉及的主要是有关人体健康、人身财产安全等方面的要求，一经发布，就由政府行政部门强制执行。非物质文化遗产保护则是一项文化事业，

① 教科文组织创意处非物质文化遗产科：《实施〈保护非物质文化遗产公约〉的业务指南》（2016 年版），教科文官网，https://ich.unesco.org/doc/src/ICH-Operational_Directives-6.GA-ZH.docx。

② 国家标准化管理委员会编：《标准化工作手册》（第 2 版），中国标准出版社 2004 年版，第 451 页。

③ 国家标准化管理委员会编：《标准化工作手册》（第 2 版），中国标准出版社 2004 年版，第 451 页。

与经济技术活动有一定的区别，加之非遗项目种类繁多，每一个项目都具有自己的历史渊源和文化特性，所以很难制定一部涵盖所有项目的保护标准。正因为如此，无论是联合国教科文组织的《公约》和《伦理原则》，还是我国的《非遗法》，都采用纲领性的表述方式来制定规范，为具体执行者留出了较多灵活运用的空间。现在如要根据我国的国情和非遗保护实践制定一个标准体系，实际上就是要对《公约》《伦理原则》和《非遗法》的相关规定加以具体化，使之变为更容易操作和衡量的各类细则。它在形式上可以参考经济技术领域标准化工作的量化处理方式，但同时也需要兼顾非遗自身所具有的活态性、整体性等特点。

具体来讲，这一标准体系可分为非遗保护工作的操作标准、非遗项目分类保护标准和非遗项目标准三个层次。

1. 非遗保护工作的操作标准

非遗保护工作的操作标准主要针对从事非遗保护工作的政府各部门而言，具体是指在国际公约、国家立法等的指导下，确立关于非遗保护的普查、认定、申报、记录、评审、保护等工作的相关规范。非遗保护是一个新鲜事物，相关的机构设置、工作人员、管理政策、工作制度以前不曾有过，各级政府都是在保护实践中摸索前行，逐步完善制度。在我国，非遗保护主要以政府为主导、自上而下地推行，因此中央和地方各级政府部门迄今为止发布的与非遗有关的各种政策性文件，可视为非遗保护的行动指南和纲领，同时也是制定相关规范化标准的基础和出发点。

在非遗保护的工作机制方面，我国首先在政策层面上明确了“保护为主、抢救第一，合理利用、传承发展”的工作方针以及“政府主导、社会参与，明确职责、形成合力；长远规划、分步实施，点面结合、讲求实效”的工作原则，并建立起了以政府为主导、多方参与的非遗保护工作机制。文化部下设非遗司，对接地方非遗保护机构，专职进行非遗保护工作。2011 年，全国人大常委会通过《非遗法》，将非遗保护上升为国家意志。文化部、中宣部、教育部、民政部、商务部等有关部委前后也都出台了相关规范、制度条例和文件。据统计，截至 2016 年，已有 24

个省市自治区制定了省级非遗地方性法规。[①]

在非遗项目和代表性传承人的申报认定方面，国家非物质文化遗产保护工作专家委员会负责咨询、论证、评审和专业指导。我国已经公布了四批国家级非物质文化遗产名录以及四批国家级非物质文化遗产代表性传承人名录。2015 年，文化部非遗司启动了“国家级非物质文化遗产代表性传承人抢救性记录工作”，并制定了《国家级非物质文化遗产代表性传承人抢救性记录工作规范（试行稿）》，旨在规范记录工作。在文化部“十三五规划”中的“非物质文化遗产记录工程”一项，也明确提出要“按照统一的标准规范，对国家级非物质文化遗产代表性项目的内容与表现形式、流变过程、核心技艺和传承实践情况进行全面、真实、系统的记录，对其中部分濒危项目和代表性传承人抓紧实施抢救性记录”[②]。

作为一种有效的记录方式，数字化保护在非遗保护中被广泛采用，但由于缺乏统一的技术标准，各地数字化保护存在较大差异，阻碍了工作的科学开展。部分学者已经注意到该问题。如许鑫、张悦悦以国际通用的 DC 元数据标准为基础，从资源内容及属性、管理规范两个角度提炼出非遗资源的核心元数据集，使元数据规范体系更具兼容性、互操作性和非遗特色，并以瓯塑为例进行试用。[③] 张勇等分析了非遗数字资源元数据标准，对元数据标准与本地资源、应用平台、用户的对接中存在的问题进行了分析。[④] 黄永林、王伟杰从数据分析、归类的视角总结了国内非遗分类体系存在的问题，即“分类多为单线索式、一级分类不完善、二级分类较为缺乏等”[⑤]。黄永林还倡议“构建非物质文化遗产资源数字化

① 《各地贯彻落实〈中华人民共和国非物质文化遗产法〉情况评估报告》，中华人民共和国文化部，http：//www. mcprc. gov. cn/whzx/whyw/201702/t20170210_490717. html，2017 年 4 月 26 日。

② 《文化部“十三五”时期文化发展改革规划》，中华人民共和国文化部，http：//zwgk. mcprc. gov. cn/auto255/201702/t20170223_491392. html，2017 年 3 月 26 日。

③ 许鑫、张悦悦：《非遗数字资源的元数据规范与应用研究》，《图书情报工作》2014 年第 21 期。

④ 张勇、蔡璐、李月明：《非物质文化遗产数字资源元数据标准应用的研究和思考》，《图书馆》2016 年第 2 期。

⑤ 黄永林、王伟杰：《数字化传承视域下我国非物质文化遗产分类体系的重构》，《西南民族大学学报》2013 年第 8 期。

分类标准规范和检索技术体系”[①]。事实上，目前数字化保护标准的制定工作已然启动。由中国艺术研究院编制的《非物质文化遗产数字化保护专业标准》已制定完成，待进入公布实施阶段。此标准包括《非物质文化遗产数字化保护数字资源采集方案编制规范》《非物质文化遗产数字化保护数字资源采集实施规范》及《非物质文化遗产数字化保护数字资源著录规则》三部分，每一部标准都从数字化保护的相应环节及非遗十大门类特性来制定，标准正式实施后，将有利于数字化保护的科学规范化。[②]

尽管如此，各级政府制定的非遗保护工作标准仍然有待完善。王海瀛曾对我国非遗的标准化现状及问题进行分析，[③] 并以福建省为例，指出非遗保护标准化仍存在“未成立标准化技术组织”“缺少统一规划、缺乏基于顶层设计的标准体系”“缺少相关配套标准”“缺少综合性专业人才”等问题。[④]

2. 非遗项目分类保护标准

项目分类保护标准是根据不同的分类指标对非遗项目制定针对性保护标准。我国现有的非遗项目共分十大门类，在每一类别中又可以分为不同的种别。已经公布的四批国家级非遗名录共有1372项，加上全国省、市、县三级名录公布的总额达百万项。非遗项目复杂多样，同一类项目之下往往也有不同的子类别。以传统技艺类项目为例，从功能上可划分为实用性和欣赏性两大类，从属性上可划分为编织、雕刻、捏塑、纺织、印染、刺绣、编结、陶瓷、髹漆、冶锻、轧制、剪贴和印刷等十三类。[⑤] 千姿百态的非遗项目决定了不能用统一的标准来保护，而是需要制定相应的分类保护标准。随着时代进步和社会变革以及民众消费、审美的变化，项目的生存状况产生了不同的变化。有的项目实现产业化生产，有

---

① 黄永林：《数字化背景下非物质文化遗产的保护与利用》，《文化遗产》2015年第1期。

② 《关于文化行业标准〈非物质文化遗产数字化保护专业标准〉公开征求意见的通知》，文化部民族民间文艺发展中心，http：//www. cefla. org/home/Detail/209，2016年12月30日。

③ 王海瀛：《标准化视角下的非物质文化遗产保护》，《标准科学》2015年第10期。

④ 王海瀛：《福建省非物质文化遗产保护标准化现状及对策》，《中国标准导报》2016年第8期。

⑤ 田小杭：《中国传统工艺全集·民间手工艺》，大象出版社2007年版，第4—5页。

的仍然保持家庭作坊模式，部分项目逐渐淡出人们的生活世界，还有被重新挖掘出来以新的形态在当下展演。针对这样的不同状态，也无法采用统一的方式进行保护。因此，分类保护标准就显得尤为重要。从每一类非遗的特性出发确立有针对性的保护方式，是分类保护标准所要达到的目的。这样的分类保护标准既可以是全国性的，也可以是地方性的，可以在各个不同的层次由政府部门或保护主体牵头来制定并负责执行。

早在2011年《非遗法》颁布实施之初，就曾有在国家层面制定非遗分类保护标准规范的呼声①，在2017年5月召开的“全国非物质文化遗产保护工作会议”上，文化部非遗司正式提出制订“分类保护传承计划”②。与此同时，部分省份率先开展了尝试。如山东省文化厅从2013年起相继委托省内院校以及研究机构分类开展非遗保护标准基础性研究，截至2016年年底已经完成十大门类保护标准的研究，进入成果转化阶段。其中《山东省曲艺类非物质文化遗产保护标准基础性研究报告》分“山东曲艺发展现状、山东曲艺类非物质文化遗产项目保护现状、保护工作中存在的问题、制定保护标准的思路建议和参考标准”五个部分，较为全面地呈现了曲艺类项目的保护需求。③ 2015年，湖北省文化厅与省内六所高校分别签订了“民间文学、民俗、传统技艺、传统体育、曲艺和传统戏剧六大类非遗保护规范研究课题协议”④。湖南、北京等省市也在“十三五”期间将非遗保护的分类标准制定提上了议程。⑤

---

① 《非遗分类保护标准将制定》，《法制日报》2011年6月2日第06版。

② 《全国非物质文化遗产保护工作会议在京召开》，中国民俗学网，http://www.chinafolklore.org/web/index.php?Page=1&NewsID=15780，2017年5月16日。

③ 《非物质文化遗产十大类别分类保护标准基础性研究工作持续推进》，山东省文化厅，http://www.sdwht.gov.cn/html/2014/fyky_1215/17524.html，2017年2月25日；《省文化厅召开非物质文化遗产保护标准基础性研究鉴定会》，山东省文化厅，http://www.sdwht.gov.cn/html/2016/gzdt_1119/37294.html，2017年2月25日。此项目的研究性成果还没有在互联网上公开，仅能检索到相关新闻线索。

④ 《湖北省文化厅正式启动非遗保护规范研究工作》，湖北省文化厅，http://www.hbwh.gov.cn/xwdt/zgyw/12102.htm，2017年3月4日。

⑤ 《北京市文化局“十三五”时期文化发展规划》，北京市文化局，http://www.bjwh.gov.cn/bjwh/zwgk0/bmdt/gh/401200/index.html，2017年3月18日。《湖南省文化厅关于印发〈湖南省文化厅“十三五”时期文化发展规划〉的通知》，湖南省文化厅，http://www.hnswht.gov.cn/new/xxgk/gggs/content_99165.html，2017年3月4日。

学术界也就分类标准的建立发表了一些先行成果。以陈静梅、文永辉以贵州少数民族传承人为例，对现有的以政府补贴为主的保护方式进行分析，认为对“传承人在境遇以及保护诉求方面”差异的忽视，容易造成“保护性破坏”，最后提出“市场化保护”“扶持性保护”和“半体制化保护”的分类保护方式。① 陆勇昌以贵州的非遗项目为例，从非遗项目的特点与实际生存状态出发，对十大类非遗项目提出针对性的分类保护规范建议。② 尹乐、晋秀龙针对民间美术观赏类、民间音乐、歌舞、曲艺、戏曲、杂技等表演类、传统手工技艺类、民俗类非遗项目提出了因类制宜的保护传承策略。③ 王伟杰认为当下的中国传统医药类非物质文化遗产存在“名录稀少”“归属不清”“层次模糊”的问题，且存在复合型项目与单一型项目并存的现象，针对此问题，作者提出了一种多线性分类体系。④ 孙向裕、郑耀星以福建省音乐类非遗项目为例，在分析非遗保护标准化运用的必要性和可行性基础上，采用“围栏式”非遗标准化模型，论证了标准化在传承与保护方面的有效性。⑤ 以上先行研究和个案分析，为今后的分类保护标准制定提供了参考和借鉴。

3. 非遗项目标准

分类保护标准是要明确不同类别的非遗项目的特殊性，从而制定出有针对性的保护方案，而非遗项目的单项标准则是在分类保护的基础上针对特定项目而制定的保护标准。这类标准主要适用于那些已经进入公共领域特别是市场经济之中的非遗项目。

单项标准的确立是基于非遗传承的独特性和现代社会市场经济的需要。一方面，非遗项目独特的传承方式限制了非遗项目进一步社会化。首先，“传内不传外”“传男不传女”的家族式内部传承模式，决定了相

---

① 陈静梅、文永辉：《论少数民族非物质文化遗产传承人的分类保护——基于贵州的田野调查》，《广西民族研究》2012 年第 4 期。

② 陆勇昌：《贵州非物质文化遗产分类保护研究》，《贵州民族研究》2015 年第 8 期。

③ 尹乐、晋秀龙：《皖东地区非物质文化遗产的分类保护及传承》，《安徽农业大学学报》（社会科学版）2012 年第 6 期。

④ 王伟杰：《中国传统医药类非物质文化遗产分类研究》，《江西社会科学》2013 年第 11 期。

⑤ 孙向裕、郑耀星：《福建传统音乐类非物质文化遗产标准化保护研究》，《海南师范大学学报》（自然科学版）2015 年第 2 期。

关的非遗知识具有保密性质，即使有记录，也是家族秘密。随着传承人的老龄化，年轻人不感兴趣，出现“人老艺亡”、难以为继的局面。其次，部分技艺的传统学习是口传心授的经验式过程，靠悟性来传承，没有完整的文本参照。学习者从小耳濡目染，但没有专门的老师，只有靠自己的勤奋及模仿能力。平时看着简单的工艺，做起来却会走样。对于技艺繁复的项目，由于经验式传承的学习过程漫长，现在已很难找到掌握全部技艺的人。加之很多非遗项目的传承因为社会变迁的原因而出现断代的现象，当代虽有恢复，却往往因为缺乏文字记录而无标可依，从而阻碍了该项目的健康发展。

另一方面，非遗产品在进入市场经济的流通和消费渠道之后都会面临一系列新的挑战。首先，进入市场、成为消费品的项目必须要过标准关。以传统工艺为例，其原材料使用、生产环境、产品形式、产品质量等都存在着与现代社会秩序、市场安全标准、生态环境保护、人们的消费需求相互冲突的地方。为了能生产出环保、安全、高品质的产品，并确保生产过程符合环保与质检等方面的要求，传统工艺项目需要确立一套能与当代社会和市场接轨的保护标准。其次，在管理方面，传统作坊做大做强、实现产业化也需要有标准保证。传统作坊限于规模、资金、设备、技术、营销的问题，产品形式单一、更新速度慢，一旦进行产业化生产，就会暴露出种种弊端。因此需要通过制定标准来提升整体的生产效率和管理水平，以适应当代的市场竞争。最后，制定项目标准，也是知识产权保护的需要。如今在产品包装上使用非遗标识已经见怪不怪，有时由于仿制品多了，反而挤占了正品的市场，出现“劣币驱逐良币”的现象。通过制定项目标准，可以保护传承主体的知识产权，助力非遗传承人打造品牌、提升效益，同时有效维护消费者利益，为识别、监管、仲裁工作提供依据。

目前，在已公布的四批国家非遗名录中，传统医药类、传统美术类、传统技艺类、民俗类项目（服装）等已经有多个项目建立起了保护标准或产品标准。以服饰类项目标准为例，目前国家级非遗名录中共有 21 项服饰类非遗项目①，其中有11项已制定有保护标准（见表1）。

表1　　现有国家级非遗名录中服饰类项目标准的制定情况②

序号	名称	批次	标准名称	发布年份	牵头单位
1	赫哲族鱼皮制作技艺③	1	赫哲族鱼皮服饰	2016	黑龙江省质监局
2	苗族服饰	1	苗族服饰	2014立项，未公布	湘西州质监局
3	瑶族服饰	1	瑶族服饰1部分：南丹白裤瑶服饰	2016	广西壮族自治区标准技术研究院
4	蒙古族服饰	2	蒙古族部落服饰	2012	内蒙古自治区标准化研究院
5	朝鲜族服饰	2	朝鲜族服饰	2016	吉林延边州质监局
6	畲族服饰	2	畲族服饰	2015立项，未公布	福建宁德市质监局
7	黎族服饰	2	黎族服饰	2016	海南省质量技术监督局
8	藏族服饰	2	藏族服饰（拉萨地区）	2016制定完成，暂未公布	西藏自治区质监局标准化研究所
9	维吾尔族服饰	2	维吾尔传统服饰名词与术语、维吾尔传统服饰分类和编码	2016	新疆维吾尔自治区质量技术监督局
10	达斡尔族服饰	4	达斡尔民族服饰	2013	内蒙古自治区标准化研究院
11	鄂温克族服饰	4	鄂伦克民族服饰	2013	内蒙古自治区标准化研究院

① 苏州甪直水乡妇女服饰、惠安女服饰、苗族服饰、回族服饰、瑶族服饰、蒙古族服饰、朝鲜族服饰、畲族服饰、黎族服饰、珞巴族服饰、藏族服饰、裕固族服饰、土族服饰、撒拉族服饰、维吾尔族服饰、哈萨克族服饰、塔吉克族服饰、达斡尔族服饰、鄂温克族服饰、彝族服饰、布依族服饰、侗族服饰、柯尔克孜族服饰。

② 这11项标准全部为我国现行标准体系中的地方标准，除说明外，均已正式公布。

③ “赫哲族鱼皮制作技艺”（Ⅷ—85）属于第一批国家级非遗中“传统手工技艺”门类。

从表1中可以看出，已有民族服饰类项目标准在类型上均属于我国现行标准体系中的地方标准，牵头制定单位主要为质量监管部门或标准化研究部门。标准的内容，以海南省地方标准《黎族服饰》（DB46/T370）为例，共包括6个部分，分别为“术语”“哈方言服饰”“杞方言服饰”“润方言服饰”“赛方言服饰”“美孚方言服饰”。在第1部分“术语”中，首先在技术层面规定了以下术语的定义并配以图示：黎锦、双面绣、绑染、头饰部分（髽结、头巾、头帕、簪等）、耳饰、颈饰和胸饰部分（项圈、胸挂、肚兜等）、腰饰部分（腰链、锦穗、腰带等）、首饰部分（手镯、戒指）、脚饰部分（脚环、绑腿）、服装部分（①男装：树皮衣、无钮对襟上衣、犊鼻裤等；②女装：贯首衣、对襟衣、右衽衣等；③衣领：V形领、圆领、立领；④纽扣：系绳、排纽等；⑤衣襟：对襟、偏襟、琵琶襟；⑥其他：镶边、包边、氏族标志等）。[①] 在第2—6部分中，针对各个方言区的服饰定义、规格、分类、款式等做出了详细的规定，并对服饰的部位、纹样、面料、色彩、工艺、效果图等提出了具体要求。通过制定服饰标准，一方面记录了黎族服饰的文化多样性；另一方面则为生产、教学和文化宣传提供了该项目的核心要素，有助于提高黎族服饰文化的认知度。

三 非遗保护标准的确立过程及其意义

在迄今为止的非遗标准化研究中，学者们主要把关注的焦点集中在制定非遗保护标准的必要性、该标准体系的理想模式、标准化过程中存在的问题等方面，而较少有人专门去追踪和探讨标准确立的过程及其意义。这些研究有一个共同特点，就是把标准的制定看成是政府部门或者研究机构的事情，学者们往往从自己的立场出发提出一些冠冕堂皇的理论或建议，却没有意识到，标准的设立在某种程度上就相当于立法，立法的前提则在于其过程的正当性。一般来说，只有基于民权的立法才具

---

① 《黎族服饰·第1部分·术语》（DB46/T370.12016），海南省质量技术监督局，http：//qtsb.hainan.gov.cn/qtsb/yw _ pd/sjcs/bzhc/jgzn _ 30724/201605/W020161205586322675319.pdf，2017年3月20日。

有正当性、合理性和有效性。此前有学者曾在《中国标准》发文，介绍了藏族服饰标准制定的过程和经验，[①] 但也只从技术层面上加以总结，与本文所讲的标准确立过程有所不同。我们在这里更加关注的是非遗保护标准确立过程中的话语权问题。

以海南省地方标准《黎族服饰》为例，该标准的起草单位有海南省质量技术监督标准与信息所、海南省民族研究所、海南省民族宗教事务委员会、海南省文化广电出版体育厅、海南省标准化协会。制定该标准的出发点是在现代工业文明的冲击下，在黎族服饰的文化多样性日渐消失的背景下，为了“记录和传承黎族传统服饰文化”。选择的服饰主要以20世纪50年代前普遍流行的款式为主，这代表了现存黎族服饰中的经典式样。从表面上看起来，这一过程似乎相当规范化和学术化，参与制定的单位也包括了质量监督、标准化、民族宗教、文化部门和学术机构等，然而，作为传承主体的民众组织或行业协会在这里却明显缺席。

在藏族服饰标准化研究设计的过程中，也存在同样的问题。虽然研究者在前期也进行了“广泛调研和多方收集相关资料”，“与相关专家、学者多次进行学术探讨，交换意见”，“并有针对性地到林芝、山南、拉萨等地区展开实地调研，走访当地文化馆、博物馆、社科院等相关单位，以及民族服装加工企业，拜访当地民俗专家、学者，获得一手藏族服饰图片资料，实证确认了通用基本要素的可行性和适用性”[②]。但是，这种沟通仅限于走访形式，其目的也主要在于获取资料，而不是通过建立一定的交流平台，让相关各方都拥有平等的话语权，都能在标准确立的过程中发声，并实质性地参与到标准的设计中来。

也许有人会说，学者们通过研究得出的结论，在很大程度上已经代表了传承主体的利益，是综合各方意见的结果。如果一定要让享有非遗的广大民众参与到标准制定的过程中来，自由地发表意见，不仅会耗时

---

① 赵宏春、周波、宋虒韬、张洪斌、刘继辉：《西藏藏族服饰标准化研究思考》，《标准科学》2016年第4期。该文主要介绍了课题组在标准化研究中所采用的方法（对比分析法和实证研究法），以及藏族服饰标准设计研究的原则（传承性、多样性、创新性、协调性）。

② 赵宏春、周波、宋虒韬、张洪斌、刘继辉：《西藏藏族服饰标准化研究思考》，《标准科学》2016年第4期。该文主要介绍了课题组在标准化研究中所采用的方法（对比分析法和实证研究法），以及藏族服饰标准设计研究的原则（传承性、多样性、创新性、协调性）。

耗力，而且最后意见不容易统一，可能会降低办事的效率。这样的说法显然过于功利，因为说话者只看到了结果，只注重效率，而忘记了民主协商这一过程本身的重要意义。

联合国教科文组织政府间委员会于2015年通过《保护非物质文化遗产伦理原则》，其中第一条就特别强调，“相关社区、群体和个人在保护其所持有的非物质文化遗产过程中应发挥主要作用”。第三条和第四条又明确指出，“相互尊重以及对非物质文化遗产的尊重和相互欣赏，应在缔约国之间，社区、群体和个人之间的互动中蔚成风气”，“与创造、保护、延续和传承非物质文化遗产的社区、群体和个人的所有互动应以透明的合作、对话、协商和咨询为特征，并取决于尊重其意愿、使其事先、持续知情并同意的前提而定”①。我们注意到，这份《伦理原则》主要突出了作为传承主体的“社区、群体和个人”在非遗保护中的中心地位，其中“互动”“尊重”等词汇反复出现，体现出联合国教科文组织鼓励政府、学界与传承群体和个人以及传承者和传承者之间积极开展对话、增进相互理解与认同的基本理念。

笔者（王霄冰）曾经作为观察员参加了联合国教科文组织亚太中心举办的亚太地区非物质文化遗产保护计划与政策支持师资培训班（2015年1月19—23日，深圳宝安），发现其培训方式，也始终都以圆桌会议和不断互动、交流协商的形式展开。培训师并没有一个现成的保护计划和政策方案提供给大家学习和讨论，而只是预设了一项特定非遗项目的语境以及围绕它的不同利益和立场的人群，然后让参加培训的学员各自扮演其中的一个角色，分别代表一方。在培训过程中，学员们试图按照他所扮演角色的理念和思路，模仿他们的话语，来充分表达这一人群的心声。通过几轮的深入交流与磋商，最后共同打磨出一个综合了各方意见的保护计划与政策方案。这一过程可谓生动地体现了联合国教科文组织所倡导的“互动”与“尊重”理念，非常值得我们去深刻体会，并在中国的非遗保护实践中仿效。

应当指出，《伦理原则》中特别强调的“互动”与“尊重”并非空

---

① 巴莫曲布嫫、张玲：《联合国教科文组织：〈保护非物质文化遗产伦理原则〉》，《民族文学研究》2016年第3期。

穴来风，而是针对各国非遗保护实践中时有出现的政府包办和权威垄断现象提出的。其哲学基础，可回溯到德国当代哲学家哈贝马斯提出的"交往理性"概念和商谈理论。针对后现代社会出现的各种社会矛盾和冲突，哈贝马斯主张用"交往理性"来限制与现代性相伴相生、在资本主义社会大肆横行的"工具理性"，以"重建人类的生活世界，让价值和规范重回人类的生活世界"。[①] 这种"交往理性"可被理解为是"一种以主体间性、非强制的平等对话为基础的规范"[②]。它发展了康德的以人的自由意志和先天道德性为前提的"实践理性"，把"法律和社会规范的制定问题放在话语的交流过程中，用对话中的恰当理由来证明社会规范的正当性"[③]。对话的原则，则在于参与交流的每个人都要"使用能够让人听懂的语言"，承诺自己所说的话是"真实的、真诚的或者是正当的"，用王晓升的话讲，即"描述外部世界的话语必须是真实的，表达内在情感的句子必须是真诚的，提出的行为规则必须是正当的"[④]。在哈贝马斯看来，只有这样一种"用自己的智慧来建立正当的人际关系的人"，才能算是理性的人，他可以"通过道理来说服别人""能够在理想的语言框架中来兑现自己的话语中所包含的有效性要求"[⑤]。在这样一种以"交往理性"为指导的商议过程中，规范可以得到改进并获得其正当性。

回到非遗保护标准体系的确立上来，我们应该明确的是，不仅作为成果的标准体系的建立有意义，标准形成的商议过程本身也有着不可取代的重要意义。从人文价值和社会整合的角度来讲，商谈过程的意义实际上更大于结果。正如哈贝马斯在述及商谈理论时所言：在公共交往过程中，通

---

① 刘同舫、韩淑梅：《重置交往理性：哈贝马斯人类解放思想的逻辑主线》，《浙江社会科学》2011 年第 8 期。

② 宋晓丹：《交往理性规约工具理性：哈贝马斯交往理性理论转型及其中国启示》，《西北大学学报》（哲学社会科学版）2016 年第 1 期。

③ 王晓升：《从实践理性到交往理性——哈贝马斯的社会整合方案》，《云南大学学报》（社会科学版）2008 年第 6 期。

④ 王晓升：《从实践理性到交往理性——哈贝马斯的社会整合方案》，《云南大学学报》（社会科学版）2008 年第 6 期。

⑤ 王晓升：《从实践理性到交往理性——哈贝马斯的社会整合方案》，《云南大学学报》（社会科学版）2008 年第 6 期。

过富有实效的传播媒介来扩散内容和观点并不是唯一重要的事情，也不是第一重要的事情。当然，只有对可理解的、引人注目的信息的广泛流传，才能确保对参与者的充分包容。但是对于一种公共意见的形成来说，一种共同进行的交往实践的规则具有更重要的意义。对于议题和提议的同意，只能作为一种或多或少穷尽的（erschöpfende）争论——在这种争论中，建议、信息和理论是或多或少被合理地处理的——的结果才能形成。一般来说，意见形成过程的商谈水平和结果的“质量”，是依据对“穷尽的”建议、信息和理论所作的“合理”处理的这种“或多或少”而定的。因此，公共交往之成功本身的衡量标准，也不是“普遍公众之建立”（Herstellungvon Allgemeinheit），[①] 而是合格的公共意见之形成的形式标准。[②]

哈贝马斯在这里表述得非常清楚：一项社会规范的质量，不在于其在多大程度上代表了意见的“普遍性”，而是取决于规范形成过程中的商谈的水平和质量——在此期间是否存在穷尽了各种建议、信息和理论的争论，且这些意见都得到了合理的处理。因此，在各种类型的非遗保护标准的建设过程中，成立一种类似于公共咨询委员会的机构在笔者看来是很有必要的。其构成人员应包括政府各部门的负责人、专家学者、技术人员、社区和民间组织的代表、传承人代表及其他与该项目有关的所有利益方。该咨询委员会通过定期召集恳谈会的形式，给予各方以充分的发言和交流机会。通过媒体报道等方式，商谈过程应以透明的方式对其他公众开放。在此过程中，政府负责人可以更加深入地了解民情，学会用当地民众所习惯的语言来解释国家政策；社区和民间组织代表与传承人则要学会使用公共的话语形式来表述自己所拥有和传承的文化遗产，提高对于本地区或本民族文化或特定非遗项目的自我认知水平，理性表达自身的权益诉求；专家学者和技术人员在其中则可扮演中介者的角色，帮助双方进行沟通，同时在实践中提高自身的知识修养、理论水平和技术能力。

---

① 依笔者之见，此处应翻译为“普遍性之建立”，而非“普遍公众之建立”。

② ［德］哈贝马斯：《在事实与规范之间关于法律和民主法治国的商谈理论》，童世骏译，生活·读书·新知三联书店 2003 年版，第 448—449 页。

综上所述，非遗保护标准体系由非遗保护操作标准、非遗项目分类标准和项目标准三大部分构成。这一体系的建立是出于保护工作规范化的需求，但引入标准并不是意味着要将非遗项目固化和一体化，以至于破坏文化的原生态与多样性。相反，如果能够在标准确立的过程中充分发扬民主协商的精神，在政府、学界和传承主体之间建立起互动、交流和沟通的平台，就可以达到完善制度、协调各部门关系、平衡多方利益的目的，从而促成非物质文化遗产的可持续发展，形成良性循环的社会文化运行机制。

非遗话语知识生产的中国语境*

宣炳善**

摘　要：作为新话语的“非物质文化遗产”，实际体现了以日本、韩国为代表的亚洲国家的文化保护理念，后来这一理念被联合国教科文组织吸收，才提出“非遗”这一新话语。“非遗”话语在2001年引入中国后，对非遗话语有一个认知与知识生产过程。非遗话语在中国的文化实践可分为三种话语类型，分别为非遗行政话语、非遗文化话语、非遗产业话语。在三种话语类型中，行政话语是中国非遗保护的主导话语模式，而文化话语既为民俗学发展提供全球化视野，也揭示了当下以传承人为代表的民众话语的失语状态，产业话语则提升了中国非遗项目的文化产品竞争力。

关键词：非遗　话语类型　知识生产　中国语境　民俗学

国内对于非物质文化遗产（通常简称“非遗”）的讨论主要集中在非遗的民族文化内涵、非遗的特征与价值、非遗保护原则与方式、非遗与传承人等相关社会主体的关系、非遗名录申报等方面，而对非遗这一文化话语在中国的知识生产过程及民俗学学科与之相应的社会实践则缺少相应分析。

在非物质文化遗产保护过程中，多元社会主体积极参与，其文化理念与话语表达方式均在发生变化。非遗传承人在这一过程中学到了相关

---

* 原文刊于《中原文化研究》2014年第3期。

** 宣炳善，浙江师范大学国际文化与教育学院副教授。

的新知识，逐渐培养了文化自觉意识，增强了文化自信。民俗学学科也获得了与不同学科交流、整合和生产新知识的机会，知识生产方式得以更新，民俗学者也借此积极参与社会文化建构，而文化民主化理念与法治理念也在深刻影响民俗学学科的话语表达方式。企业则通过生产性保护或者直接投资来积极保存民族传统技艺，并在全球化市场中开展文化产品的竞争，这在一定程度上扩大了非遗项目的文化影响力。

一 非遗话语与亚洲文化经验及其全球化话语整合

非遗话语与亚洲国家之间的关联在当下的非遗研究中并没有得到足够的重视。一般认为“非遗”这一话语来自联合国教科文组织，但联合国教科文组织是在吸收日本、韩国的文化保护政策、保护经验与保护理念的基础上才提出这一话语的。

日本是世界上最早开始保护非物质文化遗产的国家。第二次世界大战后，由于火灾等原因，日本许多国宝被毁，文化遗产遭到破坏。在这样的背景下，日本政府在 1950 年 5 月颁布了《文化财保护法》，把文化遗产分为有形文化遗产与无形文化遗产，这是日本的首创，也首次以法律的形式规定了无形文化遗产的范畴。日本的这一做法拓展了文化遗产保护的范围，对世界范围内的文化遗产保护产生了积极影响。韩国则是受日本的影响，于 1962 年 1 月出台《文化财保护法》，其中就包括无形文化财，也就是非物质文化遗产。[①] 联合国教科文组织文化部国际标准司司长林德尔·普罗特（Lyndel Prott）在《定义“无形遗产”的概念：挑战和前景》一文中说“无形遗产”即“非物质遗产”，这一概念是由日语翻译成英语的，直接来自 1950 年日本在这一领域具有前瞻性的立法中。[②]

美国的哈弗斯登（Hafstein）在其题为《非物质文化遗产的概念制造》的博士学位论文里以自己参与联合国教科文组织《保护非物质文化

---

① 王文章主编：《非物质文化遗产概论（修订版）》，高等教育出版社 2013 年版，第 205—207 页。

② 巴莫曲布嫫：《非物质文化遗产：从概念到实践》，《民族艺术》2008 年第 1 期。

遗产公约》起草专家委员会的经历，分析了欧美国家代表和亚洲国家代表之间为文件定稿发生的争论所体现出的文化差异，把“非物质文化遗产”最终替代欧美更愿意使用的“民俗”看作亚洲文化观念的胜利。[①]这一观点需要放在文化全球化的层面上进行解读。“二战”之后，世界文化秩序由欧美奠定并控制，其话语的生产方式体现欧美的价值观念与思维方式。欧美倾向于使用“民俗”这一概念，是因为民俗在西方的学术谱系中具有文化遗留物的物质性特征，体现的是浓厚的人类学与考古学思维。而以日本为代表的亚洲国家提出“无形文化”（即“非物质文化”）更强调的是人的文化主体性，即人的文化创造力。一个重物，一个重人，反映出两种不同的文化思维方式。当这两种思维方式及其话语表达产生冲突时，最终亚洲的文化观念胜利了。国内有学者已经注意到非遗话语的亚洲经验问题，对亚洲国家率先提出非遗保护的理念并用法律形式加以固定的开创性做法作了充分的肯定，但对于全球层面文化话语权的竞争与提升方面并没有展开论述。[②] 这需要学界进一步深入分析亚洲特别是东亚国家文化政治学的全球化实践问题，也就是说应将非遗研究置于亚洲语境中而不只是局限在中国语境中，本文着重论述非遗的中国语境。

二　中国对非遗话语的认知及其知识生产

“非遗”这一话语在 2001 年进入中国后，首先就面临语言翻译的问题。“Intangible Cultural Heritage”直译为“无形文化遗产”，但是“无形”在汉语语用学中是一个中性或者贬义的词语，“Intangible Cultural Heritage”最后被译为“非物质文化遗产”。“Intangible”一词有“无形”与“非物质”两种不同的译法，这一现象在国内至今仍没有进行深入的研究。为什么中国人不接受“非物质资产”的话语而接受“无形资产”

① 高丙中：《非物质文化遗产：作为整合性的学术概念的成型》，《河南社会科学》2007 年第 2 期。

② 潘鲁生：《非物质文化遗产资源转化的亚洲经验与范式重构》，《民俗研究》2014 年第 2 期。

的话语，为什么不接受“无形文化遗产”的话语而接受“非物质文化遗产”的话语？关键在于翻译的具体语境与民族的认知心理。在汉语语用学中，当“无形”与形象的物质类词语连用时，指向的是中性的语言意义，而当“无形”与抽象的词语连用时，更多指向神秘的意义乃至贬义。“资产”这一话语是偏向物质的，而“文化”这一话语却是比较抽象，偏向精神的。当“无形”与更为抽象的文化相联系时，就会有更多的语言联想，如让人联想到“消失得无影无踪”“鬼神遁于无形”“无形的压力”“无形的力量”“无形的诅咒”等具有神秘意义或者中性、贬义的意义。而“非物质文化遗产”侧重的就是精神层面的文化创造，而不是物质层面，否则就变成了物质文化遗产。如果采用“无形文化遗产”的直译法，只会加深这一新话语在中国语境中的神秘性与不可感知性。因此，最后采用了“非物质文化遗产”这一译法。

当非遗话语的接受问题解决后，接下来面临一个话语的知识生产问题。因为非遗话语是一个新话语，对这一新话语的知识生产也体现了中国文化的当代创造力。在《保护非物质文化遗产公约》中，“非物质文化遗产”分为五种类型：口头传说和表述，包括作为非物质文化遗产媒介的语言；表演艺术；社会风俗、礼仪、节庆；有关自然界和宇宙的知识和实践；传统的手工艺技能。但中国文化部管理的非物质文化遗产名录，由于中国文化的丰富性与多样性，突破了联合国教科文组织五大类的分类方法，而是被细分为民间文学，传统音乐，传统舞蹈，传统戏剧，曲艺，传统体育、游艺与杂技，传统美术，传统技艺，传统医药，民俗十类。这种突破实际就是新的知识生产的过程。有学者表示在这十个类型的基础上可以再增加语言与文化空间等新的非遗类型。这就意味着传统的十类法的分类模式未来将有新的突破，而且极有可能被政府采纳。国内已有学者在这一方面进行了探索，将非物质文化遗产细分为十三类，相比文化部的非物质文化遗产十类名录的划分，增加了语言、文化空间两类，将竞技与传统体育、游艺合并，杂技单独立项。①

在学理层面，这一分类具有一定的合理性。而非遗分类在中国的文化实践过程中却表现出对这一新话语认知的陌生与对传统文化认知的陌

---

① 王文章主编：《物质文化遗产概论（修订版）》，高等教育出版社2013年版，第265页。

生的双重文化陌生现象。如在 2006 年第一批国家级非遗名录公布时，“传统音乐”类使用的话语是“民间音乐”，到 2008 年第二批公布时才改为“传统音乐”，其他分类也存在类似的情况，基本上把“民间”改成“传统”，这样非遗的范围就扩大了。第一批国家级名录公布时，招来广泛批评的第六类“杂技与竞技”，竟然把少林功夫与太极拳归为此类，学界认为分类十分不当，此后也更改过来了。可见，政府部门对现行遗产类型的认知存在严重不足，而这种分类对社会民众而言同样陌生，对其认知还需要一个相当长的过程。

三 非遗的三种话语类型及其话语表达

不同的社会群体对同一事物的认知具有不同的话语表达方式。有学者在河北涉县女娲庙考察时发现当地的“女娲”信仰实际上有两套语言表述方式：一套语言说女娲是非物质文化遗产，而另一套语言说女娲是一位可以给人们带来后代的生育女神。在半山腰女娲庙对面新开辟的广场上，矗立着由当地政府发起，一位北京雕塑家雕塑的女娲塑像。这一塑像代表着从现代国家层面上对女娲形象的想象。而在半山腰的女娲庙里，塑料的小娃娃形象也寓意着女娲的另外一种功能，那就是能够带给百姓子嗣的一种形象。[①] 女娲信仰的两套语言其实就是两种不同文化风格的话语表达。老百姓是从生活层面求子的需要来认识女娲，对抽象的非物质文化遗产这一学术话语比较陌生；而地方政府则是从国家文化意志层面宣传、弘扬女娲精神，配合政府保护非物质文化遗产。

总体来看，非遗话语进入中国后逐渐出现了三种不同风格的非遗新话语类型，分别是非遗行政话语、非遗文化话语、非遗产业话语。

（一）非遗行政话语

非遗行政话语是中国目前的主导性话语。2004 年 8 月，第十届全国人民代表大会常务委员会第十一次会议决定，批准 2003 年 10 月在第 32 届联合国教科文组织大会上通过的《保护非物质文化遗产公约》，中国成

① 赵旭东：《人类学视野下的权力与文化表达》，《民族学刊》2010 年第 1 期。

为该公约的正式缔约国，非物质文化遗产正式纳入国家文化遗产保护体系，非物质文化遗产的保护也因此成为政府的一项日常工作。国内学者对此有十分清醒的认识，乌丙安就曾指出，非物质文化遗产从概念、定义、分类，直到对它的调查研究和实施保护，都是国际组织和国家政府有政治目标的、有政策策略明确指导的工作，与民俗学的本格的学术研究有着很大的区别。非物质文化遗产保护工作选择了民俗文化，但是非物质文化遗产并不等同于民俗文化，民俗文化也不可能取代非物质文化遗产。①

这里需要进一步说明的是，要区分“非物质文化遗产”与“非物质文化遗产保护”这两种不同的话语表述。“非物质文化遗产”是知识分子的文化话语或者说知识分子的学术话语，而“非物质文化遗产保护”则是行政话语，这是两种不同的话语系统。许多学者将这两种话语混为一谈，并因此认为“非物质文化遗产”不是学科意义上的学术行为，“非物质文化遗产”不可能成为学科，实际上是把“非物质文化遗产”当作“非物质文化遗产保护”了。“非物质文化遗产”作为学术话语有一定的文化意义，也是亚洲文化话语权的展现，而“非物质文化遗产保护”只是这一学术理念在政府实际操作层面的体现而已。

非遗行政话语一定程度上是国家文化意志的表现。非遗保护工作具体由文化部负责，涵盖文化部、文化厅、文化局、文化馆、文化站五个垂直层级，文化部下发的大量非遗文件基本上是行政话语风格，其行文具有公文特点，多为命令式的语气，体现出鲜明的上下级关系。大量非遗文件要求在较短的时间内执行，具有行政风格。如国家级非遗名录的申报，一般每两年一次，在奇数年申报，偶数年公布名录，但从文化部下文到各地真正制作申报书与视频材料的时间一般不超过半年，属于典型的政府行为。而国务院正式公布国家级非遗名录则体现出明显的国家文化意志。

非遗项目是以民族国家为单位进入联合国，因此存在民族国家之间的激烈的文化竞争，在亚洲国家之间也是如此，这种竞争恰恰反映了非

---

① 乌丙安：《21 世纪的民俗学开端：与非物质文化遗产的结缘》，《河南社会科学》2009 年第 3 期。

遗话语的行政性特征。中国的非遗保护工作，特别是国家层面非遗保护速度的加快正是受到亚洲其他国家的刺激才积极行动起来，其中一个最直接的因素就是2005年11月由韩国申报的江陵端午祭被联合国教科文组织正式确定为“人类口头和非物质遗产代表作”。这给了中国政府一个警示，即在经济快速发展、社会急剧转型时期，必须重视传统文化的保护，否则在全球化时代，一个民族国家的文化身份和文化之根将会丧失。因此，中国政府加快国家层面的非物质文化遗产保护，并在2006年6月以国务院名义公布第一批入选国家级非物质文化遗产名录的项目名单。

另外，非遗的法律话语也需要进行知识生产。日本与韩国均是在刚启动国内非遗保护时，就以立法的形式对非遗进行法律层面的保护。中国参与非遗保护始于2001年，当时是以昆曲项目参加联合国教科文组织第一批人类口头与非物质遗产代表作项目的申报，一直到2011年2月才由全国人民代表大会通过《中华人民共和国非物质文化遗产保护法》，过了整整十年才开始对非遗保护立法。非遗立法的缓慢实际上说明中国相关政府部门对非遗的话语认知并不清晰。高丙中指出，非物质文化遗产在中国，最根本的问题还是法律对文化的保护制度，即对文化创造者的知识产权的尊重。① 这样就将非遗保护与中国的法治建设结合起来，并促成法律话语这一新的话语类型的知识生产。

（二）非遗文化话语

非遗文化话语是其成为学术对象最重要的标志。非遗文化话语的主要参与者包括不同学科的学者、非遗传承人、媒体记者、普通民众等。非遗文化话语又可以分为两个亚类型，即以学者与媒体记者的书写为代表的知识分子文化话语和以非遗传承人的口头叙述为代表的民众文化话语。

非遗文化话语的知识生产十分活跃。截至2014年3月，中国知网收录的篇名为“非物质文化遗产”的文章达到11984篇。这11984篇又分为报纸、刊物、会议、硕士与博士学位论文四种知识生产类型。其中，

---

① 高丙中：《非物质文化遗产：作为整合性的学术概念的成型》，《河南社会科学》2007年第2期。

报纸类的非遗文章最多，占2/3以上。而以“非遗”作为篇名检索的文章是4404篇，主要以报纸与期刊为主，也是报纸类的非遗文章最多，占2/3以上。通过对上面16388篇文章作者身份进行分析，我们发现当前非遗文化话语的知识生产最活跃的并不是以科研院校为代表的学者，而是纸媒记者。从文章内容上看，虽然纸媒记者的着重点在于非遗传承人的采访、非遗政策的宣传、非遗项目与非遗保护经验的介绍等，学术性较弱，但是也有一些纸媒记者采访与评论的水平甚至超过一些学者对非遗的认知水平，特别是记者对非遗传承人的文化情怀与传承的困境有极为传神的描绘，虽然并不是以学术的话语形态出现，但这些采访也是珍贵的非遗研究材料。可见，在非遗文化话语的知识生产过程中，学者并不能垄断这一领域的话语权。

学者在非遗文化话语的知识生产中虽然不是处于主导地位，但在非遗项目的参与上，往往被地方文化部门以文化专家的身份邀请参与项目申报。在非遗项目的选择、申报文本的内容制作、非遗传承人的认定、非遗保护的建议方面，学者具有一定的文化引导的作用。地方政府对学者也十分尊重。从表面上看，学者只是为地方政府填写相应的申报表格并获取一定的报酬，但实际上在申报文本的内容制作方面还是可以体现学者的文化立场与学术观点的。虽然非遗申报文本不是学术论文，只是政府应用文书的一种形式，但也是非遗文化话语的知识生产过程的一部分。目前国内省级与国家级非遗申报文本的结构都是分为八个组成部分，分别是项目简介、基本信息、项目说明、项目论证、项目管理、保护计划、专家委员会论证意见、文化行政部门审核意见。第三项“项目说明”包括分布区域、历史渊源、基本内容、相关制品及其作品、传承谱系、代表性传承人六方面内容，其中历史渊源的考证需要相当的学术功力才能胜任。项目说明是申报书中最具有学术分量的部分，也是非遗申报文本的重点所在。不同学者制作的申报文本有所不同，其知识生产的水平也参差不齐。个别项目本身历史悠久，传承人谱系复杂，文本字数达到近3万字，并不亚于一篇学术论文。

除了学者参与省级、国家级乃至联合国教科文组织的非遗项目申报实践之外，学者的非遗文化话语的知识生产主要与民俗学学科的发展相结合。2005年上半年，以国家级非物质文化遗产名录为标志的非遗申报与保护工作正式启动，这也为民俗学的发展带来了新的机会和挑战。在非遗体系中，民俗只是非遗的一部分，而且只有符合公序良俗的民俗才有可能成为非遗。什么样的民俗可以进入非遗名录，需要通过专家学者、各级政府与相关职能部门的层层筛选。刘锡诚曾指出，在非物质文化遗产普查和各级非遗名录的申报和项目保护上，口头传承的民间文学类陷入了一个误区。许多地方政府文化主管部门未能给予足够的重视。进入国家级名录的民间文学项目只有 84 个，占全部 1028 个项目的 8%，与 20 世纪 80 年代搜集记录下来的民间文学文本（故事 184 万篇，歌谣 300 万首，谚语 700 万条）和民间实际的蕴藏量极不相称。刘先生举出 20 世纪 80 年代东北、华北、西北、华东、西南五个大区的 91 个常见故事和故事类型，一个也没有被地方申报，故而一个也没有能够进入名录，得到国家层面上的保护。民间文学传承人只 32 名，占全国进入名录的 777 人的 4%。许多著名的作品没有进入国家级名录，使国家级名录的权威性受到损害。① 由此可见，大量民俗文化项目要进入国家非遗保护的视野，还需要民俗学者的不断努力。

当我们谈及非遗时，还必须正视非遗的全球化语境。刘魁立认为，非物质文化遗产既是建设现代民族文化的基础，也是每个民族对世界文化的丰富和贡献。因此必然要从全人类的视角来看待非物质文化遗产保护问题。非物质文化遗产大都是农业社会条件下的产物，所今天对它的保护便包含着许多悖论。例如，保护和发展的关系、结构性对象的解构性保护、对传承人的态度、市场经济体制和非物质文化遗产保护等，都隐含着诸多两难的问题，期待着文化行政部门、学术界以及整个社会给出两全的解决方案。②

因此，讨论非遗语境下的民俗学，就应与文化全球化的视野结合起来。另外，非遗保护活动开展以来，民俗学学科知识的生产方式也发生一定程度的变化。民俗学的公共倾向特征更为突出，更多地介入政府活

---

① 刘锡诚：《非物质文化遗产保护的一个认识误区》，《江南大学学报》（人文社会科学版）2012 年第 1 期。

② 刘魁立：《论全球化背景下的中国非物质文化遗产保护》，《河南社会科学》2007 年第 1 期。

动与地方文化建设，这是时代赋予民俗学者的一个机遇。但在参与过程中，民俗学者同样应该有清晰的学科自主意识。施爱东曾谈到，民俗学者们普遍认为，参与非遗保护运动是民俗学不可推卸的社会职责和学术职责，同时也是一次新的历史机遇。可是作为一门常规科学，民俗学的处境却显得非常尴尬。学术与时政的结盟必然导致学术独立性的丧失，常规研究的停滞也将进一步削弱民俗学在整个学术格局中的学科地位。对基础研究以及既有范式的放弃必将导致民俗研究后继乏力。而一旦非遗保护运动落幕，久违了常规研究的民俗学家们必将进退两难。①

非遗文化话语的知识生产除了学者与记者的参与，还有非遗传承人的参与。非遗传承人才是非遗真正的文化主体，只是目前非遗传承人从整体上处于文化失语的状态，特别是传统技艺类的非遗项目在文化部十大分类中数量最多，但是这一群体的总体特征就是会做但不擅长口头表达，更不擅长书写。有学者指出，中国的传承人缺乏话语权，成为沉默的大多数。就是国家级的传承人也很少有机会出现在学术研讨会或者项目论证会上，这些传承人面对学者的采访，会很自然地采用官方话语，而不是个人的日常生活话语。② 非遗传承人在非遗文化话语的知识生产方面长期处于失语的状况短时间内很难得到改变，除非培养新的具有更为鲜明的文化自觉意识与话语表达能力的传承人。

（三）非遗产业话语

这一话语在学术界的认识还处于起步阶段。非遗从整体上说是民族的文化事业，是前工业化时代文明的传承，本身并不属于文化产业，但不这并不妨碍相关企业进入这一文化事业领域。企业是以投资的形式进入可以产业化的非遗项目，这给非遗保护带来很多问题。学者据此提出了新的非遗话语，就是“生产性保护”这一新话语。在中国知网上以“生产性保护”为篇名进行检索，共有 234 篇文章，报纸新闻与学术论文都有论述，也是以报纸新闻的数量为多。“生产性保护”这一新话语实际

① 施爱东：《学术运动对于常规科学的负面影响——兼谈民俗学家在非遗保护运动中的学术担当》，《河南社会科学》2009 年第 3 期。

② 陈映婕：《超越遗产观的中国民俗学发展》，《民俗研究》2013 年第 5 期。

是用产业化的方式去振兴传统手工技艺类非遗，如传统青瓷的生产，在数量上达到一定的比例，确保传统工艺的传承，从而在市场上形成一定的产品竞争力，这也是非遗在工业化时代一个有效的竞争方式。由于中国的文化产业整体上还处于起步阶段，文化产业与文化事业存在一定的矛盾，因此，非遗产业话语的总体面貌还比较模糊，有待进一步观察。

结 语

关注非遗话语的知识生产，其实是在呼唤新的非遗话语的产生，即非遗的法律话语这一新的话语类型。非遗保护在中国语境中也将促成法治中国的建设，2011 年全国人民代表大会通过《中华人民共和国非物质文化遗产法》就是一个显著的进步。可以预见，在不久的将来，非遗保护、民俗学学科、中国的法治进程、文化的法律地位、民族文化的全球化竞争等将融合在一起，共同发展，从而形成民俗学学科话语表达的新格局。

后　　记

从非物质文化遗产（以下简称非遗）进入中国社会的过程中，我们能清晰地看到，作为国际话语与当下中国的政治、社会与文化需求互动的结果[①]，非遗概念内涵及其背后体系的复杂张力。当我们将这一概念视为理论考量的重心时，是要对概念生产场域的异质性及其内涵边界有足够清醒的认识。只有充分认识到非遗概念的张力关系，才可能在交融实践中发现不同的问题意识，也才能够在与文化、历史、政治等多重权力资本发生密切关联的意义网络中，对所有参与非遗知识生产的主体有深刻认识，并从中发现非遗实践的本质和演变规律。这是从事非遗研究的学者应当具备的自觉意识，也是本卷文集在梳理中国学界的理论贡献过程中带来的深切感受。

追溯联合国教科文组织《保护非物质文化遗产公约》的发展史，可以发现，在国际文化交流与合作平台上，非遗是从诸多传统文化概念中被抽绎出来，纳入教科文组织内部制度的工作概念。2003 年《公约》以它为中心延展出一个包含九项措施、两个名录、一个名册和一种筹备性援助在内的系统工程[②]。这一系统工程的搭建是为了应对由全球化资本运

---

① 龚浩群、姚畅：《迈向批判性遗产研究：非物质文化遗产保护中的知识困惑与范式转型》，《文化遗产》2018 年第 5 期。

② 《保护非物质文化遗产公约》第一章第二条第 3 款明确了非遗保护的措施包括确认、建档、研究、保存、保护、宣传、弘扬、传承、振兴九种。第四章、第五章规定了在国际一级保护非物质文化遗产与国际合作、援助的四重机制，包括“急需保护的非物质文化遗产名录”“人类非物质文化遗产代表作名录”“最能体现《公约》原则和目标的计划、项目和活动”和国际援助。这四重机制的遴选标准和履约规则构成了非遗保护在国际层面开展工作的基本框架。具体内容见联合国教科文组织文化部门活态遗产处：2003 年《保护非物质文化遗产公约》，《基本文件》，https：//ich. unesco. org/doc/src/2003_Convention_ Basic_ Texts_ 2020_ version – ZHO. pdf，教科文组织，2020 年中文版。

行带来的现代性难题，即文化均质化对文化多样性的伤害，而其内部的工作流程、理念执行、标准核验等环节的运作也都为了支持文化多样性保护的目的被统筹在非遗这一工作概念之下。在这个系统工程中，非遗是以项目形式被纳入名录机制的社区、群体及个人的传统文化实践。在实施2003年《公约》的过程中，项目是以中立和区别的方式对非遗具体表现形式（specific manifestations of Intangible Cultural Heritage）的指代。因此，作为项目的非遗，在经历确认、申报、列入、履约等环节的遗产化进程后，是有别于生活文化中的口头传统、表演艺术与社会实践的。

随着保护实践的开展，非遗通过教科文组织与各缔约国共同参与的国际化运作，被迅速地普及为世界范围内文化遗产保护的核心概念。作为保护概念，非遗呈现的是文化现实得以生产、维系和转变的过程。在这一过程中，非遗不只是非物质形态与文化遗产的合并物，而是成为人们从历史建构中发现并定义自己的重要媒介①，是文化主体为获得认同感与持续感而“在适应周围环境以及与自然和历史的互动中”不断进行的文化创造②。这样的过程性立场与主体赋权认识，使得当下的文化遗产保护呈现出新的样貌，即世界遗产的保护实践中对非物质文化形态与内涵的关注日益增多，而非遗保护实践中对适应当代文化语境需求的态度也日益积极。

在世界范围内的保护和研究实践中，我们能看到非遗在考古学、民俗学、社会学、历史学、艺术学等多学科学者的共同关注下，成为炙手可热的研究焦点。当它从研究对象变为分析工具时，作为学术概念的非遗，便成为学界理解文化传统在当代进行知识与意义生产的一种方法。这种方法和不同学科既有方法体系发生碰撞后，既带来消解学科边界的挑战，也带来多学科进行临界讨论与跨界合作的契机。

本卷文集的编选，以概念与历史、非遗保护中的横向问题、非遗语

---

① 大卫·罗文塞尔在长期的历史研究与文化遗产保护的工作中，一直强调的是遗产不是历史，而是人们从历史中定义自己之物。David Lowenthal, *The Heritage Crusade and the Spoils of History*, Cambridge University Press, 1998.

② 联合国教科文组织《保护非物质文化遗产公约》第二条第1款，联合国教科文组织文化部门活态遗产处：2003年《保护非物质文化遗产公约》，《基本文件》，https://ich.unesco.org/doc/src/2003_Convention_Basic_Texts_2020_version-ZHO.pdf，教科文组织，2020年中文版。

境下的学科思考、中国实践与反思四个板块，呈现了2007—2020年中国学界有关非遗理论思考的阶段性成果。在一定程度上，这28篇文章的结集呈现了非遗与中国民俗学界碰撞出的学理生产过程，从中可以管窥这一陌生语汇给予中国学界的触动，乃至越到晚近越深刻、激烈的学科反思。

具体来说，当国际理念在缔约国实践中被内化并与国家、地方文化原有运行体系发生磋磨，产生包括社区中心作用、商业利用中的经济导向与社区导向、性别平等、可持续发展、名录标准与伦理原则等横向问题（transversal issues）① 时，厘清作为工作概念的非遗发展史、保护体系建立的事件史，才能令人理解非遗对推进国际层面的文化交流与多边合作的意义，进而发现对基于既有工作原则和过程性保护视角而运行的机制进行反思的必要性。在这一前提下，应对已经出现或可能出现的适应性症候，结合中国地方文化特质制定兼具实效性与针对性的文化政策，从学科归属与本位问题出发的批判性研究以及中国实践范型的建构，才会成为以非遗为中心的研究实践需要回答的关键问题。与非遗相关的文化事象是包罗万象的，参与其中的文化主体是复杂异质的。随之产生的问题想要得以解决，需要学者具有充分的研究自觉，在微观学科认知与宏观体系需求之间“跳进跳出”、逡巡反复，才有发现答案的可能。这种被赖特·米尔斯所强调的社会学的想象力，从本卷文集所收录的文章中均可窥见。

目前看，中国学界关于非遗的研究大致分为三类，即聚焦于非遗概念、发展历史等本体问题的基础性研究，适应社会需求的应用性研究与反映学科思考的批判性研究。在既往的学术和社会实践中，我们能看到前辈与同仁在上述三种路径上的努力和成果，但今天我们日盛的学术焦虑，在一定程度上说明了尚未有令人满意的答卷出现。基于当前的情形，我们发现学界从事为公共履职而进行的应用性研究、从各自学科归属出

---

① 2015年，巴莫曲布嫫从《保护非物质文化遗产公约》政府间委员会第四届常会以来的相关工作报告中，按时间顺序和相关项总结了二十余项在全球范围内普遍存在的横向问题，见朝戈金：《联合国教科文组织〈保护非物质文化遗产伦理原则〉：绎读与评骘》，《内蒙古社会科学（汉文版）》2016年第5期。

发进行的批判性研究居多，而探索基础问题的研究偏少。因此，非常期待本卷文集的结集出版能引发更多的“三位一体”的研究，通过学界从事基础性研究、应用性研究与批判性研究的同仁们的临界讨论与跨界合作，让我们能将包容万象的非物质文化遗产，发展成为常规学术范畴并形成真正的学术共同体①。

本卷文集最终呈现于人前，是多方精诚合作的成果。文章作者的欣然允诺、北京市高校高精尖学科“文化遗产与文化传播”建设项目的慷慨资助，令文集得以成形，在此要向诸位师长同仁、文章原刊发期刊与资助方表示诚挚感谢。中国社会科学出版社编辑团队的专业态度，尤其是本卷责任编辑张林女士对学术出版的热诚与耐心，为文集的顺利出版提供了有利保障，感动之余一并致以真诚的谢意。此外，还要感谢门下诸位年轻女将丁思瑶、林嘉琦、王心怡、刘薇薇、康正悦、苑中慧。她们在文集编选过程中的细致工作，让我们又一次以众智携手共赢。

最后需要说明，本卷文集碍于篇幅与编者视角所限，文章选编挂一漏万，但望读者海涵。学理探究之路无穷尽，有关非物质文化遗产的研究、论辩、反思也将伴随文化生产的演进继续前行，不断生成学界能够反哺社会需求的洞察力与想象力。

康丽

2021 年 12 月 12 日于西山寓居

① 张举文：《从实践概念“非物质文化遗产”到学科概念“文化遗产”的转向》，《民俗研究》2021 年第 5 期。